Hardy Grüne
Michael Müller-Möhring

Von Aachen bis Zwickau

1000 TIPPS FÜR AUSWÄRTSSPIELE

Vierte, überarbeitete und ergänzte Neuauflage

AGON
Sportverlag

Einband: Werkstatt für creative Computeranwendungen Bringmann, Lohfelden
Graphische Gestaltung: MMM, Köln
Druck: Graficas Santamaria, Vitoria (Spanien)

ISBN 3-89784-207-6

Seit der letzten Ausgabe der »1000 Tipps« hat sich einiges in der deutschen Stadionwelt getan - die Vergabe der Weltmeisterschaft 2006 nach Deutschland und die damit einhergehenden Um- bzw. Neubauten, aber auch die von diesem großartigen Ereignis unabhängigen Investitionen der Vereine und Städte in ihre Fußballtempel ...
Es wurde einfach mal wieder Zeit für eine neue Ausgabe der »1000 Tipps«.

Denn nach wie vor reisen Wochenende für Wochenende Nürnberger nach Wolfsburg, Mainzer nach Lübeck, Wattenscheider nach Aue oder Kölner nach Burghausen - von den Bocholtern, die Jahr für Jahr nach Freialdenhoven müssen, ganz zu schweigen.
Auswärts dabei zu sein, ist so »in« wie nie zuvor. Überall schießen Ultra-Gruppen und Supporter-Clubs aus dem Boden. Das »Groundhoppen« erfreut sich immer größerer Beliebtheit.
Ein neuer Stadionführer war also überfällig.

Noch ein kurzes Wort zum Bewertungssystem mit den maximal zu erheischenden fünf Bällchen: Die Beurteilungen sind selbstverständlich gnadenlos subjektiv.

Viel Spaß im Stadion!

Hardy Grüne & Michael Müller-Möhring

FUSSBALL-LANDKARTE DEUTSCHLAND

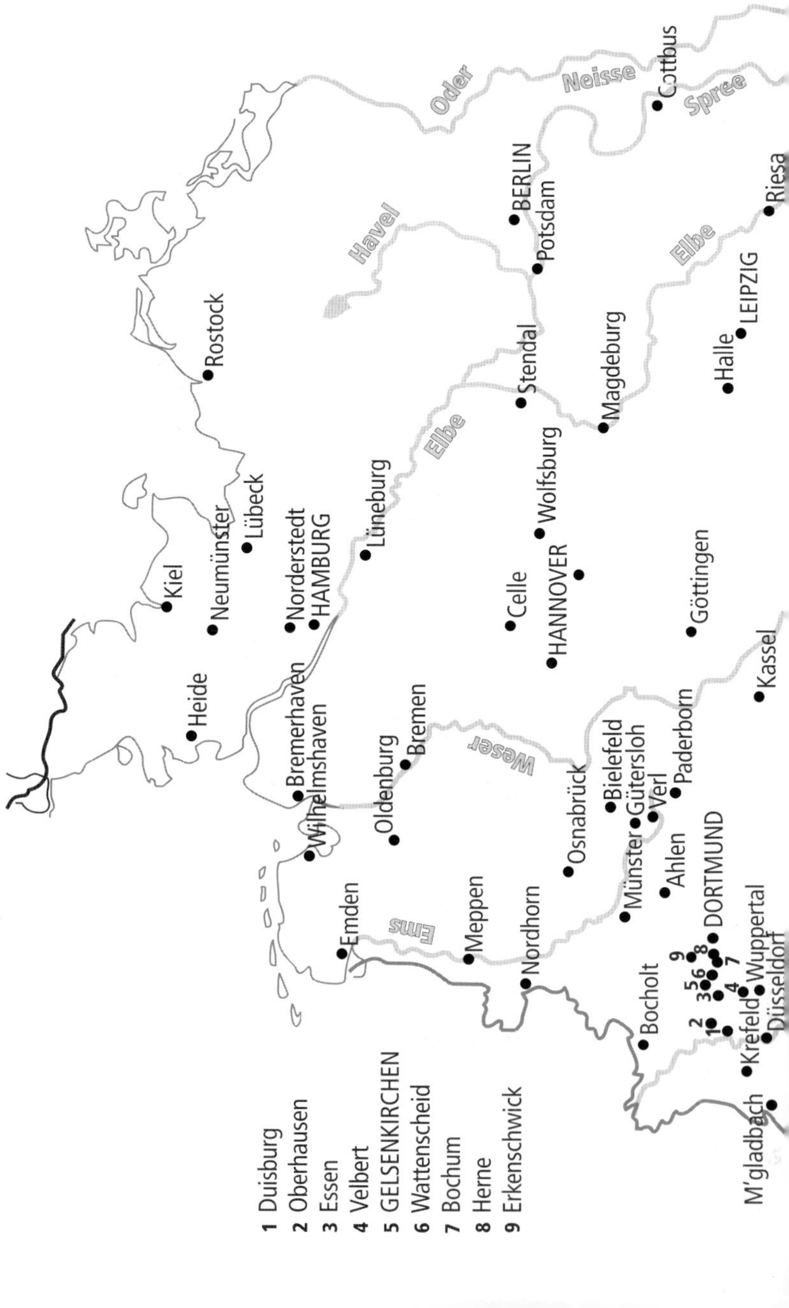

FUSSBALL-LANDKARTE DEUTSCHLAND

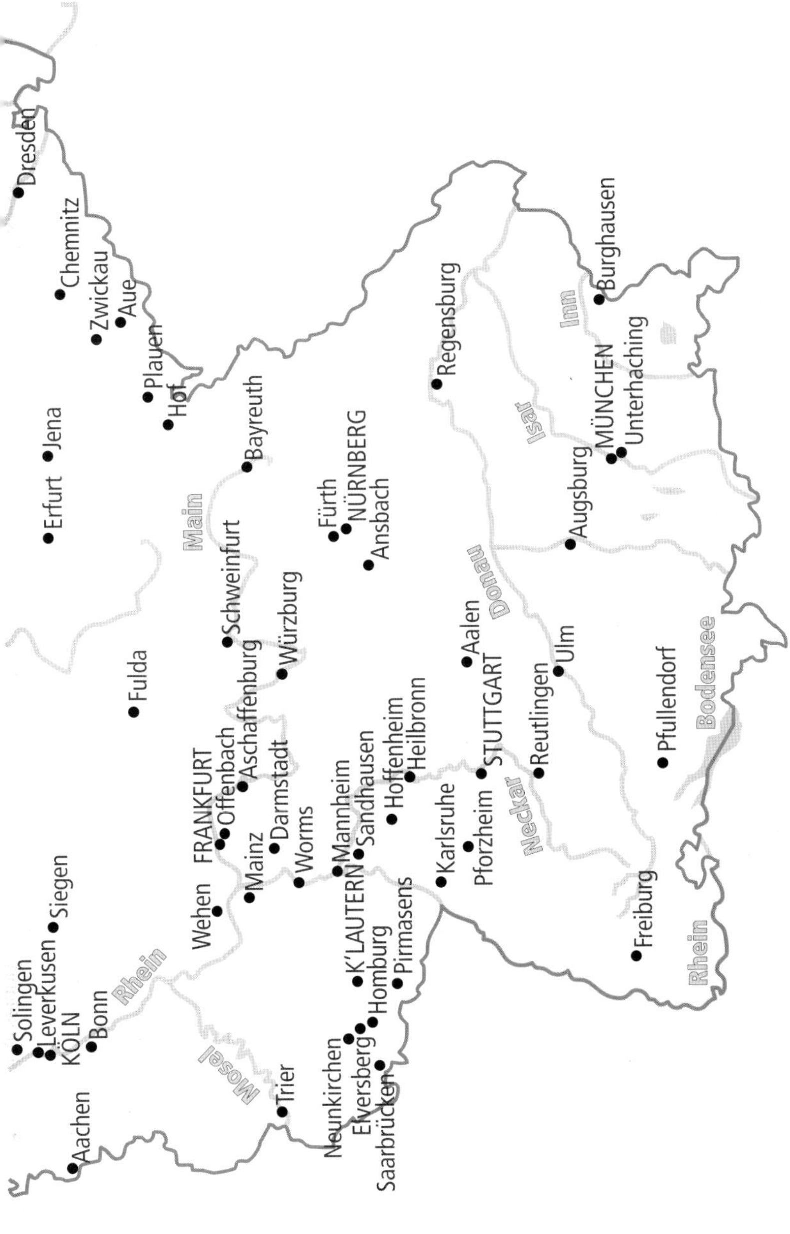

ENTFERNUNGSTABELLE

	Aachen	Aalen	Ahlen	Aue	Augsburg	Bayreuth	Berlin	Bielefeld	Bochum	Braunschw.	Bremen	Burghausen	Chemnitz	Cottbus	Darmstadt	Dortmund	Dresden	Düsseldorf	Duisburg	Emden	Erfurt	Essen	Frankfurt	Freiburg	Fürth	Gelsenkirch.	Göttingen	Hamburg	Hannover
Aachen	**1**	485	205	573	568	535	640	255	135	420	375	710	576	730	268	155	641	78	115	445	438	126	259	465	472	138	354	487	354
Aalen	485	**0**	467	344	121	222	560	448	474	472	605	286	359	530	248	461	431	468	494	697	393	490	248	274	125	488	370	632	487
Ahlen	205	467	**0**	463	578	459	450	66	79	233	206	678	466	540	294	58	525	125	107	276	328	94	266	527	441	81	196	306	166
Aue	573	344	463	**0**	376	155	298	444	537	348	499	402	41	212	419	478	114	535	544	624	157	524	390	590	238	518	291	525	392
Augsburg	568	121	578	376	**T**	300	640	560	583	584	716	174	437	668	331	570	510	557	583	809	475	578	357	350	224	591	482	743	599
Bayreuth	535	222	459	155	300	**I**	372	441	500	397	547	275	170	341	305	475	242	520	541	689	207	521	301	466	114	515	362	575	442
Berlin	640	560	450	298	640	372	**P**	398	519	247	397	643	261	127	578	498	190	564	547	523	318	533	550	808	457	520	354	289	291
Bielefeld	255	448	66	444	560	441	398	**S**	133	179	184	600	448	485	338	111	471	177	160	254	310	147	311	572	424	134	179	248	108
Bochum	135	474	79	537	583	500	519	133	**F**	299	241	687	510	605	264	21	577	51	42	311	373	17	237	498	452	16	241	353	233
Braunschweig	420	472	233	348	584	397	247	179	299	**Ü**	178	665	341	333	367	279	319	345	328	304	263	314	339	601	452	296	116	205	72
Bremen	375	605	206	499	716	547	397	184	241	178	**R**	818	496	487	469	234	475	291	262	131	392	255	441	703	581	239	245	127	128
Burghausen	710	286	678	402	174	275	643	600	687	665	818	**A**	411	582	463	671	483	678	704	908	477	700	458	515	251	699	581	842	698
Chemnitz	576	359	466	41	437	170	261	448	510	341	496	411	**U**	173	421	482	75	539	548	596	161	527	393	605	253	521	294	498	365
Cottbus	730	530	540	212	668	341	127	485	605	333	487	582	173	**S**	584	585	106	651	634	610	325	621	557	776	424	607	442	436	378
Darmstadt	268	248	294	419	331	305	578	338	264	367	469	463	421	584	**W**	246	484	236	262	536	280	258	34	242	240	270	258	519	375
Dortmund	155	461	58	478	570	475	498	111	21	279	234	671	482	585	246	**Ä**	548	81	59	303	344	38	220	482	436	32	212	345	211
Dresden	641	431	525	114	510	242	190	471	577	319	475	483	75	106	484	548	**R**	603	612	596	225	592	457	677	325	585	358	497	364
Düsseldorf	78	468	125	535	557	520	564	177	51	345	291	678	539	651	236	81	603	**T**	41	363	399	37	227	467	440	49	277	404	277
Duisburg	115	494	107	544	583	541	547	160	42	328	262	704	548	634	262	59	612	41	**S**	332	410	30	255	495	468	29	278	374	261
Emden	445	697	276	624	809	689	523	254	311	304	131	908	596	610	536	303	596	363	332	**S**	515	323	509	771	672	308	368	250	250
Erfurt	438	393	328	157	475	207	318	310	373	263	392	477	161	325	280	344	225	399	410	515	**P**	388	253	515	290	381	154	416	271
Essen	126	490	94	524	578	521	533	147	17	314	255	700	527	621	258	38	592	37	30	323	388	**I**	250	490	464	14	255	365	248
Frankfurt	259	248	266	390	357	301	550	311	237	339	441	458	393	557	34	220	457	227	255	509	323	250	**E**	269	222	247	231	492	348
Freiburg	465	274	527	590	350	466	808	572	498	601	703	515	605	776	242	482	677	467	495	771	515	490	269	**L**	371	502	493	754	607
Fürth	472	125	441	238	224	114	457	424	452	452	581	251	253	424	240	436	325	440	468	672	290	464	222	371	**E**	463	345	607	462
Gelsenkirchen	138	488	81	518	591	515	520	134	16	296	239	699	521	607	270	32	585	49	29	308	381	14	247	502	463	**-**	251	351	233
Göttingen	354	370	196	291	482	362	354	179	241	116	245	581	294	442	258	212	358	277	278	368	154	255	231	493	345	251	**J**	268	124
Hamburg	487	632	306	525	743	575	289	248	353	205	127	842	498	436	519	345	497	404	374	250	416	365	492	754	607	351	268	**E**	152
Hannover	354	487	166	392	599	442	291	108	233	72	128	698	365	378	375	211	364	277	261	250	271	248	348	610	462	233	214	152	**T**
Hof	560	256	460	89	335	67	322	443	505	343	498	315	104	275	328	476	176	531	543	621	154	520	310	502	151	515	288	523	388
Jena	482	344	372	106	423	155	266	354	417	287	442	425	109	273	324	388	173	443	454	565	66	431	297	559	239	427	199	467	332
K'lautern	283	266	374	512	348	387	660	421	321	449	549	512	503	667	103	331	568	277	311	617	364	307	117	211	306	319	342	603	458
Karlsruhe	348	150	397	459	226	334	677	441	367	472	572	390	474	645	111	351	546	336	358	640	384	359	138	135	253	371	362	623	478
Kiel	575	732	407	625	844	675	360	353	442	306	217	945	598	507	620	434	597	494	463	339	516	455	593	854	707	440	369	100	252
Köln	72	431	142	500	520	483	581	196	89	362	317	641	503	669	199	99	567	39	73	385	364	75	190	430	405	87	294	425	296
Krefeld	85	496	138	563	584	548	577	191	63	358	292	706	567	664	264	90	631	27	39	310	427	51	256	482	470	59	307	400	291
Leipzig	565	394	418	172	473	206	190	364	485	212	367	474	113	212	408	463	113	529	513	489	149	500	381	639	290	485	315	391	257
Leverkusen	80	436	127	504	525	488	567	180	72	347	301	646	507	654	204	84	571	31	61	370	367	56	196	436	411	68	279	410	281
Lübeck	545	690	365	583	801	633	306	306	411	263	186	902	556	452	578	403	516	462	432	308	474	423	550	812	665	409	327	68	210
Magdeburg	492	496	304	257	575	307	161	250	371	98	252	576	230	648	451	349	229	415	399	375	251	386	424	686	391	371	200	277	143
Mainz	238	277	294	417	360	336	577	339	252	367	469	494	421	585	39	248	485	214	242	537	281	238	44	271	258	250	260	521	376
Mannheim	287	202	338	449	285	324	622	383	309	411	514	449	464	629	53	293	530	278	306	582	326	301	80	196	243	313	304	565	420
Meppen	274	587	134	582	698	579	511	143	176	292	130	797	585	440	394	161	584	195	165	109	446	164	367	629	562	161	314	238	225
M'gladbach	61	483	160	567	566	548	599	213	87	380	315	700	571	686	264	112	635	31	60	333	432	62	255	464	470	82	312	423	313
München	628	183	602	363	70	239	581	584	609	603	742	109	378	549	392	596	450	601	629	833	414	634	383	412	163	623	505	775	622
Münster	207	517	33	518	626	515	477	108	77	258	171	727	521	564	302	69	550	128	101	239	382	90	275	537	491	75	250	279	191
Neunkirchen	253	316	388	563	353	438	709	441	335	501	563	517	555	718	154	345	619	293	325	631	415	321	168	225	357	333	393	655	507
Nürnberg	475	135	444	223	220	98	441	427	455	455	584	243	238	409	243	438	310	443	471	675	274	467	225	381	10	465	347	609	464
Oberhausen	115	490	100	537	579	534	540	153	29	417	256	700	540	627	259	52	605	37	11	274	401	15	250	490	465	21	270	363	254
Osnabrück	266	497	97	492	609	489	421	53	131	202	123	707	495	509	357	124	494	183	155	191	356	144	330	591	472	130	224	231	136
Paderborn	250	411	89	406	522	403	436	46	137	217	227	621	410	523	299	108	474	174	175	295	270	152	272	533	386	147	138	290	150
Pfullendorf	578	160	626	495	175	370	712	661	597	689	802	326	509	680	339	579	581	565	593	870	603	589	367	158	288	601	581	843	698
Regensburg	575	222	544	255	176	133	502	526	554	524	679	140	270	441	343	538	342	543	565	774	335	567	325	468	117	564	447	703	569
Reutlingen	446	100	495	464	159	339	682	529	466	558	670	323	479	650	209	449	551	434	456	738	472	458	236	229	258	470	450	711	566
Rostock	703	746	522	507	824	557	228	464	569	412	344	826	480	375	736	561	439	620	590	466	501	581	709	970	641	567	485	226	368
Saarbrücken	258	335	392	581	371	457	729	446	339	519	568	535	573	737	173	349	638	296	323	635	433	325	187	205	375	337	412	673	528
Schweinfurt	413	155	362	238	267	130	457	344	393	372	502	328	253	424	181	377	325	381	409	592	287	405	163	362	93	403	265	526	381
Siegen	165	368	147	413	477	399	574	200	117	368	322	578	417	581	153	101	481	127	155	390	277	132	126	388	342	127	256	430	301
Stuttgart	417	75	466	420	161	295	638	485	436	513	641	325	435	606	180	420	506	405	433	709	428	428	207	200	214	440	406	667	522
Trier	168	379	321	561	461	514	721	374	267	510	496	625	564	728	217	277	629	224	258	564	425	253	187	299	419	265	403	604	474
Ulm	499	65	522	400	181	275	618	505	518	536	663	245	415	586	262	502	487	487	515	753	447	510	289	281	194	522	426	687	542
Wehen	221	299	245	433	387	351	593	299	227	383	421	508	436	600	66	66	501	189	217	488	297	213	58	298	273	255	275	536	392
Wolfsburg	436	508	249	33	620	383	233	195	315	42	197	653	306	320	396	396	306	360	343	320	217	331	369	631	467	316	145	222	87
Zwickau	551	325	442	22	404	136	303	424	487	325	480	377	41	213	394	394	113	513	524	602	136	501	367	571	220	497	269	504	370

Hof	Jena	K'lautern	Karlsruhe	Kiel	Köln	Krefeld	Leipzig	Leverkusen	Lübeck	Magdeburg	Mainz	Mannheim	Meppen	M'gladbach	München	Münster	Neunkirchen	Nürnberg	Oberhausen	Osnabrück	Paderborn	Pfullendorf	Regensburg	Reutlingen	Rostock	Saarbrücken	Schweinfurt	Siegen	Stuttgart	Trier	Ulm	Wehen	Wolfsburg	Zwickau
560	482	283	348	575	72	85	565	80	545	492	238	287	274	61	628	207	253	475	115	266	250	578	575	446	703	258	413	165	417	168	499	221	436	551
256	344	266	150	732	431	496	394	436	690	496	277	202	587	483	183	517	316	135	490	497	411	160	222	100	746	335	155	368	75	379	65	299	508	325
460	372	374	397	407	142	138	418	127	365	304	294	338	134	160	602	33	388	444	100	97	89	626	544	495	522	392	362	147	466	321	522	245	249	442
89	106	512	459	625	500	563	172	504	583	257	417	449	582	567	363	518	563	223	537	492	406	495	255	464	507	581	238	413	420	561	400	433	334	22
335	423	348	226	844	520	584	473	525	801	575	360	285	698	566	70	626	353	220	579	609	522	175	176	159	824	371	267	477	161	461	81	387	620	404
67	155	387	334	675	483	548	206	488	633	307	336	324	579	548	239	515	438	98	534	489	403	370	133	339	557	457	130	399	295	514	275	351	383	136
322	266	660	677	360	581	577	190	567	306	161	577	622	511	599	581	477	709	441	540	421	436	712	502	682	228	729	457	574	638	721	618	593	233	303
443	354	421	441	353	196	191	364	180	306	250	339	383	143	213	584	108	441	427	153	53	46	661	526	529	464	446	344	200	485	374	505	299	195	424
505	417	321	367	442	89	65	485	72	411	371	252	309	176	87	621	77	335	455	29	131	137	597	554	466	569	339	393	117	436	267	518	227	315	487
343	287	449	472	306	362	358	212	347	263	98	367	411	292	380	603	258	501	455	417	202	217	689	524	558	412	519	372	368	513	510	536	383	42	325
498	442	549	572	217	317	292	367	301	186	252	469	514	130	315	742	171	563	584	256	123	227	802	679	670	344	568	502	322	641	496	663	421	197	480
315	425	512	390	945	641	706	474	646	902	576	494	449	797	700	109	727	517	243	700	707	621	326	140	323	826	535	328	578	325	625	245	508	653	377
104	109	503	474	598	503	567	113	507	556	230	421	464	585	571	378	521	555	238	540	495	410	509	270	479	480	573	253	417	435	564	415	436	306	41
275	273	667	645	507	669	664	212	654	452	648	585	629	440	686	349	564	718	409	627	509	523	680	441	650	375	737	424	581	606	728	586	600	320	213
328	324	103	111	620	199	264	408	204	578	451	39	53	394	264	392	302	154	243	259	357	299	339	343	209	736	173	181	153	180	217	262	66	396	394
476	388	331	351	434	99	90	463	84	403	349	248	293	161	112	596	69	345	438	52	124	108	579	538	449	561	349	377	101	420	277	502	66	396	394
176	173	568	546	597	567	631	113	571	516	229	485	530	584	635	450	550	619	310	605	494	474	581	342	551	439	638	325	481	506	629	487	501	306	113
531	443	277	336	494	39	27	529	31	462	415	214	278	195	31	601	128	293	443	37	183	174	565	543	434	620	296	381	127	405	224	487	189	360	513
543	454	311	358	463	73	39	513	61	432	399	242	306	165	60	629	101	325	471	11	155	175	593	565	456	590	323	409	155	433	258	515	217	343	524
621	565	617	640	339	385	310	489	370	308	375	537	582	109	333	833	239	631	675	274	191	295	870	774	738	466	635	592	390	709	564	753	488	320	602
154	66	364	384	516	364	427	149	367	474	251	281	326	446	432	414	382	415	274	401	356	270	603	335	472	501	433	287	277	428	425	447	297	217	136
520	431	307	359	455	75	51	500	56	423	386	238	301	164	62	634	90	321	467	15	144	152	589	567	458	581	325	405	132	428	253	510	213	331	501
310	297	117	138	593	190	256	381	196	550	424	44	80	367	255	383	275	168	225	250	330	272	367	325	236	709	187	163	126	207	187	289	58	369	367
502	559	211	135	854	430	482	639	436	812	686	271	196	629	464	412	537	225	381	490	591	533	158	468	229	970	205	362	388	200	299	281	298	631	571
151	239	306	253	707	405	470	290	411	665	391	258	243	562	470	163	491	357	10	465	472	386	288	117	258	641	375	93	342	214	419	194	273	467	220
515	427	319	371	440	87	59	485	68	409	371	250	313	161	82	623	75	333	465	21	130	147	601	564	470	567	337	403	127	440	265	522	225	316	497
288	199	342	362	369	294	307	315	279	327	200	260	304	314	312	505	250	393	347	270	224	138	581	447	450	485	412	265	256	406	403	426	275	145	269
523	467	603	623	100	425	400	391	410	68	277	521	565	238	423	775	279	655	609	363	231	290	843	703	711	226	673	526	430	667	604	687	536	222	504
388	332	458	478	252	296	291	257	281	210	143	376	420	225	313	622	191	507	464	254	136	150	698	569	566	368	528	381	301	522	474	542	392	87	370
Z	103	424	371	618	504	561	153	501	581	255	357	361	580	569	275	515	472	135	535	490	404	406	174	376	505	492	150	411	332	537	312	371	331	69
103	**T**	407	428	567	407	471	98	111	525	199	325	370	489	475	362	425	459	222	445	400	314	489	283	463	449	478	238	321	419	468	399	341	276	84
424	407	**A**	92	703	245	299	491	253	661	535	81	66	465	280	408	385	59	302	307	439	382	356	388	225	819	78	271	237	195	121	277	102	480	478
371	428	92	**U**	725	300	361	510	307	681	556	141	66	499	343	288	407	128	251	361	462	404	236	338	104	841	147	232	258	75	238	157	168	501	441
618	567	703	725	**C**	517	492	491	502	88	372	621	666	325	515	867	371	750	709	455	322	390	943	799	812	207	767	626	522	767	691	787	637	322	604
504	407	245	300	517	**H**	60	491	20	485	432	178	242	232	64	565	152	258	407	74	206	191	529	507	398	643	263	345	92	369	191	451	153	377	378
561	471	299	361	492	60	**M**	545	61	461	429	243	302	195	21	630	128	311	472	37	183	199	592	571	460	620	316	410	155	431	244	513	218	374	541
153	98	491	510	491	491	545	**I**	496	449	123	410	454	479	560	413	443	544	273	506	388	398	545	334	514	373	562	289	406	470	553	450	425	199	135
501	411	253	307	502	20	61	496	**T**	471	418	184	247	215	65	571	137	266	413	57	192	176	535	512	403	629	271	351	96	374	199	456	159	362	482
481	525	661	681	88	485	461	449	471	**T**	336	580	624	300	484	826	341	714	668	425	292	349	902	761	769	126	732	585	490	726	665	746	596	281	563
255	199	535	556	372	432	429	123	418	336	**O**	457	502	363	451	516	328	591	376	391	273	287	642	436	617	325	610	391	438	572	612	553	473	84	237
357	325	81	141	621	178	243	410	184	580	457	**L**	81	395	240	417	303	132	259	237	357	299	369	359	238	736	150	197	154	208	152	290	23	397	395
361	370	66	66	666	242	302	454	247	624	502	81	**L**	440	284	347	348	115	240	301	402	344	295	327	163	781	136	221	199	134	180	216	109	442	430
580	489	465	499	325	232	195	479	215	300	363	395	440	**E**	216	723	98	376	565	156	96	185	729	665	598	459	481	483	250	568	409	644	369	309	563
569	475	280	343	515	64	21	560	65	484	451	240	284	216	**R**	627	151	296	473	60	206	209	575	573	444	643	299	411	159	414	227	496	219	395	545
275	362	408	288	867	565	630	413	571	826	516	417	347	723	627	**E**	652	415	160	625	632	546	224	116	221	765	433	253	502	230	523	143	433	591	344
515	425	385	407	371	152	128	443	137	341	328	303	348	98	151	652	**N**	399	495	91	60	119	637	595	506	497	403	418	158	476	331	558	256	273	498
472	459	59	128	750	258	311	544	266	714	591	132	115	476	296	415	399	**T**	351	323	453	432	357	440	227	869	23	321	289	198	93	282	154	530	528
135	222	302	251	709	407	472	273	413	668	376	259	240	565	473	160	495	351	**F**	467	474	388	277	109	252	625	368	95	344	208	413	191	275	451	204
535	445	307	361	455	74	37	506	57	425	391	237	301	156	60	625	91	323	467	**E**	146	164	588	567	458	583	325	405	144	429	254	511	213	336	513
490	400	439	462	322	206	183	388	192	292	273	357	402	96	206	632	60	453	474	146	**R**	95	687	575	556	449	452	393	208	527	382	554	306	219	473
404	314	382	404	390	191	199	398	176	349	287	299	344	185	209	546	119	432	388	164	95	**N**	622	487	390	503	440	305	196	446	369	466	315	229	385
406	489	356	236	943	529	592	545	535	902	642	369	295	729	575	224	637	357	277	588	687	622	**U**	338	79	906	389	374	486	189	470	88	405	716	478
174	283	388	338	799	507	571	334	512	761	436	359	327	665	573	116	595	440	109	567	575	487	338	**N**	297	685	457	192	441	296	501	218	372	511	235
376	463	225	104	812	398	460	514	403	769	617	238	163	598	444	221	506	227	252	458	556	490	79	297	**G**	916	249	235	355	39	340	94	266	577	444
505	449	819	841	207	643	620	373	629	126	325	736	781	459	643	765	497	869	625	583	449	503	906	685	916	**S**	886	638	646	819	820	799	750	396	484
492	478	78	147	767	263	316	562	271	732	619	150	136	481	299	433	403	23	368	325	452	440	389	457	249	886	**T**	339	305	217	95	299	171	584	547
150	238	271	232	626	345	410	289	351	585	391	197	221	483	411	253	418	321	95	405	393	305	374	192	235	638	339	**A**	282	192	343	212	213	403	216
411	321	237	258	522	92	155	406	96	490	438	154	199	250	159	502	158	289	344	144	208	196	486	441	355	646	305	282	**B**	329	219	411	108	381	396
332	419	195	75	767	369	431	470	374	726	572	208	134	568	414	230	476	198	208	429	527	446	189	296	39	819	217	192	329	**E**	310	92	236	532	400
537	468	121	238	691	191	244	553	199	665	612	152	180	409	227	523	331	93	413	254	382	369	470	501	340	820	95	343	219	310	**L**	392	203	557	542
312	399	277	157	787	451	513	450	456	746	553	290	216	644	496	143	558	282	191	511	554	466	88	218	94	799	299	212	411	92	392	**L**	318	569	386
371	341	102	168	637	153	218	425	159	596	473	23	109	369	219	433	256	154	275	213	306	315	405	372	266	750	171	213	108	236	203	318	**E**	408	406
331	276	480	501	322	377	374	199	362	281	84	397	442	309	395	591	273	530	451	336	219	229	716	511	577	396	584	403	381	532	557	569	408	**!**	313
69	84	478	441	604	478	541	135	482	563	237	395	430	563	545	344	498	528	204	513	473	385	478	235	444	484	547	216	396	400	542	386	406	313	**!**

INHALT

INHALT

INHALT

AACHEN: Tivoli

Baujahr: 1928

Foto: Dietmar Montag

Kapazität: 24.816
Stehplätze: 21.200
Sitzplätze: 3.616

Alemannia Aachen, Krefelder Str. 187, 52070 Aachen
Tel: 0241-938400, Fax: 0241-9384010
www.tsv-alemannia.de

Auf der Suche nach einer geeigneten Heimstatt wurden die Kartoffelkäfer, wie die Kicker der Alemannia aufgrund ihrer gestreiften Leibchen einst nur gerufen wurden, bereits im Frühjahr 1908 an der Krefelder Straße fündig - der Tivoli entstand jedoch erst zwei Dekaden später. Nach knapp dreijähriger Bauzeit am 3. Juni 1928 eingeweiht, genügte das kleine Stadion, das rund 10.000 Zuschauern Platz bot, für lange Zeit den Ansprüchen.

In den 50er Jahren baute man den Tivoli, der im Zweiten Weltkrieg schwer gelitten hatte, dann jedoch erheblich aus. Als die Arbeiten im August 1957 beendet waren, verfügte das reine Fußballstadion nicht nur über eine überdachte Sitzplatztribüne für knapp 5.000 bequemliche Naturen (die heutige »Sparkassentribüne«), sondern auch über atemberaubend steil aufragende Stehränge mit Platz für weitere 27.500 Menschen. Der (inoffizielle) Zuschauerrekord datiert vom Oktober 1957, als sogar rund 35.000 beim 2:1 gegen Schalke anwesend gewesen sein sollen. Die für damalige Zeiten recht moderne Arena besaß da auch schon einen Spielertunnel, durch den die Profis heute noch den Platz betreten, und eine Flutlichtanlage, die mit ihren 270 Lux als »modernste und lichtstärkste Europas« gepriesen wurde. Am beeindruckendsten freilich das allabendliche Ritual nach dem Abpfiff: Für kurze Zeit löschte man das Flutlicht, die Fans entzündeten Streichhölzer oder Feuerzeuge und geleiteten so die Kicker in die Kabinen. Da läuft es einem auch heute noch kalt den Rücken herunter...

Weniger spektakulär dann der Umbau nach dem Bundesligaaufstieg 1967: Auf dem Südwall entstand eine Stahlrohrtribüne mit 4.500 Sitzen, die man nach dem Abstieg (als Vizemeister!) drei Jahre später konsequenterweise auch gleich wieder abriss. 1980 erhielt der mittlerweile in den Besitz der Stadt übergegangene Tivoli freilich eine »richtige«, noch dazu mit einem Dach versehene Tribüne. Später verpasste man dem Stadion an der einen oder anderen Ecke einen neuen Anstrich, mehr aber auch nicht. Erst im Sommer 1999, nach der glorreichen Rückkehr der Alemannia in die Zweite Liga, tat sich wieder etwas: Der Tivoli erhielt einen neuen Rasen nebst ultramoderner Heizung, zudem wurde das Flutlicht montagabendsgerecht aufgepeppt. Und im Januar 2000 ersetzte man schließlich die teilweise schon etwas modrigen Holzbänke auf der Sparkassentribüne durch schwarze und gelbe Plastikschalensitze, die - na klar - den Schriftzug »A-L-E-M-A-N-N-I-A« ergeben.

Das sollte es an und für sich noch lange nicht gewesen sein, denn in Aachen hatte man große Dinge vor. Pläne zum Aus- oder Umbau der schon etwas in die Tage gekommenen Arena existieren zwar bereits seit 1962, waren jedoch stets verworfen worden. In der allgemeinen Aufstiegseuphorie sollte nun ein gänzlich neues Stadion, ein Allseater à la Kerkrade her - was nach Fanprotesten (»Hände weg vom Tivoli«) jedoch schnell wieder vom Tisch war. Statt dessen beschloss die Alemannia dann, den Tivoli zu »ertüchtigen« - hörte sich in der Tat schon viel freundlicher als »abreißen« an. Gemeinsam mit der Stadt und der »Planungsgruppe Tivoli« gedachte man bis 2003 ein modernes, komplett überdachtes Stadion für 25-30.000 Zuschauer (80 Prozent Sitzplätze) zu errichten. Zunächst sah es auch ganz gut aus. Das Modell kam gut an, die Finanzierung des 60-Mio.-DM-Projektes schien zu stehen, die Realisierung stand offenbar kurz bevor. Doch ohne Moos war dann plötzlich nix mehr los - kein Kölmel, kein Investor, keine Knete von der Stadt. Wie es derzeit aussieht, haben sich die Aachener Pläne fürs Erste erledigt. Manche werden es bedauern, viele jedoch erleichtert aufatmen - der Tivoli, dieser herrliche alte Fußballtempel, bleibt uns in seiner ganzen nostalgischen Pracht erhalten. Zumindest noch ein Weilchen.

Nicht nur bei Spitzenspielen ist es ratsam, nicht auf den letzten Drücker anzureisen: Oft sind Karten Mangelware und die Auf- und Abgänge völlig verstopft. Kassen und Stadiontore öffnen zwei Stunden vor dem Anpfiff. Hat man es erstmal ins Stadion geschafft, gibt es nicht mehr viel zu meckern. Die Sichtverhältnisse sind von fast allen Plätzen aus klasse und auch die Durchsagen von Robert Moonen, der »Stimme des Westens«, gut zu verstehen. Allein die fehlende Überdachung schmälert den Komfort ein wenig - aber das macht die einzigartige Atmosphäre mehr als wett. Fußball im Tivoli gehört zum Feinsten, was deutsche Ligen zu bieten haben, was insbesondere für die legendären Flutlichtspiele gilt. Die heimischen Anhänger, deren mitunter etwas derbes Liedgut nix für Zartbesaitete ist, versammeln sich auf dem gewaltigen Würselener Wall (Blöcke K-N), der Rest auf der überdachten Gegengeraden (Block S). Und dort ist ganz schön was los: Die Konfettischlachten aus den 70ern und 80ern sind zwar passé, dafür sorgen nun ausgiebige Zaunbeflaggung, Schal- und Doppelhalterparaden sowie hübsche Choreographien für südamerikanisches Ambiente. Das enge Spielfeld und die Begeisterungsfähigkeit der treuen Fans, die ihrem Klub auch in schweren Zeiten die Treue halten, tun ein Übriges. Organisiert haben sie sich mittlerweile in einer IG, als Anlaufstelle fungiert das in Eigenregie umgebaute »Haus der Alemannia-Fans« (Liebigstr. 17-19, 52070 Aachen, Tel: 9127588, Fax: 9127589, ig@alemannia-fans.de).

Sitzplätze: 15-20,50 €
Stehplätze: 6-10,50 €
Gäste: Aachener Wall (Z)

Gästefans finden ihre Plätze im abgegrenzten Stehplatzbereich Aachener Wall (Eckblock Z, bei Bedarf auch V) und benutzen den Eingang Merowinger Straße. Es sei ihnen gesagt, dass pyrotechnische Mitbringsel bei den Ordnern nicht allzu beliebt sind und dass sie im Umfeld der Arena ein klein wenig die Augen offen halten sollten - mit einem Teil der »Öcher Jungs« ist nicht eben gut Printen essen.

Preise Schüler, Studenten, Zivis, Soldaten, Rentner, Schwerbeschädigte, Arbeitslose zahlen weniger - sofern sie einen gültigen Ausweis zur Hand haben, die Kontrollen sind relativ genau. Jugendliche (bis 17) stehen mit oder ohne Dach über dem Kopf für fünf bzw. vier Euro, Kinder (bis 6) kommen umsonst rein. Familienkarten sind leider nur noch für die Stehbereiche (zwei Erwachsene + zwei Kinder) erhältlich, Karten im Vorverkauf gibt's im Ticket-Center in der Krefelder und beim Fanshop in der Blondelstraße. Und irgendwann wohl auch mal via Internet. Wer einen Sitzplatz will, braucht entweder eine Dauerkarte oder aber eine Daseinsberechtigung als VIP. **Rollis** Ermäßigter Eintritt, ein Begleiter kommt umsonst rein. Der Rolli-Eingang liegt an der Krefelder Straße (linkes Tor), die Plätze vor Block T (Gegengerade). **Fanshop** Rund ums Stadion sind einige Stände aufgebaut bzw. vorgefahren, ansonsten wende man sich an die Fanshops neben der Geschäftsstelle, in der Blondelstraße 12 oder holt sich Infos über den Verein (0241-938400) bzw. übers Internet.
Lesen Das »Tivoli-Echo« (1 €, A4) gehört zu den besten Stadiongazetten der Zwoten Liga: umfangreich, informativ, halbwegs vernünftig geschrieben. Gelegentlich erscheint auch eine Sonderausgabe der Aachener Zeitung - dafür leider, leider, leider (man kann es gar nicht oft genug sagen) nicht mehr das tolle Aachener Fanzine »Oche, wa?!«, das nach der 18. Ausgabe im November 2001 den Geist aufgegeben hat. Alte Nummern sind aber noch zu haben und auszugsweise unter www.ochewa.de zu bestaunen. Ein neues Projekt steht übrigens schon in den Startlöchern. **Essen** Tja. Was die (relativ teure) Rostbratwurst angeht, so hängt viel von der Tagesform des Grillmeisters ab - was prinzipiell natürlich ein gutes Zeichen ist (da keine aufgewärmte Einheitsmampfe). Kann kross und klasse munden, aber eben auch in die Hose gehen (im wahrsten Sinne des Wortes). Ferner bieten die Büdchen Bock-

und Currywurst sowie den üblichen Kleinkram an. **Trinken** Der erste Durst lässt sich im Fanzelt vorm Stadion löschen, im Tivoli selbst trinkt man Bier, Limo, Cola und Wasser. Im Winter gibt's gelegentlich auch wärmende Flüssigkeiten. **Klo** Momentan schon wieder etwas heruntergekommen. Kein Wunder, dass die sanitären Anlagen bei den anstehenden Ausbesserungsarbeiten ganz oben auf der Liste stehen. **Kneipen** Im Fanzelt auf dem Stadionvorplatz gibt es Pils, Alt und kleine Snacks, in der näheren Umgebung sind nur einige Restaurants zu finden (von denen das »Cortis« aber ganz gut sein soll). Als Treffpunkt nach dem Spiel hat sich das »Haus der Alemannia-Fans« (s.o.) etabliert - wer schon vor dem Kick vorbeischauen will, sollte sich anmelden, sonst steht er vor verschlossener Tür. Ansonsten ab in die City - vom Statistischen Bundesamt erwiesen: Aachen besitzt die höchste Kneipendichte der Republik. Rund um Markt, Katschhof und Dom dürfte jedermann fündig werden.

STADION ●●●● **STIMMUNG** ●●● **SERVICE** ●● **STRESS** ●●

Soll es zu den derzeit in der Oberliga aktiven Aachener Amateuren gehen, kann man sich an der Anfahrt zum Tivoli orientieren: Die 3.000 Besucher fassende **Münzenberg-Kampfbahn**, das ehemalige Poststadion, das 1969 nach dem »Eisernen Reinhold«, dem ersten Alemannen im Trikot der Nationalelf, umbenannt wurde, liegt zwischen Reitstadion, der Tennisanlage und der vormaligen Heimat der Amateure, dem Sparkassenstadion (Kapazität: 2.000) am Ende der Emmastraße. Es handelt sich um einen Kunstrasenplatz. Also nicht erschrecken.

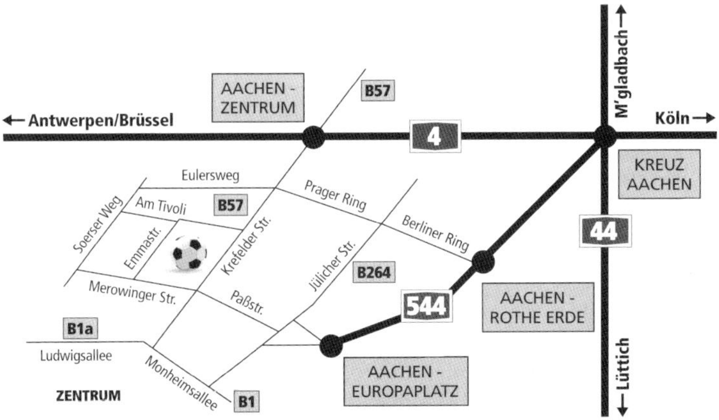

Von **Köln** oder **M'gladbach**: Über die **A4** bzw. **A44** bis zum Aachener Kreuz und auf der A4 gen Antwerpen/Heerlen bis zur Abfahrt **Aachen-Zentrum**/Würselen. Rechts ab auf die **Krefelder Straße** (B57) und nach etwa zwei Kilometern ist das Ziel erreicht: Das Stadion liegt rechts, gleich hinter der Fußgängerbrücke. Für ganz Doofe (pardon) ist der Tivoli auch **ausgeschildert**. Ein Großteil der rund 2.500 **Parkplätze** am Stadion ist nach wie vor kostenlos. Frühzeitig anreisende Gästefans können es an der Merowinger Straße versuchen, ansonsten stellen der **ALRV-Parkplatz** am Reitturnierstadion (hinter der Eishalle, Fußweg ca. fünf Minuten) und die Plätze am Straßenverkehrsamt (Am Gut Wolf, links) die ersten **Alternativen** dar. Schräg gegenüber vom Tivoli findet sich übrigens auch eine Tankstelle.

Vom **Hauptbahnhof** fahren die Linien 1, 11, 14, 21, 44 und 56 zum **Bushof**, dort steigt man in die Linie **51** (Haltestelle 4, Richtung Baesweiler) um, die direkt vor dem Haupteingang des Tivoli hält. An Spieltagen setzt man aber auch zusätzliche Sonderbusse (ab Hbf. und Bushof) ein. **Sonderzüge** fahren in der Regel bis zum West-Bahnhof durch, ab dort werden Auswärtsfans entweder per **Bus** (oft extrem überfüllt) oder aber per eigene **Füße** (ca. halbe Stunde) ins Stadion verfrachtet - stets in Begleitung einer mehr oder weniger großen Schar Ordnungshüter.

AALEN: Waldstadion

Baujahr: 1949

Kapazität: 11.300
Stehplätze: 5.500
Sitzplätze: 5.800

Foto: Andreas Pötzsch

VfR Aalen, Stadionweg 3, 73430 Aalen
Tel: 07361-943904, Fax: 07361-943905
www.vfr-aalen.de

Das »Stadion am Rohrwang« entstand in den Jahren 1947 bis 1949 und besaß nach Fertigstellung der hölzernen Tribüne ein Fassungsvermögen von 8.000 Plätzen, das man während einer ersten Umbauphase und der Erweiterung der Stehtraversen in der Mitte der 60er Jahre auf maximal 12.000 zu steigern wusste. Doch gelang es dem Traditionsklub später leider nur recht selten, sein schnuckeliges Rund auch halbwegs zu füllen. Selbst als der VfR zwischen 1972 und 1975 mit talentierten Jungspunden wie Dieter Hoeneß und Erwin Hadewicz die nordwürttembergische Konkurrenz aufmischte und nur knapp den Sprung in die 2. Liga verpasste, blieb die Aufbruchstimmung nur ein Strohfeuerchen.

Danach geschah lange Zeit nur recht wenig mit dem »Rohrwang« (wie das Stadion auch heute noch genannt wird) - nicht zuletzt, da sich Eigentümer VfL lange Zeit in einem finanziellen Schwächelzustand befand. Ende der 80er Jahre schließlich erbarmte sich die Stadt und kaufte dem Verein seine Spielstätte ab. Seit dem 1. September 1988 trägt der Rohrwang nunmehr den etwas spröden Namen »Waldstadion der Stadt Aalen«.

Anlässlich eines schwäbischen Landesturnfestes entschloss man sich 1998 zu einer Generalüberholung der Arena, wobei der Regionalliga-Aufstieg des VfR natürlich ganz gut ins Konzept passte. Für 2,3 Mio. DM wich das antike, vereinsintern auch »Schandfleck« titulierte Holzgebilde, das die Mitglieder nach dem Krieg in Eigenregie hochgezogen hatten, einer rund 850 Sitze fassenden Tribüne, die OB Pfeifle stolz als »zweitbundesligagerecht« lobte. Zudem stattete man die Arena mit Flutlicht und einer modernen Video-Anzeigetafel, die übrigens schon im Rahmen einer Seligsprechung durch den Papst im Vatikan im Einsatz war, aus. Zugleich verschwanden die Leichtathletikanlagen, während sich der VfR ein neues Clubhaus nebst VIP-Räumen leistete. Damit war die Umrüstung des Rohrwangs jedoch noch keineswegs abgeschlossen: Im November 2001 entschied die Stadt, das Waldstadion für rund 18 Mio. DM auszubauen - und ließ den Worten auch gleich Taten folgen: Bereits im Januar rollten die Bagger! Und so entsteht bei laufendem (und zuletzt ja auch recht erfolgreichem) Spielbetrieb auf der jetzigen Gegengeraden nicht nur eine überdachte Tribüne mit 4.050 Sitzplätzen, sondern auch eine (allerdings offene) Tribüne für 4.930 stehende Zuschauer auf der Westseite - was die Kapazität des Rohrwangs von zuletzt knapp 5.500 damit glatt verdoppeln wird. Schmuckkästchen - ick hör dir trapsen...

Die langsam, aber stetig wachsende Aalener Fanschar macht sich momentan noch auf der Nordseite, also der Gegengeraden, breit, wohingegen sich die Anhänger der Gäste auf die Ostseite (direkt hinter den Kassenhäuschen) stellen. Nach vollendetem

Umbau werden Auswärtsfans dann wohl auf die gegenüberliegende Seite (West) umziehen. Ist aber auch eigentlich wurscht, denn im Rohrwang kann man von allen Plätzen aus gut Fußball gucken - allein die Sicherheitszäune wirken hier und da ein wenig nervig, ermöglichen aber immerhin eine ausgedehnte Zaunbeflaggung. Störenfriede sind in Aalen eher selten.

Sitzplätze: 15 €
Stehplätze: 8 €
Gäste: Ostseite

Preise Rentner und Jugendliche kommen billiger rein. **Rollis** Ermäßigter Eintritt, Parkplätze und Toiletten sind vorhanden. **Fanshop** Kleiner Stand am Eingang. **Lesen** Dicke, umfangreiche, kostenlose und daher gute Stadionzeitung. **Essen** Rote und Thüringer im Brötchen. Durchaus zweitligareif. **Trinken** Kaffee, Softdrinks und Bier mit Umdrehungen, um die zwei Euro. Im Winter passabler Glühwein. **Klo** Recht sauber. **Kneipen** Das mit Biergarten ausgestattete »VfR-Clubrestaurant« (tgl. ab 14h, sonntags Frühschoppen ab 10h) bietet alles, was Herz, Leber und Magen begehren. Vor allem Leber.

STADION ⚽⚽	STIMMUNG ⚽	SERVICE ⚽⚽	STRESS

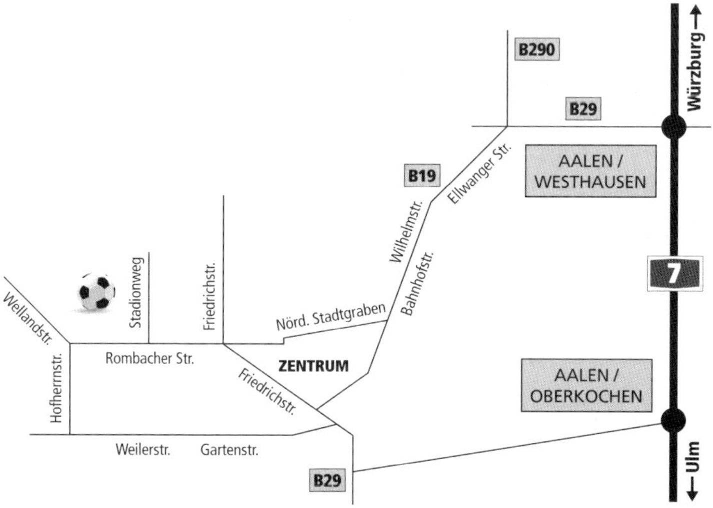

Von **Würzburg**: über die **A7** bis Abfahrt **Aalen/Westhausen** und auf der **B29** gen Aalen. Kurz vor Oberalfingen geht die B29 in die B19 über, aber das macht nix - es geht weiter **geradeaus** über die Nördlinger und Ellwanger Straße durch Attenhofen und auf der Wilhelmstraße durch **Wasseralfingen**. In Aalen dann von der **Bahnhofstraße** (immer noch B19) rechts auf den Nördlichen Stadtgraben, und über den Westlichen Stadtgraben rechts auf die **Rombacher** Straße - an der FH dann rechts ab zum Waldstadion.
Von **Ulm**: über die **A7** bis Abfahrt **Aalen/Oberkochen**, dann gen Unterkochen halten. Nach etwa fünf Kilometern (in Unterkochen) zuerst links, dann rechts auf die **B19**. In Aalen halbrechts auf die Burgstallstraße, nach etwa 600 Metern links in die Julius-Bausch-Straße und geradeaus über die Friedrichstraße zur Rombacher Straße (links).
Reicht der **Parkplatz** am Stadion nicht aus, so fahre man den Stadionweg bis zum MTV-Sportplatz oder benutze das Parkhaus an der Fachhochschule. Eine 1a-Alternative sind auch die Plätze auf dem Greutgelände vor der Eishalle.

Zu Fuß braucht man vom **Bahnhof** zum Rohrwang (über Nördlichen und Westlichen Stadtgraben, dann Rombacher Straße) etwa **15** bis **20** Minuten. Wem das zu weit ist, kann auf die **Buslinien 32** (Richtung Waldfriedhof), **42** (Essingen) sowie 24, 33, 34 und 35 zurückgreifen und vom **ZOB** bis zur FH fahren. Am Wochenende fahren diese Busse allerdings exorbitant selten.

AHLEN: Wersestadion

Baujahr: 1945

Foto: Michael Seiß

Kapazität: 11.000
Stehplätze: 9.130
Sitzplätze: 1.870

LR Ahlen, Postfach 2537, 59212 Ahlen
Tel: 02382-96889011, Fax: 02382-96889019
www.lrahlen.de

Alle Achtung - das Wersestadion kann sich mittlerweile wirklich sehen lassen! Innerhalb von nur elf Jahren hat sich nicht nur der Verein eindrucksvoll entwickelt, auch die von seinen Kickern bearbeitete Spielstätte genügt nunmehr höheren Ansprüchen.

Diesen Aufschwung hätten Anfang der 90er Jahre allenfalls unverbesserliche Optimisten oder professionelle Spinner vorhergesehen. Damals kämpften Ahlens Fußballer um den Klassenerhalt in der Bezirksliga - und das in einem Stadion, das einem besseren Bolzplatz glich. Die Glückaufkampfbahn, der Vorläufer des Wersestadions, war kurz vor dem Ende des Zweiten Weltkriegs von Grubenarbeitern der Zeche Westfalen erstmals zum fröhlichen Kicken genutzt worden und kam lange Zeit gut mit seiner kleinen Holztribüne, der Hand voll Stehtraversen und einer Kapazität von rund 6.000 Zuschauern aus. Dann aber übernahm Helmut Spikker, Herr eines Parfumimperiums und »Ahlens Antwort auf J.R. Ewing« (kicker), die Macht und führte den Verein in einem atemberaubenden Tempo auf der Erfolgsleiter nach oben: Jahr für Jahr kletterten die Ahlener, die ab 1996 als Ergebnis der Fusion von Blau-Weiß und TuS als »LR« auf Titeljagd gingen, eine Spielklasse herauf und waren 1996 bereits in der Regionalliga angelangt, in der man eine kurze Verschnaufpause einlegte. Dafür wurde nun an anderer Stelle in die Hände gespuckt: Die überfällige Renovierung bzw. der Ausbau der Glückaufkampfbahn (die im Übrigen mit ihrem berühmten Namensvetter aus Gelsenkirchen allein die schlammigen Anmarschwege und die Holzwürmer in den Sitzbänken gemein hatte) stand auf dem Programm. Doch erst 1998 konnten sich Verein und Stadt auf das Procedere einigen, und so entstand für rund elf Mio. DM (darunter wohl ein nicht unerheblicher Teil aus der spikkerschen Privatbörse) eine kleine, aber feine (da reine) Fußballarena, die nach dem angrenzenden Flüsschen in »Wersestadion« umbenannt und im Sommer 1999 mit einem Kick gegen die Uwe-Seeler-Traditionself eingeweiht wurde. Interimsweise war LR in den ungeliebten Sportpark Nord, die Ex-Heimat von Blau-Weiß, ausgewichen.

Kaum kickten die Ahlener im neuen Heim, gelang der nächste Aufstieg und so musste das Wersestadion den DFB-Auflagen angepasst werden: Zäune, Blöcke, Peripherie und als Krönung endlich auch eine Flutlichtanlage, die Ende Oktober 2000 ihren Betrieb aufnahm. Als nächster Schritt steht der (landesbezuschusste) Ausbau der Arena auf 16.500 Plätze an - etwa beim nächsten Aufstieg?

So ganz ist der LR sein Image als »Retortenverein« noch nicht los (vielleicht wird er's ja auch nie), doch die heimischen Anhänger geben auf ihren Stammplätzen (Blöcke H-L) ihr Bestes, um so etwas wie Fußballatmosphäre im kleinen Viereck aufkommen zu lassen. Klappt freilich nicht immer. Gästefans stehen in den Blöcken M (Gegentribüne) und O (Nordtribüne, offen, dafür 1 Euro billiger) insgesamt 1.100 Plätze zur Verfügung - also exakt zehn Prozent der Stadionkapazität. Die Hintertortribünen sind etwas flach, die Sicht könnte also besser sein.

Sitzplätze: 18,50-25 €
Stehplätze: 5-8,50 €
Gäste: Blöcke M und O

Preise Ermäßigter Eintritt für Rentner, Frauen, Schwerbehinderte und Kinder. **Rollis** Vor der Haupttribüne stehen 20 Plätze bereit, in ihr finden sich auch geeignete Klos. **Fanshop** In der neuen Geschäftsstelle am Stadion (Mo-Fr 14-18h), bei Heimspielen geöffnet. **Lesen** Der »LR-Express« (60 Cent) bietet solide Stadiongazettenkost. Mehr aber auch nicht. **Essen** Abwechslungsreiche, da häufig wechselnde Palette (Döner, Frikadellen, Fischbrötchen, Hähnchen, Schnitzelbrötchen etc.). Die grundsolide Bratwurst für 1,80 € ist dagegen immer im Angebot. Vegetarier müssen auf Süßes oder Eis zurückgreifen. **Trinken** Bier und Softdrinks wandern für einen Zweier über die Theke, ferner kann fan Kaffee, Tee und bei Bedarf Glühwein schlürfen. **Klo** Erträglich. **Kneipen** Das Vereinsheim ist nur aus dem Stadion heraus zugänglich, als Alternativen bieten sich die nahe liegenden Gaststätten »Diners« bzw. »Zum Dicken Stein« an. Oder aber die Innenstadt.

STADION STIMMUNG SERVICE STRESS

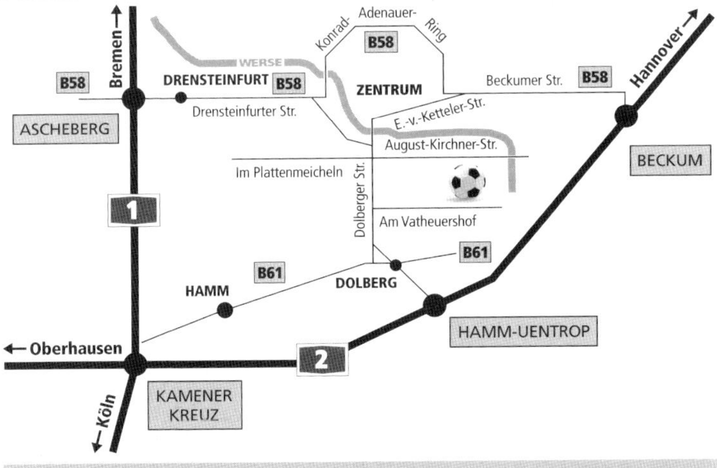

Von **Hannover**: über die **A2** bis Abfahrt **Beckum** und auf der **B58** nach Ahlen. Dort an der ersten Ampel links in die Emanuel-von-Ketteler-Straße, die über die Zeppelinstraße auf die **Dolberger Straße** (dritte Ampel) führt. Hinter dem Park (rechts) dann schließlich links in die August-Kirchner-Straße zum Stadion.
Von **Dortmund**: über die **A2** bis Abfahrt **Hamm-Uentrop** und auf der Uentroper Straße gen Ahlen/Dolberg. In **Dolberg** an der T-Kreuzung links auf die Heessener Straße (B61) und hinter Dolberg an der ersten Ampel rechts in die Lambertistraße, die in Ahlen zur Dolberger Straße wird. Von dieser schließlich rechts in die Straße »Am Vatheuershof« zum Parken.
Von **Bremen**: über die **A1** bis Abfahrt **Ascheberg** und auf der **B58** gen Ahlen (ca. 20 km). Über die Drensteinfurter und Kapellenstraße nach Ahlen hinein und an der fünften Ampel (Richtung Hamm) **links** in die Straße »Im Hövenerort« und gleich wieder links auf die Dolberger Straße. Im Umfeld des Stadions finden sich rund 500 **Parkplätze**, Ausweichmöglichkeiten bestehen im Industriegebiet Vatheuershof.

Vom **Bahnhof** sind es zu Fuß nur wenige Minuten: **links** raus (Südbrede), an der Ampel links auf die Dolberger Straße, geradeaus über die **Werse** und **links** in die August-Kirchner-Straße zum Stadion. Fußkranke können den **Bus** (Linie 450, fährt sonntags nicht) bis zum **Freizeitbad** nehmen.

ANSBACH: Städtisches Stadion

Baujahr: 1976

Foto: Steffen Halbleib

Kapazität: 5.000
Stehplätze: 4.000
Sitzplätze: 1.000

SpVgg Ansbach, Am Stadion 3, 91522 Ansbach
Tel: 0981-13118, Fax: 0981-7447
www.spvggansbach.de

Kult statt Kohle« hatten sich Ansbachs Fußballer im Sommer 2000 auf ihre T-Shirts gedruckt, nachdem der SpVgg ein wenig überraschend der Sprung in die 3. Liga gelungen war. Entsprechend sah dann auch die Arena aus, die für Regionalligaheimspiele nur bedingt geeignet war: kultig eben - und billig. Nach einer Saison im Vertragsspielerlager aber hat sich der Sportpark am Stadion freilich gemausert und kann sich nun sehen lassen.

Die 1976 eröffnete reine Fußballarena weist eine überdachte Hauptgerade auf, auf der die Zuschauer in bequemen Sitzschalen Platz nehmen können. Sie genießen neben dem Vorteil des schützenden Daches noch eine weitere Annehmlichkeit: Vor ihrer Nase steht kein Spielfeld abtrennender Zaun. Der zieht sich ansonsten durch die restliche Arena und behindert den Blick des Kunden erheblich.

Das hat nicht zuletzt mit der relativen Größe der Stehränge zu tun. Hinter beiden Toren steht man auf Spielfeldhöhe, derweil die Gegengerade mit stolzen fünf Stufen aufwarten kann. Darüber hinaus steht dort ein Uhrturm - unverkennbares Schmuckstück im Ansbacher Schmuckstück. Das haben auch die Heimfans erkannt und treffen sich bei Heimspielen vor dem Uhrwerk. Zu ihrer Rechten finden sich die Gästefans ein, für die zu Regionalligazeiten ein separates Catering eingerichtet wurde. Die gegenüberliegende Hintertortribüne - wenn man bei einer Stufe von einer »Tribüne« sprechen darf - wird vom Klubheim eingenommen, an das die Kabinen angeschlossen sind. Sachlich und funktional kommt der Schmelztiegel der Ansbacher Fußballgerüchteküche daher. Getreu dem Motto »Kult statt Kohle« wurde dann auch die Ansbacher Anzeigetafel erstellt. Bedient von ein paar heimischen Lausebengels ist sie noch richtig schön nostalgisch manuell - obwohl nagelneu. Das gibt Pluspunkte auf der Kultskala!

Aber nun mal im Ernst. Ansbach hat sich ein schönes Heim geschaffen, das mit seinen rund 5.000 Plätzen auch bei geringem Besuch zu einem kleinen Hexenkesselchen werden kann und den Anforderungen vollauf genügt. Da darf man ohne Umschweife gratulieren.

Zur Historie. Die im Jahre 1917 entstandene SpVgg Ansbach spielte zunächst an der Sedanstraße, die heute Stahlstraße heißt. Dort stand eine schmucke Sportanlage, die 1939 geräumt werden musste, weil Ansbach eine Kugellagerfabrik bekam. Nach einigen Jahren der Wanderschaft wurden die Ansbacher Fußballer nach dem Zweiten Weltkrieg an der Türkenstraße (dem heutigen Fichte-Sportplatz) heimisch, wo 1948 auch der Zusammenschluss zum TSV Ansbach stattfand. 5.000 bildeten in einem Freundschaftsspiel gegen den 1.FC Nürnberg die Rekordkulisse. Anfang der 50er Jahre trennten sich Turner und Fußballer wieder. Die Kicker blieben zunächst an der Türkenstraße, ehe ab Mitte der 70er Jahre die heutige Arena entstand. Dabei erwies sich das Vereinsleben als höchst stabil, denn angesichts finanzieller Nöte packten alle mit an und schufen nach und nach Trainingsplätze, ein rasenbestücktes A-Spielfeld, Flutlicht, ein Vereinsheim sowie eine Platzwartwohnung. Als das Areal dann 1976 schließlich seiner Bestimmung übergeben wurde, widmete man sich in Ansbach endlich auch wieder dem mittlerweile etwas brachliegenden sportlichen Auftritt. Dies klappte vorzüglich, denn der 1979 ins Leben gerufene Förderkreis konnte 1985 den Aufstieg in die Landesliga Mitte und 1989 den in die Bayernliga feiern. Zwischenzeitlich (1985) meldete der Sportpark beim Pokalauftritt von Waldhof Mannheim mit 6.000 Zuschauern eine neue Rekordkulisse. Nein: Trotz Regionalligaabstieg muss einem nicht bange werden um Ansbachs Elitefußballer.

Ja, es gibt sie, die Ansbach-Fans. Wo sich vor ein paar Jahren noch bestenfalls ein paar verirrte Supporter einfanden, trifft sich nun alle zwei Wochen eine durchaus ansehnliche grün-weiße Fanschar. Wie es sich für einen echten Ansbacher gehört, ist man lautstark, friedlich und freundlich. Die Regionalligasaison mit Auftritten am Darmstädter Böllenfalltor und der 1860-Arena an der Grünwalder Straße wird wohl noch ein paar Jahre der Höhepunkt der jüngeren Vereins-/Fangeschichte bleiben. Gästefans werden auf der Hintertortribüne angesiedelt und müssen sich keinerlei Gedanken bezüglich ihrer körperlichen Unversehrtheit machen.

Sitzplätze: 6-11 €
Stehplätze: 5-7 €
Gäste: egal

Rollis Am Spielfeldrand. **Fanshop** Im Stadion oder über den Verein, bestückt mit den notwendigsten Accessoires. **Lesen** Auch eine Stadionzeitung soll es in Ansbach wieder geben. **Essen** Wurst. **Trinken** Das übliche Sortiment - natürlich mit »richtigem« Bier. **Klo** Im Vereinsheim. **Kneipen** Vereinsheim.

STADION ⚽⚽	STIMMUNG ⚽	SERVICE ⚽⚽	STRESS

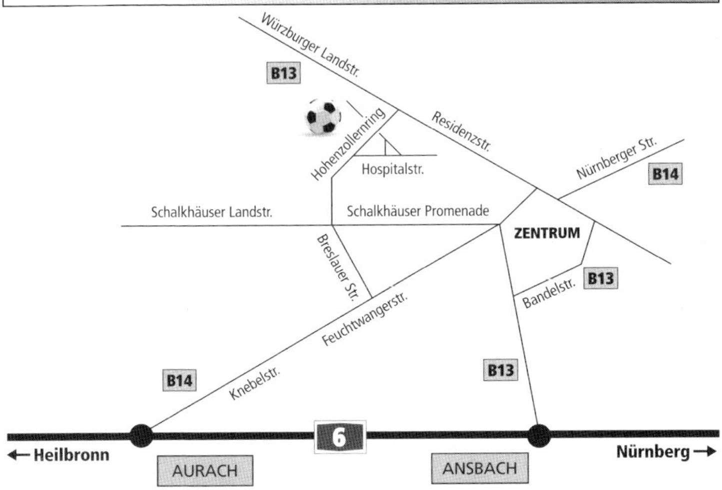

Von **Westen**: **A6** bis Abfahrt **Aurach** und auf der **B14** weiter nach Ansbach. Dort links in die Breslauer Straße und über den Hohenzollernring bis zum Stadion. Von **Osten**: A6 bis Abfahrt **Ansbach**, weiter auf der **B13** und in Ansbach **links** auf die Schalkhäuser Promenade (gen Leutershausen/Rothenburg) und dann rechts auf den Hohenzollernring zum Stadion. Über die **A7** von **Norden**: In Uffenheim/Langensteinach abfahren, auf die **B13**, in Ansbach rechts auf den Hohenzollernring und wieder rechts zum Stadion.

Per **pedes**: vom Bahnhofsvorplatz Richtung **Innenstadt** und in der Fußgängerzone **links** halten zur Martin-Luther- bzw. Würzburger Straße, auf der Hospitalstraße stadtauswärts, über die B14 hinweg zum **Festplatz** und zum Stadion. **Bustechnisch** wird die Arena von den **Linien 758** und **763** bedient (am Festplatz aussteigen).

ASCHAFFENBURG: Stadion am Schönbusch

Baujahr: 1909

Foto: Hardy Grüne

Kapazität: 15.000
Stehplätze: 12.000
Sitzplätze: 3.000

Viktoria Aschaffenburg, Kleine Schönbuschallee 92,
63741 Aschaffenburg
Tel: 06021-88828, Fax: 06021-88102

Ach, die Welt könnte so schön sein. Auch in Aschaffenburg, denn die schmucke alte Residenzstadt bietet eigentlich beste Voraussetzungen für eine klitzekleine Fußballhochburg. Die Fans sind begeisterungsfähig (oder waren es zumindest mal), das Stadion liegt günstig und bietet Platz für 15.000 Neugierige, und ob der geographischen Lage der hart auf bayerischem Boden liegenden Stadt würden lukrative Derbies gegen Offenbach, FSV Frankfurt usw. zweifelsohne die Massen anlocken. Doch die seit Urzeiten fest im hessischen Fußball verankerte Viktoria macht seit vielen Jahren nur noch durch finanzielle Unwägbarkeiten, sportliche Fiaskos und einen Niedergang, der schlichtweg atemberaubend ist, Schlagzeilen.

Wenn der Traditionsklub eines fernen Tages wieder zu alter Größe und Stärke erwachen sollte - das Stadion am Schönbusch wäre sogleich in der Lage, wieder an glorreiche alte Zeiten mit richtig vielen Zuschauern anzuknüpfen. Davon gab es reichlich, denn seit dem 23. Mai 1909 wird auf dem im Stadtteil Leider liegenden Areal nun schon nach dem Leder gegrätscht. Anno 1923 errichtete man eine erste Holztribüne und konnte regelmäßig bis zu 5.000 Besucher begrüßen. Die Viktoria war wer im Süden. Nach dem Zweiten Weltkrieg avancierte der Klub zu den Dauerbrennern der altehrwürdigen Oberliga Süd und freute sich über einen kontinuierlich hohen Zuschauerzuspruch.

Im Jahre 1958 rückten dann Bagger an. Die Tribüne war Brandstiftung zum Opfer gefallen und es entstand jenes in der Mitte unterbrochene Gebäude, das heute als überdachte Hintertortribüne sicherlich ein Unikum für einen Amateurverein darstellt. In jenem Zustand befand sich das Areal auch 1985 noch, als die Viktoria nach langem Dornröschenschlaf an alte Zeiten anknüpfte und via Aufstiegsrunde die Zweite Liga erklomm. Parallel dazu machten die Mainfranken im DFB-Pokal Furore. Legendenstatus hat der 24. Oktober 1987, als die heimische Viktoria den in der Bundesliga noch ungeschlagenen 1.FC Köln mit 1:0 aus dem Pokalrennen warf - Höfer traf sieben Minuten vor Schluss ins Kölner Netz und stürzte 12.000 Aschaffenburger ins Delirium. Zwei Runden später kam Werder Bremen und zerstörte mit einem 3:1 Viktorias Traum vom Halbfinale. 13.000 waren dabei - und einige Hunderttausend vor den Fernsehbildschirmen. Aber schon damals plagten den Verein erhebliche finanzielle Sorgen. 1990 verkaufte die Viktoria das Stadion an die Stadt Aschaffenburg, die anschließend einen tiefen Einschnitt in das Erscheinungsbild der Arena vornahm. Weil man bei einem seinerzeit geplanten Bau einer Flutlichtanlage in Konflikt mit der bayerischen Schlösser- und Seen-Verordnung geraten wäre (die Masten hätten den Blick auf Stadtschloss Johannisburg und Gartenschloss Schönbusch gestört), drehte man das Spielfeld kurzerhand um 90

Grad - womit die Haupttribüne plötzlich zur Hintertortribüne mutierte! Und weil gerade mal wieder Hoffnung auf eine erfolgreiche sportliche Zukunft der Viktoria bestand, wurde zudem eine mobile Stahlrohrtribüne errichtet, die bis heute die Gegengerade einnimmt, wobei sie allerdings zwischenzeitlich mit einem Dach versehen wurde.

Doch es kam anders. Ihre rasante sportliche Talfahrt brachte die Viktoria aus den Schlagzeilen und der Schönbusch hat noch immer kein Flutlicht. Um wieder auf die Beine zu kommen, plante man im Sommer 2002 hoffnungsvoll eine Kooperation mit dem SV Babelsberg 03 - dem es nach seinem Zweitligaabstieg nun selbst dreckig geht. Manchmal läuft eben alles schief. Immerhin zeichnet sich die Traditionsstätte heute dank ihrer überdachten Hintertortribüne durch ein recht skurriles Bild aus und stellt zweifelsohne ein Highlight der Oberliga Hessen dar. Wenn doch nur die Viktoria wieder...

Doch, man kann Fans vergraulen. Auch ganz treue. Auch ganz, ganz treue. Die Aschaffenburger Viktoria hat es vorgemacht. Jahrelang vom Aufstieg reden und gegen den Abstieg spielen macht jeden Fan mürbe. Heimniederlagen gegen Walluf und Bernbach liefern dann das Übrige. Heute ist Aschaffenburgs einst so stolze Fanszene tot - bis auf versprengte Überbleibsel, die einfach nicht von Ihrer blau-weißen Liebe lassen können und denen man »Haltet aus!« zurufen möchte. Dennoch schade! Erwähnens- und empfehlenswert noch die vorzügliche Homepage www.viktoria-aschaffenburg.gmxhome.de.

Auswärtige Anhänger können sich ihr Plätzchen frei aussuchen und müssen im Normalfalle keinerlei Stress mit übereifrigen Ordnern oder tollwütigen Heimfans befürchten.

Sitzplätze: 8 €
Stehplätze: 5,50-6,50 €
Gäste: egal

Rollis Am Spielfeldrand stehen Plätze zur Verfügung. **Fanshop** Der Verein war nicht in der Lage, Angaben zu machen. **Lesen** Ein kostenloses A4-Blatt mit den notwendigsten Infos. Nicht mehr und nicht weniger. **Essen** Wurst. **Trinken** Bier und die üblichen Softdrinks. **Klo** Akzeptabler Zustand. **Kneipen** Die Altstadt ist nicht weit, das Viktoria-Vereinsheim auch nicht.

STADION STIMMUNG SERVICE STRESS

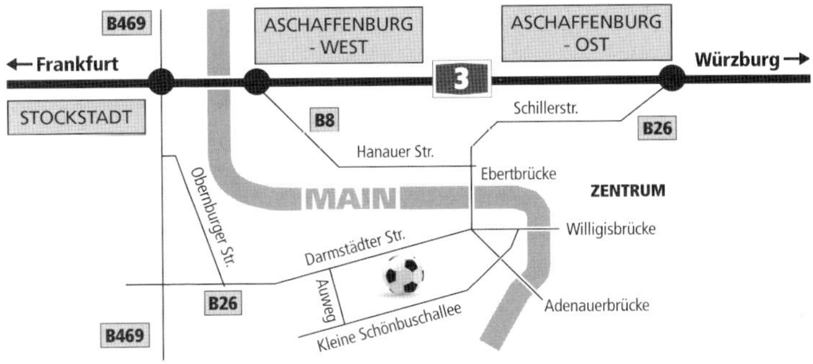

Über die **A3** aus Richtung **Westen**: In **Aschaffenburg-West** abfahren und auf der Stadtautobahn **B8** gen Aschaffenburg. Auf dem **Ring** in Richtung Stiftskirche, über den Main hinweg, an der **B26** (Richtung Darmstadt) vorbei und rechts in die **Kleine Schönbuschallee**. Über die **A3** aus Richtung **Osten**: In **Aschaffenburg-Ost** abfahren, auf der **B26** Richtung Zentrum bzw. Darmstadt. Nach der Mainüberquerung **links** auf den Ring und gleich wieder **rechts** zum Stadion.

Angekommen am Aschaffenburger **Bahnhof**, geht es über die **Willigbrücke** in Richtung des Volksfestplatzes, von dem aus es dann auch nur noch rund 500 Meter bis zum Stadion sind.

AUE: Erzgebirgsstadion

Baujahr: 1928

Kapazität: 16.403
Stehplätze: 6.170
Sitzplätze: 10.233

Foto: Burkhard Schulz

Erzgebirge Aue, Erzgebirgsstadion, Postfach 1304, 08273 Aue
Tel: 03771-59820, Fax: 03771-598229
www.fc-erzgebirge.de

An Stelle des Städtischen Stadions an der Lößnitzer Straße, das am 27. Mai 1928 vor rund 7.300 Zuschauern mit einem bunten Sportfest eingeweiht worden und lange Zeit auch als »Stadion am Schlachthof« bekannt war, errichteten Kumpel des Wismut-Bergbaus und Soldaten der Roten Armee in der Rekordbauzeit von nur vier Monaten die herrliche Auer Arena, die am 20. August 1950 als »Otto-Grotewohl-Stadion« (by himself) feierlich eröffnet werden konnte - statt der vorgesehenen 25.000 verfolgten damals um die 50.000 Zuschauer das Match der SV Erzbergbau gegen Waggonbau Dessau, denn auch jenseits der Anlage war der in einem Talkessel gelegene Platz gut einsehbar: Die Leute stellten sich einfach an die umgebenden Hänge.

Die Arena war zunächst als reines Sitzstadion für rund 22.000 Besucher angelegt und verfügte lediglich über eine kleine überdachte Holztribüne in der Nordwest-Ecke - 1956 erhielt dann auch der Rest der Tribüne ein schützendes Dach. Zwei Jahre später geschah etwas, das heute schlicht undenkbar wäre - man verwandelte die Sitzplatzkurven in Stehplatzbereiche . Der Ankunft der Friedensfahrt von 1964 fiel der hölzerne Stadionturm (incl. manueller Anzeigetafel) zum Opfer: Für die Radler musste die Einfahrt verbreitert werden. Anfang der 70er Jahre erhielt die Sportstätte schließlich noch eine neue Haupttribüne.

In diesem Zustand schlummerte das Stadion dann ohne jegliche Änderung bis zum Jahre 1986 vor sich hin, als man daran ging, die gesamte Arena von Grund auf zu erneuern - was satte 24 Millionen DDR-Mark verschlang. Die Kurven wurden ausgebessert, die Gegengerade gleich gänzlich neu errichtet. Vom alten Stadion blieb nicht viel übrig - lediglich das Dach der Haupttribüne besteht heute noch in seiner alten Form, freilich entfernte man die sichtbehindernden Stützen und hängte es hinten an vier Masten auf. Im Sommer 1989 gönnte sich Aue eine Anzeigetafel (großartig die Animation bei Toren der Heimelf!) und anlässlich des 1000. Oberligaspiels (vs. Magdeburg) wurde im Oktober vor 26.000 Fans auch die Flutlichtanlage eingeweiht. Später waren im ab November 1991 so genannten Erzgebirgsstadion größere Zuschauerzahlen eigentlich nur noch bei Ligapokal-Spielen zu verzeichnen: 20.000 sahen im August 1998 die Bayern gegen Leverkusen, weshalb auch das Flutlicht TV-gerecht (sprich: 1.000 Lux) aufgemotzt werden musste. Heutzutage sind die Kicks im Auer Fußballtempel auf knapp 16.400 Fans beschränkt - der lieben Sicherheit (und des DFB natürlich) wegen.

Die heimischen Anhänger brüllen ihr »Zwei gekreuzte Hämmer und ein großes W - das ist Wismut Aue, unsere BSG. Wir kommen aus der Tiefe, wir kommen aus dem Schacht, Wismut Aue - die neue Fußballmacht!« hauptsächlich aus den Blöcken O/P heraus, Gästefans stehen gegenüber in den Blöcken F und G. Die Sicht ist optimal, ein Flutlichtspiel ein Genuss und Ärger gibt's (wenn überhaupt) nur außerhalb der Arena. Bei prestigeträchtigen Duellen, z.B. den Derbies gegen Zwickau, sollte man das Gebiet zwischen Stadion und McDoof besser meiden.

Sitzplätze: 5-11 €
Stehplätze: 4-6 €
Gäste: Block F und G

Preise Jugendliche, Studenten, Zivis, Behinderte, Soldaten, Sozialhilfeempfänger kommen billiger ins Stadion, Kinder (bis 7 Jahre) stehen für 3 €. Familienkarten (drei Personen, mindestens ein Kind, jedes weitere 3 €) sind für 25 € zu haben. **Rollis** Ermäßigter bzw. freier Eintritt für Rolli und Begleiter, behindertengerechter Eingang und Plätze im Innenraum. Wer sich rechtzeitig an den FCE wendet, erhält auch einen Parkschein für einen Stellplatz direkt am Stadion. **Fanshop** Im Fanprojekt (Poststr. 9, 08280 Aue, Tel/Fax: 03771-735884, mail: fanprojekt@auefans.com) hilft man gerne weiter. Bestellungen sind auch über die Klub-Homepage möglich. **Lesen** Das »Veilchenecho« kostet zwar 1,30 €, ist aber jeden Cent wert. Gleiches gilt für das Fanzine »Die Schachtscheißer«, das man bei Heimspielen am Stand des Fanprojektes oder aber via Post (s.o.) erwerben kann. **Essen** Diverse Würste (Wiener, Bock, Rauch, Roster) zu zivilen Preisen, ferner Fisch- und Hackepeterbrötchen sowie Steaks. **Trinken** Tee, Kaffee, Glühwein und Grog sowie Limo, Wasser und Freiberger (0,4l-Becher für 2,10). Und das meist wohl temperiert. **Kneipen** Die Auer Fans treffen sich im Sportlerheim »Stadionblick«, das seinen Namen zu Recht trägt und in dem man neben diversen geistigen Getränken auch vernünftige Mahlzeiten bekommt.

STADION · STIMMUNG · SERVICE · STRESS

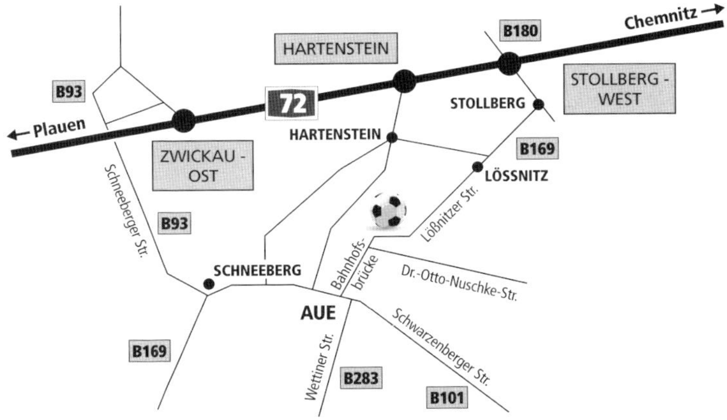

Von **Chemnitz**: über die **A72** bis Abfahrt **Hartenstein** bzw. **Stollberg-West** und der Ausschilderung nach Aue folgen. Über Lößnitz und die Lößnitzer Straße (**B169**) geht es in die Stadt hinein, gleich hinter dem Verkehrsamt taucht dann auch schon **rechts** das Erzgebirgsstadion auf. Eigentlich ganz einfach. Schwieriger wird's da schon mit dem **Parken**: Entweder schon vor Aue nach einem Abstellplatz schauen (z.B. an der Fahrschule, ausgeschildert) oder hinter Stadion, Gleisen und McDoof rechts auf den Parkplatz am **Schlachthof** fahren. Wer **früh** kommt, kann auch entlang der Bundesstraße fündig werden. Von **Plauen**: über die **A72** bis Abfahrt **Zwickau-Ost**, dann zunächst gen Zwickau und nach etwa 1,5 km **links** in die Goethestraße, durch Vielau hindurch bis auf die **B93**, diese rechts und auf der Schneeberger Straße gen **Schneeberg**, dort auf die **B169** gen Aue. Hier angelangt, an der ersten dicken Kreuzung links über die Bahnhofbrücke auf die Lößnitzer Straße.

Vor dem Stadion halten diverse **Überlandbusse** der BVO. Vom Bahnhofsvorplatz fahren z.B. die Linien **202**, **375** und **378** (auch am Wochenende) bis zur Haltestelle **Stadion** (allerdings nicht eben häufig). Da die Arena etwas außerhalb liegt, braucht man zu Fuß über die Lößnitzer Straße knapp eine **Viertelstunde**.

AUGSBURG: Rosenaustadion

Baujahr: 1951

Foto: Steffen Halbleib

Kapazität: 32.420
Stehplätze: 26.420
Sitzplätze: 6.000

FC Augsburg, Donauwörther Str. 170, 86154 Augsburg
Tel: 0821-411880, Fax: 0821-415312
www.fcaugsburg.de

Es ist schon ein erhabenes Gefühl, auf dem Oberring des Rosenaustadions zu stehen und dessen beeindruckende Ausmaße auf sich wirken zu lassen. Ein wenig getrübt wird das Erlebnis, wenn gleichzeitig der FCA ein Heimspiel austrägt, denn selbst bei gutem Besuch wirkt die Arena gruselig leer und lässt unweigerlich Wehmut aufsteigen. Es sei somit gleich festgestellt: Das Rosenaustadion ist viel zu groß für den FCA - auch wenn dieser nach der erfolgreichen Beseitigung der Schäden der Lizenzverweigerung vom Sommer 2000 wieder vor optimistischeren Tagen steht.

Das beeindruckende Bauwerk im Südwesten der Stadt errichtete man nach dem Zweiten Weltkrieg, als Augsburg vor einem gigantischen Kriegstrümmerhaufen stand und sich der seit den 20er Jahren regelmäßig vorgetragenen Stadionpläne erinnerte, welche mittels des Trümmerberges nun vorzüglich umgesetzt werden konnten. Anstatt der zunächst geplanten 25.000-Plätze-Anlage entstand jedoch aufgrund von Protesten des potenziellen Hauptnutzers BCA, dessen Heimat an der Donauwörther Straße kurz zuvor einem Wohnungsbauprojekt hatte weichen müssen, die heutige Großarena mit seinerzeit 65.000 Plätzen. Zwei Jahre nach dem ersten Spatenstich (Ende 1949) wohnten rund 50.000 Zuschauer der Einweihung des als »größte und schönste Sportanlage Süddeutschlands« bejubelten Bauwerkes bei. Es handelte sich damit um das bundesweit erste »Kriegstrümmerstadion« - andere Städte wie Ludwigshafen, Hannover oder Leipzig griffen die Augsburger Idee glücklich auf.

Nach den so genannten »Rössern« - uralten Wasserarmen der Wertach - wurde die Arena »Rosenaustadion« getauft und sollte nach den Hoffnungen aller Beteiligten möglichst rasch Spitzenfußball beherbergen. Davon war der BCA freilich meilenweit entfernt und somit stieß das Stadion auch nur selten an den Rand seiner Kapazität. Am 9. November 1952 stellten 64.586 Fans beim Spiel Deutschland-Schweiz die bis heute ungebrochene Rekordmarke auf.

Bauliche Veränderungen wurden in der Vergangenheit nur wenige vorgenommen. Allenfalls Komfortverbesserungen. 1955 beispielsweise wurde die Flutlichtweihe begangen, wobei das Rosenaustadion allerdings erst sieben Jahre später »richtiges« Flutlicht bekam, denn 1955 waren lediglich mobile Strahler in Gebrauch, die in ihrem Alltag der Ausleuchtung innerstädtischer Sehenswürdigkeiten dienten. Später wurde das Fassungsvermögen durch Versitzplatzung dreier Gegengeradeblöcke auf 32.420 Plätze gesenkt, was jedoch folgenlos blieb, da auch Augsburgs große Hoffnung, durch die Bildung des Großvereins »FCA« (1973) den Sprung in die 1. Liga zu schaffen, ebenso rasch wie nachhaltig zerstob. Derzeit könnte der Klub bequem mit einem Bruchteil der Arena auskommen.

AUGSBURG: Rosenaustadion

Nach dem bitteren Zwangsabstieg 2000 hat sich in Augsburg eine völlig neue Fanszene entwickelt, die sich über Zulauf nicht beklagen kann. Man trifft sich nunmehr in Block M, frönt der Ultra-Manie und besticht durch nette Choreografien. FCA-Fans sind durchweg nette Zeitgenossen, nur in Ausnahmefällen trifft man auf unangenehme Vertreter. Gästefans können das Spiel in den Nordkurvenblöcken H-K (Zugang über Perzheimstraße) somit in der Regel gefahrlos genießen. Doch Obacht: Während die Sichtverhältnisse von allen Plätzen ausgezeichnet sind, ist das Rosenaustadion stimmungstechnisch ein echter Killer.

Sitzplätze: 12-15 €
Stehplätze: 7-9 €
Gäste: Nordkurve, H-K

Rollis Am Spielfeldrand. **Lesen** Seit einiger Zeit befindet sich der Stadionkurier in Fanhänden und hat sich zu einem exzellenten Blatt gemausert. Dank des Bildungsgrades der Macher (Kunst- und Germanistikstudenten) steht es sogar auf erstaunlich hohem intellektuellem Niveau - Reich-Ranitzki hätte seine helle Freude! **Essen** Wurst, Brezeln. **Trinken** Alkoholhaltiges Bier, Cola, Fanta und Wasser. **Klo** Ausreichend vorhanden, funktional. **Kneipen** Stadiongaststätte oder die kultige Fußball-Kneipe »pele-sportbar« in der Klinkertorstraße 7. Am Wertacher Damm gibt es drei kleinere Biergärten.

STADION · STIMMUNG · SERVICE · STRESS

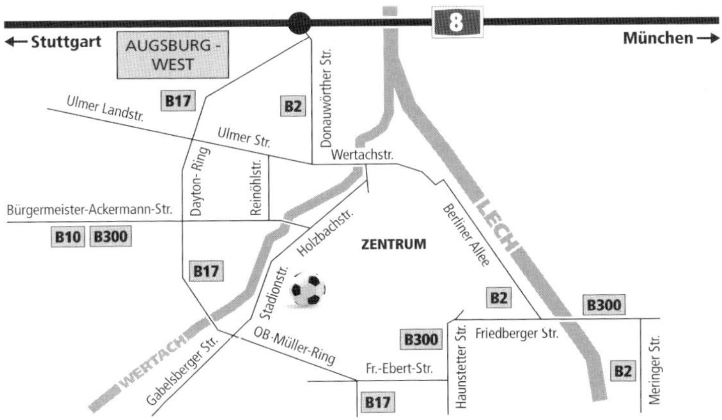

Aus Richtung Ulm/München: Die **A8** an der Ausfahrt Augsburg-West verlassen und auf der **B2** (Donauwörther Straße) Richtung Zentrum/Landsberg. Nach mehreren Kilometern geht es **links** auf die **Holzbachstraße** (Stadion ist ab dort ausgeschildert), die geradewegs zur Stadionstraße und somit zum Stadion führt. **Parken:** Kostenlose Parkplätze gibt es auf dem oberen Platz (an der Sporthalle), während man am stadionnahen Parkplatz **bezahlen** muss. **Platz** ist aber selbst bei Spitzenbegegnungen **ausreichend** vorhanden.

Vom Bahnhof mit der **Tram 2** bis zum **Königsplatz**, dort in die **# 1** umsteigen und an der Ulrich-Hofmeier-Straße aussteigen. Von dort sind es noch rund **fünf** Minuten Fußweg. Insgesamt kann man aber vom Bahnhof auch in einer guten Viertelstunde **per pedes** zum Stadion kommen: Rechts auf die Halderstraße, an der ersten großen Kreuzung rechts auf die Hermannstraße, dann **geradeaus** über Gögginger Brücke und Kongresshalle zum Stadion.

BAYREUTH: Städtisches Stadion

Foto: Steffen Halbleib

Baujahr: 1967

Kapazität: 20.000
Stehplätze: 17.000
Sitzplätze: 3.000

SpVgg Bayreuth, Jakobstr. 33, 95447 Bayreuth
Tel: 0921-67787, Fax: 0921-57634
www.spvgg-bayreuth.de

Es gab eine Zeit, da lockte das Städtische Stadion Fußballfans aus ganz Oberfranken an. Arbeiterklub Spielvereinigung Bayreuth, 1921 als Abspaltung eines traditionsreichen Arbeiterturnvereins entstanden, bot viele Jahrzehnte guten Sport und stand mehrfach vor dem Sprung nach ganz oben. Zuletzt war dies 1979 der Fall, als sich die Schwarz-Gelben im Aufstiegsspiel zur Bundesliga (ja, ja: Bundesliga!) nur knapp der Bayer-Elf aus Uerdingen geschlagen geben mussten. Damals war Bayreuths Fußballwelt noch intakt und die 1967 eröffnete städtische Arena am Ellrodtweg (ein winziges Gässchen, das kaum zu finden ist) regelmäßig prall gefüllt. Heute findet sich, man ahnt es schon, höchstens eine Hand voll Zuschauer ein, wenn die SpVgg zum Heimspiel bittet.

Eigentliche Heimat der in Bayreuth nur »die Altstädter« (Oberfränkisch: »Oldschdod«) genannten Schwarz-Gelben ist die Jakobstraße, an der bis heute auch der Vereinssitz liegt. Dort entstand 1925 ein schmuckes reines Fußballstadion, das den Aufstieg der SpVgg entscheidend begünstigte. Allerdings war es mit lediglich 10.000 Plätzen für höhere Aufgaben nur bedingt geeignet, weshalb die Schwarz-Gelben ab 1967 regelmäßig in das neu eröffnete Städtische Stadion auswichen, in dem sie später ihre endgültige Heimat fanden. Die Arena an der Jakobshöhe wurde übrigens 2000 abgerissen, heute wartet dort ein Supermarkt auf Kundschaft.

Die innenstädtische Mehrzwecksportanlage liegt durchaus idyllisch. Hinter der Tribüne fließt der Rote Main und lockt Spaziergänger mit romantischen Wegen, derweil die Gegengerade an eine rustikale Wohngegend grenzt, die mit ihrem Ambiente perfekt zum Flair der SpVgg als Arbeiterklub passt. Schwer vorstellbar allerdings, dass einstmals regelmäßig 20.000 Menschen in die Arena strömten - wo haben die alle geparkt, wo sind die nur langgegangen? Als städtisches Areal erfreut sich das Stadion ausgezeichneter Pflege und ist prima in Schuss. Letzte größere Baumaßnahmen: Für ein Michael Jackson-Konzert wurden die Ostkurve saniert, neue Treppen errichtet und die Zugänge überholt. Keine Frage: Sollte die SpVgg einmal den Sprung in die Regionalliga schaffen, würde es am Stadion sicherlich nicht scheitern. Das meint auch der DFB, der das Frauenländerspiel Deutschland - Norwegen 2001 nach Bayreuth vergab.

Eröffnet 1967, bot die Arena zunächst 15.000 Menschen Platz, ehe in den 70ern der Blickfänger errichtet wurde: Die Haupttribüne, die mit zwölf halbrunden Dachteilen aufwartet, auf denen in großen Lettern »Städt. Stadion Bayreuth« steht. Seitdem fasst die Arena 20.000 Plätze - doch bis sie wieder einmal gefüllt sind, wird wohl noch viel Wasser den Roten Main herunterfließen und die 74.000-Einwohnerstadt stattdessen alljährlich mit den berühmten Wagner-Festspielen in die Schlagzeilen kommen.

Zum Schluss noch ein kleiner Bayreuther Fußballtraum: Unter dem Motto »Projekt 2007« hat man ein Modell entwickelt, aus dem eher langweiligen Städtischen Stadion ein atemberaubendes reines und komplett überdachtes Fußballstadion zu zaubern. Mittels einer Kampagne im Internet (www.eyeonearth.de/OLDSCHDOD/index.htm) wird die lobenswerte Idee nach Kräften gefördert. Vielleicht klappt es ja und Bayreuth wird ein neuerliches Beispiel für eine erfolgreiche »support your local football-team«-Aktion.

Nach der Rückkehr in die Bayernliga ist die SpVgg wieder Kult in Oberfranken und würde zu gerne an alte Zeiten anknüpfen. Freunde der »Oldschdod«-Elf treffen sich auf der Gegengeraden und gehören den Fan-Klubs »Altstadt-Kult« oder »Die Treuen« an. Gästefans können bei Spielen im Städtischen Stadion Platz nehmen, wo immer sie wollen, und müssen in der Regel auch keine Belästigungen durch Einheimische befürchten.

Sitzplätze: 8 €
Stehplätze: 5,50-6,50 €
Gäste: egal

Rollis Am Spielfeldrand. **Fanshop** Ein überschaubares, dafür aber sehr schönes Angebot wird ausschließlich vor den Spielen am Stadion offeriert. **Lesen** Ein informatives Blättchen versorgt mit den nötigsten Hintergründen. **Essen** Wurst. **Trinken** Bier und Softdrinks. **Klo** In akzeptablem Zustand. **Kneipen** Ausreichend im Stadionumfeld vorhanden - schließlich heißt die SpVgg auch »die Altstädter«.

STADION | STIMMUNG | SERVICE | STRESS

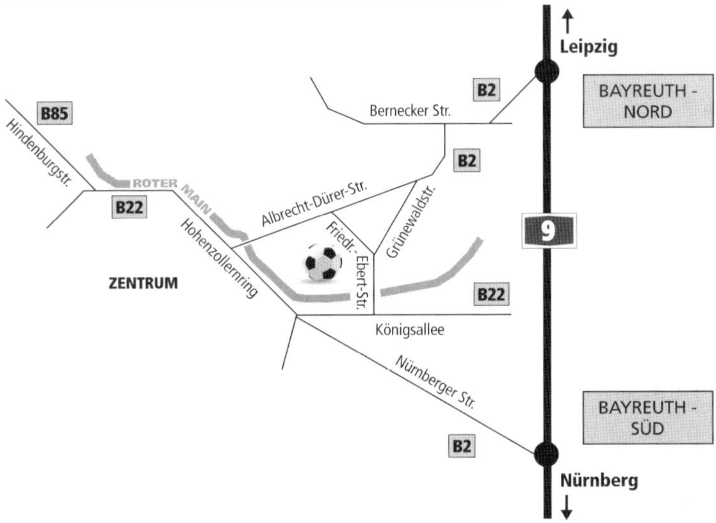

Über die **A9** aus Richtung **Leipzig**: In **Bayreuth-Nord** abfahren und weiter auf der **B22** Richtung Bayreuth den **Hinweisschildern** »Stadion« folgen. Über die **A9** aus Richtung **Nürnberg**: In **Bayreuth-Süd** abfahren, auf der **B2** Richtung Zentrum, dann **rechts** auf die B22 (Richtung Kemnath) und **links** in die Friedrich-Ebert-Straße zum Stadion. Dort angekommen, muss man zunächst einen **Parkplatz** suchen, was bei stärkerem Besuch kein einfaches Spiel ist (am besten die **erstbeste** Möglichkeit nehmen, die sich am Straßenrand bietet), sowie den Eingang finden, der doch etwas **versteckt** zwischen Wohnhäusern liegt.

Vom **Bahnhof** geht man maximal **fünf Minuten** zu Fuß (Bahnhofstraße, Hohenzollernring, Albrecht-Dürer-Straße, Friedrich-Ebert-Straße), da **lohnt** das Einsteigen in den **Stadtbus** gar nicht.

BERLIN: Alte Försterei

Foto: Hardy Grüne

Baujahr: 1920

Kapazität: 18.100
Stehplätze: 16.100
Sitzplätze: 2.000

1.FC Union Berlin, Hämmerlingstr. 80-88, 12555 Berlin
Tel: 030-6566880, Fax: 030-65668866
www.fc-union-berlin.de

Hurra, »Eisern Union« lebt nicht mehr nur noch, sondern atmet sogar erstmals seit Jahren wieder so richtig frei durch. Davon profitierte auch die ehrwürdige »Alte Försterei«, die dank der mitreißenden Pokalauftritte in der Spielzeit 2000/01 inzwischen sogar über eine überdachte Tribüne sowie Flutlicht verfügt. Doch der sportliche Höhenflug sorgte prompt für Probleme, denn zu den Europacupspielen mussten die Unioner in den ungeliebten Jahnsportpark, Ex-Spielstätte des verhassten BFC Dynamo, ausweichen. Und der bisweilen »drohende« Aufstieg in die Bundesliga hätte ebenfalls gewisse Probleme mit sich gebracht. In der Zweitklassigkeit kann sich Union nun im Profifußball etablieren und die Traditionsspielstätte, deren Erhalt mehr als wünschenswert ist, restaurieren.

Die »Alte Försterei« liegt recht idyllisch am Rande eines ausgedehnten Waldstücks, neben einem Uralt-Gebäude namens »Försterei Treptow« (von dem das Stadion auch seinen Namen hat) und in Wurfweite des großen Freizeit- und Erholungsparks »FEZ«. 1920 weihte man die Arena mit einem Kick zwischen dem SC Union Oberschöneweide und dem amtierenden Meister 1.FC Nürnberg ein. Rund 10.000 Plätze bot das Stadion in jenen Tagen. Dabei blieb es zunächst auch, denn es kamen harte Zeiten auf Union zu. Durch die politische Entwicklung wurde der Verein 1950 gespalten. Während die Ligaelf in den Westen abwanderte und als Union 06 Berlin weiterspielte, verschwand »Union-Ost« in der Versenkung. Erst als dem neu gegründeten 1.FC Union 1966 der Aufstieg in die Oberliga der DDR gelang, kehrte die Wuhlheide auf die höchste Fußballbühne zurück.

1969 rollten erstmals seit Jahrzehnten wieder Bagger in die inzwischen wirklich alte »Alte Försterei«, die einen neuen »englischen« Rasen sowie ein Sozialgebäude erhielt. Ferner erweiterte man die Gegengerade um 19 Stufen, die im Vergleich zur ursprünglichen Bausubstanz recht steil in den Himmel ragen. Einige Jahre später wurden beide Hintertortribünen auf dieselbe Höhe gebracht, womit die Wuhlheide ein Fassungsvermögen von stolzen 23.500 erreichte.

Anschließend wurde es wieder still an der Försterei. Als vom Volk geliebter, von den politisch Verantwortlichen jedoch verachteter Klub fristete die der Gewerkschaft FDGB nahe stehende Union ein Schattendasein. Nach der politischen Wende wiederum verhinderten eklatante Finanzprobleme und eine haarsträubende Vereinspolitik Baumaßnahmen, so dass sich die Alte Försterei lange Zeit in einem stark renovierungsbedürftigen Zustand präsentierte. Nachdem nun die lange vermisste überdachte Sitztribüne sowie das Flutlicht entstanden sind, sind den Verantwortlichen nur noch die Anfahrtswege sowie das leidige Parkplatzproblem Dornen in den Augen. Dafür darf die Wuhlheide zu den schönsten Ballhäusern des Landes gezählt werden.

Nur selten gelingt es Fans, einen Anfeuerungsruf zum offiziellen Vereinsslogan zu machen. Bei Union hat es geklappt, denn »Eisern Union« ist längst Programm. Der Zusammenhalt der rot-weißen Gemeinde ist enorm. Der Fanrat ist im Aufsichtsrat vertreten, und die »Union Fan-Liga« erfreut sich großer Beliebtheit. Unions bemerkenswert treue Fanschar versammelt sich auf der Hintertortribüne »Wald« sowie der großen Stehplatzgeraden und gilt als - im positiven Sinne - fanatisch. Allerdings tummeln sich in der Wuhlheide noch immer einige dubiose Gestalten, vor denen man sich besser in Acht nehmen sollte.

Für auswärtige Anhänger öffnet die Wuhlheide ihre Pforten über den Eingang »Seite Köpenick«, der sich an der Ausfallstraße »An der Wuhlheide« befindet. Die Sicht aus Block E ist wegen des sehr hohen und engmaschigen Zaunes noch immer etwas getrübt. Dafür hat sich die Toilettensituation entspannt.

Sitzplätze: 17-22 €
Stehplätze: 7-8,50 €
Gäste: Seite Köpenick

Rollis Am Spielfeldrand. **Fanshop** In der Geschäftsstelle. **Lesen** Unterhaltsames Heft, an dem noch immer die Fans mitwirken. **Essen** Bratwurst (nicht eben wirklich lecker) und Schokoriegel, im Sommer auch Eis. **Trinken** Bier, Cola, Sprite etc. **Klo** Endlich! - die Wuhlheide hat ein Toilettenhaus bekommen. **Kneipen** Fan-Kneipe »Abseitsfalle«, im Gebäude der Geschäftsstelle. Wer darauf keine Lust hat, sollte es in der Altstadt von Köpenick probieren.

STADION ●●●● STIMMUNG ●●●● SERVICE ●● STRESS ●●●

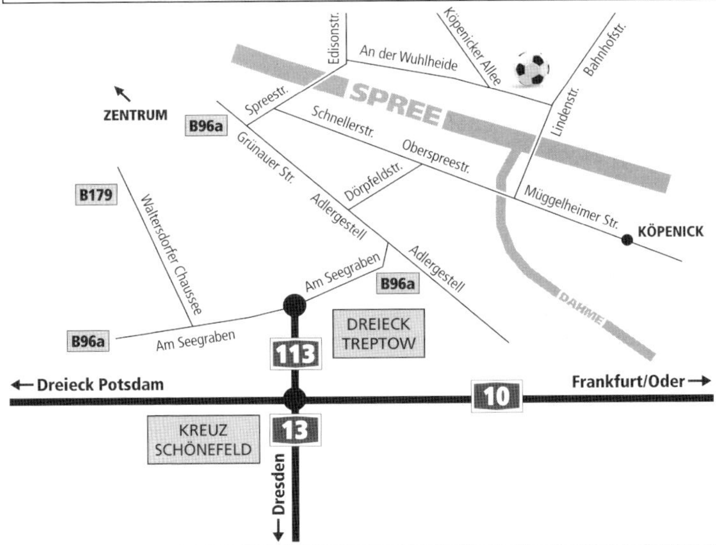

Über die **A10**, **A12** und **A13**: Am Schönefelder Kreuz auf die **A113** bis zum Dreieck Treptow/Am Seegraben, von dort weiter auf der **B96a** Richtung Niederschöneweide. Nach ca. fünf Kilometern auf Höhe des Bahnhofs Schöneweide **rechts** in die Spreestraße (später Edisonstraße), dann rechts in die **Wilhelminenhofstraße** und halblinks über die Ostendstraße auf »An der Wuhlheide«. Nach einigen Kilometern taucht das Stadion kurz nach einer **Bahnunterführung** linker Hand auf. **Parken:** Schwierig. Eigentlich hilft **nur** das Umsteigen auf den ÖPNV.

Mit der **S3** (ab den Bahnhöfen Zoo, Hauptbahnhof, Friedrichstraße) bis **Bahnhof Karlshorst**, dann mit der Straßenbahnlinie **26** weiter bis FEZ Wuhlheide oder Alte Försterei. Da dies einen Umweg darstellt, fährt man besser gleich weiter bis **Köpenick** und macht sich anschließend auf einen rund zehnminütigen Fußweg zum Stadion. Vom Bahnhof Schöneweide fahren die Straßenbahnen **61** und **67** zur Alten Försterei.

BERLIN: Mommsenstadion

Baujahr: 1930

Kapazität: 14.500
Stehplätze: 12.700
Sitzplätze: 1.800

Foto: Burkhard Schulz

Tennis Borussia Berlin, Waldschulallee 34-42, 14055 Berlin
Tel: 030-3069610, Fax: 030-3029347
www.tebe.de

Eine Fußballhochburg war das Mommsenstadion nie. 1930 erbaut, wurde die Arena zwar im Rahmen des Olympiaturniers 1936 sogar für internationale Begegnungen wie beispielsweise Italien - Japan genutzt, Vereinsfußball sah sie jedoch nur selten. Erst nach dem Zweiten Weltkrieg ließ sich der ursprünglich aus Berlin-Mitte stammende und seit langem heimatlose Tennis Club Borussia dort nieder. TeBe hatte zunächst an der Schönhauser Allee gekickt, war nach dem Abriss des dortigen Areals ins Polizeistadion Berlin-Mitte (wurde später zum inzwischen abgerissenen Stadion der Weltjugend, dem »heimlichen Nationalstadion der DDR«) gezogen und schließlich im Poststadion gelandet, wo die Veilchen bis zum Kriegsende blieben. Doch auch nach ihrem ersten Umzug ins nach dem Historiker Theodor Mommsen benannte Mommsenstadion tingelten die Borussen weiter durch Berlin. Mal war es das Olympiastadion, in dem sie Zuflucht fanden, mal das Poststadion, in der sie in den 70er Jahren auch diverse Zweitligakicks austrugen. Kein Wunder also, dass das unweit der Deutschlandhalle gelegene Mommsenstadion niemals zum Synonym für die Veilchen wurde. Das lag freilich auch daran, dass andere Klubs wie beispielsweise Ex-Zweitligist SC Charlottenburg ebenfalls im »Mommse« kickten.

Seit ihrer Eröffnung hat die Arena ihr Gesicht kaum verändert. Die weit zurückversetzte Tribüne mit ihren ungewöhnlichen Wendelaufgängen gehörte ebenso zur Erstausstattung wie die ringsum verlaufenden Stehtraversen der Multisportanlage. Ein wenig eigentümlich die inzwischen eingezäunten Wiesenflächen an beiden Enden der Hauptgeraden; typisch für Berliner Sportarenen hingegen die Vortribüne mit zehn Stehplatzreihen.

Selbstverständlich hat das »Mommse« inzwischen diverse Renovierungsmaßnahmen über sich ergehen lassen, bei denen aber in der Regel lediglich ein paar Eimerchen Farbe oder allerhöchstens ein bisschen Ausbesserungsbeton zum Einsatz kamen. Das größte Problem ist nämlich, dass das Stadion fast komplett unter Denkmalschutz steht, was aus historischen Gesichtspunkten sicherlich zu begrüßen ist, andererseits aber kaum Raum für Verbesserungen lässt. Mitte der 70er Jahre gab es Wellenbrecher und den obligatorischen Zaun; am 27. September 1989 erhielt die nicht unbedingt fußballfreundlich angelegte Arena eine Flutlichtanlage und vier Jahre später wurden Blockabtrennungen aufgebaut sowie der Spielfeldzaun erneuert.

Insgesamt präsentiert sich die Anlage heute in einem sauberen und soliden Zustand. Tennis Borussia hat seine Ambitionen nach dem Debakel mit der »Göttinger Gruppe« wieder ein Stück weit zurückgefahren und die einstigen Planspiele, in den Friedrich-Ludwig-Jahn-Sportpark oder gar das Olympiastadion zu ziehen, dürften vorerst einmal der Vergangenheit angehören.

Nicht wenigen Fans dürfte im Sommer 2000 ein Stein vom Herzen gefallen sein, als der Lizenzentzug den längst fälligen Crash auslöste. Der ungeliebte Trainer Schäfer musste gehen (und klagte sich noch ein wenig Haushaltsgeld ein), die »Göttinger Gruppe« zog sich klammheimlich zurück - und TeBe wurde wieder zu einem Fußballverein zum Anfassen. Dass die Veilchen in den Jahren des erkauften sportlichen Aufschwungs nicht vollends ihr Gesicht verloren, hatten sie zu einem erheblichen Teil den zwar nicht zahlreichen, dafür aber umso engagierteren, aktiven und kritischen Fans zu verdanken. Sie trotzten erfolgreich den hollywoodmäßigen Neuerungen des Ex-Vorstandes um GöGruppe-Chef Konrad, schufen mit dem Fanzine »Lila Laune« (Postfach 350854, 10217 Berlin) eines der besten Blätter des Landes und sorgten für angesichts der turbulenten Umstände erstaunlich positive und kreative Stimmung auf den Rängen. Der harte Kern der Fans findet sich in Block E.

Sitzplätze: 11,50 €
Stehplätze: 4-5,50 €
Gäste: Südkurve + A

Rollis Aschenbahn. **Fanshop** Vor der Tribüne. **Lesen** Das »im mommse« ist gegen Spende erhältlich, wird von Fans gemacht und ist richtig gut. **Essen** Gute Bratwurst, Kammsteaks, Frikadellen. **Trinken** Vollbier, Cola, Wasser, Fassbrause und manchmal Cocktails! **Klo** Ordentlich. **Kneipen** TeBe-Fanladen am S-Bahnhof Eichkamp, wo alternativ auch der »Eichkater« lockt.

STADION ⚽⚽	STIMMUNG ⚽⚽	SERVICE ⚽⚽	STRESS ⚽

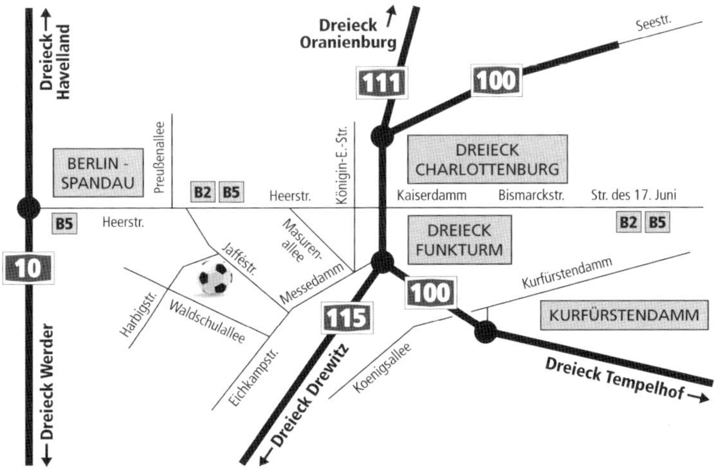

Ziel ist das **Dreieck Funkturm**, das wohl verwirrendste aller Autobahnkreuze, welches die **A115**, die **A100** und die **A111** verbindet. Von dort weiter in Richtung Zentrum/Messedamm und schließlich Richtung Messegelände/Deutschlandhalle. Auf Höhe der AVUS-Tribüne rechts in die **Jafféstraße** und alsdann links die Harbigstraße. Nach Überqueren der **Brücke** taucht links das Stadion auf. **Parken**: Rund 300 kostenlose Plätze, die bei entsprechendem Gegner natürlich rasch **belegt** sind, stehen zur Verfügung. Alternative: Im **ICC-Parkhaus** (direkt am Dreieck Funkturm) parken und **zu Fuß** weiter.

Die Linien **S5** und **S75** verkehren zwischen Westkreuz und Pichelsberg, aussteigen sollte man am Bahnhof Eichkamp. Des Weiteren verbindet **Buslinie** 219 (Richtung Waldschulallee) Bahnhof Zoo mit dem Mommsenstadion. **Alternativ** kann man mit der **U1** (Richtung Ruheleben) bis zum Theodor-Heuss-Platz fahren, von wo aus es noch rund zehn Gehminuten zum Stadion (Richtung Messe) sind.

BERLIN: Olympiastadion

Foto: Burkhard Schulz

Baujahr: 1936

Kapazität: 82.000
Stehplätze: 10.000
Sitzplätze: 72.000

Hertha BSC Berlin, Hanns-Braun-Straße, 14053 Berlin
Tel: 030-3009280, Fax: 030-30092899
www.herthabsc.de

Das Olympia ist tot - es lebe das Olympia. Nach jahrelangem Streit, an dem sich DFB, Senat, Hertha und am Ende sogar die UEFA beteiligten, sorgte erst der Zuschlag zur WM 2006 für die Wende zum Guten. Unter Beibehaltung seiner historischen Struktur wurde (bzw. wird noch immer) das Olympiastadion komplett renoviert und wird sich im Sommer 2004 dem Fußballfreund in vollständig geliftеter Form präsentieren. Komfortable Sitzschalen statt maroder Holzbänke, eine Komplettüberdachung, unter der nicht mehr nur die VIPs trocken bleiben, sowie Beton, der nicht schon beim Angucken herunterbröselt - auch Berlin befindet sich endlich auf dem Weg ins neue Jahrtausend.

Bevor Bundeskanzler Schröder am 3. Juli 2000 zum symbolischen Spatenstich selbst Hand anlegte (»Wir müssen das Stadion fit machen«), hatte es ein reichlich verworrenes Gerangel gegeben. Angefangen hatte es im April 1997 mit einer Zusage des damaligen Bundeskanzlers Kohl über einen Bundeszuschuss von 100 Mio. DM - allerdings nur, wenn Deutschland auch die WM 2006 ausrichten dürfte. Deutschland darf bekanntlich, und so konnte man beruhigt weiter planen, wobei sich die Finanzierung zunächst als das größte Problem darstellte. Der Rest der geschätzten rund 520 Mio. DM Umbaukosten - selbst wenn man mit der Summe auskommt (was niemand glaubt), wird Berlin damit die teuerste WM-Stätte 2006 sein - wird nun vom Land Berlin (283 Mio. DM schlagen sich im Haushaltsloch der Hauptstadtkasse nieder), einem Publikumsfonds, diversen Darlehen sowie dem Investor Walter-Bau-KG (90 Mio. DM) getragen. Bei letzterer Summe handelt es sich um einen Kredit, für den vom Bundesland gebürgt wurde und der mit dem Betrieb des Stadions abbezahlt werden soll.

Alsdann stand das nächste Problem an: Wie oder was bauen? Statt eines zunächst bevorzugten reinen Fußballstadions entschied man sich 1998 schließlich für die Beibehaltung der vorhandenen Mehrzweckarena, deren Komplettsanierung nach den Plänen des Hamburger Büros »gmp« vorgenommen wird. Phasenweise hatte Hertha BSC übrigens den Bau einer völlig neuen Arena nach Amsterdamer Vorbild auf dem angrenzenden Maifeld bevorzugt... Während der Oberring nun schlicht saniert wird, wird der Unterring zunächst entkernt und anschließend komplett neu gebaut. Durch Tieferlegung des Spielfeldes um 2,65 Meter rücken die Tribünen deutlich näher an das Spielfeld und werden eine echte Fußballstadionatmosphäre entstehen lassen. Die ganze Angelegenheit wird komplett überdacht sein - mit Ausnahme des Marathontores, wo der denkmalgeschützte Glockenturm dies verhindert. Allerdings will man ohnehin »mit der denkmalgeschützten Bausubstanz besonders behutsam umgehen und die Identität des Stadions bewahren und eher noch erhöhen«. Glücklich war Hauptnutzer Hertha

BSC vor allem über die versprochenen VIP-Logen, in denen zunächst nur 276, nach Intervention von Hertha-Manager Hoeneß nun aber deutlich mehr zahlungskräftige Gäste Platz finden werden - in 98 Logen, 15 Skyboxen und 4.000 Business-Seats. Insgesamt wird das »neue« Olympiastadion bei UEFA-Spielen 77.000 Sitzplätze, bei DFB-Spielen 72.000 Sitz- und 10.000 Stehplätze bieten.

Nächstes Problem: Was sollte man mit dem Pokalfinale machen, das seit 1985 im Olympiastadion ausgetragen wird und längst zu einem »deutschen Wembley« geworden war? Nachdem es eine Zeit lang so ausgesehen hatte, als würde das Cup-Finale auf dem angrenzenden Mai-Sportfeld ausgetragen (dort wollte man Nottribünen errichten), entschied man sich schließlich für eine Renovierung bei laufendem Spielbetrieb, wodurch das Fassungsvermögen in den Jahren bis zur geplanten Fertigstellung im Sommer 2004 zumeist um die 52.000 Plätze schwanken wird. Erste Generalprobe: das Deutsche Turnfest 2005.

Das Olympiastadion Berlin ist - egal, ob »alt« oder »neu« - alles andere als ein profanes Gebäude zum Sporttreiben unter Einbeziehung des zahlenden Publikums. Es hat Geschichte und es ist Geschichte. Deutsche Geschichte - und düstere Geschichte, denn man sollte sich nicht irgendwelchen falschen Sentimentalitäten hingeben: Das Olympiastadion wurde nicht nur für sportliche Zwecke, sondern vor allem aus Propagandagründen gebaut - und genau das sieht man der Arena auch an. Inklusive der Anmarschwege ist sie nämlich wie geschaffen für Aufmärsche, Fackelkundgebungen und ähnliche Massenveranstaltungen.

Auf der anderen Seite besitzt das Olympiastadion zweifelsohne eine gewisse Ausstrahlung. Eindrucksvolle Sandsteinblöcke und eine durchaus spannende Mischung aus römischen und griechischen Baustilen verleihen der einstmals über 100.000 Plätze bietenden Großarena sogar einen ziemlich imposanten Anblick.

Das Bauwerk entstand bekanntlich für die Olympischen Spiele 1936. Drei Jahre zuvor hatte der frisch gewählte Reichskanzler Adolf Hitler im damaligen »Deutschen Stadion« zu Berlin (auch »Grunewald« genannt) gestanden, um es auf seine Olympiatauglichkeit zu testen. Er befand die 1913 für die ausgefallenen Spiele von 1916 erbaute Arena für ungeeignet, ließ sie abreißen und binnen zwei Jahren den vom bekannten Architekten Werner March konzipierten Olympiakomplex erstellen, dessen zentraler Mittelpunkt das Olympiastadion war. Acht Endspiele um die deutsche Meisterschaft fanden dort statt, ehe es - als Waffenlager zweckentfremdet - in den letzten Kriegstagen einige Bomben abbekam und lahm gelegt wurde.

Zwischen 1954 und 1965 mit Bundesmitteln restauriert, sorgte das Olympiastadion am 22. September 1969 mit exakt 88.075 Zuschauern beim Kick Hertha - Köln für einen wohl schwerlich zu überbietenden Zuschauerrekord der Bundesliga. Zwei Jahre zuvor waren vier Flutlichtmasten installiert worden - aus Denkmalschutzgründen außerhalb des historischen Ensembles. 1972/73 wurde das nach dem Zentralstadion Leipzig größte Stadion im deutschsprachigen Raum anlässlich der WM 1974 schließlich einer grundlegenden Renovierung unterzogen. Bei dieser Gelegenheit erhielt es zwei insgesamt 7.500 qm große und 12 Mio. DM teure Tribünenüberdachungen, unter denen rund 29.000 Menschen trocken blieben - allerdings nur bei senkrecht herabfallenden Niederschlägen.

Genutzt wurde das Olympiastadion vornehmlich von Berlins Aushängeschild Hertha BSC, das allerdings während seiner Drittligajahre (1986-88) ins Poststadion auswich. Neben Hertha verbrachten Tasmania 1900, Tennis Borussia sowie Blau-Weiß 90 ihre Erst- und teilweise auch Zweitligajahre in dem Giganten.

Mit Beginn der 90er Jahre häuften sich die Klagen über den Zustand des Bauwerks. Vor dem Hintergrund der Olympiabewerbung Berlins für die Spiele 2000 wurden unzählige Rettungsvorschläge vorgestellt und auf ihre Umsetzbarkeit geprüft. Als Berlin jedoch der Olympiazuschlag verweigert wurde, trat Apathie ein, die erst mit dem bis in die Champions League führenden Aufschwung der Hertha sowie der WM-Vergabe endete. Alles Weitere siehe oben.

Früher hatten Herthas Fans einen ziemlich zweifelhaften Ruf: Insbesondere die »Frösche« waren gefürchtet und machten regelmäßig durch hässliche Krawalle auf sich aufmerksam. Heute sind die Berliner Anhänger, von denen viele aus den neuen Bundesländern kommen, weitaus friedlicher. Nichtsdestotrotz gibt es noch immer ein beachtliches Grüppchen »erlebnisorientierter« Fans. Des Weiteren war das rechte Spektrum lange Zeit ausgiebig vertreten - eine Situation, die sich seit der lobenswerten Protestaktion von Torjä-

Sitzplätze: 8-43 €
Stehplätze: -
Gäste: Westkurve (F-H)

ger Preetz in der Saison 98/99 sichtlich verbessert hat. Herthas Treueste sitzen in den Blöcken Q, R, S und T. Gästeanhänger dürfen sich in den Blöcken F, G und H (am Marathontor) niederlassen, von denen aus die Sicht wie im ganzen Stadion exzellent ist - abgesehen von der beachtlichen Entfernung zum Spielfeld.

Rollis Werden nach Vollendung des Umbaus wohl hinter dem Gästeblock untergebracht. **Fanshop** In der Geschäftsstelle in der Hanns-Braun-Straße (hinter dem Schwimmstadion. Hotline: 0180-5249280, Fax: 0180-5249281). **Lesen** »Wir Herthaner«, rund 100 Seiten stark und kürzlich zum dritten Mal in Folge zur besten Stadionzeitung der Bundesliga gewählt. **Essen** Das reichhaltigste Angebot gibt es auf der »Fress-Straße« zwischen Süd- und Osttor: diverse Würste, Buletten, Brötchen, Steaks, Pizzen, Süßigkeiten etc. **Trinken** Alkoholfreies Bier, Cola, Fanta, Wasser, Kaffee. **Klo** Reichlich vorhanden . **Kneipen** In unmittelbarer Stadionnähe gibt es lediglich die »Stadionterrassen« in der Jesse-Owens-Allee (zwischen Südtor und Heerstraße). In Ku-Damm-Nähe locken diverse interessante Lokalitäten, darunter auch Hanne Weiners Fußballkneipe »Holst am Zoo«.

STADION ●● **STIMMUNG** ●● **SERVICE** ●●● **STRESS** ●●

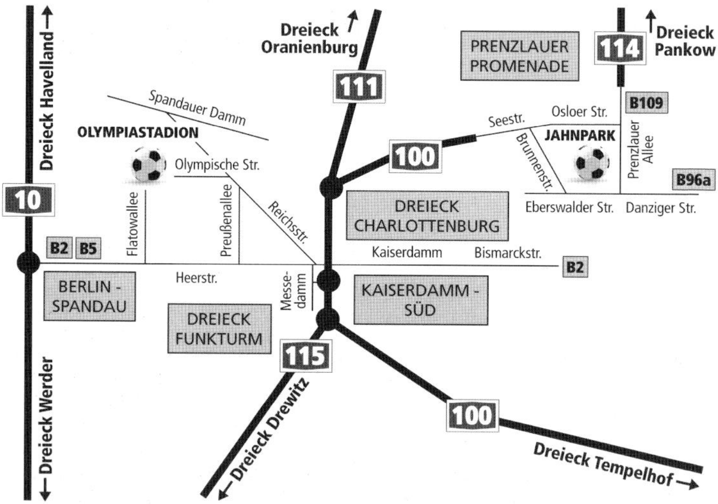

Über die **A24** von Hamburg/Rostock: Am Dreieck **Havelland** weiter auf der **A10** (gen Potsdam) bis **Berlin-Spandau**. Dort auf die **B5** (Heerstraße) gen Zentrum bis zur Reichssportfeldstraße. Alternative: Am Dreieck Havelland weiter auf der A24 bzw. A10 bis Dreieck Oranienburg und auf die **A111** wechseln, die später zur A100 (Stadtring Berlin) wird. Jene am Kaiserdamm-Süd verlassen und auf die B5 (Heerstraße), Rest s.o. **A2** von **Hannover**: Bis zum Dreieck Werder, dort auf die A10 bis zum Dreieck Potsdam. Weiter auf der A12 bis zum Dreieck Drewitz und auf die A115 nach Berlin. Die Autobahn an der Abfahrt **Funkturm/Messedamm** verlassen und weiter über den Theodor-Heuss-Platz auf die **B5** zum Stadion. **A9** von **Leipzig**: Bis Dreieck Potsdam, Rest s.o. **Parken:** Bei Zuschauerzahlen unter 30.000 kann man auf den **offiziellen** Plätzen (Coubertin-Platz und Olympischer Platz) mit einer Lücke rechnen. Kommen mehr, empfiehlt sich der ÖPNV.

Die **U1** (Richtung Ruhleben) hält in unmittelbarer Nähe des Olympiastadions. Alternativ kann die Buslinie **149** (bis Heerstraße o. Olympiastadion) oder die Westbahn (Linien **S5** und **S75**) genutzt werden. Die Eintrittskarte berechtigt zur kostenlosen Benutzung der BVG. Recht so.

Baujahr: 1951

Foto: Hardy Grüne

Kapazität: 15.000
Stehplätze: nix
Sitzplätze: 15.000

Willkommen in Herthas Fußballwiege! Anno 1892 trug der BFC Hertha auf dem damaligen Exerzierplatz »Einsame Pappel« seine ersten Spiele aus. Zu DDR-Zeiten wurde das Areal in einen Sportpark-Komplex umgewandelt, der neben dem Stadion u.a. die Max-Schmeling-Sporthalle umfasst.

Zu seinen besten Zeiten bot das Stadion 30.000 Menschen Platz, von denen rund 10.000 auf der zweigeschossigen Haupttribüne sitzen konnten. Viele Jahre lang trug DDR-Serienmeister BFC Dynamo hier seine Heimkicks aus und empfing im Europapokal hochkarätige Gäste. 1986 erhielt die Arena eine neue Flutlichtanlage sowie Überdachungen auf der Haupt- und Gegentribüne. Nach der Wende mussten die Haupttribüne wegen giftiger Asbestplatten und die Kurven sowie Gegengeraden wegen Sicherheitsmängeln gesperrt werden. Nach der gescheiterten Olympiabewerbung für 2000 entschloss man sich zur elf Mio. DM teuren Generalrenovierung, die im Sommer 1999 abgeschlossen wurde.

Der nunmehr 15.000 Menschen fassende All-Seater bietet allen erdenklichen Komfort, obwohl die laufbahnbedingte Entfernung zum Spielfeld aus fußballerischer Hinsicht bedauerlich ist. 2001 trug der 1. FC Union seine Europapokalspiele im Jahnsportpark aus.

Über die **A10** von **Hamburg**: Bis zum Autobahndreieck **Pankow**, dann weiter auf der **A114** gen Berlin-Mitte. Am Autobahnende geradeaus weiter auf der Prenzlauer Promenade bzw. **Prenzlauer Allee** Richtung Mitte/Alexanderplatz. Kurz nach der S-Bahnstation Prenzlauer Allee **rechts** in die Danziger Straße, die an der nächsten größeren Kreuzung in die Eberswalder Straße übergeht, an welcher rechter Hand das Stadion liegt. **A10** von **Frankfurt/Oder**: Ausfahrt **Berlin-Hellersdorf,** weiter auf der B1/B5 Richtung Mitte. Am S-Bahnhof Lichtenberg vorbei bis zum Frankfurter Tor, dort rechts auf die B96a (Richtung Prenzlauer Berg) und der Straße bis zum Stadion folgen. Von **Magdeburg**: Auf der **A115** bis zum Dreieck Funkturm, dort weiter auf die **A111** und nach Überquerung der Spree rechts auf die **A100** Richtung Wedding/Reinickendorf. Am Autobahnende geradeaus weiter auf die Seestraße und an der zweiten großen Kreuzung rechts auf die Müllerstraße. Geradeaus bis zur Kreuzung Invalidenstraße, auf der es **links** Richtung Prenzlauer Berg weitergeht. An der nächsten größeren Kreuzung links in die Brunnenstraße und dann die vierte Straße **rechts** in die Bernauer Straße, die wenig später zur Eberswalder Straße wird, an der das Stadion liegt. **Parken:** keine Probleme.

Vom **Bahnhof Zoo** mit der **U2** Richtung Vinetastraße; aussteigen an der Eberswalder Straße. Ansonsten: **S20** (Eberswalder Straße) oder die Busse **50** und **53** (U-Bahnhof Eberswalder Straße).

Foto: Hardy Grüne

Poststadion

Traditionsreiche Fußballstadien gibt es in Berlin viele. Am Reinickendorfer Wackerweg bot Wacker einst Zweitligafußball, in Tempelhof ist der einstige deutsche Meister BFC Viktoria 89 zu Hause und auf dem Blau-Weiß-Platz an der Ullsteinstraße gingen sogar schon Länderspiele über die Bühne.

Das bedeutsamste Berliner Fußballareal neben dem Olympiastadion ist jedoch das Poststadion in Moabit. 1928 errichtet, fand dort 1936 das legendäre Olympiafußballspiel zwischen Deutschland und Norwegen statt, bei dem das Heimteam vor den Augen eines erzürnten Adolf Hitler 0:2 verlor. Das unmittelbar hinter dem Moabiter Frauengefängnis liegende Stadion war für viele Berliner Klubs Exil. Union 06 fand hier nach seiner Flucht aus Ostberlin (siehe 1.FC Union) Heimat, Hertha, Tennis Borussia und Wacker kickten um Regionalliga- bzw. Zweitligapunkte. Umso bedauerlicher, dass das Stadion unter den Folgen eines jahrzehntelangen Streits litt und derzeit vor aller Augen regelrecht verfällt. Die imposante Haupttribüne ist wegen Einsturzgefahr gesperrt, das Sportkasino lange geschlossen und die Ränge, auf denen einst bis zu 50.000 Menschen jubelten, überwuchert. In einer Art ABM-Maßnahme hat der Senat in den letzten Jahren immerhin Teile der Gegengeraden wieder für Publikum geöffnet und ein paar Holzbänke zimmern lassen. Das Poststadion, in das Hertha BSC1988 noch in der Oberliga auswich, ist ein Ort, an dem Fußballnostalgiker ihre wahre Freude haben werden. Union 06 und der FC Tiergarten tragen für gewöhnlich ihre Heimspiele in der Arena aus.

Ebenfalls reichlich Tradition findet sich im Sportforum Hohenschönhausen, wo der BFC Dynamo nach seinem Insolvenzcrash vom Herbst 2001 wieder auf die Beine zu kommen versucht. Sport und (selten vorhandenes) Geld spielen eine große Rolle auf dem ebenso beeindruckenden wie tristen Areal. Nebenan in der Eissporthalle beispielsweise jagen die finanzklammen Eisbären dem Puck nach, der Rest des gewaltigen Sportforums ist fest in der Hand erfolgreicher Leichtathleten. Die inmitten des Areals liegende Fußballarena diente dem BFC zu seinen Glanzzeiten übrigens

Foto: Hardy Grüne

Sportforum Hohenschönhausen

nur im Ausnahmefall als Heimstatt, da die Weinroten meist im Jahn-Sportpark spielten. Erst im September 1992 siedelte der BFC dauerhaft an die Steffenstraße über. Das ab 1952 dort errichtete reine Fußballstadion weist rund 12.000 Plätze auf und verfügt über eine kleine überdachte Haupttribüne. Die Heimkicks des nach dem Insolvenz-Aus von 2001 als BFC Dynamo II antretenden DDR- Rekordmeisters sind noch immer ein Erlebnis - wobei man aufgrund der gefürchteten BFC- Fans stets ein wenig die Augen offen halten sollte.

Auch in Berlin-Lichtenberg wird in Sachen Fußballtradition einiges geboten. In der Normannenstraße, dort, wo einst die Stasi ihr Hauptquartier hatte, befindet sich seit den 20er Jahren ein schmuckes reines Fußballstadion, in dem heute der Oberligist Lichtenberg 47 um Punkte kämpft. Das nach dem Widerstandskämpfer Hans Zoschke benannte, rund 12.000 Stehplätze bietende Areal sah 1950/51 für eine Spielzeit DDR-Oberligafußball, stellte 1952 den Schauplatz des Endspiels um den FDGB-Pokal dar und geriet zu DDR-Zeiten des Öfteren in Gefahr, zugunsten einer Stasi-Erweiterung abgerissen zu werden. Nachdem diese Gefahr nun gebannt ist, können an der Normannenstraße breite, mit Asche ausgelegte Stehtraversen besichtigt werden, die eine jahrzehntelang übliche Praxis beim Stadionbau dokumentieren. Bemerkenswert zudem die durchbrochene Hintertortribüne, an deren Ende sich ein nach der Wende erbautes Sozialgebäude befindet. Lichtenberg 47 ist ein rühriger Verein, der tief in der Ostberliner Fußballgeschichte verankert ist und über einen kleinen Fankreis verfügt. Besuch empfehlenswert!

Hans-Zoschke-Stadion

Foto: Rainer Hille

Poststadion. Ziel ist zunächst der **Große Stern** (Platz der Siegessäule). Von dort aus weiter in den Spreeweg, die Spree überqueren, unter der S-Bahn durch und schließlich rechts auf die Straße **Alt-Moabit**. Gleich darauf links weiter in die **Invalidenstraße** und die dritte Straße links (Lehrter Straße) einbiegen. Nach einigen Metern taucht **links** das Frauengefängnis auf, hinter dem das Poststadion liegt. **Per ÖPNV:** Zum S-Bahnhof Lehrter Stadtbahnhof und rund 100 Meter zu Fuß weiter in die Lehrter Straße.

Sportforum. Die **A10** von Frankfurt/Oder in Berlin-Hohenschönhausen verlassen und weiter auf der **B158** Richtung Mitte/Weißensee. Nach einigen Kilometern auf Höhe des S-Bahnhofs Marzahn **rechts** gen Friedrichshain/Mitte auf die Landsberger Allee. An der zweiten großen Ampelkreuzung rechts auf den **Weißenseer Weg** bis zur nächsten Ampelkreuzung, wo es rechts in die Konrad-Wolf-Straße geht. Auf der linken Seite taucht eine große Sporthalle auf, an der sich auch die Steffenstraße befindet. Aus Richtung **Hamburg**: A10 bis Ausfahrt Berlin-Weißensee, dann auf der **B2** (Bernauer Straße) weiter gen Weißensee/Mitte. Nach mehreren Kilometern geht es auf Höhe des Auferstehungsfriedhofs schließlich links auf den Weißenseer Weg, von dem man an der nächsten großen Ampelkreuzung erneut links auf die Konrad-Wolf-Straße abbiegt. Alles Weitere s.o. **Per ÖPNV:** Ab Ostkreuz mit der **S8** (Richtung Bernau) oder der **S10** (Birkenwerder), aussteigen an der Landsberger Allee und dort entweder zu Fuß weiter (ca. 15 Minuten, an der Gabelung Landsberger/Hohenschönhauser Straße der letzteren folgen, die in die Konrad-Wolf-Straße übergeht) oder aber mit der Tram weiter (Linien 5, 6, 7 und 15 bis zur Kreuzung Weißenseer Weg).

Zoschke-Stadion. Die nach Osten führende Achse »Frankfurter Allee« (beginnt am Alex als »Karl-Marx-Allee« und ist von der **A10** via Abfahrt **Berlin-Marzahn** zu erreichen) bis zur S-Bahnstation Frankfurter Allee. Kurz darauf **links** in die Ruschkestraße und wiederum links in die Normannenstraße. Von Osten: Rund 200 Meter nach dem Städtischen Krankenhaus O. Ziethen rechts in die Ruschkestraße und links in die Normannenstraße. **ÖPNV:** S-Bahnhof Frankfurter Allee ansteuern.

BIELEFELD: Alm

Baujahr: 1926

Foto: Michael Seiß

Kapazität: 26.601
Stehplätze: 11.150
Sitzplätze: 15.451

Arminia Bielefeld, Melanchthonstr. 31a, 33615 Bielefeld
Tel: 0521-966110, Fax: 0521-9661111
www.arminia-bielefeld.de

Aller Anfang ist schwer - das mussten auch die Bielefelder Arminen feststellen, die auf der Suche nach einem geeigneten Spielplatz mit gewissen Schwierigkeiten zu kämpfen hatten. Vom Kesselbrink war man durch beständig übers Feld laufende Passanten vertrieben worden, den frisch sanierten Platz an der Paulusstraße okkupierte eine Molkerei und auch an der Pottenau wurde die Arminia nicht so recht glücklich, verwandelten doch schon leichte Regenschauer den Rasen in eine unbespielbare Schlammwüste. Während der Saison 1922/23 wurde der Klub auf der Suche nach einer endgültigen Heimat dann aber schließlich auf einer Weidefläche im Westen der Stadt fündig. Nachdem man rund um das Spielfeld hohe Erdwälle aufgetürmt hatte, fühlten sich einige Arminen sogleich auf eine »Alm« versetzt - womit dann auch der Name des Stadions abgesegnet war.

Dieses bot damals 20.000 Zuschauern Platz und als einzigen Komfort die Nähe des Betrachters zum Geschehen auf dem Rasen - in Bielefeld weiß man wahrscheinlich bis auf den heutigen Tag gar nicht, was eine »Laufbahn« ist. Kurz nach der Einführung der Bundesliga (Arminia blieb außen vor) begannen Verhandlungen zwischen Verein und Stadt bzgl. eines Almausbaus, die sich schier endlos in die Länge zogen. So konnte erst 1967 eine kleine Holztribüne auf der frei gebliebenen Südseite errichtet werden, auf der 3.000 Fans Platz fanden. Als Arminia mit siebenjähriger Verspätung den Sprung ins Oberhaus geschafft hatte, war schnelleres Handeln angesagt: Für rund drei Mio. DM gönnte man sich zwei neue Tribünen auf der West- und Ostseite, was die Kapazität auf 27.000 Plätze steigerte. Im Schnitt kamen damals 24.000 Fans, und wenn die zum Füßetrampeln auf den Holzplanken ansetzten, machte dies einen derart infernalischen Krach, dass man auf der Alm sein eigenes Wort nicht mehr verstehen konnte. Als das Stadion am 4. Dezember 1970 dann auch noch Flutlicht erhielt, fanden sich Zigtausende bereits Stunden vor Spielbeginn im Stadion ein, um das erste Abendspiel gegen Hertha (1:1) gebührend zu feiern - der »Hexenkessel Alm« war bald in aller Munde.

Nach dem Wiederaufstieg, dem ersten von vielen, erhöhte sich das Fassungsvermögen gar auf 35.000 Zuschauer - die neue Nordtribüne weihte man am 19. August 1978 mit einem 3:2 gegen Schalke würdevoll ein. Nicht ganz so schick gestaltete sich dann aber die weitere Zukunft der Alm: Der Sicherheit wegen sperrte man 1985 die Nordtribüne, die Arena wies mittlerweile nur noch Platz für 15.000 Fans auf. Längst waren die Holztribünen in den Kurven abgerissen worden, nachdem es bereits zu Bundesligazeiten des Öfteren heftig im Gebälk geknarrt und einmal sogar tüchtig geflackert hatte. Zeitweise machten gar Umzugspläne die Runde - diese waren jedoch mit dem Bau der neuen Gegentribüne fürs Erste erledigt. Nach dem Durchmarsch in die Bundesliga ging es dann Schlag auf Schlag: Nachdem ein kompletter Neubau verworfen und die Differenzen mit um ihre Ruhe fürchtenden Anwohnern beigelegt worden waren, baute man die Alm aus. Den Anfang machten Haupt- und Nordtribüne, die komplett neu errichtet und im August 1996 eingeweiht wurden. Einen Wiederaufstieg später (1999) kam dann auch die marode Südseite an die Reihe, die durch eine kombinierte Steh- und Sitztribüne ersetzt wurde. Und so gibt die Alm momentan ein etwas eigentümliches Bild ab: Die alte und etwas flachere Gegengerade wird von drei modernen Tribünen aus Stahl und Beton umzingelt, und in eine Ecke hat man 2001 - nicht sonderlich elegant - die Geschäftsstelle gepflanzt. Nach dem jüngsten Wiederaufstieg will man sich nun eine Saison Zeit lassen, bevor die Gegengerade an die Reihe kommt - die Pläne zu einem der Südtribüne entsprechenden Umbau liegen längst in den erforderlichen Schubladen.

Auswärtfans stehen 2.000 Sitz- (Nordtribüne, Block A, Kostenpunkt: 18 €) und 1.100 Stehplätze (Block 7, Gegengerade) zur Verfügung - die Sichtverhältnisse aus Block 7 heraus sind (plexiglaswandbedingt) nicht eben berauschend. Auch nicht toll: Wer vor dem Haupteingang steht und in den Gästeblock will, muss einmal um den ganzen Block laufen. Von der Atmosphäre her gehört die Alm aber nach wie vor zu den stimmungsträchtigsten Arenen des Landes - wenn die Gegengerade zum lang gezogenen »Bie-le-feld« anhebt und die Riege der Althools oben im Block J die mitunter etwas träge Haupttribüne zum Mitmachen animiert, kann es einem schon kalt den Rücken herunterlaufen. Auch choreomäßig kann sich Arminia sehen lassen. Kein Wunder, die Fans sind gut organisiert: »AK Stadionatmosphäre«, »AK Stimmung«, »Fan-Ini Pro Block 3«, »Schwarz-Weiß-Blaues Dach« - wer sich über die Aktivitäten informieren will, kann dies am Stand unter Block 4 oder im gemütlichen Büro von Fanprojekt und Dachverband (Viktoriastr. 63, 33602 Bielefeld, Tel: 0521-61034, Fax: 61041) tun. Christian, den Fan-Beauftragten der Arminia, erreicht man schließlich unter 0521-96611270.

Sitzplätze: 17-35 €
Stehplätze: 7-10 €
Gäste: Block A und 7

Preise Schüler, Studenten, Schwerbehinderte, Zivis und Soldaten zahlen weniger, sollten aber unbedingt einen gültigen Ausweis parat haben - und sich frühzeitig um eine Karte kümmern. Im Familienblock B sitzen Erwachsene für 18 € und Kinder für 7 €. **Rollis** Rollstuhlfahrer nebst Begleiter zahlen 5 €. Im Innenraum stehen 30 Plätze bereit, eine frühzeitige Anmeldung (über die Geschäftsstelle) ist unbedingt notwendig. Die Alm verfügt über behindertengerechte Klos. **Fanshop** Der Shop in der neuen Geschäftsstelle öffnet vor Samstagsspielen nur von 9-12h (Mo-Fr 9-12.30 + 13-18h), im Stadion selbst finden sich zwei weitere Verkaufsstellen, die für Gästefans allerdings nur schwerlich zugänglich sind. Alternative Produkte (Postkarten, Bücher, Fanzines usw.) sind beim Fanprojekt (s.o.) erhältlich. **Lesen** Die rund 40 Seiten starke »almpost« (1 €) stammt von den Machern des Westfalen-Blatts und ist durchaus brauchbar. Daneben verfügt Bielefeld nach wie vor über eine rege Fanzine-Szene, deren Aushängeschild »Um halb vier war die Welt noch in Ordnung« allerdings leider das Zeitliche gesegnet hat. Selbst für eine Abschiedsausgabe hat es nicht mehr gereicht, immerhin ist der Internet-Auftritt (www.halbvier.de) noch online. Weiterhin zu haben sind »Im Schatten der Sparrenburg« (Postfach 101341, 33513 Bielefeld, imschattendersparrenburg@ gmx.de) und das relativ neue »Ostwestfalens Gloria« (OstwestfalensGloria@Ultras-Bielefeld.de). Beim Fanprojekt kann man auch mal nach alten Ausgaben von »Segelohr«, »Anno1905« oder eben »Um halb vier war die Welt...« nachfragen. **Essen** Fast schon eine Rarität: Die Bratwurst kommt vom Holzkohlengrill und dürfte sich auf Anhieb einen Spitzenplatz in der Bundesliga erobern. Außerdem kann man sich an Pommes, Erbsensuppe, Kasseler- und Fischbrötchen, Crêpes (je 2 €) sowie Pizza (3 €) und allerlei Süßigkeiten, Eis und Popcorn laben. Insgesamt mehr als zufriedenstellend. Für Gästefans existiert leider nur ein eingeschränktes Angebot - und ein paar Stände mehr könnten's in

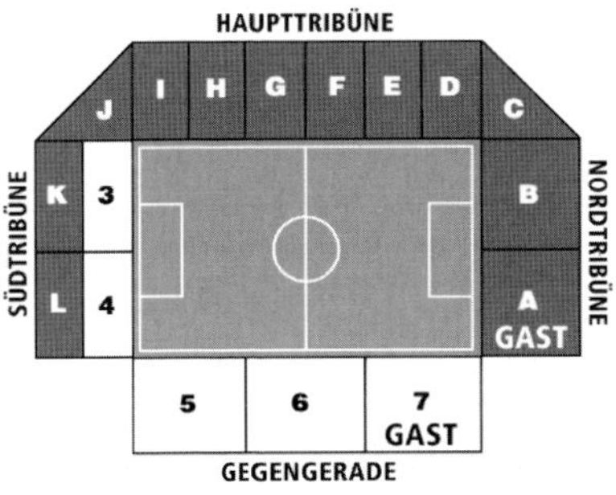

Zukunft übrigens auch sein.... **Trinken** Das (Herforder) Pils fließt mit und ohne Umdrehungen für 2 € in die Pfandbecher. Ferner gibt's Cola, Fanta, Wasser, Kaffee, Kakao und sogar Cappuccino, doch leider immer noch keine Milch. Und das auf einer Alm. **Kneipen** Vor allem im Sommer lohnt ein Besuch im Biergarten der Gaststätte Schloßhof auf der gleichnamigen Straße (hinter der Westtribüne). Als Treffpunkt kann ferner das »Tinneff« auf der Stapenhorststraße fungieren, etwas weiter weg liegt das »Café Wunderbar« in der Arndstraße.

STADION **STIMMUNG** **SERVICE** **STRESS**

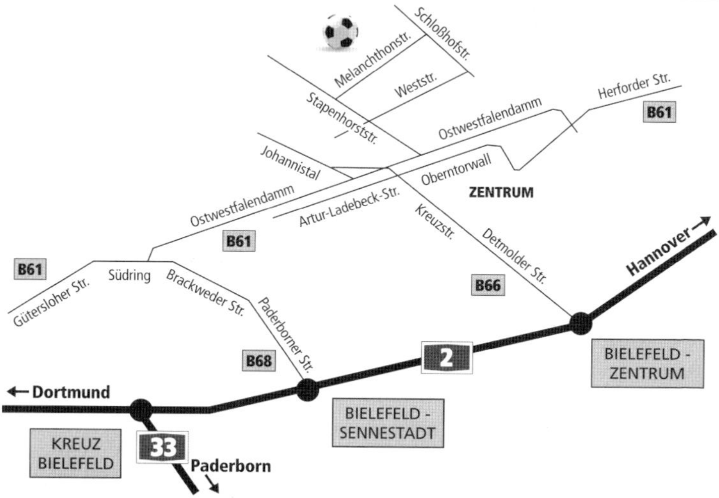

Von **Hannover**: über die **A2** bis zur Abfahrt **Bielefeld-Zentrum**, rechts auf die Detmolder Straße (**B66**) und der **Beschilderung** Alm/Universität folgen. Wahlweise (Verkehrsfunk: WDR2, 93,2 MHz) kann man die A2 auch bereits an der Abfahrt **Ostwestfalen-Lippe** verlassen und gen Bielefeld-Zentrum fahren. Dann geht es nach etwa zwei Kilometern von der Altenhagener rechts ab in die Eckendorfer Straße, man fährt durch den Tunnel und wählt vom **Ostwestfalendamm** die Abfahrt Jöllenbecker Straße - der Rest ist ausreichend ausgeschildert.

Von **Dortmund**: über die **A2** bis zur Abfahrt **Bielefeld-Sennestadt** und auf der Paderborner bzw. später Brackweder Straße (**B68**) gen Osnabrück. Nach rund sechs Kilometern (hinter IKEA) dann **rechts** auf den **Ostwestfalendamm** gen Bielefeld-Zentrum, an der Abfahrt Stapenhorststraße bzw. Uni/Alm wieder runter und der Beschilderung nach.

Was das **Parken** angeht, so sieht es auf der Stapenhorststraße und in den umliegenden Wohngebieten ziemlich **mies** aus. Zudem können sich in diesen Gassen selbst mit Radar und GPS-Satellitenanlage ausgerüstete Pfadfinder **verirren**. Wesentlich geschickter ist es, die ausgeschilderten und kostenlosen Uni-Parkplätze (6.000 Stellplätze) anzusteuern und die Alm mit der Stadtbahn (s.u.) oder den eigenen Füßen (zehn Minuten) zu erreichen. Fanbusse parken meist gegenüber vom Polizeipräsidium an der Stapenhorststraße.

Vom **Hauptbahnhof** fährt man mit der neuen **Stadtbahnlinie 4** (Richtung Lohmannshof - von den Uni-Parkplätzen aus geht's in Richtung Obernstraße) bis zur Haltestelle **Rudolf-Oetker-Halle**. Wer auf die Nord- oder Haupttribüne will (Blöcke A-J), steigt besser an der Station Graf-von-Stauffenberg-Straße aus. Die **Eintrittskarte** gilt als **Fahrausweis** - und zwar für alle Stadtbahnen und Busse innerhalb der Stadt, jeweils ab zwei Stunden vor wie nach dem Spiel. Wer noch keine Karte besitzt, löst bei Bedarf ein Kurzstreckenticket à 1 Euro (Viererticket: 3,40, Tageskarte für fünf Leute: 4,20). **Zu Fuß** dauert es vom Bahnhof ungefähr eine halbe Stunde.

BOCHOLT: Stadion am Hünting

Foto: Stadt Bocholt

Baujahr: 1948

Kapazität: 18.000
Stehplätze: 15.700
Sitzplätze: 2.300

1.FC Bocholt, Am Hünting 19, 46399 Bocholt
Tel: 02871-30795, Fax: 02871-31809
www.1-fcbocholt.de

Das Stadion des 1.FC verdankt seinen Namen dem uralten Gutsgehöft Hünting - bereits im 18. Jahrhundert hieß der Weg, der an dem Gutshof vorbeiführte, »Am Hünting«. Und hier wurde der Bocholter FC anno 1904 ansässig - um den Platz herzurichten, rodeten die Kicker damals eigenhändig Teile des idyllischen Birkenwäldchens ab. Nach dem Ersten Weltkrieg baute der Klub ein paar Meter südlich des jetzigen Stadions eine erste Arena, deren Einweihung am 8. Mai 1921 über die Bühne ging. Die imposante Sportanlage, damals eine der größten im Westen, wies bereits Umzäunungen, Kassenhäuschen und einen Trainingsplatz auf. Um 1930 konnte der Verein die hohen Unterhaltskosten freilich nicht mehr tragen und musste das gesamte Areal nebst Tennisplätzen und der schmucken Radrennbahn nebenan an die Stadt verkaufen.

Nach dem Zweiten Weltkrieg wurden die Schwarz-Weißen bald wieder nahe der alten Spielstätte heimisch und legten 1948 den Grundstein zur Errichtung des jetzigen Stadions - knapp 12.000 passten seinerzeit ins Geläuf. Als der 1.FC in den ebenso späten wie goldenen 70er Jahren zweimal den Sprung in die Zweite Liga Nord schaffte, wurde die Arena am Hünting umgekrempelt. So fiel dem ersten Aufstieg 1977 u.a. die Laufbahn zum Opfer, Wellenbrecher und der lange Spielertunnel wurden angelegt, die Kapazität stieg auf 18.000 Zuschauer. Bald waren dann auch die Tribüne und das neue Clubheim fertig gestellt - allein für diese beiden Bauwerke wurden rund 2,6 Mio. DM fällig, die sich Verein, Stadt und Land teilten. Ärgerlich, dass der 1.FC dann 1980 der Einführung der eingleisigen Zwoten Liga zum Opfer fiel und wieder runter musste. Alle Versuche, der auch als »Netto-Liga« bekannt gewordenen Oberliga Nordrhein zu entfleuchen, scheiterten. Richtig großen Fußball sah Bocholt erst wieder in der Pokalsaison 83/84: Vor 12.000 Fans schlug der 1.FC Eintr. Braunschweig mit 3:1 n.V. und verlor dann das Viertelfinale knapp mit 1:2 gegen Bayern München. Über 20.000 Fans bedeuteten Rekordbesuch - wohl für alle Ewigkeit. Derzeit fasst die Arena (offiziell) 18.000 Zuschauer, auf die Tribüne passen 2.300 Sitz- und 3.120 Stehplätzler. Doch wie viele Fußballgucker sich auf den begrünten Rängen ringsumher tummeln können, weiß beim 1.FC wahrscheinlich keiner. Denn ausverkauft ist der Hünting meist nur noch in der Sommerpause - wenn sich im Rahmen der seit 1998 stattfindenden Open-Air-Konzerte Größen wie Deep Purple, Status Quo oder zuletzt Bryan Adams im Stadion austoben.

Das wackere Häufchen der verbliebenen Bocholter Supporter stellt sich auf den Unterrang der Tribüne, Auswärtsfans postieren sich meist gegenüber. Wer mag, kann sich aber auch an einen der hier und da fröhlich aus der Wiese wachsenden Wellenbrecher

Sitzplätze: 10 €
Stehplätze: 3-8 €
Gäste: egal

lehnen oder aber einfach auf die »Naturtribünen« legen. Die Sicht ist von allen Plätzen aus o.k., die Akustik dagegen nur auf der Tribüne halbwegs zu ertragen. Tipp: Falls es der Spielplan erlaubt, sollte man den Hünting besser im Frühjahr oder Sommer besuchen. Oder aber festes Schuhwerk wählen.

Preise Jugendliche, Rentner, Behinderte, Arbeitslose stehen für 3, Kinder für 1 Euro. **Rollis** Plätze im Innenraum, neben der Trainerbank. **Fanshop** Kleines Sortiment am Kaffeestand neben der Pommesbude. **Lesen** Die logischerweise s/w gehaltene Stadiongazette »am ball« liegt kostenlos aus (vor dem Vereinsheim), ist aktuell und informativ. Was will man mehr? **Essen** Die Pommesbude am Eingang bietet zu zivilen Preisen Koteletts, Krakauer sowie Curry- (klasse), Brat- und Geflügelbrühwurst an. Und natürlich Pommes. Dazu selbst gemachten Kuchen. **Trinken** Veltins, Diebels und diverse Softdrinks, der 0,33-Becher für 1,60 €. Zum Kuchen gibt's Kaffee. **Klo** Sauber und adrett. Meistens. **Kneipen** Erste Alternative nach dem Clubheim des 1.FC (bei Heimkicks von10-20h) ist die Clubhaus-Gaststätte FC Olympia am Parkplatz. Ansonsten treffen sich die Bocholter Fans gerne im »Rollis« (Ravardistraße) oder im »hades« (Werther Str., etwas außerhalb).

STADION — STIMMUNG — SERVICE — STRESS

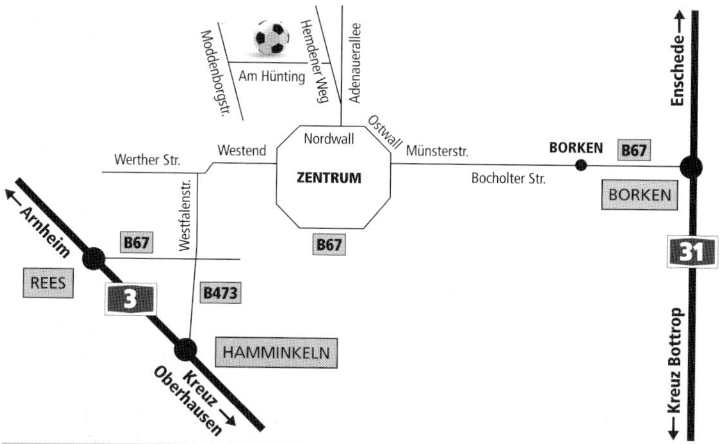

Der Hünting wird über die **A3** angefahren, an der Abfahrt **Hamminkeln** geht es herunter und über die **B473** Richtung Bocholt. Nach etwa acht Kilometern in Bocholt dann rechts auf die Werther Straße und an der zweiten Ampel links auf den **Nordwall**. Nun nach etwa 400 Metern links in die **Adenauerallee** und rund anderthalb Kilometer geradeaus, dann links in die Straße **Up de Welle** und auf den Parkplatz am Hünting. Wer aus Richtung Meppen oder Enschede anreist, wählt von der **A31** die Abfahrt **Borken**, fährt über die **B67** an Borken vorbei und durch Rhede hindurch nach Bocholt. Dort auf der Münsterstraße angekommen, immer geradeaus bis zur T-Kreuzung, rechts auf den **Ostwall** und kurze Zeit später wieder rechts auf die Adenauerallee, Rest s.o.
Parken: Die beiden (kostenlosen) Stellplätze vor den zwei Stadien reichen meist völlig aus, zur **Not** weiche man auf die Plätze am Erlebnisbad **Bahia** (den Hemdener Weg hoch) oder an der Sportanlage des TV Phönix (Markgrafenstraße) aus.

Allein Züge aus **Wesel** halten am Bocholter Bahnhof, von dem aus der **Stadtbus C4** in Verbindung mit dem Taxibus **T11** zum um die Ecke gelegenen **Bahia-Bad** fährt. Samstags jedoch nur bis 16.30h und sonntags gar nicht - da ist man dann schon auf das **Anrufsammeltaxi** (AST) angewiesen, das mindestens eine halbe Stunde vor der Abfahrt unter 0800-2191920 geordert werden muss. **Zu Fuß** dauert's durch die Fußgängerzone und den Hemdener Weg hoch (am Park links) gut 30-40 Minuten.

BOCHUM: Ruhrstadion

Baujahr: 1979

Foto: Michael Seiß

Kapazität: 32.645
Stehplätze: 15.889
Sitzplätze: 16.756

VfL Bochum, Castroper Str. 145, 44791 Bochum
Tel: 0234-951848, Fax: 0234-951895
www.vfl-bochum.de

Als Bochum noch nicht allzu weit über seinen mittelalterlichen Stadtkern hinausgewachsen war, verpachtete ein Bauer namens Dieckmann einen Teil seiner Äcker an den SuS Bochum, einen der Vorläufervereine des VfL, so dass dort 1911 ein erster Sportplatz eingeweiht werden konnte. Im September 1919 errichtete man die erste bescheidene Holztribüne für 500 Besucher, doch schon bald wurde das Stadion erweitert und vermochte 1921 bereits 30.000 Fußballgucker aufzunehmen. Im Juli 1922 sollen sich gar 40.000 Menschen in das Oval gequetscht haben, um ein 0:0 der Nationalelf gegen Ungarn zu begähnen.

Ende der 20er Jahre wurde die Arena erneut ausgebaut, ging nach dem Zweiten Weltkrieg jedoch in den Besitz der Stadt über. In den 50er Jahren richtete diese das Stadion an der Castroper Straße schließlich zu einem »Sportpark« mit mehreren Nebenplätzen her, das Richtfest fand jedoch erst 1959 statt - die Bochumer Oberen brauchen für die Neugestaltung von Sportstätten traditionell eine etwas längere Anlaufphase. Immerhin wies das renovierte Stadion nun steil aufragende Stehränge sowie zwei Tribünen an den Längsgeraden auf - dies sollte für einige Zeit ausreichen. Als der VfL Bochum 1971 jedoch den Sprung ins Oberhaus schaffte, genügte das alte Teil nicht mehr den gehobenen Ansprüchen. Zwar spendierte man der Arena 1972 eine erste Flutlichtanlage, doch bei der Vergabe der Spielorte für die WM 1974 ging Bochum leer aus - Dortmund und Gelsenkirchen machten das revierinterne Rennen.

Die Weichen für die Errichtung der neuen Arena an altbewährtem Platze (darauf hatte VfL-Präses Ottokar Wüst bestanden) wurden Ende 1975 gestellt. Am 6. März 1976 trug der VfL schließlich sein letztes Spiel im Stadion an der Castroper Straße aus und bezwang Meister Gladbach mit 2:0 - ein durchaus würdiger Abschied. Danach wich man für sechs Heimspiele in das rund acht Kilometer entfernte Stadion Schloß Strünkede nach Herne aus, zur folgenden Saison zog der VfL dann aber wieder in die nach und nach Gestalt annehmende Heimstätte um. Lange Monate bildeten Bagger, Kräne und Gerüste die Kulisse, vor welcher der Verein gegen den Abstieg kämpfte. Zuletzt fiel die alte Haupttribüne und am 21. Juli 1979 konnte das »Ruhrstadion« mit einem Lokalderby zwischen dem VfL und Zweitligist Wattenscheid feierlich eröffnet werden.

50.000 Menschen beherberge die Arena, vermeldete seinerzeit die Stadt, voller Euphorie war man damals in Bochum: »Jetzt können die internationalen Aufgaben kommen. Wir sind gerüstet.« Leider beschränkte sich dies in der Folgezeit auf gelegentliche Einsätze in der Intertoto- Runde sowie ein paar Länderspiele. Und als ein VfL-Offizieller Jahre später einmal genau nachzählte, schrumpfte die Kapazität prompt auf 42.000 Plätze. Bis auf ein paar kosmetische Operationen (Rasenheizung, Anzeigetafeln, Zaun, Fangnetze) tat sich in der

Folge wenig - bis der VfL '97 in den UEFA-Cup einzog und man die Westkurve mit Ausnahme der Eckblöcke mit Sitzschalen ausrüstete.

Heute macht das Ruhrstadion einen etwas in die Tage gekommenen Eindruck - obwohl die Arena nach wie vor zu den schönsten im Lande zählt. Doch die Bausubstanz ist angegriffen und hier und da täte dem grauen Kasten ein Klecks Farbe gut. Sehr viel mehr wird auf lange Sicht nicht drin sein. Zwischenzeitlich diskutierte Pläne, die eine Aufstockung um einen zweiten Rang vorsahen, erwiesen sich als zu teuer und die WM-Bewerbung für 2006 zog man angesichts der übermächtigen Revierkonkurrenz bald wieder zurück (derzeit sind für internationale Spiele übrigens 27.012 Plätze zugelassen). Immerhin sind im Ruhrstadion mittlerweile die Zäune an Haupt- und Gegentribüne verschwunden - ist doch auch schon mal ein Fortschritt.

Die VfL-Fans versammeln sich traditionell in der Ostkurve, vor allem in den Blöcken O und P, die der Ultramanie huldigenden Bochumer stehen meist vorne am Zaun. Manche, so u.a. das »Commando Bochum«, haben sich auch auf der Südtribüne breit gemacht. Zwar fehlt ein echter »Support-Block« und die Stimmung war irgendwie auch schon mal besser, doch wenn die Bochumer einmal aus sich herausgehen, kann sehr schnell die viel zitierte Hexenkessel-Atmosphäre entstehen: Dank der geschlossenen Überdachung und der geschlossenen Ecken erscheinen im engen Ruhrstadion schon zaghafte Schlachtgesänge wie wahre Donnerchöre. Durch die hübsche Dachkonstruktion ohne Stützpfeiler sind zudem von nahezu allen Plätzen aus hervorragende Sichtverhältnisse garantiert, kein Mensch steht bzw. sitzt weiter als 30 Meter vom grünen Rasen entfernt. Lediglich die Plätze direkt hinter den beiden Anzeigetafeln sind zu meiden.

Auswärtsfans gehören in die kleinen Stehblöckchen E1 in der Südwestecke und (bei Bedarf) gegenüber in H2, ansonsten sind auf der Westtribüne leider nur Sitzplatzkarten zu haben. Schwenkfahnen und Doppelhalter sind generell verboten, kleinere Fahnen können aber gelegentlich mit rein - am besten mal beim Fanbeauftragten nachhorchen (»Moppel« Michalowski, Tel: 0234-9586853, mail: fanbeauftragter@vfl-bochum.de). Absolut tabu sind dagegen pyrotechnische Artikel - angesichts der Stadionarchitektur durchaus verständlich. Die Kontrollen der überaus zahlreichen Ordner sind gerade an den Fanblöcken übrigens sehr, sehr genau.

Sitzplätze: 15-40 €
Stehplätze: 6-10 €
Gäste: West (E1 + H2)

Preise Die Kartenpreise sind leicht angehoben worden, liegen aber immer noch im unteren Bundesligadrittel. Billigere Tickets gibt's für Jugendliche, Schüler, Studenten, Behinderte und Soldaten (relativ genaue Ausweiskontrolle). Auf der Südtribüne (A-D) zahlen Kinder (bis 14) nur 6 €, Schwerbehinderte 15 €. Der Topzuschlag bei Spielen der »Kategorie B« (Schalke, Bayern, BVB und Gladbach) gilt freilich für alle. Gerade bei diesen Partien sollte man sich frühzeitig mit dem Ticket-Service am Ruhrstadion (Mo-Fr 10-17h, Tel: 0234-951818, Fax: 951819) in Verbindung setzen. **Rollis** Rollstuhlfahrer haben freien Eintritt, etwaige Begleiter müssen voll zahlen. Vor der Nordtribüne stehen rund 60 Plätze bereit. **Fanshop** Im und um das Stadion herum sind einige kleinere Stände verteilt, das komplette Angebot kann man im Fanshop »Fantastico« am Husemannplatz (Tel: 9160530, Mo-Fr 10-19, Sa 10-16h) bestaunen. **Lesen** Der altbewährte »VfL express« ist ein wenig schlanker geworden, dafür nun kostenlos und bietet weiter recht ansprechende Artikel, Interviews und Porträts. Gut! Weniger erfreulich dagegen, dass nicht nur das Bochumer Vorzeigefanzine »VfouL« den Löffel bzw. Griffel abgegeben hat, sondern auch der Rest der ehemals so aktiven Bochumer Heftchenszene - allein »Unterwegs in Sachen Fußball« (2 €, www.uisf.de.vu) ist wohl noch halbwegs existent. Auszüge aus alten VfouL-Ausgaben kann man noch im Internet (213.70.178.44/VfL/vfoul.html) bewundern. **Essen** Durchwachsen. Das Beste an der Bratwurst (1,80 €) ist das Brötchen und auch die Currywurst (2,-) will nicht wirklich munden. Des Öfteren scheint's da Probleme mit der richtigen Grill- bzw. Heißmachtemperatur zu geben... Die Brezeln und Käsestangen sind

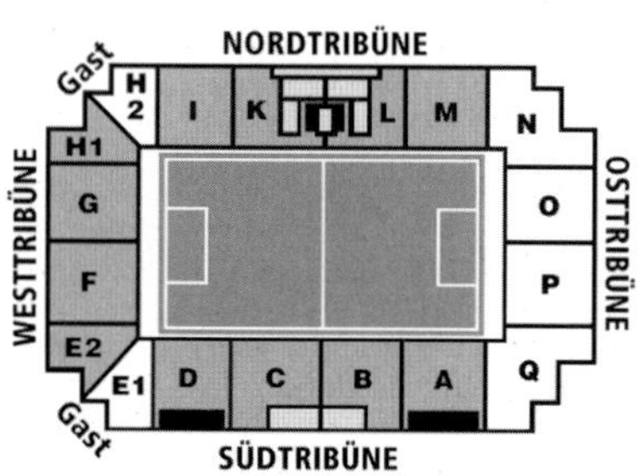

fast immer uralt, die empfehlenswerten Gyrosbuden nur spärlich im Rund verteilt. Erfahrene Ruhrstadiongänger versorgen sich schon vor dem Match am Imbisswagen neben der Shell-Tanke an der Castroper Straße, an dem es nicht nur die beste Wurst, sondern auch Pommes, Koteletts, Schaschlik und sogar Milch gibt. **Trinken** Statt Kronen fließt nun Fiege Pils in die Henkelbecher (3€, davon 0,80 Pfand), daneben Cola, Limo, Wasser und im Winter auch schon mal was Warmes oder gar Heißes. Leider muss man sich immer noch oft über lange Anstehzeiten ärgern. **Klo** Die Sanitäranlagen wurden zuletzt renoviert und erweitert. Hurra. **Kneipen** Als erste Anlaufstellen fungieren die »Ritterburg« und das »Haus Frein« (jeweils auf der Castroper Straße) sowie das »Sportfreund« (Ostring). Wem es hier nicht gefällt, sollte in das berühmte Bochumer »Bermuda-Dreieck« zwischen Brüder-, Viktoria- und Kortumstraße abtauchen - hier findet mit Sicherheit jeder eine Kneipe nach seinem Geschmack.

STADION ⚽⚽⚽⚽ **STIMMUNG** ⚽⚽ **SERVICE** ⚽⚽ **STRESS** ⚽⚽

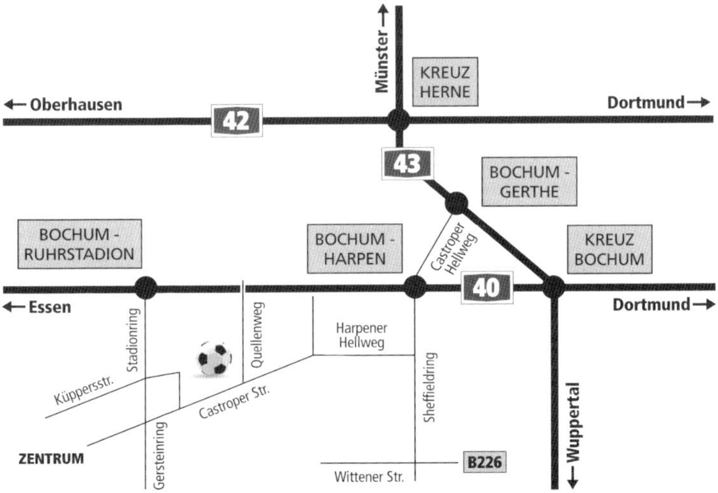

Aus allen **Himmelsrichtungen** gilt es die **A40** (welche die A3, A43, A45, A52, A57 und A59 kreuzt) zu finden und von dieser die Abfahrt **Bochum-Ruhrstadion** zu wählen. Von hier führt der **Stadionring** nach wenigen Metern zum (kostenpflichtigen) Parkhaus der **Starlight-Halle** (erste Ampel links), einige Meter weiter taucht dann rechts auch schon das **Ruhrstadion** auf. Jenseits der Castroper Straße findet sich mit dem **Kirmesplatz** schließlich die zweite größere Parkmöglichkeit - sofern nicht gerade Kirmes- oder Zirkuszeit ist. Im Zweifel stellt das Starlight-Parkhaus die **bessere** Wahl dar, da man von hier nach dem Kick auch relativ flott wieder auf der Autobahn ist. Der Fußweg von beiden Abstellplätzen zum Stadion beträgt etwa fünf Minuten. Auch an der Castroper Straße und in den Nebenstraßen des Stadionrings findet sich zuweilen eine **Parklücke**, bei Spielen mit erhöhtem Zuschauerandrang empfiehlt es sich aber dringend, entweder **überaus zeitig** zu erscheinen oder aber sein Vehikel im Bereich Bahnhof/Innenstadt abzustellen - nicht zuletzt, um dem Stau nach Spielende aus dem Wege zu gehen.

Vom u.a. mit der S-Bahn-Linie **S1** (Düsseldorf-Duisburg-Essen-Dortmund) zu erreichenden **Hauptbahnhof** fahren die **Straßenbahnen 308** und **318** (Richtung Schürbankstraße) in drei Minuten bis zur Haltestelle **Ruhrstadion**. Bei Heimspielen werden ferner in den meisten Fällen **Sonderbahnen** eingesetzt, die in kurzen Abständen zur Castroper Straße düsen. Die Eintrittskarte berechtigt vor und nach dem Spiel zur kostenlosen Nutzung des VRR-Liniennetzes. Ansonsten kostet der Fahrschein (Kurzstrecke) 1 €, die Viererkarte 3,30 € und das Tagesticket (fünf Leute, Preisstufe A) 6,35 €.

BONN: Sportpark Nord

Baujahr: 1970

Foto: MMM

Kapazität: 10.888
Stehplätze: 8.426
Sitzplätze: 2.462

Bonner SC, Kölnstr. 250, 53117 Bonn
Tel: 0228-672627, Fax: 0228-9678831
www.bonner-sc.de

Der Sportpark Nord. Die weitläufige Anlage im Bonner Norden setzt sich aus einigen Sporthallen incl. Olympia-Leistungszentrum, mehreren Rasen- und Sportplätzen, einer Hand voll Freizeit- und Kleinspielanlagen, einem Schwimmbad und nicht zuletzt einem Stadion vom Typ A zusammen, in welchem der Bonner SC seine Heimspiele auszutragen pflegt. Ab 1967 wurde das Gelände für knapp 22 Mio. DM aus dem Boden gestampft, seitdem können sich hier offiziell exakt 10.888 Menschen an den Darbietungen der Bonner Löwen ergötzen. Maximal 5.052 Zuschauer, von denen sich wiederum genau 2.462 auf den handelsüblichen Plastikschalen platzieren können, haben auf der im nüchternen Stil der 70er Jahre gehaltenen Haupttribüne ein Dach über dem Kopf. Eigentlich aber passen 12.000 Leute ins Bonner Geläuf (erstmals erreicht im März 1971 beim 0:0 gegen den Wuppertaler SV), und bei manchen Spielen sollen gar bis zu 16.000 Fußballfreunde zugegen gewesen sein (von denen sich die meisten in Ermangelung eines anderen Platzes einfach ins Gestrüpp setzten oder legten).

Das Stadion befindet sich an und für sich in einem ganz ordentlichen Zustand und wird im Rahmen der finanziellen Möglichkeiten in Schuss gehalten - mehr aber auch nicht. Bis auf sicherheitstechnische Verbesserungen, die anlässlich der Regionalliga-Qualifikation im Sommer 1994 fällig waren, hat sich an der putzigen Bonner Spielstätte eigentlich noch nie etwas getan. Im Grunde präsentiert sich das Stadion in einem seit den ersten Tagen unveränderten Zustand. Auch die beiden mit dichtem Gestrüpp überwucherten Kurven, der auffälligste Blickfang der grau-grünen Arena, wurden bewusst auf diese Weise angelegt und existieren bereits seit der Einweihung im August 1970. Hintergrund: Sollte es einmal nötig werden, kann das Stadion relativ schnell und kostengünstig ausgebaut werden. Und wer weiß, vielleicht geht das ja schneller vonstatten, als mancher sich das denkt. Denn zum einen hat BSC-Boss Viol bereits einen Investor in Aussicht, der das Gelände zu einem symbolischen Preis übernehmen würde, zum anderen suchen die Bundesliga-Basketballer der Telekom Baskets noch nach einer neuen Heimat - eine gemeinsame Lösung liegt da schon recht nahe. Doch wie dem auch sei, noch bleibt das Stadion, wie es ist. Auch auf Abendspiele wird man vorerst verzichten müssen. Immerhin: die Anschlüsse für eine Flutlichtanlage sind schon seit Jahrzehnten verlegt. Fehlen halt nur noch die Masten, Lampen und Glühbirnchen.

Begleiteten die Löwen in guten Zeiten durchaus schon einmal 1.000 bis 1.500 Fans, so herrscht heute leider oft eine Atmosphäre wie in einer »Friedhofshalle« (express). Dabei kann es auf der Tribüne, in deren Stehbereich sich die heimischen Anhänger

Sitzplätze: 6-7,50 €
Stehplätze: 4-5 €
Gäste: Gegengerade

tummeln, schnell laut werden, doch geschieht dies leider viel zu selten. Wem in Bonn einige »Gestalten« über den Weg laufen, sollte sich nicht wundern - ein Fanclub nennt sich so. Gästefans positionieren sich auf der Gegengeraden. Wer will, kann sich natürlich auch in den Kurven ans Geländer stellen.

Preise Ermäßigte Tickets gibt's für Studenten, Frauen, Behinderte und Jugendliche. Wer den Kick vom Restaurant aus verfolgen möchte, zahlt derzeit 10 €. **Rollis** Plätze im Innenraum. Ein geeignetes Klo findet sich in der Halle an der Geschäftsstelle. **Fanshop** BSC-Devotionalien sind bei Heimkicks hinter der Tribüne, ansonsten über die Geschäftsstelle erhältlich. **Lesen** Das kostenlose und recht lesenswerte »Löwenecho« kann auch auf der Homepage des BSC eingesehen werden. **Essen** Nun ja. Hoffen wir mal, dass der neue Pächter ein Herz für Fußballfreunde hat. Zuletzt gab's an der Bude hinter der Tribüne nur Bockwurst und Frikas. **Trinken** Auch hier drücken wir mal die Daumen und hoffen auf moderatere Preise. Im Restaurant hat man wohl weiter die Wahl zwischen Pils (Veltins) und Kölsch (Sion). **Klo** Die Anlagen sind alt (manche Klotürchen sind noch mit zwei Groschen zu öffnen), aber funktionstüchtig und halbwegs sauber. **Kneipen** Wie sich das Stadionrestaurant unter dem neuen Pächter entwickelt, bleibt abzuwarten. So wie früher, als hier bei Ex-Profi Rudi Eder regelmäßig die Puppen tanzten, wird es wohl nie mehr werden.

STADION	STIMMUNG	SERVICE	STRESS

Von **Süden**: über die A61 (linksrheinisch) bis Kreuz Meckenheim, dort auf die **A565** bis Abfahrt **Bonn-Tannenbusch** und rechts auf den Lievelingsweg zum Verteilerkreis. Von **Norden**: über die A3 bis Dreieck Heumar (bei Köln), dort auf die A59 gen Bonn, am Dreieck Beuel auf die A565 und am Kreuz **Bonn-Nord** heraus (Richtung Zentrum) auf den **Verteiler**. Von **Osten**: über die A4 bis Kreuz Köln-Ost, dort auf die A3 gen Koblenz und am Dreieck Heumar auf die A59, Rest s.o. Von **Westen**: über die A4 bis Kreuz Köln-Süd, dort auf die A555 bis Kreuz Bonn-Nord und (Richtung Zentrum) auf den Verteiler.
Den Verteilerkreis hinter der Aral-Tanke wieder verlassen (**Lievelingsweg**), an der T-Kreuzung links auf die **Kölnstraße** (B9) und die zweite rechts auf den **Parkplatz** vor dem Stadion, der auch über einige Behindertenplätze verfügt. Zur Not greife man auf den Stellraum unter der Autobahnbrücke (»P3«) zurück. Die ganze Klamotte ist auch ausgeschildert.

Vom Hauptbahnhof fahren die **Buslinien 625** (Richtung Mondorfer Fähre) und **635** (Bornheim-Hersel) direkt bis zum **Sportpark Nord**, alternativ kann man die Straßenbahnlinie **61** (gen Auerberg) bis Chlodwigplatz nehmen und dann zu Fuß über die Kölnstraße zum Stadion laufen. Ungewöhnlich für einen Oberligisten, nichtsdestotrotz löblich: Die Eintrittskarte berechtigt zur freien Hin- und Rückfahrt im Rahmen des VRS.

BRAUNSCHWEIG: Stadion Hamburger Straße

Foto: Stefan Peters

Baujahr: 1923

Kapazität: 25.230
Stehplätze: 15.000
Sitzplätze: 10.230

Eintr. Braunschweig, Hamburger Str. 210, 38112 Braunschweig
Tel: 0531-232300, Fax: 0531-2323030
www.eintracht.com

Willkommen im Schmuckstück Ostniedersachsens! Nach Jahrzehnten, in denen das Eintracht-Stadion vor aller Augen langsam dahinrottete, machte man endlich Nägel mit Köpfen und zauberte ein modernes Stadion aus dem Hut. Durch und durch bundesligareif, noch dazu stimmungsfördernd - die Arena zählt seither zweifelsohne zu den besseren Adressen im Fußball-Norden. Hier Fußball zu gucken macht Spaß, sofern man nicht Gastfan ist, denn dann muss man sich gegen eine schier übermächtige heimische Anhängerschaft erwehren - und steht im Regen. Die Überdachung (und Aufstockung) der Gästekurve soll folgen, wenn sich die Eintracht wieder im Profifußball etabliert hat.

Zur Historie: Anno 1923 pilgerten rund 15.000 Fans zur Einweihung an die Hamburger Straße, um die Eintracht mit 1:10 gegen Nürnberg verlieren zu sehen. Das Multifunktionsstadion galt als Schmuckstück, vor allem im Vergleich zur vorherigen Heimat an der Helmstedter Straße, wo der Raum arg begrenzt gewesen war. Die neue Anlage bot alles, was das Herz eines Fans der 20er Jahre erfreute, und auf der Westseite (wo heute die Haupttribüne steht) stand eine imposante hölzerne Tribüne, die stilistisch zum wunderschön gestalteten und in rudimentären Resten noch erhaltenen Eingangsbereich (vor der zur Tribüne führenden Rampe) passte.

In der Folgezeit veränderte die Arena kaum ihr Gesicht. 1950 wurde sie erstmals generalrenoviert und zugleich auf 30.000 Plätze aufgestockt; 1955 diente sie als Austragungsort des Pokalfinales zwischen dem Karlsruher SC und Schalke (3:2) und zwei Jahre später bekam sie als erstes Stadion im Norden Flutlicht.

1963 stieg die Kapazitä durch Ausbau der Gegengeraden sowie einen Haupttribünenvorbau auf 38.000 an. Derart aufgepäppelt erlebte das Stadion die beste Zeit der Eintracht, die 1967 mit dem Gewinn der deutschen Meisterschaft ihren Höhepunkt erreichte. Anschließend ging es jedoch rasch wieder bergab, Mittelmaß war angesagt. Die Arena wurde derweil älter - und maroder. Mitte der 70er Jahre bestand Handlungsbedarf. 1976 wurde die Gegengerade überdacht und 9.000 Steh- sowie 2.050 Sitzplätze vor Petrus' Unbill geschützt. Dummerweise übernahm sich die Eintracht dabei und musste das Stadion an die Stadt verkaufen, um Schlimmeres zu verhindern. 1982 wurde der Bau der noch vom Klub begonnenen 5.000-Sitze-Haupttribüne, die die uralte Holztribüne ersetzte, unter städtischer Ägide vollendet.

Während beide Geraden damit in gutem Zustand waren, gammelten die Kurven buchstäblich weg. Anfang der 90er Jahre musste die Südkurve - die Heimkurve - sogar gesperrt werden. Nicht ohne Druck eines gewissen Herrn Glogowski (seinerzeit niedersächsischer Innenminister, heute Eintracht-Präsident) bewilligte die Stadt 25 Mio. DM zur Generalrenovierung, welche nach zweijähriger

BRAUNSCHWEIG: Stadion an der Hamburger Straße

Bautätigkeit pünktlich zum 100. Vereinsjubiläum am 3. Oktober 1995 beendet wurde. Neben den beiden renovierten Kurven und der Überdachung der Heimkurve wurde die Gegengerade komplett mit Sitzplätzen bestückt; zudem gab es neues Flutlicht. Im November 1996 rundete schließlich eine moderne Anzeigetafel das prächtige Werk ab.

Lautstark und reiselustig - so präsentiert sich die Erstliga-Ausmaße annehmende Eintracht-Fanschar trotz jahrelanger Drittklassigkeit noch immer. Selbst Nachbar Wolfsburg guckt oft neidisch gen Welfenstadt, wo die Atmosphäre prächtig und die Loyalität auch bei weniger guten Spielen beachtenswert ist. In Liga 2 wird die Eintracht zweifelsohne wieder zu den zugkräftigsten Teams zählen. BTSV-Fans sind vor allem in den Blöcken 8/9 der Südkurve zu finden. Doch Vorsicht: Es gibt auch »andere« Fans. Die Situation hat sich zwar etwas entspannt, doch das Gewaltpotenzial ist noch immer groß und auch das rechte Spektrum ist weiterhin vertreten.

Sitzplätze: 7-19 €
Stehplätze: 6-8 €
Gäste: Nordkurve

Rollis Innenraum, Klos vorhanden. **Fanshop** Geschäftsstelle (unter der Rampe am Haupteingang), Südkurve oder Galeria Kaufhaus in der Innenstadt. **Lesen** »Eintracht aktuell« wird zur Saison 2002/03 komplett überarbeitet. Mal schauen. **Essen** Hamburger, Fischbrötchen, Würste, Döner, Brezeln. **Trinken** Alkoholisches Bier, Softdrinks, Schnäpse. **Klo** Genügend und gepflegt. **Kneipen** Stadiongaststätte (Haupttribüne), McDonalds an der Hamburger Straße. Entlang dieser gibt es weitere Lokalitäten, zur Innenstadt benutzt man am besten die Straßenbahn.

STADION ⚽⚽⚽ STIMMUNG ⚽⚽⚽ SERVICE ⚽⚽ STRESS ⚽⚽⚽

A39 aus Richtung **Salzgitter**: Bis Kreuz Braunschweig-West, weiter auf der **A391** (Westtangente) bis Kreuz Braunschweig-Ölper und auf der **A392** (Richtung Celle) bis Ausfahrt Hamburger Straße. An der Ampel **links** und weiter, bis rechter Hand das Stadion auftaucht. Achtung: Bei **Schlagerspielen** ist die A392 meist voll und man steht im **Stau**. Parken: Direkt an der Kreuzung der Autobahnabfahrt liegt der **Schützenplatz** (an der Ampel links), auf dem es reichlich Parkmöglichkeiten gibt. Außerdem kann man noch im Wohngebiet »Schwarzer Berg« sein **Glück** versuchen. Dorthin kommt man, indem man am Stadion vorbeifährt und an der nächsten Ampel **links** abbiegt.

Vom Hauptbahnhof geht es mit der **Linie 1** bis zum Rathaus und von dort mit den Linien 2, 4 oder 7 weiter bis zum Eintracht-Stadion. Die **Eintrittskarte** dient erfreulicherweise als **Fahrausweis**.

BREMEN: Weserstadion

Baujahr: 1926

Kapazität: 35.838
Stehplätze: 5.838
Sitzplätze: 30.000

Foto: Bremer Sport- und Freizeit GmbH

Werder Bremen, Am Weserstadion 7, 28205 Bremen
Tel: 01805-937337, Fax: 0421-4984913
www.werder-online.de

Kaum eine der großen Fußballarenen Deutschlands hat in den 90er Jahren einen derartigen Wandel durchgemacht wie das Bremer Weserstadion. Nach und nach wurde aus einer ziemlich langweiligen und zudem maroden Arena ein schmuckes und komplett überdachtes Rund, das alles hat, was das Herz begehrt und weitaus mehr ist als nur ein profanes Fußballstadion: Es fungiert zugleich als Begegnungsstätte, Erholungsort, Zentrale der Wirtschaftsabteilung des SV Werder Bremen und eben Bundesligabühne der Grün-Weißen und ist, wie es der Ex- Manager Willi Lemke, die große treibende Kraft hinter dem Umbau, einst ausdrückte, »ein Schmuckkästchen«.

Mit dem Ende der 70er Jahre begonnenen Komplettumbau wurde zugleich ein Stückchen Bremer Fußballgeschichte beseitigt, denn von dem Bauwerk, das anno 1926 auf dem bereits seit 1909 als Fußballfeld genutzten »Peterswerder« eingeweiht wurde, ist heute nichts mehr zu sehen. Nicht nur deshalb lohnt sich ein Ausflug in die Geschichte des Weserstadions, die eine turbulente Mischung aus Irrungen und Wirrungen ist, bei der Namen, Besitzer und Nutzer ständig wechselten. Stadionbauer war der lokale Großverein ABTS, der sich mit dem Bau allerdings finanziell übernahm und 1928 daran zugrunde ging. Zuvor war unter seiner Ägide eine rund 32.000 Plätze bietende Arena entstanden, die im norddeutschen Raum einzigartig war. Vor allem die über 130 Meter lange überdachte Tribüne sorgte für Staunen beim Betrachter.

Nach der ABTS-Pleite übernahm der eigens zum Zweck der Übernahme gegründete »Verein Weserstadion« den »größten und am besten gelegenen Spielort in Bremen« (Werder-Chronik), der seit Oktober 1930 vom SV Werder genutzt wird. Bis dahin hatten die Grün-Weißen in der nahe gelegenen »Huckelriede« gespielt, wo ab 1906 ein schmuckes Fußballareal mit großer überdachter Zuschauertribüne entstanden war, das sich jedoch mit seinen rund 5.000 Plätzen als zu klein erwies - der Zuschauerboom der 20er Jahre ging auch an Bremen nicht vorbei. Während des Dritten Reichs wurde das Weserstadion für zahlreiche politische Großveranstaltungen genutzt; nach dem Ende des Zweiten Weltkrieges ging es dann in amerikanische Hände über. Als »Ike-Stadium« wurden in der Arena vornehmlich Baseball- und Football-Spiele ausgetragen, ehe Werder im Mai 1947 die Nutzungsrechte zurückerhielt und die runde Lederkugel wieder den Ton angab.

Bautechnisch veränderte sich das in den Oberligajahren sowohl vom SV Werder als auch dem inzwischen in der Verbandsliga versunkenen Lokalrivalen BSV genutzte Stadion kaum. Erst mit Werders Qualifikation für die Bundesliga (1963) wurden größere Eingriffe nötig. Eine zeitgemäße Flutlichtanlage entstand, die Gegengerade wurde überdacht und die Kapazität auf rund 40.000 erhöht. Zwei Jahre später belohnte die Stadt Bremen den Gewinn der deutschen Meisterschaft mit dem Ausbau der Kurven, wodurch das Fassungsvermögen auf 45.000 anstieg.

In der Folgezeit beschränkte man sich auf unvermeidliche Reparaturen, worunter auch die Neuüberdachung der Haupttribüne im Jahre 1972 fiel. Der Zustand des Weserstadions verbesserte sich unter diesen Voraussetzungen natürlich kaum und Ende der 70er Jahre entsprach die Arena nur noch mühevoll den DFB-Sicherheitsauflagen.

1978 begann die Komplettsanierung, als die Gegengerade nach dem Vorbild des Köln-Müngersdorfer Stadions in eine doppelstöckige Tribüne umgewandelt wurde. Zehn Jahre später folgte die Westkurve, in die die Geschäftsstelle des SV Werder sowie ein Therapiezentrum integriert wurden, und 1992 schließlich die Haupttribüne, die mit den unvermeidlichen VIP-Logen versehen wurde und diverse gastronomische Einrichtungen in ihrem Bauch aufweist.

Zuletzt war die Ostkurve an der Reihe. Der traditionelle Standplatz der Heimfans war aus Sicherheitsgründen bereits teilgesperrt und sollte weitestgehend mit Sitzplätzen bestückt werden, was bei den Fans auf vehemente Ablehnung stieß. Aus dem Protest heraus entstand die »Sitzen ist für'n Arsch«-Bewegung, die den Befürwortern von Stehplätzen erstmals eine Stimme gab und Vorbildcharakter für vergleichbare Situationen im ganzen Bundesgebiet hatte (und hat). Dank des Engagements der aktiven Fans weist die Ostkurve seit ihrem inzwischen vollendeten Umbau immerhin noch 4.800 Stehplätze auf (zuvor waren es 9.600), die bei Bedarf (Europacupspiele) in Sitzplätze umgewandelt werden können. Darunter befindet sich neben dem Büro des Bremer Fan-Projekts auch ein »Fan-Zentrum«, in dem nicht nur bei Heimkicks des SV Werder ordentlich was los ist. Bedauerlich freilich, dass die Sichtverhältnisse aus beiden Kurven bestenfalls als »mäßig« zu bezeichnen sind - zu weit weg vom Spielfeld und viel zu flach. Bedenklich zudem, dass sich hinter dem Fanblock Logen befinden und die Fans bereits mehrfach aufgefordert wurden, große Fahnen, Schals und Doppelhalter unten zu halten, damit die Promis besser gucken können. Echte Fanpflege sieht irgendwie anders aus.

Mit der Installation moderner Video-Wände in den Kurven stieg das Weserstadion endgültig in die Riege der modernen »Erlebnisparkstadien« auf, dessen offizielle Einweihung mit dem Länderspiel Deutschland - Ukraine am 30. April 1997 stattfand. Den einzigen Haken an der rundherum überdachten Arena stellte das Fassungsvermögen dar, das mit knapp über 35.000 Plätzen etwas mager ausfiel.

Im Zuge der Bewerbung zur WM 2006 wurde deshalb über eine Erweiterung auf 44.000 Plätze nachgedacht, an der man trotz der Pleite bei der WM-Stadienvergabe festhielt. Es handelt sich um einen »sanften« Umbau: Da nach oben nichts mehr ging, legte man Spielfeld und Laufbahn einfach satte zwei Meter tiefer und schuf damit Raum für zusätzliche elf Sitzreihen. Diese weisen den besonderen Clou auf, »demontierbar« zu sein. Binnen eineinhalb Tagen kann das Stahlrohrgestänge komplett abgebaut und das Wesersta-

Visualisierung: maßstab digital imaging/Bremen

dion für rockige oder poppige Konzerte genutzt werden. Die am 19. Dezember 2000 vom Bremer Senat beschlossene Baumaßnahme wurde in der Sommerpause 2002 durchgeführt und verschlang rund 25 Mio. Euro. Dem SV Werder wird sie bei seinen Heimspielen satte 9.000 zusätzliche Plätze bescheren, die hoffentlich helfen, den Schock der Nichtberücksichtigung für die WM 2006 zu überstehen.

Sie gelten als norddeutsch unterkühlt, ein wenig launisch und mitunter arg kritisch: die Werder-Fans. Vorurteile, von deren Richtigkeit (oder eben nicht) man sich im Unterrang der Ostkurve selbst überzeugen kann, denn das ist noch immer der Lieblingsplatz der Bremer Fans. Vor oder nach dem Spiel sollte man im »OstKurvenSaal« vorbeischauen, wo sich alles um Grün-Weiß dreht und man stets kompetente Gesprächspartner finden kann.

Für Gästefans hat das Weserstadion nur wenig nette Seiten aufzuweisen. Da ist zum einen die bekannte Heimstärke des SVW, zum anderen die Sicht vom Gästekäfig, die, insbesondere von den Blöcken 18 und 20, einfach miserabel ist. Im Stadionumfeld sollte man ein wenig Obacht auf die durchaus vorhandene lokale Hool-Szene geben.

Sitzplätze: 10-46 €
Stehplätze: 6-12 €
Gäste: Nordtribüne (17-20)

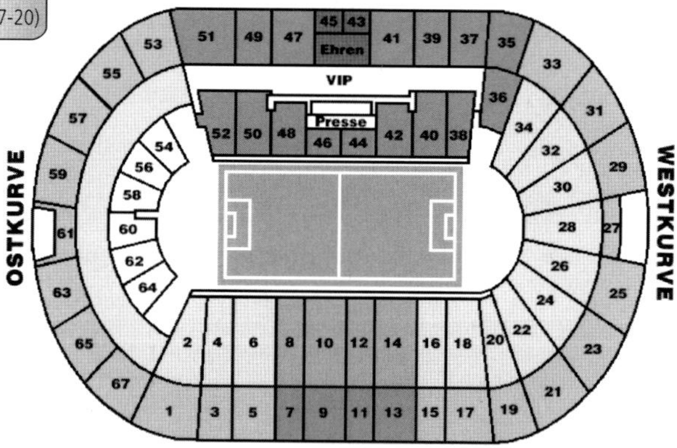

Rollis Rollstuhlfahrer sollten lange vor dem gewünschten Spiel ihre (kostenlose) Karte schriftlich bei der Kartenstelle (Vereinsadresse) anfordern. Auch eine Begleitperson kommt kostenlos ins Stadion. **Fanshop** Großer Shop in der Tribüne, bei Spielen noch kleinere Büdchen. **Lesen** »Werder-Magazin«, Kostenpunkt: ein Euro, A4, farbig, darf noch immer als eines der besten Magazine der Bundesliga bezeichnet werden. **Essen** Großartig! Im Weserstadion gibt's diverse Würste, Pommes, Gyros, Schaschlik, Brötchen, Pizzen, Bratkartoffeln, Baguettes und - natürlich, man ist schließlich an der See - ausgezeichneten Fisch in allen Variationen. **Trinken** Alkoholisches Bier, Cola, Limo, Wasser und Kaffee. **Klo** Modern und funktional. **Kneipen** In der Haupttribüne befindet sich die »Villa Verde«, die allerdings nur etwas für Anhänger mit gehobeneren Ansprüchen ist. Andere mögen das gleich nebenan liegende »Café Blick« bevorzugen. Außerhalb des Stadions: Im »Viertel« rund um den Osterdeich finden sich diverse lohnenswerte Lokalitäten.

STADION ⚽⚽⚽ STIMMUNG ⚽⚽ SERVICE ⚽⚽⚽ STRESS ⚽

Der so genannte **Platz 11 des Weserstadions** befindet sich hinter der Südtribüne seines großen Bruders und weist den biederen Charme eines in die Jahre gekommenen Dorfplatzes auf. Eine an einen überdimensionalen Fahrradstand erinnernde Sitzplatztribüne ist der ganze Stolz des seit 1950 in Werder-Besitz befindlichen Areals, das inmitten eines gewaltigen Sportplatzkomplexes liegt. Nett und insofern absolut empfehlenswert das angrenzende Vereinsheim, in dem stets lustige Stimmung vorherrscht und in dem sich auch ein fußballspezifisches gastronomisches Angebot erwerben lässt (Currywurst, Pommes, Schokoriegel, natürlich »richtiges« Bier etc.). Seit dem Einzug der kleinen Werderaner in die Regionalliga Nord gibt es rechts vom Haupteingang einen eingezäunten Gästeblock, der nun wirklich »Zoo-Charakter« hat. Mehr muss über Platz 11 nicht gesagt werden. Anfahrt wie Weserstadion.

Platz 11 des Weserstadions

Foto: Burkhard Schulz

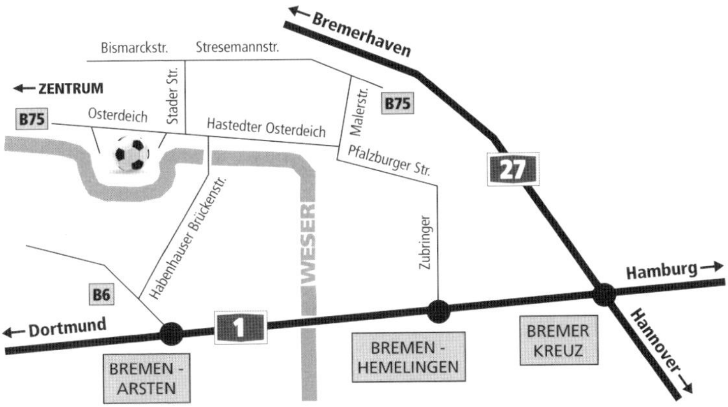

Grundsätzlich: Das Weserstadion ist ausgezeichnet **ausgeschildert**. Über die **A1** von **Dortmund**: Abfahrt **Bremen-Arsten**, weiter auf der **B6** bis zur Habenhauser Brückenstraße. Über die Weser hinweg und **links** auf den Hastedter Osterdeich, an dem linker Hand alsbald das **Stadion** auftaucht. Über die **A1** von **Hamburg** bzw. Hannover: Am **Bremer Kreuz** auf die **A1** gen Osnabrück, dann bis zur Abfahrt **Bremen- Hemelingen**. Weiter auf dem AB-Zubringer Hemelingen bzw. der Pfalzburger Straße, links in die Malerstraße und schließlich **rechts** auf den Hastedter Osterdeich. Alles Weitere siehe oben.

Parken: Angesichts des permanenten **Verkehrschaos** bei Werder-Spielen sei dringend empfohlen, einen der ausgeschilderten **P+R-Plätze** anzusteuern. Am besten geeignet ist der unmittelbar an der Abfahrt Bremen-Hemelingen gelegene »Hemelinger Hafendamm«, von wo aus man den **kostenlosen** (mit Eintrittskarte) Buspendelverkehr nutzen kann. Reisende aus Richtung **Oldenburg** nutzen am besten den einzigartigen Park+Ship-Dienst. Dazu auf der B75 den ausgeschilderten Platz Stadtwerder/Kuhirten ansteuern und mit der Fähre Hal Över auf die andere Weserseite.

Die **Straßenbahnlinie 10** (gen Sebaldsbrück) verbindet den **Hauptbahnhof** (bzw. die Innenstadt) mit dem Weserstadion, von der Station St. Jürgen-Straße sind es noch ca. **zehn** Fußminuten. An Spieltagen fahren auch Sonderbusse zur Arena.

BREMERHAVEN: Zollinlandplatz

Foto: Ulrike Otzipka

Baujahr: 1926

Kapazität: 4.000
Stehplätze: 4.000
Sitzplätze: nix

FC Bremerhaven, Pestalozzistr. 55, 27568 Bremerhaven
Tel: 0471-42044, Fax: 0471-4190086

Man mag es kaum glauben, was hier einmal los gewesen ist. Am 17. April 1955 beispielsweise füllten über 13.000 Fans den Zollinlandplatz, um die seinerzeit dort beheimateten 93er gegen den Hamburger SV zu unterstützen. Beim HSV spielte ein gewisser Uwe Seeler und Bremerhaven 93 festigte mit einem 2:2 den zweiten Platz in der Oberliga, der am Ende zur Teilnahme an der Endrunde um die deutsche Meisterschaft berechtigte. Heute ist nicht nur die Erinnerung an einstige Erfolgstage des Bremerhavener Fußballs verblasst, auch der TuS 93 ist längst Geschichte: 1974 trat er dem Großverein OSC bei, der wenige Jahre später zweimal in der Zweiten Liga aufkreuzte und heute in der Verbandsliga verschwunden ist.

Da der OSC im im Norden der Stadt gelegenen Nordseestadion kickte, rottete der Zollinlandplatz lange Zeit vor sich hin - bis sich im Stadtteil Lehe etwas regte. Mittels honoriger und vermögender Herren sowie eines Spielertrainers namens Felix Magath preschte der dortige VfB, der sich seit Januar 1992 FCB nennt, nach oben und verdrängte den OSC als lokale Nummer 1. Damit geriet auch der »Zolli« wieder ins Blickfeld, denn genau dort fand der VfB respektive FCB seine neue Heimat. Nicht nur aus Gründen der Tradition eine weise Entscheidung. Während das ebenfalls zur Disposition stehende Nordseestadion nämlich zugig und ungemütlich ist, knirscht und ächzt die Tradition am »Zolli« aus allen Ecken. Was Wunder, wird das Areal doch bereits seit 1926 zum Kicken genutzt. Seinerzeit schuf der Arbeitersportverein TuS 93 einen Sportplatz, der, da es sich um das Gelände des früheren Zollinlandbahnhofs handelte, vom Volksmund schlicht »Zollinland« genannt wurde. Gemeinsam mit den Lokalrivalen SC Sparta und ATSB verbrachten die 93er einige nette Jahre an der Pestalozzistraße, ehe die Nazis an die Macht kamen und dem Arbeitersportverein mit Verbot drohten. Rasch wechselten die 93er die Seiten, traten dem bürgerlichen DFB bei und erreichten 1942 dessen höchste Spielklasse. Wenig später kamen die Bomber der Alliierten und sorgten mit einigen gezielten Treffern auf den Zolli für die Einstellung des Spielbetriebes.

Wenige Monate nach Kriegsende stand das Areal bereits wieder zum Kicken bereit - wenn auch arg gerupft, denn der umgrenzende Holzzaun war inzwischen in die Öfen und Herde der frierenden und hungernden Bremerhavener gewandert und die Stehtraversen hatten nur notdürftig wiederhergestellt werden können. Zu einem Stadion wurde der Zolli erst, als die Weinroten anno 1948 in die Oberliga Nord aufstiegen. Mit vereinten Kräften schufen Mitglieder, freiwillige Helfer und die Stadt seinerzeit die Grundstrukturen der heutigen Arena, die sich, wie an der Hauptgeraden und dem Umkleidetrakt unschwer zu erkennen ist, seither kaum verändert hat. Freilich stand damals auf der Gegengeraden, auf der heute nicht viel mehr als der Sprecherturm Platz hat, noch eine schmucke überdachte Sitzplatztribüne. Die jedoch musste im Rahmen von wichtigen Straßenerweiterungsmaßnahmen weichen, womit zugleich das Schicksal des Zollinlandplatzes besiegelt wurde. Heute klammert sich das zwar heimelige, aber auch durch und durch marode Traditionsgelände an den ihm verbliebenen Platz und wartet eigentlich nur noch auf sein Ende, das eines Tages mit ziemlicher Sicherheit kommen wird. Leider, leider.

»Fishtown on tour« steht auf dem Transparent, das die kleine FCB-Fangemeinde zu Heim- wie Auswärtsspielen begleitet. Sie sind nett, aufgeschlossen und neugierig auf alles, was mit Fußball zu tun hat. Seit einigen Jahren pflegen sie eine innige Freundschaft mit ihren Kollegen von Arminia Hannover, weshalb man sich nicht wundern sollte, das »Fishtown on tour« auch überall dort zu erblicken, wo die Blauen aus der Landeshauptstadt auftreten. Die Stimmung im Zolli erreicht allenfalls dezente Ausmaße; dafür muß man selten mit irgendwelchen verdrehten Köpfen rechnen (die es aber gibt!).

Gästefans dürfen sich selbst ein Plätzchen aussuchen und tun gut daran, dies auf der großen Hauptgeraden zu tun. Sicht gut, Stimmungsverhältnisse ausgezeichnet, Bierstand nicht weit entfernt.

Sitzplätze: -
Stehplätze: 5-50-6,50 €
Gäste: egal

Rollis Plätze hinter dem Tor. **Fanshop** An den Verein wenden. **Lesen** Das »FCB-Info« (24 A4-Seiten, s/w) steckt voller Werbung und eigenartiger Artikel, dafür ist es allerdings auch kostenlos. **Essen** Bratwurst, Steaks, Reisfleisch. Alles halbwegs lecker. **Trinken** Alkoholisches Bier und Softdrinks. **Klo** Mit Verlaub - so ziemlich das Schlimmste, was man auf Deutschlands Fußballplätzen finden kann. **Kneipen** Die »Stadiongaststätte« ist ein paar Meter entfernt in der Pestalozzistraße. Ins Zentrum bzw. an den Hafen findet man über die Hafen- und Lloydstraße.

STADION ⚽⚽	STIMMUNG ⚽	SERVICE ⚽	STRESS

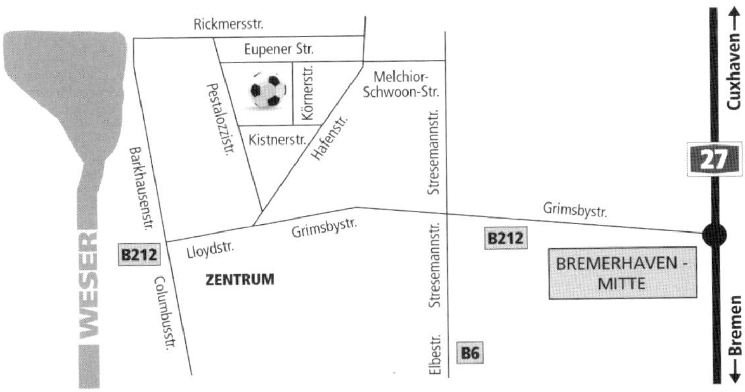

Eigentlich ganz einfach: Die **A27**, die von Bremen nach Cuxhaven führt, an der Anschlussstelle **Bremerhaven-Mitte** verlassen und weiter auf der **Grimsbystraße** (B212) in Richtung Zentrum. Nach einer großen Straßenkreuzung mit Überführung und Überquerung des Flusses Geeste geht es **scharf rechts** in die **Hafenstraße** (in Richtung Lehe), von der wenig später nach links die **Pestalozzistraße** abzweigt. Dort befindet sich auf der rechten Seite der Zollinlandplatz.
Parken: Straßenparken, und das eher **knapp**. Wenn man auf der Pestalozzistraße weiterfährt, taucht nach einigen Metern auf der linken Seite noch ein kleinerer **Parkplatz** auf.

Mit den **Buslinien 2** (Richtung Leherheider) oder **9** (Spaden) fahre man vom **Bahnhof** bis zur Kreuzung Hafenstraße und Pestalozzistraße. Den kurzen Rest bewältigt man zu Fuß.

BURGHAUSEN: Stadion Liebigstraße

Foto: Steffen Halbleib

Baujahr: 1959

Kapazität: 10.000
Stehplätze: 8.500
Sitzplätze: 1.500

Wacker Burghausen, Elisabethstr. 37, 84489 Burghausen
Tel: 08677-837111, Fax: 08677-912488
www.sv-wacker.de

Wacker-Sportplatz, Wacker-Freibad, Wacker-Turnhalle - das »Wacker-Stadion an der Liebigstraße« zählt offensichtlich zu einem größeren Komplex, der viel mit dem sich unmittelbar daran anschließenden und ziemlich raumgreifenden Chemiewerk namens ... »Wacker« zu tun hat.

Der fußballerische Senkrechtstarter aus Burghausen ist dennoch keiner von diesen glitzernden Emporkömmlingen, die ihren Aufschwung einem einzigen Sponsor verdanken und in der Regel nach ein paar Jahren wieder in der Versenkung verschwinden. Hier stützt man sich auf einen Verein, dem immerhin 5.000 Menschen angehören, und der Visionen hat. Eine davon hieß lange Zeit »Zweite Liga«, in die man eigentlich bereits zur Saison 2000/01 hatte aufsteigen wollen. Dass es nun mit etwas Verspätung geklappt hat, wird man an der Salzach verkraften können.

Burghausens Aufschwung wird von bekannte Namen getragen. Zunächst war da ein gewisser Kurt Niedermayer. Der Ex-Bayern-Profi führte die Schwarz-Weißen nach 23 Landesligajahren im Sommer 1993 in die Oberliga, wo sie sich nicht nur etablierten, sondern schon 24 Monate später in die Regionalliga aufstiegen. Seither ist in der beschaulichen Grenzstadt zu Österreich der Fußballteufel los und der bislang größte Vereinserfolg - der Gewinn des Faustball-Weltpokals (1992) - ist längst vom Volkssport Fußball in den Schatten gestellt worden. Dass dem so ist, dafür sorgt seit 2000 Rudi Bommer, unter dessen Regie der Klub den ersehnten Sprung in Liga 2 schaffte.

Auch bezüglich seiner Zuschauerresonanz ist der SV Wacker alles andere als ein ungeliebter Retortenklub. Er kann sich auf eine im gesamten Inntal verteilte Fanschar verlassen, die mit Hilfe diverser Lärminstrumente auch durchaus imstande ist, an der Liebigstraße Fußballatmosphäre aufkommen zu lassen. Zum Aufstieg in die Zweite Liga veranstaltete man z.B. eine nette Party und schickte 1.500 schwarz-weiße Luftballons in den Himmel.

Für den Sprung in den Profifußball bereitete man das Wacker-Stadion ab 2000 schrittweise vor. Zunächst erhielt das 1959 eingeweihte Areal eine durchaus imposante Tribüne, der auch größere Aufgaben bedenkenlos zugemutet werden können, und auf der rund 4.000 Fans trockenen Hauptes guten Fußball beobachten können. Alsdann wurden die antiquierten Sitzplätze auf der Gegengeraden entfernt, ein separater Gästeblock errichtet und Flutlicht aufgestellt. Da das aber nicht über die für Profifußball geforderten 800 Lux verfügte, musste der SV Wacker im Sommer 2002 schnell noch 100 leistungsstärkere Lämpchen hereindrehen. Nach dem Aufstieg wurde nun eine zusätzliche Stahlrohr-Sitzplatztribüne für rund 2.700 Fans aufgebaut und das Fassungsvermögen somit auf schier atemberaubende 10.000 Plätze geschraubt. Der Profifußball kann also kommen - in Burghausen ist man bereit!

BURGHAUSEN: Stadion Liebigstraße

Der harte Kern der Wacker-Fans trifft sich auf der »Badseite« genannten Gegengeraden (Höhe Mittellinie) und nennt sich folglich »Die Treuen von der Badseite«. Mittels einer Hupe wird dort regelmäßig an Ruhestörung grenzender Lärm veranstaltet und bayerisches Brauchtum wie Böllerschüsse und Goaßl-Schnalzer gepflegt. Die Fans sind auch bei Auswärtsspielen stets anzutreffen und zum größten Teil harmlos. Einem netten Fußballnachmittag an der österreichischen Grenze steht somit nichts im Wege - allenfalls das leckere Weißbier, das die Sinne nach ausgiebigem Genuss ein wenig verwirren kann. Vorsicht am HZ-Einkaufszentrum, wo sich mitunter »etwas wildere Gestalten« (O-Ton eines Heimfans) aufhalten, die den SV Wacker in der Aufstiegssaison auch auswärts begleiteten.

Sitzplätze: 10-18 €
Stehplätze: 5-7 €
Gäste: neben Tribüne

Rollis Am Spielfeldrand. **Fanshop** Ein nett sortiertes Angebot zu höchst fairen Preisen - sehr volksnah! **Lesen** Die kostenlose Stadionzeitung im A4-Format ist ganz in Farbe gehalten und bietet durchaus akzeptablen Unterhaltungswert. **Essen** Schweinswürstl, Pizza, Wurstsemmeln. **Trinken** Alkoholisches Bier, Limo, Spezi, Wasser. **Klo** Frisch renoviert bzw. neu erstellt und insofern immer einen Besuch wert. **Kneipen** Sportheim im Stadion, des Weiteren wird die »Inside-Sportsbar« gerne aufgesucht.

STADION ⚽⚽ STIMMUNG ⚽ SERVICE ⚽⚽ STRESS

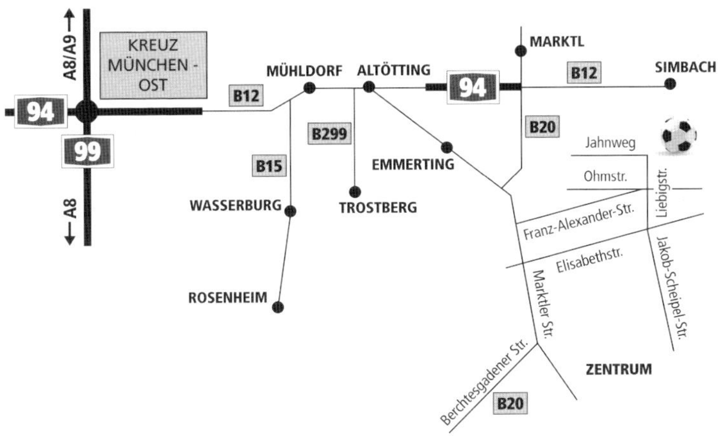

Aus Richtung **Nürnberg** bzw. Augsburg: Zunächst geht's in Richtung **München** und dann über die **A99** auf die **B12** in Richtung Altötting/Braunau. Auf Höhe der Ortschaft **Marktl** auf die **B20** Richtung Burghausen.
Aus Richtung Innsbruck bzw. **Rosenheim**: Die **A8** bzw. **A93** in **Rosenheim** verlassen und auf der **B15** weiter in Richtung Wasserburg. Schließlich rechts auf die **B12** nach Altötting und auf die B20 nach Burghausen. In **Burghausen** selbst zunächst auf der **B20** bleiben und kurz nach der Eisenbahnüberführung **links** in die Franz-Alexander-Straße, von der die Liebigstraße schließlich abzweigt. Parken: Straßenparken sowie die Parkflächen des Wacker-Chemiewerkes.

In Burghausen erledigt man derlei Dinge **zu Fuß**. Wer unbedingt will, kann vom **Bahnhof** bzw. dem ZOB mit der **Buslinie 4** eine Station bis zur Haltestelle »Sportpark« fahren. Er setzt sich damit allerdings der Gefahr aus, von Einheimischen etwas **schief** angeguckt zu werden.

CHEMNITZ: Stadion an der Gellertstraße

Baujahr: 1934

Foto: Burkhard Schulz

Kapazität: 15.000
Stehplätze: 13.939
Sitzplätze: 1.061

Chemnitzer FC, Reichenhainer Str. 154, 09125 Chemnitz
Tel: 0371-5615811, Fax: 0371-5615812
www.chemnitzerfc.de

Offiziell heißt der schmucke Fußballtempel des CFC ja »Stadion an der Gellertstraße«, doch der Volksmund spricht ausschließlich von der »Fischerwiese«. Diesen Kosenamen erhielt das Stadion der Himmelblauen, nachdem es am 13. Juni 1950 in »Dr.-Kurt-Fischer-Stadion« umbenannt worden war. Dieser Fischer hatte im Krieg als Offizier der Sowjetarmee gegen die Nazis gekämpft und sich später als erster und höchst umstrittener Innenminister von Sachsen einen Namen gemacht, den kurz nach seinem Tode dann auch das beliebte Chemnitzer Fußballstadion zu tragen hatte. Nicht zuletzt, da dies ja nun auch bar jeden sportlichen Bezugs war, forderte der CFC 1994 eine Umbenennung, dem der Stadtrat denn auch mit großer Mehrheit zustimmte - Kurt Fischer war damit in die Fußstapfen seiner Kollegen Ernst Thälmann, Otto Grotewohl und Georgi Dimitroff getreten.

Das am Nordostrand der City gelegene Stadion wurde am 13. Mai 1934 mit einem tollen 5:1 des PSV Chemnitz gegen die SpVgg Fürth eingeweiht. Kurz darauf folgte auch noch ein sattes 5:2 gegen Real Madrid und das Stadion hatte seine Feuertaufe bestanden. Ihren zuschauerzuspruchstechnischen Höhepunkt erreichte die Fischerwiese indes am 18. November 1953, als 27.300 Fans die BSG Chemie Karl-Marx-Stadt gegen Fortschritt Weißenfels siegen (3:0) sehen wollten.

In späteren Jahren trug der Klub seine Heimspiele dann immer regelmäßiger im weitaus größeren Sportforum aus - zuvor war man nur sporadisch in das wenig geliebte Stadion am Rande der Stadt ausgewichen. Diese Arena war bereits in den 20er Jahren auf dem Gelände des ehemaligen Flughafens als »Chemnitzer Kampfbahn« erbaut, ab 1935 in die »Großkampfbahn« umgebaut und im Herbst 1938 mit dem Länderspiel Deutschland-Polen (4:1) vor 60.000 Besuchern eingeweiht worden. Später diente das Sportforum, das von 1950 bis 1992 auch den Namen »Ernst-Thälmann-Stadion« trug, primär der Nationalelf der DDR als Hort des Glücks: Neun Länderspiele fanden in Karl-Marx-Stadt statt, neun Siege gab es zu bejubeln. Auch das allerletzte Heim-Länderspiel einer DDR-Auswahl überhaupt fand im Sportforum statt: Das 2:0 gegen Ägypten (Tore: Matthias Sammer und Heiko Peschke) wollten am 11. April 1990 allerdings nur 1.000 Leute sehen - eine Geisterkulisse, wie sie grusliger nicht sein kann.

In dem weitläufigen und atmosphärearmen Forumsrund hatte der CFC nun ab der Saison 1991/92 seine Zweitligakicks auszutragen, nachdem man zwischenzeitlich wieder zur Fischerwiese heimgekehrt war. Doch aufgrund der Sicherheitsauflagen des DFB ging es zähneknirschend ins Sportforum - und nach dem Abstieg (1996) gleich wieder retour zur Gellertstraße, die man währenddessen als Trainingsplatz und für die Heimspiele der zweiten Mannschaft genutzt hatte. Dort, in der alten Heimat, machten sich der CFC und seine Fans gemeinsam ans Werk, renovierten die Arena und ließen als erste Maßnahme die Haupttribüne in frischen Vereinsfarben erstrahlen.

Für weitere Maßnahmen fehlte bis zur Rückkehr der Himmelblauen in die Zweite Liga das nötige Kleingeld. Als der Aufstieg dann aber in trockenen Tüchern war, wurden in Windeseile Nägel mit Köpfen gemacht: Bereits einen Tag nach dem entscheidenden 2:0 gegen den VfL Osnabrück begannen im Juni 1999 die umfangreichen Sanierungs- und Umbauarbeiten, für die ein arbeitstechnischer und finanzieller Kraftakt nötig war. Im Vordergrund standen dabei zunächst die Sicherheitsauflagen des DFB: Blockabtrennungen, Fluchttore, Umzäunungen, Wellenbrecher, Spielertunnel mussten her. Ferner galt es die Eingänge zu erweitern, die sanitären Anlagen zu sanieren (was auch dringendst Zeit wurde) und Räumlichkeiten für Presse und Polizei bereitzustellen. Auch an die VIPs musste - natürlich - gedacht werden. Wieder legten die CFC-Fans den ganzen Sommer über Hand an, Tag und Nacht wurde gewerkelt, und schließlich wurde alles rechtzeitig fertig, so dass die Platzkommission des DFB ihr O.K. geben und der Chemnitzer FC das saisonale Auftaktspiel am 13. August vor 12.200 (größtenteils) seligen Fans mit 2:0 gegen Absteiger M'gladbach gewinnen konnte. Knapp drei Millionen DM hatten die Umbaumaßnahmen gekostet, weitere 920.000 kamen im Herbst hinzu, da natürlich auch eine farbfernsehgerechte Flutlichtanlage (850 Lux) installiert wurde - in der Rekordzeit von nur vier Wochen übrigens.

Zwar mussten die Himmelblauen nach zwei Jahren wieder ins Regionalligalager zurück, doch verfügen sie nun über ein profifußballtaugliches Stadion, das kaum etwas vom alten Flair verloren hat. Die Fischerwiese blieb die Fischerwiese. Nur um die gefällten Bäume hinter der Tribüne ist es irgendwie schade.

Der harte Kern der CFC-Anhängerschaft ist in der Südkurve (Block 5, Anzeigetafelseite) zu finden, Gästefans benutzen den Eingang Forststraße bzw. die Kassen 4 und 5 und begeben sich in »ihren« Block 2 in der Marathontorkurve - dort stehen genau 1.552 Plätze zur Verfügung. An bzw. in der Fischerwiese lässt sich eigentlich von allen Rängen sehr gut Fußball gucken, die beste (Stehplatz-) Sicht hat man natürlich von den 816 privilegierten Plätzen in Block B, die sich einer Überdachung erfreuen. Apropos freuen. Das Stadion ist recht eng, die Ultra-Szene recht aktiv - Fußball kann hier wirklich Spaß machen.

Oft aber gibt's auch Stress. Anhängern des Gastvereins sei angeraten, sich außerhalb ihres Blocks möglichst vorsichtig und unauffällig zu verhalten - die Chemnitzer Freunde der »Dritten Halbzeit« zählen nach wie vor zu den gefürchtetsten in den neuen Ländern. Der Großteil der CFC-Fans hält sich jedoch an die Kernaussage der Stadionordnung: »Unser Stadion ist eine Stätte sportlich fairen Wettkampfes, der Erholung und Entspannung. Jeder Zuschauer ist aufgefordert, sich diszipliniert im Stadion zu verhalten.« Wer dies nicht tut, bekommt es unter Umständen mit dem manchmal recht ruppigen Ordnungsdienst zu tun. Die genauen Modalitäten bzgl. Schwenkfahnen, Doppelhaltern und diesem ganzen Kram klärt man am besten mit Ex-Kicker Jörg Illing (fanbeauftragter@chemnitzerfc.de) ab.

Sitzplätze: 18 €
Stehplätze: 5-9,50 €
Gäste: Block 2

Noch ein Tipp für alle Beflissenen in Sachen Fußballkultur und -historie: Im Sportforum ist im ersten Stock des Sozialgebäudes das »Traditionskabinett« des CFC zu finden, in dem der langjährige Chronist Gerhard Claus wirklich ganze Arbeit geleistet hat. Geöffnet ist die Ausstellung leider nur dienstags von 15-17h, aber auch nach telefonischer Vereinbarung (0371-4885281).

Preise Ermäßigter Eintritt für Studenten, Arbeitslose, Schüler, Behinderte und Soldaten, Kinder bis 14 Jahre zahlen für den Stehplatz nur 3 € (überdacht 3,50). Die Ausweise werden relativ genau kontrolliert. **Rollis** Wenige Plätze vor der Tribüne, am besten frühzeitig an den CFC wenden. Auf dem Parkplatz Forststraße stehen zehn Behindertenparkplätze bereit. **Fanshop** Bei Heimspielen nur einige kleinere Stände, der offizielle Shop ist vom Sportforum in die City umgezogen (Augustusburger Str. 9-11, Mo-Fr 10-18h, Tel: 0371-5615817, Fax: 5615820). **Lesen** Neben dem ordentlichen Stadionprogramm »Die Himmelblauen« (1 €) kann man sich nach dem »Nischl«, dem Fanzine des Fanprojekts (www.fanprojekt-chemnitzerfc.de), dem »Himmelsstürmer« (Himmelsstuermer@ultras-chemnitz.de) oder dem »Krachturm« (Krachturm@ultras-chemnitz.de) umschauen. Das legendäre »Gellert-Szenario« erscheint dagegen leider nicht mehr (Resthefte bei: R. Reichelt, Mühlenstraße 23, 09579 Grünhainichen, www.gellert-szenario.de.vu). **Essen** Variierendes Angebot zu Durchschnittspreisen. Die Bratwurst schmeckt recht großartig, die Bockwurst eher mysteriös. Manchmal auch umgekehrt. Kommt anscheinend auf die Tagesform an.

CHEMNITZ: Stadion an der Gellertstraße/Sportforum

Trinken Bier (meist Leicht, gelegentlich Null) sowie die üblichen Softdrinks. **Klo** Gibt es.
Kneipen Erste Anlaufstelle (primär für Chemnitzer) ist der neue Fantreff in der Heinrich-Schütz-Straße (öffnet zwei Stunden vor Anpfiff). Wer den Weg in die Humboldtstr. 93 nicht scheut, kann auf ein oder zwei Bier in der Vereinskneipe »Erdenglück« vorbeischauen.

STADION ⚽⚽⚽	STIMMUNG ⚽⚽	SERVICE ⚽⚽	STRESS ⚽⚽⚽

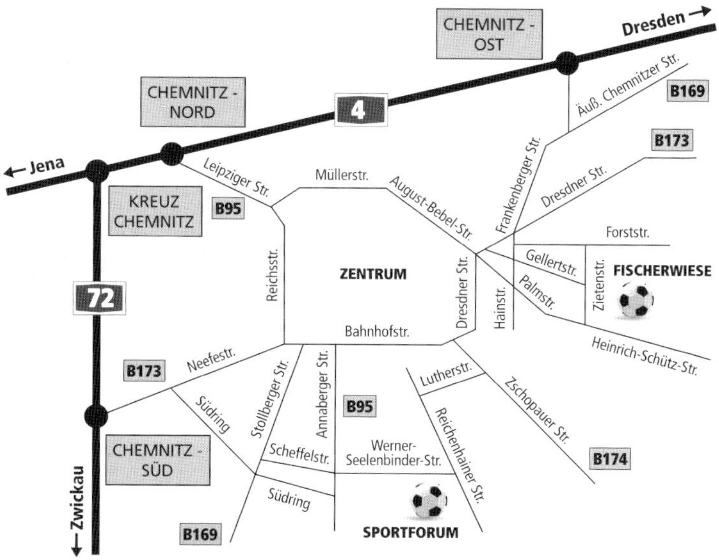

Von **Zwickau**: über die **A72** bis Abfahrt **Chemnitz-Süd** und auf der Neefestraße (**B173**) gen Zentrum. Nach etwa vier Kilometern (hinter der Unterführung) rechts in die **Zwickauer Straße** und auf der B169/173 (Bahnhofstraße) weiter gen Dresden halten und über die Palmstraße zur Heinrich-Schütz-Straße - schon hat man die Fischerwiese (links) erreicht. Ist aber auch einigermaßen vernünftig **ausgeschildert**.
Von **Dresden**: über die A4 bis Abfahrt **Chemnitz-Ost** und auf der Mittweidaer bzw. Frankenberger Straße (**B169**) gen Zentrum. Knapp zwei Kilometer nach der Unterführung am Bahnhof Chemnitz-Hilbersdorf dann an der Kreuzung mit der **Dresdner Straße** geradeaus in die Hainstraße, am Polizeipräsidium vorbei und **links** in die Gellertstraße.
Von **Erfurt**: über die **A4** bis Abfahrt **Chemnitz-Nord** und auf der Leipziger Straße (B95) gen Zentrum. Nach etwa zwei Kilometern am Leipziger Platz links in die Winklerstraße, rechts in die Hechlerstraße und über Müller- und August-Bebel-Straße unter den Gleisanlagen des Hauptbahnhofs durch auf die Palm- bzw. Heinrich-Schütz-Straße.
Die **Parksituation** am Stadion ist nach wie vor **katastrophal**, Gästefans sollten es auf der Forststraße versuchen, da sich hier auch ihr Eingang befindet. Nach dem Spiel ist ein mittelschweres Verkehrschaos leider selten zu umgehen. Soll es zum **Sportforum** gehen, hier die Anfahrt in Kurzform: **A72** Chemnitz-Süd, Neefestraße, Südring, Annaberger Straße, Werner-Seelenbinder-Straße, Reichenhainer Straße. **A4** Chemnitz-Nord, Leipziger Straße, Reichsstraße (B95), Gustav-Freytag-Straße, Reichenhainer Straße.

Vom rund 15 Fußminuten entfernten **Hauptbahnhof** aus fährt die **Buslinie 23** (Richtung Zeisigwaldstraße, Klinik Bethanien) bis direkt vor das Stadion an der Gellertstraße. Wer dem **Sportforum** einen Besuch abstattten möchte, steigt am Bahnhof in die **Buslinie 32** (Richtung Reichenhain, fährt am Wochenende allerdings nur einmal in der Stunde) ein und an der Haltestelle Sportforum wieder aus.

COTTBUS: Stadion der Freundschaft

Baujahr: 1930

Foto: Burkhard Schulz

Kapazität: 22.500
Stehplätze: 6.760
Sitzplätze: 15.740

Energie Cottbus, Stadion der Freundschaft, 03042 Cottbus
Tel: 0355-756950, Fax: 0355-713026
www.fcenergie.de

Die ersten Pläne zum Bau eines Stadions in Cottbus wurden im Mai 1923 publik, es sollten jedoch noch einige Jahre in die Lausitz ziehen, bevor der große Sportkomplex auf beiden Seiten der Spree fertig gestellt werden konnte. Im Frühjahr 1930 war es schließlich so weit: Das »Cottbuser Stadion« feierte Eröffnung - das offizielle Weihefest ging freilich erst im September über die Bühne.

Nach dem Zweiten Weltkrieg wurde die Arena auf Trümmerschutt neu errichtet und schlummerte, gesäumt von den im Fahrtwind der vorbeirauschenden Züge sanft schwingenden englischen Eichen, bis zur Mitte der 60er Jahre gemächlich vor sich hin - dann jedoch zog der SC bzw. die spätere BSG Energie Cottbus in das kleine Rund ein. Knapp eine Dekade später stiegen die Energie-Kicker, die zuvor u.a. im heute von den Amateuren genutzten Stadion der Eisenbahner (s. Skizze) heimisch gewesen waren, erstmals in die DDR-Eliteklasse auf und präsentierten sich in der Folge trotz beachtlicher Zuschauerunterstützung als waschechte Fahrstuhltruppe: für die Liga zu stark, für die Oberliga zu schwach. Dennoch entwickelte sich Cottbus bald zum heißen Fußball-Pflaster, nicht zuletzt dank der Begeisterungsfähigkeit der Energie-Fans: Bis zu 17.000 Leute füllten das damals eigentlich nur für 15.000 zugelassene Stadion. 1983 begann der (überfällige) Umbau der Stehtraversen, der die Kapazität bereits auf 18.000 zu steigern wusste. Und im August 1988 konnte erstmals die neue und bei allen Gegnern schon bald gefürchtete Tribüne genutzt werden, von der aus die Mannschaft gnadenlos nach vorne gepeitscht wird. Kurze Zeit später sollte das Stadion eigentlich auch Flutlicht erhalten: Die Masten lagen bereits abholbereit im Kraftwerk Jänschwalde, bevor sie dann doch nach Brandenburg, wo man sich für den UEFA-Cup qualifiziert hatte, geliefert wurden. Als die Buga 1995 nach Cottbus vergeben wurde, bedeutete dies für das Stadion der Freundschaft Renovierungsmaßnahmen, die u.a. das Funktionsgebäude, den Sozialtrakt und die Sicherheitszäune betrafen. Im Zuge der großen sportlichen Erfolge (Aufstieg in die Zweite Liga, DFB-Pokalfinale) brachte man die Arena Ende der 90er Jahre weiter auf Vordermann: Im April 1997 installierte man die lang ersehnte Flutlichtanlage, ein Jahr später auch eine moderne Anzeigetafel. Als der Höhenflug des FCE schließlich im Aufstieg in die Bundesliga gipfelte, wurde das Stadion weiter auf Sicherheitsvordermann gebracht.

Im Frühjahr 2002 rückten wieder schwere Baumaschinen an und rissen die Gegengerade ab, an deren Stelle nun bis zum Juni 2003 die neue Osttribüne tritt. Das zwölf Mio. Euro teure Schmuckstück, dem leider die alten Eichen hinter der Geraden zum Opfer fielen (es werden aber neue gepflanzt), wird 2.760 Sitz- und 4.500 Stehplätze aufweisen sowie Gastro- und Sanitäranlagen beherbergen. Schön. Fehlen dann eigentlich nur noch die Kurven...

COTTBUS: Stadion der Freundschaft

Tja. Nach wie vor geht es im Stadion der Freundschaft leider nicht immer besonders freundschaftlich zu, was vor allem für den ebenso martialisch ausschauenden wie auftretenden Ordnungsdienst gilt. Gästefans, die ihre 2.420 Plätze in den abgeriegelten Blöcken F1 und F2 (Südeingang) finden, sollten sich vorsehen, die Ordner agieren oft völlig willkürlich. Am besten immer freundlich bleiben. Auch im Umfeld des Stadions muss man sich immer noch ein wenig umsehen, wenngleich es nicht mehr so schlimm wie früher ist. Zwar ist in Cottbus nach wie vor eine gewisse Anzahl von Fans der Kategorie C aktiv, doch Alarmstufe Rot gilt eigentlich nur noch bei Spielen gegen die »Nachbarschaft« aus Rostock, Berlin und Hamburg. Der harte Kern der größtenteils friedlichen Energie-Fans, der zuletzt auf der Gegengeraden und hier v.a. in Block C (ein Schelm, wer Böses dabei denkt) zu finden war, wird wohl interimsweise - bis die Osttribüne fertig ist - in die Nordkurve zurückkehren. Dort wird die Ultra-Szene immer größer und aktiver, auch wenn für das »Inferno Cottbus« nach wie vor Stadionverbot besteht. Dies hat zur Folge, dass die Ordner alles, wo »Inferno« oder manchmal auch »Ultra« draufsteht, rigoros einkassieren. Was Schwenkfahnen, Doppelhalter etc. angeht, so wird im Gästebereich relativ großzügig verfahren (Ausnahme: Megaphone und Pyro), Energie-Fans hingegen müssen einen Fahnenpass beantragen.

Sitzplätze: 15-36 €
Stehplätze: 6,50-9,50 €
Gäste: Block F1 + F2

Die einst gefürchtete Stimmung hat nachgelassen und brandet nur noch gelegentlich auf. Meist erregen sich die Zuschauer lediglich bei fehlerhaften Pfiffen des Schiris - dann aber richtig. Was das Alltagsleben im Stadion anbelangt, so kann man eigentlich von jedem Platz aus gut Fußball gucken und ist nah dran. Allerdings wird es auf den Stehrängen mitunter derart eng, dass man sich ernsthaft Gedanken um die Seriosität der Kapazitätsangaben machen muss. Die Stufen sind zudem recht flach, die Auf- und Abgänge chronisch verstopft - und da die Leute auf den oberen Rängen nur ungern Platz machen, ist das Gequetsche vorprogrammiert. Allein frühes Erscheinen und konsequentes Bleiben sichert einen halbwegs vernünftigen Platz.

Preise Ermäßigte Karten gibt's für Schüler, Studenten, Rentner und Behinderte. Kinder (bis 14 Jahre) zahlen für den Stehplatz 2 €. Gegen Bayern, Bayer und den BVB wird Topzuschlag erhoben. Ticket-Hotline: 0355-756950. **Rollis** Rollstuhlfahrer zahlen 4 € (bei Topzuschlag: 4,50, eine Begleitperson kommt umsonst rein) und erhalten an der Nordkurve Plätze im Innenraum. Auf der Osttribüne sind auch 52 feste Rolli-Plätze vorgesehen. Behindertenparkplätze gibt es (noch) keine, wer sich rechtzeitig an den Verein wendet, erhält immerhin einen Parkausweis fürs Sandower Dreieck. **Fanshop** Jeweils an Haupt- und Südeingang findet sich ein größerer Stand. Auf dem Altmarkt 21 wartet ferner der vergrößerte Energie-Fanshop (Di-Fr 10-18, Sa 9-11h, Tel: 0355-3819524) auf Kunden. **Lesen** Das »Energie-Echo« (1 €) hat inhaltlich schwer nachgelassen und bietet primär Werbung und viel Blabla. Immerhin ist es schön übersichtlich. Lohnenswerter erscheint da schon der Erwerb eines der vorzüglichen Cottbusser Fanzines, als da wären: »Mach den Stier!« vom legendären Hans-Meiser-Team (1,50 € + Porto an: PF 100814, 03008 Cottbus, hans-meiser-team@uni.de), »Brennpunkt Cottbus« (gleicher Preis: Inferno Cottbus, PF 120187, 03022 Cottbus, www.inferno-cottbus.de) und schließlich »Gurkensalat« (2 € + Porto: J. Batzdorf, Trattendorfer Str. 26, 03048 Cottbus, gurkensalat98@freenet.de). All diese Heftchen sind neben weiteren netten Accessoires am Fancontainer vor dem Haupteingang zu haben. Was die Fanzines angeht, so sollte man sie jedoch gut verstauen, da sie von den Ordnern (je nach Laune) ganz gerne mal einkassiert werden. Eigentlich eine Frechheit - aber so ist das eben in Cottbus... **Essen** Zwei größere Stände an den beiden Haupteingängen sowie mehrere kleine Büdchen bieten hauptsächlich Bock- und Bratwurst (2 €, mit Brötchen) feil, über die man nicht meckern kann. Außerdem im Sortiment: Steaks (2,50 €) und belegte Brötchen (1 €). Fliegende Händler mit Eis und Süßkrams bewirten ausschließlich die Haupttribüne - bei der Enge des Stadions verständlich. Wer lieber eine Erbsen- oder Kartoffelsuppe auslöffeln oder eine Nudelpfanne probieren mag, der sollte der frei zugänglichen Stadionkneipe »Energie-Eck« einen Besuch abstatten. Auch in der Selbstbedienungsbar »Energie-Quelle« findet der hungrige Fan gelegentlich Verwertbares. **Trinken** Das Bier (Landskron) wandert nur in der Light-Variante über den Tresen, der 0,4-Becher kostet satte 2,50 €. Ein Fünftel billiger kommt die gleiche Menge Cola, Limo oder Wasser. Kaffee und Tee sind für 1 €, Cappuccino und Heiße Schoki für 1,50 € zu haben. Im Winter kann man sich an einer Art Glühwein versuchen. Im »Energie-Eck« gibt es übrigens auch »echtes«

Bier. **Klo** Schlimm. Gerade im Gästebereich und vor allem, was die Bedürfnisse weiblicher Zuschauer anbelangt, sind viel zu wenig Toiletten vorhanden. In der Pause geht fast gar nix. **Kneipen** Erste Anlaufstelle ist - na klar - das »Energie-Eck« (direkt am Haupteingang, nur vom Stadion aus zugänglich). Wem es dort zu voll ist, kann sein Glück in der beliebten Fankneipe »Rote Karte« (Stromstraße, Nähe Schwimmbad, rund 500 Meter vom Gästeblock in Richtung Bahnhof) versuchen. Wenn es in die Innenstadt gehen soll, am besten die Gegend rund um den Altmarkt antesten.

STADION **STIMMUNG** **SERVICE** **STRESS**

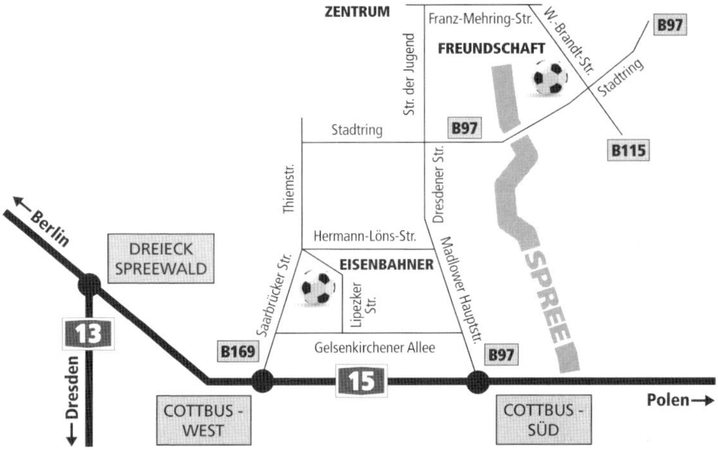

Von **Berlin** bzw. **Dresden**: über die A13 bis Dreieck Spreewald, dort auf die **A15** und an der Abfahrt **Cottbus-West** heraus. Nun auf der Saarbrücker Straße (**B169**) gen Zentrum, nach etwa zwei Kilometern an der ersten Ampel in Cottbus links ab auf die Thiemstraße und nach weiteren 800 Metern rechts auf den **Stadtring** (B97). Diesen geradeaus, am Stadion (links) sowie den Messehallen vorbei und über die große Kreuzung mit der B115 hinweg, dann gleich **links** auf den (gebührenpflichtigen) Parkplatz »Sandower Dreieck«, der durch eine kleine Brücke mit dem Stadion verbunden ist. Dieser ist jedoch meist schnell **voll**, so dass sich vor allem für Ortsunkundige das **Ausweichen** auf **P+R-Plätze** anbietet - zumal von dort außer den Straßenbahnen evtl. bald auch wieder **Shuttle-Busse** zum Stadion düsen und im Stadionumfeld ganze Bataillone von **Politessen** ihr Unwesen treiben. Von der Abfahrt Cottbus-West benutze man den P+R-Platz **Sachsendorf** an der B169, ab hier mit den **Tram-Linien 2** bzw. **4** bis zur Haltestelle **Görlitzer Straße** und über den Stadtring zum Stadion. Von der Abfahrt **Cottbus-Süd** (A15 von Forst/Polen) über die Madlower Hauptstraße (**B97**) gen Zentrum, hinter dem Friedhof rechts in die Hermann-Löns-Straße auf den P+R-Platz **Sportzentrum**. Nun zurück auf die B97 und mit der Tram-Linie 3 bis Görlitzer Straße fahren. Wer aus Richtung Frankfurt/Oder bzw. **Guben** über den **Stadtring** nach Cottbus kommt, benutzt am besten den P+R-Platz am TKC-Einkaufszentrum (Wal-Mart), weiter geht es mit der Tram 4.

Vom Hauptbahnhof fährt man mit der **Tram-Linie 1** (Richtung Schmellwitz) bis zur Station **Stadtpromenade** und steigt dort in den Bus Richtung Branitzer Siedlung (**Linie 15**) um. Von der Haltestelle **Vorpark** läuft man dann noch knapp fünf Minuten. Mit Erwerb einer Eintrittskarte ist der Fahrpreis abgegolten. Deutlich **schneller** geht es aber **zu Fuß**: Links auf die Vetschauer Straße und über die Görlitzer zum Stadtring. Diesen immer bergauf, bis die Flutlichtmasten die Lage des Stadions anzeigen. Der Weg sollte in maximal einer **Viertelstunde** zu bewältigen sein. Größere Fangruppen werden allerdings eh meist von Polizei und BGS **eskortiert**, so dass sich niemand **verlaufen** kann bzw. darf.

DARMSTADT: Böllenfalltor

Baujahr: 1921

Kapazität: 26.000
Stehplätze: 22.000
Sitzplätze: 4.000

Foto: Hardy Grüne

Darmstadt 98, Nieder-Ramstädter Str. 170, 64285 Darmstadt
Tel: 06151-666698, Fax: 06151-666699
www.lilien-online.de

Wenn Steine sprechen könnten, hätten sie in Darmstadt eine Stadiongeschichte zu erzählen, die Zuhörern wohl die Tränen in die Augen treiben würde. Ein Wort käme immer wieder vor: Tragik. Bis 1945 waren die Lilien einer von vielen Klubs der Rhein-Main-Region, deren Ruhm über einen Radius von rund 100 km kaum hinauskam. Insofern wurde auch die Stadionfrage selten gestellt und das im Juli 1921 eröffnete Böllenfalltor genügte vollauf den Erfordernissen.

Nach dem Krieg änderte sich das, denn der SV 98 machte sich nun auf den Weg in die süddeutsche Kickelite. Tragik Nr. 1: Ausgerechnet da stand das Böllenfalltor nicht zur Verfügung! Es wurde von den Amerikanern für Baseball zweckentfremdet, der Klub musste im nahe gelegenen Hochschulstadion um Asyl bitten. Erst 1950 - immerhin pünktlich zum Aufstieg in die Oberliga Süd - erhielten die Lilien die Nutzungsrechte zurück und begannen mit einer umfassenden Renovierung. Als jene am 29. Juni 1952 abgeschlossen wurde, war der SV 98 längst wieder aus der Oberliga abgestiegen und den Fans im nunmehr 22.000 Plätze bietenden Böllenfalltor mitsamt neuer Sitztribüne wurde lediglich fade Zweitligakost serviert. Tragik Nr. 2.

Bis 1974 änderte sich daran kaum etwas. Die Lilien dümpelten im Regionalligamittelfeld und lockten selten mehr als 4.000 Fans an. Immerhin erreichten sie ein Jahr nach der Südmeisterschaft ('73) die Zweite Liga, wodurch erstmals wieder Bagger anrollten und die 4.000 Sitze bietende heutige Tribüne entstand. Wenig später stiegen die Feierabendkicker sensationell auf, woraufhin ad hoc eine bundesligataugliche Arena gezaubert werden musste. Es entstand u.a. der legendäre Uhr- und Anzeigetafelturm, weiterhin schraubte man das Fassungsvermögen durch Aufschüttung der Gegengeraden auf 36 Stufen auf 32.000. Trotz Erstligaarena im Rücken reichte es sportlich nicht - schon 79/80 kamen wieder Völklingen und Ingolstadt - Tragik Nr. 3.

Zwei Jahre später waren die Heinerstädter wieder oben, Tragik Nr. 4 nahm ihren Lauf. Für rund 1,8 Mio. DM installierte man eine Flutlichtanlage, baute hier und dort und geriet angesichts der immensen Kosten (6 Mio.) ins finanzielle Straucheln. Nun wurde es turbulent, denn der direkte Wiederabstieg aus der Bundesliga und ein Schuldenberg von rund fünf Mio. DM sorgten im Juli 1988 - gerade waren die Lilien in der Relegation unglücklich an Waldhof gescheitert - für den Verkauf des Stadions an die Stadt.

Seither sind Freudentage rar gesät. 1994 ging es in die Dritt-, 1998 sogar in die Viertklassigkeit; dazu kamen ständig neue Horrormeldungen über den Schuldenstand. Immerhin konnten sich die Lilien inzwischen sowohl sportlich als auch wirtschaftlich wieder etwas aufrappeln und am Böllenfalltor träumt man bereits wieder von Profifußball. Das allerdings dürfte ein Problem sein, denn der Zustand des

Foto: Burkhard Schulz

Erzgebirgsstadion (Aue)

Städtisches Stadion (Bayreuth)

Foto: Chris Müller

Foto: Andre Weiss

Alte Försterei (Berlin)

Hans-Zoschke-Stadion (Berlin)

Foto: Burkhard Schulz

Foto: Walter Bau-AG vereinigt mit DYWIDAG

Olympiastadion (Berlin, Modell)

Ruhrstadion (Bochum)

Foto: Stadt Bochum

Foto: Stadt Bonn

Sportpark Nord (Bonn)

Weserstadion (Bremen)

Foto: Burkhard Schulz

Stadion an der Gellertstraße (Chemnitz)

Foto: Rainer Hille

Böllenfalltor (Darmstadt)

Foto: Hardy Grüne

Foto: Michael Seiß

Westfalenstadion (Dortmund)

Rudolf-Harbig-Stadion (Dresden)

Foto: Burkhard Schulz

Foto: Horst Müller

Rheinstadion (Düsseldorf, Modell)

Paul-Janes-Stadion (Düsseldorf)

Foto: MMM

Wedaustadion (Duisburg)

Foto: MMM

Steigerwaldstadion (Erfurt)

Foto: Rainer Hille

Stadions ist inzwischen nicht mehr zweitligatauglich. »Wenn wir den Aufstieg realisieren würden, wäre das Chaos perfekt. Selbst Minimalforderungen erfüllen wir derzeit nicht«, orakelte Manager Wiesinger im Herbst 2001 düster und forderte Stadioneigentümer Stadt Darmstadt zur Sanierung auf. Die Hoffnungen ruhen nun ausgerechnet auf Frankfurt. Erhält der übermächtige Nachbar nämlich den Zuschlag für Olympia 2012, dann wird wohl auch das Böllenfalltor restauriert. Studenten der TU Darmstadt haben kürzlich bereits ein nettes Modell vorgestellt, wie die Lilien-Heimat dereinst aussehen könnte.

Die Fanschar der Blau-Weißen erreicht eine beachtliche Größe, wobei der ihr vorauseilende Ruf als »gefährlich« leider eine gewisse Berechtigung hat. »Erlebnisorientierte« Zeitgenossen bevorzugen Block A, der gemeine Fan hingegen Block F der Haupttribüne, die seit geraumer Zeit Stammplatz der stimmungsvollen Lilien-Fans ist. Gästefans haben die Nordkurve für sich und sollten im Eingangsbereich des Stadions ein wenig die Augen offen halten.

Sitzplätze: 10-20 €
Stehplätze: 7-8 €
Gäste: Nordkurve

Rollis Am Spielfeldrand. **Fanshop** Im Stadion (Südkurve). **Lesen** «Lilien-Kurier«, A5 und kostenlos. Lesenswert das Fanzine »B.A.L.L.«, das für 50 Cent (excl. Porto) bei Kai Führing, Wielandstr. 3, 65187 Wiesbaden zu erhalten ist. **Essen** Diverse Würste, Frikadellen, belegte Brötchen, Pommes Frites etc. **Trinken** Alkoholhaltiges Bier und Softdrinks. **Klo** In der Tribüne. **Kneipen** »Böllenfalltor« (Nieder-Ramstädter Str. 251), »Lilienschänke« (dito, Nr. 170) und »Schützenheim« (Böllenfalltor 29).

STADION · STIMMUNG · SERVICE · STRESS

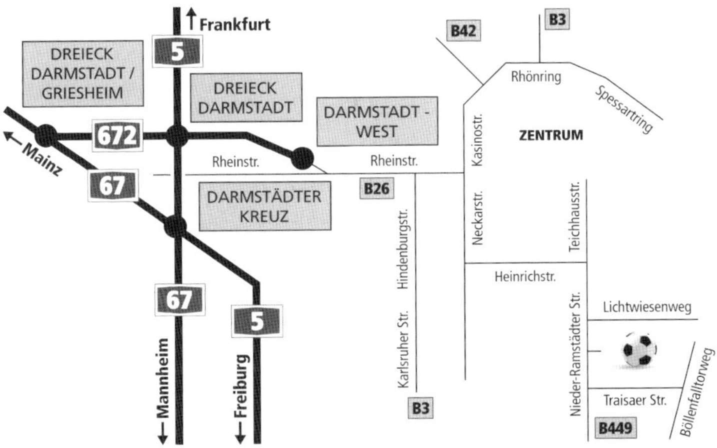

Über die **A5** aus Richtung **Frankfurt**: Abfahrt **Darmstadt** wählen und dann der Ausschilderung (»Ball«) folgen. **Alternative**: Weiter auf der **B26** (Rheinstraße) in Richtung Stadtmitte bis zum Kennedyplatz. Dort rechts auf die Neckarstraße gen Eberstadt. Nach 300 Metern **links** in die Heinrichstraße in Richtung Rossdorf bis zur Nieder-Ramstädter Straße (**B449**), an deren linker Seite sich das Stadion befindet. Über die **A5** aus **Heidelberg**: Abfahrt **Pfungstadt**, dort auf die **B3** (Karlsruher Straße) in Richtung Zentrum bis zur Rüsselsheimer Straße, die rechts auf die Landskronstraße führt. Weiter über Klappacher Straße bis zum Stadion. **Parken:** Abstellplätze sind in ausreichender Anzahl in Stadionnähe vorhanden.

Die Straßenbahnlinien **9** und **10** verbinden den Darmstädter **Bahnhof** (ab Berliner Allee, rund 100 m rechts vom Bahnhofsausgang) mit dem Böllenfalltor, an der Haltestelle **Steinberg/Stadion** gilt es auszusteigen.

DORTMUND: Westfalenstadion

Foto: Burkhard Schulz

Baujahr: 1974

Kapazität: 68.600
Stehplätze: 27.000
Sitzplätze: 41.600

Borussia Dortmund, Strobelallee 50, 441395 Dortmund
Tel: 0231-90200, Fax: 0231-9020105
www.borussia-dortmund.de

Die Erfolgsgeschichte des Westfalenstadions begann im Oktober 1971, als der Rat der Stadt den Bau eines Fußballstadions unmittelbar neben der »Roten Erde«, der alten Heimstatt des BVB, beschloss. Den Anlass stellte natürlich die WM 1974 in Deutschland dar, für welche übrigens zunächst ein konventionelles Stadion vom Typ A (mit Laufbahn und Leichtathletikanlagen) geplant worden war. Bei der Vorstellung läuft es einem auch heute noch kalt den Rücken herunter.... Da die Errichtung einer solchen Arena aber schätzungsweise 60 Mio. DM verschlungen hätte, entschied man sich für den Bau eines Stadions in Palettenfertigbauweise nach dem »Montrealer Modell«: 26 nahezu identische Baueinheiten wurden verwendet, wodurch das BVB-Domizil seine charakteristische Form mit den offenen Eckbereichen erhielt. Auch bei der Überdachung sparte man, so dass nach Abschluss der Arbeiten schließlich vergleichsweise günstige 31,1 Mio. DM zu Buche standen. Neben der Stadt beteiligten sich - ungewöhnlich, da es sich um eine reine Fußballarena handelte - auch Bund und Land an der Finanzierung. Die erste, mehr oder weniger inoffizielle Einweihung ging am 2. April 1974 (natürlich) mit dem Klassiker BVB vs. Schalke über die Bühne, nur zwei Wochen später fand dann auch schon das erste Länderspiel statt: 54.000 Zuschauer (37.500 stehende und 16.500 sitzende) waren dabei, als Ungarn mit einem satten 5:0 abgefertigt wurde - zuvor war das Westfalenstadion auch ganz offiziell seiner Bestimmung übergeben worden.

Rund 18 Jahre später, im Frühling 1992, sah sich der Verein aufgrund der unseligen UEFA-Bestimmungen gezwungen, die Nordtribüne umzurüsten. Zum Leidwesen der Auswärtsfans verschwanden die Stehränge, an ihrer Stelle wurden knapp 9.000 Sitzplätze errichtet. Ebenso versah man die Stufen vor der Ost- und Westtribüne mit Sitzschalen. Die Kapazität sank damit zwar von 54.000 auf rund 42.800 Zuschauer, doch nicht für lange: 1996 erhielten sowohl die West- als auch die Osttribüne ein zweites Stockwerk, wodurch das Fassungsvermögen des Westfalenstadions, das bereits im Mai des Vorjahres in den Besitz einer Investorengruppe, der auch der BVB angehört, übergegangen war, wieder auf 55.000 Plätze erhöht werden konnte. Kostenpunkt: 60 Mio. DM. Im Sommer 1998 wurde für weitere 45 Millionen nachgerüstet: Nun wurden auch die beiden anderen Tribünen aufgestockt - die im Süden mutierte dabei zur größten frei stehenden Stehtribüne Europas. Dabei kann sie, wenn nötig, in zwei Tagen in eine Sitztribüne für 10.500 Zuschauer umgewandelt werden - bei internationalen Spielen passen somit 52.000 Fans ins Stadion. Ferner erhielt der Fußballtempel zwei Videomatrix-Anzeigetafeln sowie eine neue Rasenheizung.

Doch damit immer noch nicht genug: Als sich die guten Chancen für eine erneute WM in Deutschland immer klarer herauskristallisierten, zog man in Dortmund weiterführende Umbaupläne aus der Schublade. Denn dass der »Tempel« im Falle eines Zuschlags bei der WM dabei sein würde, war klar - doch der BVB wollte mehr: ein Halbfinale sollte es sein, für das das Pflichtenheft der FIFA nun einmal eine Kapazität von 66.000 Sitzen vorschreibt. Und so werden nun also im Westfalenstadion für rund 35 Mio. Euro die Ecken »dichtgemacht«, um Platz für 60.343 Sitzplätze (plus 6.000 für Presse und Ehrengäste) zu schaffen. Den Bundesligaspielen des BVB können nach Abschluss der Arbeiten im Sommer 2003 dann Schwindel erregende 83.000 Zuschauer beiwohnen. Das Dach des Westfalenstadions (der Name bleibt!) soll dann durch eine recht elegant wirkende Pylonen-Hänge-Konstruktion getragen werden, das Problem der Luftzufuhr (für den armen Rasen) durch die untere Öffnung der Ecken sowie den Einbau von Speziallampen gelöst sein. Na dann hoffen wir einfach mal, dass das alles so schön klappt.

Es führt kein Weg dran vorbei: Der »Tempel«, wie die heimischen Fans (und nicht nur die!) ihr Stadion oft bezeichnen, ist stimmungsmäßig auch nicht mehr das, was er mal war. Sicher, auf der Südtribüne, vor der sich jeder Fußballfan mindestens einmal im Leben verneigt haben sollte und die hier und da auch nur noch schlicht »die Wand« genannt wird, geht nach wie vor ordentlich der Bär ab, wozu auch die immer aktiver werdende Ultra-Szene ihr Scherflein beiträgt - doch kommt im Rest des Stadions mitunter nicht allzuviel davon an. Dies liegt zum einen daran, dass die Tribüne einfach zu groß ist, um durchgehend einheitlich zu supporten, zum anderen daran, dass sie vom Rest des Stadions leider nur ganz selten unterstützt wird. Vor allem die Osttribüne hat sich hier einen äußerst schlechten Ruf erarbeitet: Noch nicht mal in Duisburg wird nach zwei, drei Fehlpässen so schnell und so konsequent gepfiffen wie hier. Aber hier sitzen eben »Kunden« und keine »Fans«. Sei's drum: Ein Besuch im BVB-Tempel ist nach wie vor ein absolut großartiges Erlebnis. Gästefans müssen sich lediglich über die seltsame Blockanordnung auf der Nordtribüne (Steh-Sitz-Steh) ärgern und sollten im Umgang mit den Ordnern sehr vorsichtig sein. Schwenkfahnen und Megaphone sind verboten, Doppelhalter werden gelegentlich einkassiert und Pyro ist in Dortmund ebenso tabu wie auch verpönt.

Sitzplätze: 17-41 €
Stehplätze: 5-8 €
Gäste: Nord (8+60-63)

Preise Ermäßigte Karten nur für Jugendliche (Stehplatz 5 €) und Behinderte (9 €). Kinder unter sechs Jahren kommen umsonst rein, haben aber keinen Anspruch auf einen Sitzplatz. BVB-Kartenstelle: Tel: 9020100, Fax: 9020109. **Rollis** Die Plätze am Spielfeldrand (vor der West- bzw. Osttribüne) kosten 5 €. **Fanshop** Überall im Stadion sind Fanartikel zu kaufen, auf der Südtribüne gibt's auch einen großen Shop. Vom riesigen »Mega-Store« in Hörde (Felicitasstr. 2, Tel: 434444, Fax: 434455, Mo-Fr 10-18, Sa 10-14, bei Heimspielen bis Anpfiff) fahren sogar Pendelbusse zum Stadion. **Lesen** Das oder die »Borussia aktuell« (1 €) ist sehr farbig und hochglänzend, aber wesentlich besser als sein Ruf, wenngleich für den Auswärtsfan eher leidlich interessant. Freunde des Fanzines können sich mal nach »Gelbsucht« (2 €, gelbsucht@supporters-dortmund.de) und »Yellow-Press« (J.P. Platenius, Luisenstr. 3, 32384 Löhne, Pini09@platenius.de) umschauen, und zwar z.B. im Fanpoint unter der Südtribüne (neben dem Aufgang zu Block 13) oder beim Fanprojekt (Dudenstr. 4, 44137 Dortmund, Tel: 0231-7214292, Fax: 7214295, www.fanprojekt-dortmund.de). Mehr als einen Blick wert ist auch das vorzügliche Online-Zine Schwatzgelb.de (www.schwatzgelb.de). **Essen** Dank der vielen »Counter« ist die Verpflegung überall gesichert, die Wartezeiten halten sich in Grenzen. Die Bratwurst im Brötchen kann sich nur im Mittelfeld der Liga platzieren, Gleiches gilt für Bockwurst, Schnitzelbrötchen und Frikadelle, die Suppe landet auf einem Abstiegsplatz. Die Pizza hingegen ist gut. **Trinken** Neben DAB gibt es nun auch Warsteiner, daneben die üblichen alkoholfreien Erfrischungsgetränke. Gemein: Im Gästebereich wird oft nur Leichtbier

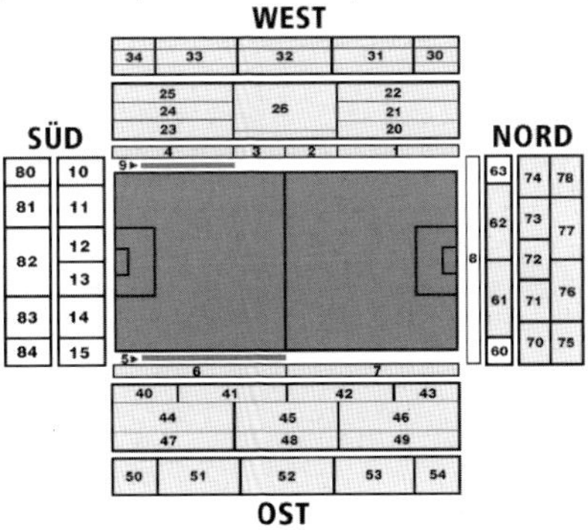

ausgeschenkt. Dafür schmeckt der Kaffee überall gleich gut und der Glühwein gehört zu den besten Heißgetränken in deutschen Stadien. **Klo** Auch für Frauen in ausreichender Zahl vorhanden. Nur bei den neuen Toiletten hätte man vielleicht breitere oder mehr Türen einplanen können - so kommt es im Türrahmen immer wieder zu Stan-und-Ollie-Szenen. **Kneipen** Der große »Borussiapark« in der Nordtribüne ist eine Art Mischung aus Bistro und Museum und in erster Linie eins: steril und fade. Interessanter ist es in der Kneipe der Reithalle (»Zum Reitstall«) und all den Vereinsheimen und Gartenlokalen der Kleingartenvereine, die nicht weit vom Stadion entfernt (gen Hombruch) ans Schwimmbad angrenzen.

STADION STIMMUNG SERVICE STRESS

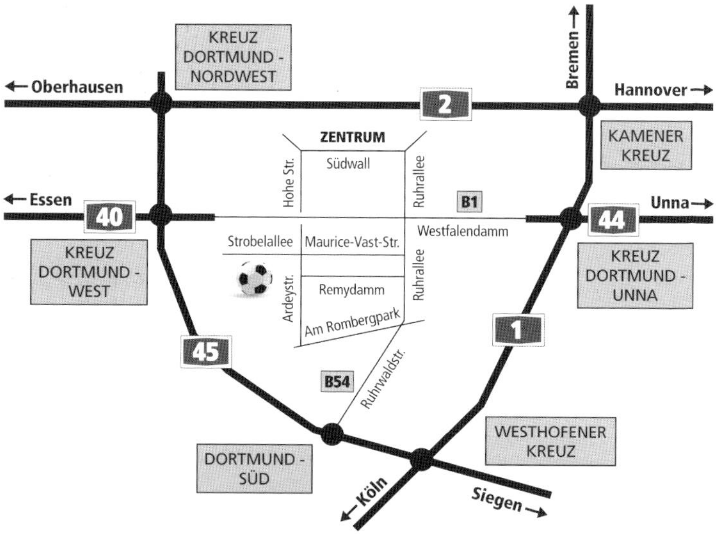

Den Dortmunder Fußballtempel erreicht man über den Westfalendamm, die alte B1 bzw. **A40**, von der man die Abfahrt **Westfalenstadion** wählt. Von hier aus folge man der **Beschilderung** auf die **Ruhrallee** (B54) gen Hagen und von dort zu den (ebenfalls ausgeschilderten) Parkplätzen. Aus Richtung **Frankfurt** oder **Köln** verlässt man die A45 an der Abfahrt Dortmund-Süd und folgt auf der Ruhrallee (B54) der Ausschilderung. Das **Herumkurven** nach versteckten Parkmöglichkeiten kann man sich schenken, da das Gelände an Spieltagen weiträumig abgesperrt wird. Spielen hingegen »nur« die **Amateure**, fährt man von der **B54** gleich rechts in die Maurice-Vast-Straße und von dort weiter zur **Strobelallee**. Wer zeitig kommt, findet hier meist auch ein Plätzchen. Apropos **Parken**: Es sind zwar rund 10.000 (gebührenpflichtige) Stellplätze vorhanden, doch hin und wieder reichen selbst diese nicht aus - z.B. bei gleichzeitig stattfindenden Aktivitäten in der Westfalenhalle und Messeveranstaltungen. Für die **Zukunft** ist u.a. angedacht, Shuttlebusse zum Uni-Parkplatz einzusetzen. Übrigens: Wer sich auf einen der großen Parkplätze gestellt hat und das Spiel bis zum Abpfiff verfolgen möchte, sollte hernach ein wenig Zeit mitbringen...

Vom **Hauptbahnhof** geht es am schnellsten mit dem **Nahverkehrszug** (gen Iserlohn oder Schwerte) bis zum Haltepunkt **Westfalenhalle**, die Fahrt dauert nur fünf Minuten. Oder aber man benutzt die U-Bahnlinie **U45** bis zur kürzlich erweiterten Endhaltestelle Westfalenstadion (nur bei Großveranstaltungen). Vor und nach dem Spiel verkehren zusätzliche **Sonderwagen**, die **Eintrittskarte** schließt die kostenlose An- und Abreise per VRR ein. Soll es zu den **Amateuren** gehen, verlässt man die U45 übrigens am Remydamm oder den Westfalenhallen und läuft am Eissportzentrum vorbei zur Roten Erde.

DORTMUND: Stadion Rote Erde

Baujahr: 1926

Foto: MMM

Kapazität: 25.000
Stehplätze: 22.000
Sitzplätze: 3.000

Die Heimat der **BVB-Amateure**

Das am 6. Juni 1926 eingeweihte Stadion Rote Erde ist die alte Heimat der Borussia und gilt zugleich als der gelungene Versuch, die verschiedenen Charaktere der Stadt baustilistisch zu vereinen. Baurat Strobel kombinierte damals Natursteine und Stahlelemente zu einem Stadion, das lange Zeit als eines der schönsten der Region galt. Für den gerade erst in die höchste Spielklasse Westfalens aufgestiegenen BVB war die 30.000-Plätze-Arena allerdings anfangs viel zu groß. Erst als er nach dem Krieg in die Elite des westdeutschen Fußballs vordrang, begannen sich die Ränge allmählich mit Fußballfans zu füllen.

Ihr Outfit änderte die Rote Erde kaum. Die Kriegsschäden waren bald ausgebessert (später musste freilich noch die eine oder andere Fliegerbombe entschärft werden), und bald sah alles wieder so aus wie immer. Doch als der BVB in den 50ern und 60ern immer stärker wurde, stieß die Mehrzweckarena bald an ihre Kapazitätsgrenzen. Selbst als man 1963 die Gegengerade vergrößerte und überdachte sowie die Südkurve ausbaute, reichte das Fassungsvermögen von 39.000 Zuschauern nicht immer aus. Mit dem Abstieg des BVB in die Regionalliga und der Entscheidung der Stadt, unmittelbar neben der Roten Erde das Westfalenstadion zu bauen, hatte sich dieses Problem dann freilich bald erledigt.

Nach der Fertigstellung des WM-Stadions mutierte die Traditionsstätte dann allmählich zu einem Leichtathletikzentrum, das im Jahre 1975 modernisiert und neu eingeweiht wurde. Fußballtechnisch rückte das Stadion nur noch selten ins Blickfeld - hin und wieder ging in der Roten Erde ein Freundschaftskick oder Jugendspiel über die Bühne, mehr war nicht los. Erst als die Amateure des BVB im Sommer 1998 den Aufstieg in die Regionalliga packten, strömten wieder beachtenswertere Zuschauermengen in die alte Kampfbahn, die neben dem immer höher aufragenden Westfalenstadion von Jahr zu Jahr kleiner zu werden scheint, das Herz des Nostalgikers aber nichtsdestotrotz zu erfreuen vermag. Auf der alten Tribüne, in deren Mitte sich die Heimfans breitmachen (ein kleiner Teil lungert aber auch am Kopf der Nordkurve herum), knarzt und knistert's herrlich im Gebälk. Der unüberdachte Rest der Ränge bietet freilich meist einen etwas trostlosen Anblick: Oft stehen da mehr Wellenbrecher als Zuschauer. Den Blickfang stellt das Klohäuschen (alt, aber sauber), an dessen Stelle einst auch mal ein Musikpavillon thronte, auf der Gegengeraden dar. Direkt nebenan verkauft eine der beiden Imbissbuden neben Kaffee, Limo, Süßkram und echtem Bier auch eine vorzügliche Bratwurst (2 €), die um Klassen besser als nebenan bei den Profis schmeckt. An der Bude in der Nordkurve kann man sich sogar in eine Art Mini-Biergarten setzen. Auf eine Stadionzeitung muss der Auswärtsfan dagegen verzichten, was aber zu verkraften sein dürfte. Das einzige echte Manko stellt die sportliche Belanglosigkeit bzw. das Fehlen einer echten Anhängerschaft dar: Denn steigt der Talentschuppen des BVB irgendwann wieder ab, so kratzt das eigentlich keine Sau. Pardon.

DRESDEN: Heinz-Steyer-Stadion

Baujahr: 1919

Foto: Burkhard Schulz

Kapazität: 28.500
Stehplätze: 18.000
Sitzplätze: 10.500

Dresdner SC, Könneritzstr. 11, 01067 Dresden
Tel: 0351-4905020, Fax: 0351-4905021
www.dsc-fussball98.de

Ach, könnte das Heinz-Steyer-Stadion doch nur erzählen! So viele hochklassige und dramatische Fußballspiele hat es schon erlebt, solch begnadeten Kickern wie Helmut Schön oder Richard Hofmann eine Heimstatt gegeben...

Das Licht der Stadionwelt erblickte die Arena am 12. Oktober 1919. Dieses Datum markierte gleichzeitig das Ende einer langjährigen Wanderschaft des DSC, der nur wenige Monate nach seiner Gründung im Jahre 1898 das Ostragehege hatte verlassen müssen. Über eine Wiese an der Lennéstraße (unweit des heutigen Dynamo-Stadions), Strehlen, Radrennbahn, Nossener Brücke und Schützenhof waren die Rot-Schwarzen schließlich zurückgekehrt und hatten ein für damalige Verhältnisse vorbildliches Stadion mit rund 20.000 Plätzen errichtet.

Die weitere Geschichte des vom Volksmund »Ostragehege« genannten Stadions ist ein turbulentes Auf und Ab. 1923 wurde es durch Hochwasser schwer beschädigt, ein Jahr später errichtete der DSC auf der Hauptgeraden eine kleine Tribüne mit 450 Sitzplätzen. 1925 wurden Teile der Gegengeraden mit einem Holzdach versehen, welches im Oktober 1928 gemeinsam mit dem Vereinsheim einem Feuer zum Opfer fiel. 1930 versah man anlässlich des Länderspiels zwischen Deutschland und Ungarn die Gegengerade mit einer Überdachung, die allerdings nach hinten offen war. Fünf Jahre später wurde das Ostragehege schließlich auf ein Fassungsvermögen von 65.000 erweitert.

Im Bombenhagel vom 13./14. Februar 1945 kam es auch in der Heimstatt des DSC zu erheblichen Zerstörungen. Nach dem Ende des Kriegs konnte die zunächst von Dynamo-Vorläufer SG Volkspolizei genutzte Arena peu à peu wieder hergerichtet werden, wobei es jedoch diverse Rückschläge gab. So beispielsweise im Jahr 1951, als die gerade fertig gestellte Haupttribüne den Streichholzspielen einiger Kinder zum Opfer fiel. Wenig später wurde die Arena nach dem Antifaschisten Heinz Steyer benannt und erhielt ihre noch heute stehende Haupttribüne; gleichzeitig wurde die Überdachung der Gegengeraden ausgebessert und nach hinten geschlossen. Seinen größten Fußballtag erlebte das Stadion am 16. April 1969, als die DDR-Nationalelf Wales in der WM-Qualifikation sensationell mit 2:1 nach Hause schickte. Zwei Jahre später sank die Kapazitä durch Ausbau der Leichtathletiklaufbahn und Anhebung des Spielfeldes um 50 Zentimeter (wegen Hochwassergefahr) auf 30.000. Fußballerisch wurde das »Steyer« nach dem Umzug der SG Dynamo ins Harbig-Stadion (1957) kaum noch genutzt. Zwar trug der FSV Lok seine Heimspiele im Ostragehege aus - er kickte jedoch mangels Zuschauerinteresse zumeist auf einem Nebenplatz. Dass der »neue« DSC, dessen Gründervereine FSV Lok und SC Einheit mit dem »alten« übrigens nichts gemein haben, die derzeit zwar knapp 30.000 Besucher fassende, jedoch nur für 10.000 Menschen zugelassene Arena wieder ins Blickfeld rückte, war somit unumwunden zu begrüßen - schließlich handelt es sich um eine der traditionsreichsten Fußballstätten Deutschlands.

Inzwischen ist freilich Ernüchterung eingetreten. Der DSC kommt an Publikumsmagnet Dynamo nicht vorbei und das Steyer-Stadion sieht schon fast beängstigend leer aus, wenn die Schwarz-Roten antreten. Besonders eindringlich wirkt dies im Fernsehen - Gegentribüne und große Teile der Kurven sind nämlich gesperrt und folglich völlig verwaist. Ein Problem ist dies freilich nur aus optischen Gründen, da der DSC selten mehr als 1.500 Neugierige anlockt - und die passen bequem auf die Hauptgerade. Das Heinz-Steyer-Stadion zu Dresden - könnte es erzählen, würde es heute wohl nur noch weinen...

Rein namentlich ist der DSC ein Klub mit Riesentradition. Bei seinen Heimkicks ist davon allerdings nicht viel zu sehen, denn die links von der Haupttribüne stehende Fanschar ist »überschaubar«. Zugleich ist sie aber auch freundlich gesinnt, wenn auch sporadisch einige unliebsame Zeitgenossen auftauchen. Gästeanhänger werden in einen Käfig rechts von der Tribüne gesperrt (Blöcke U, V, W), in dem reichlich Platz ist. Die Sicht wird durch die ausgedehnten Leichtathletikanlagen etwas getrübt, aber wenn das Spiel einmal schlecht ist, bleibt immer noch der wunderschöne Turm hinter der Haupttribüne, der an exotische Länder erinnert, jedoch nur das Wahrzeichen einer uralten Zigarettenfabrik ist. Eigentümlich die Verpflegung: Ein mobiles Einsatzkommando fährt vor und reicht die Waren durch den Zaun...

Sitzplätze: 8-12,50 €
Stehplätze: 4-6 €
Gäste: Blöcke U-W

Rollis Am Spielfeldrand. **Fanshop** Im Stadion. **Lesen** »Doppelpaß«, darf als »gut« bezeichnet werden. **Essen** Wurst. **Trinken** Alkoholfreies Bier, Cola, Fanta, Kaffee. **Klo** Funktioniert. **Kneipen** Casino in der Haupttribüne. Wesentlich größer ist das Angebot in der nahe gelegenen Innenstadt (rund zehn Fußminuten bis zum Zwinger).

STADION ⚽ | STIMMUNG ⚽ | SERVICE ⚽⚽ | STRESS ⚽

Über die **A4** von **Chemnitz** bzw. Bautzen: Bis zur Abfahrt **Dresden-Altstadt** und weiter auf der **B6** in Richtung Stadtmitte/Zwinger, wobei der Fußabllreisende ganz **automatisch** am Stadion vorbeikommt. **Parken:** Die Pieschener Allee ein Stückchen weiter in Richtung Elbe herunter, dort ist zwischen Rollsportstadion und Eissporthalle meist **genügend** Platz frei.

Vom Hauptbahnhof nehme man die **Straßenbahnlinien 8, 11** oder **26** bis zur Haltestelle Maxstraße, von dort sind es noch **fünf** Gehminuten. Alternative: Nr. **74** (Richtung Schlachthof) bis zur Eissporthalle.

DRESDEN: Rudolf-Harbig-Stadion

Foto: Hardy Grüne

Baujahr: 1923

Kapazität: 30.000
Stehplätze: 19.479
Sitzplätze: 10.521

Dynamo Dresden, Lennéstr. 12, 01069 Dresden
Tel: 0351-439430, Fax: 0351-4394313
www.dynamo-dresden.de

Das Rudolf-Harbig-Stadion gehört zu den »funktionalen« Stadien - ein sonderlicher Charme geht von der in einem innerstädtischen Naherholungspark liegenden Mehrzweckarena nicht aus, architektonische Besonderheiten hat sie auch nicht zu bieten. Immerhin ist sie groß, hat Flutlicht und ist (bedingt) bundesligatauglich. Außerdem ist sie eine Stätte der (N)ostalgie, denn in ihr feierte Dynamo zahllose Erfolge: achtmal DDR-Meister, in den 70er Jahren faszinierende Europacupduelle gegen Bayern München, Benfica Lissabon oder den FC Liverpool.

Erbaut wurde die Arena Anfang der 20er Jahre, und weil ein gewisser Geheimrat Ilgen den finanziellen Löwenanteil beisteuerte, erhielt sie zunächst den Namen: Ilgenkampfbahn. Rund 20.000 Zuschauer fanden auf aufgeschütteten Erdhügeln Platz und schauten den Darbietungen des DSV 1910 zu, der von 1924 bis 1927 viermal deutscher Arbeiterfußballmeister (ja, so etwas gab's!) wurde.

Im Zweiten Weltkrieg wurde die Kampfbahn wie so vieles in Dresden zerstört und blieb bis 1951 gesperrt, ehe sie, dank der reichlich vorhandenen Kriegstrümmer deutlich erweitert, als Rudolf-Harbig-Stadion wieder eröffnet wurde. Gebraucht wurde es aber nur selten. Erst als die SV Dynamo am 1. Januar 1957 die Trägerschaft übernahm, bekam die Arena einen Dauernutzer: Oberligist SG Dynamo, der bis dato in der DSC-Heimat Steyer-Stadion gekickt hatte. Parallel zum rasch einsetzenden Dynamo-Aufschwung wurde das etwas betagt wirkende Harbig-Stadion aufgepäppelt. 1962 wurde das Casino eröffnet, 1966 ein Mehrzweckgebäude und 1969 eine 570 Lux starke Flutlichtanlage eingeweiht.

Mit Dynamos Sprung in die europäische Elite wurde Anfang der 70er Jahre eine Erweiterung fällig. Auf der Westgeraden entstand die Stahlrohrtribüne mitsamt des eigentümlichen Turms, womit rund 38.000 Fans Platz fanden, was bei Europacupauftritten freilich noch immer nicht ausreichte. 1971 war die Arena übrigens in Dynamo-Stadion umbenannt worden - Funktionäre hatten herausgefunden, dass Namensgeber Rudolf Harbig (ehemaliger Weltrekordler über 400 und 800 Meter) im Zweiten Weltkrieg Offizier gewesen war...

Zu DDR-Zeiten galt das Stadion als eine der stimmungsvollsten Arenen der Republik. Insbesondere bei den Duellen gegen den BFC Dynamo entstand oft eine aufgeheizte Atmosphäre, bei der auch die ungünstige Architektur nicht verhindern konnte, dass sich ein echter Hexenkessel entwickelte.

Nach der Wende erhielt die Arena zunächst ihren früheren Namen zurück und wurde anschließend auf Herz und Nieren überprüft. Eine 1.200 Lux starke Flutlichtanlage kam, die Sitz- und Stehtraversen wurden ausgebessert und die Kapazität auf knapp 30.000 Plätze gesenkt. Bei exakt 10.521 davon handelt es sich um Sitze, wovon wiederum ganze 221 überdacht sind - mithin das größte Manko.

Vier Bundesligajahre und einige Länderspiele lang stand die Arena im Mittelpunkt, ehe haarsträubende Finanzeskapaden zum Sturz Dynamos in die Drittklassigkeit führten. Im Herbst 2000 erlebte das Stadion eine Renaissance, als der DSC, sportlich Nr. 1 in der Elbestadt, in puncto Fans allerdings abgeschlagen Zweiter, für ein paar Wochen im »Dynamo-Kessel« spielen musste. Nun will Dynamo aber selbst wieder dafür sorgen, dass die Fans dauerhaft hochklassigen Fußball im Harbig-Stadion sehen.

17.000 im Aufstiegsspiel gegen Herthas Amateure - trotz sportlichem Tiefgang und stetigen finanziellen und/oder administrativen Hiobsbotschaften ist Dynamo in Dresden noch immer Kult. Unverändert gelten Dynamos Fans allerdings nicht nur als (positiv) fanatisch, sondern auch als gefährlich. Sie treffen sich in der Marathontorkurve (Blöcke J-M) und sind auswärts stets zahlreich präsent. Gäste begeben sich in den Kurvenblock C, aus dem man trotz der Entfernung eine durchaus gute Sicht hat. Ein wenig Vorsicht beim An- und Abmarsch sei angeraten.

Sitzplätze: 9-12 €
Stehplätze: 5-7 €
Gäste: Ostseite (C)

Rollis Innenraum. **Fanshop** Kick-Off, Lennéstr. 12, 01069 Dresden. **Lesen** Der »Dynamo Kreisel« kostet 1,50 €. **Essen** Verschiedene Würste. **Trinken** Alkoholhaltiges Bier, Softdrinks. **Klo** Am besten vorher erledigen... **Kneipen** Die Innenstadt ist keine zehn Fußminuten entfernt und bietet alles, was Leber und Magen begehren.

STADION ⚽ **STIMMUNG** ⚽⚽ **SERVICE** ⚽ **STRESS** ⚽⚽⚽

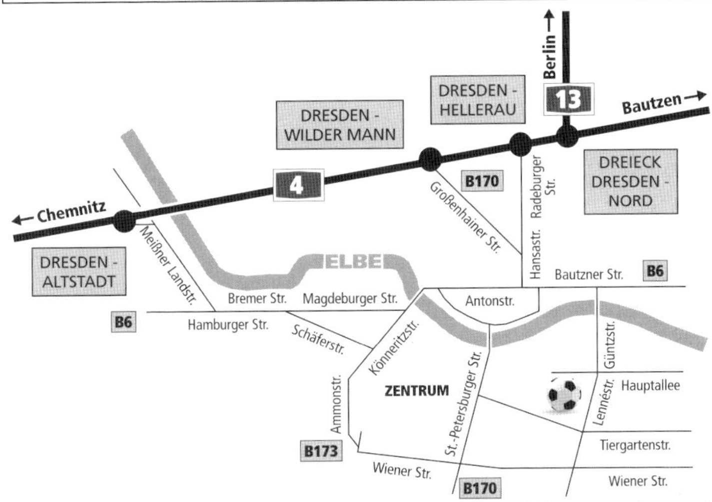

A4 von **Chemnitz**: Ausfahrt **Dresden-Altstadt** und rechts auf die **B6** (Meißener Landstraße) gen Zentrum. An der ersten größeren Kreuzung **links** auf die Hamburger Straße, am Bahnhof Friedrichstadt vorbei und nach den Gleisen rechts auf die Könneritzstraße gen Hauptbahnhof. Weiter auf die Wiener Straße, die nach einigen 100 Metern links in die Gellertstraße mündet. Jene wird zur Lennéstraße. A4 von **Görlitz**: Bis Dresden-Nord, dann weiter auf der **B170** Richtung Zentrum/Altstadt. Hinter dem Bahnhof Neustadt rechts auf die Antonstraße, am Hbf. vorbei bis zur Wiener Straße. Alles Weitere s.o. **Parken:** Naherholungsgebiet (!) - einen Parkplatz zu finden ist also keine einfache **Übung**. Man kann es beim Hygienemuseum versuchen, hat aber im angrenzenden Wohngebiet (weiter auf der Lennéstraße bis über den Straßburger Platz hinweg) vermutlich mehr **Glück**.

Mit **Straßenbahn 9** bis zur Lennéstraße oder mit der **26** bis zum Rudolf-Harbig-Stadion. Per **pedes** braucht man **zehn** Minuten: Aus dem Bahnhof rechts und der Wiener bzw. **Gellertstraße** folgen.

DÜSSELDORF: Paul-Janes-Stadion

Baujahr: 1930

Foto: MMM

Kapazität: 7.304
Stehplätze: 5.084
Sitzplätze: 2.220

Fortuna Düsseldorf, Flinger Broich 87, 40235 Düsseldorf
Tel: 0211-238010, Fax: 0211-232771
www.fortuna95.de

Endlich - die Fortuna ist wieder daheim. Fast ein Vierteljahrhundert lang hatte der anno 1895 im Stadtteil Flingern gegründete Verein ohne Unterbrechung im Rheinstadion viele tolle Triumphe gefeiert und schmähliche Schlappen beweint, war dort viermal auf- und fünfmal abgestiegen, hatte Europacupspiele bestritten und gegen Germania Teveren gekickt - doch so richtig heimisch hatte er sich dort oben in unmittelbarer Nachbarschaft von Fluss, Messe und Flughafen eigentlich nie gefühlt. Seit dem 16. März 2002 spielt und gewinnt (3:2 gegen den SC Verl) Fortuna Düsseldorf nun wieder im Paul-Janes-Stadion.

Erbaut wurde die Arena 1930, eingeweiht am 28. September mit einem 2:0-Sieg gegen SSV Oberkassel. Auf eine erste echte Tribüne mussten die Zuschauer freilich noch bis zum November des übernächsten Jahres warten - die Fortuna war knapp bei Kasse. Nach dem Zweiten Weltkrieg, in dem das einst bis zu 36.000 Zuschauer fassende Stadion von größeren Schäden verschont blieb, gingen der Flinger Broich und auch das Rheinstadion für einige Jahre in den Besitz der britischen Rheinarmee über. Die Kapazität lag Anfang der 50er Jahre bei 23.000, die durch Zusatztribünen auf 26.000 erhöht werden konnte - bei großen Spielen wich Fortuna jedoch regelmäßig ins Rheinstadion aus, das 2.000 Sitz- und ca. 50.000 Stehplätze mehr aufwies. Zu allem Übel ging im Herbst 1958 am Flinger Broich dann auch noch das wellblecherne Dach der kleinen Tribüne flöten. Und so spielte die Fortuna bald ausschließlich am Rhein, lediglich während dringender Umbauarbeiten kehrte man in den 70er Jahren zweimal ins angestammte Rund zurück. 1988 musste der Klub das Stadion dann aus finanziellen Gründen sogar an die Stadt verkaufen.

Im Zuge der sportlichen Abwärtsentwicklung und der damit einhergehenden zuschauertechnischen Verödung des Rheinstadions wurden in Düsseldorf bald Stimmen laut, die die Rückkehr in die alte Heimat forderten. Im März 2002 konnte dann die erste Stufe des Um- bzw. Ausbaus des Paul-Janes-Stadions erfolgreich abgeschlossen werden. Für rund acht Mio. DM waren auf der Ost- und Südseite neue Stehränge entstanden, die freilich zum Leidwesen der Fans mit einem engmaschigen und nahezu sichtresistenten Gitterzaun vom Rasen getrennt wurden - schnell machte das Wort vom »Zwinger Broich« die Runde. Die Premiere der 700 Lux starken Flutlichtanlage ging am 12. April 2002 über die Bühne - alles Weitere ist eng an das sportliche Vorankommen der Fortuna gekoppelt. Spätere Ausbaustufen sehen u.a. die Aufstockung und Überdachung der Nordtribüne sowie die Erweiterung der Gegengeraden mit einer Sitztribüne vor. Insgesamt könnten dann eines fernen Tages rund 18.000 Zuschauer ins Stadion passen. Den Plan, die ausgediente Anzeigetafel des Rheinstadions ins Janes zu verpflanzen, mussten die Fortunen indes wieder aufgeben: die Leinwand ist schlicht zu groß für den Ground, etwaige Betrachter hätten sich vermutlich die Augen verdorben.

Apropos Rheinstadion: Die Tage der im April 1926 eröffneten und sowohl bei der WM '74 wie auch der Euro '88 genutzten Arena waren am 22. November 2001 endgültig gezählt. An diesem Tage nämlich wurde beschlossen, das Rheinstadion durch eine Multifunktionsarena für 51.484 (sitzende) Zuschauer zu ersetzen. Die Stadt bezuschusste den maximal 224 Mio. Euro schweren Bau mit 63 Mio. - für die Sanierung des alten Stadions wäre die gleiche Summe fällig geworden. Im August 2004 soll das Schmuckstück fertig sein - und im Fall einer erfolgreichen Bewerbung für 2012 gar zum Olympiastadion ausgebaut werden. Aber das ist dann doch eher unwahrscheinlich.

Die Fortuna-Fans, die im letzten Jahrzehnt ungefähr 25 Auf- und Abstiege mitgemacht haben, sind Kummer gewohnt und tragen das Schicksal Oberliga mit Fassung. Viele freuen sich sogar schon darauf, das junge Team über die Dörfer zu begleiten. Im Rheinstadion besaßen sie ihren Stammplatz zum Teil über Jahrzehnte, im Paul-Janes-Stadion sind noch nicht alle fündig geworden. Der Großteil der heimischen Anhängerschaft, darunter das neue »Inferno Düsseldorf«, zieht zu Beginn der Spielzeit 2002/03 wohl auf die neue und größere Nordtribüne um. Die »Lost Boyz Flingern« und »Ultras Düsseldorf« hingegen setzen sich in Block A. Der Container von Fanprojekt und AK Fanarbeit, in dem man sich Infos, Fanzines und CDs holen kann, wird wohl allein schon aus Platzgründen den angestammten Platz auf der Gegengeraden behalten. Der Gästeblock auf der Südtribüne wird im Zuge des Ausbaus auf jeden Fall erweitert. Er besitzt einen separaten und gut bewachten Eingang (über die Rosmarinstraße) - überhaupt gleicht das Stadion v.a. bei Problemspielen einem Hochsicherheitstrakt: überall Zäune, Absperrungen, Ordner, Polizisten und Hunde. Nach den Vorfällen im Frühjahr 2002 ist das aber vielleicht auch erst mal besser so. In jedem Falle herrscht am Flinger Broich eine wesentlich bessere Stimmung als im Rheinstadion, v.a. Abendspiele sind ein Genuss. Weniger erfreulich von manchen Plätzen die Sichtverhältnisse: Entweder stört der unsägliche Zaun oder die nicht minder dumme letzte Stufe auf der Gegengeraden, dank derer der Vordermann nicht niedriger, sondern höher steht.

Foto: MMM

Wenige Tage vor der Abrissbirne: ein letzter Blick auf das Rheinstadion

Sitzplätze: 12-20 €
Stehplätze: 4-7 €
Gäste: Südtribüne

STADION ●●● **STIMMUNG** ●●● **SERVICE** ●● **STRESS** ●●

Preise Jugendliche, Arbeitslose, Schüler, Studenten und Rentner zahlen weniger. **Rollis** Freier Eintritt, Plätze im Innenraum vor der Tribüne, aus Platzmangel derzeit aber noch ohne Begleitung. **Fanshop** Derzeit nur einige Stände vor dem Stadion (an der Geschäftsstelle) und hinter der Tribüne. Wer eins der schnafte Trikots haben will, wendet sich an den Verein oder direkt an trikot@fortuna-duesseldorf.de. **Lesen** »Fortuna Aktuell« (1 €) kann man sich bedenkenlos zulegen: ein sehr gutes Stadionblatt, das schon in der Regionalliga nahezu konkurrenzlos war. Von der ehemals so aktiven Fortuna-Fanzine-Szene ist wohl nur noch das »Nimm mich volley« (www.volley-online.de) übrig geblieben, alte Ausgaben des »Fortuna-Spechts« oder von »Come Back« gibt's aber noch im Fancontainer auf der Osttribüne oder beim Fanprojekt (s.u.). **Essen** Solides Angebot: Brat- und Bockwurst (2 €, im Brötchen), Schnitzel- (3,50), Frikadellen- (2) und Käsebrötchen (1,80) sowie Pommes rot/weiß (1,80). Ausreichend Büdchen, alles eine Nummer kleiner als im Rheinstadion - aber gewiss nicht schlechter. Wie immer klasse Senf. Für die Sitzplätzler gibt's auch Reibekuchen, Spießbraten, Schaschlik und so. **Trinken** Diebels Alt (mit Umdrehungen) im 0,3-Henkelbecher (1,80 + 1 € Pfand), ferner Cola, Fanta und Wasser. Im Winter soll es auch diverse Heißgetränke (Glühwein, Tee, Grog) geben. Einige der Buden befinden sich in kleinen Zelten. **Klo** Nun ja. Bedecken wir dieses Kapitel mit dem Mantel des Schweigens (der danach in eine Spezialreinigung muss). **Kneipen** In der näheren Umgebung tote Hose - was Wunder... Ob nach dem Kick das »Fan-Café« im Haus der Jugend (Lacombletstr. 10, Tel: 627058 - Kicker, Billard, TV-Fußball, Fanartikel, Fanzines, CDs etc.) öffnet, kann man im Fancontainer erfragen. Ansonsten ab in die Altstadt: Richtig schöne Brauhäuser mit Stil und Charme sind z.B. das »Füchschen« oder das »Uerige«.

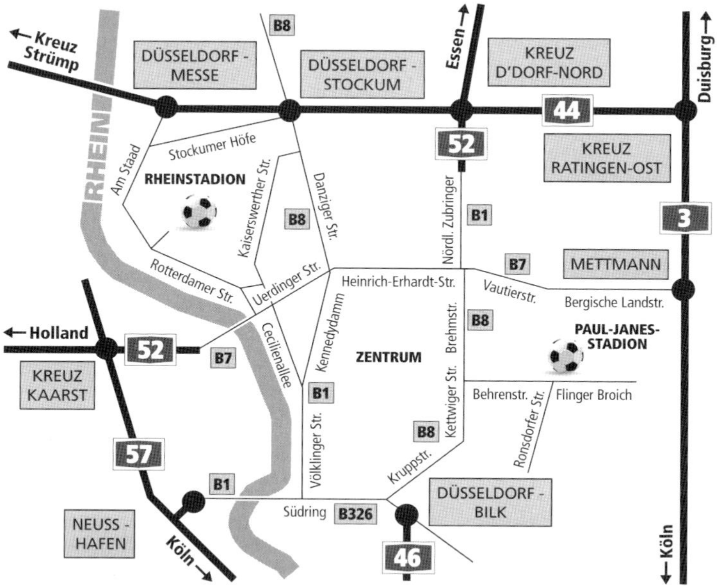

Von **Norden**: über die **A52** und den nördlichen Zubringer (**B1**) gen Düsseltal/Eisstadion (ARAG-Hochhaus) und geradeaus der Brehm-/Dorotheenstraße folgen. Hinter der Bahnunterführung zur zweiten Ampel links einordnen und in den Höher Weg einbiegen. Nächste Ampel links in die **Ronsdorfer Straße** - dort mit der Parkplatzsuche beginnen. Nach ca. 400m findet sich der Flinger Broich auf der rechten Seite.

Von **Süden**: über die **A57** bis **Kreuz Neuss-Süd**, von der **A46** kommend bis **Düsseldorf-Bilk** und von der **B326** auf die **B8** (Auf'm Hennekamp) in Richtung Flughafen/A52 Essen. Auf der B8 ca. vier Kilometer der Hauptstraße folgen, rechts in den Höher Weg (Total-Tankstelle), nächste Ampel **links** in die Ronsdorfer Straße zur Parkplatzsuche.

Von **Westen**: über die **A52** auf die **B7** (Brüsseler Straße) und auf der Theodor-Heuss-Brücke über den Rhein. Auf der B7 gen Mettmann und von der Grasshofstraße **rechts** (ARAG-Hochhaus) in die **Brehmstraße** (B8) einbiegen, Rest s.o.

Parkplätze sind absolute **Mangelware**. Bei Sonntagsspielen kann man immerhin noch auf die Stellplätze der Metro (Schlüterstraße) zurückgreifen. Besser mit Bus und Bahn fahren.

Das **Rheinstadion** ist leichter zu finden: Von allen Autobahnen führen die extrem zahlreichen Schilder »Messe/Stadion« zur Abfahrt Düsseldorf-Messe/Rheinstadion.

Vom **Hauptbahnhof** fährt die **Buslinie 725** (Richtung Gerresheim Krankenhaus oder Dreherstraße) bis zum **Fortunaplatz**. Außerdem kann man die **S-Bahn**-Linien **S8** (gen Hagen), **S11** (Wuppertal-Vohwinkel) und **S28** (Mettmann Stadtwald) bis zur Haltestelle **Flingern** nehmen, an der auch die Straßenbahnlinien **709** (Richtung Staufenplatz) und **719** (Ratingen) halten und von der es noch ein paar Fußminuten sind. Soll es zur Baustelle **Rheinarena** gehen: **U78** (Messe/Rheinstadion) bis zur Endstation.

DUISBURG: Wedaustadion

Baujahr: 1926

Foto: MMM

Kapazität: 30.128
Stehplätze: 20.424
Sitzplätze: 9.704

MSV Duisburg, Westender Str. 36, 47138 Duisburg
Tel: 0203-4292940, Fax: 0203-4292444
www.msv-duisburg.de

Im veralteten Wedaustadion kann sich kein Mensch wohlfühlen.« In den harten Worten von Ex-Trainer Friedhelm Funkel stecken derart viele Körnchen Wahrheit, dass sich Vorgänger Ewald »Müsli« Lienen daraus ein opulentes Frühstück hätte bereiten können. Seit vielen Jahren präsentiert sich die Heimat der Zebras in einem trostlosen und komfortarmen Zustand. Auch architektonisch ist mit dem atmosphärearmen Stadion nicht viel Staat zu machen - sieht man mal von der Tribüne ab, die in den 60ern als modern galt. Silberstreif am Horizont: Bald gibt's wohl was Neues.

Doch werfen wir zunächst einen kurzen Blick in die Stadiongeschichtsbücher: Der Grundstein zur Errichtung eines Sportparks samt Groß-Stadion war schon 1920 gelegt worden - das Gelände im Duisburger Süden hatten die Krupp-Werke zur Verfügung gestellt. Die offizielle Einweihung, bei der sich Auswahlteams der Städte Duisburg und Chelsea gegenüberstanden, ging am 25. Juli 1926 über die Bühne, zuvor hatten im halb fertigen »Stadion der Stadt Duisburg« im August 1922 bereits die Deutschen Titelkämpfe der Leichtathleten und im November 1924 das Länderspiel Deutschland gegen Italien (0:1) stattgefunden. Elf Jahre später kam die Nationalelf in der für 40.800 Besucher konzipierten Mehrzweckarena zu einem 8:1 über Belgien, dann war freilich Schluss mit Länderspielen. Der Grund: Die Konkurrenzstadien von Dortmund, Düsseldorf und Köln boten mehr Platz und vor allem Komfort - aus Geldmangel hatte man in Duisburg auf die überdachte Tribüne verzichtet. Die erhielt das bald nur noch »Wedaustadion« genannte Rund schließlich erst in den 60ern: Am 13. Februar 1965 erstrahlte die neue Haupttribüne im stolzen Glanz der ersten Flutlichtanlage. Die WM-Karawane 1974 zog aber an Duisburg vorüber: Zwar wollte sich die Stadt bewerben und hatte auch schon Ausbaupläne parat, doch dann gab man ihr zu verstehen, dass Duisburg gegen die West-Konkurrenz (Dortmund, Gelsenkirchen, Düsseldorf, Köln) sowieso keine Chance hätte.

Immerhin wurde das Wedaustadion dann von 1981 bis 1990 Stück für Stück renoviert: Zunächst erneuerte man Nord- und Südkurve, danach machte man sich an die Generalüberholung der Gegengeraden. Für die Universiade von 1989 erhielt die Arena eine elektronische Anzeigetafel, eine auf 1.288 Lux aufgemotzte Flutlichtanlage sowie eine aufgepeppte Tribüne, die seit der Neugestaltung genau 9.704 Zuschauer aufzunehmen vermag.

Bis auf die nötigsten Instandhaltungsmaßnahmen hier und einen Eimer Farbe da tat sich danach nicht mehr viel. Mitte der 90er Jahre sorgten dann Pläne für Aufsehen, inmitten eines Einkaufszentrums am Bahnhof eine Multifunktionsarena zu bauen. Doch diese Pläne waren bald wieder vom Tisch. Statt dessen soll das Wedaustadion nun in ein reines Fußballstadion umgebaut werden. Das weiß man zwar schon länger und im Jubiläumsjahr

DUISBURG: Wedaustadion

2002 wollte man eigentlich auch schon die neue Haupttribüne eingeweiht haben. Doch was nicht ist, das wird anscheinend nun, denn mit dem Bauunternehmer Hellmich hat sich der MSV einen echten »Macher« ins Boot geholt. Knapp 40 Mio. Euro soll das neue MSV-Stadion für 30.000 Zuschauer (davon 7.000 Stehplätze) kosten - zu weiten Teilen steht die Finanzierung. Im Herbst 2003 könnte das komplett überdachte Schmuckstück stehen. Doch noch hat man im Duisburger Süden noch keinen einzigen Bagger gesichtet...

Das Publikum auf der gemütlichen Haupttribüne, von deren oberem Bereich aus man wirklich großartig Fußball gucken kann, ist nach wie vor extrem kritisch - was für einen Außenstehenden bisweilen ganz lustig sein kann. Ansonsten aber hat man in der Heimstatt der Zebras nicht viel zu lachen. Gästefans müssen um das Stadion herumlaufen, um zu ihren Plätzen in der Südkurve (Ost, der Westbereich bleibt vorerst geschlossen) zu gelangen. Die Sicht ist aufgrund der relativ flachen Ränge und der weiten Entfernung zum Rasen eher bescheiden, Schlachtrufe verhallen aufgrund der fehlenden Überdachung meist ungehört. Auch gegenüber in der Nordkurve, dem Stammplatz der MSV-Anhänger, sieht es in dieser Beziehung nicht sehr viel besser aus. Zwar besitzt der Fanblock mittlerweile wieder eine beachtliche Größe und ist teilweise auch schon auf die ultra-beeinflusste Ostgerade Nord ausgewichen, doch erscheint es fast unmöglich, in dieser Arena so etwas wie prickelnde Fußballatmosphäre aufkommen zu lassen. Allenfalls im gut bis sehr gut gefüllten Zustand ist mit dem Wedaustadion Staat zu machen - dann wirkt auch das »Zebratwist«-Ritual imposant. Kein Wunder, dass sich nach wie vor wöchentlich die im Januar 1999 gegründete »F.i.f.A.« (Faninitiative fangerechte Arena) trifft, um Vorschläge zur Gestaltung der neuen Arena zu diskutieren. Wer sich beteiligten will: Montags um 18 Uhr im Duisburger Fanprojekt (Steinsche Gasse 32a, Factory, 47051 Duisburg, Mo-Di 10-12, Mi-Fr 15-19h, Tel: 288361/2, Fax: 284170, www.fanprojekt-duisburg.de - Handy bei Heimkicks: 0177-5611714). Auch bei den Amateuren ist übrigens immer eine kleine Fanschar dabei, die sich nicht scheut, die kleinen Zebras textsicher und lautstark zu unterstützen. Wer schon in den 80ern mit in Baesweiler und Bad Honnef war, der fürchtet sich eben auch nicht mehr vor Borussia Freialdenhoven und dem GFC Düren.

Sitzplätze: 7,50-25,50 €
Stehplätze: 3,50-7,50 €
Gäste: Südkurve Ost

STADION ⚽⚽ STIMMUNG ⚽⚽ SERVICE ⚽⚽ STRESS ⚽

Preise Schüler, Studenten, Azubis, Zivis und Soldaten (unter 27 Jahre!) zahlen weniger, Behinderten (ab 50%) stehen einige Sonderangebote zur Verfügung. Kinder bis 1 Meter Körpergröße kommen umsonst ins Stadion (der Litti-Effekt?), für Gruppen können Spezialtarife ausgehandelt werden. Familienkarten gibt's für die Blöcke D und F. Insgesamt ein vorbildliches Angebot. **Rollis** Rollis und Begleitperson erhalten freien Eintritt, die Karten gibt's am Spieltag am Stadion. Plätze auf der Laufbahn. **Fanshop** Neben den kleineren Ständen hinter Haupttribüne und Heimkurve wartet in erster Linie der Zebra-Shop an der Westender Str. 36 (Tel: 4292430, Fax: 41558) mit allen wichtigen MSV-Artikeln auf. **Lesen** Das »ZebraMagazin« (1 €) gehört nach wie vor zu den besten Stadiongazetten der Bundesligen, wenngleich die Gestaltung dem Auge manchmal keinen guten Dienst erweist. Abgesehen davon: absolut lesenswert. Wer an Fanzines, z.b. »Blue Magic« oder «Dat Ruhrpott-Zebra« interessiert ist, wandert am besten zum Fanprojekt-Wohnwagen auf dem Parkplatz hinter der Nordkurve. **Essen** Die Bratwurst ist zwar ganz schön teuer (2,30 €), dafür aber wesentlich besser als früher. Auch Krakauer (3) und Brühwurst (2,10) können einigermaßen überzeugen. Auf der Tribüne gibt's auch Currywurst, Hamburger und Pommes und auf dem Parkplatz vor der Tribüne stehen einige Imbiss- und ein Eiswagen herum. Draußen ist es (natürlich) eine Ecke billiger. Wer Pizza will, wird schräg gegenüber im »Haus Eintracht«

So - oder so ähnlich - soll das Wedaustadion mal aussehen...

Foto: MSV Duisburg/Hellmich Unternehmensgruppe

fündig. Auch im Biergarten hinter der Osttribüne bleibt man nicht unversorgt. **Trinken** Pils und Alt im Henkelbecher (3 €, davon 50 Cent Pfand), nicht immer wohl temperiert, sondern »ruhrpottkalt«. Außerdem Süßgetränke und Wasser, Kaffee (1€) und im Winter Glühwein. **Klo** Halbwegs erträglich. Außer im Gästeblock. **Kneipen** Hinter dem Stadion findet sich auf der Marathontorseite bzw. Osttribüne der große und gemütliche »Biergarten Wedau«, in dem man alles findet, was Magen und Leber begehren, und der sogar über eine kleine Bühne und eine Videoleinwand verfügt. Ansonsten kann man sich im »Haus Eintracht« (Parkplatzseite) oder dem »Sportler-Treff« (Sportschule Wedau) verlustieren.

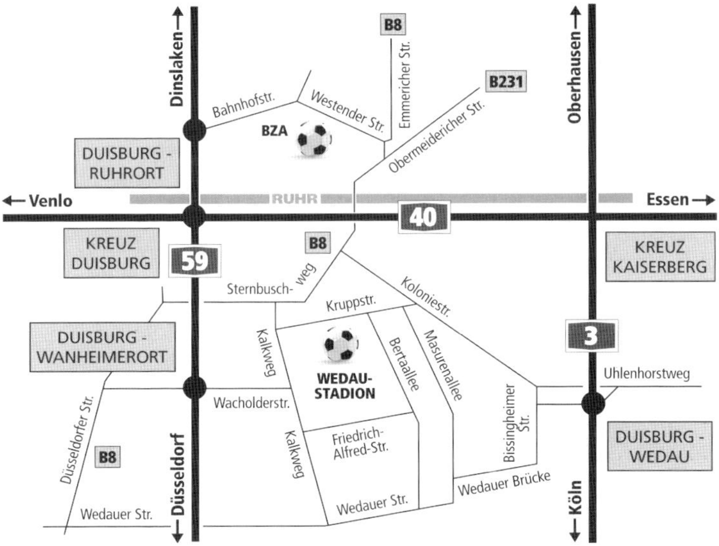

Über die **A3**: von der Abfahrt **Duisburg-Wedau** auf die Koloniestraße, links in die Kruppstraße und nach rund 1,5 km wieder links in den **Kalkweg** zu den Parkplätzen an Wedaustadion und Eissporthalle (ist auch ab der Ausfahrt ausgeschildert). Über die **A59**: bis zur Abfahrt **Duisburg-Wanheimerort**, auf der Wacholderstraße in Richtung Stadion/Sportpark Wedau und links auf den Kalkweg zu den Parkplätzen vorm Stadion. Bei frühzeitiger Anreise ergeben sich keine **Parkprobleme**, befinden sich vor dem Wedaustadion doch knapp 4.000 Stellplätze - zur Not versucht man es an der Bertaallee oder der Friedrich-Alfred-Straße. Von der Zufahrt beim Regattaverein sollte man sich allerdings fern halten: Hier wird rigoros abgeschleppt.
Zu den Amateuren bzw. zum **Stadion** an der **Westender Straße** geht's ebenfalls über die **A59**. Von der Abfahrt **Duisburg-Ruhrort** auf die Bürgermeister-Pütz-Straße, die bald in die Bahnhofstraße übergeht, in Richtung **Obermeiderich** und nach rund 1,2 km rechts in die Westender Straße. Über die **A3**: Abfahrt **Oberhausen-Lirich**, dann über Ruhrorter, (halblinks) Varziner und (links) Emmericher zur Westender Straße. Parken: keine Probleme.

Vom Hauptbahnhof geht es mit der **S-Bahnlinie S1** eine Station in Richtung Düsseldorf bis **Duisburg-Schlenk**, von dort sind es noch ca. 15 Minuten zu Fuß. Alternativ kann man den Bus nehmen: Der **923**er (Richtung Städtische Kliniken) fährt bis Stadion/Kruppstraße, der **934**er (gen Buscher Straße) bis Stadion/Wacholder Straße und der **944**er (gen Wolfssee) bis Sportpark Wedau. Bei den Heimspielen der Profis berechtigt die Eintrittskarte zur Nutzung der öffentlichen Verkehrsmittel. Zu den **Amateuren** bzw. zur Station Meiderich Bahnhof kommt man vom Hauptbahnhof aus mit der **U-Bahn** (U79 bis Endstation), **Straßenbahn** (902 und 903) und diversen **Bussen**.

ELVERSBERG: Waldstadion

Foto: Christian Fick

Baujahr: 1983

Kapazität: 8.000
Stehplätze: 7.566
Sitzplätze: 434

SpVgg Elversberg, Fichtenstr. 9, 66583 Spiesen-Elversberg
Tel: 06821-742759, Fax: 06821-742757
www.sv07elversberg.de

Erst seit Beginn der Saison 1983/84 wird im »Waldstadion an der Kaiserlinde«, so der offizielle Name der Elversberger Arena, gegen das Leder getreten. Vor dem Bau des Rasenplatzes empfing die SpVgg ihre Gegner in der damaligen Oberliga Südwest noch auf einem kleinen Hartplatz, der ein Stückchen weiter Richtung Ortsmitte lag und sich seit 1930 im Besitz des Vereins befand.

Auf der Landkarte des Fußballs stellte Elversberg lange nur ein kleines Fleckchen dar. Immerhin 3.500 Zuschauer wohnten im Mai 1948 dem Gastspiel von Fortuna Düsseldorf (1:5) bei und stellten einen lange bestehenden Rekord auf. 1980 erreichte Elversberg mit dem Aufstieg in die Oberliga Südwest den bis dato größten Erfolg - und die Platzprobleme begannen. Mit den Schlagern gegen Neunkirchen und Mainz konnte die komfortarme Kaiserlinde noch so gerade eben fertig werden - für das Spiel der zweiten DFB-Pokalrunde gegen den BVB (1:4) wich man 1982 dann aber doch lieber nach Saarbrücken aus.

Mittlerweile hat sich am Waldstadion einiges getan. Was früher nicht viel mehr als ein normaler Dorfsportplatz mit einigen Stehrängen und einer Würstchenbude aus Wellblech war, hat sich insbesondere in den letzten Jahren zu einem schmucken kleinen Stadion gemausert - eng verbunden mit dem sportlichen Aufschwung der SpVgg. 1996 erweiterte man die Spielstätte an allen vier Seiten, wodurch sich das Fassungsvermögen von 2.000 auf 5.000 Zuschauer erhöhte. In den Folgejahren wurden dann auch eine Sitzplatztribüne (mit exakt 384 überdachten Plätzen), ein Sicherheitszaun sowie getrennte Spieler- und Zuschauereingänge fertig gestellt.

Die größten Bauaktivitäten waren im Waldstadion freilich in der Saison 2001/2002 zu verzeichnen. Neben der Steigerung der Kapazität auf 8.000 Plätze - errichtet wurden zwei Stehtribünen - wird dem Besucher besonders der neue VIP-Raum mit den dazugehörigen Umkleiden ins Auge fallen. Die Zeiten, in denen die Spieler den langen Trampelpfad zum Stadion gehen mussten, sind also vorbei. Auch die sanitären Anlagen wurden einer Generalüberholung bzw. Erweiterung unterzogen. Freuen dürfen sich die Elversberger Fans ab der neuen Saison nun endlich auch auf Abendspiele, die Flutlichtmasten wurden am 24. Mai 2002 aufgestellt. Und eventuell geht im zum Saisonstart 2002/03 fertig gestellten Waldstadion an der Kaiserlinde ja dann bald auch wieder ein echtes Fußball-Highlight über die Bühne - eine offizielle Einweihung der Arena hat es nämlich nie gegeben...

Mit dem Aufschwung der SpVgg ist auch die Fanszene in Elversberg gewachsen. Zwar immer noch recht klein, dafür humorvoll und überall dabei, so präsentiert sich die auf vier Fanclubs angeschwollene Anhängerschar. Mit Trommeln und Trompeten versuchen sie, ihren Lieblingen das nötige Leben einzuhauchen. Dass all dies friedlich vonstatten geht, muss an dieser Stelle eigentlich nicht sonderlich erwähnt werden. Für die Gemeinde Spiesen-Elversberg (15.000 Einwohner) ist das Ganze jedenfalls mehr als ordentlich. Auswärtsfans gehören in den Hintertorblock bzw. den linken Teil der Geraden. Die Sicht ist in Ordnung, und wenn dann auch noch das Wetter mitspielt, steht einem fröhlichen Fußballnachmittag bzw. -abend nix im Wege.

Sitzplätze: 11-15 €
Stehplätze: 4-7 €
Gäste: links v. Eingang

Preise Für Schüler, Studenten, Zivis, Versehrte und Frauen wird's billiger. Kinder bis 14 Jahre stehen für faire 3 €. **Rollis** Besondere Plätze sind nicht vorhanden, aber im Stadion gibt es überall gute Sicht- bzw. Rollmöglichkeiten. **Fanshop** Sog. »Aus-dem-Auto-raus-Verkauf« auf der Gegengeraden, ansonsten wende man sich an die Geschäftsstelle (Mo-Fr 10-12 + 15-17h, bei Heimspielen auch samstags 10-12h). **Lesen** Das Stadionheft »Schwarz auf Weiss!« (28 Seiten A4-Hochglanz für 50 Cent) ist ganz in Ordnung, daneben gibt's in Elversberg jetzt auch ein Fanzine: »Ach was - Fußball und andere Belanglosigkeiten« (zu haben bei J. Pitzius, Kleine Bergstr. 3, 66583 Spiesen-Elversberg, joerg.pitzius@proalpha.de). Cool. **Essen** Rostwurst (rot/weiß) und Frikadellen (je 1,80 €), dazu Brezeln und (je nach Jahreszeit) Popcorn und Eis. **Trinken** Das Bier kostet 2 €, der übliche Rest 1,50. Im Winter kann man Glühwein oder Kaffee schlürfen. **Klo** O.k. **Kneipen** Sportheim der SpVgg in der Lindenstraße (etwa 150 Meter gen Ortsmitte, neben dem Lidl), außerdem: »K 2« am Alten Markt und »Eleven« (Fichtenstraße, neben Geschäftsstelle).

STADION ●● **STIMMUNG** ● **SERVICE** ●●● **STRESS**

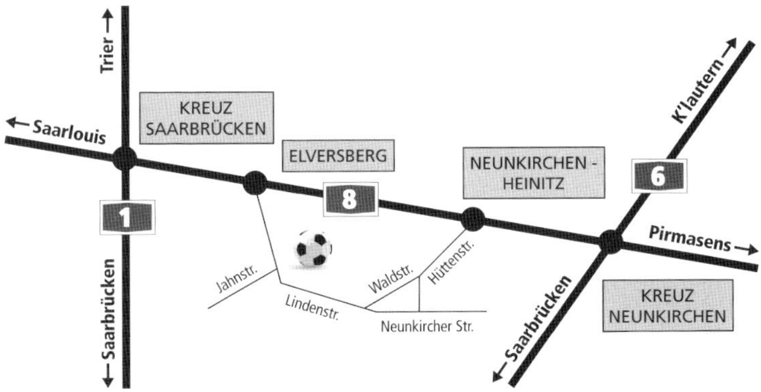

Von **Trier**: über die A1 bis zum Dreieck Saarbrücken, dort auf die **A8** gen Zweibrücken bis zur Abfahrt **Elversberg** und dort rechts auf die **Lindenstraße** - das Waldstadion liegt nach etwa **150 Metern** auf der linken Seite.
Von **K'lautern**: über die **A6** bis zum Kreuz Neunkirchen, dort auf die **A8** gen Saarlouis und an der Abfahrt **Neunkirchen-Spiesen** herunter. Links auf die Neunkircher Straße, unter der Autobahn hindurch und geradeaus, bis kurz vor dem **Ortsausgang** das Stadion auftaucht.
Von **Saarbrücken**: Je nach Ausgangslage über die A1 oder die A623 bis Kreuz Saarbrücken oder Dreieck Frankenthal, dort auf die **A8** bis zur Abfahrt Elversberg, Rest s.o.
Bei Spielen mit großem Zuschauerandrang wird der **Gemeindesportplatz** gegenüber der BP-Tankstelle zum Parkplatz umfunktioniert, ansonsten kann man auf dem **P+R-Parkplatz** oder in der Lindenstraße Richtung Autobahn parken. Im Rahmen des Ausbaus sind neue Parkplätze vorgesehen. Ansonsten hilft nur **Straßenparken** im Ort.

Schwierig - Elversberg hat keinen Bahnhof. Vom Hauptbahnhof in **Neunkirchen** fahre man mit der **NVG** (**Linie 2** gen Storchenplatz) zuerst zum **Stummdenkmal** und von dort weiter mit der **3** gen Elversberg Kirche oder Friedhof, an der Haltestelle »Neunkircher Straße« steigt man aus. Von den Bahnhöfen **Sulzbach** oder **Friedrichsthal** fährt man mit der Saartal-Linie (Linien **15** oder **45**) nach Elversberg bis zum Markant-Markt.

EMDEN: Dr.-Helmut-Riedl-Stadion

Foto: Thomas Zachler

Baujahr: 1950

Kapazität: 12.000
Stehplätze: 11.722
Sitzplätze: 278

Kickers Emden, Postfach 1113, 26691 Emden
Tel: 04921-42558, Fax: 04921-40767
www.bsv-kickers-emden.de

Kurz nach dem Zweiten Weltkrieg, als es in Emden von Seeleuten nur so wimmelte, wurde die Grundlage des lange Zeit schlicht »Kickers-Platz« genannten Dr.-Helmut-Riedl-Stadions gelegt, dessen Fertigstellung sich bis ins Jahr 1950 hinzog. Da der erst im März 1946 aus den Resten der ehemaligen Fußballabteilung des Emder Turnvereins gegründete BSV Kickers gleichzeitig zu einem kometenartigen sportlichen Aufstieg ansetzte, mussten die Ostfriesen gleich zweimal umziehen, denn der zunächst genutzte »Bronsplatz« erwies sich spätestens nach dem Landesliga-Aufstieg (1947) als viel zu klein. Die nächsten zwei Jahre kickten die Kickers auf dem Platz des Arbeitersportvereins FT 03 (Reisende aus Richtung Leer kommen an jenem Platz vorbei), wo Tausende von Fans die Erfolge der Saison 48/49 bejubelten, als unter anderem die Nachbarn TSR Wilhelmshaven und VfB Oldenburg geschlagen nach Hause geschickt wurden. Nachdem 1950 die heute genutzte Anlage eingeweiht werden konnte, standen die Kickers sogar kurz vor dem Aufstieg in die seinerzeit erstklassige Oberliga und erfreuten sich eines beachtlichen Zuschauerinteresses.

Jahrzehntelang blieb der Kickers-Platz ein wenig aufregender Sportplatz mit einer Hand voll Stehtraversen, einer Kneipe und begrenztem Komfort. Erst als mit Dr. Helmut Riedl ein Mann das Ruder übernahm, der mit Benzin bzw. der in Ostfriesland überall zu findenden Tankstellenkette »Score« eine Menge Geld verdiente, wandelten sich Stadion und Klub. 1990 wurde die überdachte Tribüne eingeweiht (278 Sitz- und 3.200 Stehplätze), 1991 erfolgte der Aufstieg in Liga 3, wenig später gab es Flutlicht und 1994 erhielt die Gegengerade sechs neue Traversen. Zu diesem Zeitpunkt war aus der einstigen Fußballdiaspora längst eine brodelnde Hochburg geworden, die die nunmehr 12.000 Plätze bietende reine Fußballarena mehrfach bis an den Rand füllte. Pünktlich zur Nordmeisterschaft 1994 wurde auf der den Gästen vorbehaltenen Hintertortribüne eine nette Anzeigetafel aufgebaut.

Seither verläuft der Kickers-Aufschwung etwas turbulenter, zumal Großmäzen Dr. Riedl 1996 frustriert zurücktrat, weil es wieder einmal nicht mit dem ersehnten Zweitligaaufstieg geklappt hatte. Wenig später starb der an Krebs erkrankte Millionär und für die Kickers brach eine neue Zeitrechnung an, in der die Uhren im Dr. Riedl-Stadion - der Volksmund spricht übrigens noch immer vom »Kickers-Platz« - um einiges gemütlicher ticken. Dennoch ist Emden immer eine Reise wert - vor allem, wenn es unter Flutlicht um Punkte geht. Da ist egal, ob der Gegner einen großen oder einen kleinen Namen trägt - Stimmung ist garantiert im kleinen, schnuckeligen und höchst gemütlichen Emder Schmuckkästchen. Dennoch kursieren inzwischen Pläne vom »Sportpark Nord« - einer voll überdachten reinen Fußballarena, die als Modell bereits besteht. Baubeginn: frühestens 2005.

Es können richtig viele werden, die zur Unterstützung der Kickers ihre Hände oder auch Stimmen gebrauchen. So viele, dass sogar die »richtige« Kickers-Fanschar, die sich Namen wie »Blue Sharks« oder »Dollart-Jungs« gegeben hat und auf der überdachten Stehtribüne Position bezieht, ins Schwärmen geraten kann. Für Notfälle haben die Jungs und Mädels aber auch große Trommeln dabei, auf denen sie unablässig herumschlagen - mitunter unterstützt vom »normalen« Publikum, das Selbiges mit den Werbeplanken macht.

Wenn es nicht gegen den alten Rivalen VfB Oldenburg geht, ist das Leben für einen Gastfan gemütlich (allerdings sollte man den steifen Seewind nicht unterschätzen). Schiedsrichter mögen des Öfteren vom Publikum bedrängt werden, an Gästefans aber legt man in Emden so gut wie Hand an. Garantie für einen netten Fußballnachmittag/-abend.

Sitzplätze: 4-6 €
Stehplätze: 13 €
Gäste: Tribüne Anzeigetafel

Rollis Am Spielfeldrand. **Fanshop** Am Haupteingang steht ein niedlicher Holzcontainer, der allerlei Kickers-Devotionalien feilbietet. Prädikat empfehlenswert. **Lesen** »Kickers-Kurier«, ein kostenloses Blättchen mit großen Buchstaben und wenig Infos. **Essen** Expertentipp: Die ausgezeichneten Fischbrötchen (am Haupteingang) probieren! Ansonsten gibt es die Grundversorgung: Bratwurst. **Trinken** Bier (richtiges), Softdrinks, Kaffee, im Winter Glühwein. **Klo** In der Gaststätte, entsprechend weit entfernt und bei gutem Besuch heftig überfüllt. Im Gästeblock hilft nur das Gebüsch. **Kneipen** Auf dem Stadiongelände befindet sich die gemütliche Kickers-Kneipe, die immer einen Besuch wert ist. Ansonsten sieht es eher mau aus.

STADION ⚽⚽⚽ **STIMMUNG** ⚽⚽ **SERVICE** ⚽⚽ **STRESS**

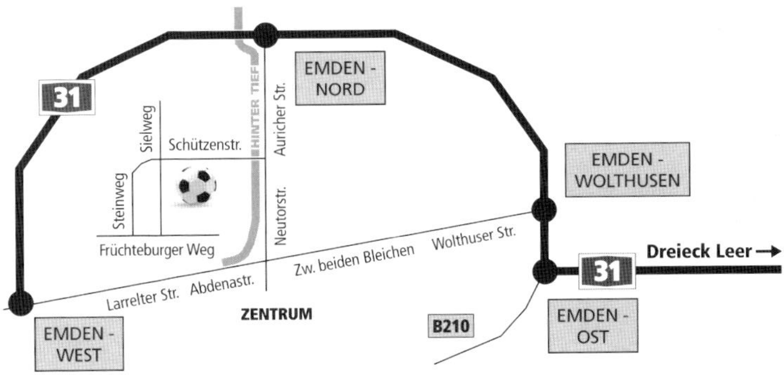

Über die **A31** bis zur Abfahrt **Emden-Nord**, dann an der Ampel **links** und auf der **Auricher Straße** weiter in Richtung Stadtmitte fahren. Nach ca. 800 Metern **rechts** in die Schützenstraße und nach wenigen Metern taucht links auch schon das Dr.-Helmut-Riedl-Stadion auf. So einfach ist das. Dem Stadion gegenüber befindet sich ein ausreichend großer **Parkplatz**.

Bahnhof und **Stadion** trennt ein rund fünfzehnminütiger **Fußmarsch**: Zunächst Richtung **Wasserturm**, dann geradeaus bis zum Chinesentempel (markanter Kiosk) und links in die Boltentorstraße. An der Abzweigung **links** in den Steinweg, an den Berufsschulen vorbei und rechts in den Früchteburger Weg. Alsdann links in den Sielweg und das Stadion entern.

FC RWE

ERFURT: Steigerwaldstadion

Baujahr: 1931

Foto: Steffen Halbleib

Kapazität: 22.000
Stehplätze: 16.000
Sitzplätze: 6.000

Rot-Weiß Erfurt, Arnstädter Str. 55, 99096 Erfurt
Tel: 0361-347660, Fax: 0361-3476628
www.rot-weiss-erfurt.de

Anno 1927 begann man in Erfurt mit dem Bau der zunächst »Daberstädter Schanze« genannten Arena, die am 17. Mai 1931 mit dem Spiel Mitteldeutschland vs. Brandenburg eingeweiht und kurz darauf in »Mitteldeutsche Kampfbahn« umgetauft wurde. Für rauschende Fußballfeste war das Stadion damals eigentlich weniger geeignet, befand sich doch zwischen der 500-Meter-Laufbahn und dem Spielfeld obendrein noch eine acht Meter breite Rasenbahn für Reitturniere. Immerhin erhielt die Arena 1934 eine hölzerne Tribüne, die fast 60 Jahre gute Dienste leisten sollte, und elf Jahre später den etwas freundlicher klingenden Namen »Erfurter Stadion«.

Doch die nächste Umbenennung stand bereits vor der Tür: Ab dem 23. April 1950 ging man in Erfurt im nunmehr nach dem ehemaligen bulgarischen Ministerpräsidenten Georgi Michailowitsch Dimitroff benannten Mehrzweckstadion auf Rekord- bzw. Torejagd – das »Michailowitsch« ließ man dabei netterweise unter den Tisch fallen. Ein knappes Jahr später, am 1. April 1951, wurde beim Punktspiel von Turbine Erfurt gegen Chemie Leipzig mit 47.390 Besuchern auch der offizielle Zuschauerrekord aufgestellt.

Ende der 60er Jahre erhielt das Stadion eine mittlerweile übliche 400-m-Tartanbahn und neue Stehtraversen, kurz darauf folgte eine erstklassige Flutlichtanlage (1.000 Lux) sowie ein paar Jahre später die Anzeigetafel. Danach geschah bis zur vorläufig letzten Umbenennung (1990) nicht mehr allzu viel - allein die antike Tribüne aus dem Jahre 1934 wurde hin und wieder ausgebessert. Nachdem Erfurt jedoch anno 1992 den Zuschlag zur nationalen Leichtathletik-Meisterschaft erhalten hatte, rollten die Bagger an, um das einsturzgefährdete und zuletzt 1.270 Sitze aufbietende Gebilde abzureißen und an seiner Stelle eine komplett neue Haupttribüne hochzuziehen. Das ebenso futuristische wie elegante Bauwerk bietet 4.000 sitzenden Menschen Platz, vermag diese jedoch nur bedingt vor den Launen des Wetters zu bewahren: Vorne kann's schon einmal nass werden. Die vorerst letzten Veränderungen im Stadion betrafen dann das Flutlicht: Nachdem der TÜV erhebliche Mängel festgestellt hatte, musste die schmucke, aber auch schon fast 30 Jahre alte Anlage im Herbst 1999 für rund zwei Mio. DM renoviert werden. Die Premiere des neuen Lampenglücks sollte am 4. Dezember gegen Aue über die Bühne gehen - doch vier Tage zuvor fegte ein schwerer Sturm über Stadt und Stadion hinweg und knickte einen Mast unterhalb der Lampen ab. Der Unfall, bei dem es zum Glück keine Verletzten gab, hatte ein schier endloses Nachspiel: Die komplette Anlage musste demontiert und mehrere Gutachten bzgl. der Schuldfrage (ist immer noch nicht geklärt) erstellt werden. Nun aber ist endlich Land bzw. Licht in Sicht: Am 15. August 2002 - nach fast drei Jahren - soll eine neue Flutlichtanlage in Betrieb gehen. Na, wenn das mal gut geht!

Auswärtsfans benutzen Eingang und Kassen am Südpark/Beethovenplatz und stellen sich in die Blöcke 1 und 2. Die Sichtverhältnisse sind den Verhältnissen entsprechend schlecht und auch um die Akustik könnte es besser bestellt sein. Im Umfeld der Arena muss man Vorsicht walten lassen, was übrigens auch für die Tribüne gilt. Wer friedliche Kontakte zur Erfurter Fanszene sucht, sollte unbedingt das Fanhaus in der ehemaligen Ehlert-Baracke (Haupteingang) besuchen.

Sitzplätze: 6,50-15 €
Stehplätze: 5-6 €
Gäste: Ostkurve (1+2)

Preise Schüler, Studenten, Azubis, Arbeitslose, Schwerbeschädigte und Jugendliche (bis 14) kommen billiger rein, Kinder bis sechs Jahre zahlen gar nix. **Rollis** Der Rolli und Begleiter zahlen (gemeinsam) 5 € für die Laufbahn, an der Thüringenhalle gibt es auch Behindertenparkplätze. **Fanshop** Unter der Haupttribüne wartet der RWE-Shop (Tel: 0361-347660, Fax: 3476628), in der Paulstraße 14 auch der Fanshop Domsport (Tel: 6435336, Mo-Fr 10-18.30, Sa 10-16h) auf Kundschaft. **Lesen** Der »RWE Express« war auch schon mal besser. Wer Lust und Muße hat, kann sich mal (z.B. im Fanhaus) nach der »Rot-Weißen« oder alten Ausgaben vom »Kick Off« umhören. **Essen** Im Stadion selbst gibt's (natürlich) Thüringer Rostbratwurst, Steaks und Brötchen, im Fanhaus vor dem Haupteingang aber auch noch allerlei andere Gaumenfreunden. **Trinken** Die Kurvenbüdchen führen (je nach Brisanz) alkoholhaltiges und -freies Bier sowie Cola, Limo und Wasser, im Fanhaus gibt's auch Braugold, Kaffee und Tee. **Klo** So lala. **Kneipen** Das Fanhaus öffnet bei Heimspielen um 12 Uhr und ist immer einen Besuch wert. Wer mag, kann auch mal in das Vereinslokal »Zum Schnitzelheinz« (Arnstädter Straße) oder die »Sportlerklause« (an der Thüringenhalle) reinschauen. Im Zentrum ist die Gegend um den Domplatz anzusteuern.

STADION | **STIMMUNG** | **SERVICE** | **STRESS**

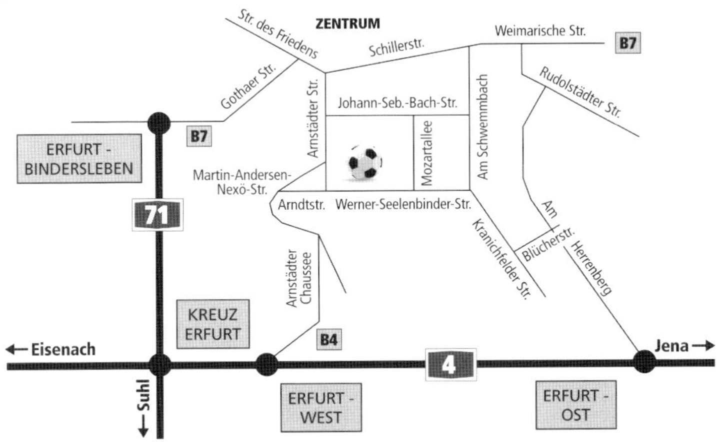

Das Steigerwaldstadion liegt im Süden Erfurts und wird aus allen Richtungen über die **A4** angesteuert. An der Abfahrt **Erfurt-West**/Eischleben geht es heraus, dann weiter auf der **B4** (Arnstädter Chaussee) in Richtung Erfurt fahren. Nach ca. sieben Kilometern trifft man dann auf die **Arnstädter Straße**, an welcher die Arena gelegen ist. Kostenlos parken kann man auf dem **P+R-Platz** an der **Thüringenhalle**, die man in der Werner-Seelenbinder-Straße nahe des Schützenplatzes findet. Ist dieser voll, wird's allerdings schwer: Versteckte Parkmöglichkeiten sind nämlich **kaum** vorhanden.

Vom Hauptbahnhof fährt die **Straßenbahnlinie 4** bis zur Thüringenhalle, Tribünenbesucher steigen an der Station Steigerwaldstadion aus, der Rest kann noch eine Station bis zur **Endhaltestelle** weiterfahren. Der Weg ist jedoch auch **zu Fuß** zu schaffen: Hinter dem Bahnhof rechts auf die Schillerstraße, am Stadtpark vorbei und dann links über Semmelweis- oder Arnstädter Straße zum Steigerwaldstadion.

ERKENSCHWICK: Stimbergstadion

Baujahr: 1934

Kapazität: 20.000
Stehplätze: 18.500
Sitzplätze: 1.500

Foto: Chris Müller

SpVgg Erkenschwick, Postfach 1344, 45734 Oer-Erkenschwick
Tel: 02368-1462, Fax: 02368-890836
www.spvgg-erkenschwick.de

Das Erkenschwicker Stadion entstand in den Jahren 1929 bis 1934, nur ein paar Steinwürfe von der Zeche Ewald-Fortsetzung entfernt. Deren Förderturm ragt auch heute noch gen Himmel, bald freilich soll auf dem Gelände der seit 1978 stillgelegten Zeche für rund 50 Mio. Euro ein Freizeit- und Pferdesportzentrum gebaut werden. Die Arena der SpVgg war da schon ein paar Taler billiger, sie wurde von Mitgliedern und Freunden des 1916 in der Gaststätte Schmitz - dem Vorläufer der legendären »Sportzentrale Romanski« - gegründeten Vereins in Eigenregie errichtet. Bei den meisten handelte es sich um arbeitslose Zechenarbeiter, die als Folge der Weltwirtschaftskrise ihren Job verloren hatten.

Während das Stadion heute den Namen des höchsten Hügels der Umgebung (immerhin 156 Meter) trägt, war ursprünglich der alte Reichspräsident Paul von Beneckendorff und von Hindenburg (1847-1934) Namenspatron der Arena - man beließ es im Übrigen bei der Kurzform »Hindenburg-Kampfbahn«. Diese besaß anfangs ein Fassungsvermögen von über 25.000 Zuschauern, das aber bis in die 40er Jahre hinein nie völlig ausgeschöpft wurde. Von den schweren Bombenangriffen der Alliierten auf die Erkenschwicker Industrie- und Wohngebiete blieb das Stadion fast vollständig verschont, so dass am 6. August 1945 bereits wieder ein Freunschaftskick gegen Schalke 04 ausgetragen werden konnte. 15.000 Fußballfreunde sahen ein 1:1.

Gegen den gleichen Gegner wurde am 19. September 1948 auch der bis heute gültige Zuschauerrekord aufgestellt: Beim 0:2 waren 22.000 Besucher vor Ort. Die gleiche Menschenmenge konnte rund 19 Jahre später im Achtelfinale des DFB-Pokals gegen Bayern München (1:3) vermeldet werden. Anfang der 70er Jahre wurde das nunmehr umbenannte Stadion dann von Grund auf saniert und erhielt die kombinierte Tribüne (1.500 Sitz- und 1.000 Stehplätze), während man im Rest des Runds die Stehränge befestigte und neue Zäune hochzog. Durch diese Maßnahmen sank die Kapazität zwar auf 20.000 Plätze, doch halbwegs voll wurde es im Stimberg sowieso nur noch selten. 1993 sahen 15.000 das Pokalspiel gegen Bor. M'gladbach (auf der Gegengeraden thront seitdem eine kleine VIP-Tribüne). Später lockten Schalke und der BVB jeweils 6.000 an - bei Benefizspielen, denn die finanziell darbenden Erkenschwicker sind mittlerweile bis in die Verbandsliga abgerutscht. Und nun auch noch bald die Konkurrenz durch das Freizeit- und Pferdesportzentrum - schwere Zeiten für die SpVgg...

Vom rechten Stehbereich der Tribüne aus schleudern die Anhänger der SpVgg, darunter der Fanclub der »Schwarz-Roten Ruhrpottmonster«, ihr berühmtes »Ärr-Ärr-Ärr-ken-schwick« gen Gegengerade, auf die sich meist die auswärtigen Fans begeben.

Preise Frauen, Behinderte, Rentner, Jugendliche zahlen den ermäßigten Einheitspreis, Kinder unter 14 nix. **Rollis** Innenraum. **Fanshop** Ordentliches Sortiment, im Vereinsheim oder über die Geschäftsstelle. **Lesen** Das »Stimberg-Echo« gibt's seit 1951 (!). Es wird allmählich wieder dicker (14 Seiten), ist aber immer noch gratis. Und gut. **Essen** Bratwurst (1,60), Frikadellen (1,30) und Nackensteak (2,50). Im Vereinsheim auch Pommes, Salate etc. **Trinken** Kronen Pils und Softdrinks. **Kneipen** Das gemütliche und mit TV ausgerüstete Vereinsheim (Tel: 4244, Mo-Fr 16-22h) öffnet bei Heimspielen jeweils eine Stunde vor Anpfiff.

Sitzplätze: 3-6 €
Stehplätze: 3-6 €
Gäste: egal

STADION · STIMMUNG · SERVICE · STRESS

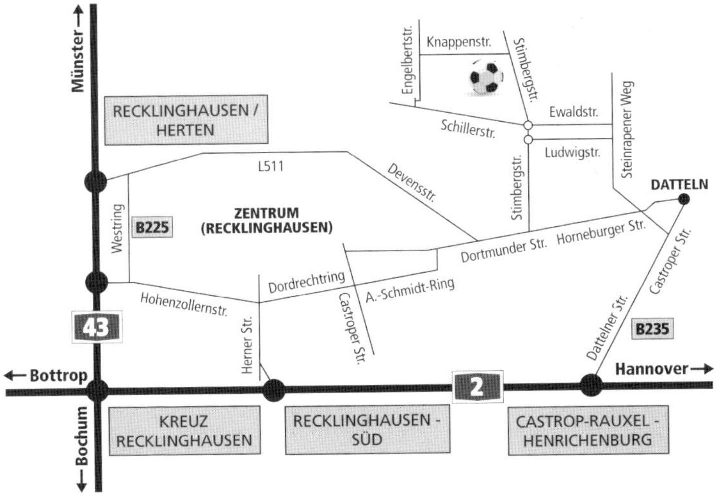

Von **Bochum**: **A43** bis **Recklinghausen-Herten** und auf der Hertener Straße (**B51**) gen Recklinghausen. Weiter über Hohenzollernstraße und August-Schmidt-Ring, an der T-Kreuzung vom Höhenweg rechts auf die Dortmunder bzw. später Horneburger Straße nach Erkenschwick. Nach etwa drei Kilometern links in die Stimbergstraße und immer geradeaus durch bis zum Stadion.

Von **Dortmund**: **A2** bis Abfahrt **Castrop-Rauxel/Henrichenburg** und rechts auf die Hebewerkstraße (**B235**) gen Datteln. Nach etwa zwei Kilometern von der Wittener links in die **Dortmunder Straße** und immer geradeaus, und am zweiten **Kreisverkehr** rechts auf die **Stimbergstraße**. Alternativ am Kreisel weiter geradeaus auf die Schillerstraße, hinter der Aral-Tankstelle rechts in die Buschstraße und gleich noch mal rechts in die Engelbertstraße.

Von **Münster**: **A43**, hinter der Abfahrt **Marl/Sinsen** links gen Erkenschwick und an der T-Kreuzung rechts auf der **Halterner Straße** nach Sinsen. Hier rechts auf die Schulstraße und geradeaus auf der Groß-Erkenschwicker Straße, vor der Tanke links in die Buschstraße.

Was das **Parken** anbelangt, so reichen der kleine Parkplatz am Haupteingang und die Stellflächen in den umliegenden Straßen meist aus. Zur Not greife man auf den großen Parkplatz am **Hallenbad** aus und gehe durch den Park zum Stadion.

Leider hat Erkenschwick **keinen Bahnhof**. Macht nix, fährt man halt bis Recklinghausen. Von dort geht es mit den **Buslinien 212** (Richtung Oer-Erk. Werkstr.), **230** (Oer-Erk. Berliner Platz), **232** (Datteln Bus Bf), **234** (Oer-Erk. Stimbergpark) und **SB24** (Dortmund Mengede Bf, dort hält auch die S-Bahn **S2** - dies nur als Tipp für Reisende aus E, GE, BO, OB, DO und DU...) bis zum Berliner Platz - mit den Linien 230 und 234 kann man auch noch bis Von-Waldthausen-Str. fahren und sich ein Stück des Fußwegs über die Stimbergstraße sparen. Sonntags ist man übrigens auf den 234er und den SB24 angewiesen.

ESSEN: Georg-Melches-Stadion

Baujahr: 1939

Foto: MMM

Kapazität: 25.050
Stehplätze: 20.800
Sitzplätze: 4.250

Rot-Weiß Essen, Hafenstr. 97a, 45356 Essen
Tel: 0201-861440, Fax: 0201-8614444
www.rot-weiss-essen.de

Die recht abwechslungsreiche Geschichte von Rot-Weiß Essen ist schon seit Anbeginn der Zeit eng mit dem Namen »Melches« verbunden. Heinrich Melches, der Betriebsführer der Zeche Emscher in Vogelheim, aus deren Reihen die ersten RWE-Kicker stammten, fungierte bereits in den Gründerjahren als Mäzen. Heinrich stiftete 1907 den ersten Lederball und war auch beim Erwerb des »Sportplatzes Phönixstraße« behilflich, aus dem später das nach seinem Sohn benannte »Georg-Melches-Stadion« entstehen sollte. Dieser Georg wiederum, eine schillernde Persönlichkeit, wie sie wohl nur das Ruhrgebiet hervorbringen kann, war dafür verantwortlich, dass RWE nach 1945 wieder auf die Beine kam. Das am 13. August 1939 eingeweihte Stadion an der Hafenstraße war im Zweiten Weltkrieg dem Erdboden gleichgemacht worden, nach Kriegsende mussten die ersten Begegnungen auf irgendwelchen Wiesen stattfinden - beim Start der Oberliga West war RWE mangels Spielstätte nicht mit von der Partie. Doch der unermüdliche Melches ließ sich nicht unterkriegen, dirigierte die Aufräumarbeiten und besorgte das nötige Baumaterial - was damals nicht einfach war. So entstand schon bald ein neues und vereinseigenes Stadion, das Anfang der 50er eine überdachte Haupttribüne und im April 1956 sogar die erste Flutlichtanlage Deutschlands erhielt. Seit dem 5. August 1964 schließlich trägt die Arena den Namen ihres größten Förderers, der am 24. März 1963 nach langer Krankheit verstorben war. Im Laufe der 60er Jahre wurde das Stadion erweitert, so dass beim Länderspiel Deutschlands gegen Zypern (12:0) im Mai 1969 ein neuer Zuschauerrekord (40.000) aufgestellt werden konnte. 1975 musste RWE die Arena freilich an die Stadt verkaufen, die später immerhin neues Flutlicht (1979), die neue Osttribüne (1984) und den Abriss der baufälligen Westkurve (1992) springen ließ. Danach geschah nur noch wenig bis gar nichts - außer Planspielen. Diejenigen zum Bau der »Essen-Arena«, eines 100 Mio. Euro teuren Mehrzweckstadions für 30.000 Zuschauer à la Gelredome sind vom Tisch. Endgültig. Nichtsdestotrotz macht man sich bei RWE natürlich weiter Gedanken um den Ausbau des komfortarmen Stadions bzw. um das Stopfen des unsäglichen Loches in der Westkurve. Mit der Behelfslösung Stahlrohrtribüne will und wird man sich wohl nicht zufrieden geben. Doch bevor es an der Hafenstraße konkreter werden kann, sind die Kicker gefragt - ohne einen Aufstieg in die Zweite Liga läuft gar nichts.

Gäste stehen auf der Osttribüne (Blöcke O-S, 7.512 Plätze), gleich daneben macht sich auf der Nordtribüne (separater Eingang) die rot-weiße Fanschar breit. Da der Vorplatz an der Hafenstraße für alle frei zugänglich ist, muss man sich hier auch ein wenig umsehen, denn bei RWE kann es immer mal knallen. Schade, denn ansonsten ist Fußball in Essen ein wahrer Genuss: Sicht, Akustik, Atmosphäre - alles wunderbar. Fehlt dann eigentlich nur noch ein gutes Spiel. Apropos: Das Essener Fanprojekt (Büro an der Rückseite der Haupttribüne, Tel: 8614431) freut sich über jedes Team, das sich auf einen fairen sportlichen Vergleich einlässt. Aber Vorsicht: die trainieren regelmäßig! Auch auf einen Kaffee kann man gerne mal vorbeischauen.

Sitzplätze: 14-17 €
Stehplätze: 4-7 €
Gäste: Osttribüne (O-S)

Preise Jugendliche, Arbeitslose, Schüler und Studenten kommen billiger rein, Behinderte zahlen für den Sitzplatz nur 9 € - dies ist auch der Preis für die Familienkarte in Block D. Weitere Infos beim RWE-Ticketservice (Tel: 8614411). **Rollis** Vor der Haupttribüne stehen ca. 20 Plätze (3 €) bereit. **Fanshop** Hinter Haupt- (Tel: 8614433) und Nordtribüne. **Lesen** Die »kurze fuffzehn« (1 €) ist nach wie vor große Klasse, auch wenn immer mehr Reklame drinsteckt. **Essen** Sehr gut. Zahlreiche Buden hinter der Nordtribüne, für die Gästefans fährt ein großer Imbisswagen mit Bratwurst (heiß, fettig, prima), Krakauer, Pommes, Frikas, Schnitzel, Fischbrötchen etc. vor. Für die Sitzplätzler gibt's auch erlesenere Dinge (Calamares, Folienkartoffel u.ä.). **Trinken** Veltins und Gatzweiler (0,3l für 1,80 €) , je nach Gegner mit/ohne Alkohol. Doof, dass Gäste für jeden Becher aus ihrem Tribünenbereich und wieder rein müssen. **Klo** Echt schlecht. **Kneipen** RWE-Vereinsgaststätte in der Haupttribüne (tgl. ab 15h), ansonsten in der näheren Umgebung absolut tote Hose.

STADION STIMMUNG SERVICE STRESS

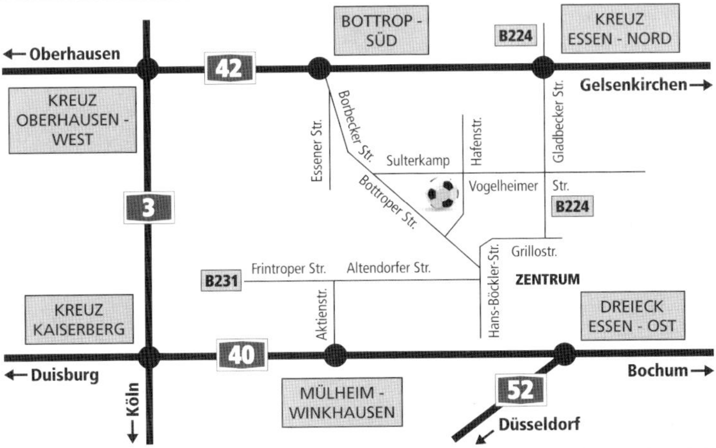

Über die **A42**: am Kreuz Essen-Nord auf die Gladbecker Straße (**B224**) gen Zentrum. Nach etwa vier km rechts in die Vogelheimer Straße und an der nächsten großen Kreuzung links in die Hafenstraße, auf der nach 200 Metern rechts das Stadion auftaucht. Von **Westen**: Abfahrt Bottrop-Süd, über Borbecker und Bottroper Straße gen Zentrum und der Beschilderung folgen. Über die **A40**: Abfahrt Essen-Zentrum, dann auf der B224 gen Dorsten. Auf der Hans-Böckler-Straße bis zur Kreuzung Bottroper Straße (auf Höhe der Uni) und auf der zweiten linken Abbiegerspur nach links. Nach knapp drei km dann an der dritten Kreuzung rechts in die **Hafenstraße**. Über die **A2**: Abfahrt Essen/Gladbeck und auf der B224 etwa acht km geradeaus, dann rechts in die Vogelheimer Straße (Rest s.o.). Über die A52: Abfahrt Essen-Rüttenscheid und auf B224 gen Dorsten/Uni bis zur Bottroper Straße, diese links (Rest s.o.). **Parken**: schwierig. Wenige Plätze in den Straßen, am besten fährt man zum **Econova-**Gelände (Gewerbegebiet) und läuft den Rest zu Fuß.

Vom **Bahnhof** geht es mit den Buslinien **166** (gen Dellwig Bf.) und **196** (Stadthafen) bis zur **Hafenstraße**. Mit der S-Bahn-Linie 2 (Duisburg-Dortmund, hält nicht am Hbf.) kann man auch bis Essen-Bergeborbeck fahren und den Rest laufen.

ESSEN: Uhlenkrug

Baujahr: 1922

Foto: Hardy Grüne

Kapazität: 20.000
Stehplätze: 17.600
Sitzplätze: 2.400

ETB Schwarz-Weiß Essen, Am Uhlenkrug 40, 45133 Essen
Tel: 0201-472431, Fax: 0201-473646
www.etb-schwarz-weiss-essen.de

Bis heute plagt sich der ruhmreiche ETB Schwarz-Weiß in seiner jahrzehntelang mit Arbeiterschweiß getränkten Heimatstadt mit dem Label des »Lackschuhklubs« herum. Das rührt aus der Vergangenheit, als honorige und wohlhabende Herren den ETB nicht nur mit ihrer Präsenz unterstützten, und hat keineswegs nur Vorteile. Wenn die Lackschuhjünger nämlich heute ihre Stollenschuhe anziehen, wollen dem Spektakel selten mehr als 1.000 Leute beiwohnen - während Lokalrivale RWE, dem das Image des Arbeiterklubs anhängt, oft die zehnfache Menge anlockt. Traurige Zeiten für den ETB, der 1978 seinen Abschied aus dem Profifußball nahm und seitdem mit bewundernswerter Konstanz (und vorbildlicher Finanzverwaltung!) seinen Platz im hochklassigen Amateurfußball verteidigt.

So ist der Uhlenkrug heute vor allem eine Stätte der Nostalgie. Eine atemberaubende Gegengerade mit unglaublich viel Platz für die nicht vorhandenen Fans, eine Tribüne, die jedem Stadionmuseum zur Ehre gereichen würde, und wäre nicht das moderne, zum 100. Vereinsjubiläum im Jahre 2000 eröffnete Vereinsheim hinter der Tribüne - man könnte sich irgendwo in den glorreichen 50ern wähnen, als Fußball noch Fußball war und der ETB die Herzen der Fans erreichte. Dass dem so ist, dafür sorgt nicht zuletzt der ausgezeichnete Zustand der Arena. An einigen Stellen scheint es, als würde der Platzwart das Unkraut mit der Nagelschere schneiden, derart perfekt sehen Ränge und Tribüne aus. Kein Zweifel: Hier ist jemand mit außerordentlich viel Liebe, Geduld und Berufung am Werk.

Werfen wir einen Blick in die Historie des Uhlenkrugs, dem es nie vergönnt war, Zweitligafußball zu sehen, denn der ETB verbrachte seine vier Jahre im Unterhaus im inzwischen abgerissenen Grugastadion - der DFB erachtete den Uhlenkrug als nicht zweitligareif. Erbaut wurde die Arena anno 1922, als sich die Schwarz-Weißen im Licht des erfolgreichsten und beliebtesten Klubs der Stadt Essen sonnen konnten. Die schon erwähnten honorigen Herren lieferten die nötigen Finanzmittel, Vorstandschef Max Ring hatte das Gelände ausgesucht und leitete den Bau an. Mit einer Kapazität von 35.000 Plätzen war der Uhlenkrug eines der größten und modernsten Stadien in Westdeutschland. Seine Tribüne - die, die heute so viel Nostalgie aufkommen lässt - ließ die Herzen vieler Fußballfans ob ihres einzigartigen Komforts höher schlagen. Das verwendete Material - neben dem üblichen Holz auch Stahl und Eisen - wurde zum Trendsetter im Tribünenbau, denn der ETB war einer der ersten Klubs, der diese Materialien zu kombinieren wagte (bis dato baute man ausschließlich aus Holz). 1939 erfolgte die Stadionerweiterung auf 45.000 Plätze, die im Dezember 1951 beim Länderspiel gegen Luxemburg allesamt gefüllt waren.

Hausherr ETB konnte seine Arena nur sporadisch füllen. Die Schwarz-Weißen zogen nach dem Krieg im ortsinternen Duell den Kürzeren und durften zwar 1959 »DFB-Pokalsieger« auf ihren Briefbogen drucken, fanden sich ansonsten aber meist im zweiten Glied wieder. Insofern ist die Geschichte des Uhlenkrugs auch eine traurige, und damit sind wir bei der Gegenwart. Stolz und ein wenig trotzig wirkt das Areal, wenn die Schwarz-Weißen heute ihre Kräfte mit Kassenfüllern wie Borussia Freialdenhoven messen. Stolz und trotzig - so wie die Historie der Schwarz-Weißen, des Lackschuhklubs aus dem Essener Süden.

Wie überall, wo ein übermächtiger Klub residiert, hat sich auch hier eine überschaubare, kreative und alternative Fankultur herausgebildet, die mit der Nummer 1 am Ort nix zu tun haben will und statt dessen lieber den lokalen Underdog unterstützt. Das ist im Falle Essens der ETB, dessen aktive Fanschar sich auf rund 50 Köpfe beläuft, drei Fanklubs aufweist (Tonis Buben, Black White Dragons und Schwarz-Weiße Religion), zarte Bande zu Wattenscheid-Fans geknüpft hat und auf der Gegengeraden (Höhe Mittellinie) Platz nimmt. Ein paar Gesänge, dann und wann eine Trommel, etwas Rauch/Bengalisches Feuer und so gut wie nie Ärger mit den Gästefans (Bocholt mag man allerdings nicht) - Fußball am Uhlenkrug ist zum Genießen.

Sitzplätze: 6-10 €
Stehplätze: 3-5 €
Gäste: egal

Rollis Am Spielfeldrand. **Fanshop** Mageres Angebot. **Lesen** »Tor«, 50 Cent und mit rund 60 Seiten nicht nur enorm dickes, sondern auch erstaunlich gutes Magazin. Kaufen! **Essen** Bockwurst und Krakauer. **Trinken** Bier und Softdrinks. **Klo** In der Tribüne. Rustikal historisch. **Kneipen** Das Vereinsheim hinter der Tribüne ist allgemeiner Treffpunkt und bietet alles, was das Herz begehrt. Freundlich gesinnte Gästefans sind hier herzlich willkommen.

STADION ●●● STIMMUNG ● SERVICE ●● STRESS

A40 von **Duisburg**: Abfahrt **Essen-Zentrum**, dann links weiter gen Zentrum. An der nächsten Kreuzung **rechts** Richtung Messe/Gruga. Nach rund einem Kilometer dem leicht zu **übersehenden** (!) Schild an der Stahlbrücke (»Stadion Uhlenkrug«) folgen. **A52** aus Richtung **Düsseldorf**: bis zur Abfahrt Essen-Süd/Zentrum, dann **links** nach Rüttenscheid und der Beschilderung folgen. A44 von **Wuppertal**: nach Ende der Autobahn links auf die **B227** (gen Essen) und nach etwa acht km an der großen Kreuzung links Richtung Rellinghausen/Bredeney. Nach ca. 2,5 km rechts Richtung Zentrum/Alfred-Krupp-Krankenhaus und an der nächsten Ampel rechts zum Stadion. **Parken:** Für normale Spiele reicht der **Parkplatz** vor der Arena, wird es **voll**, versuche man es entlang der Wittenbergstraße.

Vom **Hauptbahnhof** geht es mit den **Buslinien CE 45** oder **CE 46** (Richtung Heisingen Baldeneysee) bis zur Wittenbergstraße. Von dort sind es nur noch wenige Schritte bis zum Uhlenkrug.

FRANKFURT: Stadion Bornheimer Hang

Baujahr: 1931

Foto: Steffen Halbleib

Kapazität: 25.000
Stehplätze: 22.500
Sitzplätze: 2.500

FSV Frankfurt, Am Erlenbruch 1, 60386 Frankfurt/Main
Tel: 069-4208980, Fax: 069-42089829
www.fsv-frankfurt.de

Bereits im Frühjahr 1908 erhielten die »Schwarzen Teufel« aus Frankfurt-Bornheim eine eigene Spielstätte, den »Sportplatz an der Seckbacher Landstraße«, nachdem man das Leder zuvor auf der leicht abschüssigen Wiese »Prüfling« hatte laufen lassen. Mitte der 20er Jahre wurde es auf dem Platz allmählich zu eng für den aufstrebenden FSV. Doch auf ein richtiges Stadion mit überdachter Tribüne musste sich der Deutsche Vizemeister von 1925 noch bis zum 31. Oktober 1931 gedulden - da nämlich wurde der Bornheimer Hang mit einem 3:0 gegen Germania 1894 eingeweiht. Maximal 15.000 Zuschauer, von denen 1.500 den Luxus genießen konnten, sich unter ein Dach zu setzen, passten damals in das Stadion - doch später sollen so manches Mal auch um die 17.000 Fußballfreunde die Ränge bevölkert haben.

Im Zweiten Weltkrieg hatte die Arena unter schweren Bombenangriffen zu leiden, so dass sich der Wiederaufbau einige Jahre hinzog. Doch schon 1948 erweiterte man die Kapazität am Bornheimer Hang auf 25.000 Plätze, indem man die Stehtraversen auf allen drei Seiten erhöhte, und ein Jahr später erhielt das Stadion (bzw. der FSV zum 50. Geburtstag) von der »Frankfurter Rundschau« einen schmucken Uhrturm. Zu dieser Zeit war der FSV übrigens klar die Nummer 1 in der Stadt, dann jedoch übernahm die Eintracht die Macht am Main. Mit dem FSV ging's abwärts - Mitte der 60er Jahre mussten die Bornheimer ihr geliebtes Stadion, das im August 1953 nach der endgültigen Beseitigung aller Schäden und Provisorien neu eingeweiht worden war, sogar an die Stadt verkaufen.

Im Jahr 1997, nach einer Reihe von gescheiterten Versuchen, im Profigeschäft Fuß zu fassen, erhielt der FSV »seinen« Hang schließlich wieder zurück - zwar nur in Form eines bis 2006 laufenden Pachtvertrages (mit Option für zehn weitere Jahre), aber immerhin. Und vielleicht verfügt das Stadion bis dahin dann auch endlich wieder über Flutlicht. Die alte Anlage war 1963 ab- und in der Radrennbahn am Waldstadion wieder aufgebaut worden. Seitdem müssen die Bornheimer auf Abendspiele verzichten - sieht man einmal von den zwei Partien ab, für die zwecks TV-Übertragung ein mobiler Aufbau angekarrt wurde. Für eine feste Anlage ist nun jedenfalls stets genug Energie vorhanden: Seit 2001 ziert das Tribünendach eine Fotovoltaik-Anlage.

Der FSV-Fanblock ist nach einer kleinen Odyssee wieder auf seinen alteingesessenen Platz, die Mitte der Gegengerade, zurückgekehrt. Er ist nicht groß, beginnt aber wieder zu wachsen und wird zusehends ultramäßig beeinflusst. Auswärtige Anhänger suchen sich ihre Plätze selbst aus, die Stimmung ist friedlich - nur Gäste aus Offenbach oder Wehen sind nicht gern gesehen. Wie sich das Lizenzgerangel auswirkt, bleibt abzuwarten.

Preise So ziemlich jeder, der was vorzuweisen hat, erhält den ermäßigten Preis, sollte dann aber auch einen gültigen Ausweis zur Hand haben. **Rollis** Innenraum. **Fanshop** Hinter der Haupttribüne. **Lesen** »FSV life«, 16 bunte Seiten, recht lesenswert, da gratis: mitnehmen. Frohe Kunde: Der »Schwarz-Blaue Götterbote«, das tolle FSV-Fanzine, erscheint wieder. Infos: www.der-schwarz-blaue-goetterbote.de. Kostenpunkt: 2 €. Holen? Unbedingt. **Essen** An der Bude unterhalb der Haupttribüne kann sich der Fan auf Bratwurst, Rindswurst, Thüringer (jeweils mit Brötchen, das sogar einigermaßen frisch zu sein scheint) und Steaks aus der Riesenpfanne freuen. Dazu werden Fritten bzw. Pommes gereicht. Da gibt es eigentlich keinen Grund zum Klagen - bis auf die Preise vielleicht, aber wir sind ja schließlich in Frankfurt... **Trinken** Juchu! Endlich gibt es auch auf der Gegengeraden wieder einen Getränkestand! Somit entfällt für Stehplätzler der Gang zur Tribüne. Da wie dort: Bier, Ebbelwoi, Cola, Limo, Wasser. **Klo** In der Haupttribüne. **Kneipen** Wem es in der Stadiongaststätte nicht gefällt, kann ja mal zum »Bindingeck« (Burgstr. 91) gehen.

Sitzplätze: 8-12 €
Stehplätze: 4-6 €
Gäste: egal

STADION **STIMMUNG** **SERVICE** **STRESS**

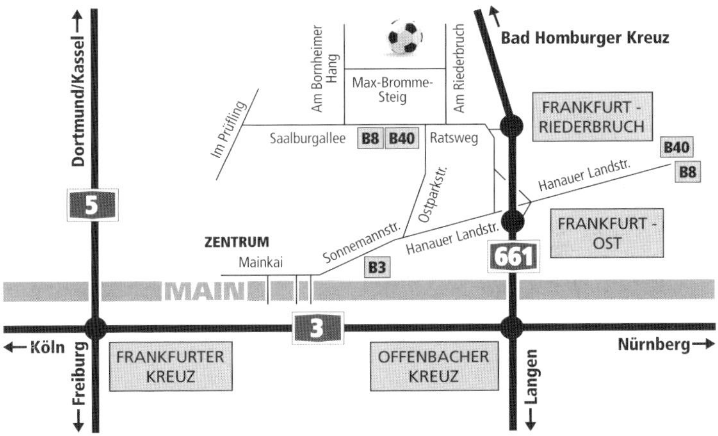

Von **Köln** oder **Nürnberg**: über die **A3** bis zum Offenbacher Kreuz, dort auf die **A661** gen Frankfurt, über den Main und an der Abfahrt **Frankfurt-Ost** (Bornheim, Eissporthalle) heraus. Nach der Ausfahrt auf die Straße **Ratswegbrücke** (B8) und links unter der Brücke hindurch in Richtung Kassel auf den Ratsweg. Von diesem schließlich hinter der Aral-Tankstelle **rechts** auf die Straße Am Bornheimer Hang bis zum FSV-Stadion bzw. den (kostenlosen) **Parkplätzen** Festplatz, Kleingärten, Max-Bromme-Steig oder aber (am größten) der Eissporthalle. Eine sinnvolle **Alternative** bei Spitzenspielen stellt auch die Ostparkstraße dar (vom Ratsweg aus links rein).

Von **Karlsruhe**: über die **A5** bis **Frankfurter Kreuz**, dort auf die **A3** gen Würzburg bis zum Offenbacher Kreuz, Rest s.o.

Von **Kassel** bzw. **Dortmund**: über die **A5** bis zum Bad Homburger Kreuz, dort auf die **A661** gen Darmstadt bis zur Abfahrt **Frankfurt-Riederbruch**, gleich rechts auf den Ratsweg und wieder rechts auf die Straße Am Riederbruch und drin der Fisch.

Vom **Hauptbahnhof** fahren die U-Bahnlinien **U4** (Richtung Seckbacher Landstraße) und **U5** (Richtung Preungesheim) bis zur Station **Konstablerwache**, von dort geht es mit der gegenüber abfahrenden **U7** (Richtung Enkheim) bis zur Haltestelle **Johanna-Tesch-Platz**. Vom **Südbahnhof** in Sachsenhausen kann man mit der U1 bis zur Station Hauptwache oder aber mit den S-Bahnlinien S3, S4, S5, S6 oder S8 bis Konstablerwache, um dort in die U7 umzusteigen.

FRANKFURT: Waldstadion

Foto: Steffen Halbleib

Baujahr: 1925

Kapazität: 51.500
Stehplätze: 8.000
Sitzplätze: 43.500

Eintracht Frankfurt, Am Erlenbruch 25, 60386 Frankfurt/Main
Tel: 069-42097028, Fax: 069-42097043
www.eintracht-frankfurt.de

Das Waldstadion entstand mit gehöriger Verspätung: Pläne, im Süden der Stadt einen öffentlichen Sportkomplex zu errichten, existierten bereits kurz nach der Jahrhundertwende, konnten jedoch erst nach dem Ersten Weltkrieg in die Tat umgesetzt werden. Für ca. 4,5 Mio. Goldmark entstand damals ein 35.000-Mann-Stadion, dessen Richtfest am 21. Mai 1925 gefeiert wurde. Bis 1955 rüstete man die Arena auf solide 82.000 Plätze hoch, rund vier Jahre später vermeldete das Waldstadion einen neuen Zuschauerrekord: Am 23. Mai sollen beim 3:2 der Eintracht gegen Pirmasens (Endrunde um die Deutsche Meisterschaft) 81.000 Leute zugeguckt oder es zumindest versucht haben. Ein Teil der Stehränge ging sieben Jahre später durch die Umwandlung in Sitze freilich wieder drauf - nun passten »nur« noch 70.000 ins Rund.

Anlässlich der WM 1974 wurde das Waldstadion modernisiert, wobei den Arbeiten sträflicherweise auch die wunderschöne alte Haupttribüne zum Opfer fiel - da hatte der Denkmalschutz leider gepennt. Später dann vermochte die Arena knapp 61.000 Zuschauer aufzunehmen, fast genau die Hälfte von ihnen durfte sich hinsetzen und 20.364 hatten ein halbwegs solides Dach über dem Kopf. Mit dem Umbau zur EM 1988 passte man das Waldstadion schließlich auch den sicherheitstechnischen Anforderungen der Fußballverbände an: Die Stehblöcke wurden neu unterteilt, das Stadion erhielt neue Fluchttore, die Vortribüne 4.000 Schalensitze und die Polizei eine neue Überwachungsanlage. Rund 18,5 Mio. DM wurden damals investiert, allein zwölf davon verschlang die Installation der riesigen Anzeigetafel.

Doch das ist bald alles Schnee von gestern. Denn in Frankfurt entsteht eine hypermoderne und komfortable Arena, »eine der schönsten der Bundesrepublik« (OB Vandreike), ein reines Fußballstadion dazu. Letzteres war lange Zeit nicht unbedingt eine Selbstverständlichkeit gewesen. Denn als man sich am Main erstmals Gedanken um eine Waldstadion-Aufrüstung bzw. Alternative machte, geisterten bald diverse Pläne durch die Presse, die den Frankfurter Fußballfans einen gehörigen Schrecken einjagen sollten. Nachdem die Varianten »Skydome«, »Maindome« und »Messestadion« gecancelt waren, sah das 1998 vom Hochbauamt konzipierte Modell gar eine Arena mit Laufbahn, eine Art »Daimlerstadion II« vor. Doch letzten Endes setzten sich die Befürworter einer laufbahnlosen Arena, darunter die »Initiative Reines Fußballstadion« durch. Zwar waren noch einige gewisse Schwierigkeiten (Octagon, Lizenz) zu überwinden, doch am 17. Juni 2002 fiel dann endlich der Startschuss zur Errichtung des neuen Stadions, das im Juli 2005 fertig gestellt sein soll und für das man sich bei der WM 2006 ein Viertelfinale und ein Spiel der deutschen Nationalelf erhofft. Die Kosten für das mit Faltdach (»größtes Cabrio der Welt«) ausgerüstete Teil werden mit rund 155 Mio. Euro beziffert. Dazu kommen dann freilich noch die ca. 43 Millionen, die die Stadt in die Infrastruktur rund um das Stadion investieren will bzw. muss - insgesamt also fast 200 Mio. Euro, die komplett zu Lasten des Steuerzahlers gehen. Private Investoren konnten nicht gefunden werden bzw. diejenigen, die gefunden wurden, sprangen bald wieder ab. Doch gebaut wird das schmucke Millionengrab halt jetzt erstmal. Im Juni 2002 begann man mit dem Abriss der beiden Kurven, im Februar 2003 soll die Gegentribüne folgen, ein Jahr später dann schließlich auch die Haupttribüne. Nach dem Einbau der Dachkonstruktion bietet das Stadion dann ab Juli 2005 48.500 Besuchern Platz, für Bundesligaspiele können 5.000 Sitz- in 8.000 Stehplätze umgerüstet werden.

Während der Umbauarbeiten wird der Spielbetrieb aufrechterhalten, was zur Folge hat, dass sich Heim- und Auswärtsfans für einige Zeit die Gegentribüne teilen müssen: Eintrachtler gehören in die Blöcke 29A bis 32B sowie 36/37, Gäste in die Blöcke 23B bis 25B. Hoffentlich geht das gut. Später sollen den Auswärtigen 1.500 Stehplätze zur Verfügung stehen, während im Eintracht-Block 6.500 Fans stehen können. Leider werden vor beiden Stehbereichen auf Drängen der Polizei mindestens zwei Meter hohe Zäune sowie Fangnetze installiert, dafür wird ein Raum vorhanden sein, in dem die SGE-Fans ihre Fahnen lagern können. Apropos Support: Die für ihre kreativen Choreographien berühmten Frankfurter Ultras haben sich völlig von Pyro-Zeugs losgesagt (»Rauch kann jeder, wir können Stimmung«) und schaffen es an guten Tagen, das ganze Stadion in großartige Fußballstimmung zu versetzen - auf die Atmosphäre in der neuen Arena darf man sich jetzt schon freuen. Wichtig: Hat es einen oder zwei Tage vor dem Spiel geregnet, sollte man sich dem Waldstadion nur mit entsprechender Ausrüstung (Gummistiefel, Matschhose, Seil) nähern. Dies gilt v.a. für die Anmarschwege.

Sitzplätze: 10-29 €
Stehplätze: 5-12 €
Gäste: (Block 23-25)

Preise Ermäßigungen für Schüler, Studenten, Rentner, Schwerbeschädigte und Kinder bis 14 Jahre. Während des Umbaus sollen stets 30.000 Plätze zur Verfügung stehen. Genauere Informationen beim Kartenservice (Gustav-Behringer-Str. 10, 60386 Frankfurt, Tel: 42097085/6, Fax: 42097059, ticket@eintracht-frankfurt.de). **Rollis** In der ersten Bauphase am Spielfeldrand, ab dem Winter 2002/03 dann in den neuen Hintertortribünen. Kostenpunkt: 5 €. Wegen einer Sonderparkkarte rechtzeitig den Verein anschreiben. **Fanshop** Rund ums Waldstadion sind mehrere »Fanmobile« unterwegs, das komplette Sortiment ist im Fan-Store (gleiche Anschrift wie Kartenservice - ist aber immer noch am Erlenbruch 25 - Tel: 42097082, Fax: 42097059) oder im Eintracht-Shop (Bethmannstr. 19, Tel: 283010, Fax: 291952) erhältlich. **Lesen** Die Stadionzeitung von Eintracht Frankfurt heißt auch so. Mehr gibt es über das bunte Blättchen nicht zu sagen. Auswärtsreisende sollten ihr Kleingeld besser in das Frankfurter Vorzeige-Fanzine »Fan geht vor« investieren, das seit 1991 mit geradezu erschreckender Regelmäßigkeit erscheint und sich als offizielles Organ der Fanclubs versteht, aber auch für Nicht-Frankfurter lesenswert ist. Das Heft wird von Verkäufern an diversen Stellen angeboten, kann aber auch in den Fanshops und Fanmobilen gekauft oder postalisch beim Fanprojekt (1 € + 0,77 € Porto, Hanauer Landstr. 18H, 60314 Frankfurt, Infos: http://fan-geht-vor.de) angefordert werden. **Essen** Derzeit noch Brat- und Rindswurst, Fleischküchle, Fischbrötchen sowie Laugenbrezel und Käsestangen für Veggies. Qualität und Preis lassen insbesondere bei dem wabbeligen Fleischdings namens »Bratwurst« (2,50) zu wünschen übrig. Bessere Ware ist an den Imbissbuden auf den Parkplätzen, v.a. am Gleisdreieck, zu haben. Auch die Würstchen am S-Bahnhof Sportfeld sind besser als ihre überteuerten Kollegen. Das absolute Highlight der Frankfurter Stadiongastronomie stellt freilich »Bratwurst Walter« an der Endhaltestelle der Straßenbahn

Ein Blick ins zukünftige Waldstadion

Animation: Bünck + Fehse, Berlin, Entwurf: mp

dar. Da es sich hier nur noch bedingt um einen Geheimtipp handelt, muss man sich mittlerweile leider ein wenig gedulden. Lohnt sich aber. Auf die Gastronomie im neuen Stadion darf man gespannt sein. Nur eins ist sicher: Eine »Adlerkarte« à la AAS wird es definitiv nicht geben. **Trinken** Saftige Preise (0,4 l für 3 E) für Bier, Cola, Limo, Apfelwein. Etwas billiger: Kaffee. Vollbier erst nach Abpfiff (fliegende Händler). Im neuen Stadion soll es später insgesamt 19 Imbiss- und Bierbuden geben - na, wenn das nicht ein bisserl knapp kalkuliert ist... **Klo** Hat man erst mal eins gefunden, ist man froh, wenn man wieder draußen ist. Wird aber besser - alles andere ist schlichtweg unvorstellbar. **Kneipen** Wer mag, kann nach dem Kick in der Stadiongaststätte (Haupttribüne) vorbeischauen, sonst ist im weiteren Umfeld der Arena absolut nichts los - das Waldstadion befindet sich halt in einem Wald, nahe einer ICE-Strecke und eines nicht eben kleinen Flughafens. Wie ein Magnet wirkt jedoch weiterhin das per Bahn (mit der U6 ab Hauptwache) leicht und fix zu erreichende Ebbelwoi-Viertel Sachsenhausen, in dem zahllose Kneipen ihr feuchtfröhliches Dasein fristen.

STADION ⚽ **STIMMUNG** ⚽⚽⚽ **SERVICE** ⚽ **STRESS** ⚽⚽

Nun zu den Eintracht-Amateuren, deren Ligazugehörigkeit und Spielort ja lange Zeit in der Schwebe war - zumindest bis nach Redaktionsschluss. Von daher seien alle in Frage kommenden Spielorte kurz vorgestellt: Die eigentliche Heimat der Frankfurter Amas bzw. der Eintracht überhaupt stellt das **Stadion Riederwald** dar, das sich nur ein paar Steinwürfe vom Stadion am Bornheimer Hang enfernt befindet, in dem normalerweise die Damen und Herren des FSV auf Torejagd gehen (S. 92/93). Das im September 1920 eingeweihte Stadion bot anfänglich 40.000 (!) Zuschauern Platz, die herrliche Tribüne mit ihren 1.600 Sitzen fiel im Juli 1936 einem Brand zum Opfer. Im Krieg litt die vereinseigene Anlage unter Bombentreffern, wurde aber im August 1952 in neuem Glanz wieder eröffnet. Im weiteren Verlauf der 50er Jahre erhielt das Stadion ein Tribünendach sowie eine Flutlichtanlage, doch mit der Einführung der Bundesliga waren seine Tage gezählt - die Eintracht wechselte endgültig ins Waldstadion über. Der Riederwald, in dem jetzt fast nur noch trainiert wurde, verfiel. 1982 kaufte die Stadt die marode Tribüne, die einige Jahre später teilweise abgerissen wurde. Die Kurvenwälle sind mit Büschen und Bäumen bewachsen, Zäune und Wellenbrecher rosten gemütlich vor sich hin - für die Oberliga langte es zuletzt noch, den Erfordernissen der Regionalliga wird das Stadion jedoch in keiner Weise gerecht. Bis 2005 soll das gesamte Gelände am Riederwald übrigens olympiagerecht auf Vordermann gebracht werden - Kostenpunkt: ca. 15 Mio. Euro.

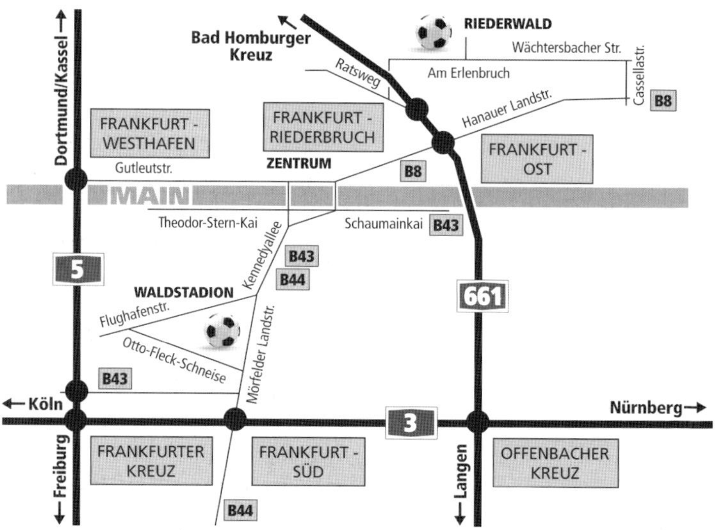

Foto: Burkhard Schulz

Karl-Liebknecht-Stadion (Potsdam)

Jahnstadion (Regensburg)

Foto: Steffen Halbleib

Ernst-Grube-Stadion (Riesa)

Foto: Rainer Hille

Ostseestadion (Rostock)

Foto: FC Hansa Rostock

Foto: MMM

Stadion am Hermann-Löns-Weg (Solingen)

Stadion im Hölzchen (Stendal)

Foto: Rainer Hille

Gottlieb-Daimler-Stadion (Stuttgart)

Foto: Michael Seiß

Waldaustadion (Stuttgart)

Foto: Andreas Pötzsch

Foto: Steffen Halbleib

Sportparkstadion (Unterhaching)

Stadion Sonneblume (Velbert)

Foto: MMM

Lohrheidestadion (Wattenscheid)

Foto: Stadt Bochum

VfL-Stadion (Wolfsburg)

Foto: Chris Müller

Foto: VfL Wolfsburg

Volkswagen Arena (Wolfsburg)

Wormatia-Stadion (Worms)

Foto: Michael Bienefeld

Foto: MMM

Stadion am Zoo (Wuppertal)

Westsachsenstadion (Zwickau)

Foto: Rainer Hille

Doch wesentlich wahrscheinlicher ist momentan der Umzug ins **Herbert-Dröse-Stadion** nach Hanau. Die 1951 als »Stadion am Wilhelmsbad« entstandene Arena befindet sich im Gegensatz zum Riederwald und auch zum Stadion am Brentanobad (Hausherr: Rot-Weiß Frankfurt) in einem hervorragenden, sprich: regionalligatauglichen Zustand. Es besitzt ein Fassungsvermögen von immerhin 16.000 Zuschauern, auf die überdachte Tribüne passen rund 1.000 Sitzplätzler. Gegenüber thront eine leicht erhöhte Stehgerade, die im Jahre 1977 - kurz vor dem glorreichen Aufstieg des FC Hanau 93 in die Zweite Liga Süd - errichtet worden war. Aus jener Zeit stammt auch der Rekordbesuch: 12.000 Menschen drängelten sich in der später nach dem ehemaligen Oberbürgermeister umbenannten Arena, um das 2:3 gegen 1860 München zu verfolgen. Mittlerweile sind in der klassischen Mehrzweckanlage neben den Bezirksligakickern des 1.FC u.a. die Hanauer Baseballer (Padres) und Footballer (Hornets und Witches) beheimatet. Und demnächst halt auch die Eintracht-Amateure. Wahrscheinlich.

Von **Köln** oder **Nürnberg**: über die **A3** bis zur Abfahrt **Frankfurt-Süd**, der kurze Rest über die B43/44 ist ausgeschildert. Von **Kassel** bzw. **Karlsruhe**: über die **A5** bis Frankfurter Kreuz und auf die A3 gen Würzburg bis Frankfurt-Süd, Rest s.o. Wer aus der **Innenstadt** anreist, sollte nicht ab der Kennedyallee über die Mörfelder Landstraße, sondern bereits nach der S-Bahn-Unterführung rechts in die Niederräder Landstraße fahren und sich dort nach einem **Parkplatz** umsehen. Überhaupt das Parken: Der Waldparkplatz, von dem eine Fußgängerbrücke hinter Block A führt, kommt mit **3,50 Euro** reichlich teuer, von den etwas weiter entfernten (offiziellen) Abstellplätzen sind mitunter sehr lange und mitunter auch sehr matschige **Fußmärsche** zu bewältigen. Ist der **Waldparkplatz** voll, bietet sich der am **Gleisdreieck** an - sofern man nicht irgendwo anders hin geleitet wird, z.B. zur Neu- Isenburger Schneise. Dieser Stellplatz ist nur über mit monströsen Schlaglöchern versehene Waldpfade zu erreichen und obendrein nicht beleuchtet. Was die Wartezeiten bei der Abreise anbelangt, so liegt der Waldparkplatz dank einer direkten A3-Behelfsauffahrt vorne. Aber auch nicht immer. Das **Umherkurven** nach versteckten Parkmöglichkeiten auf irgendwelchen kleinen Waldwegen kann man sich getrost schenken: Ist man (eventuell) fündig geworden, kann man später seinen Wagen umso länger suchen - der ist nämlich abgeschleppt. Kurz: eine einzige große **Katastrophe**! Man kann nur hoffen, dass sich da bald was tut. Und zwar sehr bald, nicht erst im Frühjahr 2006. Ach ja: Frühzeitig anreisende Fans finden im Umfeld der Galopprennbahn ihr Plätzchen. Eventuell.
Zum **Riederwald**: Von der **A5** am Bad Homburger Kreuz auf die **A661** und an der Abfahrt **Frankfurt-Riederbruch** runter. Vom Ratsweg (B8) rechts und der Straße Am Erlenbruch folgen (unter der Autobahn durch), bis links das Stadion auftaucht. **A3**: am Kreuz Offenbach auf die A661, Abfahrt **Frankfurt-Ost**, auf der Ratswegbrücke auf den Ratsweg, Rest s.o.
Zum **Dröse-Stadion**: über die A66 bis **Hanau-Nord** und auf der **B45** gen Hanau. An der ersten großen Kreuzung rechts auf die Maintaler Straße und nach etwa 1,5 km rechts in die **Hochstädter Landstraße** bis zum Parkplatz an der Kreuzung mit der Burgallee.

Vom Hauptbahnhof geht es mit der **S-Bahn** (Linien **S8** und **S9**, Richtung Wiesbaden Hbf. - die S8 fährt auch von Mainz aus) oder **Regionalbahn** (Linie **70**, gen Goddelau-Erfelden) bis zur Station **Sportfeld**, die an der Westseite des Stadions liegt und sich von daher v.a. für Zuschauer der Gegentribüne und der Blöcke H-K anbietet. Oft sind die Wagen ziemlich voll, das **Gequetsche** setzt sich auf den Treppen fort und bis zum Stadion muss man noch ein gutes Stück laufen. Die Straßenbahnlinie **21** bzw. die Verstärkungszüge (»V«) fahren bis zur Endhaltestelle **Stadion**, dies ist für die Besucher der Haupttribüne und der anderen Blöcke interessanter, zumal man hier direkt beim »Bratwurst-Walter« (s.o.) aussteigt. In Frankfurt gilt die Regel »Eintrittskarte = Fahrausweis«.
Zum **Stadion Riederwald**: Vom Hbf. mit **U4** oder **U5** bis Konstablerwache, ab dort mit der **U7** (gen Senkheim) bis zur Haltestelle **Schäfflestraße**.
Zum **Herbert-Dröse-Stadion**: Vom Frankfurter Hbf. fährt die **Regionalbahn** (Linie 55 nach Aschaffenburg) bis zum **Bahnhof Wilhelmsbad**, von dem aus es nur noch ein Katzensprung ist. Wer (z.B. mit der S8 oder S9 aus Frankfurt oder Mainz) am Hanauer **Hauptbahnhof** gelandet ist, steigt dort in die Regionalbahn (s.o.) um oder fährt mit den Stadtbuslinien 2, 7 oder 10 bis zum Marktplatz und wechselt dort in die **Linie 1**, die (Richtung Hohe Tanne) bis Bahnhof Wilhelmsbad tuckert.

FREIBURG: Dreisamstadion

Foto: Hardy Grüne

Baujahr: 1954

Kapazität: 25.000
Stehplätze: 10.500
Sitzplätze: 14.500

SC Freiburg, Schwarzwaldstr. 193, 79117 Freiburg
Tel: 0761-385510, Fax: 0761-3855150
www.scfreiburg.de

Für die einen ist es ein »Erlebnispark«, für die anderen dagegen eine »geschlossene Gesellschaft«. Es kommt eben ganz auf die Perspektive an, und die heißt im Falle des Freiburger Dreisamstadions schon seit fast einem Jahrzehnt unverändert »Eintrittskarte - ja oder nein?« Ganz klar: Das Dreisamstadion ist zwar ein durch und durch stimmungsförderndes Bauwerk, aber eben auch viel zu klein. Daran hat sich weder durch die rund 84 Millionen DM, die seit 1984 in die Arena gesteckt wurden und über die Jahre einen kompletten Neubau entstehen ließen, noch durch die beiden Abstiege aus der Bundesliga etwas geändert. Im Gegenteil: Auch im zweitklassigen Fußball wird das Dreisamstadion 2002/03 wieder ungleich häufiger »ausverkauft« melden, als Spätentschlossene noch mit einem der begehrten Einlasskartönchen beglücken zu können.

Und so wird wohl auch die nun schon seit Ewigkeiten dauernde Diskussion um einen Neubau an anderer Stelle ebenfalls weitergehen. Dabei machen sowohl das »Oststadion« als auch das »Weststadion« regelmäßig die Gerüchterunde - bislang ergebnislos. Die Vorteile eines Neubaus sind nicht ganz von der Hand zu weisen, denn zweifelsohne hat das Dreisamstadion nicht nur ein Platzproblem, sondern zudem »schwierige« Infrastrukturverhältnisse. Die u.a. zum wunderschönen Titisee führende Schwarzwaldstraße neigt schon an ganz gewöhnlichen Tagen zur Staubildung, Parkplätze sind so rar wie sonst nirgendwo in der Fußballrepublik und die Anwohner sind inzwischen reichlich genervt vom Sportclub, dem sie doch eigentlich die Daumen drücken sollten.

Die Arena in Freiburgs Osten war eben nie für »großen Fußball« konzipiert. Jahrzehntelang schlummerte die pure Fußballbühne mit dem lange Zeit wohl schönsten aller Panoramen gemächlich vor sich hin und freute sich schon, wenn die Zuschauerzahl mal auf 5.000 kletterte. Das war, bevor Volker Finke kam, den Sportclub weckte, ihn in die Bundesliga führte und dafür sorgte, dass plötzlich ganz Südbaden das Dreisamstadion von innen sehen wollte.

Kaum war die Freude über den im Sommer 1993 vollzogenen Sprung in die Eliteliga vorbei, begann der Ärger: Seinerzeit passten nämlich nur knapp 15.000 Menschen in die »Sardinenbüchse« - allein an Dauerkarten hätte der Sportclub wohl locker die doppelte Menge absetzen können. Es musste ganz schnell gehandelt werden - und es wurde schnell gehandelt. Nachdem schon im Verlauf der Aufstiegssaison eine Anzeigetafel aufgestellt worden war, rollten in der Sommerpause erneut Bagger an und schufen auf der Ostgeraden eine überdachte Tribüne mit 1.580 Sitz- und rund 8.000 Stehplätzen. Wenige Wochen später wurden die ersten abknickbaren Flutlichtmasten Deutschlands aufgebaut; im Sommer 1994 konnte nach langen Verhandlungen wegen Licht-, Lärm- und sonstiger Auflagen mittels eines Fertigbausatzes die Hauptgerade erweitert werden, ehe der Ausbau ein Jahr später mit der neuen Hintertortribüne auf der Südseite (Schwarzwaldstraße) abgeschlossen wurde. Auf deren Dach produzieren Solarzellen übrigens rund 100.000 Kilowattstunden umweltfreundlichen Strom, was bestens zum SC-Mythos als »der etwas andere Verein« passt.

Mit rund 22.500 Plätzen war das Dreisamstadion freilich noch immer zu klein, was sich auch nach dem Bau der überdachten Hintertortribüne auf der Nordseite (1999) kaum veränderte, zumal zugleich die Gegengerade versitzplatzt wurde. Zwar fasst die Arena seither rund 25.000 Menschen - doch zur Saison 1999/2000 überschritt der Sportclub binnen weniger Wochen die magische Zahl von 20.000 Dauerkarten und musste den Verkauf stoppen. Dazu kommen eklatante Probleme im Umfeld. »Die Verhältnisse sind ein Witz, einmalig in der Bundesliga«, kommentierte Ex-Manager Rettig die Tatsache, dass die SC-Amateure und Jugendmannschaften bzw. untere Teams jahrelang auf über das gesamte Stadtgebiet verteilte Plätze ausweichen mussten. Erst mit dem Agreement der Übernahme des Möslestadions vom maroden Lokalrivalen FFC konnte die Situation entschärft werden und heute kann der Sportclub stolz das vom DFB geforderte Nachwuchszentrum präsentieren. Dass dies ausgerechnet auf dem Gelände des jahrzehntelang führenden FFC verortet ist, passt prima zur jüngeren Geschichte des Leistungsfußballs in Freiburg.

Zurück zum Dreisamstadion, dessen Geschichte bis vor zehn Jahren geradezu »langweilig« war. 1953 war der Sportclub auf das nahe der Dreisam gelegene Gelände umgezogen, nachdem er bis 1935 im Wintererstadion (musste dem Flugplatzbau weichen) und anschließend auf dem benachbarten Gelände der FT 1844, mit der er bis 1952 in einer Art »Sportgemeinschaft« verbunden war, gespielt hatte. Angesichts der sportlichen Bedeutungslosigkeit der Rot-Weißen in den 60er und auch den 70er Jahren blieb das Dreisamstadion zunächst ein besserer Sportplatz. Erst 1970 entstand eine kleine Sitzplatztribüne (480 Plätze), die mitsamt den immerhin drei Stehplatztraversen auf der Gegengeraden Platz für rund 10.000 Zuschauer bot.

Die Arena war also alles andere als profifußballgeeignet, als 1978 der Sprung in den bezahlten Fußball gelang. Interimsweise mussten die Rot-Weißen somit im Möslestadion des noblen Nachbarn FFC kicken, ehe sie 1979 ins ausgebaute Dreisamstadion zurückkehren konnten.

15 Stehtraversen auf der Gegengeraden und deren fünf auf der Nordseite wies die schmucke reine Fußballarena nunmehr auf - bei knapp 5.000 Seelen, die sich durchschnittlich die Sportclub-Heimkicks anschauten, allemal genug. Im September 1980 wurde mit dem Bau der Haupttribüne begonnen, deren Vollendung sich aus finanziellen Gründen allerdings geschlagene elf Jahre hinzog. Wenige Monate nach ihrer Einweihung im Februar 1991 kam Volker Finke in den Breisgau, und das Freiburger Fußballwunder nahm seinen Lauf. Alles Weitere siehe oben.

Foto: Hardy Grüne

Es gibt wohl keine zweite Fußballarena in Deutschland, in der so viele Brillenträger gezählt werden können wie im Dreisamstadion. Und zwar keineswegs Fielmann-Massenprodukte, sondern Designergestelle. Neben dem ungewöhnlich hohen Anteil an »Intellektuellen« (oder solchen, die sich als solche geben) weist der SCF einen für Bundesligaverhältnisse erwähnenswert großen Stammpublikumsanteil an Frauen auf. Doch die heile Welt der Freiburg-Fans ist längst erschüttert. Der Umbau der Nordgeraden, auf der man sich einst wie die berühmte Sardine in der Büchse fühlte, während dort heute europapokalgeeignete Sitzplätze für Freiraum sorgen, ging den alteingesessenen Fans mächtig an die Nerven. Der

»Fanman«, das inzwischen leider eingestellte Kult-Fanzine des Sportclubs, feierte eigens zur Tribüneneinweihung sogar seine kurzzeitige Auferstehung und animierte zu einem Massenprotest. Mit dem Tribünenbau schließe sich der SC »endgültig und widerstandslos der bundesligaweiten Kommerzialisierung an«, hieß es. Freiburgs Platz an der Fußballsonne erfordert eben von allen Beteiligten einen gewissen Spagat.

Auswärtige Anhänger haben leider nur wenig Spaß im Dreisamstadion. Eingepfercht in ein winziges Eckchen am unteren Rand der Südtribüne sind die Sichtverhältnisse nicht besonders berauschend und die Stimmungsmöglichkeiten beschränkt. Dafür ist das Gefahrenpotenzial trotz des Golfballwurfes auf Olli Kahn noch immer nahezu gleich Null.

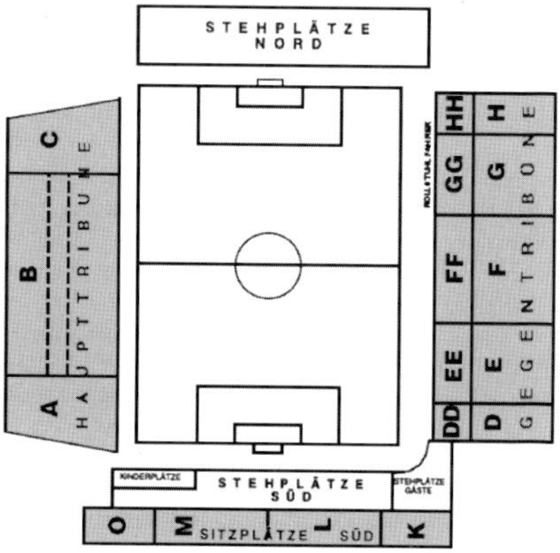

Sitzplätze: 23-40 €
Stehplätze: 6,50-8 €
Gäste: Südtribüne

Rollis Vor der Süd- sowie der Gegentribüne existiert eine geringe Zahl an Plätzen, für die die Begleitperson ein Ticket erwerben muss (6,50 Euro). Es empfiehlt sich frühzeitige Anmeldung und auch frühzeitiges Erscheinen. **Fanshop** In der Geschäftsstelle (Mo-Fr 10-13 u. 14-17h) oder im Fan-Shop, Augustinerplatz 2, 79098 Freiburg (Tel: 281561, Mo-Fr 10-18.30, Sa 10-16, lg. Do bis 20.30h). **Lesen** »Heimspiel«, A4, farbig, unterhaltsam, informativ: sehr gut. Kostet 80 Cent. **Essen** Einzigartig gut. Neben dem üblichen Kram gibt es u.a. Döner, Pizza und Fleischkäse. Auch Vegetarier werden auf dem tollen »Fress-Gässl« unterhalb der Gegengeraden bestens versorgt. Wirklich vorbildlich! **Trinken** Echtes Bier, Cola, Fanta, Wasser und Kaffee. **Klo** Neu und entsprechend gut in Schuss. **Kneipen** Die Gaststätte »Schwarzwaldblick« liegt praktischerweise direkt neben dem Stadion. Dort gibt es auch ein Fan-Zelt, in dem sich die Heimfans nach dem Spiel auf ein oder zwei Bierchen treffen.

STADION ⚽⚽⚽ **STIMMUNG** ⚽⚽⚽ **SERVICE** ⚽⚽⚽⚽ **STRESS**

Über die Tragödie der einstigen Nummer 1 in Freiburg, des ruhmreichen Freiburger FC, anno 1907 stolzer Gewinner der Deutschen Meisterschaft, ist viel geschrieben worden. Den eingefleischten Anhängern des FFC wird es sicherlich am meisten weh getan haben, nach der sportlichen und medialen Verdrängung durch den einst so hochnäsig belächelten Underdog Sport-Club nun auch noch die Heimspielstätte dem ehemaligen Arbeiterklub SC geopfert haben zu müssen. Dem Freiburger FC blieb jedoch keine Wahl, denn hätte er das nicht getan, wäre er wohl mausetot ge-

Möslestadion

Foto: Uli Günther

wesen. Für den Sport-Club kam die finanzielle Unpässlichkeit des Lokalrivalen just im richtigen Moment. Gerade waren Volker Finke und Co. auf der Suche nach einem geeigneten Standort für das geforderte Jugendleistungszentrum, als sich die Möglichkeit bot, den FFC mittels Erwerb des ruhmreichen Möslestadions zu sanieren. Der Deal wurde rasch unterzeichnet, der FFC zog um ins Schönbergstadion an der Wiesentalstraße (ebenfalls auf der Skizze eingezeichnet), derweil der Sport-Club aus dem zwar liebevoll gepflegten, nichtsdestotrotz aber ein wenig angegrauten »Mösle« (eingeweiht am 1. Oktober 1922) die »Freiburger Fußball-Schule« zauberte, vor der man nur staunend den Hut ziehen kann. Das Areal ist der sichtbare Beweis dafür, dass sich beim SC Freiburg ein paar kulturelle Eigenarten gehalten haben, die man anderswo in der Bundesliga vergeblich sucht. Glücklicherweise darf die Arena alle zwei Wochen von den Amateuren des Sport-Clubs beackert werden, wobei allerdings Obacht an der Tagesordnung ist: Mitunter steht nämlich kurzfristig eine Verlegung in das rund 5.000 Zuschauer fassende Schönbergstadion oder gar ins Universitätsstadion ins Haus. Vor der Anreise am besten noch einmal die einschlägige Fachpresse konsultieren.

Die Anfahrt zum »Mösle« gestaltet sich wie folgt: Über die A5 (Karlsruhe/Basel) bis zur Abfahrt Freiburg-Mitte und weiter in Richtung Freiburg-Stadtmitte bzw. Donaueschingen. Alsdann der Beschilderung B31a (Titisee-Neustadt) folgen und kurz nach dem großen Festplatz rechts in die Möslestraße, hinauf zum Stadion. Parken: Direkt vor dem Stadion existiert ein größerer Parkplatz, der im Normalfall ausreichen sollte. ÖPNV: Zum Möslestadion fährt man mit der Linie 1, ins Schönbergstadion fährt die Linie 12, die vor dem Bahnhof (Eschholzstraße) abfährt.

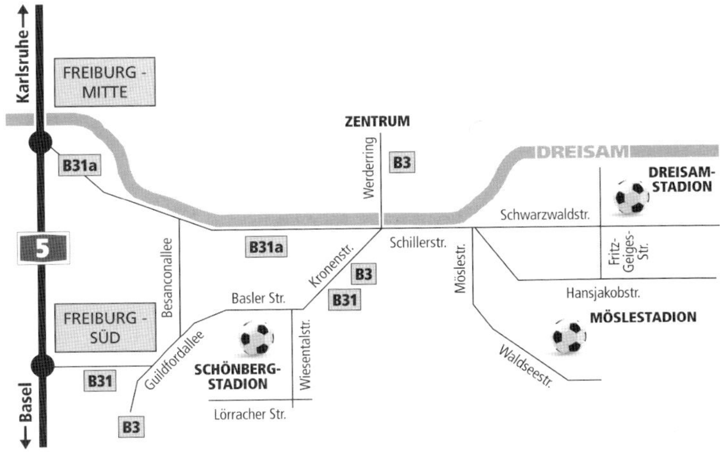

Die **A5** (Karlsruhe/Basel) an der Abfahrt **Freiburg-Mitte** verlassen und zunächst in Richtung Freiburg-Stadtmitte, Donaueschingen fahren. Im Zentrum angelangt der der **Beschilderung** zur B31a (Titisee-Neustadt) folgen, welche am Dreisamstadion vorbeiführt.

Parken: Extrem **schwierig**. Wer ganz früh kommt, kann irgendwo am Straßenrand noch ein Plätzchen erwischen (Achtung: Viele Anwohnerstraßen werden zwei bis drei Stunden vor dem Spiel abgesperrt). Ist keine Messe, bietet der **Messeplatz** an der **B31** Entlastung (Fußweg zum Stadion rund zehn Minuten), ansonsten aber sollten Fußballfreunde besser den angebotenen und ausgeschilderten Park & Ride-Verkehr nutzen.

Mit der **Straßenbahn** Nummer **1** (Richtung Littenweiler) geht es vom Bahnhof bis zur Station **Römerhof**, von wo aus es noch rund drei Minuten **Fußweg** durch allerfeinste Wohngegend sind - was für Ortsunkundige ziemlich **verwirrend** sein kann. Die Eintrittskarte berechtigt zur **kostenlosen** ÖPNV-Benutzung.

FÜRTH: Playmobilstadion

Baujahr: 1910

Foto: Andreas Pötzsch

Kapazität: 15.000
Stehplätze: 6.000
Sitzplätze: 9.000

SpVgg Greuther Fürth, Laubenweg 60, 90765 Fürth
Tel: 0911-7910150, Fax: 0911-79101515
www.greuther-fuerth.de

Erstaunlich: Binnen kurzem zauberte man aus einem der geschichtsträchtigsten Fußballovale Deutschlands ein fußballfreundlicheckiges und multifunktionales Konglomerat, bestehend aus ein paar historischen Resten und ganz viel schnell angerührtem Beton. Wäre da nicht die alte Haupttribüne, könnte man den Ronhof leicht mit einem Neubau verwechseln, der mit »Playmobil- Stadion« dann auch gleich einen passenden Namen erhielt.

Die Renovierung des Ronhofs war überfällig. Im Sommer 1994 saß die SpVgg bereits auf gepackten Koffern - ein Wohnblock sollte dort entstehen, wo die Kleeblätter in den 20ern ihren berühmten Fußball zelebriert hatten. Hoffnungslos marode präsentierte sich das Areal, völlig ungeeignet für höhere Aufgaben.

Als man den Ronhof 1910 einweihte, stellte er ein eindrucksvolles Ensemble dar. Sogar eine kleine Holztribüne wies die von Stehwällen umgebene Anlage auf - seinerzeit eine viel bestaunte Seltenheit. 1913 und 1920 wurde diese Tribüne jeweils vergrößert, bevor sie im Zweiten Weltkrieg den Flammen zum Opfer fiel. Daraufhin errichtete man ein Provisorium, ehe am 11. Februar 1951 die noch heute stehende und atemberaubend wuchtig wirkende Tribüne eingeweiht wurde.

Bis zu 30.000 Menschen konnten sich nun im Ronhof drängeln, dessen flach ansteigende Stehtraversen nach altem Muster mit Sand und Steinen ausgefüllt waren. Doch in den 50er und 60er Jahren ging es mit den Kleeblättern sportlich bergab, die Kicker aus der Kleinstadt verloren den Anschluss an die große Fußballwelt. Schwere Zeiten brachen an. 1971 musste der Klub einen Teil des Geländes verkaufen, ehe 1983 auch der Rest den Besitzer wechselte. Für zwölf Mio. DM bekam Spielzeughersteller »Playmobil«, der einen Wohnblock errichten wollte, den Zuschlag und die Stadt Fürth plante, die wenig später in die Viertklassigkeit abrutschende SpVgg in ein noch zu bauendes Domizil nahe des Frankenschnellweges zu verfrachten, das 1994 - zum Ende des Ronhof-Pachtvertrages - seine Pforten hätte öffnen sollen.

Dann aber fehlte plötzlich das Geld, woraufhin der Pachtvertrag verlängert werden musste. Was auf den ersten Blick wie ein hinausgezögerter Tod aussah, erwies sich als Glücksfall, denn es war die Rettung, die einherging mit der sportlichen Wiedergeburt. 1991 gelang die Rückkehr in die Bayernliga, 1996 kam es zur Kooperation mit Tee-Gigant Vestenbergsgreuth, woraufhin der Abriss endgültig zu den Akten gelegt wurde. Ein Jahr darauf kehrte Fürth zurück in den Profifußball und der Umbau wurde Realität. Seither spricht man vom »Playmobilstadion«.

Die Fürther Arena bietet einen etwas eigentümlichen Anblick. Der imposanten Haupttribüne stehen moderne Beton- bzw. Stahlträgerteile gegenüber, der Name ist traditionsbewussten Fans eine Zumutung. Vieles hat den Anstrich eines Provisoriums und die im

September 1999 eingeweihte Flutlichtanlage ist schön bunt bemalt. Für die Heimfans wurde eine etwas lieblos wirkende Hintertortribüne gebaut, die eines Tages überdacht sein soll, derweil auf der gegenüberliegenden Seite eine notdürftige Stahlrohrtribüne installiert wurde. Alles Dinge, die im Falle des Aufstiegs in die Bundesliga angegangen werden sollen.

Die Kleeblätter haben sich zwar als attraktive Alternative zum Club herausgeschält, doch ganze 6.800 Fans zum Gipfeltreffen mit Mainz 05 bei zeitgleich sportlichem Tiefgang des weinroten Konkurrenten zeigen zugleich die Grenzen auf. Immerhin: Während jahrelang nur ältere Herren, Nostalgiker und vehemente FCN-Hasser den Weg in den Ronhof fanden, versammelt sich dort inzwischen ein junges und kreatives Publikum, das auf der steil aufragenden Nordkurve zu Hause ist. Erwähnenswert das professionell gemachte Fanzine »Dounern hald nai!«, dessen einziges Problem die für einen Nicht-Franken nahezu unmöglich erscheinende korrekte Aussprache ist. Das Heft selbst ist aber in Hochdeutsch geschrieben. Gästefans dürfen auf der Stahlrohrtribüne in der Südkurve stehen, in einer Art 1.000-Menschen-Käfig.

Sitzplätze: 11,50-20 €
Stehplätze: 8 €
Gäste: Block 5 (Steh) - 9

Rollis Rund 100 Plätze am Spielfeldrand. **Fanshop** »Greuther Teeladen« in der Tribüne. **Lesen** »Kleeblatt-Magazin« (50 Cent). Bunt, unkritisch, aber informativ. **Essen** Bratwurst (schnitt bei einer Umfrage mit »grausam« ab), Brezeln. **Trinken** Alkoholisches Bier, Fanta, Cola und Wasser. **Klo** Akzeptabler Zustand. **Kneipen** Biergarten neben dem Haupteingang. Ansonsten ist die Umgebung eher zum Langweilen geeignet.

STADION ⚽⚽ STIMMUNG ⚽⚽ SERVICE ⚽⚽ STRESS ⚽

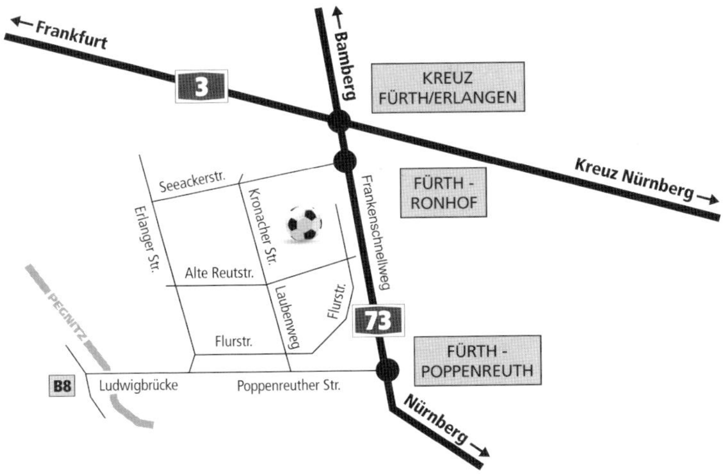

Über die **A6** (Heilbronn/Amberg): Am Kreuz **Nürnberg-Süd** auf die **A73** (Frankenschnellweg, Richtung Fürth) bis zur Ausfahrt **Fürth-Poppenreuth**. Dort ein kurzes Stückchen weiter auf der Kronacher Straße (Richtung Hafen, Stadtmitte) und kurz nach Überquerung der Brücke **rechts** in den Laubenweg. Über die **A9** von **München**: Bis zum Dreieck **Nürnberg-Feucht**, dann auf die **A73** (Frankenschnellweg) und weiter wie oben. Über die **A3** (Würzburg/Regensburg): Bis zum Kreuz Fürth-Erlangen, weiter auf der A73 (Frankenschnellweg) bis zur Ausfahrt **Fürth-Ronhof**. Nun rechts in Richtung Stadtmitte und an der nächsten Ampel links in den Laubenweg. **Parken:** Miserabel! Langes Suchen einplanen oder früh kommen. Alternativen à la Park & Ride gibt es leider nicht.

Vom Fürther Hauptbahnhof geht es mit der Stadtbuslinie **178** (Richtung Ronhof Schleife) direkt bis zur Haltestelle Ronhof. Vom **Rathaus**, das vom Bahnhof mit der **U1** zu erreichen ist, fährt auch der **179er**.

FULDA: Stadion Johannisau

Foto: Hardy Grüne

Baujahr: 1923

Kapazität: 12.409
Stehplätze: 10.586
Sitzplätze: 1.823

Borussia Fulda, Johannisstraße, 36041 Fulda
Tel: 0661-73836, Fax: 0661-73836
www.borussia-fulda.de

Landschaftlich betrachtet zählt das »Stadion der Stadt Fulda« zweifelsohne zu den schönsten der Republik. Eingebettet im Flussbett der Fulda, umgeben von weiteren Sport- und Erholungsanlagen, liegt es inmitten einer regelrechten »grünen Lunge«.

Im Stadion selbst verdirbt ein Anblick, der zu den langweiligsten des Landes gezählt werden muss, die Laune. Nicht nur, dass man ob der Leichtathletikanlagen ziemlich weit entfernt vom Geschehen sitzt, steht oder auch liegt - die auf der Gegengerade vorzufindenden, völlig unnützen Büsche verleihen der Arena einen ziemlich provinziellen Charakter. Auch die Haupttribüne - errichtet im funktional-nüchternen Baustil der 60er Jahre - mitsamt des ästhetisch nicht gerade gelungenen knallgelben Ansageturms können die Enttäuschung nicht mindern.

Immerhin hat die am 2. Juni 1923 eingeweihte und vom Volksmund stets »Johannisau« genannte Arena inzwischen diverse Liftungen hinter sich und präsentiert sich somit zumindest technisch in einem ausgezeichneten Zustand. Die 14 Stufen gewaltige und sanft ansteigende Gegengerade wurde in den 90er Jahren renoviert und mit Sitzschalen ausgelegt, womit sich lediglich die Kurvenbereiche noch im Zustand früherer Tage befinden, denn auch die zehnreihige überdachte Tribüne verfügt inzwischen über komfortable Sitzschalen, auf denen man bequem den ausgezeichneten Ausblick genießen kann.

Sah es Anfang der 90er Jahre noch so aus, als könne die Johannisau einen festen Platz im hochklassigen deutschen Fußball erobern und womöglich auch von der Zweiten Liga träumen, so erhielten diese Hoffnungen durch die sportlichen Schwankungen der Schwarz-Roten sowie die damit einhergehenden finanziellen Sorgen diverse Knüffe und Püffe. Es zeigte sich, dass Borussia und die Johannisau nur dann verlockend für das zahlende Publikum sind, wenn die sportliche Ausgangsposition stimmt: 1998 passierten in der spannenden Regionalligasaison - packender Zweikampf mit den Offenbacher Kickers um Rang 2 - durchschnittlich 4.041 Fans die Stadiontore! Zwölf Monate später folgte die Ernüchterung (Halbierung des Schnitts auf 1.747) und spätestens nach dem doch etwas debakulösen direkten Wiederabstieg aus der Regionalliga in die Oberliga Hessen in der Spielzeit 2001/02 ist man in der alten Bischofsstadt wieder auf dem Boden der Tatsachen angekommen.

Zuvor hatte die Johannisau allerdings noch eine Flutlichtanlage erhalten, die am 22. Juli 1998 mit einem freundschaftlichen Kick gegen den 1. FC Kaiserslautern eingeweiht worden war. Insgesamt präsentiert sich das Stadion der Stadt Fulda als intakte, aber seelenlose Arena, die freilich, für den derzeit wie erwähnt eher unwahrscheinlichen Fall der Fälle, mit ein bisschen Aufwand allemal zweitligatauglich gemacht werden könnte.

Borussia-Fan zu sein, ist hartes Brot. Die sportliche und finanzielle Berg- und Talfahrt hat enorm an dem einstmals beachtlichen Fanpotenzial genagt und ein kümmerliches Restchen hinterlassen, das weiterhin unverdrossen die Schwarz-Roten anfeuert. Man trifft sich noch immer in der Südkurve und versucht zumeist vergeblich, der alten Barockstadt Fußballfieber einzuimpfen. Gästeanhänger werden auf der Hintertortribüne am Haupteingang untergebracht. Die Sicht von dort ist mäßig und bei Regen heißt es »Schirm auf«.

Sitzplätze: 12 €
Stehplätze: 4,50-6,50 €
Gäste: Nordkurve (B)

Preise Familienkarte: je zwei Erwachsene und Kinder zahlen zusammen 12,50 €. **Rollis** Behindertengerechte Zugänge sowie Rollstuhlplätze auf der Laufbahn. **Fanshop** Über Geschäftsstelle. Beim Karstadt-Sporthaus am Universitätsplatz gibt es eine begrenzte Auswahl. **Lesen** »Borussen-Express«, A4 und kostenlos, was angesichts des mäßigen Inhalts wohl auch besser ist. **Essen** Beste Bratwurst im Fuldaer Land. **Trinken** Alkoholisches Bier, Cola, Fanta, Wasser. **Klo** Sauber. **Kneipen** In der Stadionkneipe kann man beim Bier Fernsehfußball genießen. Kneipentechnisch sucht man am besten die Innenstadt auf, Esslokalitäten gibt es am Löhertor (u.a. ein Burger King).

STADION	STIMMUNG	SERVICE	STRESS

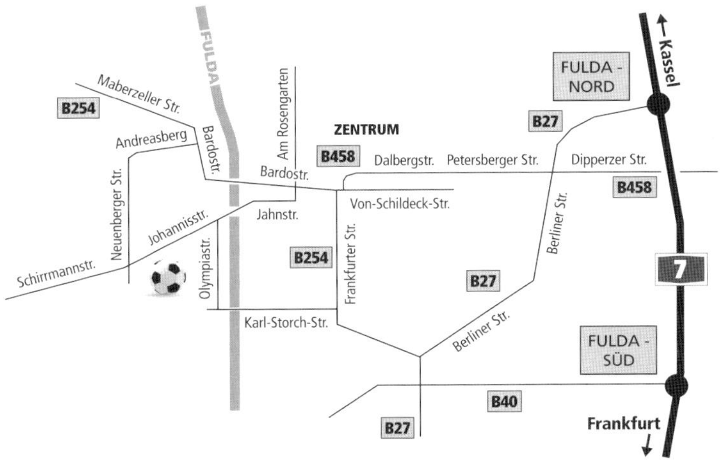

Von der **A7** aus Richtung **Frankfurt** bis zur Ausfahrt **Fulda-Süd**, dann weiter auf der **B27** Richtung Fulda. Nach rund sieben Kilometern auf die **B254** in Richtung Bronnzell/Stadtmitte wechseln. Nach einigen Kilometern geht es auf der B254 (Frankfurter Straße) links Richtung **Alsfeld**. An der nächsten Ampel wieder **links** und der Straße über die Brücke hinweg in die **Johannisau** folgen.
Von der **A7** aus Richtung **Kassel**: Abfahrt **Fulda-Nord**, dann auf der **B27** Richtung Zentrum und der Beschilderung »Fußball« folgen (im Zentrum rechts auf die Petersberger Straße, die Innenstadt in Richtung Alsfeld durchqueren und schließlich **links** in die Johannisstraße).
Parken: Vor dem Stadion gibt es zwar einen größeren Parkplatz, dennoch kommt es immer wieder zu **Engpässen**. Da hilft dann nur **geduldiges Suchen** am Straßenrand.

Mit der **Buslinie 1B** (Richtung Sickels/Niederrode) gelangt man vom Fuldaer Stadtzentrum zur **Johannisau** (aussteigen: Haltestelle Stadion). Vom **Bahnhof** aus gibt es leider keine direkte Verbindung, bei Spitzenspielen werden jedoch gelegentlich **Sonderbusse** eingesetzt.

GELSENKIRCHEN: Arena AufSchalke

Foto: Michael Seiß

Baujahr: 2001

Kapazität: 60.683
Stehplätze: 16.307
Sitzplätze: 44.376

Schalke 04, Postfach 200 861, 45843 Gelsenkirchen
Tel: 0209-36180, Fax: 0209-3618109
www.schalke04.de

Ja, was denn nun? Ist die Arena AufSchalke nun ein Fußballstadion, eine Fußballhalle, die »größte Sauna Europas« (Heiko Herrlich), ein schnöder Kommerztempel, eine »konturlos modulierte Hüpfburg für fette Riesen-Kinder« (Süddeutsche) oder vielleicht doch nur eine ganz große Keksdose? Schwere Frage. In jedem Falle stellt die am 13. August 2001 eröffnete Heimstätte des FC Schalke 04 ein Bauwerk dar, das jeder Fußballfan einmal von Innen gesehen (und gehört) haben sollte. Und noch eins ist sicher: Die Diskussionen um das Pro und Kontra der Arena werden so schnell nicht abreißen. Für den FC Schalke 04 hat sich die ganze Geschichte auf jeden Fall gelohnt - so viel lässt sich jetzt schon sagen, obwohl die Königsblauen noch ein paar Jährchen an den Baukosten von insgesamt 358 Mio. Knappen, äh Mark zu knabbern haben werden. Doch wenn der Arena-Tourismus weiter anhält, dürfte die Arena wohl bald abbezahlt sein.

Schon Anfang der 90er Jahre war klar, dass in Sachen Stadion etwas geschehen musste. Das 1973 erbaute Parkstadion gehörte zwar zu den größten des Landes (zuletzt lag die Kapazität bei 62.000 Plätzen), doch bot die klassische Mehrzweckarena mit ihren ca. 23.000 überdachten Sitzen, der großen Entfernung zum Rasen und den fehlenden Ausbau- und Vermarktungsmöglichkeiten einfach viel zu wenig Komfort für das immer anspruchsvoller werdende Publikum. Zudem befand sich das Stadion in einem katastrophalen Zustand: Aufgrund der Bergschäden, die stark an der Bausubstanz gezehrt hatten, wäre es sowieso nicht mehr lange benutzbar gewesen - zuletzt musste man Netze unter das Dach spannen, um abbröckelnde Tribünenteile auffangen zu können. In der Winterpause 2002/03 wird die Haupttribüne voraussichtlich abgerissen.

Nach jahrelanger Vorbereitungszeit erfolgte dann schließlich am 21. November 1998 die symbolische Pfahlgründung für die Arena - der Startschuss zu einem ebenso mutigen wie ambitionierten und dazu komplett privat finanzierten Bauprojekt. Die Arbeiten verliefen mehr oder weniger reibungslos und so konnte die Arena AufSchalke, die modernste Multifunktionsarena Europas, wie geplant am 13. August 2001 eröffnet werden. Das offizielle Fassungsvermögen liegt nunmehr bei 60.683 Plätzen (bei internationalen Spielen 52.500). Die technischen Highlights sind der große Videowürfel über dem Mittelkreis, der herausfahrbare Rasen und nicht zuletzt das Schiebedach, das die Arena in einer halben Stunde in eine Halle verwandeln kann. Und genau da liegt auch der Hase im Pfeffer: Die Dachöffnung ist nach Ansicht einiger Fans zu klein geraten - die Arena erinnert in der Tat zunächst eher an eine Halle denn an ein Stadion. Vielen Besuchern scheint das egal zu sein, sie lassen sich von der beeindruckenden Atmosphäre mitreißen - manche aber vermissen eben doch das Flair, das der Besuch eines »echten« Fußballstadions sonst eben besitzt.

Vorab schon mal ein paar wichtige Tipps. Mitnehmen: Oropax, Geld, Geduld, rutschfestes Schuhwerk, Südwester mit bierresistenter Oberschicht. Dalassen: Doppelhalter, Fahnen, Megaphone, Rucksäcke, warme Kleidung. Das Allerallerwichtigste beim Besuch der Arena AufSchalke ist jedoch die frühzeitige Anreise: Da Einlass und Kartenkontrolle elektronisch geregelt werden, kann es im Gästebereich schon einmal etwas dauern - hier steht nur eine Hand voll Drehkreuze zur Verfügung, was sich v.a. bei Sonderzugfahrern negativ bemerkbar macht. Das Abtasten erfolgt dann freilich wieder manuell, und zwar von (in der Regel) recht freundlichen Ordnern, die ihre Aufgabe mehr oder weniger sorgfältig erledigen. Danach geht's durch den »Löwengang« in den voll verglasten und hermetisch abgeriegelten Gästestehblock der Südostecke. Hier fliegt von den umliegenden Blocks schon mal der eine oder andere Bierbecher hinein, was den recht glatten Boden noch rutschiger macht. Sollte man mal was dran tun. Wer aus irgendwelchen Gründen nicht mehr in seinen Block gelassen wird, kann das Spiel auf einem der ca. 500 Fernseher in der Arena verfolgen. Doch wie bereits erwähnt: wer früh kommt, hat weniger Sorgen. Die Kapazität von 6.000 Gästeplätzen (Stehblock V+W, Sitz U) schöpfen übrigens fast alle Gegner aus, Restkarten gibt es nur ganz selten.

Nun zur viel diskutierten Atmosphäre in der Arena: Das Sangesrepertoire der Schalker Fans, die wie im Parkstadion in der Nordkurve stehen, ist zwar nicht eben groß und oft scheinen sie mehr mit dem Bestaunen ihres Tempels als mit dem Supporten ihrer Elf beschäftigt - doch wenn sie denn einmal loslegen, dann rappelt's in der Kiste und zwar ordentlich. Die Lautstärke (v.a. bei geschlossenem Dach) ist wirklich geradezu bombastisch: Wenn in der Arena richtig Stimmung ist, dann hat man noch ein paar Stunden später taube Ohren. Es ist aber dann aber wohl doch nur ein Gerücht, dass alle Ordner die Gebärdensprache beherrschen... Wer an Arena-Führungen interessiert ist, sollte sich vorher anmelden (Tel: 3892900, Fax: 3892909, 6 €), ins Schalke-Museum (Di-So 10-20h, 3,10 €) kommt man auch so. Dort finden sich auch die Infostände des Fanclubverbandes und der Ultras Gelsenkirchen, die sich unter dem Motto »Aktion Blaue Kurve« derzeit verstärkt um choreographietechnische Aufrüstung bemühen.

Sitzplätze: 13-77 €
Stehplätze: 5-8 €
Gäste: Blöcke U, V, W

Preise Im Vergleich zum Parkstadion leicht angehoben, aber immer noch relativ niedrig. An Karten zu kommen, ist allerdings nicht leicht. In der Saison 2001/02 waren alle Ligaspiele ausverkauft, die Ticket-Hotline (01805-150810) ist oft heillos überlastet. Am besten frühzeitig schriftlich beim Schalker Kartencenter (Postfach 200 861, 45843 Gelsenkirchen, Fax: 0209-3892599) ordern. Viel Glück! **Rollis** Im Unterrang der Gegengeraden stehen nun wieder 38 Plätze (8 €) mehr für Gästerollis zur Verfügung - darunter zu leiden haben die Heimrollis, deren Kontingent auf 60 beschränkt wurde. Geeignete Klos vorhanden. **Fanshop** Zahlreiche kleine Stände und Wagen vor und in der Arena. Zwischen Victoria-Tribüne und Nordkurve außerdem der Arena-Shop, an der Geschäftsstelle der »normale« S04-Shop (Mo-Fr 9-18, Sa 10-14h + Heimspiele). Alternative Artikel im Fanladen der Fan-Ini (s.u.). **Lesen** Der »Schalker Kreisel« (1 €): weiterhin umfangreich, ausführlich, kompetent und lesenswert. Fanzines: »Schalke unser« (www.schalke-unser.de, Verkauf an den Eingängen), »Blau-Weiße GEschichten« (T. Dreier, Graf-Galen-Str. 125a, 59629 Beckum), »Blaues Blut« (Postfach 103019, 45813 Gelsenkirchen), »Sprachrohr« (www.schalkerfanclubverband.de). **Essen** Kaum gibt's den Euro, backt sich Schalke ein Extrabrötchen und führt eine eigene Arena-Währung ein: Bezahlt wird mit der »Knappenkarte« - was dazu führt, dass man sich nun mindestens in zwei Warteschlangen einzureihen hat. An den Imbissbuden geht's immerhin schneller als an den Bierständen. Das Angebot ist äußerst umfangreich: Um all die Dinge aufzulisten, die es in der Arena zu futtern gibt, fehlt an dieser Stelle leider der Platz. Muss jeder selbst ausprobieren. Besonders gastfreundlich ist man zu Auswärtsfans übrigens nicht gerade: Das Angebot ist vergleichsweise mager, und die Knappenkarte, die für Schalker ja durchaus Sinn machen mag, ist für Gäste umständlich (fast immer verbleibt ein Restbetrag, und wer hat nach dem Spiel schon Lust, sich wieder in eine Schlange zu stellen?) - das riecht ein bisserl nach Abzocke. **Trinken** Echtes Veltins, Sinalco, Wasser - der halbe Liter für umgerechnet 2,80 €. Ferner Kaffee und heiße Schoki. **Klo** Hier hat man an der falschen Adresse gespart: Lange Warteschlangen sind die Regel. Es gibt halt keinen Zaun wie im Parkstadion mehr... **Kneipen** Wem es im großen Kneipenbereich der Arena zu voll ist, hat die Qual der Wahl. Da ist zum einen »Der Schalker« an der Geschäftsstelle (bei Heimkicks nicht minder überfüllt), die großartige Fan-Kneipe »Auf Schalke« (Kurt-

Schumacher-Str. 119, Di-Fr ab 16, Sa/So ab 10h), das »Café Central« (Weberstr. 18, Nähe Hbf.), Treff der Ultras und des Supporters Club, und nicht zuletzt der Fanladen der Schalker Fan-Initiative am Hauptmarkt (Hansemannstr. 23, Tel: 24104), in dem nicht nur Lesungen und Konzerte stattfinden, sondern auch via Großbildleinwand Fußball geguckt und Pils getrunken wird. Wenn's schön warm ist, sollte man vor dem Spiel auch unbedingt mal an der »MiGo-Bar« bzw. »Karin's Minigolf-Anlage« (Seestraße, hinterm Parkstadion, jenseits der A2) vorbeischauen: Leckere Bratwürstchen, kühles Pils, Minigolf - was will man mehr?

STADION ⚽⚽⚽⚽ STIMMUNG ⚽⚽⚽⚽ SERVICE ⚽⚽⚽ STRESS ⚽⚽

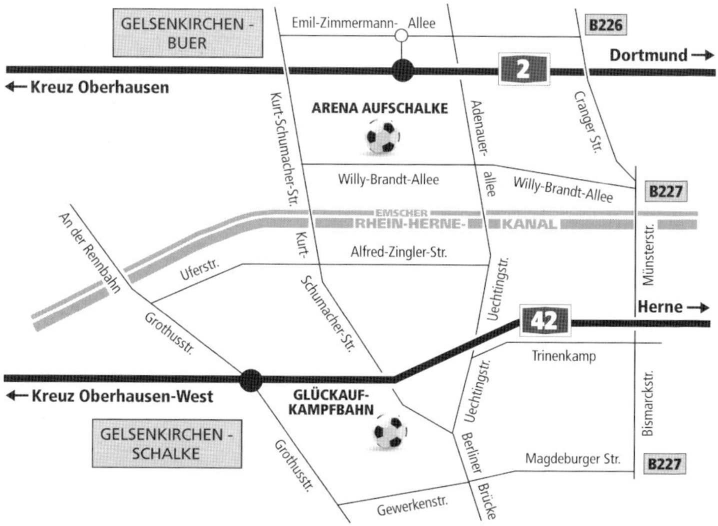

Über die **A2**: von der Abfahrt Gelsenkirchen-Buer ist der kurze Weg zu Arena und Parkplätzen ausgeschildert und nicht zu verfehlen. Wer sich dem Stadion über die **A42** (Abfahrt Gelsenkirchen-Schalke) nähern will, dem sei gesagt, dass es sich hier nicht mehr um einen Schleichweg handelt und man im Gegenteil sogar mit mehr Stau rechnen muss (v.a. bei Abendspielen). **Parken**: P1, P2 und P3 sind bei Heimspielen nur mit Sonderausweis zu benutzen. Für Normalos stehen die (kostenlosen) Stellflächen an der Willy-Brandt- und Adenauerallee (insgesamt **14.000** Plätze) bereit. Der Platz an der Willy-Brandt-Allee ist vorzuziehen: Wer hier **früh** vor Ort ist, kann in einer der ersten Reihen parken, sollte sich nach dem Abpfiff aber **sputen**, um seinen Vorteil nutzen zu können und noch zügig auf die Autobahn zu kommen. Weiter hinten parkende Wagen oder schwache Sprinter haben **schlechte Karten** und müssen sich auf erhebliche **Wartezeiten** (bis zu zwei Stunden) einstellen - dies gilt auch und v.a. für die Plätze an der Adenauerallee.
Die Anfahrt zu den **Amateuren**: **A42** bis Abfahrt **Gelsenkirchen-Schalke**, Grothusstraße gen Zentrum, links in die Gewerken- und noch einmal links auf die Kurt-Schumacher-Straße.

Vom Hauptbahnhof mit der **Straßenbahnlinie 302** (gen Gelsenkirchen-Buer Rathaus, fährt ab Bochum-Hbf.) bzw. den **Sonderwagen** bis zur Arena AufSchalke, was im Normalfalle rund eine **Viertelstunde** dauert. Mit der Eintrittskarte ist die Fahrt bezahlt. Die Bahnen sind zwar meistens **rappelvoll** (v.a. nach dem Spiel), fahren aber sehr häufig. Bei Problemspielen werden Gästefans mit **Shuttlebussen** und in Begleitung der grünen Minna zum Stadion bzw. direkt vor den Eingang zum Gästeblock kutschiert.
Soll es zur **Glückaufkampfbahn** gehen, steigt man bereits am **Ernst-Kuzorra-Platz** aus, zu dem vom Bahnhof auch die Buslinie 381 fährt.

GELSENKIRCHEN: Glückaufkampfbahn

Baujahr: 1928

Foto: Burkhard Schulz

Kapazität: 11.000
Stehplätze: 7.700
Sitzplätze: 3.300

Die Heimat der **Schalke-Amateure**

All jenen, denen es in der Arena zu laut, zu kommerziell, zu steril, zu teuer oder einfach zu wenig nach gewohnter Stadionatmosphäre ist, all jenen, die Fußball gerne im Freien gucken und sich dabei den Wind um die Nase pfeifen und den Regen auf die Glatze prasseln lassen, all jenen sei ein Besuch der Glückaufkampfbahn, einem der wenigen Stadien, die das Prädikat »altehrwürdig« mit Auszeichnung verdienen, ans Herz gelegt.

Die Glückaufkampfbahn, die den Knappen 45 Jahre als Heimstatt diente, sollte ursprünglich den Namen des damaligen Präses Fritz Unkel tragen und wurde auf einem von der Zeche Consolidation überlassenen Gelände in Eigenregie erbaut. Am 29. August 1928 eröffnete Schalke das 35.000-Zuschauer-Stadion mit einem 3:2-Premierensieg über Tennis Bor. Berlin. Der Zuschauerrekord datiert vom 1. Juni 1931: Beim montäglichen Freundschaftsspiel (!) gegen Fort. Düsseldorf sollen 70.000 Menschen (!!) in, neben und auf der völlig überfüllten Anlage gewesen sein. Angaben zur Zahl der Verletzten sind nicht überliefert.

Anlässlich der Bundesliga-Einführung erhielt das Stadion im Jahre 1963 eine stählerne Zusatztribüne, wodurch die (offizielle) Kapazität auf 45.000 Plätze anstieg, sowie eine neue Flutlichtanlage. Doch zehn Jahre später waren die Tage der Glückaufkampfbahn gezählt, das Parkstadion auf dem Berger Feld war fertig gestellt - der Abschied von der alten Heimat ging am 21. Juli 1973 vor nur 4.000 Zaungästen über die Bühne - Schalke verlor im Intertoto-Cup gegen Standard Lüttich mit 1:2. Danach verfiel das Stadion zusehends. Einzig und allein der denkmalgeschützten Tribüne, in deren Räumlichkeiten sich übrigens das Schalker Fan-Projekt breit gemacht hat (Postfach 200861, 45843 Gelsenkirchen, Tel: 468846), war es übrigens zu verdanken, dass die Kampfbahn nicht dem Erdboden gleichgemacht wurde. Ende der 80er spendierte die Stadt dem düsteren Bauwerk eine Generalüberholung, derweil die Stehränge begrünt und die Flutlichter abmontiert wurden.

Obwohl Besitzer von Arena-Dauerkarten freien Eintritt haben, ist das Rund bei Oberligaspielen meist nur spärlich gefüllt. In der Saison 2001/02 kamen im Schnitt nur 355 Zuschauer, um das altbewährte »Hi-Ha-Höre, Schalke-Amatöre« gen Rasen zu schleudern. Nun, wie dem auch sei: Die Wurst kommt vom Holzkohlengrill und schmeckt allein durch die Tatsache, dass sie im Freien verzehrt wird, besser als ihr Pendant in der Arena, das ja auch durch ein fünf Kilometer langes Ringleitungssystem gejagt wird (oder war das jetzt das Bier?). Dazu trinkt man Pils und auch mal einen Kaffee. Bei Unbespielbarkeit des Platzes finden die Heimkicks der Amateure auf dem neuen Kunstrasenplatz am Parkstadion statt (hinter der Kneipe an der Geschäftsstelle), der auch über eine bescheidene Flutlichtanlage verfügt und somit bei den nicht zu umgehenden Abendansetzungen erste Wahl ist. Hier steht man einfach am Geländer um den Platz rum. Einen Eingang gibt es derzeit nicht, die Eintrittskarten werden direkt »am Mann« verkauft. Fast wie früher.

Baujahr: 1955

Foto: Hardy Grüne

Kapazität: 18.000
Stehplätze: 13.000
Sitzplätze: 5.000

Gättingen 05, Schützenanger 1, 37081 Göttingen
Tel: 0551-31480, Fax: 0551-3054867
Tel. Jahnstadion: 0551-76564

Das Jahnstadion liegt inmitten Göttingens »grüner Lunge« und ist insofern prädestiniert für einen erholsamen Nachmittag. Mit seiner architektonisch gelungenen Tribüne - stand einst Modell für den Karlsruher Wildpark und das Stuttgarter Daimlerstadion - gilt es zudem als eine der schönsten Arenen im Norden und ist mit rund 18.000 Plätzen auch für den Spielbetrieb in höheren Ligen geeignet. Doch um allzu euphorischen Schwärmereien gleich vorzubeugen: Es handelt sich um eine klassische Leichtathletikanlage, die wenig zur Schaffung einer Fußballhölle geeignet ist. Man beachte beispielsweise die Platzierung der Sprecherkabine: Nicht auf Höhe der Mittellinie befindet sich der Glaskasten, sondern auf Höhe der 100-m-Linie - und das, obwohl Göttingen wohl einmal eine Fußball- und Basketball-, jedoch nie eine Leichtathletikhochburg war! Der bauliche Ausdruck der Arena ist vielmehr das traurige Ergebnis eines kommunalpolitischen Ränkespielchens.

Ohnehin ist die Geschichte des Jahnstadions vor allem die des Maschparks - und die ist eine tragische. Heimat der 05er seit 1905, musste die einst hinter dem Bahnhof befindliche Traditionsstätte 1968 einem Schulkomplex weichen und lebt heute nur noch in den Heldensagen des Göttinger Fußballs weiter. 05 kickt seither im Jahnstadion und fühlt sich irgendwie heimatlos, denn der Anfang der 70er Jahre an anderer Stelle eröffnete und heute schon wieder marode »neue« Maschpark wurde nie als Ersatz akzeptiert.

Kurz zu den Jahnstadion-Daten: 1913 als Sportfeld eröffnet und 1926 mit dezenten Zuschauerrängen versehen, darf es sich seit einer allumfassenden Erweiterung im Jahre 1955 »Stadion« nennen. Zwischen 1974 und 1977 sowie 1980/81 sah die seinerzeit tribünenlose Arena Zweitligafußball. 1978 entstand die Gegengerade mit Umkleidetrakt und Gastronomiebetrieb, 1986 gab es nach unsäglichen Streitereien (Hauptfrage: Ausbau des Jahnstadions oder des damals rund 10.000 Plätze bietenden »neuen« Maschparks) die überdachte Tribüne, die mit ihren etwas mehr als 5.000 Sitzschälchen als »zu groß« für Hauptnutzer 05 bezeichnet werden muss. Beide Kurvenbereiche befinden sich noch im 1955er Urzustand und sind bei entsprechendem Wetter bestens zum gemütlichen Sonnenbaden und/oder Fußballgucken geeignet.

Eine Achterbahnfahrt ist nichts gegen das, was Göttingens Fans in den letzten Jahren miterleben durften. Der Höhepunkt war das Aufstiegsrückspiel gegen Holstein Kiel im Sommer 2001, als der 0:2-Hinspielrückstand mittels eines fulminanten 3:0-Sieges umgewandelt wurde und 7.000 Menschen den Sprung in Liga 3 feierten. Drei Tage später kam die Lizenzverweigerung und heute verlieren sich wieder nur knapp 1.000 Menschen bei den

Heimkicks der Schwarz-Gelben. Deren Fanszene machte ebenfalls Turbulentes durch. 1998 noch so gut wie tot, dann plötzlich wieder erwacht und selbst auswärts bis zu 400 Köpfe stark, verdingten sich in den Erfolgstagen höchst unangenehme Gestalten im Jahnstadion und zerstörten den guten Ruf der 05-Fans. Im März 2001 eskalierte die Situation beim Auswärtsspiel in Emden und verursachte einen tiefen Riss in der einst so geschlossenen Fanszene. Inzwischen haben sich die »Gestalten« weitestgehend verzogen und die Gemüter wieder etwas beruhigt, so dass sich diejenigen, denen die Heimelf am Herzen liegt, wieder geschlossen auf der Gegengeraden platzieren und ihre (meist) fröhlichen Gesänge verbreiten. Gästen wird in der Regel die Kurve am Haupteingang zugewiesen. Die Sichtverhältnisse sind grundsätzlich gut, Minuspunkte gibt es für die Entfernung zum Spielfeld. Ein wenig die Augen offen zu halten, kann nicht schaden.

Sitzplätze: 8,50-10,50 €
Stehplätze: 5,50-6,50 €
Gäste: Kurve Eingang

Rollis Am Spielfeldrand, kostenlos. **Fanshop** Im Eingangsbereich. Nettes Angebot, liebevoll betreut. **Lesen** »05-Aktuell«, kostet 50 Cent und wird nach Stabilisierung der Finanzlage hoffentlich wieder besser. Das Fanzine »Der Schlafende Riese« gibt es für 1,50 bei Oliver Sauer, Brauweg 51, 37073 Göttingen. **Essen** Gute Bratwurst, sonst nix. **Trinken** Alkoholisches Bier, Cola, Fanta, Wasser. **Klo** Im Tribünenbauch sowie hinter der Gegengeraden. Guter Zustand. **Kneipen** Das Sportpark-Restaurant bietet nicht nur Gelegenheit für ein Bier nach dem Spiel, sondern zudem leckere gutbürgerliche Küche. Alles Weitere findet sich in der Innenstadt, die rund 15 Fußminuten entfernt ist.

STADION ⚽⚽⚽ STIMMUNG ⚽⚽ SERVICE ⚽ STRESS ⚽

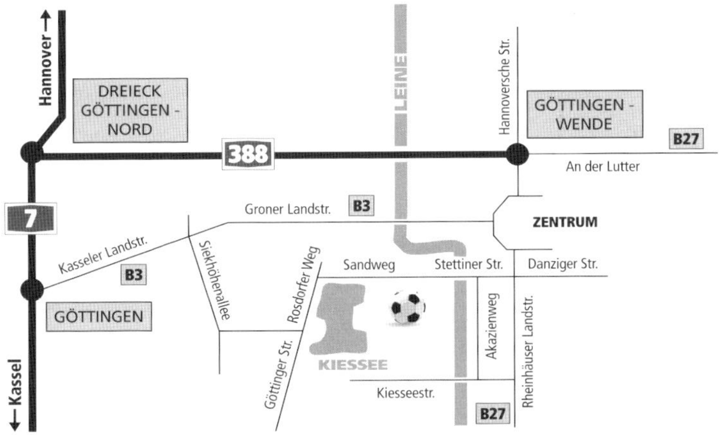

Die **A7** in **Göttingen/Dransfeld** verlassen und dann zunächst weiter Richtung Göttingen. Nach ungefähr 800 Metern **rechts** Richtung Rosdorf/Göttingen und nach weiteren ca. zwei Kilometern **links** in Richtung Rosdorf/Göttingen. An der nächsten **Ampel** rechts zum Stadion. **Parken:** Ein **Albtraum**! Wenn das Wetter **schön** ist, darf das Flutgebiet des Leinekanals benutzt werden (nach dem See rechts), ansonsten bleibt nur Straßenparken. **Tipps:** Am Jahn- und SVG-Stadion vorbei und es auf dem **Schotterweg** rechter Hand versuchen, oder aber im angrenzenden Wohngebiet suchen.

Die **Bahnhof** und Stadion miteinander verbindende **Buslinie 15** (Bussteig »k«, Richtung **Rosdorf**) fährt samstags und sonntags nur zu fußballungünstigen Zeiten. **Alternativen**: Linie **14** (hält direkt vor dem Stadion) oder **4** (hält am nahe gelegenen »Freizeitbad«). Beide fahren ab **Kaufhaus Carré**. Grobe Richtung: Aus Bahnhof raus und Richtung Innenstadt, in der Fußgängerzone links.

GÜTERSLOH: Heidewaldstadion

Baujahr: 1933

Kapazität: 12.500
Stehplätze: 11.300
Sitzplätze: 1.200

Foto: Chris Müller

FC Gütersloh 2000, Willy-Brand-Platz 2, 33330 Gütersloh
Tel: 05241-210730, Fax: 05241-210731
www.fcg2000.de

In den ersten Jahren ihres Bestehens wurde die schmucke Arena im Heidewald, die nach ihrem Weihefest von 1933 zunächst den Namen »Adolf-Hitler-Stadion« trug, in erster Linie von Radsportlern genutzt - der Fußball spielte nur die zweite oder gar dritte Geige. Dies änderte sich erst nach dem Krieg, als die Kicker der SV Arminia als Pächter ins nunmehr umbenannte Heidewaldstadion einzogen. Ab 1950 wurde das kleine Oval fußballgerecht um- und ausgebaut.

Im weiteren Verlauf der 50er und 60er Jahre dümpelte das Heidewaldstadion dann mehr schlecht als recht vor sich hin. Im August 1969 wurde die Arena schließlich wieder von der Stadt Gütersloh übernommen, die der Arminia den Heidewald nach dem Aufstieg in die Regionalliga zu einem echten Fußballstadion ausbaute. Die Laufbahn und sonstigen Anlagen für die Leichtathleten verschwanden, die Stehtraversen wurden befestigt und man versah das Gelände mit einer damals wohl recht schicken überdachten Haupttribüne, die auch heute noch einen soliden Eindruck hinterlässt und Platz für 1.200 Menschen bietet. Insgesamt passten nach Abschluss der Arbeiten 15.000 Zuschauer ins Geläuf - angesichts der sportlichen Achterbahnfahrt der konkurrierenden Vereine DJK und SVA, die sich 1978 zum FCG vereinten, vielleicht ein wenig optimistisch. Doch immer dann, wenn es gut lief, strömten die begeisterungsfähigen Ostwestfalen in Scharen in ihre heimelige Arena.

Daran hat sich bis heute eigentlich nichts geändert: in der Oberliga Westfalen stellt der FCG den unangefochtenen Zuschauerkrösus dar. Derweil präsentiert sich das Heidewaldstadion in einem ganz ordentlichen Zustand: Nach dem Durchmarsch in die Zweite Liga wurde es 1996 generalüberholt und erhielt im Oktober 1998 auch eine Flutlichtanlage. Als letzte Neuerung fungiert seit dem Juli 2001 nun eine Anzeigetafel, die am Kopf der Gästekurve thront und für reichlich Gesprächsstoff sorgte. Denn das 7x3-Meter-Gerät erfüllt(e) seinen Zweck nur bedingt: Bewusst war eine manuelle Tafel angeschafft worden, die wohl Punkte auf der »Kult«-Skala machen sollte - was natürlich prompt daneben ging. Um die »kultige« Tafel bedienen zu können, musste ein Gerüst aufgebaut werden, das wiederum die Tafeleinsicht verwehrte. Als der FCG im Heidewald dann plötzlich auch nicht mehr gewinnen konnte, war schnell die Legende vom »Fluch der Anzeigetafel« geboren. Die Fans drohten bereits damit, das ungeliebte Teil mit einer Blockfahne á la Christo zu verhüllen - da rettete ein 3:2 gegen Lünen die Tafel. Vorerst.

Obwohl sich der Heidewald schon lange nicht mehr als uneinnehmbare Festung präsentiert, stehen die FCG-Fans wie ein Mann hinter ihrem Team. Allein zur Vorstellung des Kaders strömten Anfang Juli 2002 über 500 Leute - und das nach einer durchwachsenen Oberligasaison! Der Stammplatz der heimischen Anhänger ist die Westkurve neben dem Haupteingang, die stets ordentlich gefüllt und auch ordentlich beflaggt ist. In den Gästeblock IV der Ostkurve (eigener Zugang) passen 2.500 Zuschauer, bei Bedarf kann er sogar auf 5.000 vergrößert werden – falls ir-

Sitzplätze: 13-14 €
Stehplätze: 3-6 €
Gäste: Ostkurve (IV)

Preise Schüler, Studenten, Azubis, Rentner und Behinderte kommen billiger rein. Kinder (bis 14 Jahre) stehen für faire 2,50 € (Sitzplatz 5 €). In der Geschäftsstelle (Mi+Fr 16-18h) sind auch Familienkarten erhältlich. **Rollis** Ermäßigter Eintritt (Begleitperson frei). Bei rechtzeitigem Erscheinen kann man direkt am Eingang parken. Plätze wahlweise am Heim- oder Gästeblock oder aber auf der Tribüne (Block A, Reihe 1). **Fanshop** FCG-Devotionalien sind am Fan-Kiosk im Stadion oder über die Geschäftsstelle zu haben. Den Fanshop in der City gibt's nicht mehr. **Lesen** Das Stadionheftchen »FCG live« liegt kostenlos aus und kann sich - für Oberligaverhältnisse - durchaus sehen lassen. »Der letzte Cowboy« reitet dagegen schon lange nicht mehr durch den Heidewald. **Essen** Die ehedem als »beste Wurst im Land« gepriesene Bratwurst kann sich auch heute noch sehen lassen. **Trinken** Das Übliche: Pils, Cola, Limo, Wasser und im Winter auch mal was Heißes. **Kneipen** Das »Gasthaus Roggenkamp« (Brockweg 108) ist immer noch ein beliebter Treff.

STADION ⚽⚽ STIMMUNG ⚽⚽ SERVICE ⚽⚽ STRESS ⚽

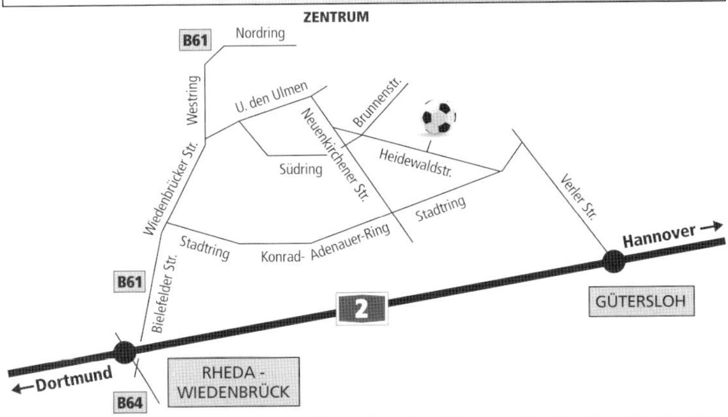

Von **Dortmund**: über die **A2** bis zur Abfahrt **Rheda-Wiedenbrück** bzw. Gütersloh-Süd, rechts und gleich noch einmal rechts auf die Bielefelder Straße (**B61**) gen Gütersloh. Von der Wiedenbrücker Straße fährt man dann rechts auf den **Stadtring** Kattenstroth und nach etwas mehr als zwei Kilometern an der vierten Ampel dann links auf die **Neuenkirchener Straße**, von der aus rechts schließlich Brunnen- und Heidewaldstraße abgehen, an welcher das Ziel der Reise gelegen ist. Das Heidewaldstadion ist ab dem Ortseingang aber auch ganz gut **ausgeschildert**.
Von **Hannover**: über die **A2** bis Abfahrt **Gütersloh**/Verl und auf der **Verler Straße** gen Zentrum (ab der »Welle« ausgeschildert). Kurz vor der Unterführung an der dritten Ampel links auf den Stadtring Sundern und nach gut einem Kilometer wieder an der dritten Ampel rechts in die Heidewaldstraße.
An Südring und Neuenkirchener Straße befinden sich einige **Parkplätze**, bei Schlagerspielen lohnt es sich durchaus, frühzeitig vor Ort zu sein. Ansonsten: Straßenparken.

Vom **Hauptbahnhof** bzw. dem **ZOB** (gegenüber) fährt man mit der **Buslinie 40** in rund zehn Minuten bis zur Haltestelle **Stadion**. Wer sich die Ticketkosten in Höhe von 1,50 € sparen will: **Zu Fuß** sind es vom Bahnhof zum Fußball am Stadtpark entlang bzw. durch ihn hindurch und dann die Brunnenstraße runter gut **20 Minuten**.

HALLE: Kurt-Wabbel-Stadion

Foto: Burkhard Schulz

Baujahr: 1936

Kapazität: 23.500
Stehplätze: 20.000
Sitzplätze: 3.500

Hallescher FC, Kantstraße, 06110 Halle (Saale)
Tel: 0345-4441293, Fax: 0345-4441616
www.hallescherfc.de

Solide und für sein Alter prima in Schuss - so könnte man das Kurt-Wabbel-Stadion mit wenigen Worten charakterisieren. Nach der erneuten Wachablösung in Halles Fußball - zunächst verschwand der HFC hinter dem VfL 96, nun verschwand der VfL wieder hinter dem HFC (in puncto Fanzuspruch war der HFC allerdings stets die Nummer 1) - rückte die einst von den Nazis errichtete Arena im Süden der Saalestadt wieder in den Blickpunkt.

Sie ist nicht nur aus sportlichen Gründen einen Besuch wert, denn mit ihrer einzigartigen Bauweise sowie den berühmten sechs Statuen ist sie zugleich auch ein Monument der NS-Architektur. Da passt es, dass sie seit 1945 den Namen eines ausgewiesenen Antifaschisten trägt (Kurt Wabbel) - einen Namen übrigens, den die CDU 1997 zugunsten des deutlich langweiligeren »Gesundbrunnen« löschen wollte. Und wenn wir schon bei Andenken sind: Vor dem Eingang Kantstraße befindet sich eine Gedenktafel, die an jene vier Menschen erinnert, die bei einem tragischen Unglück am 26. September 1997 ums Leben kamen: Damals stürzte ein Fallschirmspringer, dessen Schirm sich nicht geöffnet hatte, wenige Minuten vor dem Lokalderby HFC - VfL in eine Zuschauergruppe und riss drei Menschen mit in den Tod.

An allen Ecken und Enden atmet das Wabbel-Stadion Tradition aus. Die charakteristischen Rundbögen, das imposante Marathontor, die von zwei »Blöcken« eingerahmte Haupttribüne mit ihrer Hand voll seit 1973 überdachter Sitzplätze - hier riecht nichts so übertrieben »neu« wie in manch anderem Stadion. Eine Arena zum Wohlfühlen. Dafür hat man in den letzten Jahren auch einiges getan. 1991, als der HFC ein Jahr in der 2. Liga mitkickte, war der DFB noch voll des Lobes gewesen und hatte befunden: »Da gibt es ganz andere Sorgenkinder«. Doch das »Wabbel« war rasch selbst zum Sorgenkind geworden. Überall blätterte der Putz ab, zerbröselten die fast 60 Jahre alten Steine. 1994 fragte das »Hallesche Tageblatt« erschrocken: »Wabbel-Stadion bald Ruine?« Der bauliche Zustand des unter Denkmalschutz stehenden Areals war höchst bedenklich. Anschließend wurde überall gewerkelt und restauriert - obwohl Stadioneigentümer HFC (die klamme Stadt hatte dem Klub das Gelände 1994 überlassen) inzwischen in die Verbandsliga abgesunken war. Letzte Maßnahme war die Bestuhlung der Gegentribüne, die mit roten Schalensitzen ausgelegt wurde. Heute scheint das Stadion wieder gut in Schuss zu sein und steht auch für höhere Anforderungen zur Verfügung.

Leidensfähig, trotzig und groß an Zahl - HFC-Lokalrivale VfL 96 scheiterte nicht zuletzt daran, dass in Halle am HFC einfach kein Vorbeikommen ist. Die große Fanschar, die dem Klub selbst in der Verbandsliga gegen Teams wie Jenaer Glas oder Grün-Weiß

Piesteritz die Treue hielt, darf stolz sein, denn ohne sie wäre die Legende HFC wohl tatsächlich längst Legende. »Bei uns stimmt die Chemie«, heißt es in den Publikationen des HFC. Das ist nicht nur eine Anspielung auf den Erfolgsnamen aus DDR-Tagen, sondern auch ein Ausdruck dessen, was den HFC auszeichnet. Es gibt einen Fanbeirat, die Fanklubs spielen Meisterschaften aus und die Unterstützung seitens des Vereins ist großartig. Die HFC-Fans hängen ihre Transparente (u.a. »Hier schlägt Halles Fußballherz«) im H-Block auf, während die Südkurve (G-Block) den Gästen vorbehalten ist - die aus unerklärlichen Gründen allerdings ein deutlich höheres Eintrittsgeld zahlen müssen (Eingang Straße der Republik/Hafenbahn). Unter der Heimfans befinden sich leider einige sonderbare Gestalten, denen man besser aus dem Weg geht.

Sitzplätze: 4-7 €
Stehplätze: 3,50-5 €
Gäste: Block G

Rollis Auf der Laufbahn. **Fanshop** WOSZ Fan-Shop, Steinweg 30, 06110 Halle (Mo-Fr 10-18, Sa 9-12h) . **Lesen** Das Clubmagazin kostet 1,50 Euro und erfreut vor allem Statistiker. **Essen** Bratwurst, Steaks, diverse Brötchen (auch für Vegetarier). **Trinken** Alkoholisches Bier und allerlei Softdrinks. **Klo** Vorhanden. **Kneipen** Rund zwei Fußminuten entfernt ist das Restaurant »Bischoff« (Max-Lademann-Str. 36), das als Vereinsgaststätte und Fantreffpunkt fungiert.

STADION	STIMMUNG	SERVICE	STRESS

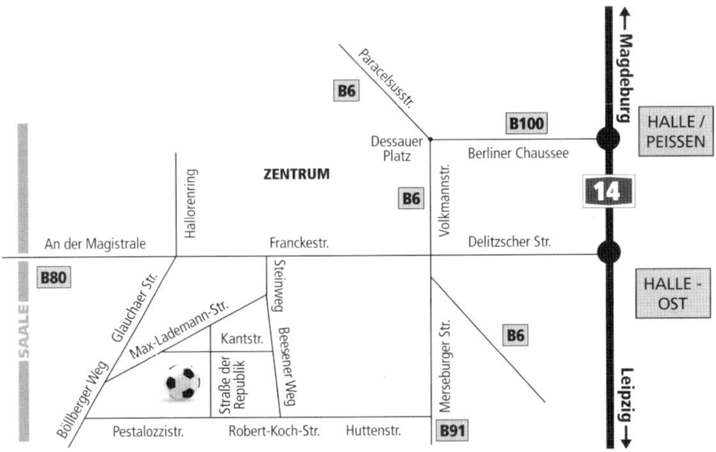

Das Stadion ist im Stadtgebiet sehr gut **ausgeschildert**. **A9** aus Richtung **Süden**: Bis zur Ausfahrt **Großkugel** und dann weiter auf der **B6** nach Halle hinein. Dort links auf die **B91** (Richtung Merseburg) und alsbald nach **rechts** in die Robert-Koch-Straße (Stadion ausgeschildert). Nach ungefähr 1000 Metern taucht links ein Stadion auf, hinter dem es rechts in die **Straße der Republik** geht, an deren linker Seite das Wabbel-Stadion liegt. Parken: Straßenparken. **A9** aus Richtung **Norden**: Bis zum Kreis Halle, dann weiter auf der **B100**, die nach dem Kreuz Halle/Peißen in die B91 übergeht. Auf dieser weiter Richtung Merseburg und in die Robert-Koch-Straße (s.o.).

Vom **Bahnhof** aus zunächst Richtung **Marktplatz** zur Straßenbahnhaltestelle **Riebeckplatz** gehen, dort die **Linie 2** besteigen (Richtung Beesen) und an der siebten Haltestelle (**Vogelweide**) aussteigen. Alsdann **umsteigen** in entweder die Linie **3** (Richtung Trotha), die Linie **4** (Reileck), die Linie **8** (Trotha) oder die Linie **16** (Neustadt), mit denen es jeweils zwei Haltestellen weiter bis zur **Kantstraße** geht. Nach rund fünf Minuten **Fußweg** ist das Ziel dann erreicht.

HAMBURG: Millerntor-Stadion

Baujahr: 1961

Foto: Burkhard Schulz

Kapazität: 20.735
Stehplätze: 15.368
Sitzplätze: 5.367

FC St. Pauli, Auf dem Heiligengeistfeld, 20359 Hamburg
Tel: 040-3178740, Fax: 040-31787429
www.fcstpauli.de

Bereits seit dem Beginn der 20er Jahre ist der FC St. Pauli auf dem Heiligengeistfeld heimisch: Der erste Anstoß erfolgte bereits kurz nach dem Ende des Ersten Weltkriegs. 1924 konnte der erste befestigte Millerntorplatz eröffnet werden, der im Laufe der Jahre auf ein Fassungsvermögen von rund 15.000 Zuschauern ausgebaut, im Zuge des Zweiten Weltkriegs jedoch völlig zerstört wurde.

Nach 1945 wurde die an der Ecke Budapester Straße/Glacischaussee gelegene Arena sogleich wieder aufgebaut, für 30.000 Menschen zugänglich gemacht und am 1. Oktober mit einem freundschaftlichen Vergleich gegen Schalke eröffnet - zur Premiere gewann St. Pauli mit 1:0. Doch mit der Vergabe der Internationalen Gartenbauausstellung nach Hamburg (1961) war das Schicksal des »alten Millerntors« besiegelt. Kurzerhand errichtete man einige herzhafte Befreiungsschläge weiter ein neues Stadion, das sich zwischen dem später abgerissenen Süd- und dem heute nur schwerlich zu übersehenden Nordbunker befand. Nach noch nicht einmal einjähriger Bauzeit war die neue, 32.000 Plätze aufweisende Heimstätte (Kostenpunkt: 1,8 Mio. DM) fertig gestellt, doch die Freude währte nicht lange: Da man den Einbau einer Drainage vergessen hatte, stand der Platz nach jedem halbwegs ordentlichen Schauer knöcheltief unter Wasser - Fußball konnte man unter diesen Umständen vergessen. Der FC St. Pauli musste über anderthalb Jahre ins Stadion Hoheluft und zum HSV an den Rothenbaum ausweichen, bevor die Arena schließlich 1963 endgültig ihrer Bestimmung übergeben werden konnte. Anno 1970 wurde sie dann Wilhelm-Koch-Stadion getauft, Ende der 90er jedoch auf Wunsch der Mitglieder wieder in Millerntor-Stadion zurückbenannt - es hatte sich herausgestellt, dass der langjährige Pauli-Präses Koch NSDAP-Mitglied gewesen war.

Ab den 70er Jahren unterzog man das Stadion nur noch gelegentlich einigen kosmetischen bzw. sicherheitstechnischen Operationen. Dadurch verringerte sich die Kapazität zwar auf 20.551 Zuschauer, aber das Stadion behielt stets das lieb gewonnene Outfit - und seine einzigartige Atmosphäre. Ganze Generationen von Millerntorgängern werden sich wohl schon gefragt haben, wie lange die irgendwie behelfsmäßig wirkende Gegentribüne wohl noch zusammengeflickt werden kann, und beim Anblick der Haupttribüne Wetten abgeschlossen haben, welche Teile des Daches zuerst einstürzen. Immer noch besteht die Anzeigetafel aus einem großen Holzschild, an welches nach Torerfolgen im Eifer des Gefechtes auch schon mal die verkehrten Zahlentäfelchen gehängt werden, und auch das Flutlicht ist nicht mehr das hellste. Doch lange Zeit ging alles gut, konnte im Schatten des Bunkers um Bundesligapunkte gekämpft werden. Auch für die bislang letzte Bundesligasaison der Kiezkicker erhielt das Millerntor wieder eine Sondergenehmigung des DFB.

Doch macht man sich in St. Pauli seit Beginn der 90er Jahre vermehrt Gedanken über einen Um- bzw. Neubau des Stadions. Gelegentlich waren die Planspiele schon richtig weit fortgeschritten und bereits diverse Baugenehmigungen erteilt, oft glaubte man die Bagger schon rollen zu hören - doch bislang musste der Beginn der Umbauarbeiten mit schnöder Regelmäßigkeit immer wieder auf »später« vertagt werden. Auch das jüngste Projekt, ein reines und komplett überdachtes Fußballstadion (max. 32.410 Plätze, davon knapp die Hälfte zum Stehen) inmitten eines Sport- und Gesundheitsparks, kommt nicht so recht in die Gänge. Diesmal sind es v.a. die Kosten (insgesamt 87 Mio. Euro, davon ca. 36 für das Stadion), die den Startschuss verzögern. Auf 2003. Oder vielmehr: auf unbestimmte Zeit.

Für auswärtige Anhänger werden im Millerntor normalerweise exakt 2.063 Plätze freigehalten: 1.643 zum Stehen (Südkurve, Block B) sowie 420 zum Sitzen (Haupttribüne, Block 11). Die Einlasskontrollen sind recht genau, die Ordner aber meistens sehr freundlich - was man leider nicht immer von den Polizeikollegen behaupten kann. Dennoch hat man als Gästefan bei St. Pauli eigentlich nichts zu befürchten - Ausnahmen (Hertha, Rostock, HSV) bestätigen bekanntlich die Regel.

Die heimischen Fans stehen in Nordkurve oder Gegengerade, in Block 1 versuchen sich derweil die »Passanten« (Kontakt über den Fanladen oder info@passanten.de) und andere Gruppen an der Fusion von englischer und italienischer Stadionatmosphäre - mit teilweise recht ansehnlichen (und hörbaren) Ergebnissen. Nicht zuletzt diesen Enthusiasten in der »Singing Area« ist es zu verdanken, dass ein Besuch am Millerntor nach wie vor zu den Schlüsselerlebnissen im Leben eines jeden aufrechten Fußballfans gehört - wenngleich es stimmungsmäßig auch schon bessere Zeiten gab. Das Stadion ist sehr eng und klein, der »Millerntor Roar« kommt da sehr schnell auf und ist unabhängig von Wetter und Ergebnis - Letzteres ist in deutschen Fußballstadien eher selten. Auch bei einem Spielstand von 0:4 wird die Heimelf angefeuert (es sei denn, sie kämpft nicht). Das Fanprojekt ist vor dem Spiel und in der Halbzeit im Container in der Nordkurve (neben dem Kuchenstand) oder aber im nun fast schon legendären Fanladen (Adresse s.u.) zu erreichen.

Sitzplätze: 10-72 €
Stehplätze: 4,50-9,50 €
Gäste: Blöcke B + 11

STADION ●●● **STIMMUNG** ●●● **SERVICE** ●● **STRESS** ●

Preise Schüler, Studenten, Rentner, Arbeitslose, Sozialhilfeempfänger, Behinderte, Zivil- und Wehrdienstleistende sowie Azubis können sich über ermäßigten Eintritt freuen. Neu im Angebot: Geschwisterkarten. Bei Ticketproblemen wende man sich ans Pauli-Kartencenter (Tel: 3178740, Fax: 31787459, Mo-Fr von 10-18h, bei Heimkicks von drei Stunden vor Anpfiff bis Ende der ersten Halbzeit). **Rollis** Fahrer und Begleiter zahlen zusammen 5 €. Freies Parken, ebener Zugang zur Gegentribüne. Da nicht viele Plätze vorhanden sind, am besten frühzeitig beim Verein anklingeln. **Fanshop** Das Kartencenter ist gleichzeitig der Fanshop, im Fanladen (Brigittenstr. 3, 20359 Hamburg, Tel: 4396961, Fax: 4305119, www.stpauli-fanladen.de, Di-Fr 15-20h sowie jeweils zwei Stunden vor bis ein, zwei Stunden nach den Heimspielen) sind auch alternative Artikel, Fanzines etc. zu haben. **Lesen** Bei »1/4 nach 5« handelt es sich nicht um ein Stadionprogramm im klassischen Sinne, sondern vielmehr um ein Stadtteilmagazin, in dem auch über Fußball berichtet wird. Die 2 € sind auf jeden Fall sehr gut angelegt. Kaufen! Fanzines: Neben dem großartigen Veteranen »Übersteiger« (1,30 €, www.uebersteiger.de) sind derzeit das knapp drei Jahre alte »Nachgetreten« (A. Scherenberger, Lisztstr. 47, 22763 Hamburg, nachgetreten@gmx.de) und das »Hossa« (s. S.119) auf dem Markt. Auch kaufen! **Essen** Sowohl die Bockwurst, der »St.-Pauli-Lümmel«, als auch die Thüringer sind relativ groß und schmecken supi, lediglich die Krakauer fällt geschmacklich auf einen Mittelfeldplatz zurück. Ferner Döner, Currywurst und Sandwiches - alles zu zivilen Preisen. In Nord- und Südkurve gibt es zudem Kaffee und selbst gebackenen Kuchen, und auch der fliegende Brezelhändler zieht nach wie vor seine Kreise. Wer in den Kuchenblock (VIP-Bereich) gelangt ist, kriegt Würstchen, Schnittchen und anderen teuren Kram. **Trinken** Auch die Getränke sind zu humanen Preisen zu haben: Vollbier (Astra), Cola, Limo und Wasser, am Stand vor dem Clubheim und im AFM-Container ist ebenfalls Fass- bzw. Flaschbier erhältlich. **Klo** Halbwegs erträglich. **Kneipen** Das Clubheim auf dem Heiligengeistfeld wartet u.a. mit einem Kicker auf, ein bis acht lecker Bierchen sowie preiswerte Mahlzeiten (Bratkartoffeln!) erhält dort auch jeder. Zwei Stunden vor den

Heimspielen (und auch während dieser) öffnet die Fankneipe »Jolly Roger« (Budapester Str. 44, sonst ab 19h geöffnet, siehe auch: www.ballkult.de) sowie natürlich der Fanladen in der Brigittenstraße. Ansonsten ist die Reeperbahn natürlich nicht weit...

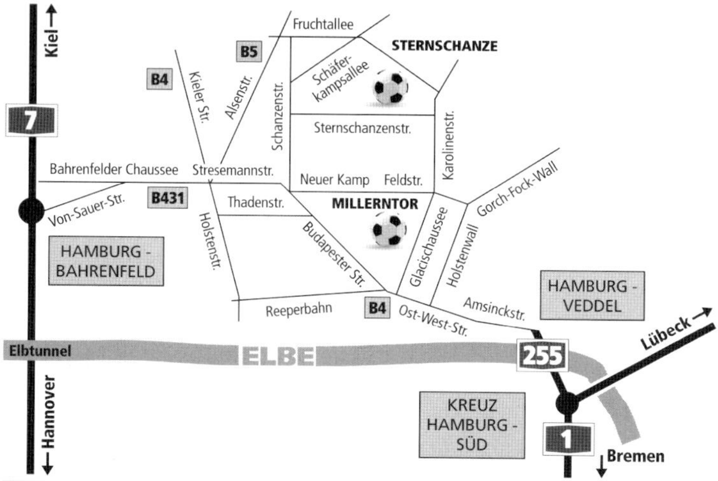

Von **Dortmund** bzw. **Bremen**: über die A1 bis zum **Kreuz Hamburg-Süd**, dort auf die **A255** und auf der Neuen Elbbrücke gen Zentrum. Von der Billhorner Brückenstraße dann links ab auf die Amsinckstraße (**B4**) und in der Höhe des ADAC links durch den **Tunnel** auf die Ost-West-Straße, die schon bald in die Ludwig-Erhard-Straße übergeht. Schließlich weiter geradeaus über den Millerntordamm auf die **Budapester** Straße, bis rechter Hand das Stadion auftaucht.

Von **Berlin**, **Rostock** oder **Lübeck**: über die **A24** bzw. die A1 und das Kreuz Hamburg-Ost hinweg bis zum Ende der Autobahn und vom Verteilerkreis auf die Sievekingsallee. In Höhe des Berliner Tores von der Bürgerweide rechts ab auf die Spaldingstraße, die kurz hinter der Bahnbrücke auf die Ost-West-Straße trifft - Rest s.o.

Von **Hannover**: die **A7** und durch den Elbtunnel bis zur Abfahrt **Hamburg-Bahrenfeld**, dann rechts auf die Von-Sauer-Straße und weiter auf die Bahrenfelder Chaussee (**B431**). In Richtung Zentrum bzw. Landungsbrücken halten, auf der Stresemannstraße an der »Neuen Flora« (links) und am S-Bahnhof Holstenstraße (rechts) vorbei und am Neuen Pferdemarkt schließlich auf die Budapester Straße (B4) zum Millerntor. Vor allem bei Freitags- und Montagsspielen sollte man jedoch den **Elbtunnel meiden** und über die Brücken in die Stadt fahren. Zu diesem Behufe verlässt man die A7 entweder schon am Horster Dreieck und wechselt auf die A1 (Rest s.o.) oder aber man gönnt sich einen kleinen touristischen Leckerbissen, die Fahrt über die Köhlbrandbrücke. Nach deren Überquerung wird es dann allerdings ein bisschen kompliziert, wieder auf den rechten Weg zu finden...

Das **Parken** auf den Stellplätzen am Heiligengeistfeld, welche des öfteren durch Großveranstaltungen wie den »Hamburger Dom« blockiert werden, ist gebührenpflichtig, aber trotzdem meist die beste Wahl, da man sich die Suche nach Parklücken in den umliegenden Seitenstraßen eigentlich schenken kann.

Vom **Hauptbahnhof** (Südausgang) fährt man mit der U-Bahn-Linie **U3** (Richtung Barmbek) bis zu den Haltestellen **St. Pauli** (Gäste) oder **Feldstraße** (Heimfans), ansonsten mit der **Buslinie 112** bis Feldstraße oder aber (u.a. vom Bahnhof Altona) mit den S-Bahn-Linien **S1** und **S3** bis **Reeperbahn**. Überdies halten auch die Schnellbusse **36** und **37** an der Station St. Pauli. Eintrittskarten gelten leider nicht mehr als Fahrausweis, die Einzelfahrt für den Großbereich Hamburg kostet 2,30 € (Kurzstrecke 1,45), eine Gruppenkarte (gültig für fünf Personen) 7,40.

Baujahr: vor '45

Foto: Hardy Grüne

Kapazität: 3.500
Stehplätze: 3.500
Sitzplätze: nüscht

Die Heimat der **St. Pauli-Amateure**

Das Stadion Sternschanze, von den Hamburgern meist kurz und knackig »Schanze« gerufen, bietet nicht allzu viel Komfort - das muss es aber auch gar nicht. Hin und wieder werden bei den Spielen Bänke aufgestellt, ansonsten kann man sich auf die Stehstufen (exakt neun an der Zahl) stellen, an den Zaun lehnen oder aber gleich zum Polizeisportheim pilgern. Richtig gelesen, der kleine Sportplatz (ungefähres Alter: »war schon vor'm Krieg da«) ist die Heimat der grünen Minna, der kickenden Freunde und Helfer - der Sportvereinigung Polizei halt, die vor vielen Jahren immerhin viermal den Deutschen Handballmeister stellte. Der Platz wird aber auch von der Pauli-Jugend beackert.

Am kleinen Clubheim, in dem man unter der Woche lecker essen und zünftig Fernsehfußball gucken kann, sind zum kleinen Preis großartige Würstchen vom Grill, Frikas, Kaffee und Kuchen sowie Dosen- und Flaschenbier zu haben. Was Wunder, dass bei den Heimkicks (nur bei entsprechenden Gegnern weicht man ins Millerntor aus) immer so um die 500 Pauli-Fans ihre fünf bzw. drei Euro Eintritt löhnen. Die Stimmung ist meist klasse, auch auswärts werden die Amateure mittlerweile von einer Schar braun-weiß beschalter Menschen begleitet. Über alles Weitere informiert das Fanzine »Hossa«, das im Internet begutachtet (www.hossa-stpauli.de), postalisch bestellt (Friedensallee 280, 22763 Hamburg, 2 € incl. Porto) oder aber im Fanladen erworben werden kann. Im Falle eines Aufstiegs in die Regionalliga ziehen die Amateure übrigens in jedem Falle ins Millerntor um.

Von **Dortmund** bzw. **Bremen**: siehe Anfahrtsweg St. Pauli - dann aber das Millerntor-Stadion auf der Budapester Straße rechts liegen lassen und am Neuen Pferdemarkt weiter geradeaus auf die Schanzenstraße. Hinter der Unterführung schließlich rechts zur Sternschanze.

Von **Berlin**, **Rostock**, **Lübeck**: über die **A24** bzw. die **A1** bis zum Autobahnende und von der Sievekingsallee an der dritten größeren Kreuzung rechts ab auf die **Wallstraße**. Geradeaus durch bis zur Außenalster, dann **links** und über Kennedybrücke gen Sternschanzenpark.

Von **Hannover**: über die **A7** (Elbtunnel) bis **Hamburg-Bahrenfeld**, rechts auf die Von-Sauer-Straße und über die **B431** gen Zentrum. Kurz hinter dem S-Bahnhof Holstenstraße bzw. an der Brücke links auf die Altonaer Allee und geradeaus halten, bis rechts der Wasserturm ins Blickfeld gerät. Nun auf zur fröhlichen Parkplatzsuche.

Vom **Hauptbahnhof** geht es wahlweise mit der U-Bahn-Linie **U3** (Nordausgang, Richtung Barmbek) oder den S-Bahn-Linien **S11** (Blankenese), **S21** (Elbgaustraße) und **S31** (Altona) bis zur Station **Sternschanze**, die man vom Bahnhof Altona auch mit der **S31** (gen Hauptbahnhof) erreicht.

HAMBURG: Volksparkstadion

Baujahr: 1999

Kapazität: 55.500
Stehplätze: 9.500
Sitzplätze: 46.000

Foto: Burkhard Schulz

Hamburger SV, Sylvesterallee 7, 22525 Hamburg
Tel: 040-415501, Fax: 040-41551060
www.hsv.de

Eines mal vorweg: Klaro, momentan trägt die Heimstatt des HSV den Namen »AOL-Arena«. Ham wir auch schon mitbekommen. Dennoch bezeichnen wir es an dieser Stelle auf althergebrachte Weise als »Volksparkstadion« und werden dies auch in Zukunft tun, denn schließlich firmiert es unter dem neuen Namen ja nur für eine begrenzte Zeit. Bei der WM 2006, wenn alle Fußballwelt (u.a.) nach Hamburg schaut, wird wieder unter dem alten, dem richtigen, dem eigentlichen Stadiontitel gekickt. Und wer weiß, vielleicht sieht das ja schon in ein paar Monaten ganz anders aus. Was passiert denn eigentlich bei Fusion, Übernahme, Konkurs von AOL? Geht ja heute mitunter ganz schnell. Wie heißt das Stadion dann? Trägt es den Namen des Insolvenzverwalters? Oder den des Bankenkonsortiums, das in die Bresche springt? Nun ja, wie dem auch sei, für den Großteil der HSV-Fans bleibt ihr Stadion sowieso immer der »Volkspark«. Gleiches dürfte wohl auch für das Niedersachsenstadion von Hannover oder das Müngersdorfer in Köln gelten.

Angefangen hat alles mit dem »Altonaer Stadion«, das am 13. September 1925 seine Pforten öffnete. Die Arena besaß damals ein Fassungsvermögen von rund 40.000 Plätzen - beim Endspiel um die deutsche Meisterschaft, das der HSV 1928 mit 5:2 gegen Hertha gewann, passten allerdings schon irgendwie um die 50.000 Mann hinein. Nach dem Ende der britischen Befehlschaft begann man 1951 mit dem Um- bzw. Wiederaufbau des Stadions, das im Krieg schwer gelitten hatte, und am 12. Juli 1953 konnte das 75.000 Zuschauer fassende »Volksparkstadion« (Kostenpunkt: 2,3 Mio. DM) eingeweiht werden. Am 22. November des gleichen Jahres sollen beim Länderspiel gegen Norwegen sogar 76.000 Fans im Stadion gewesen sein, manche Quellen sprechen gar von 80.000. Auf jeden Fall Rekord. Nicht zuletzt auch aufgrund der großen Tribüne mit den 20.000 Sitzen gab der HSV die heimatlichen Gefilde am Rothenbaum bald auf und zog zu allen wichtigen Spielen in den ausgelagerten Volkspark um.

Nach der Installation einer Flutlichtanlage (1961) wurde die Arena anlässlich der bevorstehenden WM Anfang der 70er Jahre abermals umgebaut: Für rund 15 Mio. DM überdachte man die Südtribüne, errichtete eine Anzeigetafel und wandelte fleißig Steh- in Sitzplätze um, wodurch die Kapazität auf 61.120 sank. Für die Euro 1988 standen dann nur noch sicherheitstechnische Aspekte und einige kleinere kosmetische Operationen auf dem Bauplan - doch beim HSV wurde man mit der Arena, die als eine der unpersönlichsten Spielstätten der Liga galt, nie so recht glücklich. Zwar tauchten im Winter 1993 erstmals Pläne auf, das Stadion komplett umzubauen, doch sollten noch Jahre verstreichen, bevor dann endlich Butter bei die Fische kam: Am 2. Juni 1998 tat man den ersten Spatenstich und dann ging alles ganz schnell: Das Spielfeld wurde um 90 Grad gedreht, die Ostkurve abgerissen. Bereits am 21. August 1999 weihte der HSV das provisorische Schmuckstück, das während des Umbaus Platz für 30.000 Fans bot, ein - endgültig abgeschlossen waren die Arbeiten freilich erst im Juni 2001. Seitdem besitzt der HSV einen Fußballtempel für maximal 55.500 Fans (international: 49.500), einen echten Hexenkessel, ein reines und komplett überdachtes Stadion, das viele für das schönste der Liga halten. Nur mit dem Namen können sich halt noch nicht alle anfreunden.

Den Gästen wird im Hamburger Fußballtempel nur ein kleines Eckchen zwischen Süd- und Westtribüne freigehalten, in den beiden unteren Rängen des 14er Blocks sind rund 1.500 Stehplätze zu besetzen. Aufgrund der Nähe zum Spielfeld herrschen tolle Sichtverhältnisse - wie von jedem anderen Platz im Stadion auch. Einziges Manko ist die im unteren Bereich herrschende Enge: Da sich der Block nach unten hin verjüngt, ist hier zudem nur wenig Platz für Zaunfahnen, die ebenso wie Doppelhalter und Schwenkfahnen erlaubt sind - letztere allerdings nur auf dem Oberrang. Mit den Ordnern gibt es im Normalfalle keine Probleme, zu stressigen Situationen kommt es allenfalls außerhalb des Stadions.

Und die HSVler? Nachdem sich die Fanszene im alten Volkspark im Lauf der Jahre auseinander dividiert hatte und Teile der Anhängerschaft aus der Westkurve in diverse Ecken ausgewandert waren, versammeln sich die HSV-Fans nun wieder gemeinsam auf der Nordtribüne. In den Stehblöcken der A-Bereiche findet sich der harte Kern, auf dem B-Rang haben sich die »Supporters« niedergelassen und eine Etage höher die vielen Fanclubs aus dem Umland.

Sitzplätze: 13-42 €
Stehplätze: 5-12,50 €
Gäste: Block 14 (A-B)

Preise Die Kartenpreise (nach Wertigkeit des Gegners in zwei Kategorien gestaffelt) sind ganz schön happig, Ermäßigungen gibt's nur für Schüler, Studenten sowie Zivil- und Wehrdienstleistende bis 21 (!) Jahre. Kinder bis 14 sitzen auf dem Oberrang von West- und Osttribüne wenigstens ein paar Teuro billiger und kommen (in Begleitung eines Erwachsenen) preiswert in die 8er Blöcke. HSV Ticket-Hotline: 0180-5413434. **Rollis** Rund 120 Plätze auf der Südtribüne (oberhalb des A-Rangs). **Fanshop** Neben dem »Fan-Store« in der Nord-/Osttribüne gibt es da noch den »HSV-Citystore« (Schmiedestr. 2, Tel: 4227607, Fax: 4227313) und den »Team-Store« in Norderstedt (Ulzburger Str. 94, Tel: 52193189, Fax: 52193198). Am Supporters-Stand (s.u.) sind auch alternative Artikel zu haben. **Lesen** Das »HSV live« (1 €) wird immer langweiliger. Einen Euro mehr kostet das Sprachrohr der aktiven HSV-Supporters, die vierteljährlich erscheinenden »Supporters News« (Sylvesterallee 7, 22525 Hamburg, Tel: 41551530, kontakt@hsv-supporters.de). Am Stand in der Nordtribüne kann man sich außerdem nach den vielen Hamburger Fanzines umschauen, als da wären: »Chosen View« bzw. »Nordtribüne«, der Nachfolger des legendären »DBA« (www.chosen-view.net), »1887«, » Back To The Roots«, »Heidegeist« oder » Fahr ma auswärts«. Nur noch einmal jährlich erscheint der »Blue Angel«, dafür dann gleich als »Yearbook«. **Essen** Teuer, aber gut - gilt zumindest für die Bratwurst, die mit ihren Kollegen aus Rostock und Gladbach um die Meisterschaft spielt. Auch die Fischbrötchen sind in Ordnung, von der Bockwurst sollte man die Finger lassen. Wer zu faul ist, sich an den 20 Kiosken in die Schlange zu stellen, wartet auf den fliegenden Brezelhändler. Interessierte können sich auch mal das »Fan-Restaurant« »Die Raute« im Erdgeschoss der Nord-/Osttribüne angucken (Mo 11-15, Di-So 11-21h). Am S-Bahnhof Stellingen ist die Imbissbude von »Onkel Klaus« (gute Wurst, kaltes Bier), südlich des Stadions am Hellgrundweg das »Picknick« zu empfehlen. **Trinken** Die Tage der Plörre sind gezählt, beim HSV fließt neben dem erfrischungsmäßigen Standardprogramm wieder Vollbier in die Pfandbecher. Kann sich allerdings relativ schnell wieder ändern. Übrigens sind auch die Getränke nicht eben preiswert -

HAMBURG: Volksparkstadion

sogar bei den Bierverkäufern, die ihre Ware auf dem Weg zur Arena anbieten. **Klo** Mitunter lange Warteschlangen, dafür recht sauber. **Kneipen** Da im Umfeld Wald- und Industriegebiete dominieren, verstreut sich die Szene nach dem Kick: Viele wandern gen Kiez, andere streben in die Stammkneipen ihrer Viertel. Vor und nach Samstagsspielen kann man aber im HSV-Fanhaus (Stresemannstr. 162, am S-Bahnhof Holstenstraße, Tel: 431494) auf ein Bierchen, eine Wurst, eine Partie Kicker, Billard, Dart oder TV-Fußball vorbeischauen.

STADION ⚽⚽⚽⚽⚽ **STIMMUNG** ⚽⚽⚽ **SERVICE** ⚽⚽ **STRESS** ⚽⚽

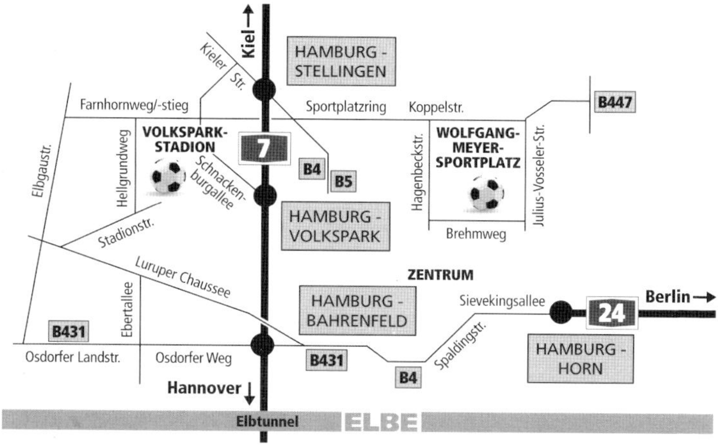

Von **Dortmund**: über die **A1** bis zum Buchholzer Dreieck, dort auf die A261 und am Dreieck Hamburg-Südwest auf die **A7**. Nun durch den **Elbtunnel** und wahlweise an den Abfahrten **Hamburg-Bahrenfeld**, **Hamburg-Volkspark** oder aber **Hamburg-Stellingen** heraus - der Rest ist ausgeschildert.
Von **Hannover** oder **Kiel**: über die **A7** geradewegs durch bis zu den obigen Abfahrten.
Von **Berlin**, **Rostock** und **Lübeck**: über die A24 bzw. die **A1** und das Kreuz Hamburg-Ost hinweg in Richtung Zentrum. Nach dem **Autobahnende** (Hamburg-Horn) in Richtung Altona/St. Pauli halten und auf der **B4** (Ost-West-Straße, Budapester Straße) sowie der **B431** (Stresemannstraße, Bahrenfelder Chaussee) gen Bahrenfeld bzw. der A7, bis die Hinweisschilder zur HSV-Arena (»Stadion«) auftauchen.
Parken: Seit Jahren das große **Problem** beim HSV. Mittlerweile gestaltet sich schon die Anfahrt fast immer ziemlich chaotisch. Und die Chancen, nach Spielende einem **Stau** auszuweichen, sind äußerst gering. Im letzteren Falle wartet man einfach, bis sich die Parkplätze ein wenig geleert haben. Diese sind beim HSV nun nach Farben benannt. Direkt an der A7 (Abfahrt Volkspark, Schnackenburgallee) liegt der (matsch-)**braune**, von dem aus es zwar noch ca. 20 Minuten Fußweg zum Stadion sind, der aber nach dem Spiel eine halbwegs zügige Abreise ermöglicht. Zum **grünen** gelangt man über die Bahrenfelder und Luruper Chaussee (Abfahrt Bahrenfeld), zu den drei **roten**, die dem Stadion am nächsten sind, wiederum über die Abfahrt Volkspark und die Schnackenburgallee. Die Parkplatzfarben weiß, orange, gelb und blau sind nur für Leute mit Durchfahrtsschein (Pressefritzen und so). Ist übrigens alles gebührenpflichtig. Fahrt besser mit der Bahn, Leute!

Vom **Hauptbahnhof** geht es in rund 15 Minuten mit der S-Bahnlinie **S21** (Richtung Elbgaustraße) bis zur Haltestelle **Stellingen** (Volksparkstadion), ab dort kostenloser **Bus-Shuttle-Dienst**. Wer mag, kann auch bis **Eidelstedt** fahren (ca. 15 Minuten Fußweg). Am Bahnhof Altona ankommende Fans nehmen die **S3** (gen Pinneberg). Die Eintrittskarte gilt als **HVV-Ticket** - wer noch keine hat, muss für den Fahrschein ab Hbf. 2,30 €, ab Bahnhof Altona 1,45 € abdrücken. Die Gruppenkarte für fünf Fans kostet 7,40 €.

Foto: Hardy Grüne

Kapazität: 2.500
Stehplätze: 1.800
Sitzplätze: 700

Die Heimat der **HSV-Amateure**

Der Wolfgang-Meyer-Sportplatz präsentiert sich exakt so, wie er sich anhört: bieder. Die Anlage besitzt den bescheidenen Charme einer Zweckarena, in die man geht, um Fußball zu gucken und sonst nichts - welch Unterschied zum Stadion am Rothenbaum, in dem die Amateure bis 1996 kicken durften. So etwas wie Atmosphäre kommt hier leider nur recht selten auf, doch immerhin kann man in der laufbahnlosen Fußballanlage problemlos den Dialogen zwischen Schiris und Spielern folgen. Den einzigen Komfort stellen die Sitze auf der überdachten Tribüne dar, auf der Mike Krüger schon mal ein Mittagsschläfchen gehalten haben soll.

Dank des Einzugs in die Regionalliga wird sich nun noch eine zweite Tribüne hinzugesellen, zudem wurden Baumaßnahmen nötig, um die gegnerischen Fangruppen trennen zu können. Gelegentlich werden die HSV-Amas aber auch in die Heimat der Profis ausweichen (müssen), so wie es schon in der Aufstiegssaison gegen die Pauli-Amateure und in der Relegation gegen den VfB Oldenburg der Fall war - jeweils 8.000 Zuschauer waren mit von der Partie. Im Normalfall verlieren sich an der Hagenbeckstraße neben den obligatorischen Opis jedoch nur ein paar Hand voll »echter« Fans - das passende Ambiente für die Spiele gegen BVB (A), Werder (A) und 1.FC Köln U23. Immerhin erhält man beim kleinen HSV neben einer ordentlichen Bratwurst (noch) echtes Bier und frischen Kaffee, muss zwecks Erwerbs aber den eigentlichen Platzbereich verlassen. Gleiches gilt auch fürs Klo, das sich im Umkleideblock (rotes Gebäude) befindet.

Von **Hannover** bzw. **Kiel**: die **A7** bis zur Abfahrt **Hamburg-Stellingen**, rechts auf die Kieler Straße (B4/5) und an der ersten Kreuzung links auf den Sportplatzring, der bald zur **Koppelstraße** wird. Rechts in die **Hagenbeckstraße** und durch bis zur Kleingartenanlage »Gartenfreunde«, von der aus man zu Fuß zum Sportplatz kommt.
Von **Dortmund**: über die **A1**, A261 (Buchholzer Dreieck) sowie die **A7** (Dreieck Hamburg-Südwest) bis zur Abfahrt Stellingen - Rest s.o.
Von Berlin, **Rostock** oder **Lübeck**: die **A24** bzw. **A1** bis zum Ende der Autobahn, dann über den Ring 2 immer geradeaus gen **Norden** bzw. Uni-Klinik Eppendorf, bis es von der Tarpenbekstraße rechts in den Lokstedter Weg geht. Nun geradeaus gen A7 und von der Koppelstraße links in die Hagenbeckstraße - Rest s.o.
Die Parksituation ist leider alles andere als gut, der **P+R-Platz** an der U-Bahn-Station meist voll, Ausweichmöglichkeiten sind kaum vorhanden.

Vom **Hauptbahnhof** geht es mit der U-Bahnlinie **U2** (Richtung Niendorf-Nord) bis zur Haltestelle **Hagenbecks Tierpark**, von der aus es über Koppel- und Hagenbeckstraße und an der Eishockeyhalle vorbei noch ca. fünf Minuten **zu Fuß** sind.

Foto: Hardy Grüne

Adolf-Jäger-Kampfbahn

Dass Hamburg mehr zu bieten hat als »AOL-Arena« und Millerntor, ist Fußball-Nostalgikern und Groundhoppern sicherlich bekannt. Tatsächlich verfügt die alte Hafenstadt sogar über ein geradezu unvergleichliches Angebot an Traditionsarenen, die allesamt sehenswert sind. Während z.B. in Berlin viele alte Fußballplätze dem Bagger zum Opfer fielen, pflegt Hamburg seine Ballhäuser mit viel Liebe und hat der Nachwelt ein herrliches Zeugnis aus alten Tagen hinterlassen.

Wer diese Stadien besichtigen will, muss sich allerdings beeilen, denn nach dem altehrwürdigen Rothenbaum, in dem einst Uwe Seeler das 1x1 des Fußballs erlernte, droht nun auch der Adolf-Jäger-Kampfbahn von Altona 93 das Aus. Ein völlig neues Gebilde mitsamt gedrehtem Spielfeld soll dort, wo die Schwarz- Weiß-Roten seit nunmehr 93 Jahren beheimatet sind, die stolze, aber etwas baufällige Arena ersetzen. Mit Hilfe des Bauwerks will der Traditionsklub in höhere Sphären zurückkehren - wobei die Pläne angesichts der anvisierten Kapazität (5.000) offensichtlich nicht allzu optimistisch ausfallen, denn das reicht nicht einmal für Regionalliga. Altonas Fanszene (kultiger Ruf »Say uh-ah Altona!«) steht der ganzen Sache gespalten gegenüber. Während die Mehrheit den Umbau, der einem Neubau gleichkäme, begrüßt, fordert eine Schar kritischer und traditionsbewusster Fans statt dessen eine sanfte Sanierung der vorhandenen Stätte. Die ist (noch) eine Reise in die Vergangenheit. Die große Sitzplatztribüne mit Holzbänken aus den 50er Jahren, die einstmals hoch aufragende, inzwischen aber gekappte Gegengerade, der Hintertorhügel an der Griegstraße und die weit vom Spielfeld entfernte, nahezu ungenutzte Hintertorseite, vor der bequem ein Kleinfeldturnier ausgetragen werden könnte. Ein herrliches Ambiente, das begleitet wird von einer gut frequentierten Vereinsgaststätte sowie einem transportablen Fanshop im Eingangsbereich. Altona 93 ist angesichts seiner reichhaltigen Tradition - lange Zeit war der Klub die Nr. 1 von Hamburg - kein gewöhnlicher Verein und erfreut sich trotz insgesamt nur mäßiger Zuschauerzahlen eines lautstarken und kreati-

Foto: Hardy Grüne

Stadion Hoheluft

ven Anhangs. Insofern kann es nur heißen: »Besuchen Sie die Adolf-Jäger-Kampfbahn, solange sie noch steht« - seit 2002 endlich auch wieder in Liga 4!

Ein weiterer Hamburger Amateurverein mit erwähnenswerter Fanschar ist Ex-Zweitligist Barmbek-Uhlenhorst, kurz »BU« genannt. Passenderweise sind ausgerechnet die Derbies zwischen Altona und BU die derzeit wohl brisantesten im Hamburger Amateurfußball und erinnern an das «große» Derby HSV-St. Pauli. BU spielt an der Steilshooper Straße, auf einer eher öden Anlage, die 1925 eingeweiht wurde. Besuchenswert in jedem Fall das stimmungsvolle Vereinsheim, in dem regelmäßig der grandiose BU-Hit »Mein letztes Geld geb' ich für Fußball aus« ertönt.

Während BU vor allem ob seiner lebendigen Fanszene einen Besuch wert ist, findet man sich in der »Hoheluft« des SC Victoria eher aus nostalgischen Gründen ein. Hier steht eine der ältesten Tribünen Deutschlands, hier wurden einst Länderspiele ausgetragen und hier fand bis vor kurzem alljährlich das Toto-Pokal-Finale zur Ermittlung des Hamburger Pokalsiegers statt (seit 2000 in der Adolf-Jäger-Kampfbahn ausgetragen). Victoria war einst ein stolzer Verein, und wer die im Herbst 1907 eingeweihte Hoheluft, deren eindrucksvolle Holztribüne seit 1922 existiert, sieht, weiß sofort, warum. Leider lockt »Vicky« heute nur noch wenige Neugierige an, so dass Heimspiele der Blau-Gelben in puncto Stimmung eher zu den Langweilern zählen. In diesem Zusammenhang sei erwähnt, dass unmittelbar neben dem Victoria-Stadion der ETV-Platz liegt, dessen einstige Hintertortribüne einem Sporthallenkomplex (linker Hand) weichen musste und dessen heutiges Aussehen so gut wie keinen Hinweis darauf liefert, dass einst bis zu 25.000 Menschen hineinströmten. Um es mit Walter Jens zu halten: Die Eimsbütteler Tage sind wahrlich vorbei.

Immer mal wieder ins Blickfeld kommt eine Arena auf der anderen Seite der Stadt: Das Stadion Marienthal des SC Concordia. Mitten in einem Wohngebiet gelegen, weitab von Bus und Bahn, dümpelt die 1924 eingeweihte, reine Fußballstätte zwar etwas vor sich hin, hat aber nichts von ihrer Faszination verloren: Eine gemauerte Steintribüne an der Straßenseite, die ungeachtet ihrer etwas geduckten Erscheinungsweise rund 800 Menschen aufzunehmen vermag, ein charakteristischer Eingangsbereich mit dem allgegenwärtigen großen »C« sowie eine imposante Gegengerade, die erahnen lässt, was hier früher gegen den HSV und St. Pauli los gewesen sein muss. »Cordi« erfreut sich eines regen Vereinslebens und verfügt über eine seit Jahrzehnten anerkannt gute Jugendarbeit. Empfehlenswert die Derbies zwischen Cordi und den St. Pauli-Amateuren, die wegen diverser (harmloser!) Vorfälle in der Vergangenheit recht stimmungsvolles Ambiente aufweisen.

Stadion Marienthal

Foto: Hardy Grüne

Altona: A7 bis **Othmarschen**, rechts weiter auf Behringstraße nach Ottensen/Altona und an der Shell-Tanke links zum Stadion. ÖPNV: **Busse** 150, 187, 250. **S-Bahn** bis Bahrenfeld.
Victoria/ETV: A7 bis Bahrenfeld, auf der **B431** weiter gen Altona bzw. Eimsbüttel. Nach der S-Bahnstation Holstenstraße links auf **B5**, dann links auf B447 (gen Niendorf) und auf den Lokstedter Steindamm zum Stadion. Busse 102 und 106 bis Martinistraße.
BU: wie Victoria/ETV, jedoch auf der **B5** weiter Richtung **Osten** und schließlich dem Ring 2 (Richtung Groß Borstel) folgen. Nach dem Allgemeinen Krankenhaus Barmbek (kurz vor U-Bahnstation Habichtstraße) **links** in die Steilshooper Straße zum Platz.
Concordia: A1 bis Kreuz **Hamburg-Ost** und weiter auf der **A24** bis zum Horner Kreisel (Autobahnende). Rechts weiter und die zweite rechts in die **Jüthornstraße**. Jener folgen, bis sie in die Rodigallee übergeht und die zweite rechts in den Osterkamp, von dem die Oktaviostraße nach rechts abgeht. **ÖPNV**: Nun ja, laufen ist angesagt. Bis S-Bahn **Wandsbek** und sich dann durchfragen (oder Taxe benutzen).

HANNOVER: Stadion am Bischofsholer Damm

Baujahr: 1918

Foto: Michael Seiß

Kapazität: 14.000
Stehplätze: 13.200
Sitzplätze: 800

Arminia Hannover, Bischofsholer Damm 119, 30173 Hannover
Tel: 0511-810448, Fax: 0511-818481
www.arminia-hannover.de

Nahezu jeder Winkel des Stadions am Bischofsholer Damm quillt regelrecht über vor Tradition. Seit 1918 kicken die ob ihrer Trikotfarbe »die Blauen« genannten Arminen nun schon hier, und dass die Anlage einst gute Zeiten mit erstaunlichen Kulissen erlebt hat, ist unübersehbar. Nur zwei Jahre nach der Einweihung konnte der zuvor auf dem »Schwarzen Platz« beheimatete SVA mit dem Gewinn der norddeutschen Meisterschaft gar seinen bis heute größten Vereinserfolg im nach einem gleichnamigen Ausflugslokal benannten Stadion Bischofshol feiern.

Der Bischofsholer Damm ist eine Arena, die das Herz aller Nostalgiker höher schlagen lässt. Hohe und steile Stehränge im Stil der 50er Jahre, wie einst üblich mit einer groben Steinmischung gefüllt und einem vorangestellten Betonabsatz versehen, der inzwischen bedrohlich schräg steht, vermitteln das Flair der guten alten Oberliga. Dazu trägt auch die zum Großteil aus Holz bestehende Sitzplatztribüne bei, deren Grundmauer aus den 20er Jahren stammt. Allein das ursprüngliche Dach mit der legendären Aufschrift »Niedersachsen-Sport« musste in den 70ern abgerissen werden, da es an zahlreichen Stellen undicht geworden war. Seitdem schließt das per Sattelschlepper angekarrte frühere Tribünendach der Dortmunder »Roten Erde« das rund 800 Sitzplätze bietende Bauwerk ab. Größter Einschnitt in der Stadionhistorie war die Verbreiterung des Bischofsholer Damms in den 50ern. Seither fehlt dem nach 1945 auf die heutige Größe erweiterten Stadion eine Hintertortribüne. Dennoch bringt die Arena alle Voraussetzungen zu einer waschechten Fußball-Kultstätte mit: Sie ist eng, die Tribünen reichen direkt an das Spielfeld heran und dank der steilen Ränge ist sie (im gut gefüllten Zustand) enorm stimmungsfördernd. Allerdings genügt sie trotz diverser Reparaturmaßnahmen - so wurden 1997 beispielsweise die Stehränge mit frischem Schotter gefüllt - nur wenigen Sicherheitsbedingungen, weshalb Arminia zu Risikospielen auch schon mal ins Niedersachsenstadion ausweichen muss. Das taten die Blauen im Übrigen schon häufiger. In der Zweitligasaison 79/80 beispielsweise kickten sie komplett in der Großarena am Maschsee - und bezahlten dafür prompt mit dem Abstieg.

Klein und schräg: Das ist Arminias auf der dem Bischofsholer Damm abgewandten Hintertorseite stehende Fan-Gemeinde mit dem Namen »Strafraum-Miliz«. Die einfallsreichen und im positiven Sinne »nicht normalen« SVA-Fans sind auswärts in Größenordnungen von 10 bis 30 anzutreffen. Bedingt durch die jahrelange sportliche Talfahrt der Arminen weist das Restpublikum schon eher ein gesetzteres Alter auf - nicht nur deshalb ist das

HANNOVER: Stadion am Bischofsholer Damm

Stadionerlebnis für den Auswärtsfan ungefährlich. Allerdings verirren sich alle Jubeljahre mal ein paar dumpfere Anhänger der von den Arminia-Fans nur »die Unaussprechlichen« genannten 96er am Bischofsholer Damm. Gäste postieren sich der Einfachheit halber dorthin, wo es ihnen am besten gefällt.

Sitzplätze: 11 €
Stehplätze: 5-7 €
Gäste: egal

Rollis Rund 20 Plätze stehen auf der Aschenbahn vor der Tribüne zur Verfügung. **Fanshop** An der Kopfseite der Tribüne führt ein kleines Holztürchen zum SVA-Geschäftszimmer. Dort gibt es alles, was das Herz eines echten Arminen erfreut. **Lesen** »Arminen-Post«, für 50 Cent zu erwerben, bietet interessanten, aber bieder aufgemachten Lesestoff. **Essen** Bratwurst mit hohem Phosphatanteil, in der Vereinskneipe gibt es zudem Brötchen, Pommes und andere Leckereien. **Trinken** Alkoholhaltiges Bier, Cola, Wasser etc. **Klo** Unter der Tribüne, funkelnagelneu. **Kneipen** Stadiongaststätte in der Tribüne, Vereinsheim Post SV (Bischofsholer Damm),

STADION ⚽⚽	STIMMUNG ⚽	SERVICE ⚽	STRESS

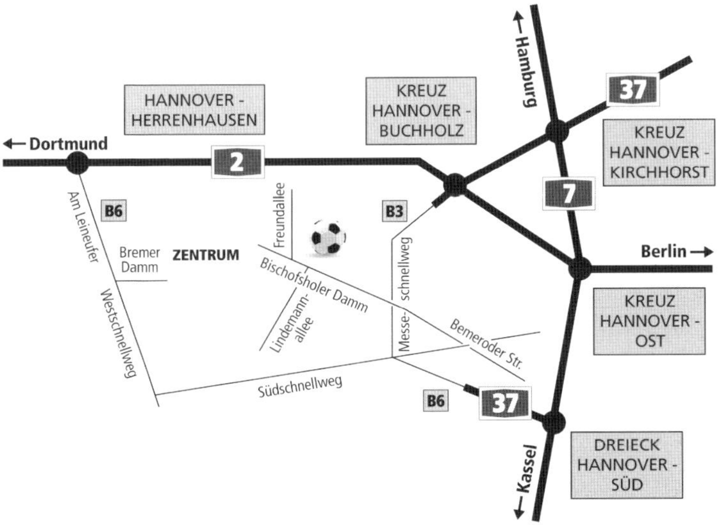

Über die **A7** von **Kassel**: bis zum **Dreieck Hannover-Süd**, dann weiter auf dem Messeschnellweg (**B6**) Richtung Zentrum und diesen an der Abfahrt **Bischofshol** (rechts halten, dem Schild »Celle« folgen) verlassen. Alsdann links auf die Bemeroder Straße, die nach der Überführung zum **Bischofsholer Damm** wird, an dem nach wenigen Metern rechter Hand das Stadion auftaucht. Über die **A2** von **Bielefeld**: Bis zum Kreuz Buchholz, dann weiter auf dem **Messeschnellweg** (B6) gen Hildesheim. Über die Ampelkreuzung **Pferdeturm** hinweg und an der nächsten Ausfahrt (Bischofshol) rechts, wo dann sofort das Stadion auftaucht. Über die **A7** von **Hamburg**: Bis zum Kreuz Hannover- Kirchhorst, dort auf die **A37**, die man am Kreuz Buchholz verlässt (Rest s.o.). **Parken:** Auf der dem Stadion gegenüberliegenden Seite des Bischofsholer Damms gibt es einen **kleinen** Parkplatz, der gewöhnlich **ausreicht**. Wenn nicht: den Bischofsholer Damm gen Zentrum, nächste Straße rechts (Freundallee) und am dortigen Schlachthof parken.

Vom **Hauptbahnhof** mit der **2**, **3**, **7** oder **9** zum Kröpcke (schneller und einfacher ist laufen, ca. fünf Minuten), dann weiter mit der **11** Richtung Tierärztliche Hochschule Bünteweg und an der **Haltestelle** Bult/Kinderkrankenhaus aussteigen. Von dort aus sind es noch **zwei Gehminuten** bis zum Stadion.

HANNOVER: Niedersachsenstadion

Baujahr: 1954

Foto: Chris Müller

Kapazität: 52.000
Stehplätze: (7.000)
Sitzplätze: 45.000

Hannover 96, Clausewitzstr. 2, 30175 Hannover
Tel: 0511-282096/7, Fax: 0511-813609
www.hannover96.de

Besser hätte es nicht laufen können. Während Hannover 96 einsam seine Kreise in der Zweiten Liga zog und lange vor Saisonschluss den Aufstieg in die Bundesliga schaffte, wurde das Niedersachsenstadion zum WM-Standort 2006 gekürt. Dass der Bundeskanzler Gerhard Schröder heißt und aus Hannover kommt, soll mit letzterer Entscheidung übrigens nichts zu tun gehabt haben.

Sei es drum - Hannover ist ein unumwunden geeigneter WM-Standort. Und auch die 96er, die in ihren Glanzzeiten als »Klub der Niedersachsen« bezeichnet wurden (in Braunschweig und einigen anderen Städten wird man anders darüber denken), werden bei der Rückkehr in die Beletage des deutschen Fußballs ob ihres attraktiven Namens und ihrer großen Fanschar sicherlich mit offenen Armen empfangen werden.

Nach vielen Jahren des Niedergangs und des Träumens von einem »Super-Dome« wurde das Niedersachsenstadion - nach dem denkwürdigen 4:3 gegen Albanien im Oktober 1997 zunächst für internationale Spiele gesperrt - ab Sommer 1999 langsam saniert. Man ging zunächst von zwei Bauabschnitten aus, wobei die 1999 abgeschlossene Phase 1 die Komplettrenovierung des bereits teilgesperrten Unterringes, der einen neuen Betonsockel sowie Sitzschalen bekam, sowie die Ausstattung des Oberringes mit Sitzschalen, neuen Verköstigungsständen, Rollstuhlplätzen und renovierten Toiletten umfasste.

Die sich daran anschließende Phase 2 sollte nach der Expo 2000 beginnen und 2004 abgeschlossen sein. Dabei ging es vornehmlich um die Komplettüberdachung sowie den Neubau der Osttribüne. Das seit 1954 dort stehende Gebäude weist zum Unmut der 96er nämlich zu wenig vom heute geforderten Fußballkomfort (VIP-Räume, Logen etc.) auf.

Über das zu schaffende »neue« Niedersachsenstadion gab es allerdings lange Debatten. 96 forderte die Umwandlung in ein reines Fußballstadion, während Hannovers Oberbürgermeister Schmalstieg auf einer Mehrzweckanlage beharrte. Erst als die Leichtathleten und der Landessportbund ihre Zustimmung erteilten, gab der Stadtrat am 13. Dezember 2001 grünes Licht für einen reinen Fußballtempel, dessen 61 Mio. Euro teure Umsetzung dem Braunschweiger Büro Schulitz & Co. anvertraut wurde. Noch aber waren nicht alle Probleme beseitigt, denn die Stadt Hannover legte anschließend der EU ihre Pläne vor und fragte, inwieweit das europäische Wettbewerbsrecht der geplanten Finanzierung mit Zuschüssen und Bürgschaften entgegenstehen könnte. Eine heikle Frage, die im ungünstigsten Falle bundesweite Konsequenzen für Stadionbauer hätte haben können. Der Mut der Hannoveraner wurde belohnt, denn im Mai 2002 kam grünes Licht aus Brüssel. Einer anderen Klage - der von Baukonzern Holzmann wegen der Vergabepraxis - entging Hannover durch den Konkurs des Konzerns.

Foto: MMM

Stimbergstadion (Erkenschwick)

Georg-Melches-Stadion (Essen)

Foto: MMM

Stadion am Bornheimer Hang (Frankfurt)

Foto: Chris Müller

Dreisamstadion (Freiburg)

Foto: Burkhard Schulz

Foto: Michael Seiß

Playmobilstadion (Fürth)

Arena AufSchalke (Gelsenkirchen)

Foto: Michael Seiß

Foto: Burkhard Schulz

Glückaufkampfbahn (Gelsenkirchen)

Jahnstadion (Göttingen)

Foto: Hardy Grüne

Foto: Burkhard Schulz

Millerntorstadion (Hamburg)

Volksparkstadion (Hamburg)

Foto: Burkhard Schulz

Foto: Steffen Halbleib

Stadion am Bischofsholer Damm (Hannover)

Stadion Meldorfer Straße (Heide)

Foto: Hardy Grüne

Foto: MMM

Stadion am Schloß Strünkede (Herne)

Stadion Grüne Au (Hof)

Foto: Rainer Hille

Wildparkstadion (Karlsruhe)

Foto: Landesbildstelle Baden

Flughafenstadion (Köln)

Foto: Burkhard Schulz

Das Niedersachsenstadion wird nun ab 2003 quasi komplett erneuert. Durch den Wegfall der Tartanbahn werden nicht nur wie geplant die Osttribüne, sondern auch beide Kurven abgerissen, damit das Spielfeld an die Westtribüne heranrücken kann. Alsdann werden leicht ovale Kurven erstellt, die die neue Osttribüne - ein Pendant der Westtribüne - in den Rest des Stadions einbinden. Die ganze Angelegenheit wird komplett überdacht sein und im besten Fall 52.000 Plätze bieten - darunter 7.000 Stehplätze, die im Fall der Fälle in Sitzplätze umgewandelt werden können. Clou ist das halbtransparente Dach, mit dem man die aus anderen Stadien bekannten Rasenprobleme in den Griff bekommen will. Komplett erneuert wird auch die Flutlichtanlage. Die 1965 errichteten Masten müssen weichen, stattdessen gibt es das übliche in das Tribünendach eingelassene Licht. Eine schicke Anzeigetafel wird das neue Gebilde abrunden.

Wo 96 die Umbauphase verbringt, steht noch in den Sternen. Zur Wahl stehen das marode Eilenriedestadion, das in keinerlei Hinsicht bundesligatauglich ist, oder die Benutzung des Niedersachsenstadions während der Umbauphase.

Nun noch ein Blick in die Vergangenheit. Die ersten rund 50 Jahre seiner Vereinsgeschichte verbrachte 96 auf der so genannten »Radrennbahn« unweit der derzeitigen Vereinsgeschäftsstelle an der Clausewitzstraße. Von dem 1956 abgerissenen Gebäude ist heute nichts mehr zu sehen: Auf dem Gelände befinden sich inzwischen der AOK-Neubau sowie der erweiterte Messeschnellweg. Nach dem Abriss der Radrennbahn trugen die Roten ihre Heimkicks abwechselnd im »Eilenriede-Stadion« und dem im September 1954 eröffneten Niedersachsenstadion aus. Erst seit dem ersten Aufstieg in die Bundesliga (1964) sind die Roten dauerhaft in der einstmals bis zu 85.000 Zuschauer fassenden Riesenarena zu Hause, die kurz nach dem Krieg aus den reichlich vorhandenen Kriegstrümmern Hannovers errichtet wurde.

Foto: Schulitz + Partner

Analog den Plänen von Richard Konwiarz besteht das Niedersachsenstadion im Grunde genommen aus zwei Stadien: Dem Unterring als dem »inneren Stadion« sowie dem Oberring als dem auf dem Unterring aufliegenden »äußeren Stadion«. Beide Bereiche sind voneinander abgetrennt und können separat betrieben werden – wie in den tristen 96-Jahren Mitte der Siebziger häufig geschehen, als der Unterring regelmäßig geschlossen blieb.

Im Urzustand war lediglich die Osttribüne überdacht, während die Besucher der Westseite ungeschützt den Unbilden des Wetters ausgeliefert waren - wie übrigens auch am Einweihungstag (20.9.1954), an dem es wie aus Kübeln goss... Anlässlich der WM 1974 wurde das Niedersachsenstadion erstmals komplett renoviert. Bei dieser Gelegenheit erhielt die Westgerade schließlich ihr Dach, das allerdings nur für die Besucher auf dem Oberring schützende Wirkung zeigt. Anfang der 90er Jahre wurden große Teile der Westtribüne versitzplatzt, wodurch die Kapazität der Spielstätte von rund 70.000 auf 56.000 sank. Seit Juli 2002 schließlich trägt das Stadion für drei Jahre den Namen »AWD-Arena« - der Allgemeine Wirtschaftsdienst macht dafür insgesamt sechs Mio. Euro locker.

Als Fan hat man es im Niedersachsenstadion nicht leicht, denn es ist schon eine beachtliche Entfernung von den Fan-Blöcken bis zum Spielfeld. Da für Stimmung zu sorgen, ist nicht einfach, und den Fans in Block H31 gelingt dies auch nicht immer. Das als »träge« gefürchtete hannoversche Publikum lässt sich im Normalfall höchstens zu rhythmischem Klatschen animieren und verfällt allenfalls beim 5:0-Zwischenstand kurz mal in Euphorie. Zahlreiche 96-Fans steuern inzwischen - genervt von Erfolgsfans und dem Alkohol allzu stark zusprechenden Minderjährigen in H31 - den Sitzplatzblock I an, der stimmungstechnisch etwas günstiger liegt.

Gästefans werden buchstäblich im Regen stehen gelassen, denn der altehrwürdige und überdachte Block N48 ist inzwischen versitzplatzt und statt dessen steht der unüberdachte Block G unterhalb der Anzeigetafel zur Verfügung. 96 hat noch immer ein beachtliches Potenzial an gewaltbereiten Besuchern. Die rechte Szene ist stark präsent, was im übrigen von vielen Fans (Tipp: das ausgezeichnete Fanzine »Notbremse«, das für 96 Cent - Postfach 4503, 30045 Hannover - erworben werden kann) heftig bedauert wird.

Sitzplätze: 12-28 €
Stehplätze: 6-12 €
Gäste: Südkurve (G26-30)

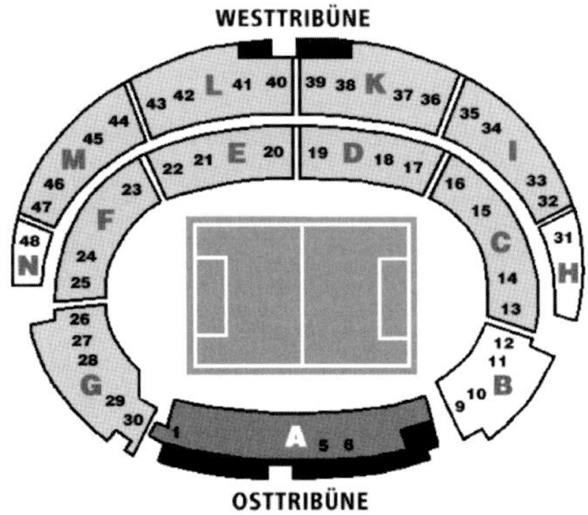

Rollis 50 Plätze stehen im Unterring zur Verfügung. **Fanshop** Geschäftsstelle Clausewitzstraße oder Galeria Kaufhof. **Lesen** Der »Bundesliga-Kurier« kostet einen Euro, ist schön farbig und bietet eine unschöne Mischung aus viel Werbung und wenig Text. **Essen** Verhältnismäßig große Auswahl (hoch gelobte Wurst, Pizza, Crêpes, Fischbrötchen), die aber ein klein wenig teuer ist. **Trinken** Mit dem neuen Caterer kam das Aus für Coca Cola - es gibt nur noch Sinalco. Bier kriegt der durstige Fan natürlich auch. **Klo** Nach Renovierung vorbildlich. **Kneipen** Richtung Zentrum taucht alsbald der Waterloo-Biergarten auf, in dem die Heimfans ihr Nach-dem-Spiel-Bier trinken. In der anderen Richtung (über die Stadionbrücke hinweg nach Linden) sind diverse nette Kneipen, Imbisse und Restaurants zu finden.

STADION ⚽⚽ STIMMUNG ⚽⚽ SERVICE ⚽⚽⚽ STRESS ⚽⚽

Vorweg: Das Niedersachsenstadion ist ausgezeichnet **ausgeschildert**. Von der A7 aus Richtung **Hamburg**: bis Abfahrt **Hannover-Anderten**, dann auf die **B65** (Südschnellweg) in Richtung Zentrum bis zum Kreisverkehr (**Landwehrkreisel**). Dort rechts, über den nächsten Kreisel hinweg und auf Höhe des Lindener Bahnhofs **rechts** abbiegen. Über die **A7** von **Kassel**: bis zum Dreieck Hannover-Süd, dann auf der **B6** (Messe-Schnellweg) bis zum Kreuz Seelhorst. Dort auf den Südschnellweg, alles weitere s.o. Von der **A2** aus Richtung **Bielefeld**: Bis zur Abfahrt **Hannover-Herrenhausen**, dann weiter auf dem Westschnellweg (**B6**) der Beschilderung folgen. Parken: rund 17.500 Parkplätze stehen im Stadionumfeld zur Verfügung - da sollte für jeden einer übrig sein. Probleme gibt es allerdings, wenn zugleich auf dem Schützenplatz etwas los sein sollte.

Zu **Fuß** sind es vom Hauptbahnhof zum Stadion rund **25 Minuten** (den Bahnhof geradeaus verlassen, die Fußgängerzone bis zum **Friederikenplatz** durchqueren, dann weiter über die Waterloostraße bis zum Stadion). Alternativ fahren die Stadtbahnlinien **3** oder **7** (Richtung Wettbergen) bis Stadionbrücke.

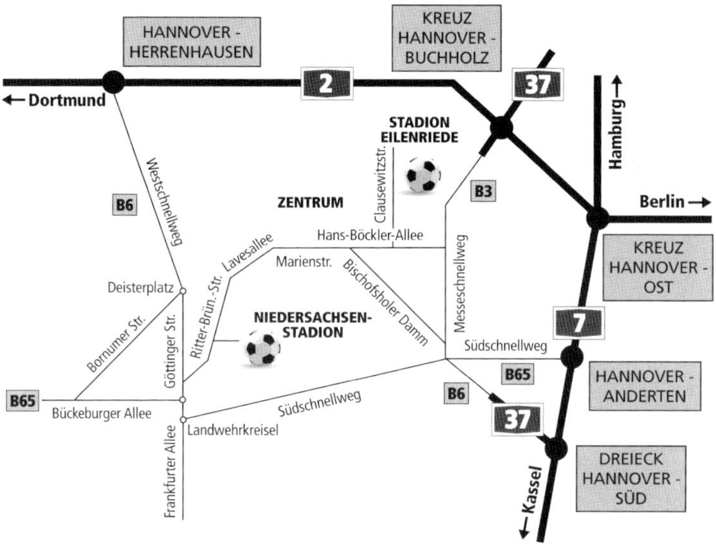

Schließlich noch ein paar Worte über das **Stadion Eilenriede**, die Spielstätte der 96-Amateure: 1922 wurde die Arena als »Hindenburg-Stadion« (was massive Proteste nach sich zog) eingeweiht und in den 30er Jahren dank Stahlrohrtribünen zur Länderspielstätte mit einer Kapazität von rund 57.000 Zuschauern aufgebläht. Heute befindet sie sich in einem Zustand, der mit »bedenklich« noch sehr wohlwollend umschrieben ist. Weite Teile des Stadions sind gesperrt, die Tribüne bröckelt und bröselt an allen Ecken und Enden.

Die Diskussion um die Zukunft der Arena zieht sich inzwischen seit gut zwei Jahrzehnten hin, und wenn nicht alles täuscht, wird sich daran wohl auch bis zur übernächsten Auflage der »1.000 Tipps« nix geändert haben. Nebenbei befindet sich übrigens Hannovers historische Stadthalle und der berühmte Zoo ist auch nicht weit entfernt.

Stadion Eilenriede

Foto: Hardy Grüne

Am einfachsten der **Ausschilderung** »Zoo« bzw. »Stadthalle« folgen. Über die **A2**: Bis **Kreuz Hannover-Buchholz**, weiter auf der **B3** (Messeschnellweg) bis zur Kreuzung »Pferdeturm«, dort rechts und wieder **rechts** in die Clausewitzstraße, an welcher das Stadion (rechts) liegt. Über die **A7**: Abfahrt **Hannover-Süd** und weiter auf der A37/B6 bzw. **B3** (Messeschnellweg), an der Messe vorbei bis zur Kreuzung Pferdeturm. Dort links und sogleich rechts in die Clausewitzstraße.

Alles, was in Richtung »**Zoo**« bzw. »**Stadthalle**« fährt, bringt einen automatisch zum Stadion.

HEIDE: Stadion Meldorfer Straße

Foto: Hardy Grüne

Baujahr: 1950

Kapazität: 8.000
Stehplätze: 6.900
Sitzplätze: 1.100

Heider SV, Jahnstr. 33a, 25746 Heide
Tel: 0481-63136, Fax: 0481-6837495
www.heidersv.de

Heide ist schön. Eine echte Perle unter den Kleinstädten. Nordisch herb und dennoch schnuckelig mitsamt seinen liebevollen Einwohnern. In Dithmarschen (nicht Friesland!) gehen die Uhren anders, hat das Leben einen eher gemütlichen Gang. Das Stadion an der Meldorfer Straße, seit 1950 Heimat des »kleinen HSV«, macht da keine Ausnahme. Hier geht es locker und freundlich zu, wenn die Schwarz-Weißen zum Heimkick bitten.

Das war nicht immer so, denn einst war Heide eine gefürchtete Stätte, auf der große Namen wie der »große HSV« (Hamburger SV), Werder Bremen oder Hannover 96 böse Klatschen kassierten. In den 50er Jahren, als das Wirtschaftswunder auch in Holstein Station machte und den Menschen die Geldbörsen füllte, erklomm eine Schar Heider Fußballer um den späteren Nationalspieler Willi Gerdau die lichten Höhen der altehrwürdigen Oberliga Nord und durfte die ganz Großen herausfordern. Rund 5.500 Fans pilgerten 1956/57 alle zwei Wochen an die Meldorfer Straße, konnten aber nicht verhindern, dass der HSV sofort wieder absteigen musste. 1960/61 kam man wieder, spielte Anfang der 70er Jahre ein paar Saisons in der »alten« Regionalliga Nord (Schnitt 71/72: 3.758!) und hielt ansonsten tapfer Heides Flagge in der höchsten Amateurklasse des Nordens resp. Schleswig-Holsteins hoch. 1997 war man zuletzt nahe dran, an alte Zeiten anzuknüpfen, doch im Aufstiegsduell mit Arminia Hannover um den Einzug in die Regionalliga gab es nach einem hoffnungsvollen 0:0 in Hannover eine böse 0:4-Heimschlappe. Seitdem darbt Heides Nummer 1 wie so viele Klubs finanziell ein wenig und ist mehr mit dem wirtschaftlichen Überleben als mit dem sportlichen Aufschwung beschäftigt. Mit fatalen Folgen, denn der Zuschauerschnitt ist inzwischen auf erschreckende 221 (2000/01) gesunken.

Das Stadion an der Meldorfer Straße hätte mehr verdient. Die reine Fußballarena, 1950 mit einem Freundschaftsspiel gegen den Hamburger SV eingeweiht, befindet sich in einem ansprechenden Zustand und würde so manch aufstrebendem Dritt- oder Viertligisten gut zu Gesicht stehen. Vor allem die überdachte Tribüne, die eine ebenso eigenartige wie charakteristische Schräge nach innen aufweist (im unweit gelegenen Itzehoe steht ein ähnliches Ensemble) ist recht sehenswert. 1.100 Menschen finden theoretisch auf ihr Platz. Der Rest des Stadions ist umgeben von Stehtraversen, die ihren Namen wahrlich verdienen, denn es handelt sich um breite Plattformen, auf denen bequem eine Kleinfamilie Platz findet. Ideal zum nervösen Mitfiebern bei einem dramatischen Spiel!

Glanzstück der Arena aber ist der Eingangsbereich. Das von der Meldorfer Straße aus leicht zu übersehende stählerne Tor mit dem Vereinswappen sowie dem Vereinsnamen führt direkt zum Haupteingang des Stadions, neben dem sich das gemütliche Vereinsheim befindet. Hier herrscht noch der Sport und nicht das Geschäft, hier wird noch gegen den Ball getreten statt noble Karossen zu fahren. Da stört auch nicht, dass alles einen bisweilen tristen Eindruck hinterlässt und der Zahn der Zeit unübersehbar seine Spuren hinterlassen hat. In Heide, das dürfte feststehen, wird auch weiterhin gegen den Ball getreten. Dafür sorgt alleine die landesübliche Gemütlichkeit und die hervorzuhebende Eigenart der Menschen, sich durch nichts aus der Ruhe bringen zu lassen.

Wie es sich für einen Traditionsverein gehört, verfügt der Heider SV über eine Schar »echter« Fans - will heißen: Schalträger, Kuttenfans und allgemein sangesfreudiges Volk. Leider sind es nicht mehr allzu viele, die die Farben des HSV tragen - die aber, die es noch immer tun, sind ungemein stolz darauf (und verfügen über diesen gewissen Trotz, der nötig ist, einen in der Versenkung verschwundenen Viertligisten zu unterstützen) und nach Aussage von Heide als Gästefans bereisenden St.-Pauli-Amateure-Anhängern »supernett«. Heimfans platzieren sich auf der Gegengeraden, wo sich auch die Gästefans zumeist aufhalten, was in der Regel zu keinerlei Problemen führt. Die Stimmung im Klubheim wird als »grandios« geschildert. Heile Welt in Heide...

Sitzplätze: 7,50 €
Stehplätze: 5-6 €
Gäste: egal

Rollis Der freundliche Ordnerdienst ist höchst hilfsbereit. **Fanshop** Im Vereinsheim gibt es ein begrenztes Angebot. **Lesen** »Hattrick«, A5, kostenlos, ein einfach gemachtes Blättchen, das die nötigsten Infos liefert. **Essen** Normale Bratwurst. Vorsicht: es gibt separate Schlangen für Wurst und Getränke! Also vorher überlegen, was man will. **Trinken** Richtiges Bier und die üblichen Softdrinks. **Klo** Akzeptabel, wenngleich der Zahn der Zeit genagt hat. **Kneipen** Klubheim im Eingangsbereich. Ansonsten ist die pittoreske Innenstadt gleich (links) um die Ecke. Ach ja: Heide verfügt über den größten Marktplatz Deutschlands - schon gewusst?

STADION ⚽⚽ STIMMUNG ⚽ SERVICE ⚽⚽ STRESS

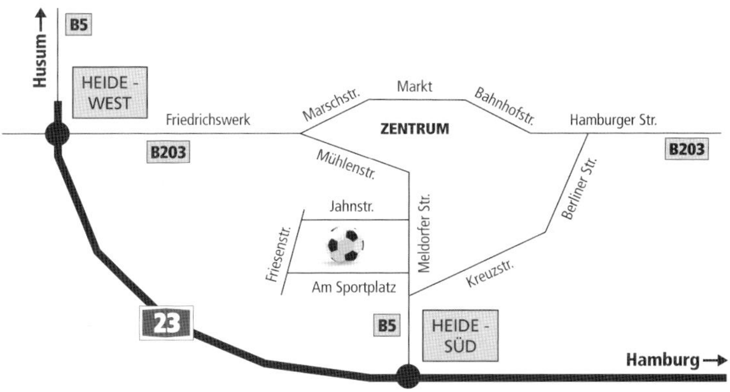

Über die **A23** aus Richtung **Süden**: Bis **Heide-Süd**, dann weiter auf der **B5** (Meldorfer Straße) in Richtung Heide. Dort angekommen, taucht das Stadion kurz vor dem Stadtzentrum **linker Hand** auf. Über die **A5** von **Norden**: Bis **Heide-West**, dann weiter auf der **B203** Richtung Heide. Am Innenstadtring rechts auf die **Mühlenstraße** und noch einmal rechts auf die **B5**, an der das Stadion rechter Hand liegt. **Vorsicht**: Der Eingang ist etwas zwischen den Häusern **versteckt** und daher leicht zu übersehen.

Im **Bahnhof** durch den Tunnel, am Wulf-Isebrandt-Platz **links** und schräg rechts durch den **Park** zur Meldorfer Straße. Das Heider Stadion taucht nach kurzer Zeit auf der linken Seite auf. Der ganze Weg ist in **zehn Minuten** zu schaffen.

Foto: Andreas Pötzsch

VfR Heilbronn, Postfach 3631, 74026 Heilbronn
Tel: 07138-94023, Fax: 07138-94025
www.vfr-heilbronn.de

Ja, ja, hier fand einmal Profifußball statt! Nicht nur durch den heimischen VfR, der sich 74/75 für ein Jahr in der Zweiten Liga versuchen durfte, dabei aber gnadenlos scheiterte: Am 23. Februar 1989 trug der K SC seinen Erstligakick gegen Bor. M'gladbach in Heilbronn aus, weil drei Monate zuvor im Wildpark ein Zuschauer den Gladbacher Hochstätter mit einem Feuerzeugwurf ausgeknockt und eine Wiederholungsspiel nebst Platzsperre durch den DFB heraufbeschworen hatte.

Eigentlich handelt es sich beim Frankenstadion um einen Neubau - allerdings auf dem Gelände eines alten, traditionsreichen Areals. Das Städtische Stadion, 1920 eingeweiht und vor allem vom VfR Heilbronn beackert, wurde 1985 dem Erdboden gleichgemacht. Das »alte« Stadion wies eine schmucke Tribüne auf und konnte bis zu 18.500 Menschen fassen - wie am 22. August 1971, als die Offenbacher Kickers zum fälligen Regionalligaspiel anrollten. Seinerzeit war die Fußballzukunft in der Neckarstadt noch rosig und manch einer träumte vom Aufstieg in die Bundesliga. Doch nach dem sportlichen Fiasko in der Spielzeit 1974/75, als der VfR trotz immerhin 30 Punkten den Gang in die Oberliga antreten musste und sich nur vier Jahre später sogar in der Verbandsliga wiederfand, waren die großen Zeiten an der Badstraße passé. Daher stellte es zunächst auch kein Problem dar, dass die Städtische Arena unübersehbare Mängel aufwies. Erst als immer mehr Bereiche für Zuschauer gesperrt werden mussten, entstand Handlungsbedarf. Anfang der 80er Jahre entwickelte man daher ein atemberaubendes Konzept, das die Strukturen des alten Stadions völlig veränderte und eine »Kampfbahn des internationalen Typs A« - sprich für internationale Leichtathletikveranstaltungen geeignet - entstehen ließ. Die alten Traversen wurden komplett abgetragen und an anderer Stelle neu errichtet, auf der Hauptgeraden entstand eine schmucke Tribüne mit knapp 1.000 überdachten Sitzen und frei schwebendem Dach. Alsdann wurde das ganze Areal umzäunt (träumte man beim VfR womöglich schon wieder von der Zweiten Liga?) und feierlich der Öffentlichkeit übergeben.

Die fand sich zu VfR-Spielen nur selten ein. Die Schwarz-Weißen stiegen 1984 aus der Oberliga ab und dümpelten in unteren Ligen herum. Bei den Heimkicks auf dem während des Umbaus genutzten HSV-Platz konnte man bequem mit dem Klingelbeutel herumgehen. Erst als der VfR Ende der 90er Jahre seine Renaissance feierte und nach einem dramatischen Spiel gegen den SV Linx sogar den Wiederaufstieg in die Oberliga schaffte, kehrte wieder Fußballatmosphäre im Stadion ein.

2001/02 avancierte der VfR mit einem Schnitt von 1.189 Zahlenden sogar zum unumstrittenen Zuschauermagneten der Oberliga Baden-Württemberg - fand sich jedoch am Saisonende nach einer bitteren 0:3-Heimschlappe gegen Waldhofs Amateure unvermittelt in der Verbandsliga wieder. Anschließend machten Gerüchte die Runde, der in Heilbronn auch »Rasenspieler« genannte VfR wolle mit dem Erzrivalen Union Böckingen fusionieren. Daraus wurde aber bislang nichts. Nun erlebt das fast 18.000 Plätze bietende Frankenstadion allerdings wieder »nur« Verbandsligakicks gegen Reutlingens Amateure und den TSV Schönaich. Für Komfort wäre in der etwas faden und »klinisch rein« wirkenden Arena jedenfalls gesorgt. Die Tribüne ist gemütlich und auf den Stehrängen kann man getrost besseres Schuhwerk tragen, denn die Zeiten der »Schlammbäder« sind vorbei. Und vielleicht schafft es der VfR ja eines Tages auch mal wieder, das Stadion mit Fans zu füllen - zumal man sich auf den KSC als Kassenknüller ja auch nicht mehr verlassen kann.

Trotz der sportlichen Berg- und Talfahrt der letzten Jahrzehnte verfügt der VfR Heilbronn über eine intakte Fanszene, die durchaus in der Lage ist, Heimspiele zu »echten« Heimspielen zu machen - wie erwähnt war der VfR 2001/02 Zuschauermagnet Nummer 1 der Oberliga Baden-Württemberg. Die VfR-Fans stehen auf der Gegengeraden und frönen gerne dem Bengalo- bzw. Rauchpulver-Kult. Unter ihnen befinden sich einige Gestalten, denen man besser aus dem Weg geht.

Sitzplätze: 6-8 €
Stehplätze: 3-5 €
Gäste: egal

Rollis Spielfeldrand. **Fanshop** Stand am Haupteingang. **Lesen** Professionell gemachtes, aber inhaltlich eher schwaches Heft. **Essen** Wurst, Brötchen. **Trinken** Bier und Softdrinks. **Klo** In der Tribüne, bestens. **Kneipen** Ziemlich mau. Am besten die Theresienstraße hoch ins Zentrum, wo es genug Verköstigungsörtlichkeiten gibt.

STADION ⚽ STIMMUNG ⚽ SERVICE ⚽ STRESS

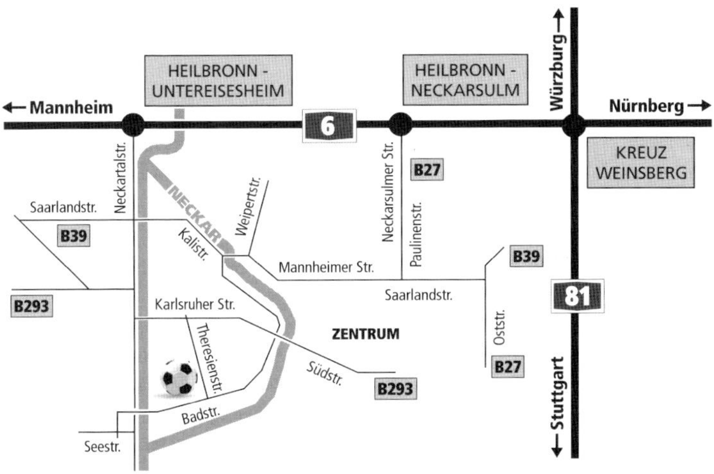

Auf der **A81** von **Stuttgart**: bis Abfahrt **Heilbronn/Untergruppenbach** und weiter Richtung Heilbronn, am Ende der zweispurigen »Stadtautobahn« links auf die **B293** gen Sinsheim und nach der Flussüberquerung **links** in die Badstraße zum Stadion. Aus Richtung **Mannheim**, Würzburg, Nürnberg: über die **A6** bis zur Abfahrt Heilbronn/Untereisesheim und weiter auf der **Neckartalstraße** (Richtung Lauffen) immer am Neckar entlang, bis man auf die **B293** stößt, der man nach links in die **Badstraße** zum Stadion folgt. **Parkplätze** (Straßenparken) sind etwas **knapp**, reichen für gewöhnlich aber aus.

Vom Bahnhof sind es rund **zehn Fußminuten** bis zur Badstraße, an der das Frankenstadion gelegen ist. Das Bahnhofsgebäude nach **rechts** verlassen, der Bahnhofstraße folgen und die **Theresienstraße** hinunter.

Foto: MMM

Baujahr: 1934

Kapazität: 36.500
Stehplätze: 31.500
Sitzplätze: 4.500

Westfalia Herne, Westring 260, 44629 Herne
Tel: 02323-23406, Fax: 02323-1479980
www.scwherne.de

Der Bau des Westfalia-Stadions am Schloss Strünkede, so der offizielle Titel der Arena nach der Rechtschreibreform, zog sich von 1928 bis in den Herbst 1934 hin, wobei die Mitglieder tatkräftig Hand anlegten - sonst hätte es womöglich noch länger gedauert. Doch am 9. September 1934 konnte Westfalia dann - knapp 30 Jahre nach der Gründung des Vereins im um die Ecke gelegenen Schloss - seinen zunächst noch recht schlichten Sportplatz mit einem Spiel gegen den nur wenige Wochen älteren FC Schalke 04 einweihen.

Im Laufe der Jahre wuchs die kleine Kampfbahn zu einem imposanten Stadion mit einer Kapazität von 40.000 Plätzen (1959) heran, wobei die heimische Westfalia lange Zeit unter einem Damoklesschwert kickte. Denn der Pachtvertrag mit der Märkischen Steinkohlengesellschaft, dem Besitzer des Grundstücks, sah vor, dass das Gelände für den Fall, da es »für Zwecke des Bergbaus« benötigt werde, wieder in seinen ursprünglichen Zustand hätte versetzt werden müssen. Doch 1948 waren alle Zweifel beseitigt und die Kohleleute gaben ihre Zustimmung zum Bau der Haupttribüne, die Anfang der 50er Jahre fertig gestellt wurde. In den folgenden Spielzeiten bekamen die dort sitzenden und stehenden Zuschauer allerhand zu sehen: 1954 stieg Westfalia in die Oberliga auf und wurde dort fünf Jahre später mit Spielern wie Pyka, Tilkowski oder Benthaus sogar Westdeutscher Meister. Mitte der 70er mischte Westfalia noch einmal kurz in der Zweiten Liga mit, doch nach der »Goldin-Affäre« (Präses, Mäzen und Tankstellenmogul Goldbach musste wegen Steuerhinterziehung hinter Gitter) ging es bergab. Der vorläufige Tiefpunkt war 1996 erreicht (Landesliga) und auch das Stadion präsentierte sich da in einem erbärmlichen Zustand. Zuletzt renoviert worden war es 1976, als der VfL Bochum während der Bauarbeiten am Ruhrstadion für einige Monate nach Herne auswich.

Eine Zeit lang sorgte die Stadt als Eigentümer des Geländes für die Pflege der nach wie vor vereinseigenen Arena, doch handelte es sich dabei nur um Instandhaltungsmaßnahmen. Anlässlich der Rückkehr des SCW in die Oberliga spendierte man dem Stadion neue Tore, das war's dann auch schon wieder. Mittlerweile legen die Mitglieder (wie in alten Tagen) selbst Hand an, um die gröbsten Mängel zu beseitigen. Gemeinsam wurden die Stehplätze entgrünt, das überdimensionale Vereinswappen auf die Tribüne gepinselt und auch die Wellenbrecher erstrahlen nun wieder in einem satten Blau. Mehr als Kosmetik ist dies alles zwar nicht - aber besser als gar nix.

Die sangesgewaltigeren Westfalia-Fans sind oben auf der Tribüne zu finden, der Rest verteilt sich auf der Geraden hinter dem VIP-Container. Zwar gibt es in Herne auch einige zwielichtige Gestalten, die eine Zeit lang gar für richtig Rabatz gesorgt haben, doch ist der Großteil der Fans friedlich und frönt in Form des »Inferno Strünkede« vermehrt dem Ultra-Gedanken. Gäste stellen sich da hin, wo sie es am schönsten finden. Im Zweifel dürfte dies nicht allzu weit weg von den Imbisswägelchen sein. Durch die recht steilen Ränge herrschen gute Sichtverhältnisse.

Sitzplätze: 5-8 €
Stehplätze: 3-5 €
Gäste: egal

Preise Arbeitslose, Rentner, Frauen, Jugendliche (bis 14) und Schwerbeschädigte zahlen weniger. **Rollis** Spielfeldrand. **Fanshop** Provisorischer Shop im Clubhaus am Haupteingang (ab 30 Minuten vor bis 30 nach Abpfiff geöffnet). **Lesen** Ob die »Westfalia News« weiter in gewohnter Form erscheinen, war bis zuletzt nicht raus. Drücken wir mal die Daumen. **Essen** Bei Westfalia muss niemand verhungern. An der Gegengeraden hat sich eine Art Imbisswagenburg gebildet: Brat-, Bock-, Currywurst, Krakauer, Frikas, Pommes, Gyros, Pizza, Eis, Kuchen - toll. **Trinken** Holsten Pils (Glas, Becher oder Flasche), Frankenheimer Alt, Malzbier, Cola, Limo, Fruchtsäfte, Kaffee, Tee, Kakao, Glühwein, Piccolo, Kümmerling, Underberg, Jägermeister, Feigling, Weinbrand, Korn. Noch Fragen? Zivile Preise. **Klo** Ist ok. **Kneipen** Vereinskneipe »Ritterstuben« (Kaiserstr. 101, drei Minuten vom Stadion), zum Schlosspark gehört neben dem Schloss (Eintritt frei) auch eine Minigolfanlage.

STADION ⚽⚽ STIMMUNG ⚽⚽ SERVICE ⚽⚽ STRESS ⚽

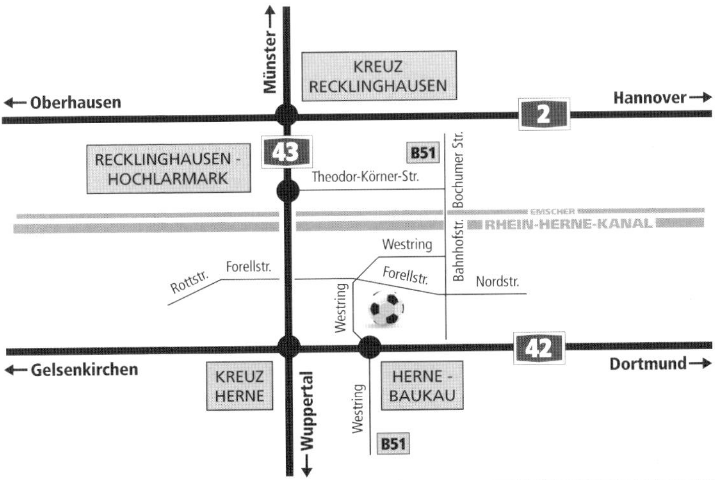

Das Westfalia-Stadion liegt unweit des Autobahnkreuzes Herne, welches die **A43** (Münster-Wuppertal) mit der A42 (Dortmund-Kamp-Lintfort) verbindet. Von der A42 geht es an der Abfahrt **Herne-Baukau** herunter auf den **Westring**, auf dem man nach wenigen Metern auf das Schloss Strünkede nebst Stadion stößt.
Über die **A2**: am Kreuz Recklinghausen auf die **A43** gen Bochum bis Abfahrt **Recklinghausen-Hochlarmark**. An der ersten Ampel **rechts** auf die Theodor-Körner-Straße, nach etwa 1,2 km rechts auf die Bochumer Straße und nach der Überquerung von Emscher und Kanal schließlich rechts auf den **Westring**, auf dem bald links das Stadion auftaucht. **Parken**: Auf dem Kirmesplatz am Westring findet man eigentlich immer ein Plätzchen. Bei Spitzenspielen empfiehlt sich ferner der **P+R-Platz** am Herner Bahnhof, von hier sind es mit der U35 nur zwei oder aber zu Fuß (Bahnhofstraße o. Westring) maximal zehn Minuten.

Vom **Bochumer** Hauptbahnhof fährt die U-Bahn-Linie **U35** über den Herner Bahnhof, von dem aus man auch die **Buslinie 205** (Richtung Recklinghausen Hbf.) nehmen kann, in einer knappen Viertelstunde bis zur **Endhaltestelle** Schloss Strünkede. Vom **Herner Bahnhof** kann man auch den **362er** (gen Schleusenweg) bis zur Station Westring/Nordpark nehmen, dann landet man vor dem Haupteingang.

HOF: Stadion Grüne Au

Baujahr: 1913

Kapazität: 18.000
Stehplätze: 16.650
Sitzplätze: 1.350

Foto: Burkhard Schulz

Bayern Hof, Oelsnitzer Str. 101, 95028 Hof
Tel: 09281-73250, Fax: 09281-732516
www.fc-bayern-hof.de

Frieden liegt über der Grünen Au. Hier und dort treten Jugendkicker gegen Lederbälle, überall stehen moderne Mittelklasseautos, die von bescheidenem Wohlstand zeugen. Die Kabinentüren sind sauber und gepflegt wie überhaupt das gesamte Areal mitsamt der Vereinsgaststätte am Haupteingang, und irgendwie scheint die Zeit stehen geblieben zu sein. Nichts deutet darauf hin, dass die Arena einmal kurz davor stand, als Gastgeber für Bundesligaspiele zu fungieren; dass hier dereinst 18.000 Fans eine Stimmung erzeugten, die den gegnerischen Spielern durch Mark und Bein ging und die Grüne Au zu einer echten »Festung« machte.

Heute sieht die Traditionsstätte zwar nur noch viertklassigen Fußball, doch Bayern Hof ist alles andere als ein gewöhnlicher Bayernligist. »Sehnsucht Grüne Au« haben sich die Fans, die so zahlreich wie bei kaum einem anderen Viertligisten strömen, auf die Fahnen geschrieben. Bayern Hof ist Kult – nicht nur in Franken, wo die Schwarz-Gelben noch immer über einen ausgezeichneten Ruf verfügen und unverändert die Fans anlocken. Und zwar aus Tradition: 1960 beispielsweise wurde Hof von der »Münchner Abendzeitung« als »die fußballfreudigste Stadt dieses Jahres in der Bundesrepublik« bezeichnet. Insgesamt waren in jenem Jahr 173.000 Zuschauer zu den Heimspielen der Schwarz-Gelben gekommen – bei gerade mal 57.000 Einwohnern, die die oberfränkische Grenzstadt seinerzeit hatte. Zudem ist Bayern Hof ein Verein, der Leidenschaft weckt - und sie pflegt. Das wiederum hat viel mit dem Stadion Grüne Au zu tun, einer der traditionsreichsten Fußballarenen im Land: Seit 1913 wird dort Fußball gespielt. 1929 wurden beim Gastspiel des 1. FC Nürnberg 7.000 Zuschauer begrüßt, ein Jahr später erwarb Bayern Hof das Gelände. 1955 erweiterte man die Kapazität auf 12.000, was dem Verhältnis zwischen Angebot und Nachfrage nach dem Aufstieg der Schwarz-Gelben in die Oberliga Süd (1959) jedoch nicht mehr angemessen war, woraufhin die Grüne Au auf stolze 20.000 Plätze ausgebaut wurde.

In den Jahren 1967 bis 1969, als die Heimelf um Torjäger »Bobby« Breuer vehement ans Tor zur Bundesliga klopfte, reichte selbst das nicht mehr und die Hofer durften regelmäßig vor ausverkauftem Haus kicken - mitunter war mehr als ein Drittel der gesamten Bevölkerung Hofs in der Grünen Au versammelt.

Mit Einführung der Zweiten Liga sank der Stern des kleinen FCB allmählich: 1978 Abstieg in die Bayernliga, 1980 gar in die Landesliga. Die Fans strömten unverdrossen weiter. Als es am 28.Mai 1983 gegen den TSV Unterpleichfeld um die Rückkehr in die Bayernliga ging, feierten mehr als 4.000 Fans das 3:0 der Oberfranken. Doch die Drittligaluft war zu rau und seit dem direkten Wiederabstieg pendelt man zwischen Dritt- und Viertklassigkeit. Hauptproblem sind die Finanzen, was 1980 auch zum Verkauf der Grünen Au an die Stadt führte. Das Stadion befand sich übrigens jahrelang in einem halbfertigen Zustand. Gegenüber der heimeligen 1.350-Plätze-Tribüne von 1949 ragte nämlich ein Neubau in den Himmel, der aus finanziellen Gründen zunächst nicht fertig gestellt werden konnte. 1999 aber war es endlich so weit und der Rohbau, der symbolträchtig für das Schicksal des Klubs und der Grünen Au stand, wurde in eine funktionale Fußballtribüne verwandelt. Neuestes Ziel ist nun die Errichtung einer Flutlichtanlage, für die man eine einzigartige Aktion gestartet hat: Analog zum Wiederaufbau der Dresdner Frauenkirche, für den man symbolische Bausteine kaufen konnte, sind in Hof symbolische Glühlampen für das Flutlicht zu erwerben. 10.000 solcher Birnen (Preis fünf Euro) sollen verkauft werden, damit die Grüne Au eines Tages in Flutlicht erstrahlt - nach Möglichkeit in der Regionalliga.

»Sehnsucht Grüne Au« lautet das Motto der Fans des FC Bayern Hof - und das sind für einen Oberligisten nicht wenige. Hof-Fans haben einen legendären Ruf. In den 70ern ging es hoch her in der Grünen Au und trotz des sportlichen Tiefgangs der Schwarz-Gelben blieb stets eine kleine und bewundernswert aktive Fanszene bestehen. Folge ist, dass die Fans heute in vielen Dingen wie Internet-Präsenz, Ordnerdienst, Organisation von Auswärtsspielen etc. involviert sind. Die Stimmung in der Grünen Au kann schon mal etwas überschwappen, und dann heißt es sich in Acht zu nehmen vor gewissen Teilen des Publikums. Gästefans haben freie Platzwahl.

Sitzplätze: 7-10 €
Stehplätze: 3-6,50 €
Gäste: egal

Rollis Am Spielfeldrand. **Fanshop** Im Eingangsbereich, in der Tribüne. **Lesen** »Bayern-Post«, A4-Überformat, von den Redakteuren der Frankenpost gemacht und durchweg lesenswert. **Essen** Verschiedene Würste. **Trinken** Alkoholisches Bier und Softdrinks. **Klo** In der Tribüne, gepflegt. **Kneipen** Kultcharakter hat die Gaststätte »Grüne Au« am Haupteingang.

STADION **STIMMUNG** **SERVICE** **STRESS**

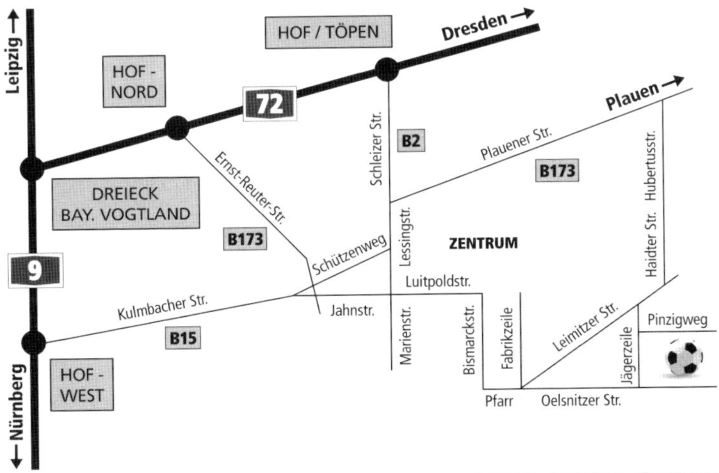

Egal, welche **Abfahrt** man auch benutzt: **Wegweiser** Nummer 1 ist in allen Fällen »**Oelsnitz**«. Hat man ein derartiges **Hinweisschild** entdeckt, kann man ihm bedenkenlos **folgen** und wird direkt am leider nur mäßig ausgeschilderten Stadion herauskommen. **Parken:** Straßenparken, wird bei gutem Besuch etwas knapp.

Vom **Hauptbahnhof** mit der Linie **9** (Richtung Unterkotzau) bis zum Omnibusbahnhof, von wo aus es mit der **4** (Richtung Jägersrut) weiter bis zur Grünen Au geht. Samstag und Sonntag klappt das übrigens wie folgt: einmal **stündlich** um 19 Minuten vor der vollen Stunde ab Bahnhof, um 45 An- und auch Abfahrt Omnibusbahnhof.

HOFFENHEIM: Dietmar-Hopp-Stadion

Baujahr: 1999

Foto: Chris Müller

Kapazität: 7.000
Stehplätze: 5.380
Sitzplätze: 1.620

TSG Hoffenheim, Silbergasse 45, 74889 Sinsheim-Hoffenheim
Tel: 07261-656090, Fax: 07261-656092
www.tsg-hoffenheim.de

Es ist für einen Klub schon eine feine Sache, einen der reichsten Männer Deutschlands als Sponsor hinter sich zu wissen. Da erklärt sich so manches. Zum Beispiel, warum die TSG Hoffenheim binnen zehn Jahren von der A-Klasse in die Regionalliga aufsteigen konnte. Doch bevor nun falsche Gedanken aufkommen: Nein, Hoffenheim ist kein weiteres Beispiel für selbstdarstellerische Großmannssucht mit dem Hang zum schnellen Geldausgeben und der Gefahr der dramatischen Pleite. Im Gegenteil: Hier ist man durch und durch bodenständig - mit dem deutlich erkennbaren Trend zum »schaffe, schaffe Häusle baue«.

In dem rund 3.000 Einwohner großen Vorort Sinsheims ticken die Uhren noch lange nicht im Profifußballrhythmus. Vieles erscheint provisorisch und erinnert an liebevollen Amateurfußball. Man gibt sich redlich Mühe, den Anforderungen der 3. Liga gerecht zu werden. Doch es gibt Probleme - verzeihlich freilich, denn so schnell, wie die TSG wuchs, kann einfach keine Fußballkultur entstehen. Nehmen wir die Parkplätze. Als sich im Sommer 2001 Freiburg und Dortmund zum Ligapokalmatch in Hoffenheim trafen, war die Arena mit 7.000 Menschen pickepackevoll. Geparkt hatten die Fans auf einer rasch gemähten und vom dichtesten Unkraut befreiten Wiese - glücklicherweise war es ein regenfreier Tag. Die ungewöhnliche Parkplatzlösung bewährte sich und wurde auch für die erste Regionalligasaison eingeführt. Für den anreisenden Fan bedeutete dies, dass er zunächst über Stock und Stein steigen musste, ehe er einen ziemlich steilen Anstieg vor sich hatte und entweder über eine kleine Treppe oder über eine schmale Straße zum hoch oben gelegenen Stadion ächzte.

Das am 17. August 1999 offiziell seiner Bestimmung übergebene und seitdem in ständigem Ausbau befindliche Dietmar-Hopp-Stadion ist freilich eine kleine Perle in der deutschen Kleinstadionlandschaft. Die inzwischen über die gesamte Länge überdachte Tribüne weist acht Sitzplatzreihen sowie 18 Logenplätze auf (Hopp ist Mitbegründer und Aufsichtsratsvorsitzender von SAP und hat des Öfteren Freunde zu Besuch). Hinter den Toren finden sich je sieben Reihen Stehplätze, derweil auf der Gegengeraden nur deren drei zu finden sind. Aber die idyllisch gelegene Arena ist ja auch noch nicht fertig.

Hoffenheims Aufschwung, das soll an dieser Stelle nicht verschwiegen werden, hat etwas Bewundernswertes. Dietmar Hopp investierte seine Millionen nicht etwa in ausgelutschte Profis, sondern schuf ein Fußball-Leistungszentrum, in dem Jugendliche sowohl am Ball als auch »am Leben« geschult werden. Berufliche Ausbildung und balltechnische Fähigkeiten gehen einher und man darf das Modell TSG unumwunden als »vorbildlich« bezeichnen. »Unser Konzept steht auf den vier Säulen Sport, Schule, Beruf und Soziales«, umschreibt Jugendkoordinator Anton Nagl die unter dem Motto »Anpfiff fürs Leben« stehende Philosophie. Rund acht Mio. Euro hat Hopp bislang in Stadion, Infrastruktur und Umfeld investiert. Es dürfte sich auszahlen, denn Deutschlands Fußball wird mit der TSG Hoffenheim vermutlich eine Kraft bekommen haben, die sich in gewisser Hinsicht zum Zugpferd entwickeln kann.

Nun, es gibt »Hoffe«-Fans. Nicht viele zwar, aber es wird allmählich. Sie stehen hinter dem Tor links der überdachten Tribüne und vor dem Vereinsheim. Es handelt sich um ein lustiges Völkchen, das bei auswärtigen Fans keinerlei Irritationen auslösen wird (außer durch die mitunter etwas »komische« Sprache), den Anhängern der Gastmannschaft allerdings mitunter etwas ratlos gegenübersteht. Das mag sich freilich nach den Erfahrungen aus der ersten Regionalligasaison, die erstmals mit Leuchtkugeln, Feuerwerk und Rauch vertraute Gästeanhänger nach Hoffenheim führte, Vergangenheit sein.

Gästefans werden auf der Hintertortribüne vor dem Hockeyfeld postiert und haben einen »schönen« Käfig bekommen, der von allen Seiten gut bezaunt ist. Das hindert die Sicht ein wenig, soll aber wohl vor allem die Einheimischen schützen. Pech, dass größere Gruppen bisweilen nach Abpfiff durch die Haupttribüne gen Ausgang geführt werden müssen...

Sitzplätze: 8-12,50 €
Stehplätze: 5-7 €
Gäste: Hintertortribüne

Rollis Spielfeldrand. **Fanshop** Vorhanden und gut sortiert. **Lesen** Ein kostenloses Werbeblatt mit Aufstellungen. **Essen** Für 2 Euro gibt es entweder Bratwurst oder ... Lachsbrötchen (da erzähle noch einer was von Hoffenheim als »Geldverein«...). Für ein schmackhaftes Steakbrötchen mit gerösteten Zwiebeln muss man 3,50 Euro ausgeben. Vegetarier gehen leer aus. **Trinken** Cola, Fanta, Mineralwasser, Spezi, Apfelschorle sowie »richtiges« Bier - all das ist für 2 Euro zu haben. **Klo** Dem Stadionzustand entsprechend absolut top. **Kneipen** Vereinsheim »Fair Play«. Ansonsten befindet man sich in einem 3.000-Seelen-Dorf. Noch Fragen?

STADION | **STIMMUNG** | **SERVICE** | **STRESS**

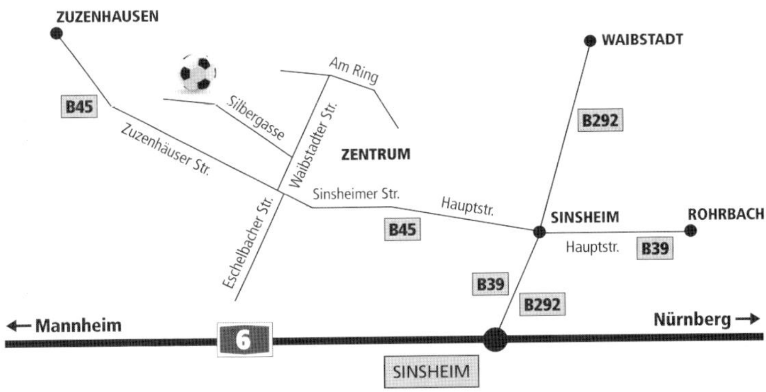

Die **A6** bis zur Abfahrt **Sinsheim**, dann weiter auf der **B292** in Richtung Sinsheim/Mosbach. Nach einigen hundert Metern dann **links** auf die **B45** in Richtung Neckargemünd. In Hoffenheim **angekommen**, durch den Ort und rechts zum Stadion. **Parken:** Auswärtigen wird für gewöhnlich der Parkplatz jenseits des Bahnhofs zur Verfügung gestellt, von wo aus ein rund **15 Minuten** langer Fußweg zum Stadion lockt. In Stadionnähe gibt es einige Plätze links und rechts der Silbergasse, wobei diese Presse und VIPs vorbehalten sind. Achtung: Sind alle Plätze belegt, wird die Silbergasse für KFZ **gesperrt** und es heißt wenden! Nette Nachricht: Parken ist überall **kostenlos**!

Hoffenheim liegt an der Bahnstrecke Heidelberg-Heilbronn, die auch an wochenendlichen Spieltagen **ordentlich** befahren wird. In Hoffenheim **aussteigen** und in rund **15 Minuten** zu Fuß zum Stadion laufen.

Baujahr: 1937

Kapazität: 22.500
Stehplätze: 20.700
Sitzplätze: 1.800

Foto: Tobias Fuchs

FC Homburg, Untere Allee 42, 66424 Homburg
Tel: 06841-93080, Fax: 06841-930830

Das Stadion des FC Homburg trägt seinen Namen nicht von ungefähr, liegt es doch direkt am Waldesrand. Dennoch verpassten ihm die Verantwortlichen bei seiner offiziellen Einweihung im August 1937 zunächst die wenig anheimelnde Bezeichnung »Hauptkampfbahn der Stadt Homburg«, erst nach dem Ende des Zweiten Weltkriegs wurde das Sportfeld dann endlich in »Waldstadion« umgetauft und - vielleicht noch wichtiger - schrittweise erweitert.

Mitte der 50er Jahre war der Ausbau bereits derart weit fortgeschritten, dass die Chronisten von Spielen vor 30.000 Zuschauern zu berichten wussten. Als Homburg sich 1974 für die neue Zweite Liga Süd qualifizieren konnte, da passten offiziell freilich nur noch 20.0000 Zuschauer, von denen es sich etwa 550 auf der überdachten Tribüne der Geraden gemütlich machen durften, ins Waldstadion. In der neuen Spielklasse hielten die Saarländer wacker mit und sorgten damals auch gelegentlich im DFB-Pokal für Furore: zweimal stand der FCH immerhin im Viertelfinale.

Als Homburg im Sommer 1986 gar den Aufstieg in die Bundesliga schaffte, wurde das Waldstadion natürlich dementsprechend auf Vordermann gebracht. Durch Erweiterung der Stehtraversen und Ausbau der kleinen Tribüne stieg das Fassungsvermögen auf 22.500 Zuschauer, die sich auf 20.700 Stehplätze sowie 1.300 überdachte und 500 offene Sitze auf der (später so benannten) Karlsberg-Tribüne verteilen. Anlässlich des zweiten Bundesliga-Gastspiels folgte 1989 eine (damals) moderne elektronische Anzeigetafel und ein Jahr später schließlich auch noch eine viermastige Flutlichtanlage.

Nach dem Abstieg aus der Zweiten Liga (1995) ließ man das Waldstadion dann aber mehr oder weniger vergammeln. Im August 2001 wurde die Arena für das Pokalspiel gegen den HSV (2:5 vor gut 10.000 Zuschauern) noch einmal notdürftig hergerichtet, aber das war's dann auch schon wieder. Das Spektrum der Missstände reicht von kaputten Flutlichtmasten über wackelige Stehstufen bis hin zu funktionsuntüchtigen Toilettencontainern. Im April 2002 brannte zu allem Überfluss auch noch eine Rostwurstbude ab - um das Stadion steht es wirklich nicht gut. Doch der FCH hat derzeit ganz andere Sorgen: Nach der erfolgreich abgeschlossenen Insolvenz von 1999 steht der chronisch klamme Klub erneut vor dem Aus. Und ob man in der B-Klasse noch im Waldstadion kickt, erscheint zweifelhaft.

Das wackere Homburger Anhänger-Häufchen, dessen jüngerer Teil schon ganz gerne mal ein wenig zündelt, versammelt sich auf der Gegengeraden im Block 3. Dort geht es friedlich zu, solange der Gegner nicht aus Saarbrücken oder Waldhof kommt. Gästefans wandern vom Jahnplatz aus zu den Kassen hinter Block 5 und von dort weiter zu den ihnen dort zugedachten Stehstufen, von denen man halbwegs ordentlich Fußball gucken kann.

Preise Die üblichen Verdächtigen kommen billiger rein. Sonderpreise für Kinder. **Rollis** Plätze im Innenraum. **Fanshop** Den Fanartikelstand am Haupteingang gibt es leider nicht mehr. Da bleibt nur der Kontakt über die Geschäftsstelle. **Lesen** Ob es das »Fußball-Journal«, das zuletzt kostenlos am Stadioneingang auslag, weiter geben wird, ist derzeit unklar. Auch Fanzines sind derzeit Mangelware. Schade. **Essen** So ziemlich das Einzige, was beim FCH noch bundesligatauglich ist: rote und weiße Rostbratwürste. Großartig und preiswert. **Trinken** Echtes Bier, Limo, Wasser und im Winter Glühwein. **Klo** Zu Hilfe! **Kneipen** Außer der Stadionklause, in der nach dem Spiel die einschlägigen Biersorten ausgeschenkt und die nicht minder einschlägigen Sportsendungen ausgestrahlt werden, ist im näheren Umfeld nix los. FCH-Fans treffen sich gelegentlich in der »Glockenstube« (Talstraße).

Sitzplätze: 5-12 €
Stehplätze: 3-6 €
Gäste: Block 5

STADION ⚽⚽ STIMMUNG ⚽ SERVICE ⚽ STRESS ⚽

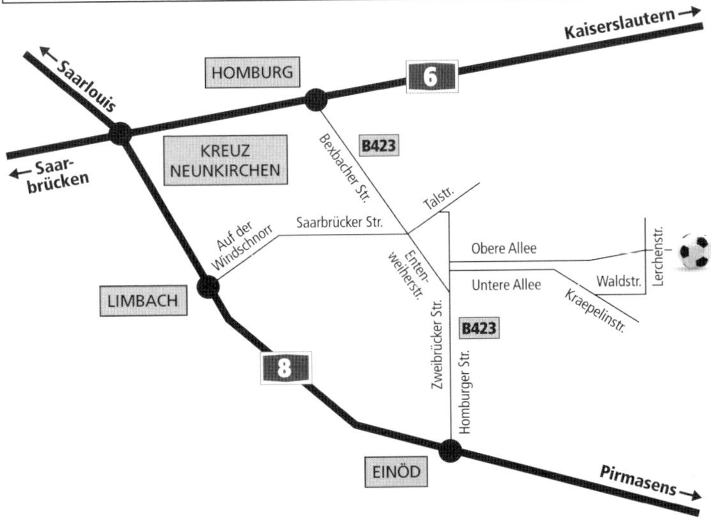

Von **K'lautern** oder **Saarbrücken**: über die **A6** bis Abfahrt **Homburg**, dort auf die **B423** und über die Bexbacher Straße gen Zentrum. Hinter der Unterführung die zweite größere Kreuzung links (Richtung Unikliniken) in die Talstraße, gleich wieder rechts in die Straße am Zweibrücker Tor und geradeaus auf die **Obere Allee**, die zum Waldstadion führt - die Homburger Arena ist aber auch ganz gut ausgeschildert. Von Saarbrücken oder Saarlouis anreisende Fans können von der **A8** auch an der Abfahrt **Limbach** abfahren. In diesem Falle führt der Weg zum Ziel dann über Auf der Windschnorr, Kaiser- und Saarbrücker auf die Talstraße - Rest s.o.

Von **Pirmasens**: über die **A8** bis zur Abfahrt **Einöd**, dann rechts auf die **B423** und etwa fünf bis sechs Kilometer geradeaus über Homburger, Einöder und Zweibrücker Straße, bis es rechts in die Untere bzw. Obere Allee und zum Stadion geht. Von den ausgeschilderten Parkplätzen sind es noch ein paar Fußminuten zum Ziel, **Auswärtsfans** parken am besten auf dem **Jahnplatz** hinter dem Waldstadion, da dieser direkt am Gästeblock liegt.

Vom **Bahnhofsplatz** aus fahren die SGW-Stadtbusse, die hier auch »**Bussis**« genannt werden. Nun ja. Mit den Bussi-Linien **S1** (Richtung Kirrberg über Uni-Klink) und **S2** (gen Birkensiedlung) geht es bis zu den Haltestellen »**Untere Allee**« bzw. »Saarpfalz Gymnasium«, von hier ist es nur noch ein kurzer **Fußmarsch**. Schon ein wenig länger, nämlich gut eine halbe Stunde, ist unterwegs, wer vom Bahnhof komplett zu Fuß laufen möchte (Eisenbahnstraße, Marktplatz, Festung bzw. Ruine Homburg und Obere Allee).

JENA: Ernst-Abbe-Sportfeld

Foto: Hardy Grüne

Baujahr: 1924

Kapazität: 12.900
Stehplätze: 6.328
Sitzplätze: 6.572

Carl Zeiss Jena, Ernst-Abbe-Sportfeld, Oberaue 3, 07745 Jena
Tel: 03641-765100, Fax: 03641-202022
www.fc-carlzeiss-jena.de

Das idyllisch in der Oberaue gelegene Stadion des FC Carl Zeiss ist Bestandteil eines riesigen Sportgeländes und wurde nach gut zweijähriger Bauzeit am 24. August 1924 mit einem »Gesellschaftsspiel« des 1. SV Jena gegen den VfL Halle 96 (1:1) eingeweiht - ihren heutigen Namen erhielt die Arena freilich erst zum 50-jährigen Werksjubiläum am 25. August 1939: Geehrt wurde der Physiker Ernst Abbe, der einst gemeinsam mit Zeiss die Grundlage zur Entwicklung von Linsen gelegt und 1889 die Carl-Zeiss-Stiftung gegründet hatte. Auf die Tribüne, die lange den einzigen Komfort darstellen sollte, passten damals 600 Zuschauer.

Nachdem die Kriegsschäden (u.a. Bombentreffer) beseitigt worden waren, machte man sich in den 50er Jahren an die Erweiterung des Stadions. Bald hatte man die Kapazität auf 25.000 Plätze erhöht, die angesichts der großen Jenaer Erfolge jedoch nicht immer ausreichen sollten. So standen sich 1962 beim Europacup-Halbfinale des SC Motor gegen Atletico Madrid (0:1) 27.500 Fans auf den Füßen - aller Wahrscheinlichkeit nach ein Rekord für die Ewigkeit. Zwölf Jahre später erhielt das Sportfeld die Flutlichtanlage mit den charakteristischen Masten, eingeweiht wurde sie am 20. Februar 1974 mit einem satten 4:0 des FCC gegen den Berliner FC Dynamo. Das hätte den Optiker Abbe sicherlich ebenso erfreut wie die Installation der ersten elektronischen Anzeigetafel in der DDR überhaupt, die 1978 im Sportfeld aufgebaut wurde.

Aufgrund der Sicherheitsbestimmungen des DFB sank das Fassungsvermögen der Arena, deren Flutlicht 1995 zum zweiten Mal (auf nunmehr 850 Lux) aufgemotzt wurde, später auf schlappe 9.400 Plätze - die Gegengerade fiel neuen Sitzschalen zum Opfer. Im September 1997 kam dann auch das Aus für die uralte Holztribüne von 1924, auf der gerade einmal 420 Leutchen hatten Platz nehmen können. Sie musste einer ungleich moderneren Variante weichen, die exakt 4.020 Zuschauern ein Dach über dem Kopf bietet. Im August 1998 wurde das Schmuckstück eingeweiht. Ein knappes Jahr später waren die umfangreichen Arbeiten, die sich neben der Haupttribüne auf die Erneuerung der Leichtathletikanlagen und Stehtraversen konzentrierten, abgeschlossen. Und am 12. April 2002 konnte dann auch ein neuer »Nach-Umbau-Zuschauerrekord« aufgestellt werden: 12.165 sahen das Spiel gegen Dresden - die Aktion »Volle Hütte gegen Dynamo« war ein voller Erfolg.

Die Jenaer Fans haben eine kleine Völkerwanderung hinter sich, an deren Ende nun der Umzug in die Blöcke D-G steht - in der Kurve stehen die Jüngeren, auf der Tribüne die alten Recken und der Supporters Club. Gäste benutzen den Eingang Saaleseite und stellen sich in den Südkurvenblock O. Die Sichtverhältnisse sind trotz Laufbahn ganz o.k.

Preise Schüler, Studenten, Schwerbehinderte, Jugendliche (14-18) und Rentner erhalten ermäßigten, Kinder bis 6 (in Begleitung) freien Eintritt. Kinder bis 14 Jahre zahlen generell die Hälfte des Normalpreises. Kurios: Steht Jena auf einem der ersten drei Plätze, wird ein Topzuschlag von 1 Euro pro Karte fällig. Die entsprechenden Abschläge für Rang 10-14 bzw. 15-18 hat man dagegen gestrichen. Buh! **Rollis** Plätze auf der Aschenbahn, ermäßigter Preis, eine Begleitperson darf umsonst rein. Vom Parkplatz P2 (mit Parkkarte) aus ebener Zugang durchs Marathontor, zwei neue Behindertentoiletten in der Haupttribüne. **Fanshop** Hinter der Tribüne. Im Fanhaus (zwischen Eingang Stadtrodaer Straße und Block G) sind auch alternative Fanartikel erhältlich. Ferner: Intersport Felke-Meier in der »GoetheGalerie« (Goethestr. 3, 07743 Jena, Tel: 890014). **Lesen** Klasse. Ein sehr gutes Programmheft (»Anpfiff«, 1 €) und ein tolles Fanzine (»Die dicken Kinder von Jena«, 1,55 €, Fanprojekt Jena, Oberaue 4, 07749 Jena, Tel/Fax: 765123, fp@fcc-supporters.de) und das »Liederbüchlein für den Zeiss-Fan« (50 Cent, im Fanhaus). **Essen** Hinter Block G/H und der Tribüne warten Imbissbuden mit einer Thüringer Rostbratwurst auf, die zu den besten der Republik gehört. Dazu verzehrt der Stadiongourmet Pommes. Immer einen Besuch wert ist auch das »Piroschka« (s. Anfahrt). **Trinken** Leichtbier, Softdrinks und Kaffee. Bei Risikospielen nur alkoholfreies Bier. **Klo** Kann man mit leben. **Kneipen** Erste Anlaufstelle ist das Fanhaus (s.o.), in dem man nach dem Spiel »echtes« Bier, Snacks und TV-Fußball genießen kann. Relativ neu ist das »Abseits« (Magdelstieg 31).

Sitzplätze: 5-12 €
Stehplätze: 4,50-6 €
Gäste: Block O

STADION ⚽⚽ STIMMUNG ⚽⚽ SERVICE ⚽⚽ STRESS ⚽

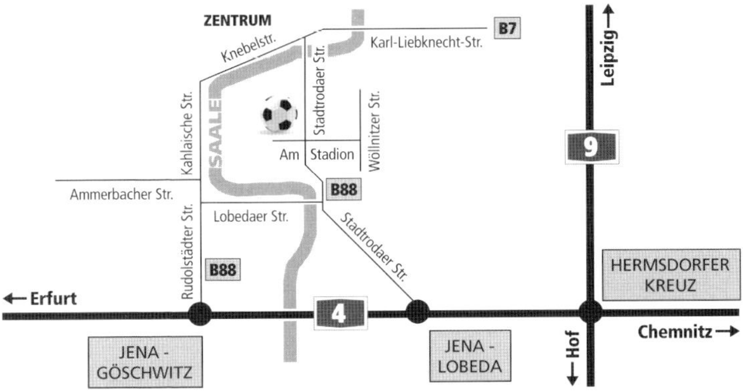

Von **Chemnitz** bzw. **Leipzig**: über die **A4** bis zur Abfahrt **Jena-Lobeda** und links auf die **Stadtrodaer Straße** in Richtung Zentrum. Nach ca. drei Kilometern taucht links das Ziel der Reise auf, doch an der Ampelkreuzung vor dem Stadion fährt man besser nach rechts auf den großen Parkplatz **Sportforum**, an dem der hervorragende ungarische Imbiss »Piroschka« auf Kunden wartet. Einen Kilometer weiter gen Zentrum findet sich alternativ der **Seidel-Parkplatz**. Am Stadion selbst dürfen nur Ordner und VIPs parken. Wer von **Erfurt** kommt, sollte die A4 an der Abfahrt **Jena-Göschwitz** verlassen: Rudolstädter Straße (B88) gen Zentrum und nach etwa dreieinhalb Kilometern rechts auf die Lobedaer Straße. Durch Burgau und anschließend auf die Stadtrodaer Straße gen Zentrum, Rest s.o. - das Abbe-Sportfeld ist aber auch ganz ordentlich **ausgeschildert**. Wer **zu spät** zu kommen droht, kann sein Autoradio übrigens mal auf UKW 103,4 MHz drehen und während der Parkplatzsuche der Übertragung vom »Offenen Kanal Jena« lauschen.

Wer am West- oder Saalbahnhof aussteigt, fahre mit der **Buslinie 15** (gen Rautal bzw. Westbahnhof) bis **Holzmarkt** und steige dort in die **Straßenbahn** um. Vom Bahnhof Jena-Paradies sind es mit den Linien **4**, **5** oder **35** (Richtung Lobeda-West/Ost) nur zwei Stationen bis zur Haltestelle **Sportforum**.

KAISERSLAUTERN: Fritz-Walter-Stadion

Baujahr: 1920

Kapazität: 41.582
Stehplätze: 20.810
Sitzplätze: 20.772

Foto: DSS '92 (M. Czerwinski)

1.FC Kaiserslautern, Stadionstr. 11, 67663 Kaiserslautern
Tel: 0631-3188222, Fax: 0631-3188290
www.fck.de

Kaum ein Stadion hat eine derart herrliche Lage aufzuweisen wie Kaiserslauterns Fußballtempel, der hoch über der kleinen Stadt thront und wie eine Herrscherburg davon kündet, wer in der Pfalz das Sagen hat: Der Fußball. Wenn der FCK am Samstagnachmittag zum Ball bittet, verwandelt sich die auf den Betzenberg hochführende Straße zu einer einzigen Woge rot-weißer Wallfahrer, die aus der ganzen Pfalz kommen, um dem schwarzweißen Lederball zu huldigen. Oder vielmehr den Roten Teufeln, die für die rezessionsgeschüttelte Pfalz mehr als nur ein Hoffnungsträger sind: nämlich Weltanschauung. Das war, wie ein Blick in die Geschichte zeigt, längst nicht immer so. In den 60er Jahren beispielsweise waren die Lauterer stets im letzten Drittel der Bundesliga-Beliebtheitsskala zu finden. Häufig waren es nicht einmal 20.000, die jeden zweiten Samstag den Betzenberg erklommen und die für ihre rustikale Spielweise bekannten Roten Teufel um Dietmar Schwager unterstützten. Das hinderte den Betzenberg freilich nicht daran, bei dem einen oder anderen Gegner als »Hölle« gefürchtet zu werden. Namentlich Bayern München hatte so seine Probleme mit dem höchsten Fußballberg der Bundesliga. Paul Breitner wollte nach einer neuerlichen Niederlage gar »nie wieder nach Kaiserslautern«.

Erst Mitte der 80er Jahre setzte der FCK-Boom ein, der mit der deutschen Meisterschaft von 1991 einen ersten Höhepunkt erreichte. Erstmals konnte der FCK in jener Saison die magische 30.000-Zuschauerschnittmarke überschreiten und es war Zeit für eine Erweiterung der 38.500 Plätze bietenden Arena.

Bereits seit 1920 wird das Betzenberggelände als Sportstätte genutzt. Zuvor hatten die diversen FCK-Vorläufer im »Ländel«, dem Sportplatz »Eselsfürth« oder dem »Waldschlösschen« gekickt, ehe der damalige FVK hinter dem Hauptbahnhof auf den »luftigen Höhen des Betzenberges« (Pfälzische Presse) ein Gelände erwarb und in mühsamer Eigenarbeit einen Sportplatz schuf, der am 13. Mai 1920 seiner Bestimmung übergeben wurde. Anschließend wurde das Areal Schritt für Schritt ausgebaut. Fünf Jahre nach seiner Einweihung erhielt es eine kleine Holztribüne; ein Jahr später wurde aus dem Sand- ein Rasenplatz, und Anfang der 30er Jahre konnte das Fassungsvermögen mittels Betontraversen und einer kleinen überdachten Tribüne auf der Nordseite auf 18.000 geschraubt werden. Parallel dazu begann der sportliche Aufstieg des seit 1932 1. FCK genannten Klubs, der anno 1940 als Aufsteiger auf Anhieb Meister der Gauliga Südwest wurde. Star des Teams war ein Jungspund namens Fritz Walter.

Nach dem Zweiten Weltkrieg mussten die Roten Teufel vorübergehend auf den nur wenige Meter bergab gelegenen »Erbsenberg« des Lokalrivalen VfR ausweichen, da der kriegsgeschädigte Betzenberg von den Franzosen beschlagnahmt und als Schuttabladeplatz zweckentfremdet worden war. Nach der Rückkehr wurde das Spielfeld den Auflagen des DFB entsprechend vergrößert, ehe 1953 Traversenerweiterungen das Fassungsvermögen auf rund 25.000 anhoben. Zuvor hatte der FCK - Deutscher Meister 1951 und 1953 - zu seinen Endrundenschlagerspielen regelmäßig ins größere Ludwigshafener Südweststadion ausweichen müssen, da der Betzenberg schlicht zu klein war. »Anstatt dass Zehntausende von auswärts nach Kaiserslautern kommen, fahren Tausende von Kaiserslautern nach Ludwigshafen. Die Stadt erhält keine Vergnügungssteuer, Gastwirtschaften und andere Unternehmungen haben einen Einnahme-Ausfall, die Fußballfreunde aus Kaiserslautern und Umgebung müssen, wenn sie das Spiel sehen wollen, tiefer in die Tasche greifen«, hatte die »Pfälzische Volkszeitung« diese Praxis bitterlich kommentiert.

Die nächsten Baumaßnahmen waren nach der Qualifikation des FCK zur Bundesliga fällig. Die Gegengerade wurde überdacht, die Westkurve auf 57 Traversenstufen erhöht. Insgesamt fasste die Arena nunmehr 35.000 Zuschauer, die sich ab dem 18. Dezember 1963 auch über eine Flutlichtanlage freuen konnten. Peu à peu ging es weiter: 1965 wurde die marode Südtribüne ersetzt, 1972 entstand auf der Nordseite ein moderner Neubau, 1978 schließlich gab es eine neue Flutlichtanlage. Unter der Präsidentschaft von »Atze« Friedrich bemühte sich der FCK ab 1977, das umliegende Gelände zu erwerben und in den heutigen multifunktionalen Sportkomplex umzuwandeln, in dessen Mittelpunkt das Stadion steht. Jenes wurde nun in einen komplett überdachten Fußballtempel verwandelt. Es begann am 16. September 1978, als nach nur 16 Wochen Bauzeit die neue Ostkurve eingeweiht werden konnte. 1985 folgten die gegenüberliegende Westkurve sowie die Umbenennung in »Fritz-Walter-Stadion« - jenes Helden von Bern, der am 17. Juni 2002 verstarb.

Anfang der 90er Jahre sollte der Neubau der Haupttribüne folgen, doch zwischen Vorstellung der Pläne am 5. Dezember 1990 und Eröffnung des rund 60 Mio. DM teuren Gebäudes vergingen mehr als vier Jahre. Grund war ein an die Haupttribüne grenzender Steinbruch, in dem nach Ansicht von Naturschützern eine vom Aussterben bedrohte Eulenart nistete. Seitens der Stadt Kaiserslautern wurde zudem befürchtet, die neue Tribüne könne »stadtbildzerstörend« sein. Es kam zu Prüfungen, Expertisen, Gerichtsverhandlungen und diversen Baustopps, die nicht nur die Vollendung des Bauwerkes hinauszögerten, sondern zugleich die Kosten in die Höhe trieben - und den FCK in finanzielle Schwierigkeiten brachten. Erst zum Rückrundenstart 94/95 konnte der hypermoderne Neubau mitsamt einer regelrechten »Fressmeile« im Bauch sowie zwölf VIP-Logen eingeweiht werden. Alsdann ging es den Stehplätzen in den Osttribünenblöcken 2 und 3 an den Kragen, wodurch das Fassungsvermögen auf 38.000 sank, was für die inzwischen völlig FCK-verrückte Region natürlich viel zu wenig war. Ende April 1998 wurde daher an der Südgeraden eine zweite Etage angefügt, auf der 4.000 neue Sitzplätze geschaffen wurden, die zur Saison 1998/99 erstmals genutzt werden konnten.

Nach dem Zuschlag zur WM 2006 werden nun für rund 50 Mio. Euro West- und Osttribüne aufgestockt, um zusätzliche 10.000 Sitzplätze zu gewinnen. Auf der Nordtribüne wird ein neues Medienzentrum entstehen. Die WM-Bewerbung Kaiserslauterns war übrigens ein wenig fraglich, da sich das Betzenberg-Publikum mitunter arg enthusiastisch verhalten hatte - vor allem, wenn es gegen den FC Bayern ging. Dessen Präses Franz Beckenbauer - zugleich »Kopf« der deutschen WM-Kommission - hatte sogar damit gedroht, die Weltmeisterschaft am Betzenberg vorbeigehen zu lassen, damit allerdings einen bundesweiten Aufschrei der Empörung ausgelöst. Keine Frage: Nicht nur die Pfalz, sondern das ganze Land liebt den Betzenberg.

Das Modell des umgebauten Fritz-Walter-Stadions

Foto: Bongarts

KAISERSLAUTERN: Fritz-Walter-Stadion

Wo immer man in der Pfalz auch hinkommt, trifft man garantiert auf FCK-Fans, denn kaum ein Verein weiß seine Region derart geschlossen hinter sich wie die Roten Teufel. Der FCK spielt eben nicht nur für Kaiserslautern, er spielt für die gesamte Pfalz. Die bekanntermaßen sangesfreudigen und (positiv) fanatischen Fans tummeln sich (wenn sie denn eine Karte kriegen) auf der Westtribüne (Blöcke 7 bis 9), einem der wenigen verbliebenen Stehplatzbereiche des Fritz-Walter-Stadions. Sie sind nahezu ausnahmslos freundlich und können gewaltige Stimmung entwickeln, müssen aber auch mit einem »Rahmenprogramm« leben, das mit überlauter Musik, Cheerleadern und gelenkter Unterhaltung jegliche Kreativität abtötet. Etwas weniger ist manchmal mehr, FCK!

Unter den langjährigen FCK-Fans gibt es seit einiger Zeit eine erregt geführte Diskussion über die Zukunft der eigenen Fanszene, die sich seit der Überraschungsmeisterschaft von 1998 kräftig gewandelt hat. Das Thema »Erfolgsfans« ist in Kaiserslautern ein ganz besonderes, denn mehr als anderswo will man in der pfälzischen Fußball-Hochburg »dabei« sein - ob man nun wirklich Ahnung vom Fußball hat oder nicht. Das führt einerseits dazu, dass es für »echte« Fans bisweilen schwer ist, ein Ticket zu bekommen, und andererseits zu einer gewissen Verstimmung unter den langjährigen FCK-Fans. Ein Leserbriefschreiber beklagte sich beispielsweise nach dem Tode von Fritz Walter im »kicker« bitterlich über die geringe Anzahl von Trauergästen (offiziell 8.000): »Wo war die angeblich so fußballverrückte Pfalz beim Abschied ihres Idols?«

Gastanhänger dürfen auf der Osttribüne in Block 1 stehen (oder nebenan in Block 2 sitzen). Der in die Ecke gedrängte Stehplatzbereich ist etwas beengt, bietet dafür aber, wie eigentlich fast jeder Platz im Fritz-Walter-Stadion, ausgezeichnete Sicht- und lobenswerte Stimmungsverhältnisse. Verpflegung und Klos am Block sind gewährleistet. Grundsätzlich ist man als Gastfan in Kaiserslautern willkommen und wird neugierig beäugt. Es gibt aber einige Querköpfe, die meinen, die Pfalz sei ausschließlich für den FCK reserviert.

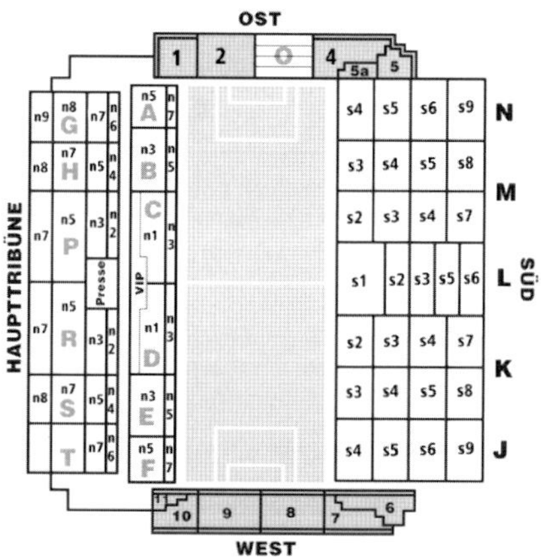

Sitzplätze: 15-41 €
Stehplätze: 8,50 €
Gäste: Osttribüne (1-2)

STADION STIMMUNG SERVICE STRESS

Rollis 78 Rollstuhlplätze vor der Südtribüne. **Fanshop** In der Ecke Haupttribüne/ Osttribüne (über Vereinsadresse, Tel: 316890, Fax: 3168920) oder FCK-World, Stiftsplatz 5, 67655 Kaiserslautern, Tel: 93355. **Lesen** »Play«, kostet 1 €, A4, farbig, nettes Layout, Inhalt eher mäßig. **Essen** In der »Fressgasse« der Haupttribüne versorgen zahlreiche »Genussstände« mit unterschiedlichsten Leckereien, die ihren Namen durchaus verdienen und alle Geschmäcker befriedigen sollten. Preise sind großveranstaltungsmäßig gestaltet, also eher hoch. Nach dem Spiel ist dort die Pressekonferenz auf Videoleinwand zu verfolgen. **Trinken** Bier mit und ohne Alkohol, Cola, Fanta, Sprite, Kaffee. **Klo** Reichlich vorhanden und allesamt in gutem Zustand. **Kneipen** Zwischen Stadion und dem Platz 4 der Amateure befindet sich eine durchaus angenehme FCK-Gaststätte. Ansonsten sieht es im Stadionumfeld eher mau aus und Genießer nehmen am besten die zehn Minuten Fußweg in die Altstadt in Kauf, um aus dem dortigen reichhaltigen Angebot auswählen zu können. Im Anschluss an ein FCK-Spiel bekommt man dort unten übrigens rasch den Eindruck, als sei jede einzelne Kaiserslauterer Kneipe auch FCK-Schuppen. Toll!

KAISERSLAUTERN: Fritz-Walter-Stadion/Platz 4

Im Schatten des wunderschönen Betzenberges dümpelt ein dröger Sportplatz, der nichts anderes als diese Bezeichnung verdient hat: **Platz 4**. Dass hier Regionalligafußball geboten wird, stellt für jeden mitgereisten Gästefan eigentlich fast schon eine Beleidigung dar und wäre es nicht das Nachwuchsteam eines Bundesligisten, hätte man allen Grund zum verächtlichen Getuschel über »unmögliche Verhältnisse«. Die FCK-Fans tun ihr Möglichstes, um die lediglich an einer Seite mit Stehtraversen begrenzte Spielwiese halbwegs in eine Fußballarena zu verwandeln und haben dafür den Dank und Respekt aller verdient, die sich jemals in dieses Ding verirrt haben und noch werden. Ende der Durchsage.

Fritz-Walter-Stadion, Platz 4

Foto: Rolf Conrad

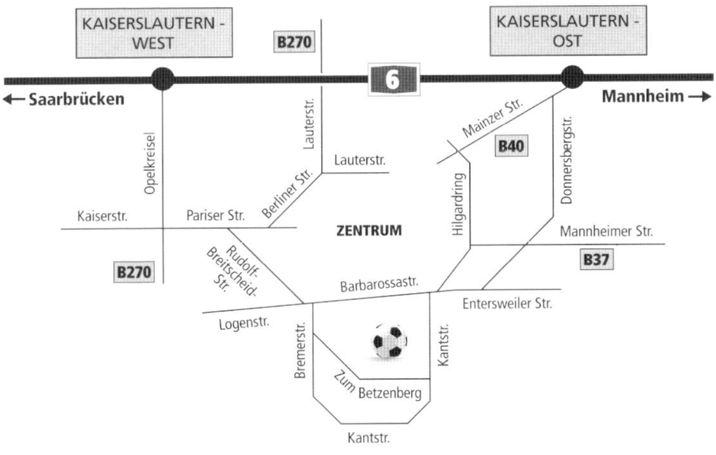

Über die **A6** aus Richtung **Mannheim**: bis Abfahrt **Kaiserslautern-Ost**, dann auf die **B40** (Mainzer Straße) in Richtung Kaiserslautern/Zentrum. An der ersten Ampel **links** in die **Donnerbergstraße** und der Stadionbeschilderung folgen (über die Mannheimer Straße hinweg bis zur Entersweilerstraße, dann rechts auf die Barbarossastraße, von der aus die Straße Zum Betzenberg abgeht).
Über die **A6** aus Richtung **Saarbrücken**: bis zur Abfahrt **Kaiserslautern-West**, dann auf der **B270** in Richtung Pirmasens und weiter auf der B270 (Pariser Straße) gen Zentrum bzw. der **Stadionbeschilderung** folgen (rechts auf die Dr. R.-Breitscheid-Straße, dann auf die Barbarossastraße und schließlich auf die Straße Zum Betzenberg).
Parken: in Stadionnähe **katastrophal**. Am besten gleich einen der ausgezeichnet ausgeschilderten **P+R-Parkplätze** ansteuern und mit den Pendelbussen auf den Betzenberg fahren. Problem: Nach dem Spiel muss man zu Fuß zum Parkplatz zurückgehen, was aber angesichts der geringen Distanzen nicht allzu schlimm ist.

Mit der **Buslinie 2** (in Richtung Betzenberg) kann man den zwar nicht allzu langen, dafür aber doch ein wenig **steilen Fußweg** vom Hauptbahnhof zum Stadion ein wenig verkürzen.

KARLSRUHE: Wildparkstadion

Foto: Thomas Zachler

Baujahr: 1923

Kapazität: 33.604
Stehplätze: 17.702
Sitzplätze: 15.902

Karlsruher SC, Adenauerring 17, 76131 Karlsruhe
Tel: 0721-9643450, Fax: 0721-9643469
www.karlsruhersc.de

Irgendwer hat das Wildparkstadion irgendwann einmal als »Juwel im Kranz der deutschen Stadien« bezeichnet. Vielleicht handelte es sich dabei um einen badischen Patrioten (und die sind wirklich sehr zahlreich), vielleicht aber auch um den Architekten selbst. Wahrscheinlich hat der gute Mann das Ding aber einfach nur verwechselt.

Der Vorläufer der heutigen KSC-Spielstätte, der Phönix-Platz, der schon damals über eine elegante, überdachte Holztribüne mit Platz für 1.000 Zuschauer verfügte, war bereits im Mai 1923 eingeweiht worden und wurde 30 Jahre später kräftig ausgebaut. Rund ums Spielfeld errichtete man nach dem Vorbild des Ludwigshafener Südweststadions an drei Seiten riesige und steil aufragende Stehwälle, auf denen später rund 45.000 Menschen Platz fanden. Gekrönt wurde die Anlage von einem Tribünenneubau, der weitere 5.000 Zuschauer beherbergen konnte. Bei der fußballerischen Einweihung im September 1955 kam es gleich zu einem echten Knüller: Pokalsieger KSC und Meister RW Essen trennten sich 2:2. Und am 16. November des gleichen Jahres ging dann auch schon die Länderspielpremiere des Wildparkstadions über die Bühne: Gegen Norwegen gewannen die Herberger-Schützlinge mit 2:0.

1957 erhielt das Wildparkstadion eine erste bescheidene Flutlichtanlage, die zur Einführung der Bundesliga noch einmal sportschaugerecht aufgerüstet wurde - ansonsten genügte die Arena durchaus den Ansprüchen. Ende 1977, das Gründungsmitglied der Bundesliga war gerade zum zweiten Male abgestiegen, beschloss die Stadt den Bau einer überdachten Tribüne für 17.000 sitzende und stehende Zuschauer, der bereits im August 1978 abgeschlossen werden konnte. Zur Einweihung verlor Bor. M'gladbach das Finale um den Weltpokal mit 0:3 gegen die Boca Juniors aus Buenos Aires.

Bis auf den Einbau von allerlei sicherheitstechnischen Gerätschaften, die nach einem Platzsturm Ende der 80er Jahre fällig wurden und primär aus Stahl und Draht bestanden, tat sich danach lange nichts mehr. Der KSC musste in einer mittelprächtigen Bruchbude antreten, die man nun wahrlich nicht als hochkarätige Arena geschweige denn als »Juwel« bezeichnen konnte. Erst als die Karlsruher in der Ära Winnie Schäfer begannen, ihr Fahrstuhltruppen-Image abzulegen, tat sich auch in Sachen Stadion wieder etwas. Nur, dass man im Wildpark schon da begann, etwas die Bodenhaftung zu verlieren. So mutierte die neue Haupttribüne zum 44 Mio. DM schweren Bauprojekt - andere Vereine bauten in der gleichen Zeit für dieselbe Summe ganze Stadien... Zugegeben, die sündhaft teure Dachkonstruktion vermittelt ein gewisses internationales Flair. Der farbenfrohe Anstrich mag jedoch nicht so recht ins triste Grau des restlichen Stadions passen - und der Verantwortliche für die Bestuhlung der Haupttribüne gehört in psychiatrische Behandlung. Der Rest der Arena befindet sich derzeit in einem armseligen Zustand, vor allem die Kurvenbereiche wurden ziemlich vernachlässigt. Aus den gefährlich ausgetretenen Stufen wächst fröhlich Gras, in den Innenbereichen funkeln sonnenvergilbte Plastikschalen aus dem Restpostenmarkt. Allein die topmoderne Anzeigetafel (Sony, Marke »Jumbotron«) ist erste Wahl.

Mit dem Umbau des Wildparks in eine reine Fußballarena beschäftigt man sich nun schon über ein Jahrzehnt, doch befindet er sich immer noch im Planungsstadium. 600.000 DM investierte der KSC einst in ein Modell für ein neues Stadion, träumte mal von der 200 Mio. DM schweren Gewerbepark-Arena mit integriertem Rehazentrum und Altersheim in der Tribüne oder ergötzte sich dann am schicken Colani-Modell. Eine klare Linie fehlte da, doch nach der im Frühling 2002 noch so gerade eben abgewendeten Insolvenz hat der KSC momentan freilich auch ganz andere Sorgen.

Auswärtsfans benutzen den Eingang Ost und wandern in die Südkurve, wobei es im Block E1 (3.500 Plätze) mitunter recht eng werden kann, denn Ausweichblöcke stehen allenfalls in Form von Sitzen (E2) zur Verfügung. Die KSC-Anhänger sammeln sich primär in der Nordkurve (Block A4) sowie im überdachten Block D1 der Gegengeraden, direkt darüber befindet sich in den Blöcken B1 und B2 seit Anfang 2000 die »Singing Area«: Endlich wird also wieder aus dem ehemaligen »L«-Block, dem alten Stammplatz des harten Kerns, heraus Stimmung gemacht - und das sogar recht ordentlich. Vor allem die Choreographien der von den »Phönix Sons« initialisierten Ultraszene können sich sehen lassen. Auf der Gegengeraden findet man übrigens auch die Anlaufstelle der »Supporters Karlsruhe«, als inoffizieller Treffpunkt fungiert der »Nackte Mann«, eine weithin sichtbare Skulptur vor dem Haupteingang. Gute Sichtverhältnisse sind von allen Tribünenplätzen (Ausnahme: Unterrang der Haupttribüne) aus garantiert, deutliche Abstriche gibt es natürlich in den Kurven.

Sitzplätze: 11-29 €
Stehplätze: 5-9 €
Gäste: Südkurve (E1)

STADION **STIMMUNG** **SERVICE** **STRESS**

Preise Ermäßigte Stehplatzkarten gibt's für Jugendliche, Rentner, Zivil- und Wehrdienstleistende, Arbeitslose, Schüler, Studenten und Schwerbehinderte, letztere zahlen für den Sitzplatz auf der Haupttribüne nur 13 €. Ansonsten sind verbilligte Sitzgelegenheiten nur im Rahmen einer Familienkarte zu haben, hier gibt es Angebote für den Block F der Haupttribüne sowie den LBS-Block in der Südkurve. **Rollis** Rollstuhlfahrer zahlen gemeinsam mit ihrer Begleitperson 4 € und können das Spiel von den insgesamt 80 nummerierten Parkplätzen vor der Haupttribüne verfolgen. Dort sind auch zwei Behinderten-Toiletten vorhanden. **Fanshop** Bei Heimspielen stehen neben dem offiziellen Fanshop des KSC (hinter der Haupttribüne, öffnet an Heimspieltagen zwei Stunden vor Anpfiff bis eine Stunde nach Spielende, sonst: Di-Fr 10-18h) noch zwei weitere Verkaufsstände (vor den Blöcken A4 und E4) für Fanartikeljäger bereit. **Lesen** Das Stadionblättchen »Wildpark live« kostet 50 Cent und bietet die notwendigen Infos sowie die üblichen Porträts, Fragebögen und Berichte aus der Jugend. Leidlich aufregend, aber es gibt Schlimmeres. Die komplette Ausgabe kann man sich auf der KSC-Homepage übrigens auch als pdf-Datei herunterladen. Was die ehedem so rege Karlsruher Fanzine-Szene angeht, so sind derzeit wohl nur der oder das »Phönix aus der Asche« (Phönix Sons KA, Postfach 100 648, 76260 Ettlingen, www.phoenix-sons.com) sowie das brandneue »Blockschrift« (uk0815@yahoo.de) auf dem Markt. Ob weitere Heftchen zu haben sind, lässt sich vor Block 1 der Gegentribüne feststellen. Beim Karlsruher Fanprojekt (Moltkestr. 22, 76133 Karlsruhe, Tel: 26528, Fax: 1335609, Mobil: 0171-3105420, Fan-Projekt@mail.stja.karlsruhe.de) kann man auch mal nach alten Ausgaben von »Nightmare from Baden«, »Nackte Tatsachen« oder »Szenegeflüster« nachhorchen. Und überhaupt: Wo bleibt eigentlich die lange versprochene Neuauflage von »NBB's Fanecho«? **Essen** Draußen schmeckt's besser als drinnen. Beim »Nackten Mann« findet sich neben einem Süßigkeitenstand der Wagen von »Alsace Food«, der bei Racing Straßburg entdeckt und umgehend nach Karlsruhe verpflichtet wurde. Tipp: Merguez. Gegenüber beim »Wildparkgrill« sollte man die »Feuerwurst« probieren. Wer den Weg nach draußen (ist auch während des Spiels problemlos möglich, Auslasskarte geben lassen!) scheut , der ist rund um den Haupteingang an den weißen Buden mit ihren Delikatessen á la »badischer Kringel« oder »KSC-Power« gut aufgehoben. Die im Wildpark erhältliche Stadionbratwurst (2,30 €) mundet so richtig nach Zweiter Liga. **Trinken** Gut. Das Bier (0,4 l) kommt immer noch vom Fass, daneben gibt's die üblichen alkoholfreien Erfrischungsgetränke und im Winter auch mal ein Becherchen Glühwein. **Klo** Sagen wir's mal so: Im Bereich der sanitären Anlagen ergibt sich ein nicht unerhebliches Verbesserungspotenzial. Außerdem sind es zu wenige. **Kneipen** Ganz unterhaltsam kann ein Besuch der (nach Abpfiff meist hoffnungslos überfüllten) Stadiongaststätte, dem KSC-Clubhaus, werden, als Alternativen bieten sich im näheren Umfeld ansonsten nur einige Vereinslokale an, von denen jenes des FC Germania (besser als »Germania-Gaststätte« bekannt, am Ausgang des Schlossgartens) am besten zu gefallen weiß. Vom Marktplatz aus kann man jedoch getrost in alle Himmelsrichtungen ausschwärmen. Wer will, kann sich schließlich auch nach den Lokalitäten »Titanic« (Kronenstraße) oder »Terminal« (Am Durlacher Tor) durchfragen.

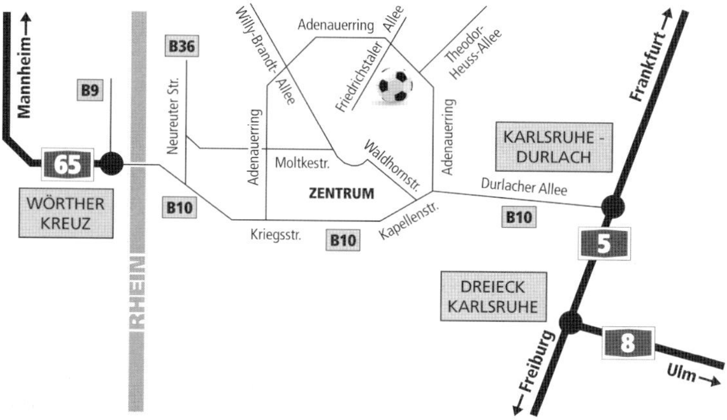

Über die **A5** aus Richtung **Heidelberg/Frankfurt** bzw. **Basel**: an der Abfahrt **Karlsruhe-Durlach** heraus, über die Durlacher Allee (**B10**) gen Karlsruhe fahren und der Beschilderung »Stadion« bis zu den Parkplätzen folgen.
Über die **A8** aus Richtung **Stuttgart/München**: am **Dreieck Karlsruhe** auf die A5 in Richtung Heidelberg bzw. Karlsruhe, Abfahrt Karlsruhe-Durlach - Rest s.o.
Über die **A65** aus Richtung **Ludwigshafen**: Am Wörther Kreuz geradeaus auf die Südtangente und dann auf die Kriegsstraße (B10) in Richtung Stadtmitte, der Rest ist hinreichend ausgeschildert.
Bei Spitzenspielen kann sich die An- und Abfahrt mitunter **zeitraubend** gestalten, da der einzige Weg meist völlig überlastet ist. Das Parken vor dem Stadion kostet 2,50 €, die Kapazität des Hauptparkplatzes ist mit etwa 800 Stellplätzen jedoch begrenzt. Meist ist das Areal eine Stunde vor Spielbeginn bereits völlig zugeparkt, als Alternative bleiben dann nur noch die gefürchteten Waldwege rund ums Stadion. Doch Vorsicht! Bei verkehrswidrigem Parken wird in Karlsruhe rigoros abgeschleppt.
Nach wie vor verfügt der **Wildpark** über keine vernünftige ÖPNV-Anbindung. Vom **Hauptbahnhof** aus geht es mit den **Linien 3** (Richtung Siemensallee) und **4** (gen Waldstadt) zum Mühlburger bzw. Durlacher Tor, von dort fahren **Sonderbusse** zum Stadion. **Alternativ** kann man auch mit der Bahn (z.B. der 3) oder den Linien S1, S4 und S11 bis zum Markt- oder Kronenplatz reisen, ab hier ist es noch ein ca. 15-minütiger **Fußmarsch** durch den Garten des Barockschlosses. Dieser wirkt bei sommerlichen Nachmittagsspielen recht idyllisch, bei winterlichen Abendspielen kann's aber auch ein bisserl unheimlich werden. Zur Orientierung: immer auf das Schloss zu laufen und dann rechts daran vorbei. Die **Eintrittskarte** berechtigt zum kostenlosen Hin- und Rücktransfer, ansonsten muss man für den Fahrschein 1,90 €, für die Viererkarte 5,80 € berappen.

Nicht vergessen wollen wir an dieser Stelle natürlich auch den **Nebenplatz 2** des Wildparkstadions, auf dem die Amateure des KSC für gewöhnlich ihre Heimspiele auszutragen pflegen. Der Sportplatz vermag - allerdings nur ganz schwer über den Daumen gepeilt - knapp 4.000 Zuschauer aufzunehmen. Sitzplätze, Dächer, Flutlichtmasten oder sonstige wie auch immer gearteten Komfort versprechende Dinge sind nicht vorhanden. Aber wozu auch. Wohl nicht zuletzt aus diesem Grunde läuft das Ganze zumeist ziemlich familiär ab, wenngleich die Spiele der »Amas« bei vielen KSC-Anhängern Kultstatus besitzen. Wer als Fan etwas auf sich hält, ist sonntags vor Ort - seit dem Abstieg in die Oberliga (2000) hat das Interesse freilich wieder ein wenig nachgelassen. Bei Gegnern wie VfL Kirchheim/Teck, SpVgg Au/Iller oder Sportfreunde Dorfmerkingen allerdings auch kein allzu großes Wunder. Doch wie dem auch sei, sowohl das (kostenlose) »Amateur-Journal« als auch die Pommesbude, die zwar keine Pommes, aber immerhin eine vernünftige Bratwurst verkauft, sind nach wie vor existent. Und wer mag, kann seinen Durst mit Bier oder Softdrinks löschen oder halt einfach nur Fußball gucken.

Anfahrt: wie zum Wildpark - allein die Sonderbusse und die Parksorgen entfallen.

Foto: Nils Bohl

Platz 2 des Wildparkstadions

Foto: Steffen Halbleib

Baujahr: 1953

Kapazität: 26.000
Stehplätze: 21.500
Sitzplätze: 4.500

Hessen Kassel, Belgische Str. 21, 34121 Kassel
Tel: 0561-25474, Fax: 0561-9223676
www.ksv-hessen.de

Hurra, der Ball rollt wieder im Auestadion! Nach vier Jahren auf dem benachbarten G-Platz, im Volksmund »Löwenkäfig« genannt, kehrte der KSV Hessen im Sommer 2001 mit Pauken und Trompeten in die Großarena in Kassels Südstadt zurück. Zum Lokalderby gegen Eintracht Baunatal z.B. begrüßte man 4.500 Zuschauer und dem Spitzenspiel gegen Lohfelden wohnten 4.400 Fans bei.

Zurück in der Oberliga und endlich befreit von Gegnern wie TSV Rothwesten II ist der stolze Hessen-Löwe wieder (fast) da, wo er hingehört: Im Zentrum der Aufmerksamkeit. Die durch und durch faszinierende KSV-Story hat damit ein erstes Etappenziel erreicht, der Klub hat auch ligatechnisch wieder seinen angestammten Platz eingenommen: Nr. 1 in Nordhessen - da können Neukirchen, Baunatal oder Vellmar noch so erfolgreich sein.

Nichtsdestotrotz zeichnet das Auestadion eine traurige bis tragische Geschichte aus, die 1953 mit so viel Hoffnung begann. Nach fünf Jahren Bautätigkeit war seinerzeit der Traum aller Kasseler Fußballer, endlich ein repräsentatives Stadion ihr Eigen nennen zu können, wahr geworden. Bis dato war der KSV Hessen auf dem sogenannten »A-Platz« aufgelaufen, auf dem einst der legendäre SV Kurhessen seine Kicks absolviert hatte. Das Areal, auf dem sich heute die Auesporthalle befindet, hatte jedoch ernsthafte Sicherheitsmängel aufgewiesen. Ganz anders dagegen das auf einem ehemaligen Aufmarschgelände entstandene Auestadion. 35.000 Plätze und eine überdachte Sitztribüne sorgten für Komfort, der von den Fans begeistert angenommen wurde. Obwohl der KSV meist nur zweitklassig kickte, war die Arena stets gut gefüllt. Als die Löwen 1964 kurz vor dem Sprung in die Bundesliga standen, war sie zum Aufstiegsspiel gegen Hannover mit 35.000 gar erstmals ausverkauft.

Selbst in der Hessenliga hielt der Zustrom der Fans an - 1978/79 wurde beim Spitzenspiel gegen Bürstadt mit 22.000 Zuschauern ein neuer Amateurligarekord aufgestellt. Seinerzeit beherbergte das Auestadion übrigens auch Zweitligafußball, denn da das Parkstadion des Nachbarn KSV Baunatal noch im Bau war, verbrachten die VW-Städter ihre drei Zweitligaspielzeiten im Auestadion.

Nach dem Kasseler Abstieg aus der Zweiten Liga (1987) war es mit der Treue der Fans vorbei, es begann die lange und schwere Leidenszeit des KSV. Eine unsägliche Vereinspolitik machte aus dem einstigen Flaggschiff einen abgetakelten Kahn, 1993 wurden die völlig überschuldeten Fußballer aus dem Hauptverein rausgeworfen und als FC Hessen eigenständig; vier Jahre später kam der endgültige Tod. Das Auestadion, das - viel zu spät für den KSV Hessen - zwischenzeitlich auf »bundesligareif« getrimmt worden war, verwaiste. In den 80ern war die Sitztribüne erweitert worden, in den 90ern hatte man die Gegengerade komplett renoviert und 2002 die Holzbänke auf der Tribüne durch Sitzschalen ausgetauscht. Fehlen eigentlich nur noch Flutlicht und Anzeigetafel. Nachdem Kassels Zuschauermagnet Nr. 1 nun wieder zurück ist, sieht die Zukunft der jahrelang höchstens durch Menschen wie Wolfgang Petry gefüllten Arena wieder etwas besser aus. Bei den Heimkicks im »Löwenkäfig« herrschte stets Volksfeststimmung - vielleicht wird dies ja nun auch im Auestadion wieder zur Regel.

Die beachtliche Schar der Rot-Weiß Tragenden und angesichts der jüngeren Vereinsgeschichte wahrlich "leidgeprüften" KSV-Fans nimmt auf der überdachten Nordtribüne Platz und zeichnet sich durch lautstarken Support aus. Es soll aber nicht verschwiegen werden, dass sich auch unangenehme Gestalten unter den Löwen-Fans befinden. Zum einen deutlich rechtsorientierte Köpfe, zum anderen rauffreudige Hools. Augen auf! Einzeln reisende Gästefans können sich ihren Platz selbst aussuchen, größere Gruppen werden auf der überdachten Südtribüne untergebracht. Ob die Stehränge (Gegengerade und Kurven) bei jedem Spiel geöffnet sind, wird je nach Andrang kurzfristig entschieden.

Sitzplätze: 8,50-10 €
Stehplätze: 5,50-6,50 €
Gäste: Südtribüne

Rollis Laufbahn. **Fanshop** Am Eingang bei der Tribüne. **Lesen** Der »Hessen-Löwe« ist nach Ansicht von Insidern »besser als früher in der Regionalliga« und kommt kostenlos daher. Bei der Erstellung des farbigen A5-Heftchens machen auch Fans mit. **Essen** Bratwurst, die sich geschmackstechnisch im Mittelfeld aufhält. **Trinken** Bier mit Umdrehungen und Softdrinks mit Kohlensäure. **Klo** In der Tribüne, frisch renoviert. **Kneipen** Das ehemalige Klubheim am Parkplatz neben der Eissporthalle ist wieder geöffnet und entwickelt sich zu einem beliebten Treffpunkt. Die KSV-Fan-Kneipe ist der »Düsseldorfer Hof«, der allerdings etwas weiter entfernt ist. In Stadionnähe empfehlen sich noch »Hennings« (für die etwas Jüngeren) sowie »Rauchfang« für die Trinkfesten. Beide finden sich an der Frankfurter Straße (stadteinwärts).

STADION STIMMUNG SERVICE STRESS

Von der **A7** aus beiden Richtungen: Bis zum **Dreieck Kassel**, dann auf der **A49** weiter gen Stadtmitte/Fuldabrück. An der Abfahrt **Auestadion** herunter und weiter in Richtung Stadtmitte/Bahnhof Wilhelmshöhe. Nach rund zwei Kilometern geht es rechts auf die Parkplätze beim Auestadion. Dort befindet sich übrigens auch der »Löwenkäfig« (Damaschkestraße). **Parken:** ausreichend Möglichkeiten vorhanden.

Vom Bahnhof **Wilhelmshöhe** geht es mit jeder **Straßenbahn** Richtung Stadtmitte, an der Haltestelle **Rathaus** aussteigen und weiter mit den Linien **5** oder **9** (Richtung Mattenberg bzw. Baunatal) bis zum Stadion.

KIEL: Holsteinstadion

Baujahr: 1912

Foto: Hardy Grüne

Kapazität: 15.000
Stehplätze: 13.800
Sitzplätze: 1.200

Holstein Kiel, Westring 501, 24106 Kiel
Tel: 0431-331824, Fax: 0431-338037
www.holstein-kiel.de

Dass Holsteins sportliche Glanzjahre schon ein paar Tage zurückliegen, sieht man dem Holsteinstadion deutlich an. Im Oktober 1912 - wenige Wochen nach der ersten und (bislang) einzigen deutschen Fußballmeisterschaft Kiels - eröffnet, präsentierte sich die altehrwürdige Arena lange als Wallfahrtsort für Fußballnostalgiker und wurde trotzig »Ruine mit Tradition« genannt. Durchaus zu Recht, denn einst war am Westring wirklich der Fußball-Teufel los. In seinen besten Tagen bot das Holsteinstadion nämlich über 20.000 Zuschauern Platz - und das war auch nötig, schließlich zählte die KSV Holstein zum Besten, was Norddeutschland zu bieten hatte.

Ein Blick in die Geschichte: Nachdem die 1912 erbaute Holztribüne zehn Jahre später durch eine Windhose ihres Daches entledigt wurde, entstand im August 1922 auf der gegenüberliegenden Seite ein 420 Sitze bietender Neubau. Im selben Jahr schüttete man rings um den Rasen Stehhügel auf, wodurch dem Gastspiel der SpVgg Fürth anno 1923 8.000 Zuschauer beiwohnen konnten. Fünf Jahre später wurde das Areal komplett umgekrempelt. Um Platz zu schaffen, verschob man das Spielfeld um rund 25 Meter, so dass die Tribüne plötzlich nicht mehr auf Höhe der Mittellinie stand, sondern seitlich davon versetzt war. Zugleich wurden auf der unüberdachten Geraden zwölf Stufen verlegt, die die Kapazität auf 15.000 schraubten. Wie so viele Vereine stand auch die KSV im Herbst 1945 vor den Trümmern ihres Stadions. Mit vereinten Kräften richtete man das Areal zunächst notdürftig wieder her, ehe es an den Wiederaufbau ging, der am 28. Juni 1950 mit der Einweihung der heutigen Tribüne vollendet wurde. Fast 30.000 Plätze bot die Arena nun.

Eine geringe Komfortverbesserung bewerkstelligte man Anfang der 80er Jahre: Vor der Tribüne wurden zusätzliche Sitzbänke installiert, die 1957 errichtete Flutlichtanlage überholt. Das konnte jedoch nicht darüber hinwegtäuschen, dass der Zustand der Arena schon damals bedenklich war. Es kam noch schlimmer: Nach dem Regionalliga-Abstieg (1996) stand Holstein sportlich und finanziell vor dem Aus, während im Stadion mehr und mehr Bereiche gesperrt werden mussten.

Während sich die Störche sportlich wieder aufrappelten und dank der finanziellen Unpässlichkeiten des Relegationssiegers Göttingen 05 in die Drittklassigkeit zurückkehrten, wurde das Holsteinstadion mühsam auf Drittligareife getrimmt. Neue Stehtraversen in den Kurven und auf der Gegengeraden bieten inzwischen zwar etwas mehr Komfort - doch eine schmucke Heimat ist die Arena, die übrigens auf einer kultigen Homepage abgefeiert wird (www.holstein-stadion.de), deshalb noch lange nicht. Und daher wird in Kiel auch weiter geträumt. Von einem echten Fußballareal beispielsweise, das entweder an anderer Stelle errichtet wird - oder das man aus der »Ruine mit Tradition« zaubern will.

Im Schatten des Handballbollwerks THW hat sich eine durchaus beachtliche Fußballfankultur herausgeschält, die sich auf der Gegengeraden des Holsteinstadions tummelt und durch nette Gesänge und das eine oder andere Bengalo auf sich aufmerksam macht. Auswärts ist Kiel stets beachtlich vertreten (trotz der langen Anreisewege!). Gästefans stehen in der Ostkurve neben der Tribüne und benutzen den Eingang Projensdorfer Straße. Ein wenig Aufmerksamkeit sollten sie jenen düsteren Gestalten widmen, die an der dem Stadion gegenüberliegenden Tankstelle die Wartezeit vor dem Anpfiff verbringen.

Sitzplätze: 7,50-15 €
Stehplätze: 6-7,50 €
Gäste: Ostkurve

Rollis Am Spielfeldrand. **Fanshop** In der Haupttribüne. Nettes Angebot - und ganz, ganz viele verschiedene Störche. **Lesen** »Holstein Kiel Magazin«, kostenlos, A4, farbig, ausgezeichnet. **Essen** Bratwurst. **Trinken** Alkoholisches Bier, Cola, Fanta, Wasser, Kaffee. **Klo** Mit einem Wort: »unwürdig«. Tribünenbesucher genießen noch Gemauertes, der Rest darf vor dem Zaun Aufstellung nehmen; Frauen gucken in die Röhre. **Kneipen** Der »Schmelztiegel der Kieler Fußball-Gerüchteküche« ist nicht mehr und seit »Bei Heini« unter sanftem Druck zugemacht hat, steht die Kneipe leer und Verköstigung ist im Holstein-Stadion ein Fremdwort. Ein peinlicher Zustand, der vor allem bei unangenehmem Regenwetter doppelt unerfreulich ist, da es weit und breit nichts mehr zum Aufwärmen gibt - da helfen auch das nahe gelegene griechische und chinesische Restaurant nicht.

STADION	STIMMUNG	SERVICE	STRESS

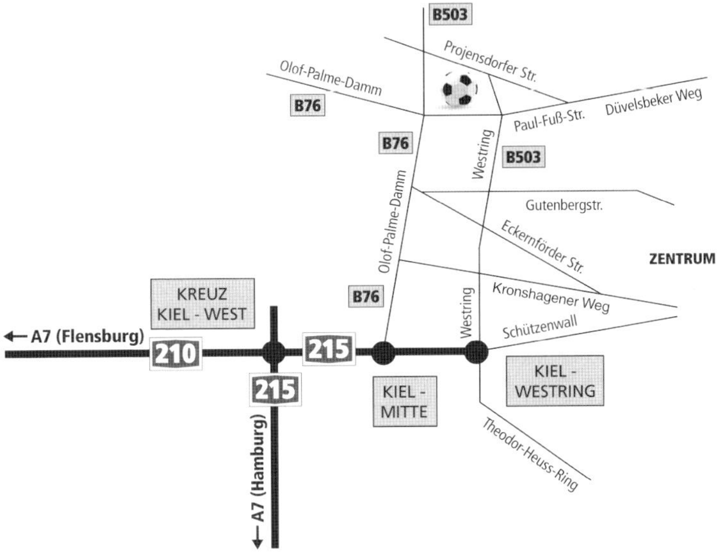

Über die **A7** aus Richtung **Hamburg**: Am Dreieck Bordesholm weiter auf der **A215** über **Kreuz Kiel-West** nach Kiel. Alsdann auf dem **Westring** (B503) weiter in Richtung Flensburg und am **Nordfriedhof** vorbei direkt zum Stadion. **Parken:** Vor dem Stadion gibt es einen kleineren Parkplatz, der allerdings den VIPs **vorbehalten** ist. Gewöhnliche Menschen können entlang der Projensdorfer Straße parken. Bei Topspielen den HAGENUK-Parkplatz nutzen, der sich am Westring gegenüber des Wasserturms befindet.

Vom **Bahnhof** kommt man mit den **Linien** 11, 500, 501, 502, 900 und 901 (jeweils Richtung Kanal) in **Stadionnähe** (Hanssenstraße aussteigen), hat aber noch gut **fünf** Minuten **Fußweg** vor sich. Darüber hinaus verkehrt die Nummer 91, die man am Nordfriedhof verlässt.

KÖLN: Flughafenstadion

Foto: MMM

Baujahr: 1931

Kapazität: 10.000
Stehplätze: 7.000
Sitzplätze: 3.000

SCB Viktoria Köln, Postfach 910701, 51077 Köln
Tel: 0221-894976, Fax: 0221-894976

Der Sportpark Höhenberg entstand in den Jahren 1929 bis 1931 und wurde mit einem Spiel des Hausherren VfR Köln, der an dieser Stelle bereits seit 1921 heimisch gewesen war, gegen Schalke 04 eingeweiht. Nur einen Steinwurf entfernt wollte Preußen Dellbrück, in den 40ern und 50ern eine halbwegs große Nummer im deutschen Fußball, übrigens nach dem Krieg ebenfalls ein Stadion errichten, doch wurden diese Pläne vom Bau des Autobahnkreuzes Köln-Ost, nun ja, durchkreuzt. Der Klub zog in die Riehler Radrennbahn um, die dann freilich kurze Zeit später dem neuen Affenhaus des Kölner Zoos weichen musste. Im Juli 1957 fusionierten die genervten Preußen schließlich mit Rapid 1904 zum SC Viktoria Köln, der sich lange Jahre achtbar in der Oberliga West schlug und in der Domstadt hinter dem FC zunächst die Nr. 2 war. Im Derby gegen die Geißböcke verzeichnete das Stadion im Sportpark Höhenberg am 28. September 1958 auch seinen absoluten Rekordbesuch: 20.000 sollen damals in der Merheimer Heide dabei gewesen sein.

Trotz des guten Zuspruchs zog die Viktoria ab 1960 für einige Jahre in die Müngersdorfer Radrennbahn (und gelegentlich auch in die Hauptkampfbahn) um, erst 1969 kehrte man nach Höhenberg zurück. Im gleichen Jahr entstand dort eine hölzerne Tribüne, derweil die Gegengerade befestigt wurde. Dank der üppigen Zuwendungen von 4711-Chef Ferdi Mülhens schaffte es die Viktoria, die längst hinter die aufstrebende Fortuna zurückgefallen war, dann Ende der 70er Jahre noch einmal bis in die Zweite Liga. Das Höhenberger Stadion bot damals knapp 15.000 Zuschauern Platz, doch so viele kamen selten. Im Herbst 1979 waren es noch einmal 12.000 Fans, die eine Pokalsensation gegen Bayern München witterten.

Zwei Jahre später verpasste Viktoria die Qualifikation für die eingleisige Zweite Liga nur um Haaresbreite, statt des benötigten zehnten Platzes sprang nur der elfte Rang heraus. Immerhin darf man sich seit dem August 1990 über die mit Abstand schönste Tribüne der Stadt freuen. Lange genug hatte man ja darauf warten müssen, denn schon zur Vereinsgründung hatte die Stadt der Viktoria eine neue Sitzgalerie fest versprochen. Rund neun Mio. DM kostete das schmucke Stück mit seinen 3.000 grünen Schalensitzen - auf das ebenfalls versprochene Flutlicht und den Ausbau der Stehränge wird man im Höhenberger Flughafenstadion wohl noch ein paar Jährchen länger warten müssen.

Des Winters lohnt ein Platz auf der Tribüne, die erstklassigen Überblick und dazu eine tolle Akustik bietet. Im Sommer kann man sich dagegen auch getrost auf den alten Betonstufen der Geraden verlustieren oder sich ins Gras der begrünten Kurven pflanzen, sollte aber an eine Sonnenbrille denken. Das kleine Häuflein der Viktoria-Fans postiert sich auf der Geraden an der Imbissbude, Gäste können sich ihr Plätzchen selbst aussuchen.

Preise Ermäßigter Eintritt für Jugendliche, Studenten, Arbeitslose, Zivil- und Wehrdienstleistende und Rentner. Für die Tribüne existieren zwei Angebote für Familienkarten. **Rollis** Vor der Tribüne. **Fanshop** Kleiner Stand unter der Tribüne. **Lesen** Das Stadionblatt »Live« (50 Cent) soll überarbeitet werden. Gut so. Ferner wird monatlich die Fanzeitung »Viktor« (Kontakt: D. Stefan, Brühler Str. 40, 50968 Köln) sowie auch wieder das »Kopflos« erscheinen. **Essen** Passable Bock- und Bratwurst (je 1,50 €) sowie selbst gebackener Kuchen. Vor den Buden an der Tribüne kann man sich an Biertische setzen, auf dem Vorplatz der Tribüne soll bald ein Zelt stehen. **Trinken** Gilden Kölsch mit Umdrehungen, der 0,3-Becher für 1,50 €. Ferner Limo, Wasser, Apfelschorle und Kaffee. **Klo** Es gibt Schlimmeres. **Kneipen** Gegenüber vom Haupteingang lockt der Gasthof »Zur Merheimer Heide«, besser bekannt als TuS-Heim, mit Sünner vom Fass, belgischen Fritten und einem kleinen Biergarten. Ansonsten sollten erlebnishungrige Fans besser die Rheinseite wechseln.

Sitzplätze: 8-10 €
Stehplätze: 4-5 €
Gäste: egal

STADION ⚽⚽ STIMMUNG ⚽ SERVICE ⚽⚽ STRESS

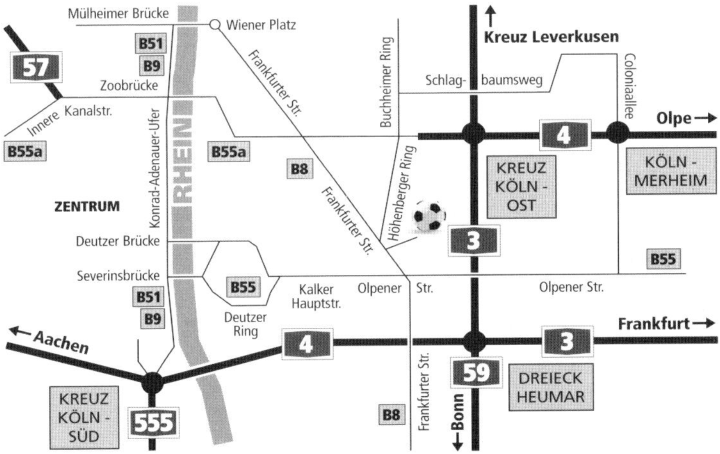

Von **Norden**: über die **A3** bis Abfahrt **Köln-Dellbrück**, rechts auf die Bergisch-Gladbacher-Straße und sofort links auf den **Herler Ring**, der später zum Höhenberger Ring wird - dort taucht auf der linken Seite bald der Sportpark Höhenberg auf.
Von **Westen**: über die A4 **bis** zum **Kreuz Köln-Gremberg**, dort auf die A559 in Richtung Deutz/Messe und an der nächsten Ausfahrt (Vingst) gleich wieder runter. Den Vingster Ring geradeaus, an der zweiten Kreuzung links auf die **Frankfurter Straße** (B8) und hinter der nächsten Kreuzung ist der Sportpark dann auch schon erreicht.
Von **Osten**: über die **A4** in Richtung Köln, hinter dem **Kreuz Köln-Ost** dann von der **B55a** die erste Ausfahrt runter und links auf der Frankfurter Straße bis zum Höhenberger Ring.
Von **Süden**: über die **A555** bis **Kreuz Köln-Süd** und über die A4 gen Oberhausen/Olpe bis zum Kreuz Gremberg, Rest s.o.
Aus der **Innenstadt**: über die **Severinsbrücke** auf den östlichen Zubringer in Richtung Porz/Gremberg, danach Abfahrt Vingst, Rest s.o. **Parken**: offizielle 560 Plätze.

Vom **Hauptbahnhof** geht es mit den U-Bahn-Linien **12**, **16** oder **18** zum **Neumarkt** und von dort mit der **Linie 1** (Richtung Bensberg) bis zur Haltestelle Höhenberg Frankfurter Straße. Tipp: **Zugreisende** können meist auch schon am **Bahnhof Köln-Deutz** aussteigen, dort fährt ebenfalls die Linie 1 - so erspart man sich das Umsteigen. Vom Bahnhof Köln-Mülheim kann man auch den **Bus** (Linie 152 nach Porz-Markt) nehmen. Der Fahrschein kostet 1,90 €, das Gruppenticket (5 Leute) schlappe 7,25.

KÖLN: Müngersdorfer Stadion

Foto: MMM

Baujahr: 1923

Kapazität: 51.500
Stehplätze: 10.000
Sitzplätze: 41.500

1.FC Köln, Postfach 420251, 50896 Köln
Tel: 0221-9436430, Fax: 0221-4301851
www.fc-koeln.de

Am 8. Januar 2002 wurde der Traum aller eingefleischten FC-Hasser wahr. An diesem Tage jagten Sprengmeister die Südkurve des Müngersdorfer Stadions in die Luft. Doch noch bevor sich der Staub und Rauch ganz verzogen hatten, begannen Arbeiter bereits mit dem Abtragen des Schutts und legten so den Grundstein zur Errichtung eines neuen Bauwerks, auf das sich nicht nur die Kölner Fußballfreunde freuen dürfen. Die neue Arena, die ein paar Jahre unter der Bezeichnung »RheinEnergieStadion« firmieren wird (für die meisten Fans wird es freilich stets das »Müngersdorfer« bleiben), ist bereits das dritte Großstadion, das an dieser Stelle aus dem Boden gestampft wurde.

Den Anfang machte 1923 auf Initiative von Kölns OB Konrad Adenauer die Hauptkampfbahn des Müngersdorfer Stadions, die am 16. September im Beisein von 100.000 Menschen eingeweiht wurde. Der Zuschauerrekord datiert vom 6. Februar 1938, als 78.000 Fans das Länderspiel Deutschland-Schweiz sehen wollten - 3.000 konnten auf der überdachten Holztribüne sitzen, der Rest musste stehen.

Nach unzähligen Großveranstaltungen waren die Tage des »alten« Müngersdorfer Stadions Mitte der 70er Jahre dann gezählt. Das »neue« sollte eigentlich schon 1973 fertig gestellt sein und das Prestige der Stadt durch rassige WM-Spiele aufpolieren. Zunächst war man auch guten Mutes, frühzeitig sicherte der DFB den Kölnern drei Spiele zu. Der Jubel war groß, als gar Weltmeister Brasilien ein Spiel in Müngersdorf bestreiten sollte - schon klangen den Altstadtwirten die Sambatrommeln in den Ohren. Doch dann wurde Köln wieder von der WM-Liste gestrichen, denn selbst für ein »Spar-Stadion« waren die Stadtsäckel zu leer. Zwei Jahre später war das erforderliche Geld dann plötzlich doch da und Ende 1973 erhielt das architektonisch mit Abstand langweiligste Konzept aller 24 Bewerber den Zuschlag - und Köln somit ein grünes Spielfeld mit einer grauen Betonschüssel drum herum.

Am 12. November 1975 weihte man das erste vollständig überdachte Stadion der Republik (Kostenpunkt: 44,5 Mio. DM) mit dem Lokalderby FC vs. Fortuna ein. Die »Schüssel« fasste damals 61.188 Zuschauer, die Kapazität verringerte sich jedoch im Laufe der Jahre auf zuletzt 46.000 Plätze - als Erstes waren die Stehplätze der Gegengerade dem Versitzplatzungstrend zum Opfer gefallen.

Spätestens als klar war, dass sich der DFB um die Ausrichtung der WM 2006 bemühte, machte man sich in Köln weiterführende Umbaugedanken. Und im Gegensatz zum Possenspiel der 70er Jahre ging man diesmal auch ein bisschen professioneller an die Angelegenheit heran. Im Dezember 2000 startete die Stadt einen europaweiten »Realisierungswettbewerb Stadion-Umbau«, für den insgesamt 69 Entwürfe eingingen. Das Rennen machte im Juni 2001 schließlich das bei den Architekten im Preisgericht umstrittene

Modell der Hamburger Agentur gmp, dessen Markenzeichen vier 70 Meter hohe Lichttürme sind, die in einer hängebrückenähnlichen Konstruktion das transparente Dach tragen. Ein weiteres markantes Merkmal stellen die offenen Ecken dar, die in Köln gleich für derart viel Aufregung sorgten, dass FC-Chef Caspers den Fans versprechen musste: »Und die Ecken machen wir auch zu.« Dies geschieht nun freilich mit Glas und nicht - wie beim auf den ersten Blick recht ähnlichen Westfalenstadion - durch weitere Ränge. Ebenso unmöglich wie der Ausbau der Ecken ist auch ein Aufstocken der Tribünen - aber wozu auch? Dem 1.FC Köln, Hauptnutzer der Arena, reicht die Kapazität völlig aus: 51.500 Plätze bietet das Stadion bei Bundes- bzw. Zweitligaspielen, wird's international, wie z.B. bei der WM 2006, sind 46.200 Sitze vorgesehen. Im Frühjahr 2004 soll der 110 Mio. Euro teure Umbau abgeschlossen sein, während der Arbeiten sollen stets 30.000 Plätze nutzbar sein. Nach der Fertigstellung von Süd- und Westtribüne folgen ihre Kollegen in Nord und Ost, wobei die alten Gebäude am Marathontor erhalten bleiben. Und auch an den Geißbock hat man gedacht: Dem FC-Maskottchen wird ein eigenes Terrain am Platz reserviert. Nun gilt es nur noch zu eruieren, welche Grassorte der Hennes bevorzugt.

Welch ungewohntes Bild: Nach dem Abriss der Südkurve fanden die FC-Fans vorübergehend in den Gästeblöcken der Nordkurve Unterschlupf. Im August 2002 sollen aber zumindest Teile der Südtribüne (die übrigens nicht mit Variositzen ausgestattet wird) fertig sein, so dass dann wieder alles beim Alten sein wird. Auswärtige Anhänger gehören damit (vorerst) in die Blöcke 37 bis 41 der Nordkurve, die freilich im Dezember 2002 abgerissen wird. Für Doppelhalter und Schwenkfahnen brauchte man zuletzt einen »Fahnenpass« (Kontakt: Fanprojekt, s.u.). Mit den Ordnern gibt's übrigens häufiger mal Stress, wie man überhaupt im Umfeld der Arena die Augen offen halten muss - hängt aber auch immer vom Gegner ab. Ansonsten kann man sich vorbehaltlos auf das neue Stadion freuen: Die Sichtverhältnisse dürften keine Wünsche offen lassen, Gleiches gilt dank »geschlossener« Ecken auch für die Akustik. Und die Stimmung? Die FC-Fans gehören zu den begeisterungsfähigsten der Liga - im Guten wie im Schlechten. Stundenlang können sie ihre Helden frenetisch beklatschen und bejubeln. Wenn's freilich mal nicht so gut läuft, rütteln auch genauso schnell wieder ein paar Hundertschaften am Marathontor und skandieren das beliebte »Wir sind Kölner und ihr nicht!«

Foto: Andrea Wilhelm

Sitzplätze: 12-30 €
Stehplätze: 5-9 €
Gäste: Nordkurve

Preise Jugendliche (bis 18), Azubis (bis 28), Schüler, Studenten, Arbeitslose, Zivil- und Wehrdienstleistende, Rentner und Körperbehinderte kommen billiger ins Stadion. Ferner sind im Rahmen der Aktion »Junior Colonia« verbilligte Familien- bzw. Kinderkarten (bis 16 Jahre) zu haben. Umbaubedingt müssen Müngersdorf-Besucher leider mit einer Preissteigerung von »durchschnittlich fünf Prozent« (FC-Präsident Caspers) rechnen. Telefonische Kartenbestellungen nur über KölnTicket (0221-2801). **Rollis** Freier Eintritt für Fahrer und Begleiter (frankierten Rückumschlag mit Kopie des Behindertenausweises an Verein schicken), Plätze auf der Tartanbahn - solange es die noch gibt. Später soll es neben ca. 100 Behindertenplätzen auch barrierefreie Zugänge, geeignete Toiletten und Parkmöglichkeiten geben. **Fanshop** Im neuen Stadion wird ein großer Verkaufsraum integriert sein, derzeit warten vor der Nordkurve die Stände des Fanprojekts mit diversen FC-Artikeln auf. Daneben gibt es Fanshops am Geißbockheim (Mo-Fr 10-17.30, Sa 11-14h, bei Sonntagsspielen: 13-16h) sowie am Andreaskloster (Nähe Hbf.). **Lesen** Das bunte »Geißbockecho« (1 €) erscheint bereits im 45. Jahrgang und glänzt in erster Linie durch den imposanten Umfang, der Inhalt lässt dagegen immer stärker zu wünschen übrig. Eine sinnvolle Alternative stellt das Fanzine »Kölsch live« dar, das beim Kölner Fanprojekt (Cluballee 1-3, 50937 Köln, Tel: 02251-89438, Fax: 02251-61380, www.fan-projekt.de) geordert oder an den Fanartikelständen im Stadion für 1 € erworben werden kann. **Essen** Die Tage jener geschmacksneutralen Brühwurst in Hot-Dog-Verkleidung aus Labberpapp, die Generationen von Müngersdorf-Besuchern gepeinigt hat, sind endlich gezählt, und auch von der aufgewärmten und rekordverdächtig alt schmeckenden Bratwurst kann man sich verabschieden: Der Betreiber hat gewechselt. Beim FC gibt's endlich neue Würste, über deren Qualität sich noch nichts sagen lässt. Kann aber eigentlich nur besser werden. Daneben will man den Fan im neuen Stadion mit »Kölschen Spezialitäten und internationalen Angeboten« befüttern, was wohl heißt, dass es weiter Reibekuchen (2,50 €, Portion Apfelmus 0,50) und Pommes Frites (das berühmte »Salz mit Fritten« von Dolle Knolle, 2 €) geben wird. Ferner wurden zuletzt ordentliche Erbsensuppe, Frikadellenbrötchen und Baguettes verzehrt - von Pizza, Döner und Gyros sollte man sich hingegen nicht allzu viel versprechen. **Trinken** Stimmen Rat und Polizei zu, gibt's bald Leichtbier statt des nur mit sehr viel Defätismus zu ertragenden »Gaffel frei«. Vollbier bleibt aber auch weiterhin tabu. Wer diesbezüglich bedient werden möchte: An der Aachener Straße gibt's eine Tanke und auf dem Weg von dieser zum Stadion warten mobile Verkäufer. Während des Umbaus wird es an den zahlreichen Ständen auch weiterhin Cola, Limo, Wasser, Kaffee und Tee geben. **Klo** Juchu! Endlich werden die Dinger abgerissen! Das wurde aber auch echt Zeit!! **Kneipen** Auf die angekündigte »Fankneipe« in der Nordtribüne darf man mal gespannt sein. In der näheren Umgebung des Stadions sind leider keine vernünftigen bzw. uneingeschränkt ungefährlichen Lokalitäten anzutreffen. Ins Zentrum gelangt man mit der Linie 1, wahlweise am Rudolfplatz (Ringe) oder Heumarkt (Altstadt) aussteigen und ausschwärmen: Eine passende Kneipe findet hier jeder.

STADION ⚽⚽	STIMMUNG ⚽⚽	SERVICE ⚽	STRESS ⚽⚽⚽

Nicht unerwähnt soll an dieser Stelle natürlich auch das **Franz-Kremer-Stadion** bleiben, die Heimat der Amateure bzw. der U23-Mannschaft des 1.FC Köln. Zwar sind diese nach dem Aufstieg in die Regionalliga Nord nun in der Saison 2002/03 aus sicherheitstechnischen bzw. auflagenbedingten Gründen ins Südstadion ausgewichen, doch weiß man ja nie, wie lange sich die kleinen Geißböcke in der Arena der Fortuna wohl fühlen werden und sich überhaupt in der Drittklassigkeit behaupten können. Und vielleicht wird das Franz-Kremer-Stadion ja auch irgendwann einmal regionalligatauglich hergerichtet.

Entstanden ist die Kleinarena mit Platz für 10.000 Zuschauer (allerdings nur mit viel gutem Willen) nahezu gleichzeitig mit dem Geißbockheim am Ende der 40er Jahre. Und ebenso wie das schmucke Clubhaus wurde das später nach dem langjährigen Präsidenten Franz Kremer, der als einer der Väter der Bundesliga gilt und am 11.11.1967 verstarb, benannte Stadion mehrfach erweitert und modernisiert. Heute verfügt es über eine überdachte Tribüne mit ca. 1.500 Sitzen, umlaufende Traversen mit jeweils acht knappen Stufen und sogar über so etwas Ähnliches wie eine Flutlichtanlage. Die Sichtverhältnisse sind eigentlich wesentlich besser als im Südstadion, doch mangelt es der langjährigen Trainingsstätte der Profis an Komfort - und eben Sicherheit. Dem FC war es schlicht zu teuer, für die erforderliche Blocktrennung und den gefahrlosen Zugang von Schiri und Spielern zu sorgen. Und was auf den dunklen Waldwegen hinter dem Stadion bei Heimspielen gegen z.B. RWE abgegangen wäre, kann man sich ja vorstellen.

Foto: MMM

Franz-Kremer-Stadion

KÖLN: Müngersdorfer Stadion/Franz-Kremer-Stadion

Anfahrt: A4 bis Abfahrt Köln-Klettenberg und auf der Luxemburger Straße stadteinwärts. An der ersten Kreuzung links auf den Militärring, an der nächsten Kreuzung wieder links auf die Berrenrather Straße und dann sofort rechts in die Cluballee auf die Parkplätze am Geißbockheim. Vom Hauptbahnhof geht es mit der Linie 18 (gen Bonn Hbf.) bis zum Klettenbergpark und von dort über die Hirz- zur Berrenrather Straße, diese links und über den Militärring.

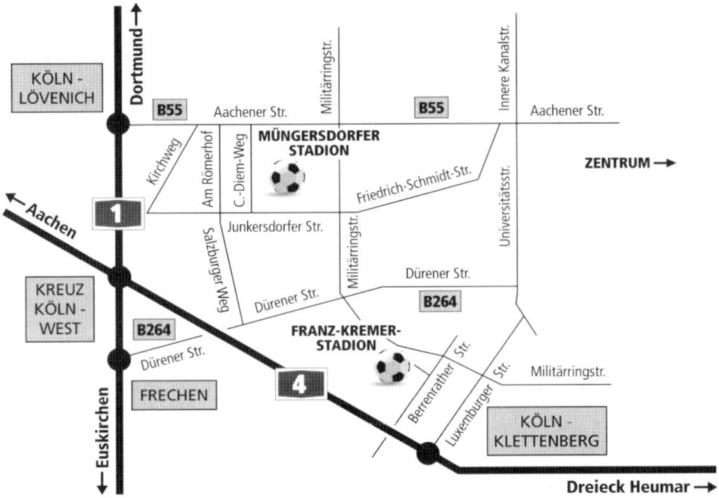

Von **Dortmund**: über die A1 bis Abfahrt **Köln-Lövenich**, rechts auf die Aachener Straße (B55) in Richtung Zentrum, bis das (im Übrigen auch ordentlich ausgeschilderte) Stadion auf der rechten Seite auftaucht.

Von **Frankfurt**: über die A3 gen Oberhausen bis zum Dreieck Heumar, dort auf die A4 nach Aachen (Ring Köln-Süd), am Kreuz Köln-West auf die A1 Richtung Dortmund bis zur Abfahrt Köln-Lövenich - Rest s.o.

Von **Aachen**: über die A4 bis zum Kreuz Köln-West, dort auf die A1 gen Dortmund bis zur Abfahrt Köln-Lövenich - Rest s.o.

Momentan stehen knapp 8.000 kostenpflichtige **Parkplätze** (2-3 €) zur Verfügung, dennoch kommt es vor und nach dem Spiel mit schnöder Regelmäßigkeit zu einem mittelschweren **Verkehrschaos**, das v.a. für die Benutzer der Parkplätze **P3** und **P4** mit erheblichen Wartezeiten verbunden ist. Vom Parkplatz **P5** an der Jahnwiese (an der Südseite des Stadions, Anfahrt über Militärring- und Junkersdorfer Straße) gestaltet sich die Abreise eine Idee flüssiger und wer einen Fußmarsch von rund 15 Minuten nicht scheut, weicht auf die Plätze bei **Rheinbraun** (A1, Abfahrt Frechen, Dürener Straße) aus. Dazwischen liegt auch noch Parkplatz **P6** an der Salzburger Straße. Versteckte Stellmöglichkeiten sind praktisch nicht vorhanden, das **wilde Parken** rund um die Sporthochschule sollte man angesichts erhöhter Abschleppgefahr vermeiden - Gleiches gilt mittlerweile leider auch für den Militärring. In den Untergeschossen des Stadions sollen übrigens etwa 600 weitere Parkplätze entstehen, aber die sind dann wohl eher für VIPs gedacht. Und den Schiedsrichter.

Vom Hauptbahnhof fährt man mit den **Linien 12** (Richtung Zollstock Südfriedhof), **16** (gen Bonn-Bad Godesberg) oder **18** (Bonn Hbf.) bis zur Station **Neumarkt**, von dort ebenerdig mit der **Straßenbahnlinie 1** (Richtung Weiden) bis zur Haltestelle Stadion. Auswärtsreisende, deren Züge auch am **Deutzer Bahnhof** halten, können bereits hier in die 1 steigen und ersparen sich so das Umsteigen. Die KVB setzen ferner ab Neumarkt und Hauptbahnhof Sonderzüge ein. Die **Eintrittskarte** gilt als **Fahrausweis**, ansonsten kostet der Fahrschein 1,90 €, das Minigruppen-Ticket für fünf Leute 7,25 €.

KÖLN: Südstadion

Foto: MMM

Baujahr: 1978

Kapazität: 12.000
Stehplätze: 10.140
Sitzplätze: 1.860

Fortuna Köln, Am Vorgebirgstor 1-3, 50969 Köln
Tel: 0221-9364180, Fax: 0221-93641834
www.fortuna-koeln.de

Den bislang größten Erfolg, den Aufstieg in die Bundesliga (1973), feierte Fortuna Köln noch fern der Heimat in der Radrennbahn, in die man angesichts des sportlichen Aufschwungs der 60er und 70er Jahre hatte umziehen müssen. Zuvor war man im gefürchteten »Loch« zu Hause gewesen, einem engen Bolzplatz an der Schönhauser Straße. Dort säumten in Hochzeiten bis zu 8.000 Zuschauer die Kreidelinien, und zwar so nahe, dass sich bei Eckbällen schon mal der Griff eines Regenschirms in der Hose des gegnerischen Keepers verirrte.

Doch nachdem Fortuna es in die Regionalliga geschafft hatte, wanderte man nach Müngersdorf aus. Obwohl sich in der Arena zu Beginn der 70er Jahre für Fortuna-Verhältnisse unvorstellbare Massen (bis zu 28.000!) einfanden, wurden die Südstädter mit der weit im Kölner Westen gelegenen Übergangslösung nie so recht glücklich. Pläne zum Bau eines »eigenen« Stadions existierten bereits seit 1969, doch sollten bis zum ersten Spatenstich noch rund zwei Jahre ins Land ziehen. Das erste offizielle Punktspiel in der Bezirkssportanlage Süd fand dann gar erst am 15. Januar 1978 (2:1 vs. Wuppertal) statt - juristische Streitigkeiten, Löcher im Stadtsäckel und organisatorische Probleme verhinderten ein schnelleres Entstehen der Arena in Zollstock.

Konzipiert wurde sie für 15.000 Zuschauer, sicherheitstechnisch bedingt ist die Kapazität mittlerweile auf 12.000 gesunken - eine solche Menschenmenge passiert die Tore des nur bedingt hexenkesseltauglichen Stadions jedoch nur recht selten. Zum einen mag dies an der tristen Atmosphäre liegen, zum anderen im mangelnden Komfort des klassischen Bundesjugendspielestadions begründet sein - lediglich 1.860 Plätze sind überdacht, der Rest der Fanschar ist Wind und Wetter schutzlos ausgeliefert. Und von den Sitzbänken erzählt man sich, es handele sich dabei um Ausschussware, die beim Bau des Müngersdorfer Stadions liegen blieb. Immerhin verfügt das Südstadion seit 1994 über eine schmucke Anzeigetafel, ansonsten genügen jedoch lediglich das Flutlicht und der gepflegte Rasen höheren Ansprüchen. Von der Umsetzung der einstigen Pläne, die Arena in ein reines Fußballstadion für 20.000 Zuschauer umzubauen, ist man derzeit ungefähr so weit entfernt wie die Fortuna von einer erfolgreichen Titelverteidigung in der Champions League.

Die ohnehin nicht gerade zahlreiche Fortuna-Anhängerschar ist in kleine Grüppchen zersplittert und nun im ganzen Stadion zu finden: Die »Eagles«, die schon seit Ewigkeiten ultramäßig unterwegs sind, auf der Tribüne, nebenan in der Südkurve der »SC Mülltonn«, die »Leechter« nach wie vor auf Stehplatz Mitte, dem alten Stammplatz der Heimfans. Was Wunder, dass die Atmosphäre im Südstadion immer südfriedhofiger wird. Immerhin sind die kultigen Zwischenrufe der Rentner und Möchtegernrentner nun fast im ganzen Rund zu vernehmen. Apropos: Stadionsprecher Manfred Dorschler, die sonore Stimme des Südstadt (»Nehmen sie bitte ihre Hände zur Hand«), hat das Mikro leider aus der Hand gegeben.

Sitzplätze: 10-12 €
Stehplätze: 4-6 €
Gäste: Nordkurve

Preise Die üblichen Verdächtigen kommen billiger rein. **Rollis** Plätze auf der Laufbahn. **Fanshop** Unter der Geschäftsstelle (öffnet vor Heimspielen sowie Di+Do 17-19h). **Lesen** Die »news« sind umsonst - kein Wunder bei vier Seiten Umfang. Das sagenumwobene Fanblatt »Knacker einfach« (ebenfalls gratis) erscheint nur noch alle Jubeljahre. **Essen** Bratwurst, Krakauer und Brühwurst, die berühmte »Knacker einfach« (2-2,50 €). Leider nur leidlich schmackhaft. **Trinken** Bisher flossen nur »Gaffel frei« (puh) und Softdrinks in die Pfandbecher (2 €). Doch kursierten in letzter Zeit Gerüchte über ein Ende der Prohibition. Bis es so weit ist: Als Flüsterkneipe Nr. 1 gilt der Kiosk an der Bahnhaltestelle. **Klo** Sauber. **Kneipen** Der »Bacchus« ist leider auch nicht mehr, was er mal war. Nun bei Fans beliebt: »Bierstübchen« (Vorgebirgsstraße), »Bei mir« (Eifelplatz), »Wundertüte« (Pfälzer Straße). Im Sommer lohnt ein Abstecher in den nahen Volksgarten.

STADION	STIMMUNG	SERVICE	STRESS

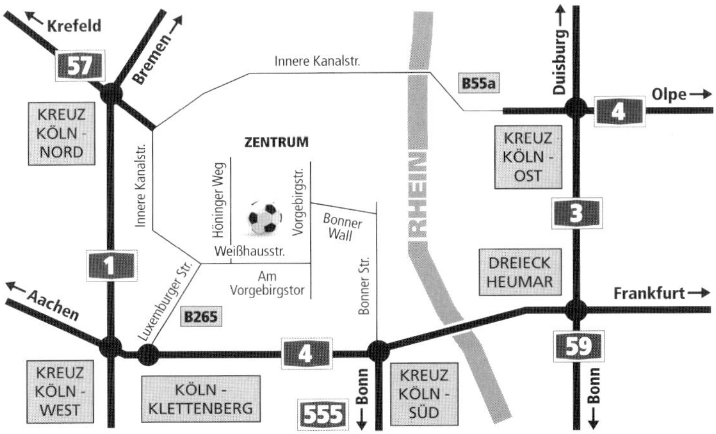

Von **Dortmund**: die **A1** bis **Kreuz Köln-Nord**, auf der **A57** gen Zentrum und an der Abfahrt Köln-Süd/Lindenthal heraus. Nun auf der **Inneren Kanalstraße** (später Universitäts- und Weißhausstraße) etwa fünf Kilometer geradeaus, bis hinter der Kreuzung mit dem **Höninger Weg** links die Flutlichtmasten des Südstadions auftauchen.
Von **Frankfurt**: die **A3** bis Dreieck Heumar, dort auf die A4 gen Aachen und an der ersten Abfahrt hinter der Rheinbrücke (**Köln-Bayenthal**) herunter und vom Verteilerkreis (auf 12 Uhr) in die **Bonner Straße**. Hier nun etwa 2,5 km geradeaus und nach der Unterführung **links** in den Bonner Wall, an der nächsten Ampel wieder links auf die Vorgebirgsstraße und rechts auf den (kostenpflichtigen) Parkplatz.
Von **Aachen**: die **A4** bis Abfahrt **Köln-Klettenberg**, auf der Luxemburger Straße stadteinwärts und kurz vor dem unübersehbaren Uni-Center **rechts** auf die Weißhausstraße.
Ideal für frühzeitig angereiste Gästefans sind die Parkmöglichkeiten am Höninger Weg bzw. am Vorgebirgstor (direkt vorm Stadion). Ansonsten bleibt nur der große und bei Regen schlammige **Großparkplatz** an der Vorgebirgsstraße.

Vom **Hauptbahnhof** fährt die **Straßenbahnlinie 12** (gen Zollstock-Südfriedhof) in elf Minuten bis zur Haltestelle Pohligstraße. Für größere Fangruppen stehen nach Abpfiff oft auch **Sonderbahnen** bereit, die direkt bis zum Bahnhof durchsausen.

KREFELD: Grotenburg-Stadion

Baujahr: 1927

Foto: Burkhard Schulz

Kapazität: 34.500
Stehplätze: 24.557
Sitzplätze: 9.943

KFC Uerdingen, Löschenhofweg 70, 47829 Krefeld
Tel: 02151-490522, Fax: 02151-490510
www.kfc-online.de

Als Bayer 05 Uerdingen 1971 in die Regionalliga aufstieg, nahm das in Krefeld keiner so richtig ernst. Die Sympathien der Einwohner gehörten den Kufencracks des KEV sowie den damals freilich kurz vor dem Exitus stehenden Preußen. Zudem war der Werksklub ja auch »nur« aufgerückt, da sich Düsseldorf und Bochum für die Bundesliga qualifiziert und somit einen zusätzlichen Platz freigemacht hatten. In der eigenen Aufstiegsrunde war Bayer mal wieder kläglich gescheitert.

Nichstdestotrotz wollten immerhin 15.000 Neugierige das erste Spiel der Uerdinger in der Grotenburg-Kampfbahn gegen Wuppertal sehen - und dies, obwohl am selben Tage ein Schützenfest und ein Turfmeeting stattfanden. In die anno 1927 eingeweihte Arena war der Klub stadtteilverbindend umgezogen, nachdem er zuvor im vereinseigenen Stadion am Löschenhofweg mehr oder weniger unter Ausschluss der Öffentlichkeit gekickt hatte. Doch mit den Erfolgen wuchs auch das Interesse der Fans, wenngleich es für manche anfangs noch ein reichlich merkwürdiges Unterfangen darstellte, in unmittelbarer Nähe des kleinen Krefelder Zoos den Namen eines Chemiegiganten ins Stadionrund zu posaunen. Nachdem Uerdingen 1975 den Sprung in die Bundesliga geschafft hatte, brachen auch für die Grotenburg stürmische Zeiten an und die Arena wurde im Lauf der Jahre erheblich umgerüstet. 1976 erhielt sie Flutlicht, vier Jahre später wurde die neue Osttribüne eingeweiht und 1986 folgte der Umbau der Nordseite in eine reine Sitzplatztribüne.

Seit 1990 kann man sich zudem an einer Anzeigetafel sattsehen, die Aufstellung und Spielstand mitunter in den abenteuerlichsten Farben präsentiert. Aus der Mehrzweckarena entstand somit im Lauf der Jahre ein reines und feines Fußballstadion mit einer Kapazität von 34.500 Plätzen, von denen knapp 10.000 Sitze und 4.500 Stehmöglichkeiten überdacht sind - allein die Westtribüne, die noch ein wenig an die einstige Laufbahn erinnert, bereitet Kummer. Die Ausbaupläne liegen schon seit Jahren in der Schublade, aber der Stadt fehlt schlicht und ergreifend das nötige Kleingeld.

Zum ersten Mal bis auf den letzten Platz gefüllt war die Grotenburg übrigens im November 1994 beim 1:1 gegen Bayern München. Heutzutage ist man beim KFC schon froh, wenn mehr als ein Zehntel der damaligen Zuschauermenge die Stadiontore passiert.

Gäste benutzen die Eingänge Berliner oder Violstraße, von denen sie direkt zu ihren Plätzen auf der (offenen) Westtribüne gelangen. Bringt der Gegner nur eine Hand voll Fans mit, so dürfen diese auch schon mal in den überdachten Block Q der Südtribüne. Die heimischen Anhänger, darunter auch jener schon etwas betagtere Herr, der alle drei Minuten ein markerschütternd-wehklagendes »UERR-DING-GÄHAN« vom Stapel seiner gewaltigen

Stimmbänder lässt, sind auf der Osttribüne zu finden. Im angrenzenden Sitzblock K geben sich die Krefelder Ultras ihr Stelldichein - ihre Versuche, für Stimmung zu sorgen, sind durchaus ehrenhaft, gehen aber leider oft ins Leere. Dafür sind die Sichtverhältnisse von allen Plätzen aus (Abstriche natürlich für die Westkurve) erste Sahne. Wenn doch nur das Stadion ein bisserl voller wäre...

Sitzplätze: 10-20 €
Stehplätze: 4-8 €
Gäste: Westtribüne

Preise Ermäßigter Eintritt für Rentner, Arbeitslose, Schüler, Studenten und Azubis. Behinderte sitzen für 7 € (Nordtribüne), für 20 € gibt's auch eine Familienkarte (maximal fünf Leute). **Rollis** Bevorzugte Plätze, freier Eintritt, Begleiter zahlt ermäßigten Eintritt. **Fanshop** Fanbude zwischen Ost- und Südtribüne. **Lesen** Das Stadionblatt heißt nun »Grotenburger«, den Preis (1 €) muss man wohl als Spendenaufruf deuten. Vielleicht gibt's auch bald mal wieder neue Ausgaben der Fanzines »Triumphbogen« (Hans-Sachs-Str. 56, 47445 Moers) und »United« (L. Kaminski, Tannenstr. 133, 47798 Krefeld) - einfach mal an der Fanbude nachfragen. **Essen** Gute, aber relativ teure Bratwurst und Pommes am Eingang Berliner Straße, auf der anderen Seite (Violstraße) größeres Angebot: Krakauer, Pizza, Döner, Spießbratenbrötchen, Schnitzel, Baguettes. Auf der Südtribünenseite kann das ganze Zeugs an Biertischen und Bänken auch sitzend verzehrt werden. **Trinken** Das Alt kommt jetzt von Hannen, ferner Pils (mit/ohne), Cola, Limo und Wasser. **Klo** Bis auf den Geruch ok. **Kneipen** Im Stadionumfeld tote Hose. Besser gen Innenstadt marschieren oder sich nach dem »Bockumer Krug« (Friedrich-Ebert-Straße, Richtung Stadtwald) oder der Gaststätte »Am Inster« (Insterburger Platz, in Gartenstadt) durchfragen.

STADION ⚽⚽⚽ **STIMMUNG** ⚽⚽ **SERVICE** ⚽⚽ **STRESS** ⚽

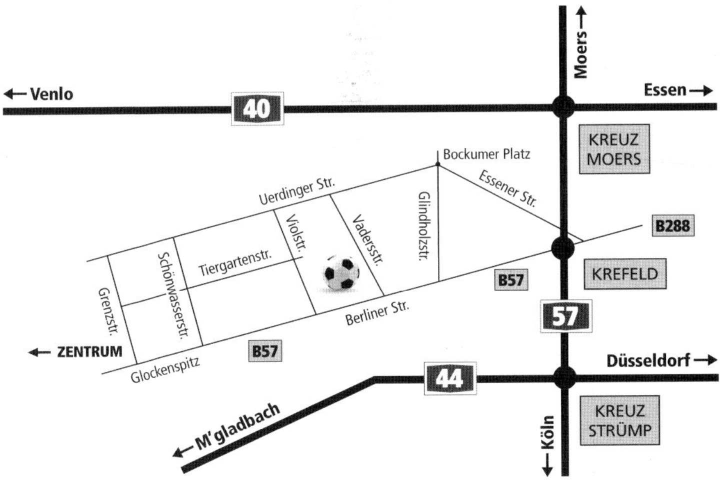

Das Uerdinger Stadion liegt direkt neben dem **Zoo** und wird über die **A57** angefahren. An der Abfahrt **Krefeld** (13) runter und über die Berliner Straße (**B288**) in Richtung Zentrum, bis nach knapp anderthalb Kilometern auf der rechten Seite das Ziel der Reise auftaucht. Die dortigen **Parkplätze** sind **kostenlos**, bei großem Andrang kann man direkt hinter der Ausfahrt von der Berliner Straße auch auf die Essener Straße fahren, die am Bockumer Platz in die Uerdinger Straße übergeht und den Parkplatz am Zoo benutzen. Bei Topspielen steht schließlich auch noch der Sprödentalplatz (Uerdinger Straße, ausgeschildert) zur Verfügung. Normalerweise reichen die knapp 2.000 Parkplätze aber völlig aus.

Vom Krefelder **Hauptbahnhof** geht es mit den **Straßenbahnlinien 042** (gen Elfrather Mühle) oder **043** (gen Uerdingen Bahnhof) in lockeren zwölf Minuten bis zur Haltestelle **Grotenburg/Zoo**, von dort ist es nur noch ein Raubkatzensprung.

LEIPZIG: Alfred-Kunze-Sportpark

Foto: Rainer Hille

Baujahr: 1923

Kapazität: 18.000
Stehplätze: 14.532
Sitzplätze: 3.468

Sachsen Leipzig, Am Sportpark 2, 04179 Leipzig
Tel: 0341-453330, Fax: 0341-4533310
www.fc-sachsen.de

Der Kunze-Sportpark zählt zu den gefürchtetsten Fußballstätten der Republik. Das liegt zum einen an all den legendären Begegnungen, die dort schon stattgefunden haben, zum anderen an der Aura der einstigen BSG Chemie. Die Chemiker haben sich mit bewundernswerter Energie und unerschütterlicher Beharrlichkeit von diversen Schicksalsschlägen erholt und ein Fluidum geschaffen, das an allen Ecken und Enden greifbar ist.

Auf dem Areal wird schon seit 1915 gegen den Ball getreten. Damals entstand ein Sportplatz, dem man später das bis heute fast unveränderte Vereinsheim anfügte. Nutzer war der TuS Leutzsch, 1933 als kommunistischer Sportverein von den Nazis verboten. Die 1932 gegründete TuRa übernahm das Gelände und legte die Grundlagen zu Stadion wie Legende. Binnen drei Jahren stieg der Klub in die Gauliga auf; derweil baute er den Sportplatz zu einem Stadion für bis zu 30.000 Menschen aus.

Nach dem Krieg wurde die Arena vom neuen Nutzer BSG Chemie in »Georg-Schwarz-Stadion« umbenannt und in einen Fußballtempel verwandelt. 1947 baute man die Holztribüne der Regattastrecke am Elsterflutbecken ab und an der Leutzscher Westgeraden wieder auf. Dort steht sie bis heute mit zehn Reihen und 940 Sitzplätzen. In den 50ern wurde der Ausbau mit der Aufstockung der Nordtribüne fortgeführt, ehe plötzlich Pläne für einen völligen Neubau der Arena publik wurden. Es war bereits eine entsprechende Grube ausgehoben worden, als alles rückgängig gemacht und die Renovierung fortgesetzt wurde.

In Folge dieser Maßnahmen sank die Kapazität zwar auf ca. 25.000, zugleich aber wurde der legendäre Ruf der Arena zementiert. Daheim war »Schämie« nun eine kaum zu bezwingende Macht, was primär dem begeistert mitgehenden Publikum zu verdanken war. Da es dabei nicht immer sportlich-fair zuging, erhielt die Arena als erste in der DDR einen Schutzzaun. Im weiteren Verlauf entstanden das Sozialgebäude sowie eine Anzeigetafel.

Nach der Wende wurde die reine Fußballarena mit dem Namen des einstigen Meistertrainers Alfred Kunze versehen. Zugleich wurden auf der Ostgeraden 506 und auf der Vortribüne der Westseite 2.424 Plastikschalen installiert. Das Fassungsvermögen verringerte sich dadurch auf 16.500, wobei auflagenbedingt nur 12.000 zugelassen sind und auf der Tribüne striktes Rauchverbot herrscht.

Bei aller Euphorie über die Ausstrahlung des Sportparks bleibt zu konstatieren, dass sein Zustand alles andere als zufrieden stellend ist. Pläne für einen Komplettumbau konnten aus finanziellen Gründen bislang jedoch nicht realisiert werden. Dabei erscheint die Aussicht, dass dereinst auf der Ostgeraden eine 4.000-Sitze-Tribüne und auf der Gegengeraden eine nagelneue Stehplatzüberdachung stehen könnten, und der Kunze-Sportpark mit einer Flutlichtanlage auch für Abendspiele geeignet wäre, mehr als verlockend.

LEIPZIG: Alfred-Kunze-Sportpark

Schon häufig waren die Fans das wohl wichtigste, mit Sicherheit aber treueste Potenzial der Grün-Weißen aus Leutzsch! Seit 1963, als Chemie mit dem »Rest von Leipzig« DDR-Meister wurde, später in den 70ern, als Chemie zur Fahrstuhlmannschaft wurde - bei all dem blieb eine Konstante: Eine vieltausendköpfige Fanschar, die vornehmlich auf der West- und Nordtribüne zu finden ist und überaus lautstark sein kann.

Gästefans werden auf die Südtribüne »gesperrt«, von der aus keine allzu gute Sicht möglich ist. Im gesamten Stadionumfeld ist Vorsicht angesagt. Alleinreisende sollten sich neutral kleiden, größere Gruppen werden ihren »Spaß« mit dem Ordnungspersonal haben! Ansonsten: Das Chemie-Fußball-Museum besuchen (geöffnet jeweils eine Stunde vor und nach den Heimspielen)!

Sitzplätze: 8-10,50 €
Stehplätze: 5-6 €
Gäste: Südtribüne

Rollis Spielfeldrand. **Fanshop** Fan-Bude, Georg-Schwarz-Str. 83-85, 04179 Leipzig. **Lesen** »Sachsenkurier«, A4, 1,50 €, empfehlenswert. **Essen** Gute Bratwurst für 1,50, dazu Bockwurst und Buletten. **Trinken** Bier (bei »gefährlichen« Spielen ohne, sonst mit Alkohol) für 2 €. Cola, Fanta, Kaffee. **Klo** Im Vereinsheim neu, ansonsten Dixies oder Gebüsch. **Kneipen** Die »Sachsenstube« im Vereinsheim ist absolut empfehlenswert, allerdings mitunter den VIPs vorbehalten. Ansonsten: »Spartenheim Mücke« im hinter Tribüne und Platz 3 gelegenen Gartenverein. Dort sind auch Gästefans willkommen.

STADION **STIMMUNG** **SERVICE** **STRESS**

Schwer zu finden. Wem das Gewimmel zu **kompliziert** erscheint: An Straßenbahnstation parken und ab in die **S27** zum Bahnhof Leutzsch. **A14** von **Dresden**: Abfahrt **Leipzig-Nord**, über die Delitzscher Straße gen Zentrum, erste Kreuzung rechts in die Lindenthaler Straße und weiter auf der Wiederitzscher bzw. Hauptstraße. Links in die Bahnhofstraße, dann rechts ab und durch die Unterführung sowie am Rathaus vorbei über die Linkelstraße geradeaus auf die Rittergutstraße. Auf Höhe des S-Bahnhofs Leutzsch rechts. **A9** von **Berlin**: Bis **Leipzig-West**, dann auf der **B181** (Merseburger Straße) Richtung Zentrum (ca. acht km). Kurz hinter dem Ortseingang an der Ampelkreuzung links in die Franz-Flemming-Straße, an der zweiten Ampel links in die Georg-Schwarz-Straße, über die Brücke und rechts in die Straße Am Ritterschlösschen, deren dritte Seitenstraße auf der linken Seite (Pettenkoferstraße) geradewegs zum Stadion führt. Parken: Der gebührenpflichtige Waldparkplatz ist eine Schlaglochpiste. Alternativen gibt es kaum.

Vom **S-Bahnhof Leutzsch** sind es knapp **fünf** Minuten Fußweg bis zum Stadion. Sowohl die Straßenbahnlinie **27** als auch die S-Bahn in Richtung Grünau bringen den Fan ans Ziel.

LEIPZIG: Bruno-Plache-Stadion

Baujahr: 1922

Foto: Rainer Hille

Kapazität: 13.500
Stehplätze: 10.700
Sitzplätze: 2.800

VfB Leipzig, Connewitzer Str. 21, 04289 Leipzig
Tel: 0341-869990, Fax: 0341-8699911
www.vfb-leipzig.de

In den 20ern zählte das Bruno-Plache-Stadion zu den berühmtesten Stadien des Landes - nicht zuletzt wegen des Endspiels um die deutsche Meisterschaft 1922, als sich beim Match Nürnberg-HSV 70.000 Menschen in der noch im Rohbau befindlichen und nur für 40.000 zugelassenen Anlage drängelten.

Bauherr VfB, der in jenen Tagen regelmäßig große Zuschauermengen anlockte, hatte das am südöstlichen Stadtrand gelegene Gelände 1920 erworben und mit dem Stadionbau begonnen. Neben einer kleinen Holztribüne für 800 Menschen gab es reichlich Stehtraversen; das ganze Areal wurde am 13. August 1922 mit einer feschen Feier eingeweiht.

1932 erweiterte man die kleine Holztribüne auf 1.500 überdachte Sitze, das inzwischen etwas in die Jahre gekommene Bauwerk erfüllt bis heute seinen Zweck. Bautrupps betraten die nach dem Widerstandskämpfer Bruno Plache benannte Arena dann erst wieder in den 50ern, als man auf den Grashängen der Gegengeraden bzw. der Kurven befestigte Stehtraversen installierte. Sportlich gesehen standen der Mehrzweckarena nun schwere Jahre bevor, sie kam nur selten in den Genuss größerer Zuschauerkulissen. Der Knackpunkt kam 1963/64, als die vermeintlich besten örtlichen Fußballer im Sport-Club zusammengefasst wurden, der seine Heimat in Probstheida bezog. Weil jedoch der zum Lokalrivalen BSG Chemie geschickte »Rest« dem SC den Meistertitel vor der Nase wegschnappte, flogen den Leutzschern fortan die Sympathien zu und der SC (später 1.FC Lok, heute VfB) musste fortan mit dem Makel leben, Liebling der Herrschenden zu sein. Bezüglich der Zuschauerzahlen spielte er nur noch die zweite Geige.

Folge war, dass das Plache-Stadion zusehends verfiel, zumal die »launische Diva der DDR-Oberliga« ihre Spiele meist im Zentralstadion austrug. Dort feierte »Loksche« z.B. 1987 den Einzug ins Europapokalfinale. In Probstheida wütete derweil der Zahn der Zeit, dem es zu verdanken war, dass das Fassungsvermögen aus Sicherheitsgründen auf 22.000 reduziert werden musste. Gegenmaßnahmen waren selten. Irgendwann wurden Wellenbrecher eingebaut und Blockabtrennungen errichtet, später gab es einen Spielertunnel sowie eine schon bei ihrer Aufstellung vorsintflutlich anmutende Anzeigetafel.

Kein Wunder, dass die Arena nach der Wende den DFB-Sicherheitsauflagen nicht standhielt. Die hohen Fußballherren ordneten die Nutzung des Zentralstadions an, dessen Zustand freilich auch nicht viel besser war. Nachdem Lok-Nachfolger VfB vier Jahre lang vergeblich versucht hatte, das Zentralstadion mit Fans zu füllen, konnte er 1995 endlich ins notdürftig renovierte Plache-Stadion zurückkehren. Seither bemüht man sich nach Kräften, aus der maroden Traditionsstätte ein Schmuckkästchen mit Zukunft zu zaubern. Erste Neuerung war die Flutlichtanlage, die am 10. Oktober 1997 eingeweiht wurde, sowie eine neue Anzeigetafel. Weitere Renovierungs- und Umbaumaßnahmen sollten folgen und irgendwann, so hoffte man, würde man ein reines Fußballstadion mit rund 22.000 Plätzen haben. Doch dann kam die WM 2006 und der Neu- bzw. Umbau des Zentralstadions, der die Zukunft des »Plaches« mehr als düster erscheinen lässt.

Es bleibt dabei: Vor Teilen der VfB-Anhängerschar muss man warnen. Gästefans sollten sich vor dem Stadion unbedingt neutral verhalten, vor allem, wenn sie in kleineren Gruppen anreisen. Das Polizeiaufgebot ist imposant und jeder »echte« VfB-Fan (von denen es durchaus viele gibt) kann einem angesichts derartiger »Kollegen« eigentlich nur Leid tun. Im Gästeblock (Südkurve) sorgt die Polizei für Sicherheit, so dass dort mäßige Sicht und schlechte Stimmungsverhältnisse zumindest gefahrlos genossen werden können.

Sitzplätze: 7-12 €
Stehplätze: 4-7 €
Gäste: Südkurve

Rollis Zwölf Plätze auf der Aschenbahn. **Fanshop** Rechts vom Haupteingang. **Lesen** »Journal«, A4, farbig, viel Werbung, dennoch lesenswert. **Essen** Wurst. **Trinken** Alkoholfreies Bier, Cola, Fanta, Kaffee. **Klo** Faszinierend vielleicht für an der historischen Entwicklung öffentlicher Toiletten Interessierte, für sich in Notdurftsituationen befindende Fans dagegen ein Albtraum. **Kneipen** Clubcasino in der Tribüne. Gästefans gehen besser ins nahe gelegene Paunsdorf oder noch besser in Leipzigs Zentrum.

STADION | **STIMMUNG** | **SERVICE** | **STRESS**

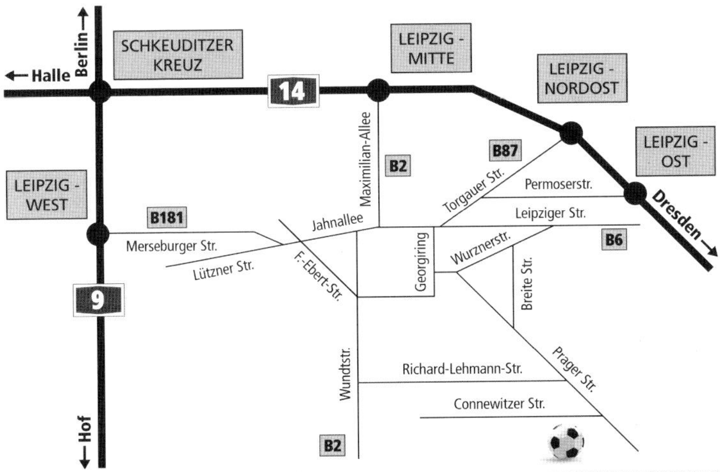

A9 von Nürnberg/Berlin bzw. **A14** aus Richtung Halle: bis **Leipzig-West**, dann weiter auf der **B181** gen Leipzig. Nach rund zehn km **links** auf die **B87** Richtung Zentrum. An Elster und Zentralstadion vorbei, dann rechts auf die **B2** Richtung Markkleeberg/Borna. Nach ca. fünf Kilometern links in die Richard-Lehmann-Straße in Richtung **Völkerschlachtdenkmal**. An jenem vorbei auf die Prager Straße und schließlich nach ca. 1,5 km erneut rechts in die Connewitzer Straße zum Stadion. **A14** von **Dresden**: Bis Abfahrt **Leipzig-Ost**, weiter auf der **B6** nach Leipzig und über die Wurzner Straße Richtung Völkerschlachtdenkmal bis zur Dresdner Straße. Dort **links** und sogleich wieder rechts in die Breite Straße. An deren Ende links auf die **Prager Straße**, weiterer Weg s.o. **Parken:** Hinter dem Stadion gibt es einen **größeren** Parkplatz. Ist der **besetzt**, am besten zum Völkerschlachtdenkmal fahren und mit der **Straßenbahn** (15, 20 oder 21) weiter.

Die Straßenbahnlinien **15** und **21** (Richtung Meusdorf) verkehren zwischen **Hauptbahnhof** und Bruno-Plache-Stadion. Aussteigen in **Probstheida** und noch ein paar Schritte laufen.

LEIPZIG: Zentralstadion

Baujahr: 1956

Kapazität: 44.345
Stehplätze: 2.250
Sitzplätze: 42.095

Foto: Bongarts

Zentralstadion

Im Winter 2001/02 bot das Zentralstadion einen erstaunlichen Anblick. Auf dem Spielfeld tummelten sich Bagger, Betonmischer und zahlreiche Bauarbeiter. An vier Ecken sah man Betontürme, die erahnen ließen, wo sich eines Tages die Tribünen befinden würden. Zugleich waren die alten Ränge, auf denen einst über 100.000 Menschen mitfieberten, noch gut zu erkennen. Mehr noch: Dass das Zentralstadion eines von vielen »Trümmerstadien« Deutschlands ist, war unübersehbar. Verstreut lagen bunt gemischte Backsteine und halbe Häuserwände herum und zeugten in beklemmender Deutlichkeit von den Folgen des Zweiten Weltkriegs: Was einst Menschen eine Behausung und später Fans eine Plattform zum Sport-Erleben gab, lugte nun, fast 60 Jahre nach Kriegsende wieder hervor und brachte sich mahnend in Erinnerung.

Wenn das »neue« Zentralstadion im Frühjahr 2003 seine Pforten öffnet, wird von herumliegenden Backsteinen nichts mehr zu sehen sein. Statt 110.000 Menschen, wie z.B. im Oktober 1957 beim Länderspiel zwischen der DDR und der Tschechoslowakei, wird die Arena nur noch 45.000 Fans Platz bieten, worunter sich allerdings 900 VIP- und 1.200 Business-Plätze befinden - die Verfechter sozialistischer Politik würden sich im Grabe umdrehen. Ein verschließbares Dach sowie ein ausfahrbarer Rasen bringen modernstes High-Tech in die sächsische Messestadt.

Historisch ist (war) das Zentralstadion Ausdruck sozialistischer Sportkultur. Wie seine »Brüder« in Moskau, Budapest und Prag war auch das Zentralstadion eine leicht in die Erde gelassene Riesenschüssel mit weit ausschweifenden Rängen und einer Ehrentribüne für die »Besseren unter den Gleichen« - eine Art sozialistischer VIP-Plätze... Eröffnet worden war das »alte« Zentralstadion am 4. August 1956 - erst ein gutes Jahr zuvor war der Bau beschlossen worden. In nur 16 Monaten hatten Bauarbeiter, Aufbauhelfer, Volksarmeesoldaten und Mitglieder internationaler Jugendbrigaden das in Ost und West bestaunte Bauwerk erschaffen. 23 Meter ragten die Ränge in die Höhe, 76 Traversen ergaben eine Länge von fast 49 Kilometern, und wer vom Innenraum auf den Oberring wollte, der hatte 150 Stufen zu überwinden.

Sofort wurde das Zentralstadion zum Zentrum des DDR-Leistungssports. Fritz Walter erzielte hier 1956 sein legendäres Hackentricktor im Freundschaftsspiel gegen Wismut Aue, damals zwangsweise nach Karl-Marx-Stadt verpflanzt. Die DDR-Fußballer versuchten mehrfach vergeblich, die imposante und häufig höchst stimmungsvolle Kulisse zu nutzen, um sich für die WM zu qualifizieren. 1957 kam die Friedensfahrt in Leipzig an - 90.000 waren dabei. Lok und Chemie trugen unzählige Schlachten aus. Und, und, und.

Dass das Zentralstadion Geschichte und ein neues Stadion Gegenwart ist, war nicht zuletzt dem Zahn der Zeit zu »verdanken«. Der hatte unnachgiebig genagt an dem Trümmerstadion, das zwischen 1991 und 1995 Bundesligafußball durch den VfB erlebte. Damals war bereits klar, dass die Arena nicht zu restaurieren war und folglich keine Zukunft hatte. Fraglich war lange Zeit nur, was geschehen sollte - und vor allem, wer das alles finanzieren könnte. Noch vor der Vergabe der WM 2006 an Deutschland - für den Fall des Zuschlags war Leipzig als DFB-Gründungsstätte fest »gebucht« - sicherte Bundeskanzler Schröder einen Bundesbeitrag von 100 Millionen DM zu und griff selbst zur Schaufel, um den medienträchtigen, symbolischen ersten Spatenstich für den Neubau zu vollziehen. Der Rest war mühsame Kleinarbeit. Am 27. September 2000 entschied der Stadtrat schließlich mit 41 Stimmen der SPD, PDS, B90/Die Grünen und Bürgerfraktion gegen 22 Stimmen der CDU, der EMKA Immobilien-Beteiligungs GmbH den Zuschlag zu erteilen. Die wiederum befand sich in Besitz der Kinowelt Medien AG bzw. des Filmrechtehändlers Michael Kölmel, der zugleich (surprise, surprise!) bei beiden Leipziger Klubs finanziell involviert war. Kölmel bzw. EMKA hatte sich mit 30 Mio. DM in bar und weiteren 30 Mio. DM als Bürgschaft gegenüber der Stadt erkenntlich gezeigt und dafür den Zuschlag erhalten. Kölmels Pläne, das Zentralstadion in einen Fußballtempel zu verwandeln, in dem dann, wie viele fürchteten, eine mit an Sicherheit grenzender Wahrscheinlichkeit ungeliebte Fusion zwischen VfB und Sachsen spielen sollte, dürften sich nach dem Zusammenbruch seines Imperiums freilich erledigt haben.

Der Bau des Zentralstadions wurde von den finanziellen Schwierigkeiten seines Bauherren - die ausführende Baugesellschaft Holzmann ging zeitgleich ebenfalls den Bach runter - schwer getroffen. Auch die Firma, die das Dach bauen sollte, ging pleite. Die geplante Übergabe des Rohbaus zum 30. April 2002 verschob sich somit (zunächst einmal) auf das Frühjahr 2003. Ab dann dürfen die beiden Leipziger Spitzenklubs theoretisch ihre Heimkicks im neuen Zentralstadion austragen - ob sie es wollen, steht allerdings in den Sternen.

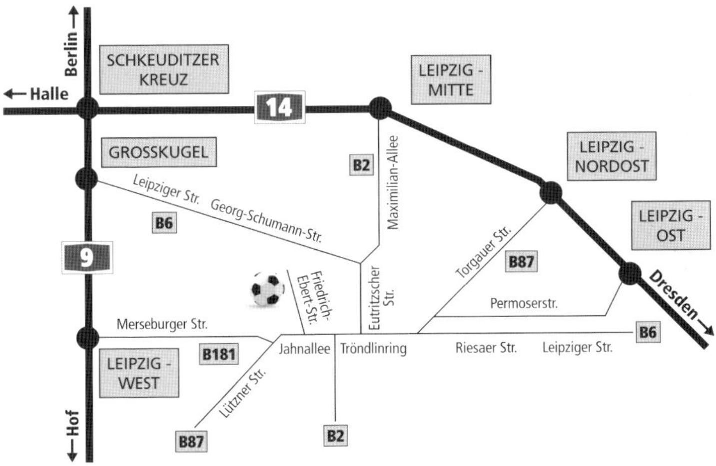

Die **A9** in **Leipzig-West**/Merseburg verlassen und weiter auf der **B181** in Richtung Leipzig. Dort auf der B181 bzw. **B87** bleiben (Richtung Zentrum/Bahnhof halten), ehe kurz nach der Elbüberquerung auf der linken Seite das Stadion auftaucht.
Parken: Derzeit noch nur Straßenparken und insofern (aber nur theoretisch, da ja keine Spiele dort stattfinden) ein Problem. Alles Weitere wird sich dann wohl nach Fertigstellung der Arena ergeben.

Vom **Hauptbahnhof** kann man das Zentralstadion in acht Minuten mit den Straßenbahnlinien **3** (Richtung Knautkleeberg), **7** (Böhlitz-Ehrenberg, Burghausener Straße) oder **15** (Miltitz) erreichen, an der Haltestelle **Sportforum** verkehren ferner die Linien 8, 15 und 36.

Foto: Bayer 04 Leverkusen

Baujahr: 1958

Kapazität: 22.500
Stehplätze: 0
Sitzplätze: 22.500

Bayer Leverkusen, Bismarckstr. 122-124, 51373 Leverkusen
Tel: 0214-86600, Fax: 0214-62709
www.bayer04.de

Mit dem Bau des ersten Leverkusener Stadions, das man zunächst kurz und knackig »Bayer-Platz« taufte, wurde bereits im Jahre 1923 begonnen. Da alle Arbeiten von Vereinsmitgliedern geleistet wurden und diese offensichtlich noch nicht allzu viele Erfahrungen mit der Errichtung von Sportstätten gesammelt hatten, konnte das auf einem ehemaligen Acker nordöstlich der Bayer-Wohnkolonie III gelegene Gebilde erst im September 1932 als »Stadion am Stadtpark« eingeweiht werden. Neun Jahre später erhielt die Arena auch eine überdachte Holztribüne.

Auf Dauer allerdings konnte Bayer 04 mit dem beschaulichen 15.000-Mann-Bolzplatz natürlich nicht zufrieden sein - bei den Oberligaspielen gegen Schalke, Dortmund oder Köln platzte der Ground aus allen Nähten. Und so machte man sich Mitte der 50er Jahre daran, ein neues, ein größeres Stadion zu errichten. Der erste Spatenstich erfolgte im April 1956 etwa 300 Meter von der alten Heimstatt entfernt und am 2. August 1958 konnte das nach dem früheren Generaldirektor der Farbenfabriken Bayer benannte »Ulrich-Haberland-Stadion« mit einem 0:3 gegen Fortuna Düsseldorf eröffnet werden. Das Fassungsvermögen lag damals bei 20.000 Zuschauern, von denen rund 4.000 auf der überdachten Westtribüne sitzen bzw. stehen konnten.

Doch so viele Menschen passierten dann eigentlich nur noch recht selten die Leverkusener Stadiontore. Die Mehrzweckarena verfügte zwar seit 1963 über Flutlicht, aber eben auch über eine stimmungshemmende Laufbahn - und zudem war der Klub bereits 1956 aus der Oberliga abgestiegen.

Als Bayer 04 dann 1979 überraschend den Aufstieg in die Bundesliga schaffte, war mehr als ein provisorischer Umbau auf die Schnelle nicht durchführbar. In Windeseile entstand eine zweite Tribüne auf der Ostseite, die 5.000 überdachte Sitze aufwies und die Kapazität auf insgesamt 22.000 Plätze zu steigern wusste. Das sollte fürs Erste reichen, denn als Zuschauermagnet entpuppte sich Leverkusen auch in der Folgezeit nicht. Zum ersten Male bis auf den letzten Platz ausverkauft war das Stadion tatsächlich erst im Mai 1988, als Bayer 04 mit dem Sieg im UEFA-Cup-Finale gegen Español Barcelona den bis dato größten Erfolg der Vereinsgeschichte feiern konnte. Da jedoch hatte man bereits mit dem Bau des »neuen« Haberland-Stadions begonnen. Ab 1986 entstand auf der Ostseite ein komplett mit thermoplastischen Durethan-Schalensitzen aus dem Hause Bayer bestückter Neubau, dessen Prunkstück die lichtdurchlässige Dachkonstruktion aus Makrolon bildete. Nach dem Ende der Hinrunde 87/88 riss man dann auch die Westtribüne ab und ersetzte sie durch einen viergeschossigen Bau, gleichzeitig erhielt das Stadion eine neue Anzeigetafel. Bald darauf folgten die Nordtribüne, VIP-Logen, Konferenzräume, eine zweite Video-Tafel und im Herbst 1997 schließlich die neue Südtribüne, die den letzten noch offenen Teilbereich des schmucken Bauwerks abschloss. In der Spielzeit 98/99 gönnte sich das Haberland-Stadion dann auch noch einen neuen Namen. Nach der Einweihung des Hotels Lindner in der Nordtribüne (Juni 1999) ist die BayArena nun erst einmal fertig: Ein weiterer Ausbau dürfte schwer werden und ist wahrscheinlich auch gar nicht gewollt. Denn ein kleineres, stets ausverkauftes Stadion macht sich im Zweifel werbetechnisch immer besser als ein großes mit hässlichen Zuschauerlücken... Nichtsdestotrotz handelt es sich bei der BayArena um ein wirklich tolles Fußballstadion - das für den Geschmack vieler Fans freilich ein bisserl heftig auf Komfort und Erlebnis (»Der Kick für ihr Event«, »Get the Bayer-04-Feeling«) getrimmt ist, steril wirkt und an schlechten Tagen das Ambiente einer Butterfahrt ins Plastikland besitzt, bei der man die Heizdecken gleich ins Stadiondach eingebaut hat.

Aus der kleinen Schar der Bayer-Enthusiasten, die stets unter den Plastik- und Pillenbeschimpfungen zu leiden hatte und sich nun Woche für Woche den »Ihr werdet nie Deutscher Meister«-Evergreen anhören muss, hat sich in den letzten Jahren tatsächlich eine richtige Fanszene entwickelt. Der harte Kern, der bei Auswärtsfahrten freilich zumeist auf sich allein gestellt ist, versammelt sich traditionell auf der Nordtribüne, v.a. in den C-Blöcken und muss sich da oft über die Karten-Verschenkaktionen an Schulen und Kindergärten ärgern. Ein vernünftiger und von einigen Ultra-Gruppen leidenschaftlich unterstützter Support ist da nicht immer einfach. Was Wunder, dass größere Auswärtsgruppen in der BayArena aufgrund der prima Akustik des Stadions schnell den Ton angeben können - wenn sie denn nicht gegen die Lautsprecheranlage anbrüllen müssen, welche die Gesänge des Heimblocks ins restliche Rund überträgt. Diese Aktionen kommen übrigens auch bei den Bayer-Fans nicht eben gut an... Doch wie dem auch sei, Gäste gehören in die ehemaligen G-Stehblöcke und den Block F4, die Sicht ist wie von fast allen Plätzen aus ziemlich klasse. Die Kontrollen der Ordner sind sehr genau - was Fahnen, Doppelhalter etc. angeht, ist so ziemlich alles verboten. Im Zweifelsfalle wende man sich an den Fanbeauftragten Paffi (Tel: 44606, Fax: 44601).

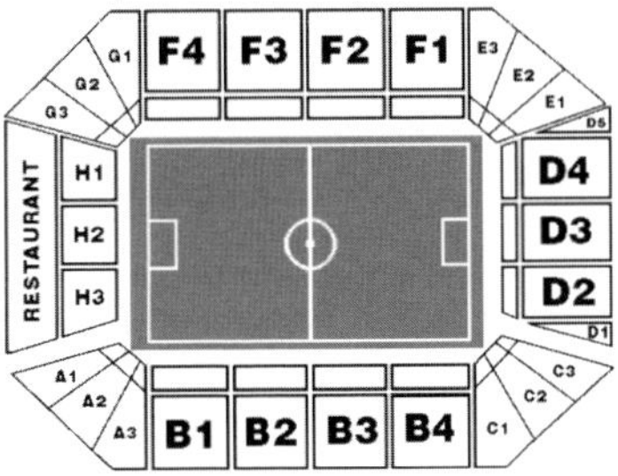

Wer mit der ganzen Familie zum Fußball gehen will, ist in der BayArena bestens aufgehoben: Da gibt es nicht nur die »Family Street« und den »BayAction-Park«, sondern auch die Möglichkeit, die Blagen während des Kicks im Kindergarten von McDonalds (Info: 0214-8660113) abzugeben.

Sitzplätze: 8-35 €
Stehplätze: -
Gäste: F4 + G1-3

Preise Studenten, Rentner, Zivis usw. haben in Leverkusen wenig zu melden, ermäßigten Eintritt erhalten nur »Teens« (14-21 Jahre), »Kids« (alles, was noch jünger ist) und Schwerbehinderte (Alter egal). Die Kinder- bzw. Familienkarten sind übrigens nur am Ticket-Schalter im Fanshop in der Osttribüne erhältlich. Normalos, die Bayer 04 live im Stadion sehen wollen, sollten sich frühzeitig um die begehrten Karten kümmern - pro (Bundesliga-) Spiel gelangen nämlich lediglich 4.000 Stück in den freien Verkauf. Infos: 01805-040404. **Rollis** Der Fahrer zahlt 5 €, der Begleiter nix - Karten gibt's im Fanshop oder auf Bestellung (01805-040404). Rechtzeitig besorgen! Im Außenbereich der Südtribüne stehen rund 40 Plätze bereit, Behindertentoiletten sind in den Blöcken E, G und H zu finden. An Spieltagen können Rollis ihre Autos zudem auf dem Parkplatz Bismarckstraße (direkt gegenüber der Arena) abstellen. **Fanshop** In der Osttribüne, sowohl von außen wie von innen begehbar (Mo-Fr 10-20, Sa 10-16h bzw. bis zum Anpfiff). Zudem bauen einige Händler auf der gegenüberliegenden Straßenseite ihre Stände auf. **Lesen** Das »BayArena-Magazin« ist kostenlos, bunt, relativ gut gemacht und liegt bzw. fliegt - ergänzt um das »BayArena-aktuell«, das die letzten Informationen enthält - überall im Stadion rum (Auflage: 18.000). Ein netter Service, aber irgendwie fehlt dem Blättchen die Seele. An der Fankiste im C-Block, am Ultra-Treff in der Karl-Marx-Straße sowie beim Fanprojekt (Lichstr. 64, 51373 Leverkusen, Tel.: 0214-44214, Fax: 44232) kann sich der interessierte Fan nach Ausgaben der Fanzines »Dummes Gebabbel«, »Mad Wurzt« (Kontakt: levultra@aol.com) oder »Conehead« (ybl-professor@gmx.de) umschauen. **Essen** Um die 50 feste und mobile Verkaufsstände versorgen den Fan mit qualitativ sehr ordentlicher Ware (Bratwurst, Fritten, Schnitzel- und Frikadellenbrötchen, Hamburger, Pizza, Hähnchenkeulen), bei internationalen Spielen ist das Angebot noch deutlich größer und abwechslungsreicher. Brezeln, Popcorn, Süßkram und Eis bieten fliegende Händler auch auf der Tribüne an und dann gibt's da ja natürlich noch den McD in der Osttribüne, dessen äußerer Eingang eine halbe Stunde vor Anpfiff geschlossen wird (Zugang dann nur vom Stadion aus). Das BayArena-Restaurant und das »Winners' Place« im Hotel gegenüber sind nur was für Leute mit dem etwas dickeren Geldbeutel. **Trinken** Beim Bier handelt es sich um Gaffel Kölsch light (bzw. ganz alkoholfrei), daneben gibt's die handelsüblichen Erfrischungsgetränke sowie Kaffee und Kakao. Die Preise sind eigentlich okay. **Klo** Jeder Block besitzt seinen eigenen Sanitärbereich, in dem es mitunter schon fast peinlich sauber zugeht. Auf Hygiene wird hier offensichtlich sehr viel Wert gelegt. **Kneipen** Die gemütliche »Schwadbud« am kleinen Haberland-Platz gibt es leider nicht mehr, ansonsten hat man die Qual der Wahl. Läuft man die Bismarckstraße in Richtung der Autobahn runter, taucht nach 300 bis 400 Metern das »Stadion-Büdchen«, der Treffpunkt der Leverkusener Ultras (Karl-Marx-Straße), und etwas weiter dahinter das »Brauhaus Janes« auf. In der entgegengesetzten Richtung sind u.a. »Mob's Biergarten« (riesig), die »NullVier-Sportbar«, das »Sportivo«, »Mephisto« und der »Manforter Hof« zu finden. Wem es in einer der Kneipen nicht gefällt, der gehe halt einfach in die nächste. Wem es in keiner Kneipe gefällt, fahre nach Köln (20 Minuten mit der S-Bahn). Oder aber nach Hause.

STADION ⚽⚽⚽ **STIMMUNG** ⚽⚽ **SERVICE** ⚽⚽⚽⚽ **STRESS**

Der Nebenplatz der BayArena, der früher nur als das »Kleine Haberland-Stadion« bezeichnet wurde und auf dem die Bayer-Amateure heute ihre Heimspiele auszutragen pflegen, trägt mittlerweile den alten Namen des benachbarten großen Bruders: **Ulrich-Haberland-Stadion**. Von März bis Dezember 1999 wurde der kleine Sportplatz zu einem richtigen kleinen Fußballstadion ausgebaut, der den Mittelpunkt des »Jugendfußball-Zentrums Kurtekotten« bildet und das immerhin Platz für 3.200 stehende Zuschauer bietet. Dazu kommen dann freilich noch die etwa 37 Sitzplätze auf dem kleinen Tribünchen gegenüber des Haupteingangs, auf dem aber meist nur Trainer, Funktionäre und Stadionmitarbeiter hocken dürfen. Der Rest der Welt kann im Haberland-Stadion, das sogar über eine ordentliche Flutlichtanlage verfügt, für kleines Geld (3 €, Rentner, Studenten und Versehrte zahlen die Hälfte, Kinder bis 16 Jahre kommen umsonst rein) Regionalliga gucken.

Ulrich-Haberland-Stadion

Foto: MMM

Gästefans gehören in den an der Dhünn liegenden Hintertorblock (Südseite, Kassen 4 und 5), Stimmung müssen sie sich allerdings schon selbst mitbringen, da sich der Support der Heimelf meist auf ein paar Dutzend Unentwegte beschränkt, die auf der gegenüberliegenden Seite stehen. Auswärtsfans besitzen hier in der Regel also ein klares Heimspiel (Ausnahmen bestätigen die Regel, kommt auf den Gegner an), ansonsten aber erweist sich das Stadion als nicht sonderlich gästefreundlich. Das fängt schon beim Betreten der Anlage an, was sich durchaus in die Länge ziehen kann. Die Kontrollen der Ordner sind derart penibel, dass man sich schon sehr genau überlegen sollte, was man anzieht und mitnimmt. Schuhe ausziehen gehört fast zum Standardprogramm, und sogar Fahnen mit Metallösen, Schlüsselbundkettchen und Digitalkameras werden einkassiert. Fehlt eigentlich nur noch, dass man sich bis auf die Unterhose entkleiden und kontrollieren lassen muss, ob unter der Vorhaut irgendwelche Gegenstände transportiert werden, die als »gefährliche Wurfgegenstände« zweckentfremdet werden könnten. Wer sich einen Spaß erlauben möchte, kann ja mal ein Sortiment von diesen russischen Püppchen mitbringen und die kleinste mit Brause füllen... Hat man es dann endlich ins Ulrich-Haberland-Stadion geschafft, wird man sich vielleicht über den 2,20 Meter hohen Zaun oder über die beiden Dixies ärgern, die als Toiletten dienen. Wer ins Gebüsch pieseln will, sollte bedenken, dass auf der anderen Seite meist die Polizeihunde angebunden sind: akute Herzinfarktgefahr! Zu schnabulieren gibt es Brat- und Currywurst (2,30 €), die auf eindrucksvolle Weise belegen, dass es sich bei Bayer um einen großen Chemiekonzern handelt, und die sich nur mit Cola, Fanta und Bitburger Drive (1,55 €) herunterspülen lassen (zwischen Bahnhof und Stadion gibt es übrigens weder Büdchen noch Tankstellen...). Wenigstens eins kann man hier halbwegs gut: Fußball gucken. Auf der Hintertortribüne ist man sehr nah am Geschehen dran, bei Distanzschüssen oder Direktabnahmen ist man mitunter auf gute Reflexe angewiesen...

Das bereits von der Autobahn zu bewundernde Stadion erreicht man an Spieltagen am besten, indem man den zahlreichen Schildern »**Sportpark/Pendelbus**« folgt und vom (kostenlosen) **P+R-Platz Kurtekotten** den (kostenlosen) **Pendelbusverkehr** in Anspruch nimmt. Ab zwei Stunden vor dem Anpfiff kutschieren diese Busse den Fan im Zehn-Minuten-Takt bis direkt vors Stadion (und später natürlich auch wieder zurück). Alternativ dazu kann man auch die **Forum-Tiefgarage** (im Zentrum ausgeschildert) oder aber das riesige Parkgelände der Bayer-AG an der **B8** nutzen, von hier sind es zehn bzw. 15 Minuten zu Fuß.

Von **Köln** oder **Dortmund**: die **A1** bis zum Kreuz Leverkusen, dort auf die **A3** gen Frankfurt und an der Abfahrt **Leverkusen** heraus. Rechts auf den Willy-Brandt-Ring und der besagten Beschilderung zum Parkplatz folgen.

Von **Frankfurt** oder **Oberhausen**: die A3 geradewegs bis zu den Abfahrten **Leverkusen** oder **Opladen**, der Rest ist ausgeschildert.

Busse steuern am besten den separaten Parkplatz Stelze an. Von der Abfahrt Leverkusen geht es über Willy-Brandt-Ring, Friedrich-Ebert-Straße und Europaring unter der Autobahn hindurch, dann rechts (Am Neuenhof) und geradeaus durch auf die Marienburger Straße.

Wer das Stadion an **Nicht-Spieltagen** besuchen will, fährt vom Willy-Brandt-Ring (A3, Ausfahrt Leverkusen) rechts in die Heymannstraße, rechts auf die Manforter Straße und am Konrad-Adenauer-Platz schließlich links auf die Bismarckstraße.

Vom Bahnhof **Leverkusen-Mitte** benutze man wahlweise den **Bus** (Linie **203**, Richtung Im Eisholz) oder aber die eigenen **Füße**. In letzterem Falle geht es in knapp zehn Minuten parallel an den Gleisen und am Park sowie dann an der Dhünn entlang zum Stadion - ist aber auch ausgeschildert. Vom **Bahnhof Opladen** aus fahren die »Löwenlinie« (nur an Spieltagen) sowie die Buslinien **207** und **222** bis zur Haltestelle Sportpark/Stadion. Die Eintrittskarte gilt für An- und Abreise als **Fahrausweis** im VRS-Gebiet, ansonsten sind für die Fahrt zu Bayer 04 1,20 € fällig.

LÜBECK: Stadion Lohmühle

Baujahr: 1935

Foto: Burkhard Schulz

Kapazität: 17.869
Stehplätze: 12.260
Sitzplätze: 5.609x

VfB Lübeck, Bei der Lohmühle 13, 23554 Lübeck
Tel: 0451-484720, Fax: 0451-471314
www.vfb-luebeck.de

Als der VfB Lübeck nach seinem ersten Zweitligaabenteuer von 1995-97 Bilanz zog, fiel diese ambivalent aus. Sportlich hatte man die Reifeprüfung nicht geschafft, doch die zwei Spielzeiten im Profifußball hatten der heimischen Lohmühle ungemein gut getan. Binnen weniger Monate war aus der urgemütlichen, aber baufälligen Bruchbude ein urgemütliches und topmodernes Schmuckstück geworden. Blickfang der Arena, das die Herzen aller Traditionsstadienfans höher schlagen lässt, ist seitdem die Gegengerade, auf der der Schriftzug »VfB Lübeck« vom stolzen Inhaber des Areals kündet.

Anno 1935 war die vom damaligen Gauligisten SV Polizei errichtete Anlage unter der wenig erquicklichen Bezeichnung »Adolf-Hitler-Kampfbahn« eingeweiht worden. Die Kapazität steigerte man nach dem Krieg durch Tribünenaufschüttungen von 6.000 auf mehr als 20.000 Zuschauer, von denen freilich nur wenige auf der altehrwürdigen und noch heute stehenden Haupttribüne sitzen konnten. Später erhielt auch die Gegengerade ein Holzdach, wodurch rund 6.000 Stehplatzbesucher selbst bei steifer Brise trocken Fußball genießen konnten.

Anschließend waren Baufahrzeuge an der Lohmühle selten gesehene Raritäten. Angesichts der sportlichen Berg- und Talfahrt mit ihren zigfachen Schicksalsschlägen auf dem Weg zur Oberliga Nord hatte man beim VfB auch weiß Gott andere Sorgen, als die sowohl von ihrem Fassungsvermögen als auch von ihrem Komfort ausreichende Lohmühle umzubauen. Dem Zustand des reinen Fußballstadions war das natürlich alles andere als förderlich und so wurde die Traditionsstätte von Jahr zu Jahr maroder. Exakt das wurde zum Problem, als dem VfB 1995 ein klein wenig überraschend der Aufstieg in die Zweite Liga gelang, und die DFBschen Sicherheitsbedingungen erfüllt werden mussten.

Eilig warfen VfB und Lübecks Stadtväter ein paar Mark zusammen, um den desolaten Zustand halbwegs erträglich zu gestalten. Die keinerlei Brandschutzauflagen genügende Überdachung der Gegengeraden wurde übergangsweise mit einem Blechdach versehen, die Stehränge erhielten neue Wellenbrecher und Befestigungen, auf der uralten Holztribüne wurde literweise Farbe (vorzugsweise grün und weiß) verstrichen. Gleichzeitig wurde das Stadion in Sektoren aufgeteilt und eine neue Außenumzäunung aufgebaut. So richtig rund ging es jedoch erst im Februar 1996, als für rund 8,1 Millionen DM eine schön anzusehende und gut 4.000 Sitzplätze bietende Tribüne mitsamt einer Hand voll nicht ganz so schön anzusehender VIP-Logen geschaffen wurde. Für die treuen VfB-Fans gab es seinerzeit übrigens die Möglichkeit, für fünf DM ein Stückchen der alten Tribüne zu erwerben und sich damit das eigene Heim zu verschönern.

Seitdem im September 2000 auch die Flutlichtanlage eingeweiht wurde, präsentiert sich die Lohmühle endgültig als stimmungsvolle, reine Fußballarena, der man einerseits ihre glorreiche Tradition ansieht, in der man andererseits aber auch die Annehmlichkeiten eines neuen Stadions genießen kann. Gut gemacht, Lübecker Baumeister!

Auf der Hintertortribüne im Südosten versammelt sich die grün-weiß tragende Fangemeinde, von der viele auch in allermiesesten sportlichen Zeiten (wovon der VfB einige erlebt hat) stets treu geblieben sind. Selbst zu Viertligakicks reisten mitunter 500 und mehr Fans nach Pansdorf oder Eutin; und die Lohmühle trug eigentlich ihr ganzes Leben lang das Attribut »Hölle«. Der phänomenale Durchmarsch von der 4. in die 2. Liga wurde von einem Boom begleitet, den die alteingesessenen Fans aus bekannten Gründen (Modefans, Vermarktung) mit einem lachenden und einem weinenden Auge betrachten.

Gästeanhänger werden im Block D untergebracht (Eingang rechts von der alten Tribüne), der ungefähr zwischen Eckfahne und Strafraumgrenze verläuft. Bei größeren Gruppen darf man sich auch hinter das Tor stellen. Die Sicht ist ausgezeichnet, die Getränkeversorgung durch blockeigenen Stand gesichert.

Sitzplätze: 14-23 €
Stehplätze: 3,50-8 €
Gäste: Block D

Rollis Am Spielfeldrand. **Fanshop** In der neuen Tribüne beim Kartencenter. **Lesen** Das »Aktuelf« wurde endlich reformiert, ist immer noch kostenlos, verfügt über akzeptable Texte und eine schlichtweg geniale Statistik. **Essen** Schinkenwurst und Thüringer, dazu Frikadellen und Brezeln (über fliegende Händler). **Trinken** Echtes Bier, Cola, Fanta, Wasser. **Klo** Wer auf der neuen Tribüne sitzt, genießt die wohl besten WCs der Zweiten Liga. Wer aber einen Stehplatz einnimmt, dem bleiben nur katastrophale Dixis. Hallo VfB: Da besteht Handlungsbedarf! **Kneipen** Das Klubheim »Bei Eitel« in der alten Tribüne oder das Restaurant »Tribüne« in der neuen Tribüne stehen nach dem Spiel für alle offen. Alles andere gibt es in ausreichender Anzahl in der Lübecker Innenstadt.

STADION ⚽⚽ STIMMUNG ⚽⚽ SERVICE ⚽⚽ STRESS ⚽

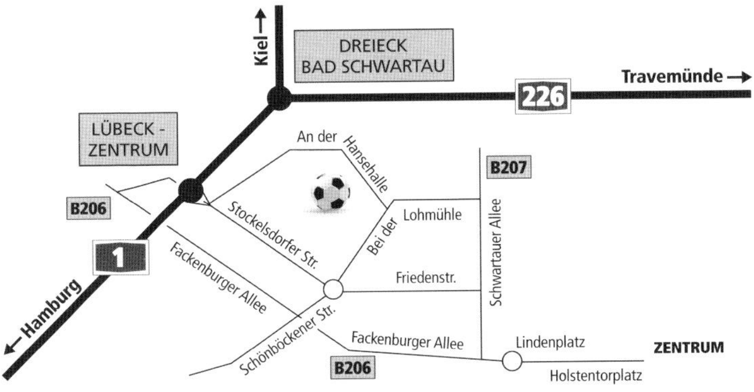

Über die **A1** (Hamburg/Kiel) bis zur Abfahrt **Lübeck-Zentrum**, an der Ampel dann **geradeaus** weiter in Richtung Travemünde (nicht rechts in Zentrum, sondern im Grunde genommen wieder auf die Autobahnauffahrt rauf!). Inmitten der **Auffahrt** geht es dann **rechts** auf einen einspurigen Zubringer, der direkt zu den Parkplätzen führt.

Vom **Hauptbahnhof** sind es rund **20 Minuten** Fußweg (links bis zum Ende der Straße, dann wieder links über die Bahnhofsbrücke auf die Fackenburger Allee. Nach der zweiten Kreuzung stößt man auf den **Kreisverkehr**, von dem aus die Lohmühle bereits auszumachen ist). Wer zu **faul**, zu **alt** oder zu **schwach** ist, kann vom Bahnhof aus aber auch die Linien **31** (Richtung Parkplatz Lohmühle) oder **1**, **3**, **8** und **10** (Richtung Schwartau, bis zur Haltestelle Karlstraße) nehmen.

LÜNEBURG: Stadion Wilschenbruch

Baujahr: 1905

Kapazität: 7.000
Stehplätze: 6.550
Sitzplätze: 450

Foto: Stefan Peters

Lüneburger SK, Reiherstieg 25, 21337 Lüneburg
Tel: 04131-41515, Fax: 04131-41570
www.lueneburger-sk.de

Lüneburg gehört zu jenen Städten, in denen das Fußballfieber immer nur sporadisch ausbricht - dann aber gleich umso heftiger. In der Vergangenheit gab es bereits mehrere Situationen, bei denen der LSK die rund 60.000 Menschen starke Einwohnerschaft förmlich verzückte und eine regelrechte Fußball-Euphorie in der beschaulichen Heidestadt auslöste. In der Regel setzte jedoch schon sehr bald wieder eine sportliche Talfahrt ein, die die Euphorie wieder auf Normalmaß zu reduzieren wusste - wie 2001/02 mit dem dramatischen Niedergang des Regionalligaabsteigers LSK geschehen.

Mitten im Einzugsgebiet von Fußball-Hamburg gelegen, befindet sich der Lüneburger Sportklub in einer schwierigen Position. Bis zur Regionalligasaison 2000/01 hatten die Schwarz-Weißen noch niemals über die Grenzen von Norddeutschland hinaus um Tore, Punkte und Meisterschaften gekämpft und entsprechend ging es im altehrwürdigen Stadion am Wilschenbruch eher gemütlich denn atemberaubend zu. Freilich handelt es sich bei der schmucken Arena um eine Traditionsstätte wie sie im Buche steht, denn seit fast 100 Jahren werden auf dem Gelände nun schon Fußballspiele durchgeführt! Anno 1905 fand der vier Jahre zuvor gegründete Lüneburger FC auf dem idyllisch gelegenen und »Wilschenbrook« genannten Gelände seine Dauerheimstatt, die sich viel von ihrem Charme bewahrt hat.

»Uralt und urgemütlich« - so in etwa kann man die kleine Fußballarena inmitten von Stadtwald und Villenviertel recht treffend charakterisieren. Dass dort stets Fußball »gelebt« wurde, sieht man ihr schon auf den ersten Blick an. Insbesondere die wunderschöne Holztribüne mit ihren 450 Sitzplätzen, auf denen vermutlich schon die Urgroßväter der heutigen Spielergeneration gesessen haben, ist ein regelrechtes Juwel und zugleich Dokument aus vergangenen Tagen. Auf ihr fühlt man sich glatt um 50 Jahre zurückversetzt!

Der Rest des Lüneburger Stadions gestaltet sich vergleichsweise simpel: Ein paar Stehtraversen (zwischen einer hinter dem Tor zum Nebenspielfeld bis zu zehn auf der Gegengeraden), die nach der Regionalligaqualifikation saniert wurden, sowie ein Vereinsheim, in dem vor, während und nach dem Spiel die Hölle los ist, verpassen dem Areal die bereits angesprochene urgemütliche Atmosphäre. Davon ist allerdings wenig bis nichts zu spüren, wenn Lüneburg mal wieder in Fußball-Euphorie schwelgt. Was auf den ersten Blick so gemütlich aussieht, kann sich dann nämlich zu einer regelrechten Hölle mausern. Lüneburgs Fans sind durchaus heißblütig und verstehen es, dem Gast gehörig Feuer unter dem Hintern zu machen - insbesondere mit ihrem rhythmischen Klopfen gegen die Werbebanden. Alles in allem ist der Besuch im Wilschenbruch ein großartiges Erlebnis - nicht nur für Stadion-Nostalgiker!

Klein, aber durchaus lautstark präsentiert sich die LSK-Fanschar, die trotz der erschreckenden Leistungen ihrer Lieblinge in der Spielzeit 2001/02 weiterhin in beachtlicher Stückzahl hinter dem Tor der Osttribüne (Vereinsheimseite) Position bezieht. Viele von ihnen mögen »nebenbei« den HSV, reisen aber auch gerne zu LSK-Auswärtsspielen. Leider verirren sich mitunter einige düstere Gestalten im Wilschenbruch, was den guten Gesamteindruck der LSK-Anhänger aber nicht trüben darf.

Auswärtsfans dürfen sich seit der Regionalligasaison in einem separaten Block auf der Gegengeraden gegenüber dem Vereinsheim aufhalten und können einen eigenen Eingang nutzen. Ausgenommen der mitunter ziemlich bissigen Kommentare der Einheimischen hat man in Lüneburg in der Regel einen netten Nachmittag vor sich.

Sitzplätze: 8 €
Stehplätze: 5,50-6,50 €
Gäste: Gegengerade

Rollis Plätze vor der Tribüne. **Fanshop** Ein »rollendes Ensemble«, das vor den Heimspielen im Eingangsbereich aufgebaut wird. Und auch nur dann. **Lesen** »Wilschenbrooker«, A5, s/w, kostenlos, brauchbar. **Essen** Bratwurst, im Vereinsheim auch Süßigkeiten. **Trinken** Alkoholisches Bier, Cola, Fanta, Wasser. **Klo** In der Tribüne sowie im Vereinsheim, ihrem Alter entsprechend. Im Gästeblock: Dixies. **Kneipen** Vereinsgaststätte auf dem Stadiongelände, die Innenstadt ist rund 15 Fußminuten entfernt.

STADION	STIMMUNG	SERVICE	STRESS

Lüneburg verfügt über **keine direkte** Autobahnanbindung und kann somit nur über Bundesstraßen erreicht werden: Von der **A7** (Hannover/Hamburg): Bis zur Abfahrt **Soltau-Ost**, dann weiter auf der **B71** Richtung Uelzen und nach rund zwei Kilometern auf die **B209** Richtung Lüneburg. Auf der dortigen **Umgehungsstraße** ist das Stadion bestens ausgeschildert (Abfahrt **Wilschenbruch**). Aus Richtung **Norden** bietet sich zudem die **B250** (beginnt am Maschener Kreuz) an, die kurz vor Lüneburg automatisch auf die oben genannte Umgehungsstraße führt. **Parken:** Straßenparken, und zwar eher knapp. Bei **Topspielen** am besten entlang der Uelzener bzw. Berliner Straße parken und den Rest zu **Fuß** gehen.

Mit der **Buslinie 12** geht es vom Lüneburger Hauptbahnhof (Richtung Bockelsberg) bis zur Haltestelle **Friedrich-Ludwig-Jahn-Straße**. Von dort aus sind es noch rund **sieben** Minuten Fußweg.

MAGDEBURG: Ernst-Grube-Stadion

Foto: Chris Müller

Baujahr: 1955

Kapazität: 25.800
Stehplätze: 17.800
Sitzplätze: 8.000

1.FC Magdeburg, Friedrich-Ebert-Str. 68, 39114 Magdeburg
Tel: 0391-857322, Fax: 0391-8110413
www.fcm.de

Auf bzw. aus den Trümmern des uralten und im Zweiten Weltkrieg völlig zerstörten »Allianz-Sportplatzes«, in dem 1914 das Endspiel um die deutsche Meisterschaft (Fürth vs. Leipzig 3:2 n.V.) stattgefunden hatte, entstand in den Jahren 1954/55 aus rund 150.000 Kubikmetern Trümmermaterial ein imposantes Stadion, das man nach dem im KZ Bergen- Belsen ermordeten Magdeburger Antifaschisten Ernst Grube benannte. Die offizielle Kapazität der am 18. September 1955 eingeweihten Arena lag damals bei 45.000 Zuschauern, doch bei der Ankunft der Friedensfahrer im Mai 1960 sollen sich mehr als 50.000 ins weite Rund gedrängelt haben.

Anfang und Ende der 70er Jahre führten Umbauten dazu, dass der FCM zweimal ins Sudenburger Heinrich-Germer-Stadion ausweichen musste: 1970 versah man den »All-Stander« mit den ersten 6.000 überdachten Sitzen und im März 1972 konnte beim 2:1 gegen Dynamo Dresden erstmals die 850 Lux starke Flutlichtanlage (später auf 1.000 Lux aufgemotzt) in Betrieb genommen werden, die sich rasch als elementarer Faktor in der Magdeburger Erfolgsstory erwies: In Abendspielen war der Club fortan kaum noch zu schlagen. Dies mussten u.a. auch Eindhoven, Bilbao, Gladbach oder Schalke einsehen. Die Krönung erfolgte im Mai 1974 jedoch nicht im Grube-Stadion, sondern im Rotterdamer »De Kuip«: Durch ein 2:0 über den AC Milan errang der FCM den Europacup der Pokalsieger.

In jener Zeit erhielt das Stadion eine elektronische Anzeigetafel, dann geschah bis auf Renovierungsarbeiten und Umbaumaßnahmen sicherheitstechnischer Natur, in deren Folge die Kapazität auf 25.800 Plätze sank, nichts Weltbewegendes mehr. Umso größer war die Überraschung, als sich Magdeburg 1997 als Austragungsort für die WM 2006 bewarb. Damals war ein 100 Mio. DM schwerer Umbau der maroden Arena in einen komplett überdachten All-Seater für 30.000 Zuschauer im Gespräch. Nachdem die FIFA die Mindestkapazität für eine WM-Arena dann aber auf 40.000 erhöhte, zog die Stadt die Bewerbung zurück. Bauen will man laut Beschluss vom 10. Mai 2001 in Magdeburg aber immer noch, und zwar ein länderspieltaugliches Fußballstadion mit 25.000 Plätzen. Kostenpunkt: 32 Millionen Euro. Zeitpunkt: Tja. Der steht in den Sternen. Wie im Übrigen auch die Zukunft des leidlich solventen 1.FC Magdeburg...

Heim- und Gastfans haben die Kurven getauscht: Während Auswärtige nun in der Westkurve stehen (D1/2 + C3/4), sind die treuen und enthusiastischen Clubfans im Osten zu finden. Die Sichtverhältnisse sind trotz Laufbahn eigentlich ganz in Ordnung, die Atmosphäre im leeren Grubeground trotz aller Bemühungen von Gruppen wie dem »East Side Commando« hingegen meist lausig. Im Stadionumfeld ist äußerste Vorsicht angesagt.

Preise Studenten, Schüler, Lehrlinge, Zivis, Soldaten, Behinderte und Sozialhilfeempfänger kommen billiger rein. Ferner gibt's eine Familienkarte (4 Leute, 15 €). **Rollis** Ermäßigter Preis, Plätze im Innenraum. Wer den FCM kontaktiert, erhält einen Parkschein. **Fanshop** FCM-Shop im Stadion. **Lesen** »Stadiontreff« - klein, bunt und teuer. Was Fanzines anbelangt, so ist zu beklagen, dass »Druufff« und »Susi« (Restexemplare bei: S. Klaus, Amsterdamer Str. 287, 50735 Köln) nicht mehr unter uns weilen. Dafür gibt es nun das »Blue Generation« (M. Schönefeld, Hanns-Eisler-Platz 8, 39128 Magdeburg, Maik@blue-generation-magdeburg.de), nach diesem und den alten Heftchen einfach mal am BG-Stand nachfragen. **Essen** Bratwurst, Buletten, Fischbrötchen und Kuchen, im Casino auch komplizierte Dinge. **Trinken** Die üblichen Softdrinks und Bier - ob mit oder ohne Umdrehungen, war bis zuletzt unklar. Im stadioninternen Club-Casino kann man zwar auf jeden Fall echtes Bier und diverse andere geistige Getränke ordern, jedoch nur vor und nach dem Spiel. **Kneipen** Neben dem beliebten Club-Casino wäre da in erster Linie der Stehimbiss »Käseglocke« (an der Bahnhaltestelle) zu nennen, ansonsten macht sich der erlebnishungrige Fan besser in Richtung Innenstadt auf.

Sitzplätze: 8-13 €
Stehplätze: 4-5 €
Gäste: Westkurve

STADION ⚽⚽ **STIMMUNG** ⚽⚽ **SERVICE** ⚽ **STRESS** ⚽⚽⚽

Von **Berlin**: die **A2** bis Abfahrt **Burg-Zentrum** und auf der **B1** gen Magdeburg-Zentrum. Auf der Höhe des Cracauer Platzes bzw. Großen Cracauer Angers geht es von der B1 links ab auf die Berliner Chaussee, ab der das Stadion ausgeschildert ist.
Von **Hannover**: die A2 bis Abfahrt **Magdeburg-Zentrum** und über Barleber Chaussee bzw. Magdeburger Ring (**B189**) gen Innenstadt. Kurz vor dem Bahnhof rechts ab auf den Editha-Ring und links auf die Ernst-Reuter-Allee. Nun über zwei Brücken hinweg geradeaus auf die Berliner Chaussee. Wer die Anfahrt durch die City scheut, fahre an der Abfahrt Magdeburg-Rothensee heraus und über den August-Bebel-Damm gen Zentrum. Am Fraunhofer Platz links auf die Rothenseer Straße, hinter den Unterführungen links und gleich wieder rechts auf die Rogätzer Straße. Am Askanischen Platz schließlich links und über die Jerusalembrücke(n) bis Jerichower Platz, dort rechts und ab zum Stadion.
Von **Halle**: Bis die **A14** fertig ist, geht es über die **B81** und **B71** gen Zentrum, hinter dem Bahnhof dann rechts auf die Ernst-Reuter-Allee - Rest s.o.
Die **Parkplätze** an der Bördelandhalle und entlang der Berliner Chaussee reichen normalerweise aus, Ausweichmöglichkeiten finden sich auf der anderen Flussseite am Schleinufer.

Vom Hauptbahnhof fährt die **Straßenbahnlinie 6** (gen Herrenkrug) bis zur **Berliner Chaussee**, von hier sind es noch fünf Minuten zu Fuß. Die Eintrittskarte gilt für Hin- und Rückfahrt im Gesamtnetz der MVB als **Fahrausweis**.

Foto: Hardy Grüne

Baujahr: 1929

Kapazität: 20.000
Stehplätze: 6.000
Sitzplätze: 14.000

FSV Mainz 05, Dr.-Martin-Luther-King-Weg, 55122 Mainz
Tel: 06131-375500, Fax: 06131-3755033
www.mainz05.de

Unfassbar! Da hatte sich Mainz endlich durchgerungen, dem Stadion am Bruchweg ein Outfit zu verpassen, das einem Profiklub angemessen erscheint, als die so fulminant aufspielenden 05er in letzter Sekunde den schon sicher geglaubten Aufstieg in die Bundesliga vergeigten. Das sportliche Versagen der Rheinhessen hatte aber nur bedingt Folgen für die Stadionpläne, die nun in einer etwas abgespeckten Version umgesetzt werden. Was nichts anderes heißt, als dass die 1929 eingeweihte Arena am imaginären Bruchweg - eine umgangssprachliche Bezeichnung für eine Art Feldweg, welcher einst in Stadionnähe vorbeiführte und über die Jahrzehnte zum Stadionnamen mutierte - komplett renoviert und modernen Erfordernissen angepasst wird.

Zunächst ein Blick in die Geschichte. Seit Dezember 1929 wird auf dem im Universitätsviertel befindlichen Areal bereits vor Zuschauern Fußball gespielt. Seinerzeit entstand eine Mehrzweckarena, die von der »Frankfurter Zeitung« in den höchsten Tönen gelobt wurde: »Die Anlage ist mustergültig, und die Räume unter der Tribüne sind in Anordnung und Ausführung vorbildlich. Zur Hebung des Sportbetriebes in Mainz wird sie wesentlich beitragen.« Freilich waren die 1919 durch Fusion mehrerer Vereine entstandenen 05er in jenen Tagen noch anderswo zu Hause: Nach jahrelangem Vagabundendasein, das die Rot-Weißen zunächst auf der »Radrennbahn«, dann an der Hardenbergstraße und schließlich auf dem Schützenfestplatz hatte spielen sehen, kickte der Klub ab 1919 am so genannten »Fort Bingen«. Aus einem dortigen Exerzierplatz, der nach dem Ersten Weltkrieg nicht mehr gebraucht wurde, hatten sich die 05er in mühsamer Eigenarbeit ein schmuckes Stadion mitsamt Tribüne gebastelt, das sie jedoch 1937 schon wieder aufgeben mussten. Grund: Die Kriegsvorbereitungen Nazi-Deutschlands verlangten das Gebiet zum Bau einer Flakkaserne - die, das nur nebenbei, heute den Eingang zur Universität darstellt. Erneut mussten die 05er auf Wanderschaft gehen. Bis zum Ende des Zweiten Weltkrieges kickten sie auf dem Platz des Mainzer TV 1817 an der Pariser Straße, nach dem Krieg auf dem Universitätsplatz an der Unteren Zahlbacher Straße. Erst 1949 übernahmen sie die durch mehrere Bombentreffer schwer beschädigte Arena am Bruchweg, die sie binnen weniger Monate grundlegend renovierten und 1950 mit einem Spiel gegen die Roten Teufel vom Betzenberg einweihten. Zwei weitere Baumaßnahmen folgten - 1953 wich der Aschenplatz einer Rasendecke, 1954 kam die jüngst abgerissene Haupttribüne hinzu - dann wurde es ruhiger am Bruchweg. Irgendwann wurde die Gegengerade überdacht, zur Einführung der Zweiten Liga gab es den obligatorischen Zaun, ehe die 05er in der Amateurliga verschwanden und das nur selten gefüllte Stadion zusehends verkümmerte.

Nachdem die 05er Anfang der 90er Jahre zunächst den dauerhaften Sprung in die Zweite Liga geschafft hatten und anschließend zaghaft ans Tor zur Bundesliga klopften, wurde am Bruchweg eigentlich ständig gewerkelt. Zunächst wurde nur verputzt, gemalert und in der Südkurve eine Stahlrohrtribüne auf die lange ungenutzte Leichtathletiklaufbahn gestellt. Parallel zum sportlichen Aufschwung entschloss man sich dann aber, richtige Nägel mit richtigen Köpfen zu machen. 1995 schafften sich die Mainzer eine lichtstarke Flutlichtanlage an und zu Beginn der Saison 1997/98 konnten an der Nord- wie Südseite nahe ans Spielfeld heranreichende, überdachte Tribünen eingeweiht werden. Gleichzeitig verlegte man einen neuen Rasen, während Flutlicht- und Lautsprecheranlage, sanitäre Einrichtungen sowie Medienbereiche einer Generalrenovierung unterzogen wurden.

Geradezu vorbildlich hatte man aus einer langweiligen und stimmungstötenden Mehrzweckarena ein schmuckes reines Fußballstadion gezaubert, in dem es hoch hergehen konnte, zumal Südtribüne und Gegengerade dankenswerterweise den Stehplatzbefürwortern vorbehalten blieben.

Nichtsdestotrotz blieben Probleme, denn das Stadion bot kaum Erweiterungsmöglichkeiten, und der einstmals bescheidene FSV war inzwischen ein ehrgeiziger Profiklub mit Ziel Bundesliga geworden. Über das, was nun zu tun sei, wurde in Mainz lange Zeit heftig diskutiert und gestritten. Der Verein bevorzugte zunächst einen völligen Neubau an anderer, verkehrsgünstiger gelegener Stelle, was von den Verfechtern des Bruchwegstadions und vielen 05-Fans mit Skepsis betrachtet wurde. Die Traditionalisten setzten sich schließlich durch. Ihren ersten Rückschlag hatten die Verfechter des Neubaus schon mit der beschriebenen Installation der Stahlrohr-Hintertortribünen erlitten, was den Verbleib am Bruchweg deutlich wahrscheinlicher gemacht hatte. Und nach schier endlosen Diskussionen und Verhandlungen kam schließlich während der Spielzeit 2001/02 endlich grünes Licht für den Umbau des Bruchwegs - gerade noch rechtzeitig, um auf den sportlichen Höhenflug zu reagieren.

Binnen drei Monaten wurden ab Mai 2002 eine neue Gegengerade sowie eine neue Haupttribüne aus dem Boden gestampft, die man kurz nach Saisonstart 2002/03 einweihte. Das Fassungsvermögen wurde durch die zehn Mio. € teure Maßnahme auf angemessene 20.000 Plätze geschraubt. Noch ist allerdings alles ein wenig »Stückwerk«. Durch die Verschiebung der Spielfläche um rund fünf Meter in Richtung der neuen Haupttribüne stehen die Hintertortribünen beispielsweise nicht mehr exakt am Spielfeld, sondern eigenartig versetzt. Das heißt im Klartext, dass die Besucher des äußersten Blocks »abseits« stehen und das Ganze recht lustig ausschaut. Nichtsdestotrotz ist der Bruchweg mit dem Umbau endgültig zum engen und stimmungsvollen Fußballtempel avanciert, für den es zudem weitere Visionen gibt - für den Fall, dass der 1. FSV 05 wirklich einmal die Bundesliga erreichen sollte. Dann nämlich, so die Planspiele, wird man die Ecken schließen und aus dem Bruchweg ein voll umschlossenes Rechteck machen, auf dem ein schickes Zeltdach thronen soll. Was auf dem Papier recht eindrucksvoll aussieht, scheiterte in der Realität an einem lauen Sommertag im Juni 2002 in der Berliner Wuhlheide - vorerst zumindest. Denn auch wenn der verpasste Aufstieg ein böser Schlag für die 05er war - in Mainz ließ man sich davon nicht umwerfen. Kommt eben alles nun ein bisschen später.

Ach ja, für ganz ferne Tage hat man auch schon ein paar Pläne in der Schublade. Die Aufstockung der Haupttribüne beispielsweise, die das Fassungsvermögen auf 33.000 schrauben würde. Mensch Bruchweg, hast du dich entwickelt!

Dass Mainz auf dem Weg zur Fußballstadt ist, konnte man in den letzten Jahren hautnah miterleben. Im Grunde genommen ist die Entwicklung der Mainzer Fanszene sogar das eigentliche Phänomen im »Phänomen Mainz«, denn inzwischen gibt es im Verhältnis zur Gesamtzuschauerzahl enorm viele farbentragende Fans. Darunter sind erfreulich viele junge 05er sowie eine höchst aktive Ultra-Szene. Wer mittendrin stehen möchte, suche Südtribünenblock Q auf, für den allerdings Blockzwang herrscht und in dem qualvolle Enge an der Tagesordnung ist. Die gesamte Südtribüne (Kümmerling-Tribüne) ist den 05-Fans vorbehalten. Freilich ist nach den immensen Umbaumaßnahmen mit einer gewissen Bewegung zu rechnen und es heißt: Abwarten! Da die unteren Bereiche der neuen Gegengeraden dankenswerterweise den Stehplatzfans vorbehalten sein werden, wird sich auch dort aller Voraussicht nach eine gewisse Fankultur entwickeln.

Wer es mit dem Gastverein hält, wird auf der Nordtribüne (Amadeus-Tribüne) in den Blöcken I und J untergebracht, die nach dem letzten Stand der Dinge sowohl Steh- als auch Sitzplätze aufweisen werden. Die Sichtverhältnisse sind blendend (auch wenn der J-Block von der oben beschriebenen »Versetzung« betroffen ist), der Komfort ausgezeichnet. Für gewöhnlich kann man am Bruchweg in aller Ruhe auch dem Auswärtsteam zujubeln, wiewohl da in Mainz eine kleine Anhängerschaft der »Dritten Halbzeit« existiert.

Sitzplätze: 18-25 €
Stehplätze: 5-8 €
Gäste: Nord (I+J)

Rollis 30 Plätze stehen auf der Aschenbahn vor der Haupttribüne zur Verfügung. **Fanshop** Über die Geschäftsstelle. **Lesen** »Der 05er« - ein weiterhin kostenloses A4-Blättchen, das durchaus lesenswerten Unterhaltungs- und Informationsstoff bietet. Wünschenswert wäre weitere Ausgaben des Fanzines »Kick'n'Rush« (Haus der Jugend, Mitternachtsgasse 8, 55116 Mainz). **Essen** Würstchen, Pommes, Buletten, Schnitzelbrötchen, Brezeln. **Trinken** Bier (mit Alkohol), Cola, Limo, Wasser, Weinschorle. **Klo** Nach Umbau zweifelsohne top. **Kneipen** »Zum Haasekessel« hinter der Haupttribüne. Ansonsten ist gegenüber dem Stadion ein neues Stadtviertel entstanden, in dem allerlei feilgeboten wird und auch eine Pizzeria zu finden ist. Tipp: Das »Hafeneck«, eine von 05-Fans geführte, saugemütliche Kneipe mit TV (in der Frauenlobstraße nahe dem Rheinufer).

STADION ⚽⚽⚽ **STIMMUNG** ⚽⚽⚽ **SERVICE** ⚽⚽ **STRESS** ⚽

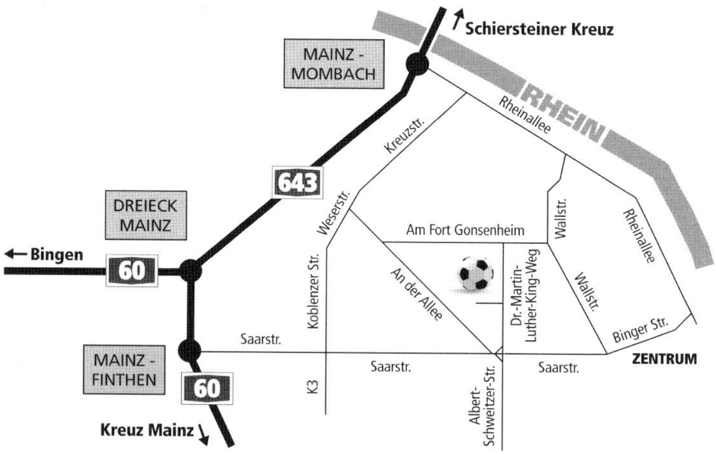

Die **A60** (»Mainzer Ring«) an der Abfahrt **Mainz-Finthen** verlassen und ca. zwei Kilometer auf der Saarstraße in Richtung Mainz-Zentrum/Universität. Auf Höhe der Universität (bzw. Ecke Hauptfriedhof) **links** in den Dr. Martin-Luther-King-Weg zum Stadion (linker Hand). **Alternativ** kann man (vor allem bei gutem Besuch) der offiziellen Beschilderung über die **A643** (Abfahrt Mombach/Budenheim) folgen, bei der man sich am besten an den Wegweisern »Fußball/Südwestfunk« orientiert, die **direkt** zu den Stadionparkplätzen führen.

Parken: Direkt vor dem Stadion ist ein kleiner Parkplatz, der aber **schnell voll** ist. Straßenparken ist **heikel**, da rasch abgeschleppt wird. Eine **Alternative** stellt die Universität dar. Dazu die Saarstraße bereits an der zweiten Kreuzung nach rechts verlassen und auf der Koblenzer Straße bis zum Max-Planck-Institut für Polymerforschung, hinter dem es **links** in den Ackermannweg geht, an dem sich diverse größere Parkplätze befinden. Von hier sind es zehn Minuten Fußweg zum Stadion.

Ab dem **Bahnhof** kann man mit den **Buslinien** 6, 13, 14, 16, 17, 22, 23, 27, 34 und 216 (bis **Universität**) oder aber 19 (bis **Stadion**) und 9 (bis **Südwestfunk**) fahren.

MANNHEIM: Carl-Benz-Stadion

Baujahr: 1994

Foto: Thomas Zachler

Kapazität: 26.022
Stehplätze: 12.008
Sitzplätze: 14.014

Waldhof Mannheim, Postfach 310446, 68246 Mannheim
Tel: 0621-764150, Fax: 0621-76415120
www.waldhof-mannheim.de

Es gibt wohl kaum ein zweites Stadion in Deutschland, um das es ein vergleichbares Hickhack gegeben hat wie um das 1994 eröffnete und sowohl aus ästhetischen als auch aus fußballerischen Aspekten überaus gelungene Carl-Benz-Stadion im Südosten Mannheims. Jahrelang stritten sich SVW, Stadt Mannheim und rund 30 um ihre Ruhe fürchtende Bewohner des benachbarten Stadtteils Neuostheim über den Bau der Arena, ehe es am 30. März 1993 nach einem positiven Entscheid des Bundesverwaltungsgerichts endlich losgehen konnte. Binnen elf Monaten entstand eine prächtige Fußballarena, die lediglich an den Westseitenecken offen und allemal erstligatauglich ist. Einziger Wermutstropfen sind diverse Lärmbelästigungs-Auflagen, durch welche die Nutzbarkeit der Arena erheblich eingeschränkt ist.

Mit der Eröffnung des Carl-Benz-Stadions (Daimler Benz stiftete eine Million DM für die Anzeigetafel, woraufhin der ursprünglich vorgesehene Name »Rhein-Neckar-Stadion« fallen gelassen wurde) endete die über ein Jahrzehnt andauernde Odyssee des SV Waldhof. Bis 1983 hatten die Waldhof-Buben ihre Heimspiele ungestört im 1924 eröffneten Stadion am Alsenweg austragen können, einer kleinen und gemütlichen reinen Fußballanlage, die inmitten des Arbeiterstadtteils Waldhof steht und in der heute die Amateure kicken. Dann zauberten die Blau-Schwarzen plötzlich so schön, dass sie in die Bundesliga aufstiegen und der DFB ihnen die Nutzung ihrer gemütlichen Heimstatt untersagte.

Nach unzähligen Verhandlungen, bei denen vor allem der Ausbau des 1926 eröffneten Rhein-Neckar-Stadions »1« diskutiert wurde (Nummer »2« wurde und wird vom Lokalrivalen VfR - siehe dort - genutzt), wichen die Schwarz-Blauen schließlich schweren Herzens ins Südweststadion der Nachbarstadt Ludwigshafen aus, welches bis zur Saison 88/89 Exil blieb. Die Stadt Mannheim, deren Bürgermeister nach dem Aufstieg noch gejubelt hatte »Diese Mannschaft hat der Stadt Mannheim Ehre gemacht. 20 Jahre Fußballhunger werden jetzt gestillt«, hatte sich außerstande gesehen, Geld für eine bundesligataugliche Arena auf Mannheimer Boden lockerzumachen. Trotz Zulieferbussen aus Mannheim und moralischer Unterstützung der Ludwigshafener entwickelte der SVW im Südweststadion nie heimatliche Gefühle, so dass er sich um eine Rückkehr nach Waldhof bemühte - zumal die im ersten Bundesligajahr noch hohe Zuschauerzahl im weiteren Verlauf dramatisch sank. Ironie der Geschichte: Just als die Waldhof-Buben endlich an den mühevoll bundesligapräparierten Alsenweg zurückkehrten (Saison 89/90), stiegen sie aus dem Oberhaus ab.

Während die Waldhöfer auf rheinland-pfälzischem Boden Baden-Württemberg in der Bundesliga vertraten, ging die Diskussion um die Stadionfrage weiter. Dabei standen drei

Alternativen zur Auswahl: der Ausbau des Waldhof-Stadions am Alsenweg, der Ausbau des Rhein-Neckar-Stadions »1« und ein kompletter Neubau auf dem Areal des Rhein-Neckar-Stadions »1«. Nach langwierigem kommunalpolitischem Wirrwarr entschied sich das Regierungspräsidium Karlsruhe schließlich im November 1990 für letztere Variante: Auf dem Gelände des abzureißenden Rhein-Neckar-Stadions »1« sollte ein reines Fußballstadion mit drei überdachten Tribünen entstehen. Auch an die lärmgeplagten Anwohner wurde gedacht. So sollten in der neuen Arena höchstens 25 Spiele pro Jahr stattfinden und Sonn- wie Feiertagsspiele gänzlich untersagt sein, die Lärmbelästigung durch eine entsprechende Tribünendachkonstruktion auf ein Minimum reduziert und in die Dächer integriertes Flutlicht installiert werden, um Störungen bei Abendspielen zu minimieren.

Dies alles hinderte mehrere Anwohner nicht, weiterhin massiv gegen das Projekt vorzugehen und die Verwirklichung damit weiter hinauszuzögern. Erst am 17. Juni 1992 beendete der Verwaltungsgerichtshof den Streit und entschied, dass »der Bürger ein Recht auf Fußball hat«. Acht Monate später wurde der Grundstein gelegt und am 25. Februar 1994 konnte die Arena mit dem Zweitligakick SV Waldhof gegen Hertha BSC (2:2) endlich eingeweiht werden.

Entstanden ist eine vorbildliche reine Fußballarena, die erfreulich viele Stehplätze aufweist und allen höheren Ansprüchen genügt. Stimmungstechnisch ist das Carl-Benz-Stadion günstig angelegt, und dass es im »schicken« Neuostheim liegt, stört die Fans des einstigen Arbeitervereins Waldhof heute auch nicht mehr allzu sehr.

Störend sind allerdings die diversen Lärmauflagen, die dem SVW wenig Gestaltungsmöglichkeiten bei seinen Heimkicks lassen. Übrigens: Das in unmittelbarer Nachbarschaft gelegene Stadion des VfR Mannheim (wir erinnern uns: »Rhein-Neckar-Stadion 2« genannt) heißt heute schlicht »Rhein-Neckar-Stadion« - dies nur, um die Verwirrung nicht komplett zu machen.

Wie werden die Waldhof-Fans die Fusion mit dem VfR aufnehmen? Eine Frage, die sich nicht nur die Fusionsbefürworter mit gewisser Furcht stellen. Nehmen sie den neuen SV Mannheim nicht an, kann es rasch zum fußballerischen Super-GAU in Mannheim kommen. Man darf also gespannt sein. »Osttribüne Blöcke F bis H« hieß bislang das Ziel der SVW-Fans - und heißt nun das der zukünftigen SVM-Anhänger. Unter dem Dach kann man prächtig Stimmung machen, was der vielköpfigen Waldhof-Fanschar auch gut gelingt. »Lautstark, reiselustig und bunt sein« sind die positiven Aspekte der Blau-Schwarzen, »gefürchtet sein« ist der negative. Im Klartext: Waldhofs Fan-Szene zählt bedauerlicherweise zu den gefährlichsten im Lande. Vor allem kahl geschorene Zeitgenossen nutzen das Carl-Benz-Stadion für ihre Auftritte. Irgendwie passend daher der Name eines 1999 aufgekommenen Fanzines: »Krieg und Frieden«.

Sitzplätze: 14-30 €
Stehplätze: 5-9 €
Gäste: Westtribüne

Kleineren Grüppchen von Gästefans muss man daher leider raten, den Vereinsschal vor dem Stadion in der Tasche stecken zu lassen! Auspacken kann man ihn dann in Block W der Westtribüne, wo auswärtige Fans auch in kleineren Grüppchen ordentlich Stimmung machen können. Die Sicht ist großartig, der Service zufriedenstellend. Vorsicht jedoch vor den Ordnern, die gerne mal hart durchgreifen.

Rollis Im Gästeblock gibt es 36 Rollstuhlplätze. **Fanshop** Nordtribüne. **Lesen** Das »Waldhof-Magazin« wird es auch nach der Fusion in »irgendeiner Form« geben. **Essen** Würstchen und Frikadellen. **Trinken** Bier, Cola, Fanta. **Klo** Befriedigend - aber es gibt schlimmere. **Kneipen** Mit Ausnahme der VfR-Stadiongaststätte (Rhein-Neckar-Stadion, hinter der Westtribüne) und zwei Kneipen, die allerdings bei »Problemspielen« geschlossen sind, Fehlanzeige.

STADION ●●● **STIMMUNG** ●● **SERVICE** ●● **STRESS** ●●

Noch ein paar Worte zur **Seppl-Herberger-Sportanlage**, diesem höchst traditionsreichen Gelände, das am 14. Dezember 1924 eingeweiht wurde und auf dem heute die Waldhöfer Amateure zu ihren Pflichtspielen antreten. In der Saison 89/90 fand hier sogar Bundesligafußball statt (s.o.), seit 1996 wird das Stadion am Alsenweg zu Ehren des ehemaligen Bundestrainers »Seppl-Herberger-Sportanlage« genannt. Für rund fünf Millionen Mark erhielt die Arena damals eine neue Tribüne sowie restaurierte Stehränge. Das Areal macht heute einen hervorragenden Eindruck und ist so etwas wie das »Herz vom Waldhof« - während der Woche treffen sich hier die berühmten Rentner und diskutieren fachkundig über das bevorstehende Ligaspiel. Da es dabei allerdings fast immer um die 1. Herren geht, ist der Besuch der Herberger-Sportanlage (Kapazität: 12.200 Steh- und 3.000 Sitzplätze) zu Amateur-Spielen etwas schal, denn es verlaufen sich selten mehr als ein paar Hände voll Neugieriger auf den ebenso schönen wie geschichtsträchtigen Rängen. Schade eigentlich.

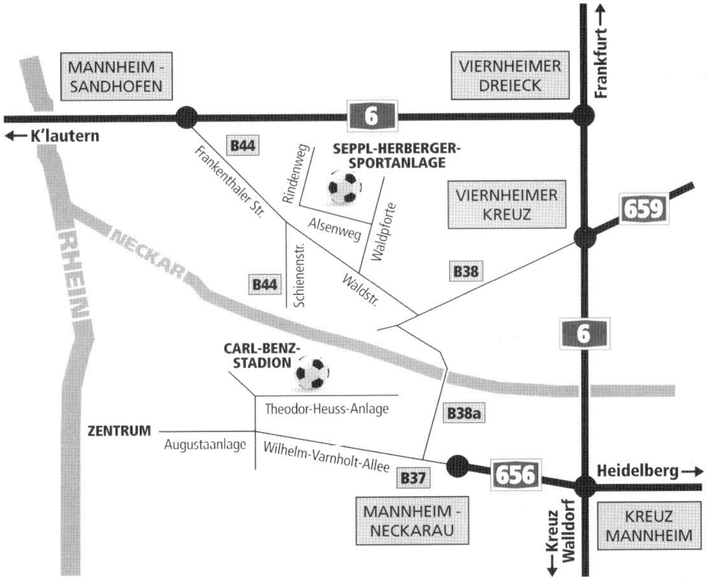

Von der **A6** (Frankfurt/Heilbronn): am Mannheimer Kreuz auf die **A656** (Richtung Mannheim-Zentrum/Neckarau) und an der Anschlussstelle Mannheim-Mitte weiter geradeaus in Richtung Zentrum. Unter der Bahn hindurch, am SDR vorbei und an der Kreuzung hinter dem **Planetarium** rechts auf die Schubertstraße, die geradewegs auf die Theodor-Heuss-Anlage führt. **Parken:** gebührenpflichtige Stellplätze auf dem Parkplatz der Rhein-Neckar-Halle auf der dem Stadion gegenüberliegenden Straßenseite.

Der Weg zur Seppl-Herberger-Sportanlage: Über die **A6** aus Richtung **Kaiserslautern**: bis zum Kreuz Mannheim-Sandhofen und auf der **B44** zunächst weiter Richtung Zentrum. Bei der Abknickung der B44 nach rechts (Richtung Zentrum) geradeaus weiter auf der Waldstraße (Richtung Käfertal, Feudenheim) und die erste Straße **links** (Waldpforte), dann gleich sofort wieder links in den Alsenweg zum Stadion.

Über die **A6** aus Richtung **Frankfurt** bzw. dem Süden: bis zum **Viernheimer Kreuz** und weiter auf der **B38** bis nach Käfertal. Rechts auf die **Waldstraße** (Richtung Gartenstadt, Sandhofen) und nach rund zwei Kilometern rechts in die Waldpforte, schließlich **links** in den Alsenweg zum Stadion.

Mit der Straßenbahnlinie **6** (Richtung Neuostheim) ab **Tattersall** (300 m vom Hauptbahnhof entfernt) bis zur Haltestelle Carl-Benz-Stadion. Alternativ dazu fährt die **Buslinie L** auch bis zur Station **Autohof**, von dort sind es noch maximal fünf Minuten zu Fuß.

Wenn es zur Herberger-Sportanlage gehen soll: Vom Bahnhof **Waldhof** geht es mit der **Buslinie C** (Richtung Käfertal, Im Rott), die auch bis zum Bahnhof Käfertal fährt, bis zur Haltestelle **Alsenweg**. Den Waldhöfer Bahnhof erreicht man vom Mannheimer **Hauptbahnhof** mit der Straßenbahnlinie **1** (Richtung Schönau) oder der Regionalbahn.

MANNHEIM: Rhein-Neckar-Stadion

Baujahr: 1971

Foto: Hardy Grüne

Kapazität: 11.000
Stehplätze: 9.000
Sitzplätze: 2.000

VfR Mannheim, Theodor-Heuss-Anlage 19, 68165 Mannheim
Tel: 0621-415430, Fax: 0621-414474
www.vfr-mannheim.de

Trauer über Mannheim! Der VfR, anno 1949 sensationell Deutscher Meister geworden, in den letzten Jahrzehnten vom zahlenden Publikum allerdings etwas vernachlässigt, ist nicht mehr. Nur für eine Übergangszeit wird das Rhein-Neckar-Stadion noch höherklassigen Fußball sehen, ehe der VfR endgültig verschwinden muss. Im turbulenten Juni 2002 angesichts einer drohenden Insolvenz aus eigenem Antrieb sowie mit »sanfter« Unterstützung der MVV-Energie-AG in die Arme des ungeliebten Nachbarn SV Waldhof getrieben, wird er zunächst im Rahmen einer Spielgemeinschaft und ab 2003 endgültig Teil des neuen »SV Mannheim« sein. Die Saison 2002/03 ist folglich die letzte der »Rasensportler« unter ihrem Traditionsnamen VfR.

Dessen einstige Spielstätte lag eingepfercht zwischen Eichbaum-Brauerei, Nadler-Werk und Essig-Haas im Stadtteil Neckarstadt gleich nördlich des Neckars. Der dortige Platz »An den Brauereien« war am 17. Dezember 1905 vom VfR-Vorläufer FG 1896 eröffnet worden und fungierte 1907 als Austragungsstätte des Endspiels um die deutsche Meisterschaft. Zahlreiche große Erfolge mit dem Höhepunkt der Meisterschaft 1949 konnten die Blau-Weiß-Roten dort feiern, ehe die benachbarte Eichbaum-Brauerei das Areal 1959 für Erweiterungszwecke reklamierte. Die enge 16.000-Plätze-Anlage wurde daraufhin dem Erdboden gleichgemacht und fungiert seither als Parkplatz.

Der heimatlose VfR zog derweil in das 1926 eingeweihte und anlässlich seines Einzugs völlig umgebaute »Neuostheimer Stadion« südlich des Neckars um, das rund 30.000 Plätze bot und eine nagelneue überdachte Tribüne aufwies. Als Leichtathletikanlage konzipiert, war die später in »Rhein-Neckar-Stadion« umbenannte Arena allerdings ziemlich weiträumig. »Wenn wir einlaufen, fühlen wir uns verlassen«, jammerten die VfR-Spieler folglich. Jahrelang bemühte man sich daher um eine neue Anlage, die nach vielen Querelen schließlich am 9. Dezember 1971 unmittelbar neben dem Rhein-Neckar-Stadion unter dem einfallsreichen Namen »Rhein-Neckar-Stadion 2« eröffnet werden konnte. Erst als das anschließend »Hauptspielfeld« genannte alte Stadion später dem Carl-Benz-Stadion weichen musste, erhielt die »2« - also das VfR-Gelände - ihren derzeitig gültigen Namen »Rhein-Neckar- Stadion«.

Der Charme der rund 11.000 Plätze bietenden reinen Fußballarena zwischen Luisenpark und Technischem Landesmuseum ist inzwischen deutlich verblichen. Auf dem Dach der ein wenig eigentümlich aussehenden Wellblechtribüne (16 Sitzbahnreihen) wächst Moos, zwischen den rund 30 Stehtraversen der Gegengeraden sprießen Grashalme. Die Hintertorseiten sind nur zur Hälfte mit jeweils zehn Traversen bestückt, wobei auf der Straßenseite zudem die an eine Fabrik erinnernde Turnhalle den Blick trübt.

1974 erhielt das Stadion den vorgeschriebenen Zweitliga-Zaun, ansonsten beschränkten sich die Veränderungen auf unvermeidliche Reparaturen sowie Errungenschaften wie den Fan-Shop, der den Charme einer übergroßen Telefonzelle versprüht. Die VfR-Heimstatt präsentiert sich als zwar solides, aber wenig aufregendes Fußballstadion, das deutlich im Schatten des in unmittelbarer Nachbarschaft gelegenen Carl-Benz-Stadions steht.

Spätestens mit dem Aufstieg des Lokalrivalen SV Waldhof in die Bundesliga wurde es für den Traditionsklub VfR immer schwerer, Anhänger in Mannheim und Umgebung zu finden. 2001/02 gab es einen weiteren bedrohlichen Zuschauerrückgang - am Ende kamen nur noch 250 gegen die VfB-Amateure und das Insolvenzaus war abzusehen. Der harte Kern der VfR-Fans umfasste bis dato rund 50 Personen, die auf der Gegengeraden Stimmung zu verbreiten versuchten. Was nach der unfreiwilligen »Fusion« (die eigentlich ein Anschluss des VfR an den Waldhof war) mit der VfR-Fanszene passieren wird, steht in den Sternen. Die Akzeptanz des »neuen« SV Mannheim ist wackelig und zweifelsohne abhängig vom Erfolg. »Die Erfolgsformel könnte am Ende noch 'SVW + VfR = Fehlgriff' lauten«, unkten einige Fans bereits. Zugleich deuten sich zarte Bande zur TSG Hoffenheim an, deren Heimkicks womöglich nun besucht werden.

Sitzplätze: 3-5 €
Stehplätze: 2-4 €
Gäste: egal (Block D)

Fanshop Turnhallenseite. **Rollis** Am Spielfeldrand. **Lesen** Ob das »VfR-Journal« weiterhin erscheint, war bis zuletzt unklar. **Essen** Bratwurst, Bockwurst, Kuchen. **Trinken** Alkoholisches Bier (Pils und Export), Cola, Fanta, Fruchtsaft, Wasser. **Klo** Schlechter Zustand, übler Geruch. **Kneipen** Außer der etwas biederen Stadiongaststätte ist im weiteren Umfeld nichts zu finden. Am besten per Straßenbahn in die City fahren. Dort befindet sich auch die VfR-Kneipe »Oldie-Treff«.

STADION ⚽ **STIMMUNG** ⚽ **SERVICE** ⚽ **STRESS**

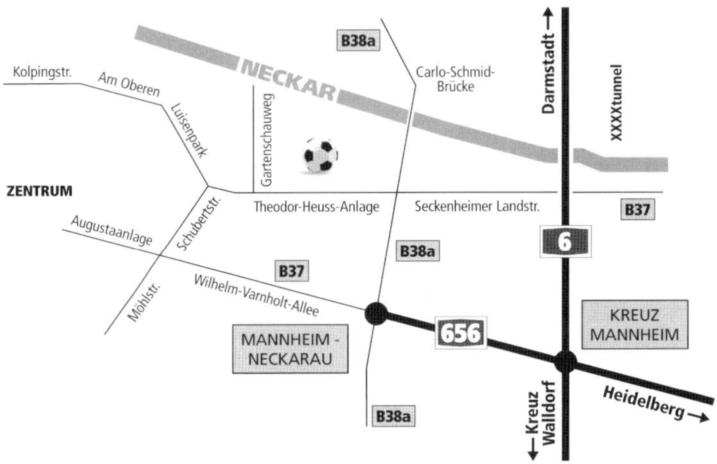

Von der **A6** (Frankfurt/Heilbronn): am Mannheimer Kreuz auf die **A656** (Richtung Mannheim-Zentrum/Neckarau) und an der Anschlussstelle Mannheim-Mitte weiter geradeaus in Richtung Zentrum. Unter der Bahn hindurch, am SDR vorbei und an der Kreuzung hinter dem **Planetarium** rechts auf die Schubertstraße, die geradewegs auf die Theodor-Heuss-Anlage führt. **Parken:** gebührenpflichtige Stellplätze auf dem Parkplatz der Rhein-Neckar-Halle auf der dem Stadion gegenüberliegenden Straßenseite.

Mit der Straßenbahnlinie **6** (Richtung Neuostheim) ab **Tattersall** (300 m vom Hauptbahnhof entfernt) bis zur Haltestelle Carl-Benz-Stadion. Alternativ dazu fährt die **Buslinie L** auch bis zur Station **Autohof**, von dort sind es noch maximal fünf Minuten zu Fuß.

Baujahr: 1924

Kapazität: 16.500
Stehplätze: 12.000
Sitzplätze: 4.500

Foto: Hardy Grüne

SV Meppen, Lathener Str. 15, 49716 Meppen
Tel: 05931-93010, Fax: 05931-930150
www.svmeppen.de

So kann es kommen: 1995 war das Emslandstadion noch kurz davor, Bundesligaarena zu werden - drei Jahre später sah es plötzlich Drittligafußball. Die Talfahrt ging weiter und 2000 fand sich der SVM plötzlich in Liga 4 wieder. Inzwischen hat man sich aber wieder etwas aufgerappelt und 2001/02 sogar mit erstaunlichen Zuschauerzahlen auf sich aufmerksam gemacht.

Anno 1968 galt die seinerzeit »Hindenburgstadion« genannte Arena noch als eine der langweiligsten im Fußball-Norden: Weitläufig, ungemütlich, selten gefüllt - der Inbegriff der Bescheidenheit. Ebenso wie der SVM. Ambitionslos kickte der in der obersten Amateurklasse vor sich hin, unterbrochen nur von Kurzausflügen in die »alte« Regionalliga Nord. Aus jenen Tagen datiert auch der erste Höhepunkt der Stadiongeschichte, als der Auftritt von Meister Gladbach rund 10.000 Menschen in die nur für 7.000 vorgesehene Arena lockte. 1973 waren es gar 17.000 Fans, die Johan Cruyff und seine Ajax-Elf im ausgebauten Stadion bejubelten. Dann kam die 2. Liga, und der SVM verschwand wieder im Amateurfußball. Die Wende kam nach dem Abstieg in die Landesliga (1978). Dem sofortigen Wiederaufstieg folgte unter Trainer Persike der Aufstieg in die Zweite Liga (1987), und das »Fußballwunder« nahm seinen Lauf. Zwischenzeitlich hatte das Hindenburgstadion einen weiteren Festtag erlebt, als der FC Barcelona im August 1983 mitsamt Diego Maradona angerückt war und die Arena mit ziemlich genau 17.500 Leuten gefüllt hatte.

Vom damaligen Zustand des seit 1924 als Sportplatz genutzten Areals ist heute nichts mehr zu sehen. Das uralte Holztribünchen mit seinen ehedem 450 überdachten Sitzen ist einem raumgreifenderen Neubau gewichen und auf der Gegengeraden, wo einst viel zu wenige Stehplatztraversen für bescheidene Sicht sorgten, steht seit 1993 ein 3.000-All-Seater. Rund fünf Mio. DM investierten SVM, Stadt und Landkreis Emsland in den zweitligagerechten Umbau der Arena, die gleichzeitig ihrer störenden Aschenbahn entledigt und zu einem reinen Fußballstadion wurde, das allemal höheren Ansprüchen genügt – sowohl funktional als auch ästhetisch.

Seit dem 7. Oktober 1996 gibt es zudem eine fernsehgerechte Flutlichtanlage, die mit einem 0:0 gegen Carl Zeiss Jena eingeweiht wurde. Zwei Jahre zuvor war bereits die lange geforderte Umbenennung in »Emslandstadion« vollzogen worden.

Mit dem Emslandstadion verfügt der SVM über eine schmucke Arena, die zu den schönsten und attraktivsten im Norden zählt - 2002 vergab der DFB ein Ligapokalspiel nach Meppen. Bleibt zu hoffen, dass sie auch wieder zu einer echten Hochburg wird. Schließlich steht der SVM - ähnlich wie der 1. FC Kaiserslautern - sinnbildlich für eine ganze Region und hat dem Emsland mehr als einmal gehörigen Anlass zum Stolzsein gegeben.

Foto: Burkhard Schulz

Südstadion (Köln)

Grotenburg-Stadion (Krefeld)

Foto: Michael Seiß

Foto: Rainer Hille

Alfred-Kunze-Sportpark (Leipzig)

BayArena (Leverkusen)

Foto: Michael Seiß

Foto: Burkhard Schulz

Stadion Lohmühle (Lübeck)

Ernst-Grube-Stadion (Magdeburg)

Foto: Rainer Hille

Foto: Thomas Zachler

Seppl-Herberger-Sportanlage (Mannheim)

Bökelbergstadion (Mönchengladbach)

Foto: MMM

Foto: MMM

Grenzlandstadion (Mönchengladbach)

Stadion im Nordpark (Mönchengladbach, Modell)

Foto: Borussia M'gladbach

Allianz-Arena (München, Modell) Foto: Allianz

Stadion an der Grünwalder Straße (München) Foto: Rainer Blumen

Foto: Andreas Pötzsch

Frankenstadion (Nürnberg)

Bieberer Berg (Offenbach)

Foto: Chris Müller

Marschweg-Stadion (Oldenburg)

Foto: Michael Seiß

Stadion Horeb (Pirmasens)

Foto: Hardy Grüne

Meppens Fans sind mit Spottrufen stets offensiv umgegangen. Nicht umsonst gibt es Fan-Clubs wie »Gummistiefelfraktion« und auch die berühmte Blaskapelle passt perfekt ins emsländische Bild. Letztere stammte übrigens aus dem niederländischen Nachbarstädtchen Emmeln, debütierte am 16. Dezember 1990 gegen den SC Freiburg, tritt aber nur noch sporadisch auf. Die Stimmung im Emslandstadion ist tendenziell fröhlich und ausgelassen, wenngleich der sportliche Niedergang tiefe Spuren in der Fanszene hinterlassen hat. Meppens Gewaltpotenzial ist vorhanden, taucht aber nur zu besonderen Anlässen auf - ein »Augen auf« ist trotzdem leider nicht von der Hand zu weisen. Akustisch ist das Emslandstadion übrigens ein echter Killer.

Sitzplätze: 10,50-15 €
Stehplätze: 5-7,50 €
Gäste: Nordtribüne

Rollis Auf der Vortribüne vor der alten Tribüne (Begleitperson frei). **Fanshop** Der am Haupteingang angesiedelte Fan-Shop ist durchaus gut bestückt und bietet auch qualitativ brauchbare Waren feil. **Lesen** »SV-Journal«, 24 Seiten A4, teilweise Farbe, kostenlos, sehr viel Werbung und recht gute Statistik. **Essen** Gute Bratwurst, manchmal Frikadellen und Pommes! **Trinken** Alkoholisches Bier, Cola, Fanta, Wasser. In der Stadionkneipe am Haupteingang wird auch Kaffee offeriert. **Klo** Ausgezeichnet in Schuss, da macht es eine wahre Freude... **Kneipen** Außer der Stadionkneipe gibt's im direkten Umfeld nicht viel. Bis in die attraktive und mit Lokalitäten gut bestückte Innenstadt ist es aber nicht weit.

STADION ⚽⚽⚽ STIMMUNG ⚽⚽ SERVICE ⚽⚽ STRESS ⚽

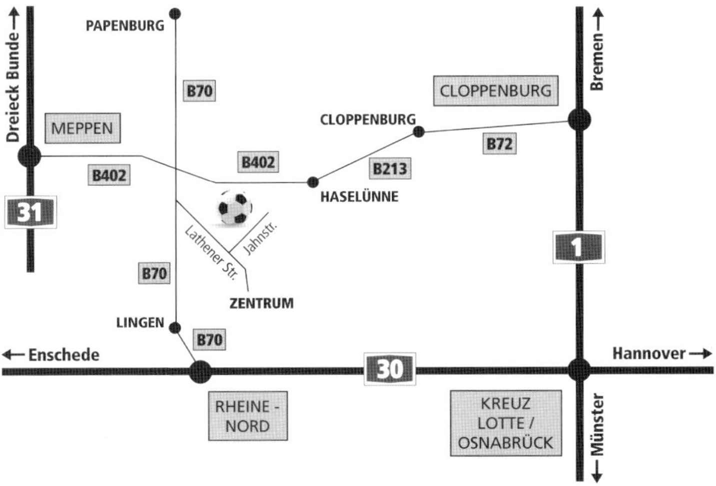

Aus Richtung **Bremen**: über die A1 bis zur Abfahrt **Cloppenburg** und weiter auf der **B72** bzw. **B213** bis **Haselünne**. Dort auf die **B402** Richtung Meppen, ab dort ist das Stadion ausgezeichnet ausgeschildert.
Aus Richtung **Dortmund**: über die A1 bis zur Abfahrt **Greven** und weiter auf der **B481** bzw. **B70** an Rheine und Lingen vorbei nach Meppen, dort der Beschilderung folgen. **Alternativ** die A1 bis zum Kreuz Lotte/Osnabrück, dort auf die **A30** gen Enschede und nach der Abfahrt **Rheine-Nord** auf der B70 weiter (Rest s.o.).
Aus Richtung **Emden**: über die **A31** bis zur Abfahrt **Meppen** und weiter auf der **B402** nach Meppen. Dort auf die B70 und der Beschilderung folgen. Parken: Genug Plätze vorhanden.

Der **Fußmarsch** vom Bahnhof zum Stadion dauert rund **15 Minuten**: Rechts aus dem Bahnhof raus und über Königstraße, Herzog-Arenberg-Straße und Lathener Straße zur Meppener Arena. Zur Not stehen natürlich auch Taxen bereit.

Foto: Hans-Georg Wahl

Baujahr: 1919

Kapazität: 34.500
Stehplätze: 26.800
Sitzplätze: 8.700

Borussia M'gladbach, Bökelstr. 165, 41063 Mönchengladbach
Tel: 02161-92 930, Fax: 02161-929319
www.borussia.de

Charmant und liebenswert, jedoch hoffnungslos veraltet: der Bökelberg. Schon in den 70ern unkte Schalke-Präses Oskar Siebert: »Dieses Stadion ist der Sarg für den Verein.« Nun ja - ganz so schlimm ist es nun auch wieder nicht gewesen. Aller Voraussicht nach nur noch ein paar Jährchen müssen die Gladbacher in einer Arena antreten, von der an allen Ecken der Putz bröckelt und die mit ihrem geringen Komfort nur wenig dazu beiträgt, die Kassen zu füllen. Immerhin besitzt sie Tradition: Bereits im März 1914 erwarb Borussia nahe der Eickener Höhe eine Sandgrube (»De Kull«) und ließ dort bald das Leder rollen, womit Gladbach über die (nach Bochum) älteste Spielstätte der Bundesliga verfügt. Am 20. September 1919 wurde das »Westdeutsche Stadion« eröffnet und wenig später mit dem Spiel West- gegen Süddeutschland (1:4) eingeweiht. Lange Zeit genügte die Arena den Ansprüchen und galt dank ihrer überdachten und mit Sitzen ausgestatteten Holztribüne sowie den modernen sanitären und sozialen Räumlichkeiten sogar als fortschrittlich.

Doch in den 50er Jahren befand sich das Stadion mit seinen steil aufragenden Stehtraversen bereits in einem derart bedenklichen Zustand, dass die finanziell kriselnde Borussia ihr marodes Schmuckstück ohne mit der Wimper zu zucken für popelige 175.000 Märker an die Stadt vertickte. Diese wiederum ließ sich erst 1960, nach dem ersten Pokalerfolg der Borussia, zu größeren Investitionen breitschlagen, wodurch nach knapp zweijähriger Bauzeit das »Bökelbergstadion« entstand, in dem damals knapp 29.000 Zuschauer Platz fanden. Unverkennbar hatten britische Fußballarenen als Vorbild hergehalten, und standesgemäß wurde der Bökelberg am 28. Juli 1962 auch mit einem Kick gegen die Glasgow Rangers eingeweiht. Doch das Gelbe vom Ei war das Bauwerk immer noch nicht, anlässlich der Aufstiegsrunde zur Bundesliga mussten 1965 provisorische Zusatztribünen aufgestellt werden, um dem Ansturm der Zuschauer Herr zu werden. Ein Jahr später folgte der Bau der überdachten Haupttribüne, die Erweiterung der Ostgeraden und die Installation einer Flutlichtanlage, danach geschah bis auf Kleinigkeiten nur noch wenig. Insgesamt steckte die Stadt bis Anfang der 90er Jahre zwar fast 30 Mio. DM in den Bökelberg, konnte jedoch nicht verhindern, dass die Borussia bei großen Anlässen nach Düsseldorf oder gar Köln umzog. Was Wunder, dass sich schon in den 70ern erste Stimmen erhoben, die den Neubau eines Stadions forderten.

Von den Visionen des Ex-Managers Rolf »Spatenstich 1997« Rüssmann angetrieben, entstanden Mitte der 90er Jahre kühne Pläne, auf dem ehemaligen Gelände der Rheinarmee (»Hampshire Barracks«) im Nordwesten der Stadt eine multifunktionale Arena mit allem Pipapo zu errichten. Zwischenzeitlich hatte man zwar auch den Ausbau des geliebten Bökelbergstadions angedacht, doch scheiterte dieses Vorhaben am Veto der Nachbarschaft. Schade eigentlich, aber aus Sicht der Anwohner auch irgendwie verständlich. So konzentrierte man sich wieder auf das anfänglich rund 300 Mio. DM schwere »Nordpark«-Projekt, das nach und nach auf eine finanziell verträglichere Variante reduziert wurde - momentan geht man von 85 Mio. Euro Kosten aus, wobei die Erschließungs- und Nebenkosten in Höhe von 19 Mio. bereits eingerechnet sind - und dem der Stadtrat nach einigem Hin und Her dann im Januar 2001 auch grünes Licht gab. Und so wird, falls nicht noch etwas dazwischenkommt (die Entdeckung einer seltenen Molchart bei Erdarbeiten ließ Borussenfans bereits das Herz in die Hose rutschen), bis zum August 2004 in der »Area of Sports« ein wahrlich großartiges und natürlich modernes Fußballstadion für 56.000 Zuschauer (davon ca. 15.000 Stehplätze) entstehen. Für internationale Spiele liegt die Kapazität bei 45.000 Sitzplätzen, bei der WM 2006 bleibt der Nordpark allerdings außen vor. Selbst die Nähe zur holländischen Grenze taugte nicht als Argument - denn die qualifizieren sich ja auch nicht immer für eine Weltmeisterschaft.

Der harte Kern der Gladbacher Fans huldigt dem Fohlen-Mythos in der Nordkurve, mit den größten Enthusiasten der »Mönchs-Bande« sind vor allem die Blöcke 15 und 16 gefüllt. Im Bereich hinter der Nordkurve findet sich auch der Info- und Verkaufsstand des Fanprojekts. Gäste benutzen den Eingang Bökelstraße und begeben sich in den »schönsten Auswärtsblock der Bundesliga«, genauer gesagt in die Südkurvenblöcke 33 und 34 (knapp 3.400 Plätze), von denen aus man aufgrund der sehr steilen Ränge und hohen Stufen wie von nahezu allen Plätzen im Stadion prima Fußball gucken kann - auch die Fangnetze wirken da nicht besonders störend. Platz für Zaunfahnen ist reichlich, dafür sind bis auf kleinere Fahnen und Doppelhalter alle weiteren Mitbringsel verboten. Die Ordner sind größtenteils recht freundlich, was leider nicht immer für die Kollegen von der Polizei gilt. Doch solange es nicht gegen Köln oder Dortmund geht, kann man sich (als Neutraler) eigentlich auf einen gefahrlosen und stimmungsvollen Fußballtag einstellen, denn die Atmosphäre in dem steilen Stadion ist fast immer fantastisch. Also auf zum Bökelberg - solange er noch steht!

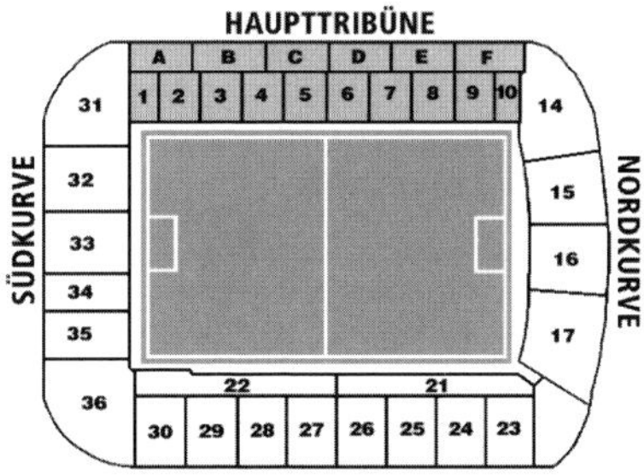

Sitzplätze: 18-37,50 €
Stehplätze: 7-13 €
Gäste: Süd, Block 33/34

Preise Ermäßigter Eintritt für Schüler, Studenten, Versehrte und Bundeswehrleute. Kinder unter sechs Jahren kommen umsonst rein, haben aber keinen Anspruch auf einen Sitzplatz. Gegen Bayern, Schalke, BVB und Werder (?) gibt's Topzuschlag, weitere Infos beim Ticket-Service (Tel: 929394, Fax: 929339, tickets@borussia.de). **Rollis** Freier Eintritt für Rolli und Begleiter, 40 Plätze im Innenraum (Südkurve), geeignete Toilette im Innenhof der Geschäftsstelle. Die Karten kann man über den Fanbeauftragten Holger Spiecker bestellen (Tel: 02431-75570, Fax: 75571, spiecker@vfl-borussia.de), frühzeitiges Erscheinen sichert die besten Stellplätze. Im Nordpark sind rund 75 Rolliplätze vorgesehen. **Fanshop** Offizieller Fanshop am Bökelberg (neben Geschäftsstelle, Mo-Fr 10-16.30 sowie an Heimspieltagen), Fanboutique Marienhof (Tel: 178039, Mo-Fr 10-18.30, Sa 10-14h) sowie Stände an Nordkurve und Haupttribüne. Interessant hier der Stand der Jugendabteilung, an dem es auch Second-Hand-Schnäppchen gibt. Im Fanladen des Fanprojektes (Eickener Str. 156b, 41063 Mönchengladbach, Tel: 177800, Fax: 181335, www.fanprojekt.de, Mi-Do 12-18h sowie vier Stunden vor und nach dem Kick) kann man auch alternative Artikel erwerben. **Lesen** Das »Fohlenecho« hat sich zu einer der besten Stadionzeitungen der Liga gemausert und ist jeden Cent der 1 € Ablösesumme wert. Von den Gladbacher Fanzines hat wohl nur die »Nordkurve« überlebt, die man für 2 € über das Fanprojekt (s.o.) ordern kann. Gelegentlich bringen auch Fanclubs wie die »Spreeborussen«, »Rheinlandfohlen« oder die »Turtles Nordkurve« eigene Heftchen heraus. Wissenswertes über alle Borussia-Magazine erfährt man übrigens bei www.strysio.de. **Essen** Äußerst abwechslungsreiches Angebot, v.a. hinter der Haupttribüne und in der Nordkurve (Pizza, Baguettes, Reibekuchen, Gyros, Fischbrötchen etc.). Doch auch im Gästebereich wird man mehr als ordentlich versorgt: Die

Bratwurst ist wahrlich große Klasse, dazu gibt's Fritten, Frikas, Currywurst, Riesenkrakauer und Brezeln. Alles zwar nicht unbedingt preiswert, aber auch nicht hoffnungslos überteuert. **Trinken** Weiterhin ist sowohl Alt (Diebels) als auch Pils (Jever hat Tuborg abgelöst) mit voller Drehzahl erhältlich (0,3 l für 2 € + Pfand), dazu die übliche Palette an Softdrinks. Sogar Diabetiker kommen nicht zu kurz: es gibt Cola light. Ferner Kaffee und Glühwein. Letzterer natürlich nur im Winter. **Klo** Größtenteils igittbahpfui. **Kneipen** Die Gladbacher Fanszene pilgert nach dem Spiel gerne in den Fanladen (s.o.), der an Spieltagen ab vier Stunden vor dem Anstoß bis ein, zwei, drei Stunden nach dem Abpfiff seine Pforten öffnet. Bei einem gepflegten Diebels oder Carlsberg (wahlweise auch Kaffee, Cola, Limo) wird hier nach Herzenslust gefachsimpelt, während im Hintergrund auf dem Fernseher aktuelle Sportsendungen oder einfach legendäre Spiele als Konserve laufen (vor allem das Pokalfinale '73 wird immer wieder gerne gesehen) - ein Leseeckchen lädt zum Schmökern in Fanzines ein. Nahe des Fanladens finden sich auf der Eickener Straße mit »Alt-Eicken«, »Walja«, »Malzkorn« und dem »Eecker Treff« auch einige ordentliche Kneipen, vor der Kreissparkasse steht zudem das Netzer-Wimmer-Vogts-Denkmal herum (für Erinnerungsfotos). Ein Muss für alle Borussen-Fans stellt ferner ein Besuch im »Pete's Inn« auf der Rheydter Straße dar. Wer sich weiter in die Gladbacher Altstadt vorwagen möchte, dem sei das »Hannen-Sudhaus« (Alter Markt) und das »Krümel« ans Herz gelegt.

STADION ⚽⚽⚽⚽ **STIMMUNG** ⚽⚽⚽ **SERVICE** ⚽⚽⚽ **STRESS** ⚽⚽

Einen krassen Kontrast zum Bökelberg stellt die Heimstatt der M'gladbacher Amateure, das **Grenzlandstadion**, dar - handelt es sich hier doch um eine klassische Mehrzweckarena mit allem Pipapo: Laufbahn, Weitsprunganlage, sogar eine zünftige Leichtathletik-Anzeigetafel ist vorhanden. Eröffnet wurde das auf dem Gelände einer ehemaligen Ziegelei errichtete Bauwerk im Juli 1927 als »Städtischer Sport- und Spielplatz«, 16 Jahre später lag es als von den Nazis umgetaufte »Heinz-Brands-Kampfbahn« in Trümmern, wurde mit Schutt aus der zerstörten Rheydter Innenstadt dann wieder aufgebaut und am 3. Juli 1960 schließlich als »Grenzlandstadion« ein zweites Mal eingeweiht. Interimsweise bildete die Arena die Heimat der Fohlen und wäre 1965 fast zum 70.000 Zuschauer fassenden Bundesligastadion avanciert. Doch die Borussia blieb am Bökelberg und das Grenzlandstadion mit seiner Kapazität von 50.000 Plätzen wurde Anfang der 80er Jahre auf die heutigen 13.000 zurückgebaut.

Da die Amateure bei ihren Heimspielen nicht gerade von wahren Fanhorden bedrängt werden, herrscht im Grenzlandstadion meist eine - je nach Wetterlage - gemütlich-langweilig-desperate Atmosphäre. Für 6 bzw. 3,50 € Eintritt darf der Gast seinen Platz frei wählen und sich entweder auf die überdachte Tribüne setzen, ans Geländer oder einen Wellenbrecher lehnen oder aber ins sanft ansteigende Grün hinter der Gegengeraden unter einen Baum legen - dies bietet sich v.a. im Sommer an, wenn die Kaninchen träge von Busch zu Busch hoppeln. Wen Durst und Hunger dann zu sehr plagen, der spaziert an der Tribüne vorbei in Richtung der Umkleidekabinen und findet im linken Gebäude eine Verpflegungsstation mit Kaffee, Kuchen, Bockwurst, Frikadellen, Softdrinks und freundlicher Bedienung. Im Clubhaus des Rheydter SV (am Jahnplatz, Sa 14-24, So 10-20h), dessen nebenan gelegenes Stadion schon so manchen Auswärtsfan gehörig zu verwirren wusste, gibt's dann auch ein Alt (Hannen), Pils (Carlsberg) oder sogar Kölsch (Gaffel).

Grenzlandstadion

Foto: MMM

MÖNCHENGLADBACH: Bökelberg/Grenzlandstadion

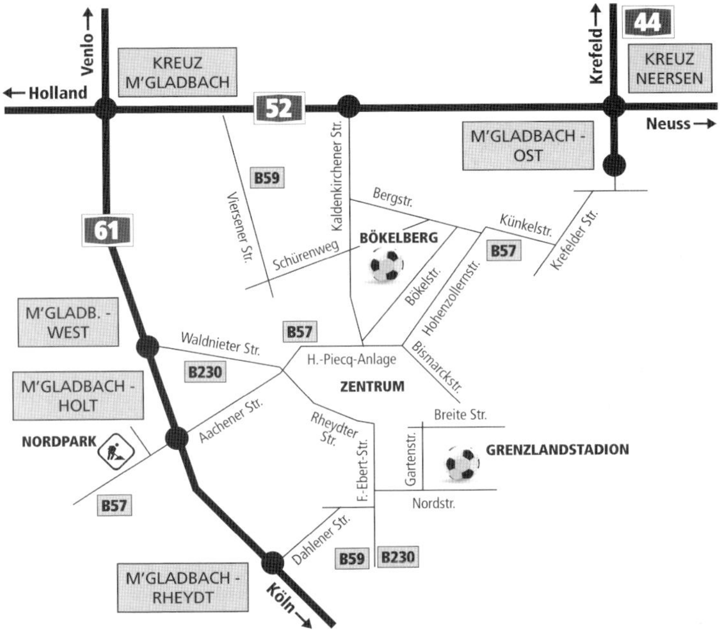

Von **Düsseldorf**: die **A52** bis Abfahrt **Mönchengladbach-Nord** und auf der Kaldenkirchener Straße zum gut ausgeschilderten Stadion, das zwischen Schürenweg und Bökelstraße gelegen ist.
Von **Aachen** oder **Köln**: die A61 bis Abfahrt **Mönchengladbach-Holt** und auf der Aachener Straße (**B57**) gen Zentrum, ab dem das Stadion alsbald **ausgeschildert** ist.
Mit **Parkplätzen** sieht es am Bökelberg äußerst **düster** aus. Wer **früh** kommt, findet an Kaldenkirchener oder Hohenzollernstraße ein Plätzchen. Folgt man der **Beschilderung** zu den (gebührenpflichtigen) Parkplätzen, so kann man sich nach dem Spiel auf nicht unerhebliche **Wartezeiten** einstellen, bis man wieder auf der Autobahn ist.
Paradiesische Zustände dagegen bei den Amateuren, am Jahnplatz findet sich immer ein Plätzchen. Das **Grenzlandstadion** erreicht man am besten über die Abfahrt **Mönchengladbach-Rheydt**: über die Dahlener Straße gen Zentrum, hinter der zweiten Unterführung links in die Wilhelm-Schiffer-Straße und dem Verlauf der **B59** auf die Friedrich-Ebert-Straße folgen. Rechts in die Nordstraße und nach der Ampelkreuzung links auf den Jahnplatz.
Wer sich die Baustelle bzw. den **Nordpark** ansehen möchte, verlässt die **A61** an der Abfahrt Mönchengladbach-Holt und fährt auf der Aachener Straße (B57) in Richtung Rheindahlen. Nach wenigen Metern müsste rechter Hand eine Baustelle bzw. ein Stadion bzw. ein Wegweiser zu den 11.000 (geplanten) Parkplätzen am Stadion auftauchen.
Vom **Hauptbahnhof** fahren die Buslinien **001, 002** und **015** bis zum »Borussenstadion«, an Spieltagen pendeln ferner **Sonderbusse**. Zu Fuß dauert es über Eickener Straße und Höhe aber auch maximal eine Viertelstunde. Die Eintrittskarte gilt im gesamten VRR-Bereich als **Fahrausweis** - freilich nur bei Heimspielen der Profis. Soll es zum **Grenzlandstadion** gehen, so fahre man am besten bis zum **Rheydter** Hauptbahnhof, steigt dort in die Buslinie **016** (gen Schloss Rheydt oder Korschenbroich) ein und am »Grenzlandstadion« wieder aus. Vom M'gladbacher Hbf. kann man auch den 097er bis »Gartenstraße« nehmen (fährt jedoch nur selten). Geht's zum **Nordpark**, ist man momentan noch auf die Buslinien **007** und **017** angewiesen (ab M'gladbach Hbf., bis »Pfingsgraben«).

MÜNCHEN: Olympiastadion

Foto: Chris Müller

Baujahr: 1972

Kapazität: 69.256
Stehplätze: 11.800
Sitzplätze: 57.456

Bayern München, Säbener Str. 51, 81547 München
Tel: 089-699310, Fax: 089-644165
www.fcbayern.de

1860 München, Grünwalder Str. 114, 81547 München
Tel: 089- 642785100, Fax: 089- 642785190
www.tsv1860.de

Das Münchner Olympiastadion, die im In- und Ausland wahrscheinlich bekannteste deutsche Sportstätte, wurde anlässlich der Olympischen Spiele 1972 errichtet und am 26. Mai des gleichen Jahres mit einem 4:1-Erfolg der deutschen Nationalelf gegen die Sowjetunion eingeweiht - Gerd Müller schoss alle vier Tore. Beim ersten Bundesligaspiel in der neuen Arena, dem 5:1 gegen Schalke am 28. Juni, mit dem die Bayern ihren dritten Meistertitel klarmachten, ging die größte Tormaschine aller Zeiten dann leer aus - aber das nur am Rande.

Bereits im Jahre 1965 begann die Ausschreibung des Projektes, an der sich über 100 Architekten beteiligten. Nachdem dann die Entscheidung der IOC-Oberen zugunsten Münchens gefallen war, nahm man 1969 die Arbeiten an dem gigantischen Vorhaben in Angriff. Innerhalb von nur drei Jahren wurden auf dem Gelände eines ehemaligen Militärflughafens neben dem Olympiastadion u.a. Radstadion, Schwimmhalle, Eisstadion und Olympiahalle hochgezogen - vom Olympischen Dorf und all den Nebenbauten ganz zu schweigen. Die ganze Angelegenheit gestaltete sich allerdings nicht gerade billig: Allein für die Überdachung des Olympiastadions - Architekt Günther Behnisch wollte nicht mehr und nicht weniger als das »berühmteste Dach der Welt« erschaffen - waren über 60 Mio. Mark fällig. Die fürwahr beeindruckende Zeltkonstruktion, die etwa die Hälfte der Ränge überspannt, galt seinerzeit als architektonische Sensation und bildet auch heute noch einen imposanten Blickfang. Dank ihr steht die Arena auch unter Denkmalschutz...

Im Laufe der Jahre gingen im Münchner Olympiastadion nicht weniger als 30 Welt-, 11 Europa- und 82 Deutsche Meisterschaften in den unterschiedlichsten Sportarten über die Bühne. Am stärksten in Erinnerung geblieben sind uns neben den Olympischen Spielen natürlich das 1974er Endspiel der Fußball-WM, in dem die deutsche Nationalelf zum zweiten Mal Weltmeister wurde, und die Europameisterschaft 1988, als Gullit und van Basten die tollen Holländer zum Titel schossen. Auch die Fans von Nottingham Forest, Olympique Marseille und Borussia Dortmund denken mit einem wohligen Schauer ans Olympiastadion zurück - holten ihre Vereine doch in München den Europapokal der Landesmeister bzw. das Champions-League-Dings. Tina Turner, der Papst, Stefan Effenberg - sie alle gaben sich hier die Ehre.

In den 80er und 90er Jahren stieg die Zahl der Olympiastadion-Kritiker allerdings stark an. Im Zuge der Veränderung des Fußballs zum »Event« entpuppte sich die Arena nun als unzeitgemäß - vor allem im Vergleich zu den Fußballtempeln der nationalen und internationalen Konkurrenz. Zu wenig Komfort, zu wenig Atmosphäre - wer mal bei einem jener CL-Geisterspiele an einem Mittwochabend im Winter dabei war, wird wissen, wovon die Rede ist. Doch all diese Klagen (Beckenbauer: »Am besten ist, wir sprengen das Stadion einfach weg. Es wird sich doch ein Terrorist finden, der für uns die Aufgabe erledigen kann«) fielen zunächst nur tröpfchenweise auf fruchtbaren Boden, bis zur Lösung des Problems sollten noch einige Jahre ins Land ziehen. Aber das ist eine andere Geschichte.

Der harte Kern der Bayern-Fans trifft sich traditionell in der Südkurve, daher gehören Auswärtsfans in diesem Falle in die gegenüberliegende Nordkurve (Blöcke E2 bis H1). Reist man jedoch als Gast des TSV 1860 München an, so positioniert man sich in der Südkurve, denn dann sind die Löwen-Fans in »ihrer« Nordkurve anzutreffen. Wem das alles zu kompliziert ist, der setze sich halt einfach auf die Gegentribüne und harre der Dinge, die da kommen mögen. Meistens ist das nicht viel. Zwar gibt es bei den Bayern teilweise recht hübsche Choreographien zu sehen, bei denen sich der »Club Nr. 12« hervortut, aber ansonsten ist im Oly atmosphäremäßig der Hund begraben. Echte Stimmung kommt nur bei vollem Haus und entsprechendem Spielstand auf. Die Ursachen liegen neben der miesen Akustik und der absurden Entfernung zum Spielfeld wohl primär in der Fanstruktur der Münchner Klubs: Die Szene bei den Bayern ist hochgradig erfolgsfanverseucht, während die der Löwen sich allmählich aufzulösen scheint. Nun, warten wir einfach mal auf das neue Stadion. Ordner und Polizei sind übrigens so »freundlich« wie immer.

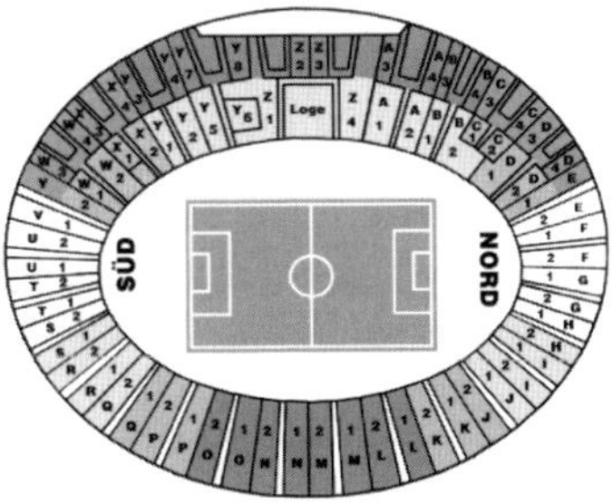

Sitzplätze: 8,50-26,50 €
Stehplätze: 4-7,50 €
Gäste: Nord-/Südkurve

Preise Bayern: Kinder unter 14 und Rentner ab 65 sitzen überall für die Hälfte, Behinderte zahlen 2-5 €. Karten für die Nordkurve gibt's nur über den Gastverein. Die Preise sind (je nach Gegner) gestaffelt, weitere Infos: 69931333. Löwen: Jugendliche, Schüler, Studenten, Rentner, Azubis sowie Wehr- und Zivildienstleistende kommen billiger rein. Kinder zahlen auf jedem Platz ungefähr die Hälfte. Ticket-Center: 01805-601860. **Rollis** Rollifahrer und Begleiter erhalten freien Eintritt (ca. 100 Plätze vorhanden), sollten sich aber frühzeitig bei den Vereinen anmelden. Günstigster Parkplatz ist die Parkharfe neben der Westtribüne. **Fanshop** Diverse Stände rund ums Stadion. Bayern: Fanhouse (Säbener Str. 51, Tel: 699310), Fanshop im Hauptbahnhof sowie in der Orlandostraße 1 (am Hofbräuhaus). Löwen: Fanshops am Trainingsgelände (Grünwalder Str. 114, Tel: 64208812, Mo-Do 9-17.30, Fr 9-17, bei Samstagsheimspielen 10-14h) und in der Orlandostraße 8 (Tel: 29163329). Bei Sport Bock (Schwanthaler Str. 23, Nähe Hbf., Tel: 5482330, Fax: 54506801) gibt's so ziemlich alles, was mit Fußball zu tun hat. **Lesen** Während das »Bayern Magazin« (1,25 €) weiterhin zu den Trendsettern im Stadionzeitungswesen gehört, machen die »Löwen News« einen eher biederen Eindruck - beide Gazetten kann man sich aber durchaus zulegen. Sehr viel mehr ist rund ums Olympiastadion aber auch gar nicht zu haben, das Fanzinesterben hat in München brontosaurische Dimensionen angenommen. Was die Bazis angeht, so ist man derzeit auf das recht gute »Vorspiel« der Fanvereinigung »Club Nr. 12« (1,30 €, www.clubnr12.de), das hinter der Südkurve vertickt wird, das »Sauerland-Echo« (Lange Gasse 53, 58809 Neuenrade) und das bereits seit 1990 erscheinende Bayern/Schweinfurt-Zine »Der Grabfelder« (C. Hauck, Mittelweg 4, 97633 Saal, www.grabfelder.de) angewiesen. Von den ehedem so zahlreichen Druck-Erzeugnissen aus dem 1860-Lager sind offenbar nur die »Penzberger Nachrichten« (R. Kmeth, Am Haselberg 1, 82377 Penzberg, penzberg@yahoo.de) übrig geblieben, beim Fanprojekt (Johannisplatz 12, 81667 München, Tel: 6886152, Fax: 4892238) kann man sich aber mal nach dem »Tor-Raub« umschauen. **Essen** Im Stadion selbst unter aller Kanone, sowohl vom Preis als auch von der Qualität her, draußen etwas besser. Das Schreckenskabinett reicht von lauwarmer Pizza und fader Bockwurst bis hin zu außen verkohlter und innen eiskalter Bratwurst. Besser kommen da schon die Leberkässemmeln, Fleischpflanzerl und einheimischen Mehlspeisen. Trotzdem: besser satt ins Stadion gehen! **Trinken** Lightbier, Cola, Limo im Pfandbecher. Teuer. Im Winter Glühwein, sonst Kaffee. Kann nur besser werden. **Klo** Zahlreich und gut in Schuss. **Kneipen** Bierzelt unter der Haupttribüne, Biergarten am Nordeingang. Bewährte Anspieltipps: »Dorfkrug« (Nähe U-Bahn Olympiadorf), »Augustiner« (Landsberger Straße), »Teutonia-Biergarten «(Ackermannstraße) und die Gegend um das »Malteser« (Nähe Hbf.).

STADION **STIMMUNG** **SERVICE** **STRESS**

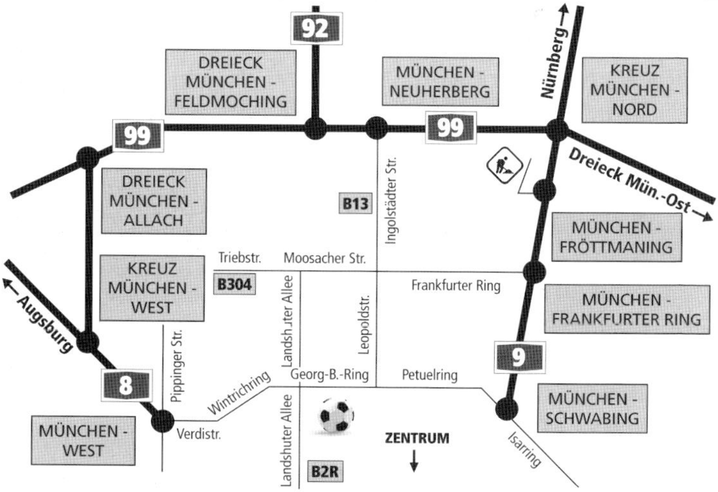

Aus allen Richtungen und von allen Autobahnen geht es über den **Mittleren Ring** und der Beschilderung »**Olympiapark**« entlang zum Olympiastadion.
Von **Nürnberg**: die **A9** bis zur Abfahrt **München-Schwabing**, dort rechts auf die Schenkendorfstraße und weiter geradeaus über den Mittleren Ring (Petuelring, Georg-Brauchle-Ring) bis zu den Parkplätzen am Olympiagelände.
Von **Stuttgart**: die **A8** bis zu deren Ende (München-West) und vom **Kreisverkehr** weiter geradeaus gen Zentrum auf die Verdistraße. Nach etwa vier Kilometern (Höhe Schloß Nymphenburg) links auf den **Wintrichring**, der zum (ausgeschilderten) Stadion führt.
Von **Rosenheim**: die **A8** gen Zentrum bis zur Abfahrt **München-Ramersdorf** und von dort weiter geradeaus über den Mittleren Ring bis zum Olympiagelände.
An der **Parkharfe** am **Sapporobogen** stehen knapp 4.000 Plätze (2,50 €) zur Verfügung, in den BMW-Parkhäusern West und Ost weitere 3.200 (2,50-3 €). Bei gleichzeitig stattfindenden Veranstaltungen in der Olympiahalle kann es schon mal **eng** werden - sind Parkharfe und BMW bereits **dicht**, besteht noch die Möglichkeit, auf die Ackermannstraße auszuweichen, in welcher auch meist die Busse (300 Stellplätze) parken. Wer auf Nummer sicher gehen will, hält sich an einen der **P+R-Plätze**. Von der **A9**: Abfahrt München-Freimann, zum (ausgeschilderten) Parkhaus am U-Bahnhof Kieferngarten, mit der **U6** bis Münchener Freiheit und in die **U3** umsteigen. Von **Süden** anreisende Fans können an Ostpark oder Ostbahnhof parken (Nähe Ausfahrt Ramersdorf) und dort in die **U2** steigen.

An Spieltagen fahren **Sonderzüge** vom Hauptbahnhof zum Stadion, ansonsten benutzt man die **U-Bahnlinie U3** (umsteigen am Marien-, Odeons- oder Scheidplatz) bis Endhaltestelle **Olympiazentrum**. Ferner führen die Straßenbahnlinien **27** vom Karlsplatz zum Petuelring, die **20** und **21** (Olympia-Radstadion), **18** (Gartenstraße) und **12** (Infanteriestraße) zum Stadion. Die **Busse** 36, 41, 43, 81, 136 und 184 halten ebenfalls am Olympiazentrum.

Baujahr: 2005

Kapazität: 73.000
Stehplätze: 14.000
Sitzplätze: 59.000

Foto: Allianz

Allianz-Arena

Von den ersten verträumten Planspielen bis zur Grundsteinlegung der »Allianz-Arena« war es ein weiter Weg. Ein sehr weiter Weg. Und ein kurvenreicher noch dazu.

Zu ersten Differenzen in Sachen Stadion kommt es im Herbst 1997: Während sich Bayern in Person von Kaiser Franz vehement für den Bau eines neuen Fußballstadions einsetzt, beharrt die Stadt München auf einem Umbau des Olympiastadions (Überdachung der Gegengerade, Absenkung des Spielfelds). Einstimmig fordert der Stadtrat die Bayern auf, im Oly zu bleiben, woraufhin der Kaiser gar mit dem Verlassen der Stadt droht. Als Architekt Günther Behnisch im März 1998 dann Korrekturen an den Umbauplänen zu seinem »Olympiastadion« vorstellt, lenkt der Kaiser plötzlich ein (»...habe ja schon immer gesagt, dass der Umbau des Olympiastadions die vernünftigste Lösung ist«). Sechs Monate nach dieser Kehrtwende einigen sich Stadt, Olympiapark GmbH sowie die beiden Münchner Klubs in einer Geheimsitzung auf die Umbauvariante 2B, die eine zu 90 Prozent überdachte Arena für 65.000 Zuschauer vorsieht.

Nicht zuletzt, um die Bewerbung Münchens für 2006 zu sichern, beschließt der Stadtrat im Dezember einstimmig den 140 Mio. DM teuren Umbau des Olympiastadions in der leichten »WM-Variante« - während der Widerstand bei Fans, Mitgliedern und Denkmalschützern wächst. Derweil explodieren die Kosten für den endgültigen Ausbau, woraufhin der Kaiser im März 1999 vermeldet: »Der Umbau kommt teurer als ein Neubau, der gescheiter und vernünftiger wäre.« Erneut wird umgedacht, diesmal knickt die Stadt ein. Der Olympiastadion-Umbau ist passé, alle Parteien bevorzugen nun den Bau einer neuen Multifunktionsarena nahe der Messe in Riem. Als das Projekt wegen verkehrstechnischer Probleme platzt, sind mal ein Neubau unter der Dachkonstruktion des Olympiastadions, mal an Stelle des Radstadions, später dann auch wieder neue Umbauvarianten im Gespräch. Mehrere »Stadiongipfel« bringen keine Entscheidung, im Dezember 2000 ist dann auch das fast schon beschlossene »Konsens-Modell« aus dem Rennen. Kurz darauf schließen Bayern und Löwen ein Bündnis zum Neubau eines eigenen Stadions, und die umstrittene Standortfrage wird im Mai 2001 zugunsten des Geländes in Fröttmaning entschieden.

Als im Oktober per Bürgerentscheid endgültig grünes Licht gegeben wird, ist der Wettstreit der Architekten bereits voll entbrannt. Das Rennen macht im Februar 2002 schließlich der »Schwimmreifen« von Herzog und de Meuron, der sich gegen das »Dornenkronenmodell« durchsetzt. Zugleich wird bekannt, dass das neue Stadion bis zum 30. Juni 2021 den Namen »Allianz-Arena« tragen wird. Die Kosten in Höhe von rund 280 Mio. Euro werden sich die beiden Vereine teilen (müssen), für die Infrastruktur sind dann noch einmal um die 250 Mio. fällig. Für den 21. Oktober 2002 ist die Grundsteinlegung geplant, im Sommer 2005 soll die Schlauchbootarena dann fertig gestellt sein - wir dürfen gespannt sein. Mehr im nächsten Stadionführer.

MÜNCHEN: Grünwalder Straße

Baujahr: 1911

Kapazität: 32.000
Stehplätze: 24.000
Sitzplätze: 8.000

Foto: Steffen Halbleib

Die Heimat der **1860-** und **Bayern-Amateure**

Jahrzehntelang war das vom Volksmund stets »Sechz'ger« genannte Stadion an der Grünwalder Straße der Schmelztiegel des Münchner Spitzenfußballs. Die Bayern, der FC Wacker oder der TSV 1860 - sie alle trugen hier ihre Heimkicks aus. Anno 1911 entstand ein erster Sportplatz mit einer kleinen Holztribüne, den man 15 Jahre später zu einem richtigen Stadion für bis zu 40.000 Zuschauer ausbaute. Auf der Gegengeraden thronte die berühmte »Stehhalle« mit ihrem Wellblechdach, das 25.000 Fans Unterschlupf gewährte, auf der Haupttribüne der so genannten »Heinrich-Zisch-Kampfbahn« fanden 1.600 Besucher einen Sitzplatz.

Obwohl im Zweiten Weltkrieg weitgehend zerstört, konnte die notdürftig zusammengeflickte Arena schon 1945 wieder für Ligakicks genutzt werden. Am 14. März 1948 stellten rund 58.200 Zuschauer beim Spiel 1860 vs. Nürnberg eine Rekordmarke für die Ewigkeit auf. 1955 spendierte man dem Schmuckstück eine Flutlichtanlage, kurz darauf wurden die Kurventraversen erhöht, was die Kapazität auf 44.000 zu steigern vermochte. Dennoch wurde das Stadion bald zum Problemfall. Die schwierige Verkehrssituation sowie der mangelhafte Komfort führten zu Forderungen nach dem Bau eines neuen Stadions, das dann ja schließlich auch für die Olympischen Spiele 1972 entstand.

Während Bayern dauerhaft in die Großarena umzog, kehrten die Löwen bald ins »Grünwalder« zurück, dessen durch einen Sturm beschädigte »Stehhalle« man 1979 durch eine Sitztribüne ersetzte. Besonders in den düsteren Bayernligajahren war das Stadion dann elementar für das Überleben des TSV 1860. Dennoch lebte nach dem Durchmarsch von der Dritt- in die Erstklassigkeit die Diskussion um die für die Bundesliga zu kleine Arena wieder auf. Obwohl Präsident Wildmoser zunächst davon sprach, das Grünwalder ausbauen zu wollen, leitete er dann den Wechsel ins Olympiastadion ein, der trotz heftigen Protests in der Saison 96/97 vollzogen wurde.

Seitdem spielen im »Sechz'ger« nur noch die Amateure der beiden Klubs. Immer wieder forderten die Löwen-Fans die Rückkehr in die heiß und innig geliebte Heimat, diskutierten Pläne zum Ausbau des Stadions in eine »Löwen-Arena« für 38.000 Zuschauer und drohten Wildmoser derart überzeugend Prügel an, dass dieser das Stadion gar nicht mehr betritt. Doch derzeit sieht es mal wieder ganz böse für die »Freunde des Sechz'ger Stadions« aus: Die Giesinger Arena soll abgerissen werden, definitiv. Wann? Irgendwann, aber spätestens wohl 2005, wenn der Schwimmreifen im Norden fertig ist. Die Stadt München hat eben kein Geld, um drei Großstadien zu unterhalten. Leider, leider.

Egal ob bei den Löwen oder bei den Bayern - Gäste dürfen sich im Sechz'ger frei bewegen und müssen im Regelfall auch keinerlei Sorgen haben. Löwen-Fans halten sich für gewöhnlich auf der Gegengeraden und der Westkurve auf, der Kult um die »Löwen-

Babies« hat jedoch stark nachgelassen. Was die »kleinen Bayern« angeht, so versammelt sich ein kleiner Kern von wahren Anhängern alle zwei Wochen unter dem Dach der Gegengeraden, das für eine erstaunliche Akustik sorgt. Dennoch schwankt die Atmosphäre meist zwischen Langeweile und Verzweiflung.

Sitzplätze: 6-12 €
Stehplätze: 3-5 €
Gäste: egal (Ostkurve)

Preise Rentner, Arbeitslose und Jugendliche kommen billiger rein. **Rollis** Rollifahrer zahlen ermäßigten oder aber gar keinen Eintritt (ganz nach Tagesform des Ordners), Plätze finden sich am Spielfeldrand. Parken an der Harlachinger Straße. **Fanshop** Im Stadion selbst sind nur bei Spitzen-, Ausnahme- oder Pokalspielen Fanartikel zu haben, zumindest der offizielle 1860-Fanshop liegt ja quasi um die Ecke (Grünwalder Str. 114) und bis zur Säbener Straße 51 (Bayern-Fanhouse) ist es auch nicht allzu weit - am Sonntag haben die beiden Läden allerdings nicht auf. **Lesen** Das bei 1860-Heimkicks angebotene Heftchen kommt kostenlos, langweilig und oberflächlich daher - bei den Bayern hat man clevererweise gleich auf eine Stadionzeitung verzichtet. Fanzines: siehe Olympiastadion. **Essen** Bratwürschtl, Süßigkeiten und Eis. **Trinken** Seinen Durst löscht man in der Stadionwirtschaft. Da es dort recht leckeres Bier gibt, wollen manche Fans später gar nicht wieder raus. **Klo** Geht so. **Kneipen** Erste Anlaufstelle ist die Stadionwirtschaft, ansonsten locken »Löwenstüberl«, »Giesinger Neun« (Grünwalder Str.), »Dubliner« (Candidplatz).

STADION ⚽⚽ STIMMUNG ⚽⚽ SERVICE ⚽ STRESS

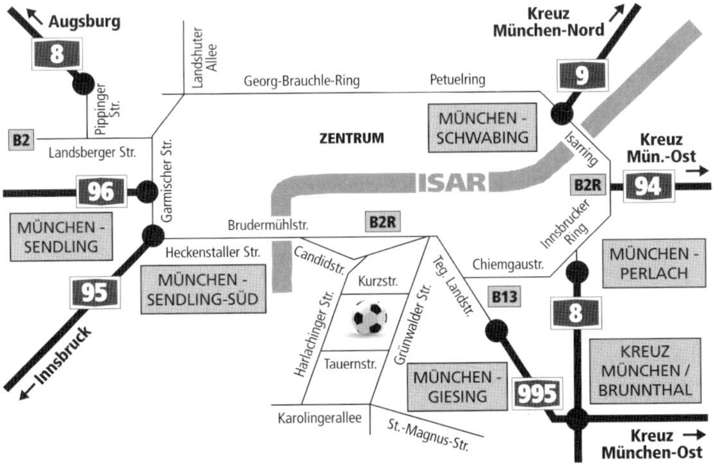

Von **Nürnberg**: die A9 bis zum Kreuz München-Nord, dort auf die A99 nach Salzburg, am Kreuz München-Brunnthal auf die **A995** gen Innsbruck/Stuttgart bzw. Giesing und weiter geradeaus über die Tegernseer Landstraße, bis es schließlich links in die Grünwalder Straße geht.

Von **Stuttgart**: die **A8** bis zur (letzten) Abfahrt **München-West**, dann der Beschilderung Salzburg folgen und über Pippinger und Lortzingstraße links auf die Bodensee- bzw. Landsberger Straße (B2) und von dieser wiederum rechts auf den Mittleren Ring. Diesen befährt man nun weiter gen Salzburg bis zum Candidplatz, von dem aus es nun nicht mehr weit ist.

Die **Parkplatzsituation** ist - gelinde gesagt - eine **Katastrophe**. In Stadionnähe sind kaum Abstellmöglichkeiten vorhanden, wildes Parken endet fast immer mit einem Strafzettel. Wer einen zehnminütigen Fußmarsch nicht scheut, läßt das Stadion rechts liegen, fährt auf der Grünwalder Straße gen Grünwald und versucht sein Glück am Trainingszentrum der Löwen.

Vom **Hauptbahnhof** aus nehme man die U-Bahn-Linie **U1** (gen Mangfallplatz) bis zur Station **Wettersteinplatz**. Wer mit der **Straßenbahn** fährt, benutzt die Linien **15** und **25**, ferner führen die Buslinien 45, 52, 58 und 391 in die Nähe der Arena.

MÜNSTER: Preußenstadion

Baujahr: 1926

Foto: Chris Müller

Kapazität: 15.050
Stehplätze: 13.600
Sitzplätze: 1.450

Preußen Münster, Siemensstr. 56, 48153 Münster
Tel: 0251-987270, Fax: 0251-9872740
www.scpreussen-muenster.de

Das Stadion an der Hammer Straße wurde am 13. Juni 1926 - just zum 20-jährigen Jubiläum des SC Preußen - eingeweiht und im Laufe der Jahre auf ein Fassungsvermögen von 25.000 Zuschauern ausgebaut. Im Krieg wurde die Arena zwar mehrfach bombardiert, doch konnte man bereits in der Saison 46/47 wieder geregelt gegen den Ball treten.

Fünf Jahre später erhielt die Holztribüne, auf der 2.000 Fußballfreunde Platz fanden, ein Dach, derweil die Stehwälle des Stadions ausgebaut und auf rund 37.500 Plätze erweitert wurden. Beim ersten Bundesligaheimspiel der Preußen gegen den HSV waren im August 1963 sogar 40.000 Fans dabei - wer nicht auf die Ränge passte, erklomm einfach die Zäune. Später sank die Kapazität der zunehmend baufälliger werdenden Arena, die letztmalig für den Start der Zweiten Liga (1974) erneuert worden war, aufgrund zahlreicher Mängel und sicherheitstechnischer Auflagen bis auf 21.700 Plätze - heute dürfen gerade noch 15.000 Zuschauer rein. Der überfälligen Renovierung standen sowohl die leeren Stadtsäckel als auch die angespannte Finanzlage des Vereins, der 1979 um ein Haar in den Konkurs geschlittert wäre, hinderlich gegenüber.

So viel zur Vorgeschichte - Vorhang auf für den »Preußen-Park«! Um es gleich vorwegzunehmen: Das schier unendliche Possenspiel um das Für und Wider des neuen Münsteraner Stadions hat nach allem Hin und Her nun doch kein glückliches Ende gefunden. Doch der Reihe nach: Bereits seit dem Zweitliga-Aufstieg 1989, als OB Twenhöven den Fans in bester Sektlaune ein fröhliches »Ihr bekommt euer neues Stadion!« zurief, existierten Pläne zum Bau eines Einkaufszentrums mitsamt multifunktionalem und bundesligatauglichem Stadion an der Hammer Straße. Ebenso alt ist die Geschichte der Diskussionen innerhalb der Bürgerschaft und der Ränkespiele quer durch alle Parteien. Im Laufe der Zeit entwickelte sich eine befürwortende Koalition aus SPD und CDU (die später gar die Bewerbung des Preußen-Parks als WM-Spielort 2006 forderte), die jedoch immer wieder durch das Veto von FDP, Grünen und diversen Bürgerinitiativen blockiert wurde. Mit dem Ratsbeschluss vom 15. September 1996 schien der Neubau bereits in trockenen Tüchern, doch am 7. Dezember 2000 erfolgte vor dem OVG Münster das Aus für den »Preußen-Park« bzw. das »Münsterlandstadion« - der Bebauungsplan wurde für nichtig erklärt, der Standort Hammer Straße hatte sich im Endeffekt als zu problematisch erwiesen. Seitdem sucht man händeringend nach einem neuen Plätzchen für den komplett überdachten »Allseater« mit seinen 22.500 Plätzen. Als aussichtsreichste Kandidaten waren zuletzt ein Gewerbedreieck an der B54 in Nienberge sowie der Hessenweg oben im Nordosten der Stadt im Gespräch. Doch so oder so - der SC Preußen und seine Fans werden sich wohl oder übel noch ein wenig gedulden müssen.

Der harte Kern der Preußen-Fans ist weiterhin auf der Gegengeraden anzutreffen, Teile der Münsteraner Anhängerschaft sind dagegen auf die Tribüne ausgewandert. Gäste gehören in die Südkuve bzw. das, was die RWE-Fans im Mai 2002 davon übrig gelassen haben. Die Sichtverhältnisse sind für ein Stadion dieser Machart so weit eigentlich ganz in Ordnung, angesichts des baulichen Zustands der Stehränge sollte man an festes Schuhwerk denken.

Sitzplätze: 13-15 €
Stehplätze: 5-7 €
Gäste: Südkurve

Preise Verbilligte Karten für Studenten, Rentner, Jugendliche, Soldaten, Arbeitslose und Behinderte. Kinder von 7-14 Jahren stehen für 3 €, noch jüngere Zeitgenossen kommen gar umsonst rein. Die Familientageskarte kostet 16 €. **Rollis** Fahrer 5 €, Begleiter frei. Plätze im Innenraum. **Fanshop** Kleiner Stand am Eingangsbereich, an Nichtspieltagen wende man sich an den Fanshop (Tel: 9872724) neben der Geschäftsstelle. **Lesen** Das »Preußen-Journal« (gratis) konnte seine Klasse nicht ganz halten, gehört aber immer noch zu den besten Stadiongazetten der Liga. Gutes Fanzine: »Naiv« (2 €). **Essen** Gar nicht mal so schlecht. Rostbratwurst im Brötchen, Currywurst, Pommes, Frikas, Fisch, Koteletts, Süßes, Eis. **Trinken** Der Sponsor heißt Herforder (Pils), daneben gibt's Kaffee und Softdrinks. **Klo** Hier muss bald etwas passieren. **Kneipen** Die Stadionkneipe des SCP hat normalerweise auch an Heimspieltagen geöffnet, bei Risikogegnern ist der »Adlerhorst« jedoch dicht. An der Hammer Straße finden sich die Gaststätten »Warthorst«, »Friedrichs« und »Zur Brücke«. Wem es dort nicht gefällt, der laufe die Hammer Straße weiter gen Zentrum, in Richtung der »Luna Bar« beispielsweise. Ferner: »Nordschänke« (Kanalstraße).

STADION **STIMMUNG** **SERVICE** **STRESS**

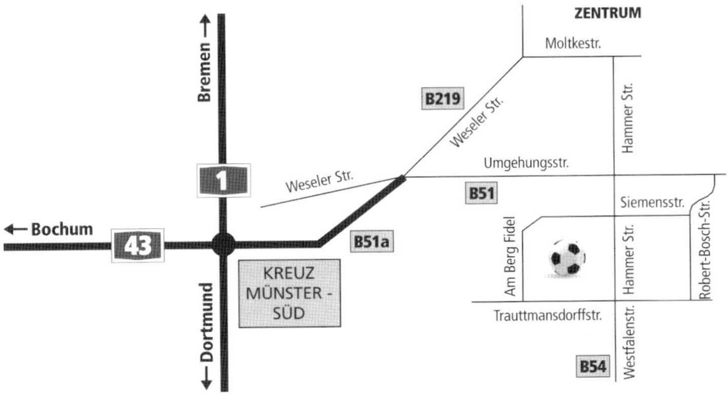

Auswärtsreisende aus dem **Ruhrgebiet** steuern das **Kreuz Münster-Süd** an, an dem sich die **A43** aus Recklinghausen und die **A1** (Bremen-Köln) begegnen. Von dort aus hält man sich zunächst in Richtung Münster-Süd/B51 und folgt dem Zubringer auf die **Umgehungsstraße** (B51), die etwa zwei Kilometer nach dem Ortseingang an der ersten großen Kreuzung wieder verlassen wird. Rechts rein in die **Hammer Straße** (B54) und drin der Fisch. Wer sich Münster von Norden her nähert, verlässt die A1 an der Abfahrt **Münster-Nord** und folgt stur der **B54** (Steinfurter, Weseler Straße). Hinter dem Aasee weiter geradeaus und dann links in die Geiststraße, an deren Ende es rechts auf die Hammer Straße geht. Das Stadion ist zur Not aber auch **ausgeschildert**. In der unmittelbaren Umgebung der Arena finden sich einige größere **Parkplätze** für etwa 3.000 Wagen. Sollte man dort wider Erwarten keine Lücke finden, kann man es mal in der Siemensstraße am Container-Bahnhof versuchen.

Vom **Hauptbahnhof** fahren die VGM-**Buslinien 1** (Richtung Amelsbüren Bahnhof), **5** (gen Hiltrup Bahnhof) und **9** (Franz-Marc-Weg) in rund zwölf Minuten bis zur Haltestelle **Preussenstadion**.

NEUMÜNSTER: VfR-Stadion im Stadtpark

Foto: Hardy Grüne

Baujahr: 1924

Kapazität: 10.000
Stehplätze: 10.000
Sitzplätze: -

Vfr Neumünster, Geerdstr. 14, 24537 Neumünster
Tel: 04321-51146, Fax: 04321-266342
www.vfr-neumuenster.de

Wer in das Waldgelände, das zum VfR-Stadion im Stadtpark führt, einbiegt und im Kopf hat, dass hier einst der HSV zu Ligaspielen antrat, wird es kaum glauben. Statt auf dem Weg zu einem zünftigen Fußballstadion wähnt man sich doch eher in die Zeiten öder Sonntagsspaziergänge an den Händen der Eltern versetzt. Doch am Ende des Tunnels (= Wald) ist Licht, denn da steht der neumünstersche Fußballtempel. An jenem hat der Zahn der Zeit zwar deutlich seine Spuren hinterlassen, doch das in lustigem Lila-Weiß angepinselte Areal strahlt zweifelsohne Stolz und Würde aus.

Das darf es auch, denn für einige Zeit in den seligen 50er und 60er Jahren zählte Neumünster in Norddeutschland zu den absoluten Fußballhochburgen. 1963 trat der VfR sogar im Intertotocup (Vorläufer des UI-Cups) an und traf dort auf Klubs wie Rapid Wien und den PSV Eindhoven!

Heute würde die UEFA die Hände über dem Kopf zusammenschlagen, würde sich der VfR um die Ausrichtung internationaler Spiele bewerben. Genau genommen hätten die Nordlichter nicht einmal Chancen, zur Regionalliga zugelassen zu werden, denn Traditionspunkte werden bei der Stadionbewertung in der Regel nicht zur Bewertung herangezogen. So stellt sich die Situation im Jahre 2002 unzweideutig dar: Solange der VfR noch in der Oberliga kickt - was nach Hoffnung der zahlreichen Fans nicht mehr lange der Fall sein soll - kann die Traditionsstätte noch im Originalzustand besichtigt werden. Spätestens im Moment des Aufstiegs in die Regionalliga aber werden Bagger anrollen und die seit Jahren diskutierten Umbau- bzw. Neubaupläne endlich in die Realität umsetzen. Da heißt es also, dem VfR-Stadion schnell noch einen Besuch abzustatten!

Zu sehen ist nicht allzu viel. Zehn Stehtraversen auf der ansonsten etwas dröge erscheinenden »Gegengeraden«, ebenfalls zehn auf der »Hauptgeraden«, die mit einem schmucken Ansageturm mitsamt handbetriebener Anzeigetafel aufwarten kann. Alles ist ein bisschen zugewuchert, befindet sich aber durchaus in akzeptablem Zustand - der VfR-Platzwart sei hiermit ausdrücklich gelobt. Störend ist zweifelsohne die große Entfernung zum Spielfeld, die daher rührt, dass das Stadion einst auch für fußballfremde Dinge genutzt wurde. »Einst« heißt übrigens 1924, denn damals wurde die Arena eingeweiht. Aus jenen Tagen ist aber nur noch die Lage übrig, denn die Stehtraversen stammen aus den 50er Jahren, als der VfR unter Trainer Heinz Lucas bis zu 20.000 Neugierige anlockte. Das Vereinsheim entstand sogar erst in den 60ern - obwohl man den Eindruck hat, es sei ein Relikt aus einem anderen Jahrhundert. Höhepunkt der Arena aber ist zweifelsohne das Kassenhäuschen, das feinste 50er-Jahre-Architektur repräsentiert und in herrlich kitschigem Lila-Weiß angestrichen ist.

NEUMÜNSTER: VfR-Stadion im Stadtpark

In puncto Fans zählt Neumünster zu den absoluten Königen in Schleswig-Holstein und dürfte nach dem VfB Lübeck und Holstein Kiel zweifelsohne die Nummer drei sein. Trotz nun schon jahrzehntelangen Dümpelns in unteren Spielklassen ist das lokale Fußballfieber noch immer nicht abgestorben, und es genügt ein kleiner Funke, um im VfR-Stadion wieder prächtige Fußballatmosphäre zu schaffen. Doch Vorsicht: Während die überwiegende Anzahl der VfR-Fans freundlich-fanatisch ist, gibt es einen nicht zu verachtenden Kreis unangenehmer Zeitgenossen, die einem Gastfan das Leben ziemlich schwer machen können. Namentlich bei Spielen gegen die St. Pauli-Amateure kam es in der Vergangenheit mehrfach zu übelsten Szenen, deren Verantwortung stets die aus dem rechtsradikalen Lager stammenden, unter VfR-Flagge segelnden »Gestalten« trugen. Insbesondere das zum Stadion führende Waldstück kann in derartigen Situationen zu einer echten Falle werden - Augen auf und Vorsicht walten lassen.

Sitzplätze: -
Stehplätze: 3,50-5 €
Gäste: egal

Preise Frauen, Schüler, Studenten »etc.« kommen billiger ins Stadion, Kinder bis 14 Jahre zahlen gar nur 2,50 €. **Rollis** Am Spielfeldrand. **Fanshop** Im Eingangsbereich. **Lesen** Ein vorzüglich gemachtes und kostenloses A4-Blatt. Großes Lob! **Essen** Passable Bratwurst. **Trinken** Alkoholisches Bier, Cola und Wasser. **Klo** Vor dem Vereinsheim in einem Anbau und etwas wenig an der Zahl. **Kneipen** Erste Anlaufstelle ist natürlich das Vereinsheim, in dem die Stimmung mitunter in positivem Sinne überkochen kann. Hängt aber ganz vom Gegner ab, ob ein Besuch empfehlenswert oder besser nicht ist. Bei schlechtem Wetter lohnt in jedem Falle ein kurzer Anruf (04321-909099), um zu erfahren, ob der Kick überhaupt stattfindet. Spielausfall ja oder nein - hier weiß man Bescheid.

STADION ⚽ STIMMUNG ⚽⚽ SERVICE ⚽ STRESS ⚽⚽

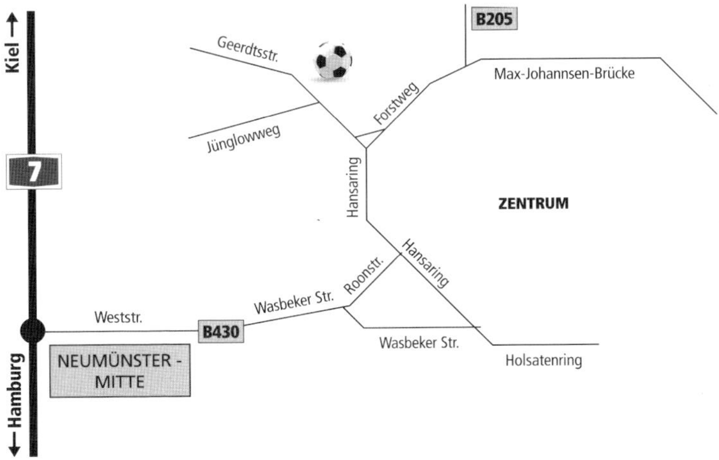

Die **A7** an der Abfahrt **Neumünster-Mitte** verlassen und über die **B430** nach Neumünster-Zentrum. Alsdann links auf den Stadtring (Richtung Kiel) und zunächst den »**Tierpark**«-Schildern folgen - das VfR-Stadion wird auf dem Weg **ebenfalls ausgeschildert**. Nicht wundern: Es geht erst mal ein Stückchen durch den Wald. **Parken:** Vor dem Stadion existieren in ausreichender Anzahl Abstellmöglichkeiten.

Vom **Bahnhof** bzw. **ZOB** geht es mit der **Buslinie 6** bis zur Endstation »**Tierpark**«, von dort ist es nur noch ein kurzer Fußweg. Alternativ dazu kann man auch schon an der Haltestelle **Forstweg** aussteigen. Sonntags fährt der Bus dummerweise nicht. Ein Anruf-Sammel-Taxi kann man unter 202444 ordern.

NEUNKIRCHEN: Ellenfeldstadion

Baujahr: 1912

Foto: Michael Seiß

Kapazität: 19.200
Stehplätze: 16.000
Sitzplätze: 3.200

Bor. Neunkirchen, Mantes-La-Ville-Platz, 66538 Neunkirchen
Tel: 06821-88395, Fax: 06821-87755
www.borussia-neunkirchen.de

Der Zahn der Zeit ist unerbittlich - auch in der ehemaligen Eisenhochburg Neunkirchen. Das seit über 85 Jahren von der heimischen Borussia beackerte Ellenfeld ist zwar etwas brüchig, strahlt aber dennoch eine gehörige Portion Stolz aus. Die am 7. April 1912 eingeweihte Arena unterhalb der Schlossbrauerei hat auch allen Grund dazu, denn sie ist die traditionsreichste im gesamten Saarland. Bereits anno 1920 erhielt sie auf der heutigen Gegengeraden eine überdachte Tribüne.

Die große Zeit der Borussen (und damit des Ellenfelds) kam freilich erst nach dem Zweiten Weltkrieg. 1951 wurden die Schwarz-Weißen nach Beendigung der saarländischen Fußballeigenständigkeit in die Oberliga Südwest aufgenommen, wo sie sich auf Anhieb etablierten. Ende der 50er, Anfang der 60er Jahre qualifizierten sie sich gleich fünfmal in Folge für die Endrunde um die deutsche Meisterschaft, wobei es zum großen Wurf allerdings nicht reichen sollte.

Das 1948 in Vereinsbesitz übergegangene Ellenfeld hatte derweil imposante Ausmaße angenommen. 1953 war die zwei Jahre zuvor bei einem Sturm zerstörte Tribüne durch einen Neubau ersetzt worden, derweil das Fassungsvermögen durch Aufstockung der Stehtraversen auf über 18.000 stieg. Im November 1960 konnte dann die charakteristische Turnhalle über dem Marathontor eröffnet werden.

1964 erwarb sich Neunkirchen den Ruf als »kleinste Bundesligastadt«, die mit einem Zuschauerschnitt von 18.775 beinahe die Hälfte seiner gesamten Einwohnerschaft ins Stadion lockte. Um dem Interesse gerecht werden zu können, wurde das Ellenfeld durch Erweiterung der Gegengeraden auf eine Kapazität von rund 30.000 gebracht. Wenig später setzte der Niedergang ein. 1968 verabschiedeten sich die Saarländer aus dem Oberhaus und verschwanden in der Regionalliga. Parallel dazu setzte der Abschwung der Montanindustrie ein, der die Menschen ihre Arbeitsplätze kostete und die Zukunft verdüsterte. Geblieben ist nur noch der trotzige Slogan »Hoch leben Eisen!«, den auch die Borussia verinnerlicht hat. 1975 ging es erstmals ins Amateurlager, aus dem die Schwarz-Weißen seither nur noch sporadisch herausgekommen sind. Obwohl das Stadion Anfang der 90er Jahre an die Stadt abgetreten werden konnte, hatten die Borussen diverse finanzielle Notsituationen zu durchstehen. Doch auch wenn der Zuschauerschnitt häufig unter 1.000 bleibt, ist das Potenzial des Traditionsklubs noch immer immens - wie er nun in der Regionalliga auch wieder einem größeren Publikum zeigen darf. Und vielleicht kommt ja eines Tages ein Zauberer, der den schlafenden Riesen Borussia erweckt und das Ellenfeld wieder füllt. Schön wär's.

Übrigens: Nach langen Verhandlungen begannen 2002 endlich dringend notwendige

Renovierungsmaßnahmen, die sich über mehrere Jahre hinziehen werden und drei Stufen umfassen. Zunächst geht es dabei um die Sanierung der Tribüne, die ein neues Dach, Schalensitze und diverse Räumlichkeiten im Inneren erhalten wird.

Wo Borussia auch spielt - eine Hand voll Fans ist garantiert dabei. Der Ex-Bundesligist ist eben ein Traditionsverein, dessen Schicksal in Neunkirchen und Umgebung aufmerksam verfolgt wird. Heimfans stehen neben der Tribüne in einer »echten« Fan-Kurve und haben sich den Namen »Hüttenjungs Neunkirchen« gegeben. Gäste werden auf der »Spieser Kurve« platziert, die eine Gerade ist und sich gegenüber der Sporthalle befindet. Es gibt ein Kontingent gewaltbereiter Fans, das aber nur zu besonderen Anlässen (sprich »attraktiver« Gegner) auftritt.

Sitzplätze: 10-13,50 €
Stehplätze: 3,50-6,50 €
Gäste: Spieser Kurve

Rollis Haupttribüne. **Fanshop** Ein schicker Stand in Form eines meterhohen Fußballs. **Lesen** »Blick ins Ellenfeld«. Kostenloser s/w-A4er mit netten Fotos und historischen Texten. **Essen** Borussia hat einen Wurstvertrag mit einer ortsansässigen Großmetzgerei abgeschlossen. Ergo: Neue Wurst, aber der Mythos der legendären »Ellenfeld-Wurst« bleibt (hoffentlich). Ansonsten: Chips! **Trinken** Alkoholisches Bier und Softdrinks. **Klo** Die Toiletten werden saniert und kriegen schöne Spiegel mit eingestrahlten Borussenwappen! **Kneipen** Borussen-Heim neben der Turnhalle. Ansonsten: »Hotel Ellenfeld« in der Zweibrücker Straße, eine beliebte Spieler- und Fankneipe. In der Zweibrücker Straße, Ecke Mantes-La-Ville-Platz, gibt es den »Atzelhof«, in der zentral gelegenen Marienstraße (vom Stadion über die Hüttenbergstraße zur Marienkirche) das »Funz'l«, die Kneipe der Borussenfans.

STADION	STIMMUNG	SERVICE	STRESS

Die **A1** bis zum **Kreuz Saarbrücken**, weiter auf der **A8** Richtung Zweibrücken bis zur Abfahrt **Neunkirchen-Oberstadt**. Links abbiegen (Richtung Zentrum) und nach einem Kilometer (am Mantes-La-Ville-Platz vorbei) zum Stadion.
Über die **A6**: am **Kreuz Neunkirchen** auf die **A8** (Richtung Saarlouis) bis zur oben erwähnten Abfahrt Neunkirchen-Oberstadt. Tipp für **Schlagerspiele**: über die A8 bis **Spiesen**, weiter in Richtung Neunkirchen und an der nächsten Kreuzung (»Spieser Höhe«) links. Bergab und erste rechts ins Wohngebiet **Altseiterstal**, durch das eine Hauptstraße direkt zum Ellenfeld führt. Dort lässt sich auch bei Andrang noch gut parken.

Mit der **Buslinie 2** (oder alternativ der 5) geht es vom **Hauptbahnhof** Neunkirchen direkt bis zum Ellenfeld, an der Haltestelle »Stadtbad« sollte man aussteigen.

NORDERSTEDT: Ochsenzoller Straße

Foto: Hardy Grüne

Baujahr: 1962

Kapazität: 7.000
Stehplätze: 5.500
Sitzplätze: 1.500

1.SC Norderstedt, Scharpenmoor 55, 22848 Norderstedt
Tel: 040-52876694, Fax: 040-52300369
www.1-sc-norderstedt.de

Sauber, gepflegt, solide, aber auch ein wenig langweilig - so präsentiert sich die offiziell »Stadion Ochsenzoller Straße im Sportpark Edmund Plambeck« genannte Heimstätte des 1.SC Norderstedt. Seit 1962 wird auf dem Gelände am Südwestzipfel Norderstedts Fußball gespielt. Seinerzeit entstand dort ein gewöhnliches Sportplätzchen, das vor 2.000 Zuschauern mit einem 1:6 des 1.SCN-Vorläufers Eintracht Garstedt gegen die Amateure des HSV eingeweiht wurde. Bei dieser Gelegenheit sprach der damalige Garstedter Bürgermeister Horst Embacher übrigens davon, dass die Anlage »Spiegelbild des Aufbauwillens der Gemeinde« sei und bedauerte gleichzeitig, dass sich Kreis und Land nur mit knapp 100.000 DM an dem insgesamt 750.000 DM teuren Projekt beteiligt hätten.

Anschließend wuchs das Areal schrittweise zu einem ausgedehnten Sportpark heran. 1968 eröffnete das Sportlerheim, 1975 wurden für rund 750.000 DM Stehtraversen auf beiden Längsgeraden angelegt. Zur Einweihung kam Bundesligist Werder Bremen. Zwei Jahre später wurde der neben dem Stadion über drei Tennisfelder, eine Kegelbahn, einen Tanzsaal sowie eine Tennishalle verfügende »Sportpark Scharpenmoor« seiner Bestimmung übergeben. 1985 folgte die Umbenennung nach dem langjährigen SCN-Förderer und Vorsitzenden (1951-1991) Edmund Plambeck, ehe 1988 der Ausbau der Fußballstätte mit der Übergabe der 1.500 Plätze bietenden, überdachten Tribüne abgeschlossen wurde.

Von seiner Grundstruktur bietet das Areal alle Voraussetzungen für eine stimmungsvolle Arena. Es handelt sich um eine enge, reine Fußballstätte, in der man die Spieler fluchen hören kann und unmittelbar am Geschehen »dran« ist. Auf der unüberdachten Gegengeraden können theoretisch rund 5.500 Menschen Krach machen. Die lediglich mit riesengroßen Ballfangnetzen bestückten Hintertorseiten bieten ausgezeichnete Ausbaumöglichkeiten, über deren Umsetzung man angesichts des mageren Zuschauerzuspruchs bislang jedoch nicht ernsthaft nachgedacht hat. Überhaupt ist der mangelnde Besuch das große Problem: Mehr als 600 bis 700 kommen selten und da ist es natürlich schwer, Fußballstimmung aufkommen zu lassen. Welch eine Atmosphäre an der Ochsenzoller Straße herrschen kann, hatte man im Sommer 1993 gesehen, als München 1860 in der Zweitligaaufstiegsrunde seine Visitenkarte abgab und die mitreisenden Löwen-Fans die kleine Arena fast bis auf den letzten Platz füllten.

Ob die Rot-Blauen die Arena jemals regelmäßig in einen derartigen Zustand werden versetzen können, steht in den Sternen. Horst Plambeck, Sohn des Ehrenvorsitzenden Edmund Plambeck und Vater des sportlichen Erfolgs, möchte zwar gerne »nach oben«, doch die Realität sieht anders aus. Jährlich gibt es zwischen den Spielzeiten das Norderstedter

»Sommertheater«, bei dem sich Hauptverein und Fußballabteilung scheinbar unvereinbar gegenüberstehen. Während die Oberligafußballer regelmäßig größere Unterstützung anmahnen und von finanziellen Kraftakten träumen, platzt dem Hauptverein in Person von Präsident Günther Müffelmann ebenso regelmäßig der Kragen. Und diesmal kam es dann tatsächlich zum Crash, denn der Versuch, die Fußballer wieder in den Gesamtverein einzugliedern, scheiterte gnadenlos, womit der SC Norderstedt unsportlichen Abschied von der Oberligabühne nehmen musste. Wie es nun an der Ochsenzoller Straße fußballtechnisch weitergehen soll, steht in den Sternen. Ist schon eine traurige Geschichte.

Trotz aller sportlichen und außersportlichen Turbulenzen hält eine Hand voll Fans dem 1. SCN unverdrossen die Treue. Sie platzieren sich auf der Gegengeraden (Höhe Mittellinie), haben ein paar Trommeln und Fähnchen dabei und sind auswärts in der Regel nur bei näher gelegenen Kicks zu finden. Für gewöhnlich herrscht an der Ochsenzoller Straße eine entspannte Atmosphäre. Gästefans dürfen ihren Standort selbst wählen und tun gut daran, ihn irgendwo auf der Gegengeraden einzunehmen.

Sitzplätze: 12 €
Stehplätze: 5-7 €
Gäste: Gegengerade

Rollis Am Spielfeldrand. **Fanshop** Entweder »fliegend« vor dem Vereinsheim oder »fest« im Vereinsheim. **Lesen** »Neues Spiel«, kostenlos, A4, s/w, ausgezeichnet. **Essen** Bratwurst und (ja!) Gyros. **Trinken** Alkoholisches Bier, Cola, Fanta, Kaffee. **Klo** In den Vereinsfarben gestrichen und sauber. **Kneipen** Vereinsheim am Stadion, ansonsten Richtung Norderstedt-Mitte (Niendorfer Straße folgen).

STADION ⚽	STIMMUNG ⚽	SERVICE ⚽⚽	STRESS

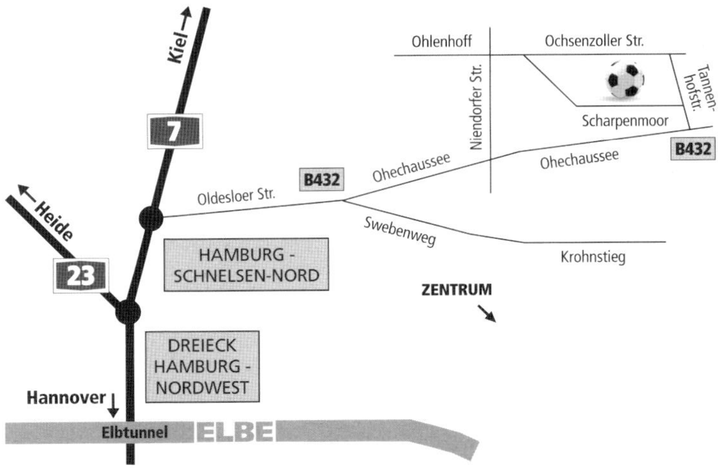

Die **A7** (Hamburg/Kiel) bis zur Ausfahrt **Schnelsen-Nord** und weiter auf der **B432** (Oldesloer Straße) Richtung Norderstedt. Nach ca. zwei Kilometern teilt sich die Straße, wobei es nach Norderstedt **links** auf der Ohechaussee (**B432**) weitergeht. Alsdann die erste große Straße links (**Niendorfer Straße**) und die nächste größere Straße rechts in die Ochsenzoller Straße, wo rechter Hand das **Stadion** auftaucht.
Parken: Straßenparken, was mit **Ausnahme** von zuschauerträchtigen Schlagerspielen auch nicht allzu **problematisch** ist.

Norderstedt ist durch die U-Bahnlinie **U1** (Richtung Garstedt/Ochsenzoll) mit dem Hamburger Hauptbahnhof (Südausgang) verbunden. Aussteigen in **Garstedt** und an der Ochsenzoller Straße entlang rund **zehn Minuten** bis zum Stadion **laufen**.

NORDHORN: Eintracht-Stadion

Foto: Michael Seiß

Baujahr: 1954

Kapazität: 9.000
Stehplätze: 8.100
Sitzplätze: 900

Eintracht Nordhorn, Heideweg 18, 48529 Nordhorn
Tel: 05921-89500, Fax: 05921-89502
www.sv-eintracht-nordhorn.de

Auch wenn der erste Eindruck etwas anderes vermittelt: Das Eintracht-Stadion ist keineswegs eine von diesen seit der Jahrhundertwende bekickten Spielflächen, die etwas in die Jahre gekommen sind. Bis 1951 spielte die ohnehin erst 1945 gegründete Eintracht nämlich noch im »Städtischen Stadion« am Stadtring, welches sie sich mit dem Lokalrivalen Sparta hatte teilen müssen. Erst als das Stadion im Zuge der Nachkriegsexpansion einem Neubaugebiet Platz machen musste, wurde das 1935 vom VfL angelegte Areal am Heideweg zur neuen Eintracht-Heimat. Übergangsweise spielten die Weinroten auf dem heutigen Grantplatz, denn das rasenbestückte Stadion konnte erst am 18. August 1954 mit einem Match gegen Preußen Münster eingeweiht werden. Da sich das Gelände im Eigentum der Firma Niehues & Dütting befand und sich deren Chef Bernhard Niehues ziemlich spendabel gezeigt hatte, bekam das Stadion freundlicherweise seinen Namen. Am 2. Oktober 1955 erreichte die »Niehues-Kampfbahn« anlässlich des Oberligagastspiels des HSV mit knapp 18.000 Fans die Grenzen ihres Fassungsvermögens. Niemals mehr konnte Nordhorn eine derartige Kulisse vermelden.

Lange Zeit änderte sich kaum etwas am Zustand des Areals, was angesichts der sportlichen Qualität der Eintracht auch nicht unbedingt nötig war. Zwar standen die Weinroten in den 60ern mehrfach vor dem Aufstieg in die Regionalliga, doch die Zuschauer strömten nur, wenn Lokalrivale Sparta 09 anrückte. Nichtsdestotrotz wollte man eine überdachte Sitzplatztribüne errichten, was angesichts ungeklärter Eigentumsverhältnisse aber nicht ganz einfach war. Man fand schließlich eine kostengünstige Lösung und verwandelte eine tragbare PKW-Überdachung in einen schützenden Unterstand. 1969 wurde das Gebilde anlässlich des Schülerländerspiels Deutschland vs. Holland eingeweiht. Sachen gibt's!

1975 wurde das »Vivil-Bude« genannte Sprechertürmchen auf der Gegengeraden vom heftigen Westwind um rund 30 Meter nach hinten verlegt, woraufhin man sich an eine Generalrenovierung der Arena machte. Das heutige Ansagehäuschen entstand, die Ränge wurden auf Kosten der Aschenbahn mit Betonstufen ausgestattet und drei Jahre später konnte das schmucke Klubheim eingeweiht werden. Inzwischen hatte die Stadt Nordhorn zeitweilig angedachte Pläne zum Bau eines neues Stadions an der Bentheimer Straße aus Kostengründen fallen gelassen und statt dessen die Niehues-Kampfbahn erworben. Da damit auch die Besitzverhältnisse geklärt wurden, konnte die provisorische Sitztribüne abgerissen und durch die heutige ersetzt werden, die am 16. Oktober 1980 eröffnet wurde. Anfang der 90er wurde schließlich der antiquierte Name in »Eintracht-Stadion« umgewandelt, im Sommer 1998 erhielt die Arena neue VIP-Räume und die Stehtraversen neben der Haupttribüne wurden ausgebaut.

Och nee, Nordhorner Fußballfans. Da kommt es am letzten Spieltag der Saison 2001/02 zum Endspiel um die Meisterschaft, und was macht ihr? - ihr geht zum Handball! 300 Zahlende gegen den BV Cloppenburg, als die Hoffnung auf die Oberligameisterschaft noch lebendig war - eine schallende Ohrfeige für die Verantwortlichen der Eintracht, die den Traum von der Regionalliga wahr machen wollten...

Das Fußballfieber in der Grenzland-Metropole zu entfachen war schon immer eine etwas schwierig zu bewältigende Aufgabe, der nichtsdestotrotz alle zwei Wochen eine Hand voll Unverbesserlicher just unterhalb des Sprechertürmchens auf der Gegengeraden nachzukommen versucht. Auswärts reisen diese wackeren Menschen zwar lediglich zu den Begegnungen in der näheren Umgebung, doch sind sie in Ausnahmefällen auch bei weiter entfernten Spielen schon mal in größerer Anzahl vertreten - so z.B. beim Pokalspiel in Hannover anno 1997 oder beim Auftritt in Ihrhove im Frühjahr 2002. Gästefans dürfen sich ihren Platz selbst aussuchen und müssen im Normalfall mit keinen Belästigungen rechnen.

Sitzplätze: 10 €
Stehplätze: 5,50-6,50 €
Gäste: egal

Rollis Plätze am Spielfeldrand. **Fanshop** Im Eingangsbereich. Solide Auswahl, nix Besonderes. **Lesen** Das »Eintracht-Echo« ist kostenlos, kommt im soliden s/w-A4-Outfit daher und liest sich ausgezeichnet. **Essen** Höchst durchschnittliche Bratwurst. **Trinken** Alkoholisches Bier, Cola, Fanta und Kaffee. **Klo** Im Vereinsheim, durchaus akzeptabel. **Kneipen** Nette Stimmung im Eintracht-Clubheim, ansonsten muss sich der drustige, hungrige und/oder erlebnishungrige Fußballfreund wohl oder übel ins Zentrum von Nordhorn aufmachen.

STADION	STIMMUNG	SERVICE	STRESS

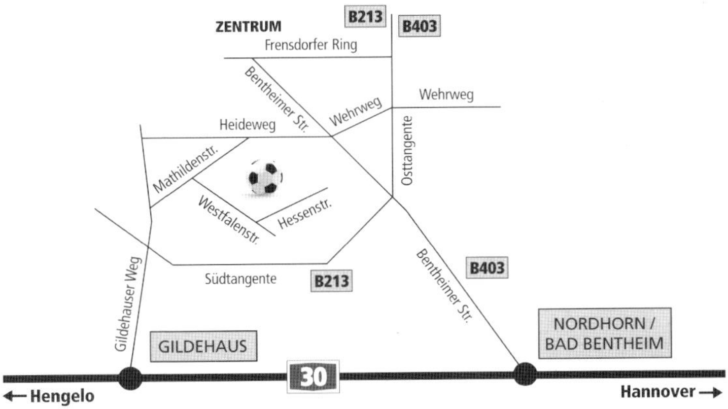

Über die **A30** bis zur Abfahrt **Nordhorn/Bad Bentheim** und weiter auf der **B403** in Richtung Lingen/Autobahn Emden bis zur Abfahrt **Blanke-Nord**. Von dort ist das Stadion gut **ausgeschildert**. **Parken:** Vor dem Stadion finden sich eigentlich immer ausreichende Parkgelegenheiten.

Dummerweise wird Nordhorns Bahnhof **leider nicht** mehr per Bahn angefahren. Daher muss man bereits in **Bad Bentheim** aussteigen und per **Bus** weiterfahren, was bei Sonntagsspielen vom wenig fußballgünstigen Fahrplan der zuständigen Bentheimer Eisenbahn AG verhindert wird. Wem es dennoch gelungen ist, bis zum Nordhorner **Bahnhof** zu gelangen, der kann mit der **Buslinie 3** (Richtung Blanke) zum Stadion weiterfahren. Viel Glück.

NÜRNBERG: Frankenstadion

Baujahr: 1928

Kapazität: 44.833
Stehplätze: 8.833
Sitzplätze: 36.000

Foto: Andreas Pötzsch

1.FC Nürnberg, Valznerweiherstr. 200, 90480 Nürnberg
Tel: 0911-940790, Fax: 0911-9407977
www.fcn.de

Auch wenn sich die Nürnberger gelegentlich in ihrer Heimstatt über die nur recht selten genutzte Laufbahn ärgern müssen, die nach Lage der Dinge wohl auch noch ein paar Jährchen auf den Buckel bekommen wird, so können sie doch auf ein ausgesprochen schickes Stadion verweisen. Bereits der Urbau der südlich der Innenstadt gelegenen Arena galt als stilbildend und wurde kurz nach der Einweihung 1928 bei einem Architekturkunst-Wettbewerb mit einer Goldmedaille ausgezeichnet. Damals lag das Fassungsvermögen der Arena bei 36.000 Zuschauern, von denen allerdings nur 2.600 dem sportlichen Treiben von einer überdachten Tribüne aus zugucken konnten. Mit Fußball hatte das Ganze damals nur recht selten zu tun - der »Club« trug seine Heimspiele am Zerzabelshof aus, der von jedermann nur »Zabo« gerufen wurde. Dort hatte sich der FCN ein nahezu vorbildliches Sportgelände geschaffen, dessen Mittelpunkt das zunächst 8.000, später 25.000 Zuschauer fassende Stadion bildete, welches am 24. August 1913 feierlich eingeweiht wurde. Nach dem Krieg wurde die Arena auf 35.000 Plätze erweitert, bereitete später jedoch Sorgen, denn in Zeiten aufkommender Mobilität genügte die Arena vor allem in verkehrstechnischer Hinsicht nicht mehr den Ansprüchen. Im Herbst 1966 musste die baufällige Haupttribüne abgerissen werden, woraufhin der Verein schließlich ins Frankenstadion umzog. Seit Oktober 1968 ist der »Zabo« Geschichte.

Die neue Heimstatt des 1.FC Nürnberg war in der Zwischenzeit durch die Errichtung mehrerer Tribünen aus Stahlbeton auf satte 56.000 Plätze vergrößert worden, auch die ersten Flutlichtmasten stiegen Anfang der 60er in die Höhe. Doch wie sich bald herausstellte, kam der FCN mit dem Umzug vom Regen in die Traufe, denn auch dem »Städtischen Stadion« war sein beachtliches Alter an allen Ecken und Enden anzusehen. Parallel zum Umzug näherten sich freilich auch die Glanzzeiten des ehemaligen Rekordmeisters ihrem Ende: 1968 durften die Franken letztmalig die Meisterschale emporheben, abküssen und ins Entmüdungsbecken plumpsen lassen. Danach gelang ihnen, was vor- oder nachher bislang niemand mehr schaffen sollte: Der Meister stieg in der Folgesaison ab.

1974 verpasste Nürnberg dann die einmalige Chance, das von 1963 bis 1965 ausgebaute Stadion für die Weltmeisterschaft im eigenen Lande kostengünstig zu renovieren, wodurch ausgerechnet die traditionsreichste Fußballstadt Deutschlands bei der WM zuschauen musste. Die marode Arena vegetierte munter vor sich hin, bis man 1986 lebensgefährliche Sicherheitsmängel am brüchigen Tribünendach feststellte und nun auch der letzte Hinterbänkler im Stadtrat einsah, dass bald etwas geschehen musste. Und es geschah auch etwas: 1987 wurde der schon für 1974 geplante Vollausbau in Angriff genommen, der letzten Endes 68,5 Mio. DM (statt veranschlagter 52) teuer wurde. Am 27. September 1991 wurde dann schließlich das nunmehr so genannte »Frankenstadion« mit dem 1:1 des 1.FC Nürnberg gegen Bayern München vor 52.500 glückseligen Zuschauern eingeweiht. Und schon am 16. Oktober feierte das neue Stadion dann auch seine Länderspielpremiere - im Rahmen der EM-Qualifikation gewann Deutschland gegen Wales mit 4:1. Ganz Fußball-Deutschland war voll des Lobes, und das zu Recht: Den Architekten, die sich im Bereich der alten Tribüne an Denkmalschutzauflagen halten mussten, war eine geschickte Kombination aus Tradition und Moderne gelungen, sie hatten eine zeitgemäße und komfortable Arena geschaffen, die trotz der Laufbahn eine heimelige Atmosphäre besaß.

Später machte der Trend zur Versitzplatzung auch vor der Nürnberger Arena nicht halt: Die ursprüngliche Kapazität von 52.000 Plätzen sank bis Ende der 90er Jahre auf 44.833 (davon immerhin noch max. 8.333 Stehplätze). Als die deutsche WM-Bewerbung für 2006 konkreter wurde, spitzte man in Nürnberg (auch bei der Euro 1988 war man leer ausgegangen) natürlich die Ohren. Seit dem Umbau erfüllte das Frankenstadion alle gängigen Sicherheitsstandards, nur an der Kapazität haperte es - doch leider wurden die lang diskutierten Pläne, die Arena in ein reines Fußballstadion umzuwandeln, wieder verworfen. Statt dessen entschied man sich für eine umfassende Modernisierung des Stadions und damit für die Erweiterung zweier Ecktribünen um einen Oberrang, womit ein Fassungsvermögen von 45.500 Sitzen erreicht wird, und die Absenkung des Spielfelds um zwei Meter. Durch diverse Baumaßnahmen wird natürlich auch den Bedürfnissen von Medien, Funktionären und VIPs Rechnung getragen. Die im Herbst 2002 beginnenden Arbeiten, deren Kosten in Höhe von 56 Mio. Euro sich der Freistaat und die Stadt teilen, sollen spätestens bis zum Juli 2005 abgeschlossen sein.

Foto: Bongarts

So ungefähr hat man sich das Frankenstadion bei der WM 2006 vorzustellen - bis auf das UFO am Haupteingang sieht eigentlich alles aus wie immer.

Die angestammten Steh- und Sitzplätze der Clubfans liegen in der Nord- und Nordostkurve, Gästeanhänger positionieren sich gegenüber in der Südkurve (Blöcke 27 und 29, manchmal steht auch nur der 27er zur Verfügung) - wem es auf den guten Überblick ankommt, der setze sich besser auf den halbwegs preiswerten Oberrang (Blöcke 26 und 28, Kostenpunkt: 15 €): Die Optik von den Plätzen im oberen Rang genießt fast überall das Prädikat 1a. Im Unterrang und hier natürlich vor allem in den Stehkurven, aber auch in den ersten vier Sitzreihen ist der Blick aufs Spielfeld ein wenig getrübt. Dagegen lässt die Akustik keine Wünsche offen, dank der Komplettüberdachung können die Schlachtgesänge der treuen Nürnberger Anhängerschaft schon bei halb voller Hütte orkanartige Ausmaße annehmen. Hin und wieder organisieren Supporters-Crew und die Ultras Nürnberg auch ansehnliche Choreographien, so dass sich die Stimmung in den letzten Jahren nach einer kleinen Flaute wieder stark verbessert hat.

Sitzplätze: 12,50-42 €
Stehplätze: 8,50-9,50 €
Gäste: Südkurve, 27-29

Wer zum Auswärtsspiel eigene Fanutensilien mitbringen mag, dem sei gesagt, dass bis auf pyrotechnische Artikel und Schwenkfahnen (nur auf der Tartanbahn) eigentlich alles mit in den Block darf. Gelegentlich gibt's jedoch auch Probleme mit den an und für sich recht freundlichen Ordnern, im Zweifelsfalle besorge man sich vorher eine Genehmigung oder frage vorher noch einmal kurz im Fanbüro (Tel: 940740) nach, das freitags zwischen 14 und 17.30 Uhr besetzt ist. Übermäßig stark alkoholisierten Fußballfreunden wird der Eintritt ins Frankenstadion übrigens verwehrt. Aber dies nur am Rande.

STADION ⚽⚽⚽ **STIMMUNG** ⚽⚽ **SERVICE** ⚽⚽ **STRESS** ⚽

Preise Verbilligter Eintritt für Schüler, Studenten, Jugendliche (bis 18), Wehrpflichtige und Versehrte. Positiv: Ermäßigungen gibt's in allen Sitz- und Stehbereichen. Für Kinder (bis 14 Jahre) wird es noch mal eine ganze Ecke billiger. Ticket-Service: 404074. **Rollis** Rollstuhlfahrer zahlen 5,50 €, eine etwaige Begleitperson kommt umsonst hinein. Die Plätze befinden sich am Fuße der Haupttribüne. Wer über eine Sonderparkkarte für Schwerbehinderte verfügt, kann den stadionnahen Parkplatz S5 (zu erreichen über Regensburger Straße/Hans-Kalb-Straße) benutzen. Weitere Infos bei Frau Friedrich (Tel: 0171-1937562). **Fanshop** Sechs Pavillons im Innenlauf des Stadions sowie ein Fanmobil an der Haupttribüne stehen für Fanartikeljäger bereit. An Nichtspieltagen wird man auch im FCN-Fanshop (Ludwigstr. 46, Tel: 203206, Fax: 209478) oder im Laden an der Valznerweiherstr. 200 (Tel: 404074, Mo-Fr 9.30-19, Sa 9.30-16h) fündig. **Lesen** Die Stadionzeitung des FCN heißt naheliegenderweise »Clubmagazin«, kostet einen Teuro und hat sich in letzter Zeit gemacht. Das Gelbe vom Ei ist das Ganze aber immer noch nicht. Doch zum Glück ist die Fanzine-Szene in Nürnberg sehr aktiv: Da gibt es u.a. den »Achterwahn« (J. Haberger, Kopernikusplatz 32, 90459 Nürnberg, www.achterwahn.com), das Ultra-Fanzine »Alles für den Glubb« (2 €+Porto, C. Woiwode, Elsa-Brändström-Str. 33, 90431 Nürnberg), den »Quotendepp« aus der Feder der Sektion Würzburg (floppy@ultras-wuerzburg.de) und das »Squadra H« (O. Kupfer, Mausendorfer Weg 9, 91560 Heilsbronn). Ferner soll bis Herbst 2002 ein Nachfolger des »Sinnlos« erscheinen (Infos: scheiss-fuerth@web.de). Alle Hefte sind auch an der Fanhütte im Frankenstadion zu haben. **Essen** Das Aushängeschild der Frankenstadiongastronomie stellt zweifellos das Nernbercher Bratwerschtla, also die Rostbratwurst (2,10 €) dar. Aber auch die Steaks, Fleischküchle (Frikadellen) sowie die diversen Fischbrötchen (2 €) sind durchaus einen Biss wert. Allein bei Sonntagsspielen schmecken die Weckla, also die Brötchen, mitunter etwas altbacken. Vegetarier können sich auf Pommes Frites, Eis und Süßigkeiten freuen, aufgrund der zahlreichen Büdchen muss man eigentlich auch nie besonders lange warten. **Trinken** Nachdem man sich vor Jahren bereits auf den fränkischen Kompromiss »Leichtbier« geeinigt hatte, wird der alkoholreduzierte Gerstensaft bei Risikospielen auf Druck der Polizei durch die alkoholfreie Variante ersetzt. Ansonsten sind Cola, Limo, Wasser und Apfelschorle (je 2,50 €) zu haben, ferner Kaffee und im Winter auch alkoholreduzierter und geschmacklich ins Gruselige tendierender Glühwein. Wer zu faul ist, zum Büdchen zu schlendern, kann mittlerweile auf fliegende Händler warten, welche die Getränke auf den Rängen (und zwar in allen Blöcken) verkaufen. **Klo** Die sanitären Einrichtungen befinden sich (meistens) in einem ordentlichen Zustand. **Kneipen** Wem es beim Schorsch, also in der »Clubkantine«, nicht gefällt, der kann ja probeweise einmal den zwischen der S-Bahnhaltestelle und dem Frankenstadion gelegenen Biergarten antesten. Im riesigen »Gärtla«, das bei Bedarf auch überdacht werden kann, kommen Interessierte, die ein entsprechendes Alter aufweisen, gelegentlich sogar in den Genuss einer waschechten Strip-Show. Ansonsten ist in der näheren Umgebung kneipentechnisch nicht allzu viel los, aber bis zur Innenstadt bzw. der wirklich sehenswerten Altstadt ist es ja auch nicht allzu weit. Auf dem Weg dorthin kann man auf der Bayernstraße in der Gaststätte »Wanner« (ebenfalls mit Biergarten) vorbeischauen. Beliebt ist auch die »Lederer Kulturbrauerei« (Sielstraße, Ecke U-Bahn Bärenschanzstraße).

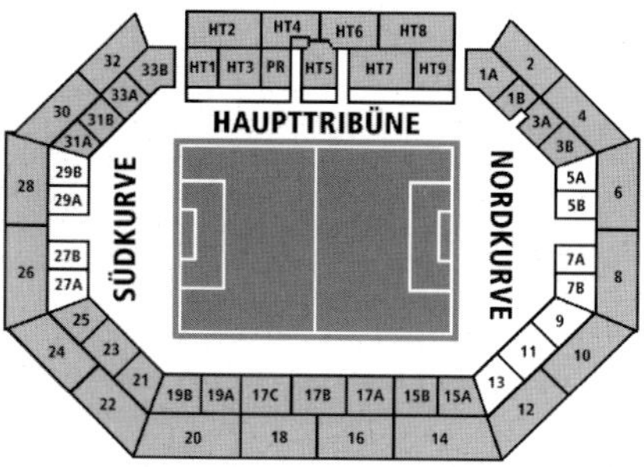

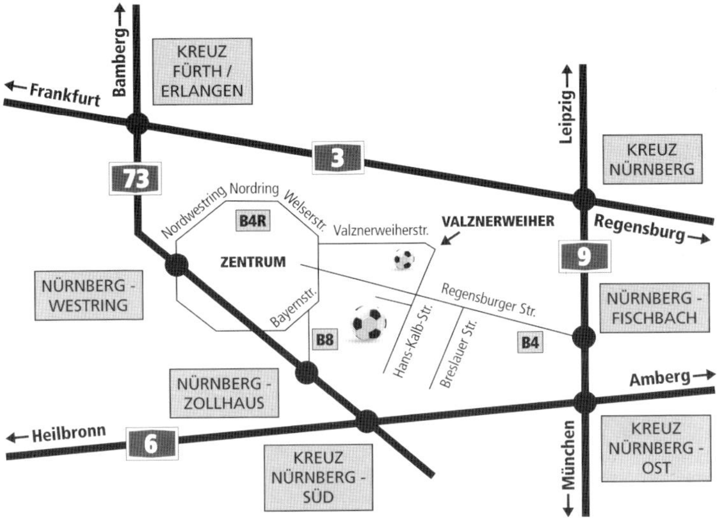

Zum südöstlich des Nürnberger Zentrums gelegenen Frankenstadion führen viele Wege, die jedoch vortrefflich **ausgeschildert** sind.
Von **München** oder **Leipzig**: die **A9** bis Abfahrt **Nürnberg-Fischbach** und auf der **Regensburger Straße** (B4) in Richtung Zentrum fahren. Nach etwa fünf Kilometern geht es dann an der dritten Ampel links ab zum Stadion bzw. zu den offiziellen Parkplätzen. Von **München** anreisende Fußballfans können ferner am Dreieck Nürnberg-Feucht auf die **A73** (Südwesttangente) gen Fürth wechseln und diese an der Abfahrt **Nürnberg-Zollhaus** wieder verlassen. Dann geht es über die Münchener Straße (**B8**) zum (auch auf diesem Wege ausgeschilderten) Stadion bzw. zum Großparkplatz Messegelände.
Von **Stuttgart** bzw. **Heilbronn**: auf der **A6** über das Kreuz Nürnberg-Süd hinweg bis zum Kreuz Nürnberg-Ost, dort ein kurzes Stück auf die **A9** gen Leipzig und gleich wieder an der Ausfahrt **Nürnberg-Fischbach** abfahren (Rest s.o.). Wahlweise kann man auch vom Kreuz Nürnberg-Süd auf die A73 nach Fürth bis zur ersten Ausfahrt Nürnberg-Zollhaus (s.o.) fahren oder aber - von der A6 aus - an der Ausfahrt **Nürnberg-Langwasser** abfahren und über die Gleiwitzer Straße und Beuthener Straße (rechts, zum Stadion) bzw. Karl-Schönleben-Straße (links, zum Messe-Parkplatz) gen Zielort tuckern.
Offizielle und damit gebührenpflichtige **Parkmöglichkeiten** sind eigentlich in ausreichender Zahl (um die 10.000) vorhanden. Wer **früh** kommt, kann am Karl-Leucht-Weg in unmittelbarer Nähe des Stadions parken. Haupttribünenbesucher können ihr Gefährt gar - sofern sie ein gültiges Ticket vorweisen können - auf den reservierten Parkplätzen direkt vor ihrer Tribüne abstellen. Zu den Parkplätzen **S1** bis **S3** gelangt man übrigens nur über die Beuthener und Hermann-Böhm-Straße, zu den Parkplätzen S4 und S5 ausschließlich über die Hans-Kalb-Straße. Die Abfahrt nach dem Spiel geht in der Regel halbwegs flüssig vonstatten.

Vom **Hauptbahnhof** fährt die **S-Bahn-Linie S2** (Richtung Altdorf) bis zur Station Frankenstadion, zusätzlich kann man die Straßenbahnlinie **4** (Richtung Dutzendteich) bis Endhaltestelle oder die **U1** (Richtung Langwasser) bis »Messe« benutzen, von hier ist es jeweils nur noch ein kurzer **Fußmarsch**. Ferner kommt man auch mit den **Buslinien 44** (ab Hauptbahnhof, Richtung August-Meier-Heim), **55** (ab Meistersingerhalle, Richtung Langwasser) und **65** (ab Röthenbach, jenseits der A73, Ausfahrt Nürnberg-Schweinau, Richtung Mögeldorf) in die Nähe der Arena. Wer seine Eintrittskarte bereits in der Tasche hat, fährt umsonst.

OBERHAUSEN: Niederrheinstadion

Foto: Michael Seiß

Baujahr: 1926

Kapazität: 21.318
Stehplätze: 17.279
Sitzplätze: 4.039

Rot-Weiß Oberhausen, Rechenacker 62, 46049 Oberhausen
Tel: 0208-25730, Fax: 0208-200102
www.rwo-online.de

Mit einem Gastauftritt von Meister Nürnberg wurde am 24. Mai 1926 das Niederrheinstadion eröffnet, den Ball zum ersten Anstoß warf ein Flugzeug aufs Feld. In der Folge war die 32.000 Zuschauer fassende Arena v.a. bei den beliebten Sandbahnrennen bis auf den letzten Platz gefüllt. RWO spielte damals an der Lothringer Straße und wich zunächst nur für Schlagerspiele in das schmucke Stadion zwischen Emscher und Kanal aus.

Dieses sollte seinen Erbauern später noch einige Kopfschmerzen bereiten: Die Bodensenkungen der angrenzenden Concordia-Kohlefelder waren falsch berechnet worden, die Arena geriet aus dem Gleichgewicht. 1949 drohte die Haupttribüne einzustürzen, so dass acht schwere Betonpfeiler errichtet werden mussten. Ein Jahr darauf hatte das Stadion beim Spiel Kickers Offenbach gegen Preußen Dellbrück den Rekordbesuch von 44.631 Zuschauern auszuhalten. Obwohl der Boden immer tiefer sank, wurde in der Kampfbahn trotz eines Höhenunterschieds von einem halben Meter weiter munter Fußball gespielt. Mitte 1968 rückten schließlich Pioniere der Bundeswehr an, um die Höhendifferenzen auszugleichen. Und Ende der 60er Jahre hatte sich der Berg dann glücklicherweise auch wieder beruhigt - Concordia war stillgelegt worden.

Seit dem März 1970 verfügt das im Jahr zuvor modernisierte Stadion über eine Flutlichtanlage, 1982 folgte eine neue Kunststofflaufbahn, ein Jahr später die Sanierung der kleinen Vortribüne. Von 1989 bis 1994 erneuerte die Stadt dann auch die Stehränge und errichtete auf der verwahrlosten Gegengeraden, deren einzige Zierde bis dahin das kleine Glockentürmchen mit Stadionuhr dargestellt hatte, eine Sitztribüne für 2.000 Zuschauer. Im nächsten Bauabschnitt (1996-98) versah man diese »Konventtribüne« dann auch noch mit einem Dach und machte sich alsbald an die Verwirklichung der Pläne, die bereits seit den 70ern in den Schubladen schlummerten: Umbau der Haupttribüne. Vor dieser Aufgabe hatte man sich aus Kostengründen stets gedrückt, doch nun ließ man 9,5 Mio. DM springen und erhielt dafür ein überdachtes Heim für 2.039 sitzende und 1.000 stehende Zuschauer. Günstiger gestaltete sich der Erwerb der Anzeigetafel - die stand nämlich zuvor in Leverkusen herum und war gratis zu haben.

Gästefans gehören in die Kanalkurve, der große RWO-Block steht gegenüber in der Emscherkurve. Hier versuchen sich einige aktive Fangruppen wie z.B. die »Handtuchmafia« an stimmungsfördernden Maßnahmen, was gelegentlich auch klappt. Die meisten der RWO-Fans sind übrigens friedfertige Gesellen, doch sind auch einige Gestalten darunter, denen man in einer dunklen Gasse nicht unbedingt mit dem Schlachtruf »Hi-ha-ho, RWO ins Klo« entgegentreten sollte. Im Stadion selbst hat der Ordnungsdienst alles im Griff.

OBERHAUSEN: Niederrheinstadion

Preise Nach vier Jahren hat RWO nun die Preise erhöht - Schüler, Studenten, Rentner, Behinderte und Kinder kommen aber immer noch ein bisserl billiger rein. **Rollis** Fahrer frei, Begleiter ermäßigt, Plätze auf der Tartanbahn. Und mit ein bisschen Glück ist auch ein Hustenbonbönchen von Onkel Aleks drin. **Fanshop** Stand unter der Haupttribüne, ansonsten ist man auf die Geschäftsstelle (Mo-Fr 9-18 Uhr) angewiesen. **Lesen** Das »Kleeblattecho« (1 €) ist zwar jetzt doppelt so teuer, weiß aber nach wie vor zu überzeugen. Zudem will die »Handtuchmafia« ein Zine auf den Markt bringen. **Essen** Bei der Bratwurst (2,10 €) braucht man Glück: Mal mundet sie meisterlich, mal mutiert sie zum Magenumdreher. Ferner Brühwurst, Frikas, Steaks, Brötchen, Pommes und Kuchen. **Trinken** Bisserl teuer. Pils und Alt fließen für 2,10 € in die 0,3-Becher, bei Risikospielen nur in der alkfreien Variante. **Klo** Relativ sauber. **Kneipen** Im RWO-Klubhaus (Rechenacker 62) wird gemütlich getrunken, bürgerlich gegessen, gedartet und dem TV-Fußball gefrönt. Wer mag, kann sich auch zur Alstadener Straße oder »Zum Kicker« (Hügelstr. 40) durchfragen.

Sitzplätze: 11-22 €
Stehplätze: 6-7,50 €
Gäste: Kanalkurve

STADION | STIMMUNG | SERVICE | STRESS

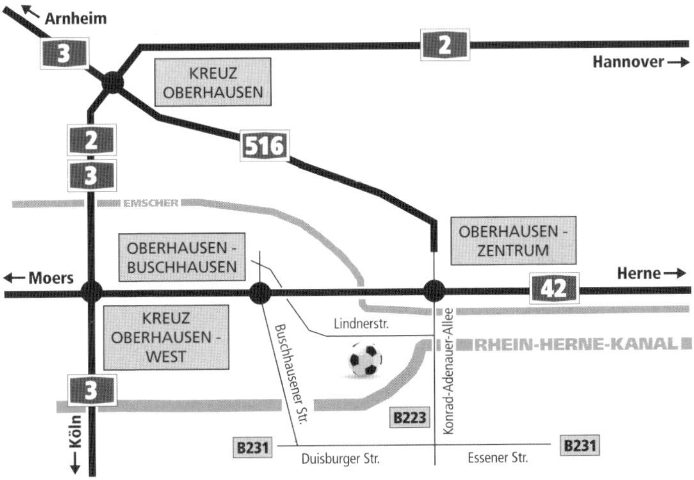

Über die **A3**: am Kreuz Oberhausen-West auf die **A42** (gen Dortmund) bis Abfahrt **Oberhausen-Zentrum**, rechts über die Emscher und gleich wieder **rechts** in die Lindnerstraße, an der das Stadion nebst Parkplätzen gelegen ist.
Über die **A2**: am Kreuz Oberhausen auf die **A516** und später die sich anschließende **B223**, über die Emscher hinweg und gleich rechts ab in die **Lindnerstraße**.
Über die **A42**: wahlweise an der Abfahrt Oberhausen-Zentrum (Rest s.o.) oder aber **Oberhausen-Buschhausen** heraus und von der Buschhausener auf die Lindnerstraße.
Über die **A40**: von der Abfahrt Oberhausen/Mülheim-Styrum über die **B223** knapp fünf km geradeaus, von der Konrad-Adenauer-Allee (hinter dem Kanal) links ab in die Lindnerstraße.
Wer **frühzeitig** anreist, findet entlang der **Lindnerstraße** kostenlose Abstellplätze, später eintreffende Fans müssen mit dem großen und (endlich sanierten) **Parkplatz** (2 €) neben dem Stadion vorlieb nehmen. **Alternative**: im nahen **CentrO** parkt man umsonst.

Vom Hauptbahnhof fahren die Buslinien **122** (Richtung Everslohstraße) bis **Schloss Oberhausen** (ab hier knapp fünf Minuten zu Fuß) sowie **956** (gen Hirschkamp) und **976** (Holten Markt) bis zur Station Lindnerstraße (zehn Minuten Fußweg). Näher ran geht's leider nicht, bei Heimspielen verkehren aber **Pendelbusse** zwischen Bahnhof (übrigens auch dem Sterkrader) und Stadion. Mit Eintrittskarte ist das übrigens kostenlos.

OFFENBACH: Bieberer Berg

Foto: Burkhard Schulz

Baujahr: 1921

Kapazität: 31.500
Stehplätze: 23.300
Sitzplätze: 8.200

Kickers Offenbach, Bieberer Str. 282, 63071 Offenbach
Tel: 069-9819010, Fax: 069-98190151
www.ofc.de

Ganz wie die Kickers hat auch der Bieberer Berg eine ziemlich turbulente Vergangenheit aufzuweisen. Ursprünglich diente das Areal als Exerzierplatz, welcher nebenbei zum Fußballspielen genutzt wurde - u.a. vom OFC. 1907 aber mussten die Rot-Weißen das Gelände räumen und sich auf der Heylandsruhe eine neue Heimat suchen. Erst als Exerzierplätze in Deutschland aufgrund des Versailler Vertrages nicht mehr gebraucht wurden, konnten die Kickers 1921 zurückkehren. Im selben Jahr wurde eine Holztribüne eröffnet, auf der rund 1.200 Menschen Platz fanden.

In den Folgejahren wurde die Arena liebevoll gehegt und gepflegt, ohne jedoch ausgebaut zu werden. Selbst als die Kickers allmählich in die Elite des deutschen Fußballs vordrangen, tat sich kaum etwas - wenn es zu eng wurde, wich man eben ins Frankfurter Waldstadion aus. Der Ausbau des Bieberer Berges war also längst überfällig, als es 1950 endlich losging. Zwei Jahre später weihte man die große Stehtribüne auf der Gegengeraden ein, 1962 rückte die derzeitige Haupttribüne an die Stelle ihres hölzernen Vorläufers. Später wurde dann angesichts des immensen Zuschauerzuspruches an der Nordwestseite eine zusätzliche Stahlrohrtribüne errichtet, der 1973 auf der gegenüberliegenden Hintertorseite ein stabiles und überdachtes Pendant folgte.

Aus der reinen Fußballstätte war nun ein richtiges Schmuckstück geworden, das seit 1968 auch wieder über Flutlicht verfügte, nachdem eine bereits 1956 aufgestellte Anlage drei Jahre später wieder hatte abgebaut werden müssen. Allerdings war es kein gewöhnliches Flutlicht: Die rund 700 Lux strahlten von nur zwei Masten, was bei Abendspielen für eigenartige Lichtverhältnisse sorgte.

Mit Beginn der OFC-Talfahrt brachen auch für den »Berg« schlechte Zeiten an. Dringend notwendige Renovierungen wurden immer wieder verschoben, der Zustand verschlechterte sich zusehends - die desolate Finanzlage von Verein und Stadt trug ihren Teil dazu bei. Zum Jahreswechsel 91/92 drohte sogar das Aus: Der Berg sollte abgerissen und durch ein »Freizeitzentrum« ersetzt werden. In einer konzertierten Aktion bemühten sich Fans, Verein und Medien um Rettung, die schließlich mit der Übertragung des Erbbaurechts an den OFC gelang. Anschließend machte man sich an die Renovierung der maroden Arena, wobei sich die Heimfans frei nach dem Motto »Zusamme schaffe mers« aktiv beteiligten. Was angesichts der sportlichen Talfahrt der Rot-Weißen zunächst nur schleppend vonstatten gegangen war, erfuhr dank des sportlichen Aufschwungs bald einen regelrechten Push. Im Sommer 1999 konnte man sich sogar an die seit Jahren gesperrte Stahlrohrtribüne machen, die komplett restauriert und zur Saison 1999/2000 wieder eröffnet wurde. Der Hintertorbereich ist nunmehr unterdrittelt und wird, je nach Bedarf, den Fans des Gastvereins zur Verfügung stehen.

Offenbach und seine Fans! Es ist wohl nicht übertrieben zu behaupten, dass der OFC die sportliche Talfahrt ohne seine Anhänger kaum überlebt hätte. Die regelmäßig schon zu Oberligazeiten zu Tausenden auflaufenden Fans haben einen enormen Anteil am »Feeling Bieberer Berg« - auch wenn die legendären Bengaloshows inzwischen aus Sicherheitsgründen untersagt sind. Offenbachs große Fanschar (harter Kern: Block 2, in dem Blockzwang herrscht) ist erwiesenermaßen treu und auch auswärts stets in größeren Gruppen vertreten.

Als Gästefan ist man am Bieberer Berg nicht unbedingt willkommen - so weit kaum ein Unterschied zu anderen Fußballarenen des Landes. Doch die hitzige Atmosphäre im Hexenkessel Bieberer Berg kann schon mal in weniger nette Verhältnisse umschlagen - vor allem, wenn der Gegner von größeren Fangruppen unterstützt wird und/oder aus der Nachbarschaft kommt. Dann gibt es regelmäßig Ärger und insbesondere im Stadionumfeld sollte »Augen auf« angesagt sein. Der Gästeblock befindet sich auf der unüberdachten Hintertortribüne (Eingang: links von der Haupttribüne).

Sitzplätze: 8-18 €
Stehplätze: 6-8 €
Gäste: Westkurve

Rollis Vor der Haupttribüne. **Fanshop** Pavillon vor dem Stadion. **Lesen** Die »OFC-News« sind gratis und farbig. Ein bisschen viel Vereinsbrille, sonst aber recht nett und unterhaltsam. Besser: Das legendäre Fanzine »Erwin« (Kontakt: Luisenstr. 61, 63067 Offenbach). **Essen** Frikadellen, Bratwurst, Pommes, Brezeln. **Trinken** Alkoholisches Bier (nicht bei Risikospielen), Ebbelwoi, Cola. **Klo** Orion-Tribüne. Es gilt noch immer: Die schlechtesten Damentoiletten im Bereich des bezahlten Fußballs... **Kneipen** Stadiongaststätte sowie diverse Lokalitäten im Stadtteil Bieber.

STADION ⚽⚽⚽ STIMMUNG ⚽⚽⚽⚽ SERVICE ⚽ STRESS ⚽⚽

A3 von **Würzburg**: bis Offenbach-Ost/Weiskirchen, weiter auf der **B448** Richtung Offenbach zum Stadion. **A3** aus Richtung **Köln**: am Offenbacher Kreuz auf die **A661** Richtung Frankfurt bis zur Ausfahrt **Taunusring**, dann rechts weiter auf der **B43** in Richtung Mühlheim/Heusenstamm und nach rund fünf Kilometern auf Höhe der Aral-Tanke rechts auf die **B448** (Bieberer Straße) nach Obertshausen/Bieber zum Stadion. **A5** aus Richtung **Karlsruhe**: Am Frankfurter Kreuz auf die A3 gen Würzburg und weiter wie oben. **Parken:** rund 15.000 kostenlose Plätze, das reicht in der Regel aus.

Vom **Offenbacher** Hauptbahnhof: **Bus 102** zum Stadion. Vom Hauptbahnhof **Frankfurt**: **S1** oder **S8** bis **Offenbach-Ost**, von dort ca. zehn Minuten Fußweg (Untere Grenzstraße bzw. Rhönstraße bis zur Kreuzung Bieberer Straße, dann links zum Stadion). **Alternative**: bis zur Station **Bieber**, dann ins Zentrum von Bieber und auf der Aschaffenburger zur Bieberer Straße.

OLDENBURG: Marschweg-Stadion

Baujahr: 1951

Kapazität: 15.000
Stehplätze: 10.500
Sitzplätze: 4.500

Foto: Hardy Grüne

VfB Oldenburg, Elsflether Str. 33, 26125 Oldenburg
Tel: 0441-3619550, Fax: 0441-3619551
www.vfb-oldenburg.de

Eigentlich sind die VfB-Anhänger ja zu bedauern. Jahrzehntelang nannten sie eine der schönsten Arenen ihr Eigen, eine mit gehörigem Mythos ausgestattete und noch dazu überaus gefürchtete Heimstätte, nun müssen sie ihre Gesänge in einer seelenlosen Mehrzweckarena unmittelbar an der Autobahn in den Himmel schicken. Doch es hilft nichts: Der Donnerschwee - Heimstatt bis Juni 1991 - ist tot, es lebe das Marschweg-Stadion.

Immerhin verfügt die bereits in den 30er Jahren geplante, nach dem ersten Spatenstich am 9. Februar 1948 aber erst am 8. Juli 1951 eingeweihte Anlage über eine aus ästhetischen Gesichtspunkten als »nett« zu bezeichnende überdachte Sitzplatztribüne, die dem heiligsten ihrer Zwecke, zu schützen nämlich, allerdings nur unzureichend nachkommt - sie ist nämlich nach hinten und zur Seite offen! Das Planerteam bestand offensichtlich nicht aus praktizierenden Fußballfans, sondern stellte Eleganz über Funktionalität. Dafür hat das 1996 eingeweihte Bauwerk 7,6 Mio. DM verschlungen und dürfte wegen seiner Dachkonstruktion bei Architekturwettbewerben preisverdächtig sein.

Im Gegensatz zum altehrwürdigen Fußballviereck Donnerschwee ist der Marschweg eine langweilige Mehrzweckanlage, die eines fernen Tages Bestandteil des derzeit entstehenden Naherholungsgebietes sein soll. Störend dabei ist freilich die angrenzende und höchst lärmträchtige A 28, von der ein beständiges Rauschen ausgeht. Für Genießer ist das Marschweg-Stadion nicht nur deshalb enttäuschend, denn es fehlt insgesamt deutlich an Ausstrahlung. Die Haupttribüne weist 4.600 Sitzschälchen auf, während sich auf der Gegengeraden rund 10.000 Fans die Beine in den Bauch stehen dürfen. Die dortigen Traversen sind recht neu und aus feschem Beton geformt, weisen jedoch kein Dach auf. Kurventechnisch ist bislang nur die Autobahnseite ausgebaut, auch auf eine Anzeigetafel sowie erhellende Flutlichter wird man in Oldenburg wohl noch etwas länger warten müssen.

Die Wehmut ob des verblichenen Donnerschwees, der zwar völlig marode war und so gut wie keinen Komfort zu bieten hatte, dafür aber dank seiner kesselartigen Struktur und heimeligen Architektur sowie Umgebung aus allen Poren nach Atmosphäre roch, bleibt folglich noch ein Weilchen in den Oldenburger Fußballherzen verankert - zumal das Donnerschwee-Areal bis heute vor sich hinrottet, weil die geplanten Bauvorhaben (Kaufhaus, Wohnhaus etc.) noch immer nicht umgesetzt wurden. Beim VfB ärgert man sich jedenfalls schon lange, die Traditionsstätte überhaupt aufgegeben zu haben. Doch 1991 hieß der Manager Rudi Assauer, der VfB war auf dem Sprung in die höheren Sphären des Profifußballs (Bundesliga) und niemand dachte daran, dass mal wieder schlechtere Zeiten kommen könnten. Und so müssen die VfB-Fans nun wohl oder übel mit dem Marschweg leben.

OLDENBURG: Marschweg-Stadion

Sie haben einiges durchmachen müssen in den letzten Jahren, die VfB-Fans. Nur zwölf Monate nach der sensationellen Zweitligasaison 91/92, als der VfB just in seinem ersten Marschweg-Jahr nur knapp den Sprung in Liga 1 verpasste, setzte es den Abstieg in Liga 3. Es folgte eine kurze Renaissance in Liga 2, ehe Finanzprobleme zum Tagesgespräch wurden und der VfB mehr als einmal schon mausetot war. Trotz all der widrigen Umstände findet sich im Block J der Gegengeraden (die Bezeichnung ist verwirrend, denn im Prinzip handelt es sich bei Block J um die gesamte Gegengerade) noch immer ein mehr oder weniger großer Haufen von Unbeugsamen ein, der den Blau-Weißen stimmungsmäßig Beine macht. Oldenburger Fans sind nett, kreativ und durchaus laut - Letzteres wird leider durch die fehlende Überdachung ein wenig getrübt. Auswärts sind sie stets in größerer Anzahl vertreten und hängen ihre längst zu Legenden gewordenen Transparente »Crazy Bananas« und »Hirntod 2.50 - Waldschrats Gehhilfe« auf. Trotz allem sei Gästen ein klein wenig Vorsicht angeraten, da es auch »andere« Zeitgenossen gibt.

Einzeln reisende Gästefans dürfen sich ihren Platz im Stadion selbst aussuchen, größeren Gruppen wird der Käfigblock H auf der Autobahnseite angeboten. Sieht man von der störenden Laufbahn ab, ist die Sicht von dort ausgezeichnet. Achtung: Der Ordnungsdienst neigt bisweilen zum harten Durchgreifen!

Sitzplätze: 8-13,50 €
Stehplätze: 4,50-6,50 €
Gäste: Block H/egal

Rollis Aschenbahn. **Fanshop** Am Seiteneingang unter der Autobahnbrücke. **Lesen** »VfB Aktuell«, kostenlos, A4, farbig, inhaltlich lässt das Blatt deutlich zu wünschen übrig. Besser kommt da schon das Fanzine »Skål« (1 €, Fanprojekt Oldenburg, Bahnhofsstr. 23, 26122 Oldenburg, skalplanet-vfb.net). **Essen** Pommes und Bratwurst. **Trinken** Alkoholhaltiges Bier, Cola, Sprite, Kaffee und auch Tee. **Klo** In der Tribüne und im guten Zustand. **Kneipen** Gegenüber dem Haupteingang gibt es ein griechisches Restaurant, das jedoch nicht allzu günstig ist. Ansonsten ist im Umfeld von rund fünf Kilometern nichts zu finden, besser sieht es da schon im Innenstadtbereich aus.

STADION ● **STIMMUNG** ●● **SERVICE** ●● **STRESS** ●

Über die **A29** aus Richtung Wilhelmshaven bis **Kreuz Oldenburg-Ost**, dann weiter auf der **A28** (Richtung Emden) bis zur Abfahrt **Oldenburg-Marschweg**, hinter der das Stadion auch direkt gelegen ist. **Parken:** Unmittelbar an der Ausfahrt stehen unter der Autobahnbrücke einige Plätze zur Verfügung, die zumeist ausreichen. Wenn nicht: An der Weser-Ems-Halle parken und den Park+Ride nutzen.

Vom Hauptbahnhof bzw. **ZOB** gelangt der Fußballfreund in **zehn** Minuten mit den Stadtbuslinien **314** und **324** (jeweils Richtung Tungeln, Am Vogelbusch) zum P+R-Platz am Stadion. Sonntags muss er allerdings **einmal** am Lappan **umsteigen**.

OSNABRÜCK: Piepenbrock-Stadion

Baujahr: 1933

Kapazität: 18.419
Stehplätze: 15.784
Sitzplätze: 2.635

Foto: Michael Seiß

VfL Osnabrück, Scharnhorststr. 50, 49084 Osnabrück
Tel: 0541-770870, Fax: 0541-7708711
www.vfl.de

Vierundsechzig Jahre lang hieß die Spielstätte des VfL schlicht »Bremer Brücke«. Dann erfüllte sich der langjährige Vereinspräsi und Mäzen Hartwig Piepenbrock einen Jugendtraum, kaufte die Arena und gab ihr seinen Namen. Was der Mann nicht bedachte: Die VfL-Fans scherten sich einen feuchten Kehricht um die Namensänderung und sprachen weiter von der »Bremer Brücke«, ein Name, den das Stadion übrigens einer nahe liegenden Eisenbahnüberführung verdankt.

Der erste Spatenstich der im Stadtteil Schinkel gelegenen Arena wurde am 21. November 1931 vorgenommen und war alles andere als komplikationslos. Es handelte sich nämlich um ein ziemlich sumpfiges Gebiet, das erst durch größere Mengen an Hausmüll trockengelegt werden konnte. Am 22. Mai 1933 übergab man die rund 9.000 Menschen fassende »Bremer Brücke« vom seinerzeitigen Hausherrn SC Rapid - einer kurzzeitigen Abspaltung vom VfL - ihrer Bestimmung.

Der VfL kickte in jenen Tagen auf dem seit 1907 genutzten Sportplatz Gartlage. Erst als jener im Sommer 1939 nationalsozialistischen Expansionsplänen weichen musste, wechselten die Lila-Weißen an die Bremer Brücke, wo im selben Jahr eine niedliche Sitzplatztribüne mit 500 Plätzen entstanden war. Nach dem Zweiten Weltkrieg erklomm der VfL allmählich die höheren Sphären des Ligafußballs. In legendären Oberligazeiten zählte man sogar zum Besten, was Norddeutschland zu bieten hatte. Angesichts des sportlichen Höhenfluges geriet die in den letzten Kriegstagen schwer beschädigte Bremer Brücke nach ihrer Wiedereröffnung am 27. Juli 1946 gleich an ihre Grenzen und war mit 30.000 Plätzen des Öfteren zu klein für das als begeisterungsfähige Heimpublikum.

Da während der Erfolgsjahre kaum ein Pfennig in die Erhaltung der Bremer Brücke gesteckt worden war, bot die Arena in den späten 60er Jahren einen jämmerlichen Anblick. Als der VfL 1969 die Bundesliga-Aufstiegsrunde erreichte, war daher guter Rat teuer. Eilig wurde eine provisorische Stahlrohr-Tribüne installiert, ehe sich Stadt und VfL gemeinsam an den völligen Umbau machten, der sich allerdings Ewigkeiten hinzog. Erst in der Ära Piepenbrock, einem schwerreichen Reinigungsfirmenbesitzer, der die Lila-Weißen mit Macht (und Geld) in die Bundesliga führen wollte, wurden Nägel mit Köpfen gemacht. 1975 wurde eine neue Haupttribüne eröffnet, der wenig später Flutlichtanlage, neu gestalteter Eingangsbereich und die beiden überdachten Hintertortribünen folgten.

Kleinere Renovierungsmaßnahmen schlossen sich an, so dass aus der maroden Bremer Brücke bald ein echtes Schmuckstück wurde, in dem selbst bei geringen Zuschauerzahlen prächtige Stimmung aufkommt. Einziges Manko ist die noch immer unüberdachte Gegengerade, für deren Umbau bereits Pläne bereitliegen. Nichtsdestotrotz ist das »Piepenbrock-Stadion« ein »Erlebnispark« im wahrsten Sinne des Wortes, was vor allem der ausgezeichneten Atmosphäre zu verdanken ist. Heim- und Gästefans stehen in der reinen Fußball-Arena auf überdachten Rängen, das Spielfeld ist zum Greifen nahe und der VfL bevorzugt stimmungsvolle Flutlichtspiele. Was will man da mehr?

Ungeachtet der jüngsten sportlichen Pannen versammelt sich weiterhin regelmäßig eine ansehnliche Zahl Fans in der Ostkurve, wenn der VfL zum Ball bittet. Osnabrücks Fans sind als lautstark bekannt und die Gesangsbereitschaft ist überproportional hoch. Auswärts wird der VfL stets von einer vielköpfigen Schar begleitet. Grundsätzlich gelten VfL-Fans als freundlich, wiewohl sich auch Gewalt suchende Rowdies an der Bremer Brücke verirren können. Gästefans werden auf der Westtribüne untergebracht, welche für gewöhnliche Begegnungen ausreichend Platz bietet. Sicht ausgezeichnet, Stimmungsfaktor hoch.

Sitzplätze: 13-18 €
Stehplätze: 4,50-8,50 €
Gäste: Westtribüne

Rollis Am Spielfeldrand. **Fanshop** Buden an den Eingängen (auch zum Gästeblock). **Lesen** »VfL-Aktuell«, 50 Cent, A4, farbig, ausgezeichnet recherchierte Artikel, vorzügliche Gästevorstellung, überaus lesenswert: Note 1! **Essen** Super! Pizza, Gyrosbrötchen, Pommes, Bratwurst, Krakauer - was immer das Herz begehrt. **Trinken** Echtes Bier, Cola, Fanta, Sprite, Kaffee. **Klo** Zahlreich vorhanden, sauber und gut. **Kneipen** Das »Video-Clip Café« gegenüber der Arena ist Lieblingsstätte der VfL-Fans. Weitere Lokalitäten aller Art finden sich auf beiden Seiten/Richtungen der Bremer Straße.

STADION ⚽⚽⚽ STIMMUNG ⚽⚽⚽ SERVICE ⚽⚽ STRESS ⚽

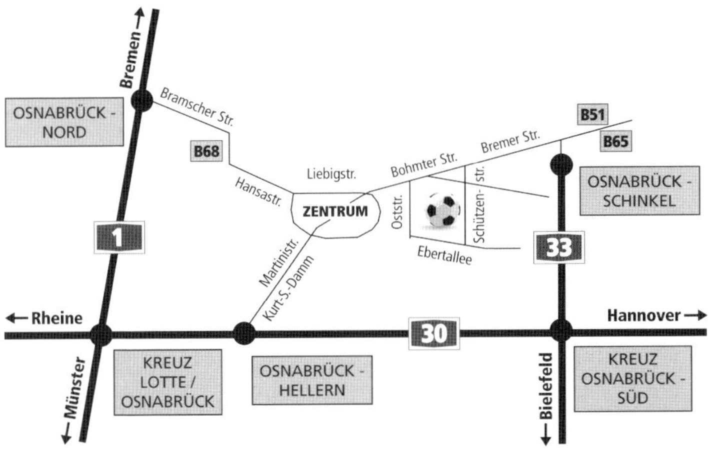

Von **Bremen**: Über die **A1** bis zur Abfahrt **Osnabrück-Nord**, dann weiter auf der **B68** gen Innenstadt. Nach ca. drei Kilometern hinter der Eisenbahnbrücke **links** in die Liebigstraße, dann links in die Bohmter Straße, die später zur Bremer Straße wird. Aus Richtung **Hannover**: Über die **A30** bis Kreuz Osnabrück-Süd, einige Kilometer weiter auf der **A33** und an der Ampelkreuzung **links** in die Bremer Straße.
Aus dem **Ruhrgebiet**: Über die A1 bzw. A20 bis **Kreuz Lotte/Osnabrück**, dann weiter auf der A30 bis **Osnabrück-Hellern**. Die City durchqueren und zur Bremer Straße.
Parken: Einige wenige Straßenparkplätze. Am besten den **ausgeschilderten** Parkplatz Halle Gartlage benutzen, von dort rund zehn Minuten Fußweg. Achtung: Bei stärkerem Besuch kommt es nach dem Spiel zu ellenlangen Staus!

Aus dem Bahnhofsgebäude raus und **rechts** halten, über die **Fußgängerbrücke** und der Humboldt- und Bohmter Straße zum Stadion folgen (ca. 20 Minuten). Oder aber ab Neumarkt mit der **Buslinie 71** bis Bremer Brücke.

SC PADERBORN 07 e.V.

PADERBORN: Hermann-Löns-Stadion

Baujahr: 1948

Kapazität: 12.000
Stehplätze: 10.155
Sitzplätze: 1.845

Foto: Chris Müller

SC Paderborn, Hermann-Löns-Str. 127, 33104 Paderborn
Tel: 05254-4500 , Fax: 05254-4549
www.scpaderborn07.de

Hermann Löns war nicht etwa der erste Nationalspieler des SV Schloß Neuhaus, sondern ein Schriftsteller (1866-1914), dessen Werke, u.a. »Mümmelmann« und »Was da kreucht und fleucht«, von der Liebe zur Lüneburger Heide geprägt sind - dies nur als kleiner Exkurs für all die, die gerade Kreide holen waren, als der Kerl in Deutsch oder Heimatkunde durchgenommen wurde. Ob das Stadion, in dem der SCP derzeit kickt, nun explizit und bewusst nach dem volkstümlichen Dichter benannt wurde, der mit Paderborn eigentlich wenig bis gar nix zu tun hatte, oder aber nach der angrenzenden Straße, der Hermann-Löns-Straße halt, war nicht zu eruieren. Letzteres ist wohl wahrscheinlicher und hört sich in der Tat ja auch besser an als »Thunhof-Arena« oder »Bieleken-Kampfbahn« - so die Namen der umgebenden Gassen.

Doch Hermann hin, Löns her, das Paderborner Stadion entstand in der Nachkriegszeit als biederer Sportplatz und erlebte seine erste einschneidende bauliche Veränderung 1982, nachdem der TuS Schloß Neuhaus den Sprung in die Zweite Liga geschafft hatte: In Eigenleistung zog man eine überdachte Sitzplatztribüne hoch, auf der sich maximal 1.845 Menschen drängeln konnten, und erweiterte das Fassungsvermögen auf 15.000 Plätze. Ein Jahr später war der Klub aber schon wieder abgestiegen und kam trotz der Fusion mit dem 1.FC Paderborn von 1985 sportlich zunächst nicht mehr so recht auf die Beine. Kein Wunder, dass man erst 1995 wieder Hand ans Stadion legte: Ein neuer Sicherheitszaun verschmälerte die Laufbahn um zwei Meter.

Auf Initiative von Präses Wilfried Finke, der 1997 die Umbenennung in SC Paderborn 07 durchsetzte, war die Laufbahn bald ganz verschwunden: Aus der einstigen Mehrzweckanlage war ein reines Fußballstadion geworden, das im Januar 2000 beim Ablösespiel für Antonio di Salvo gegen Bayern München den Rekordbesuch von über 10.000 Zuschauern verzeichnen konnte.

So viele Menschen passen heute nicht mal mehr annähernd in die Arena. Denn v.a. die Gästekurve befindet sich in einem derart baufälligen Zustand, dass sie von der Stadt teilweise gesperrt werden musste. Statt 5.000 dürfen momentan nur noch maximal 1.240 Auswärtige in den Block, insgesamt ist die Kapazität auf knapp 5.000 Zuschauer gesunken. Neubaupläne liegen in der Schublade, doch der Baubeginn steht in den Sternen - wie das in solchen Fällen ja immer der Fall ist.

Langsam läppert sich da in Paderborn eine kleine, aber feine Fanszene zusammen. Mittlerweile existieren drei Fanclubs, zahlreiche »ungebundene« Anhänger, ein fester Stamm von 30 Allesfahrern sowie einige Ultra-Gruppen, die ihre Schwenkfahnen und Doppelhalter vom traditionellen Stammplatz auf der Gegengeraden (Block H-K) aus präsentieren. Auswärtige Anhänger gehören in die Kurve gegenüber vom Verwaltungsgebäude (Block F/G) und können sich in Paderborn generell auf einen ruhigen Nachmittag einstellen. Mitunter auch auf einen sehr ruhigen...

Sitzplätze: 9-13 €
Stehplätze: 4,50-6,50 €
Gäste: Block F + G

Preise Ermäßigungen nur für Rentner und Studenten. Jugendliche im Alter von 6 bis 14 Jahren stehen für 2,50 €, der Sitzplatz kostet 5 €. **Rollis** Ermäßigter Preis (oder auch freier Eintritt, kommt auf die Laune der Kassenwärter an), Plätze im Innenraum. **Fanshop** Kleiner Stand unterhalb der Geschäftsstelle. **Lesen** Das »Go for Goal« liegt kostenlos aus. Eventuell gibt's bald auch ein Fanzine... **Essen** Bratwurst, Currywurst, Pommes und Kuchen - alles recht schmackhaft. Respekt. Ferner Süßes und Eis. **Trinken** Das Bier (1,90 €) heißt Warsteiner, fließt bei Risikospielen jedoch nur in der leichten Variante in den Pfandbecher. Ferner Softdrinks, Kaffee und im Winter Glühwein. **Kneipen** Im Umfeld ist der Hund begraben. Nix wie ab ins Zentrum, in dem man sich z.B. nach dem »Kump« (Westerntor) oder aber »Bei Berni« (Riemekestraße) durchfragen kann.

STADION · **STIMMUNG** · **SERVICE** · **STRESS**

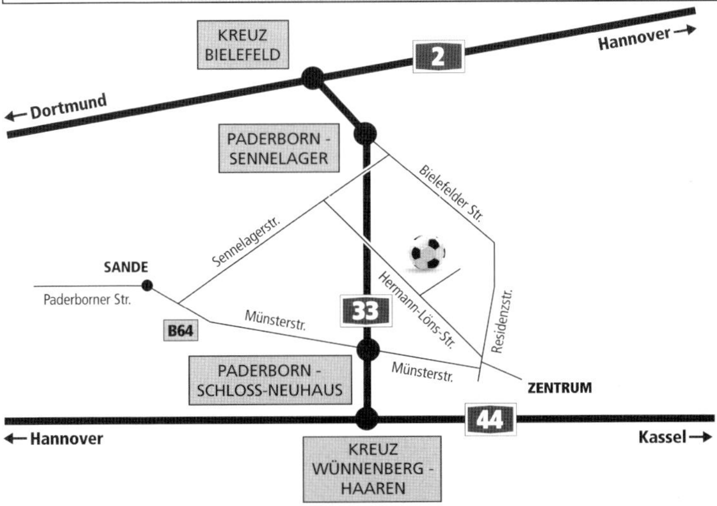

Von **Dortmund** oder **Hannover**: die **A2** bis zum Kreuz Bielefeld, dort auf die **A33** gen Kassel und an der Abfahrt **Paderborn-Sennelager** heraus. Rechts auf die Bielefelder Straße und ab Sennelager der Ausschilderung »Hermann-Löns-Stadion« folgen. Die Paderborner Arena liegt nach wenigen Metern am Ende eines Wohngebiets auf der **linken** Seite. Achtung: Die Hermann-Löns-Straße wird gelegentlich in stadtauswärtiger Richtung **gesperrt**!

Von **Kassel** oder **Soest**: die **A44** bis zum Kreuz Wünnenberg-Haaren, dort auf die **A33** gen Bielefeld und an der Abfahrt **Paderborn-Schloss Neuhaus** heraus. Nun links auf die Münsterstraße, an der ersten Kreuzung links auf die Residenzstraße, die in die Bielefelder Straße übergeht, von der wiederum nach kurzer Zeit links die Hermann-Löns-Straße abzweigt. Wer sich in Paderborn **verfranzt** hat, folge der Beschilderung nach »Schloss Neuhaus«, ab dort ist das Stadion gut ausgeschildert. Mit dem **Parken** gibt es im Normalfall keinerlei Probleme, zur Not weiche man auf die Stellplätze am **Hatzfelder Platz** aus.

Vom Bus- am **Hauptbahnhof** fährt man mit einer der zahlreichen **Buslinien**, z.B. 1, 8, 346, 440 oder 444, bis **Schloss Neuhaus**, Hatzfelder Platz oder **Schloss** und steigt **dort** in die »Padersprinter«-Linie **58** (gen Sande Hagebuttenweg) um, die nach wenigen Minuten am Hermann-Löns-Stadion hält.

PFORZHEIM: Stadion Brötzinger Tal

Baujahr: 1913

Foto: Darren Olliphant

Kapazität: 8.338
Stehplätze: 7.400
Sitzplätze: 938

1.FC Pforzheim, Adolf-Richter-Str. 3, 75179 Pforzheim
Tel: 07231-441518, Fax: 07231-451458

Das wäre doch mal eine tolle Frage für »Wer wird Millionär«: Wer stand 1906 dem VfB Leipzig im Endspiel um die deutsche Meisterschaft gegenüber: 1.FC Nürnberg, Hertha BSC Berlin, SpVgg Fürth oder 1.FC Pforzheim? Günther Jauch hätte seine helle Freude am Rätselraten der Kandidaten, denn dass die richtige Antwort »1.FC Pforzheim« heißt, darauf würde wohl kaum einer kommen. Doch die Kicker aus der Goldmacherstadt zählten tatsächlich einst zu den ganz Großen im Lande - wenngleich sie 1906 mit 1:2 verloren und »nur« Vizemeister wurden.

Passenderweise eröffnete der 1.FC Pforzheim - lokal nur »Club« genannt - bereits 1913 eine Stadionanlage, die sich sehen lassen konnte und überall Neid auslöste. Es handelt sich um das heutige Areal, womit zugleich deutlich wird, dass Pforzheim sowohl sportlich als auch in puncto Infrastruktur inzwischen etwas den Anschluss verpasst hat. Heute liegt die schnuckelige, aber dringend renovierungsbedürftige Arena inmitten eines öden Gewerbegebietes und ist begehrlichen Blicken der umgebenden Großfirmen ausgesetzt, die das Gelände liebend gerne zu Erweiterungszwecken erwerben würden.

Historisch betrachtet hat das Stadion Brötzinger Tal alles, was eine typische Vereinsanlage aus der Frühzeit des organisierten Gekickes auszeichnet: Der Haupteingang liegt schräg über Eck, die Tribüne steht an der Hauptgeraden und das Klubheim ist gleich nebenan. Die ganze Angelegenheit ist von einem Betonzaun umsäumt, liegt, na ja, »idyllisch«, am Fluss und hat reichlich Parkfläche aufzuweisen. Aus jenen Tagen, in denen der Klub noch regelmäßig 10.000 und mehr Fans anlockte, resultieren die recht hohen Stehränge, die auf der Gegengeraden und hinter beiden Toren zu finden sind. Die imposante Tribüne ist übrigens bereits die zweite, die in Pforzheim errichtet wurde, denn 1913 entstand ein 800 Plätze bietendes Holzensemble, das 1943 dem Krieg zum Opfer fiel. 1950 wurde der Neubau eröffnet - eine vorbildliche Stahlbeton-Skelettkonstruktion, deren unterste Reihe vier Meter über dem Spielfeld liegt und insofern beste Sicht bietet.

Ab den 60er Jahren ging es bergab mit Pforzheims Fußballstolz und bester Balltreterhütte. 1967 erwarb die Stadt ein Nebenfeld und versprach ein neues Stadion auf der Wilferdinger Höhe (bis heute nicht gebaut), 1968 hob ein Sturm das Tribünendach ab und 1974 entledigte sich der 1.FC seiner Schulden durch Verkauf des Stadions an die Stadt. Ob es sich gelohnt hat? Fraglich! Der Klub hat bis heute zahlreiche vergebliche Versuche hinter sich, endlich dem Einerlei der Oberliga (oder gar darunter liegender Klassen) zu entkommen. Sporadisch bricht in der Goldstadt das Fußballfieber aus, lockt bis zu 12.000 Fans an (Pokalspiel gegen Werder Bremen 1988, als auf der Gegengeraden eine Zusatztribüne aufgebaut wurde), doch weitaus häufiger zittern FCP und seine Fans ums schiere Überleben. Das tut auch das Stadion Brötzinger Tal, dessen Tage gezählt sind, denn irgendwann in naher Zukunft soll die schon 1970 versprochene Arena im Gewerbegebiet Wilferdinger Höhe entstehen. Knapp fünf Mio. Euro soll der Verkauf des alten FC-Platzes bringen - genug, um an anderer Stelle eine Arena mit rund 10.000 Plätzen zu errichten. Also: schnell noch mal ins Brötzinger Tal!

Angesichts der nun schon jahrzehntelangen sportlichen Berg- und Talfahrt ist es erstaunlich, mit welcher Liebe und Hingabe Pforzheims Fans noch immer zu ihrem Klub stehen. Zweifellos würde der 1.FC im Falle eines Aufstiegs in Liga 3 (oder gar darüber hinaus) sofort zu den Zuschauerhochburgen avancieren, denn die Goldstadt lechzt geradezu nach hochklassigem Fußball. Die, die auch mit Oberligakicks zufrieden zu stellen sind und den Klub schon jetzt lautstark unterstützen (oft gesehenes Transpi »Pforzheim on tour«), finden sich auf der Hintertorseite am Fluss. Gästefans stehen gegenüber, dort befindet sich seit dem Aufstiegsrundenkick gegen 1860 München (1991) ein Zaun. Pforzheim kann in besonderen Situationen unfreundliche Geschöpfe anlocken, weshalb einzeln reisende Gästefans durchaus ein vorsichtiges Auge auf ihre Umgebung werfen sollten.

Sitzplätze: 8 €
Stehplätze: 4-5,50 €
Gäste: Hintertortribüne

Rollis Spielfeldrand. **Fanshop** Ein fliegender Händler im Eingangsbereich. **Lesen** Ein je nach finanzieller Lage ausfallendes, liebevoll gemachtes Blättchen. **Essen** Wurst. **Trinken** Bier und allerlei Softdrinks. **Klo** Im Vereinsheim. **Kneipen** Das sehenswerte Vereinsheim vermittelt rasch einen Eindruck der reichen FCP-Tradition. Herrliche Wimpel und Fotos, dazu ein kühles Bier - perfekt.

STADION STIMMUNG SERVICE STRESS

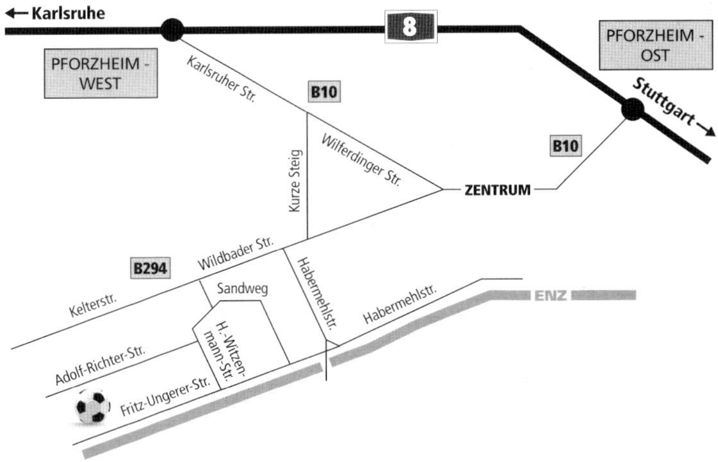

Über die **A8** aus Richtung **Karlsruhe**: bis zur Abfahrt **Pforzheim-West** und weiter auf der **B10** Richtung Zentrum. Dort angekommen rechts auf die **B294** (Richtung Freudenstadt) und **links** über die Bahn in den Sandweg zur Adolf-Richter-Straße. Über die **A8** aus Richtung **Stuttgart**: bis Abfahrt **Pforzheim-Ost** und weiter auf der **B10** in Richtung Zentrum. Dort am Bahnhof vorbei und auf die B294 (Richtung Freudenstadt), links über die Bahn in den Sandweg und zur Adolf-Richter-Straße zum Stadion. **Parken** ist absolut kein Problem.

Die **Stadtbuslinie 10** (Richtung Gülichstraße) verbindet den Pforzheimer **Hauptbahnhof** bzw. den ZOB an Steig 5 mit dem Stadion an der **Adolf-Richter-Straße**. Die Fahrt dauert eine knappe Viertelstunde.

PFULLENDORF: Waldstadion

Foto: Hardy Grüne

Baujahr: 1955

Kapazität: 10.000
Stehplätze: 9.500
Sitzplätze: 500

SC Pfullendorf, Am Einfang 33, 88630 Pfullendorf
Tel: 07552-1833, Fax: 07552-1833
www.sportclub.pfullendorf.de

Auf den Besucher wirkt das Waldstadion eher unschuldig und gemütlich. Nichts ist zu ahnen von seiner turbulenten Vergangenheit, keine Anzeichen zu finden von der Mühe, der Kraft und auch dem Geld, das die Arena schon verschlungen hat, seit sie 1955 ihrer Bestimmung übergeben wurde.

Pfullendorfs erstes Fußballfeld befand sich dort, wo heute das sog. »Linzgau-Center« steht. 1931 hatte man dort ein Spielfeld geschaffen, das nach dem Zweiten Weltkrieg zunehmend Sorge bereitete. Zu klein war es für den aufstrebenden SCP, so dass man sich nach einem neuen Gelände umsehen musste. Anfang der 50er Jahre wurden die Pfullendorfer im Tiefental fündig, wo in Eigenarbeit das »erste« Waldstadion entstand, das am 25. September 1955 eingeweiht wurde. Es handelte sich um eine idyllisch in den Wald eingebettete Anlage, die auf ihrem Südhang einige Sitzplätze aufwies und den Zwecken des seinerzeitigen A-Ligisten vollauf genügte.

Doch kaum war die Freude über die neue Arena etwas verklungen, tauchten Probleme auf. Offensichtlich hatte man beim Bau an der falschen Stelle gespart, denn die Drainage ließ arg zu wünschen übrig. 1962 hatten die Rot-Weißen die Nase voll und machten sich an die Mängelbeseitigung. Übergangsweise zogen die Kicker auf ein »Theuerbach-Provisorium« genanntes Gelände um, derweil im Tiefental das »neue« Waldstadion entstand. Drei Jahre später konnten die Rot-Weißen zurückkehren und sich über eine schmucke Mehrzwecksportanlage freuen, die allerdings nur über einen Hartplatz verfügte. Doch auch der gehörte bald der Vergangenheit an, denn im August 1967 konnten ein gepflegter Rasenteppich sowie vorbildliche Umkleidekabinen in Empfang genommen werden.

Parallel zum sportlichen Aufschwung des SCP (1976 erfolgte der Aufstieg in die 1. Amateurliga) wurde mit dem Bau der überdachten Sitzplatztribüne begonnen, die am 8. Juli 1977 mit einem Freundschaftsspiel gegen den TSV 1860 München ihrer Bestimmung übergeben wurde. Neben 500 Sitzplätzen verfügte das Bauwerk über zusätzliche Umkleidekabinen sowie eine kleine Gaststätte. Anfang der 80er Jahre erreichte der sportliche Höhenflug des SCP mit dem Aufstieg in die Oberliga schließlich seinen ersten Höhepunkt, was dazu führte, dass das Waldstadion (und insbesondere der Tribüneninnenraum) aus allen Nähten platzte. 1983 wurde daher ein zweiter Rasenplatz eingeweiht, derweil das Waldstadion beim Pokalgastspiel des damaligen Bundesligisten Eintracht Braunschweig am 27. August 1984 mit 4.250 Zuschauern Rekordkulisse vermeldete. Wenig später rollten schon wieder Bagger an, denn die Tribüne wurde zum Ende der Saison 1988/89 zunächst komplett ab- und kurz darauf wieder aufgebaut. Hintergrund: Aus den ursprünglich 145 Quadratmetern Innenfläche wurden dadurch 320. Den nächsten Einschnitt gab es nach der Qualifikation zur Regionalliga. Ein Gästeblock entstand, das ganze Areal wurde auf Leistungsfußball getrimmt und seit 2001 leuchtet eine 700 Lux starke Flutlichtanlage dem SCP den Weg. Keine Frage: Pfullendorf darf sich über das wohl schönste Fußballschmuckstück zwischen Schwäbischer Alb und Bodensee freuen.

Allgemein erfreut sich der SCP großer Beliebtheit in der Region und verfügt - natürlich - auch über einen Fanclub. Er steht auf der Gegengeraden, nennt sich »Fair Play« und ist für gewöhnlich auch bei Auswärtskicks anzutreffen. Anhänger der Gastelf dürfen einen eigenen Eingang (links von der Tribüne) benutzen, der sie direkt in den angenehmen Gästeblock bringt. Mit Störungen seitens womöglich raufwütiger Einheimischer muss nicht gerechnet werden.

Sitzplätze: 12-15 €
Stehplätze: 6-7,50 €
Gäste: links von Tribüne

Rollis Am Spielfeldrand. **Fanshop** Im Eingangsbereich. **Lesen** Das »Pressing« gibt es umsonst und es bietet grundlegende Infos. **Essen** Wurst, Vegetarier gehen leer aus. **Trinken** Alkoholisches Bier, Cola, Fanta, Kaffee. **Klo** Akzeptabel. Im Gästeblock steht ein durchaus netter Klocontainer. **Kneipen** Erste Adresse ist natürlich das »Stadion-Restaurant«, alles Weitere findet sich im Pfullendorfer Zentrum.

STADION | STIMMUNG | SERVICE | STRESS

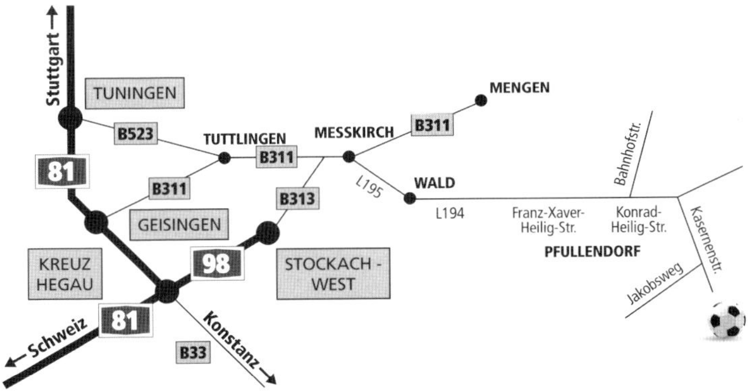

Von der **A81** aus Richtung **Stuttgart**: Bis zur Abfahrt **Tuningen**, dann weiter auf der **B523** Richtung Tuttlingen. Durch **Tuttlingen** hindurch und weiter auf der **B311** Richtung Messkirch. In Messkirch rechts weiter in Richtung Wald, Pfullendorf. In **Wald** schließlich links in Richtung **Pfullendorf**. In Pfullendorf selbst sodann auf der Franz-Xaver-Heilig-Straße Richtung Zentrum, am **Stadtsee** (links) vorbei und unmittelbar nach dem Stadtgarten **rechts** in die Kasernenstraße zum Stadion.
Aus Richtung **Singen**: Am Autobahnkreuz Singen auf die **A98** Richtung Stockach bis zur Ausfahrt **Stockach-West**. Stockach auf der **B313** (Richtung Messkirch, Sigmaringen) durchqueren und nach rund **20** Kilometern in der Ortschaft **Krumbach** rechts Richtung Sauldorf, Wald, Pfullendorf. In Pfullendorf weiter wie oben.
Parken: Am Anfang der Kasernenstraße befinden sich auf beiden Seiten Parkplätze. Ansonsten Straßenparken.

Ein echtes **Problem**. Mit dem Zug kommt man nur bis **Sigmaringen**, von wo aus die Überlandbuslinien **102** und **103** nach Pfullendorf fahren. Was **samstags** zumindest auf dem Hinweg noch **klappt** (Bus 103 verlässt Sigmaringen um 13.06 Uhr und kommt um 13.50 Uhr in Pfullendorf an), ist **nach** dem Spiel und während des gesamten Sonntags **unmöglich**.

PIRMASENS: Stadion Horeb

Foto: Hardy Grüne

Baujahr: 1912

Kapazität: 16.000
Stehplätze: 15.000
Sitzplätze: 1.000

FK Pirmasens, Zweibrücker Str. 150, 66954 Pirmasens
Tel: 06331-228190, Fax: 06331-120963
www.fkpirmasens.de

Anno 1999 feierte der Horeb ein erstaunliches Comeback. Dank eines ligainternen Tohuwabohus um den TuS Montabaur schaffte der FK Pirmasens plötzlich den verspäteten Sprung in die Regionalliga - zu schnell für die damals erschienenen »1.000 Tipps«. Von daher machen wir nun hiermit eine ausdrückliche Verbeugung vor dem Stadion an der Zweibrücker Straße - im Volksmund (nach dem mit 436,5 Metern höchsten Berg der Stadt) nur »Horeb« genannt. Verkehrstechnisch günstig an einer Ausfallstraße gelegen, weist es von innen wie außen historisches Ambiente auf und besitzt auf seiner Gegengeraden die wohl kultigste Bratwurstbude im höherklassigen Fußball: »Pronto FKP« steht da in dicken Lettern an dem Bretterverschlag - schöner kann man die Liebe zum Verein nicht ausdrücken. Stadion-Nostalgikern sei zudem der Eingangsbereich mit den wohlgeformten Kassenhäuschen ans Herz gelegt.

Doch der Horeb hat weitaus mehr zu bieten. Er ist eine schnuckelige Fußballarena mit einer im deutschen Fußball wohl einzigartigen, in das Vereinsheim integrierten überdachten Tribüne (oder ist es anders herum?), auf der rund 1.000 Menschen Platz nehmen können. Die Gegengerade (der Heimfan spricht von »Stäbachseit«) zieht sich steil gen Himmel und bietet locker 10.000 Fans Platz, derweil die Kurven den Rest der derzeitigen Kapazität von 16.000 ausmachen. Dass Pirmasens einmal eine bessere Adresse im deutschen Fußball und gemeinsam mit dem heute übermächtigen FCK zeitweise sogar Nr. 1 im Südwesten war, ist unverkennbar. Da sind der zweitligatypische Zaun, die längst verblichenen großen Werbebanner in der Kurve und die Blockabtrennungen, die freilich erst 1999 zum Regionalliga-Aufstieg installiert wurden.

Ein Blick in die Historie des Horebs - im Alten Testament übrigens der »Berg der Verheißung«...: 1912 eingeweiht, war er von Beginn an mit einer kleinen Holztribüne ausgestattet, auf der der in Pirmasens nur »die Klub« genannte FKP u.a. die Stadionfinanzierer von der Bürgerbräu Pirmasens AG (beteiligte sich mit 20.000 Goldmark) unterbringen konnte. Dass diese auch heute noch mit dem FKP verbunden sind, bezeugt die Werbeplanke am Tribünendach, denn »Parkbräu - ein Bier, mit dem man Freundschaft schließt« ist nichts anderes als der Nachfolger von Bürgerbräu. Genug der Werbung. 1926 wurde die kleine Holztribüne durch eine deutlich größere ausgetauscht, die im Zweiten Weltkrieg dem Bombenhagel zum Opfer fiel. Aus jenen Tagen resultiert auch die Verbindung zwischen Tribüne und Vereinsheim. Nach dem Krieg entstand die heutige Tribüne und der FKP mischte munter im Spitzenfußball mit. Im Dezember 1953 wurde mit 25.000 Zuschauern im Oberligaschlager gegen den FCK Rekord aufgestellt - »die Leute standen auf der Aschenbahn, 5.000 haben bestimmt nichts gesehen«, erinnerte sich Ehrenpräsident Rein später. Zu großen Spielen wich der FKP regelmäßig ins Südweststadion Ludwigshafen aus.

Ab den 70er Jahren ging es bergab mit FKP und Horeb. Dem spektakulären Zweitligaabstieg 77/78 (ein Sieg in 38 Spielen, 120 Gegentore) folgte der allmähliche Absturz in die Tiefen des Amateurfußballs. Zuletzt hatten sich im Schnitt nur noch 388 Unverbesserliche die Oberligakicks der Blau-Weißen angetan. 1997 kam der FKP zurück. Zwei Jahre Oberliga, dann das eingangs erwähnte Regionalligajahr - inzwischen ruht höherklassiger Fußball auf dem Horeb wieder auf stabileren Füßen. Dem Stadion tat die sportliche Renaissance gut: Es bekam einen neuen Rasenteppich und wurde an allen Ecken und Enden ausgebessert und verschönert. Es ist folglich ein echtes Schmuckkästchen - allerdings eines ohne große Zukunft. Denn Pirmasens-OB Dr. Matheis sähe den FKP am liebsten spätestens 2005 auf der Husterhöhe spielen, wo ein neues Stadion entstehen soll.

Eine lustige kleine Meute, lautstark und feier-erprobt, mit großen Fahnen und heimlichen Bengalos ausgestattet - Pirmasens' Fanszene lebt (wieder). Der sportliche Höhenflug der letzten Jahre hat auch in der alten Schuhstadt eine Fußballeuphorie ausgelöst, wobei dies angesichts der allgegenwärtigen Roten Teufel ein echtes Kunststück war. Diejenigen Einheimischen, die dem lobenswerten Motto »support your local football club« folgen, treffen sich auf Gegengeraden, derweil Gästefans ein Käfig auf der Fehrbacher-Seite (an den Kassenhäuschen) zugewiesen wird. Ein aufmerksamer Blick beim Anmarsch kann in Pirmasens nicht schaden.

Sitzplätze: 11 €
Stehplätze: 5-7 €
Gäste: Fehrbacher Kurve

Rollis Spielfeldrand. **Fanshop** Liebevoll bestückt. **Lesen** Ein A4-Heftchen mit den allernötigsten Infos. **Essen** Wurst und Pizza (in der Tribüne). **Trinken** Echtes Bier und die üblichen Softdrinks, im Winter Glühwein. **Klo** Im Vereinsheim. Rustikal. **Kneipen** Vereinsheim, ansonsten eher mau. In die Innenstadt sind es gut 15 Minuten.

STADION ⚽⚽ STIMMUNG ⚽⚽ SERVICE ⚽ STRESS

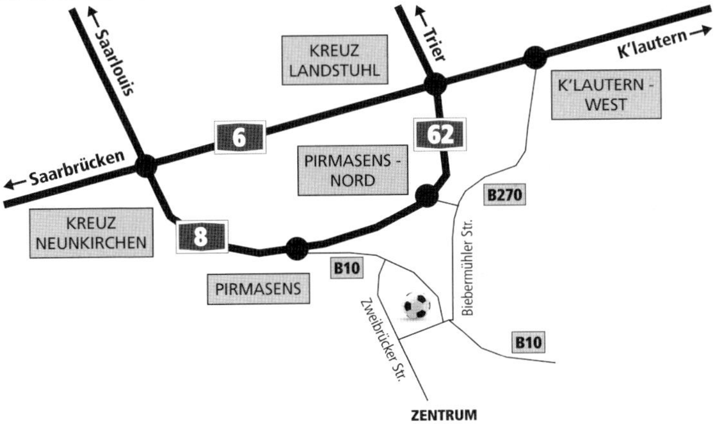

Über die **A6** aus Richtung **Kaiserslautern**: Bis zum **Kreuz Landstuhl**, dann weiter auf der **A62** bis zur Abfahrt **Pirmasens-Nord** und auf der **B270** gen Zentrum. Rechter Hand taucht alsbald das Stadion auf.

Über die **A6** von **Saarbrücken**: am Kreuz Neunkirchen auf die **A8**, bis Abfahrt **Pirmasens** und auf der **B10** weiter Richtung Zentrum zum Stadion. **Parken** kann man am besten auf den entsprechenden Flächen der nahe gelegenen Aldi- und Minimal-Märkte.

Zu Fuß nimmt die Strecke rund **15 Minuten** in Anspruch: den Bahnhof nach rechts verlassen, über die **Brücke** hinweg und immer der Straße nach bis zur Kreuzung, an der eine Aral- und Jet-Tankstelle sowie ein Mercedes-Händler ansässig sind. **Links** abbiegen und nach 300 Metern das Stadion entern.

PLAUEN: Vogtlandstadion

Baujahr: 1935

Foto: Hardy Grüne

Kapazität: 12.000
Stehplätze: 10.600
Sitzplätze: 1.400

VFC Plauen, Nach dem Stadion 25, 08525 Plauen/Vogtland
Tel: 03741-550780, Fax: 03741-550785
www.vfc-plauen.de

Lange Zeit war das Vogtlandstadion für an Architekturgeschichte interessierte Fußballfans eine wahre Fundgrube, denn nirgendwo sonst konnte man die zu Stein gewordenen Vorstellungen nationalsozialistischer Sportstättenphilosophie komprimierter vorfinden und besser studieren. Alle klassischen Attribute waren vorhanden: Mehrzweckkampfbahn, sanft ansteigende und verhältnismäßig breite Tribünenränge mitsamt rustikalen Sitzgelegenheiten, das unvermeidliche Marathontor und natürlich der allgegenwärtige, Naturnähe vermittelnde Wald.

Inzwischen hat in der 1935 eröffneten Arena allerdings die Moderne Einzug gehalten, denn seit dem Aufstieg des heimischen Vogtländischen FC in die Regionalliga (1996) ist nahezu permanent an dem Stadion gewerkelt worden. Heraus kamen u.a. eine Anzeigetafel (1994, in der Südkurve), eine Flutlichtanlage (am 8. Oktober 1997 mit einem Freundschaftsspiel gegen Arminia Bielefeld eingeweiht) und seit dem 1. April 1999 (0:2 gegen den VfB Leipzig) endlich auch eine überdachte Tribüne mit 1.400 Sitzplätzen, auf die sie in Plauen besonders lange haben warten müssen. Inzwischen ist aus der zuvor eher faden Sportarena ein nettes Fußballstadion geworden, dessen Entwicklung, wie die des VFC, wohl noch längst nicht beendet ist. Rund 12.000 Menschen passen derzeit in das Vogtlandstadion, das einst für 25.000 konzipiert und zu DDR-Zeiten vom Zweitligisten Vorwärts Plauen genutzt worden war. Großen Fußball sah die Arena allerdings nur selten, denn Plauens Fußballer - gleich ob nun Vorwärts oder VFC-Vorläufer Motor WEMA, der allerdings in der Regel im so genannten »Lindentempel« kickte - dümpelten zumeist in der zweiten oder dritten Liga herum. Lediglich Mitte der 60er Jahre gab es einen klitzekleinen Aufschwung. 1964 beispielsweise strömten zu einem Punktspiel zwischen Motor WEMA Plauen und Motor Karl-Marx-Stadt mehr als 15.000 Neugierige. Fünf Jahre später lockte die UEFA-Juniorenturnier-Partie zwischen Bulgarien und der Bundesrepublik Deutschland sogar die Rekordkulisse von 20.000 in Plauens Norden.

Nach Freigabe der neuen Tribüne, die übrigens in der Mitte geteilt ist, weil das Marathontor nicht angetastet werden durfte, präsentiert sich das Stadion in einem ausgezeichneten Zustand und harrt der Dinge, die da kommen. Für den Besucher ist jedenfalls klar: Ein Sonntagnachmittag im landschaftlich reizvoll gelegenen Vogtlandstadion ist alles andere als vertane Zeit.

Der VFC ist die Fan-Hochburg im Vogtland. Wie eine Wand stehen die Plauener hinter ihren Schwarz-Gelben - und das spätestens seit 1995/96, als der VFC in der erfolgreichen Oberligasaison einen Zuschauerrekord nach dem anderen aufstellte. Plauens

Fan-Clubs hören auf Namen wie »Mitte e.V.« , »Biene Willy«, »Wemaner« oder »Boys Viscus Plawe« und sind auch auswärts stets vertreten. Während die Plauener ihren VFC inzwischen nahezu vorbildlich unterstützen, klagt der VFC allerdings zugleich über mangelndes Interesse der Fans aus der Region am höchstklassigen Fußballklub des Vogtlandes.

In puncto Gewalt ist das Vogtlandstadion eine hermetisch abgeriegelte »friedliche Insel inmitten rauer und nicht ungefährlicher See«. Während Gästefans bekanntlich in anderen sächsischen Fußballarenen auf der Hut vor eventuellen Krawallmachern sein müssen, herrscht in Plauen nette Atmosphäre - was allerdings nur bedingt für Ordnungsdienstler und Polizisten gilt. Die Sicht vom Gästeblock in der Südkurve (neben der Anzeigetafel) ist unumwunden als gut zu bezeichnen.

Sitzplätze: 6,50-8 €
Stehplätze: 3,50-4,50 €
Gäste: Südkurve

Rollis Auf der Laufbahn. **Fanshop** Über Geschäftsstelle. **Lesen** »VFC-Journal«, A5, farbig, 1 €, ausgezeichnet. **Essen** Wurst. **Trinken** Bier, Cola, Fanta, Wasser, Kaffee. **Klo** Auf der Tribünenseite, gut. **Kneipen** Im Stadionumfeld mau. Wem die Stadionklause nicht genügt, der macht sich am besten auf den Weg Richtung Zentrum.

STADION STIMMUNG SERVICE STRESS

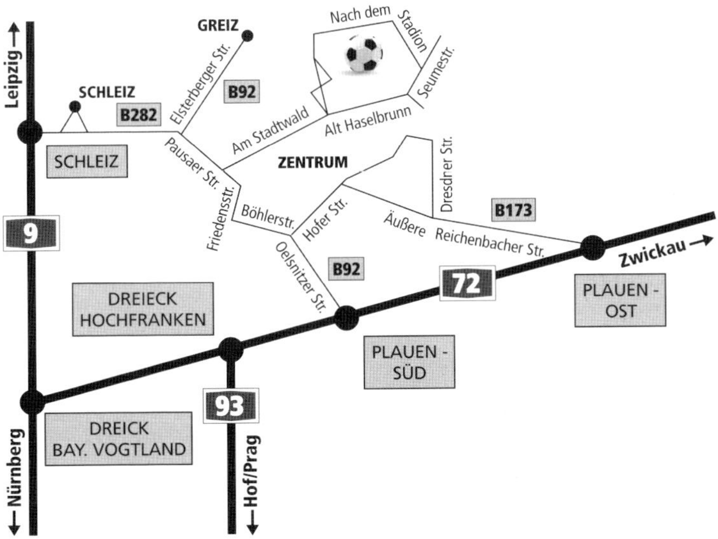

Von **Zwickau**: Die **A72** an der Ausfahrt **Plauen-Ost** verlassen und auf der **B173** in Richtung Falkenstein bzw. Plauen. Die Äußere Reichenbacher Straße wird bald zur **Dresdener Straße**, durch Chrieschwitz hindurch und kurz hinter der Ortseinfahrt Plauen (nach Überquerung des Flüsschens) rechts in die **Chamissostraße**. Nach etwa 750 Metern rechts auf die Jößnitzer Straße und schließlich links in die Chrieschwitzer Straße, die zum **Ziel** der Reise, der Straße »Nach dem Stadion« führt. Fußballreisende von **Leipzig** wählen auf der **A9** die Abfahrt Schleiz und fahren auf der **B282**, die später zur B92 (Pausaer Straße) wird, gen Plauen. Dort links in die Alte Pausaer Straße/Am Stadtwald und durch bis zum Stadion. **Parken:** Bei normalen Begegnungen ist ausreichend Parkraum im Umfeld des Stadions vorhanden, bei Spitzenspielen muss man eben ein bisschen weiter weg parken.

Mit der **Straßenbahn** Nummer **1** oder **4** kommt man vom **Hauptbahnhof** bis zum **Stadtwald** (Richtung Plamag), von wo aus es noch rund **zehn Fußminuten** zum Stadion sind.

POTSDAM: Karl-Liebknecht-Stadion

Baujahr: 1976

Kapazität: 9.254
Stehplätze: 7.772
Sitzplätze: 1.482

Foto: Hardy Grüne

SV Babelsberg, Karl-Liebknecht-Str. 35, 14482 Potsdam
Tel: 0331-705800, Fax: 0331-705813
www.babelsberg03.de

Die einen sprechen liebevoll vom »Karli«, die anderen bezeichnen es mit verklärten Augen als »Schmuckkästchen«. Egal, was einem lieber ist: Das Babelsberger Karl-Liebknecht-Stadion löst Emotionen aus, und zwar angenehme. Die reine Fußballarena zählt zweifelsohne zu den schönsten ihrer Art und ist auch atmosphärisch einen Besuch wert.

Fußball gespielt wird auf dem Gelände schon seit rund 50 Jahren. Irgendwann kurz nach dem Zweiten Weltkrieg entstand ein von einer Hand voll Stehtraversen umsäumtes Fußballfeld, das allerdings nicht gerade die Bezeichnung »Stadion« verdiente. Genutzt wurde es von der SG Babelsberg, die in den frühen 50er Jahren als Märkische Volksstimme bzw. Rotation Oberligafußball ins »Karli« brachte. Später kickten auch der SC Potsdam sowie SV 03-Vorläufer Motor in der an den Park Babelsberg grenzenden Arena.

Mitte der 70er Jahre wurde aus dem Karl-Liebknecht-Sportfeld dann das Karl-Liebknecht-Stadion, das am 10. Juli 1976 mit einem Spiel zwischen Motor Babelsberg und der DDR-Olympiaauswahl (0:5) eingeweiht wurde. Das komplett umgebaute Areal fasste rund 20.000 Menschen, von denen gut 1.000 in dem kombinierten Bauwerk »überdachte Tribüne/Sozialräume« Regenschutz fanden. Durchaus interessant die Tribünenüberdachung aus Wellblech, die so leicht ist, dass keine störenden Stützpfeiler nötig sind. Auch eine Lösung!

Anschließend hat das »Karli« sein angestammtes Outfit eigentlich nur unwesentlich verändert. Hier und dort wurde gepinselt und verputzt, in der Regionalliga gab es einen neuen Gästeblock, doch alles hielt sich im überschaubaren Rahmen. Daran änderte sich auch nach dem überraschenden Aufstieg in die Zweite Liga nicht wirklich viel. Neben intensiven Renovierungs- und Ausbesserungsarbeiten zur Erfülllung der DFB-Auflagen gab es allerdings Flutlicht (eingeweiht am 12. April 2002 mit einem 1:2 gegen Waldhof Mannheim) sowie - aufgrund der Sicherheitsvorschriften - eine Reduzierung der Kapazität auf unter 10.000 Plätze. Den damit verbundenen langfristigen Problemen mit den Funktionären des DFB entgingen die Babelsberger durch den direkten Wiederabstieg in die Regionalliga. Zumindest vorerst.

Lustig noch die Geschichte mit dem Flutlicht, um dessen Errichtung es monatelangen Gerichtsstreit gab. Nun steht es endlich und verfügt sogar über abknickbare Masten, damit man es leichter reinigen kann. Genial! Tatsächlich handelt es sich bei diesem Modell um so ziemlich das Modernste, was man auf dem Markt gegenwärtig bekommen kann. Das hat das »Karli« aber auch wirklich verdient! Fazit: Ein stimmungsvoller Ground, in dem die Zuschauer hautnah dabei sind. Für Liebhaber reiner Fußballarenen ist das Karl-Liebknecht-Stadion auch in der Regionalliga wieder Pflichtbesuch.

Das Schmuckkästchen hat ein Publikum, wie es ihm gebührt: Vielköpfig, lautstark, fachkundig und - bewiesen in der Saison 2001/02 - treu. Ein Besuch im »Karli« darf somit auch aus zuschauertechnischen Gründen empfohlen werden. Höchst lesenswert das regelmäßig erscheinende Fanzine »Abseits«, das im Stadion oder über den Verein zu erhalten ist. Darin liest man auch mal kritische Worte zum Thema Stadionsicherheit: Nichts Neues in Babelsberg, denn schon 1998 hatten die 03-Fans trotz massiver Proteste ihren angestammten Platz in der Nordkurve (Parkseite) aus sicherheitstechnischen Gründen räumen und den Gästefans überlassen müssen, sie nehmen seitdem zähneknirschend auf der Gegengeraden Platz. Achtung: Mitunter sind einige Anhänger der dritten Halbzeit zugegen. Vor allem nach dem Spiel sollte man daher ein wenig Obacht geben. Wer in friedlicher Absicht nach Babelsberg reist, ist ein gern gesehener Gast im frisch eröffneten Fanladen (Karl-Gruhl-Straße).

Sitzplätze: 13-21 €
Stehplätze: 8 €
Gäste: Block D + E

Rollis Am Spielfeldrand. **Fanshop** »Two Turtles«, Scharnweberstr. 70, 12587 Berlin, Tel. 030-6411097. **Lesen** »nulldrei«, kostet ebenso einen Euro wie die Fanzeitung »Abseits« (abseits03@gmx.de). **Essen** Bockwurst, Buletten und Kammsteaks. **Trinken** Echtes Bier, Cola, Sprite, Wasser, Kaffee und Obstwein. **Klo** Mäßig und zu wenige (Haupttribüne). **Kneipen** Entlang der Karl-Liebknecht-Straße in Richtung Potsdam finden sich zahlreiche Lokalitäten, Kneipen und Biergärten. Tipps: »Hiemke« (Karl-Gruhl-Str./Querstraße gegenüber vom Stadioneingang) oder das »Weisenhaus« am S-Bahnhof Babelsberg. Seit Frühjahr 2002 gibt es in der Karl-Gruhl-Str. 62 auch einen Fanladen.

STADION ⚽⚽⚽ **STIMMUNG** ⚽⚽ **SERVICE** ⚽⚽ **STRESS** ⚽

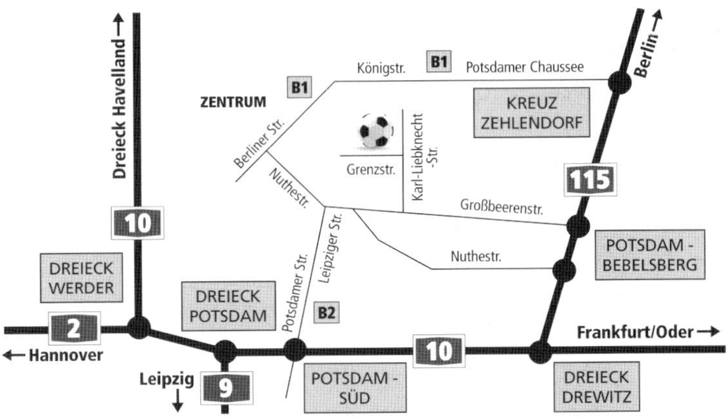

Die **A10** an der Abfahrt **Potsdam-Süd** (Michendorf, Beelitz) verlassen und weiter auf der **B2** nach Potsdam bzw. hinter der Ortsgrenze Richtung Zentrum/Babelsberg. Weiter auf der Friedrich-Engels-Straße (Richtung Park Babelsberg) bis zu einer ziemlich unübersichtlichen Kreuzung, an der es **links** in die Karl-Liebknecht-Straße geht (Richtung Hotel Alte Rennbahn, an der »Drogerie am Lutherplatz« vorbei). Nach rund zwei Kilometern taucht **links** das Stadion auf. **Parken:** Nahezu ausschließlich in den umliegenden Straßen, wobei der zur Verfügung stehende Parkraum eher knapp bemessen ist.

Vom Berliner Bahnhof **Zoo** fährt die **S-Bahn** (S7, Richtung Potsdam Hbf., an dem im Übrigen auch diverse Nahverkehrszüge halten) bis zur Haltestelle bzw. dem S-Bahnhof **Babelsberg**. Wer zu **faul** ist, die dann noch anstehenden knapp zwei Kilometer bis zum Stadion zu laufen, kann in einen **Bus** der Linie **694** (Richtung S Griebnitzsee/Süd) steigen und in knapp drei Minuten bis zur Haltestelle **Spindelstraße** rauschen.

REGENSBURG: Jahnstadion

Baujahr: 1926

Foto: Burkhard Schulz

Kapazität: 11.421
Stehplätze: 11.000
Sitzplätze: 421

Jahn Regensburg, Prüfeninger Str. 57a, 94049 Regensburg
Tel: 0941-22392, Fax: 0941-22330
www.ssv-jahn.de

Dass das Regensburger Jahnstadion noch einmal hochklassigen Ligafußball sehen würde, danach hatte es viele Jahre nicht ausgesehen. Während Traditionsklub SSV Jahn, der 1934 mit Torhüterlegende Hans Jakob sogar einen WM-Teilnehmer stellte, immer tiefer in den Sphären des bayerischen Amateurfußballs versankt, erklomm der von Ex-1860-Coach Karsten Wettberg betreute Lokalrivale Post/Süd die Höhen des süddeutschen Fußballs. Einzig in puncto Zuschauerzuspruch blieben die »alten« Verhältnisse gewahrt, denn mehr als 500 Fans lockten die Postler selten an - der SSV Jahn hingegen meldete häufig eine vierstellige Kulisse.

1999/2000 waren es durchschnittlich fast 1.700, die sich die Darbietungen der inzwischen von ... Karsten Wettberg trainierten Jahner anschauten und sich über das historische Kunststück freuten, als einziger Klub ausgerechnet zum Zeitpunkt der Regionalligafusion aus der vierten in die dritte Liga aufzusteigen. Sandhausen und der FSV Frankfurt waren gegen die Oberpfälzer chancenlos - und in beiden Fällen erwies sich das Jahnstadion an der Prüfeninger Straße als prall gefüllte Trutzburg. Passenderweise hatte eine vereinsinterne Umstrukturierung zum »Verlust« von rund zwei Millionen DM Defizit geführt, womit der lange Zeit vom Konkurs bedrohte SSV Jahn auch in wirtschaftlicher Hinsicht wieder wettbewerbsfähig war. Die Stadt Regensburg belohnte den Aufstieg und das damit verbundene erhöhte Medieninteresse mit einem neuen Rollrasen, auf welchem die SSV-Kicker dann bis in die Spitzengruppe der Regionalliga Süd vordrangen.

Dass das Jahnstadion heute überhaupt noch steht, war lange Zeit nicht zu erwarten gewesen. Die 1926 eingeweihte und nach dem Zweiten Weltkrieg auf ein heute unvorstellbares Fassungsvermögen von 25.000 Fans gebrachte Arena sollte nämlich längst dem Erdboden gleichgemacht und von schicken Wohnhäusern besetzt sein. Doch die Pläne, nahe der Donauarena, also dort, wo Eishockey-Oberligist EV Regensburg spielt - eine neue Arena zu bauen, scheiterten bislang am fehlenden Geld. Eigentlich passt das Jahnstadion auch besser zum Image des SSV Jahn, der auf den schwierigen Spagat zwischen reichhaltiger Vergangenheit und gehaltvoller Gegenwart setzt. Höchst erfolgreich und geradezu vorbildlich hat man sich nach seiner sportlichen Renaissance beispielsweise um jüngere Zuschauer (und Zuschauerinnen) bemüht. Lohn der Mühe: Zum Auftaktspiel der Saison 2000/01 kamen 5.000, um beim Traditionsderby gegen Schweinfurt dabei zu sein, und in der erfolgreichen Spielzeit 2001/02 stieß das Jahnstadion bereits mehrfach an seine Kapazitätsgrenzen. Auch die »Logen« des, sorry, hässlichen Wohnblocks auf der gegenüberliegenden Tribünenseite sind seitdem wieder heiß begehrt und regelmäßig besetzt, wenn der SSV Jahn zum Ball bittet.

Nachdem nun Jahn und Post/Süd die Kräfte gebündelt haben, träumt man in Regensburg allerdings wieder etwas lauter von einem Neu- oder kompletten Umbau. Baumaßnahmen sind auch bitter nötig, denn insbesondere im Toilettenbereich ist das Jahnstadion im Vertragsspielerfußball ein Unikum - allerdings kein rühmliches. Darüber hinaus plant man in Regensburg ein Sportinternat. Ziel ist es, den SSV Jahn 2000 zum dritten Fußballzentrum Bayerns nach München und Nürnberg/Fürth aufzubauen. Keine dumme Idee - schließlich ist die Region groß genug, sind die Fans reichlich ausgehungert und hat man reichlich aussagekräftige Tradition vorzuweisen. Da kann man doch nur »Viel Glück« wünschen!

Treu waren sie schon immer, die Jahn-Fans. Zwar bisweilen nicht mehr allzu viele, doch selbst in düstersten Tagen hielten ein paar die rot-weiße Fahne hoch. Nach der sportlichen Rückkehr sind es nun wieder deutlich mehr, die dem SSV Jahn die Daumen drücken und sich unter den Bannern der Fanklubs »Power vom Tower« und »Ratisbona Fanatica« unterhalb des Turms auf der Gegengeraden einfinden.

Gästefans dürfen hinter dem Tor Platz nehmen (einer der größten Gästeblöcke der Regionalliga!) und sollten ein klitzekleines bisschen die Augen offen halten.

Sitzplätze: 13 €
Stehplätze: 6,50-8 €
Gäste: Eingang Heitzerstr.

Rollis Spielfeldrand. **Fanshop** Eingang Jahntribüne, zwischen Vortribüne und Nordkurve. **Lesen** Kostenlos und durchaus nett. **Essen** Knack- und Bratwurstsemmel in akzeptabler Qualität. Top ist der Händlmaier-Senf. **Trinken** Cola, Limo und alkoholfreies Bier. **Klo** Heimfans müssen mit heruntergekommenen Baracken vorlieb nehmen (Frauenklos gibt es gar nicht!). Im Gästeblock hingegen steht ein moderner WC-Block. **Kneipen** Die Vereinsgaststätte »Jahntribüne« wird von vielen Heimfans ob ihres bisweilen unverschämten Wirts gemieden bzw. lediglich als Treffpunkt zu Auswärtsspielen genutzt. In der nahe gelegenen Innenstadt gibt es über 600 Kneipen...

STADION ⚽⚽	STIMMUNG ⚽⚽	SERVICE ⚽⚽	STRESS

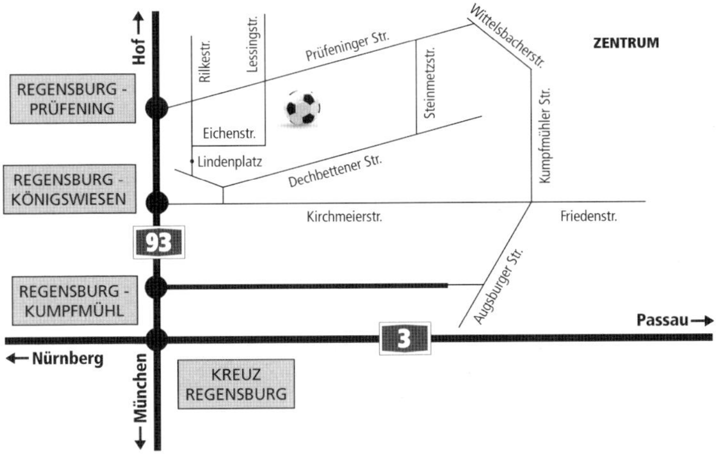

Eigentlich ganz einfach: Die **A93** an der Ausfahrt **Regensburg-Prüfening** verlassen, an der Ampel **rechts** und geradeaus durch bis zum Stadion, das nach rund 200 Metern auf der rechten Seite auftaucht. Parken: Straßenparken.

Aus dem **Bahnhof** raus und stadteinwärts bis zur Haltestelle **Albertstraße** (rechte Seite). Dort in die **Linie 1** (Richtung Prüfening), die sonntags im 20-Minuten-Takt (14.00, 14.20, 14.40 usw.) fährt, bis zur **Lessingstraße**.

REUTLINGEN: Stadion Kreuzeiche

Foto: Andreas Pötzsch

Baujahr: 1953

Kapazität: 12.734
Stehplätze: 11.600
Sitzplätze: 1.134

SSV Reutlingen, Kaiserstr. 2, 72764 Reutlingen
Tel: 07121-3259960, Fax: 07121-32599622
www.ssv-reutlingen.de

Dieter Winko ahnte es schon im Dezember 2001. »Wir haben uns verkalkuliert«, musste der SSV-Boss zugeben. »Mangelnde Planung« habe zu einer »Liquiditätsschwäche« geführt - und das ausgerechnet in jenem Moment, in dem aus der langweiligen Mehrzweckanlage Kreuzeiche eine schmucke Fußballarena werden sollte. Doch der SSV hatte Gelder in Trainingseinrichtungen und Stadionausbau gesteckt, die er gar nicht hatte. Folge war ein dramatischer Lizenzthriller, der die Kreuzeiche, in der doch eigentlich bald Bayern und Konsorten auflaufen sollten, um ein Haar wieder zu einem Drittligastadion degradiert hätte.

Die Anziehungskraft des ein wenig außerhalb des Zentrums gelegenen Areals auf das zahlende Publikum war stets begrenzt. Von den über 18.000, die anno 1965 anlässlich des Bundesliga-Aufstiegsspiels gegen Borussia M'gladbach den noch heute gültigen Rekord aufstellten, träumen die Männer mit dem Hirschgeweih auf dem Jersey jedenfalls auch in Zweitligazeiten noch. 2000/01 passierten allerdings immerhin rund 7.000 Fans pro Spiel die Stadiontore.

1953 war das Gelände mit einem Freundschaftskick gegen Fritz Walters 1.FC K'lautern eingeweiht worden, nachdem der SSV in seinem alten Stadion »Am Ringelbach« keine Zukunft mehr gesehen hatte. Der dortige Sandschlackenplatz und die ambitionierten Pläne des damaligen SSV-Vorsitzenden Hans Kern (»Bundesliga«) hatten nicht mehr zueinander gepasst.

Von Bundesliga konnte man am Fuße der Schwäbischen Alb aber trotz neuer Arena nur träumen, denn sportlich ging es beschaulich zu. Selbst der Aufstieg in die Zweite Liga löste 1975 nicht unbedingt Begeisterungsstürme aus. Knapp zehn Jahre später stand der inzwischen in die Viertklassigkeit abgerutschte SSV sogar vor dem finanziellen Aus, welches erst in letzter Sekunde abgewendet werden konnte. 1985 klappte es mit der Rückkehr in die Oberliga, woraufhin die Kreuzeiche 1989 einer Generalrenovierung unterzogen wurde, bei der man die überdachte Tribüne erweiterte und sämtliche Stehtraversen erneuerte.

Dann kam Walter Seinsch, ein gebürtiger Rheinländer und ehemaliger Textilunternehmer, der den SSV nach oben führen wollte. Dank seiner finanziellen Unterstützung gelang die Rückkehr in den Profifußball, woraufhin die Kreuzeiche für rund 6,9 Mio. DM mit Flutlichtanlage, Rasenheizung, Blockeinteilungen und verbesserten Zu- und Abgängen mitsamt Videoüberwachung versehen wurde. Im Oktober 2000 wurde dann auf der Aschenbahn vor der Nordkurve eine Stahlrohrtribüne für 1.300 Zuschauer errichtet, ehe es im Dezember 2001 grünes Licht für den Ausbau der Haupttribüne auf 5.000 Sitzplätze sowie die Aufstockung des geplanten »Fußball-Erlebnisparks« auf 22.000 Plätze gab, wofür insgesamt rund 15 Mio. Euro veranschlagt sind.

Mit einem gefälligen Dachdesign in Flügelform und integrierten Flutlichtmasten soll die neue Fußballhölle Kreuzeiche eines Tages deutlich mehr Fans anlocken. Nach dem Beinahe-Lizenzentzug von 2002 wird man sehen müssen, was davon wirklich realisierbar ist.

Fußball-Hochburg war Reutlingen nie - daran änderte auch die durchaus bemerkenswerte Euphorie zu Zweitligazeiten nichts. SSV-Fanclubs hören auf so liebliche Namen wie »Achalm-Power« oder »Nackte Kessel« und sind im Block C auf der Gegengeraden oder auf der Haupttribüne zu finden. Wenn es zu Lokal- oder Regionalderbys kommt, sollte man als Gastfan ein wenig die Augen offen halten, ansonsten kann man bedenkenlos mit Kutte und Schal im Gästeblock V auf der Hintertortribüne gegenüber vom Haupteingang Platz nehmen.

Sitzplätze: 17-25 €
Stehplätze: 5-8 €
Gäste: Block V

Rollis Laufbahn. **Fanshop** Fliegende Händler oder Alphasport (Karlstraße). **Lesen** »Anpfiff«, gratis, A4, s/w, langweiliges Layout, guter Inhalt, von den Machern des Reutlinger Wochenblatts. **Essen** Ausgezeichnete Bratwurst, Süßigkeiten. **Trinken** Strengstes Alkoholverbot - von daher nur Cola, Fanta, Spezi und Wasser. **Klo** Sehr gut. **Kneipen** Stadiongaststätte (oft überfüllt), Fankneipe »Sports Bar« (Karlstr. 28).

STADION ⚽ | STIMMUNG ⚽ | SERVICE ⚽⚽ | STRESS

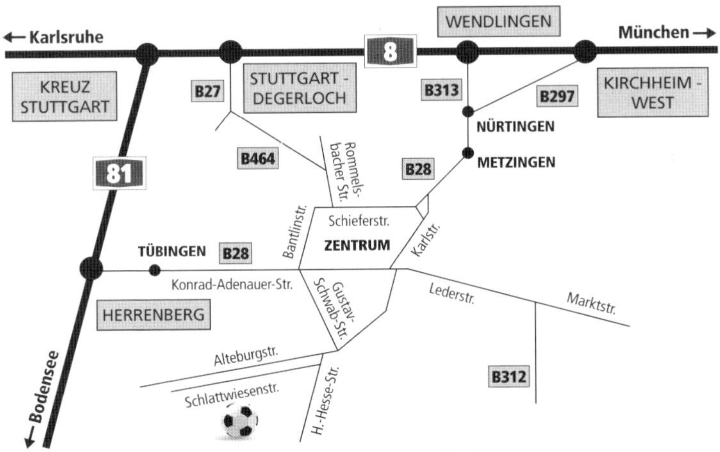

Über die **A8** von **Karlsruhe**: bis zur Abfahrt **Stuttgart-Degerloch** und weiter auf der **B27** nach Tübingen bzw. Reutlingen. Nach einigen Kilometern **links** in Richtung Wannweil/Reutlingen und weiter gen Reutlingen-Zentrum (Wannweiler Straße). Hinter dem Rathaus **rechts** und sogleich wieder links auf die Steinachstraße (**B384**), die später zur Tübinger Straße wird. An der nächsten großen Kreuzung rechts auf die **B28** (gen Tübingen), die man an der zweiten Ausfahrt wieder verlässt, um auf der Gustav-Schwab-Straße bis zur Alteburgstraße (L383) weiterzufahren. Dort **rechts** in Richtung Bronnweiler zum Stadion. Über die **A8** von München: bis zur Abfahrt **Wendlingen**, dann weiter auf der **B313** bzw. **B28** Richtung Nürtingen/Metzingen/Reutlingen. Im Stadtbereich stets auf der B28 bleiben. Nach der Kreuzung mit der Tübinger Straße die **zweite Abfahrt** nehmen und über die Gustav-Schwab- zur Alteburgstraße, auf der man rechts (Richtung Bronnweiler) zum Stadion kommt. **Parken:** Ist der Parkplatz direkt am Haupteingang **voll**, wird mit Sicherheit auf dem Parkplatz Kreuzeiche noch etwas frei sein. Dorthin gelangt man über die Schlattwiesenstraße, am Verkehrsübungsplatz vorbei und dann rechts.

Die **Buslinien 4** (Richtung Hohbuch) und **5** (Gönningen) verbinden Hauptbahnhof und Stadion (Haltestelle Kreuzeiche Stadion, Freibad). **Linie 8** (Markwasen) kann ebenfalls benutzt werden (Markwasen aussteigen, dann rund 500 Meter Fußweg).

RIESA: Ernst-Grube-Stadion

Baujahr: 1955

Foto: Rainer Hille

Kapazität: 14.000
Stehplätze: 12.000
Sitzplätze: 2.000

FC Stahl Riesa, Rudolf-Breitscheid-Str. 40, 01587 Riesa
Tel: 03525-730312, Fax: 03525-743520

Riesa zählt seit den 20er Jahren zu den Fußballhochburgen Sachsens. Einst war es der RSV, dessen Fans mit dem eigentümlichen Schlachtruf »Ri-Ra-Rau - RSV« auffielen und der mit Willi Arlt sogar einen Nationalspieler hervorbrachte. Bekannter aber ist Stahl Riesa, zwischen 1968 und 1988 mehr oder wenig ständiges Mitglied der DDR-Oberliga und als solches als höchst heimstark gefürchtet.

Das unmittelbar am Bahnhof gelegene Ernst-Grube-Stadion entstand 1955 auf dem ehemaligen Gelände der Sportbahn der Jugend und wuchs parallel zum sportlichen Aufschwung der BSG Stahl, die im selben Jahr in die damalige 2. DDR-Liga aufgenommen wurde. Es entstand ein kleines Sportareal mit Leichtathletikanlagen und wenig Komfort für die bis zu 7.500 Zuschauer. Der kam erst hinzu, als Stahl 1968 in die Oberliga aufstieg. Innerhalb von acht Wochen wurde eine unüberdachte Tribüne errichtet sowie der noch heute zu besichtigende Kampfturm aufgestellt. Dazu kamen die üblichen Accessoires wie Trennzaun, verbesserte Aufgänge etc. Genau 13.500 Plätze - darunter 1.000 zum Sitzen - bot das Ernst-Grube-Stadion nun.

Erweiterungsmöglichkeiten waren nicht gegeben - »die territoriale Lage lässt keine weiteren Baumaßnahmen zu«, hieß es, weshalb im Wohngebiet Riesa-Weida eine neue Arena geplant wurde, die aber nie kam. Stattdessen erhielt das Ernst-Grube-Stadion Anfang der 70er Jahre die erste freitragende Tribüne der DDR, die entsprechend gefeiert wurde und bis zum heutigen Tag benutzt werden kann. Als freundlicher Sponsor fungierte das lokale Stahlwerk, von dem der Klub seinen Namen bekommen hatte und das als »Träger« galt. Im unteren Bereich der ein wenig eigentümlich ausschauenden Tribüne, die dem Stadion zugleich sein charakteristisches Gesicht verleiht, finden sich überdachte Sitzplätze. 1974 erfolgte mit der Erweiterung der Stehtraversen (zwölf Stufen) der bislang letzte Ausbau.

Mit ihrer 14.000 Plätze-Arena wies die 40.000-Einwohner-Stadt Riesa nunmehr ein ausreichend großes Gelände auf, das zu DDR-Oberligazeiten gut frequentiert wurde. Den besten Schnitt erreichte man in der Saison 74/75, als durchschnittlich 10.019 Fans kamen und am Ende Platz 6 der Elf um Nationalspieler Lothar Kurbjuweit bejubelten. Zwei Jahre vor der Wende stieg Stahl in die Liga ab, und der Niedergang setzte ein. Im Nachwende-Chaos hatte der Klub große Probleme, auf den Beinen zu bleiben, und fing sich erst 1999/2000 wieder, nachdem eine Reihe von Umbenennungen und Fusionen (namentlich mit dem Nachfolger des einst in der Liga spielenden Lokalrivalen BSG Chemie aus Riesa-Röderau) den FC Stahl '98 hatte entstehen lassen. Der erfreut sich in der Oberliga eines beachtlichen Zuschauerzuspruchs (2001/02: 750) und hofft, Riesa eines Tages wieder etwas höherklassig repräsentieren zu können.

Das Ernst-Grube-Stadion ist mittlerweile eigentlich bestens in Schuss, hat als bislang letzte Maßnahme im Jahre 1998 frische Plastiksitzschalen bekommen und ist allein schon wegen der freitragenden Tribüne eine Reise wert. Das Motto der Stadt Riesa - »Von einer bekannten Industriestadt zu einer namhaften Sportstadt« - scheint tatsächlich zu greifen. Die großen Stahlanlagen sind längst stillgelegt und werden überbaut. Somit ist nur noch der FC Stahl '98 übrig, der von der alten Zeit kündet.

Sie scheinen das Gröbste überstanden zu haben, die Stahl-Fans. Vier Namensänderungen seit 1990, der tiefe Fall in die Niederungen des sächsischen Fußballs und diverse Zitterpartien ob der finanziellen Lage. Doch noch immer droht die Insolvenz - zuletzt im April 2002, als das Stahl-Grab schon geschaufelt war. Dass der FC Stahl '98 noch immer existiert, hat er nicht zuletzt seiner ungemein engagierten Fanszene zu verdanken. Gerade in schlechten Zeiten standen die Anhänger dicht bei ihrem Klub und griffen helfend unter die Arme. Der Stahl-Mob steht bei Heimspielen unter der Tribüne bzw. in der Kurve am Haupteingang. Ein wenig Vorsicht ob umherirrender Geistesverwirrter sei angebracht, in der Regel können Gästefans jedoch gemütlich von der Kolonieseite aus das Spiel verfolgen - bis zu 5.000 Mitreisende können dort untergebracht werden.

Sitzplätze: 7,50 €
Stehplätze: 5 €
Gäste: An der Kolonie

Rollis Laut Vereinsangabe »individuell lösbar«. **Fanshop** Im Stadion. **Lesen** Das Programm kostet 50 Cent. **Essen** »Einfach' Kost«, sprich Brat- und Bockwurst. **Trinken** Alkoholisches Bier, Cola, Fanta, Sprite, Wasser, im Winter Glühwein. **Klo** Vorhanden... **Kneipen** Vereinsheim hinter der Tribüne. Alternative: Über die Fußgängerbrücke zum Bahnhof.

STADION	STIMMUNG	SERVICE	STRESS

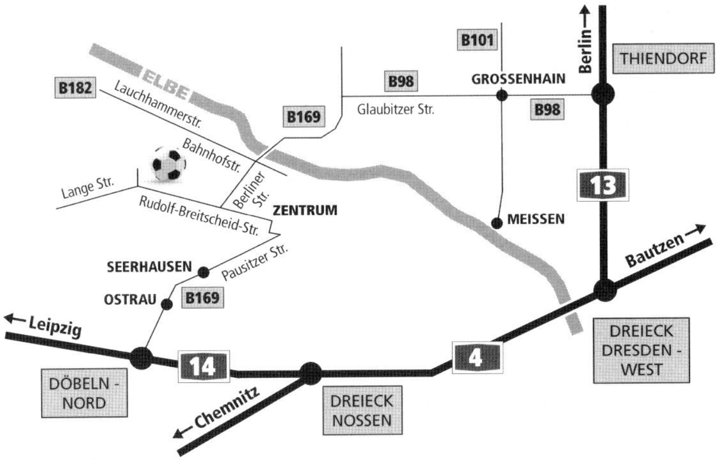

Aus Richtung **Leipzig**: Über die **A14** bis zur Ausfahrt **Döbeln-Nord** und weiter auf der **B169** nach Riesa. Dort der B169 bzw. der Ausschilderung »**Bahnhof**« folgen und über die Robert-Koch-Straße zur **Rudolf-Breitscheid-Straße**, an deren Ende das Stadion liegt.
Parken: An der Kolonie befinden sich **ausreichend** Parkplätze.

Spielend **einfach**, denn der Riesaer **Bahnhof** und das Ernst-Grube-Stadion sind mit einer **Treppe** verbunden und insofern **bequem** zu Fuß erreichbar.

ROSTOCK: Ostseestadion

Foto: FC Hansa Rostock

Baujahr: 1954

Kapazität: 30.000
Stehplätze: 10.000
Sitzplätze: 20.000

Hansa Rostock, Trotzenburger Weg 14, 18057 Rostock
Tel: 0381-499990, Fax: 0381-4999970
www.fc-hansa.de

Im Jahre 1950 machten sich die Heerscharen des »Nationalen Aufbauwerkes« auf dem Gelände eines ehemaligen Nazi-Aufmarschplatzes an die Errichtung eines großen Stadions mit Laufbahn und Tribüne, obwohl Rostock damals weder als Fußball- noch als Leichtathletikhochburg zu gelten hatte. Rund zwei Jahre später stieg im fernen Erzgebirge die dortige BSG Empor Lauter in die Oberliga auf, vermochte sich in der Folge aber nicht gegen die Konkurrenz aus Westsachsen durchzusetzen: Wismut Aue und Motor Zwickau waren einfach zu stark. So wurde das komplette Team schließlich im Oktober 1954 unter Mitwirkung von Harry Tisch, der damals als Ratsvorsitzender des Bezirks Rostock fungierte, an die Ostsee verpflanzt - erstmals konnten sich die Fußballanhänger in der Hafenstadt nun über einen waschechten Erstligisten, den SC Empor Rostock, freuen. Da traf es sich natürlich gut, dass man am 27. Juni 1954 auch das Ostseestadion seiner Bestimmung hatte übergeben können. Und am 26. September war es beim Länderspiel der DDR gegen Polen (0:1) dann mit 30.000 Zuschauern auch erstmals ordentlich (um nicht zu sagen: bis zum Bersten) gefüllt.

Dass sich die Rostocker Nachfrage nach gutem Fußball jedoch nicht nur auf das Nationalteam beschränkte, zeigte sich beim ersten Heimkick des SC Empor (aus dem elf Jahre später der FC Hansa entstehen sollte) am 14. November 1954, den über 17.000 Menschen sehen wollten - für DDR-Verhältnisse geradezu sensationell. Auch in der Folgezeit entpuppte sich Rostock als Zuschauerhochburg - derweil wurde das Ostseestadion weiter ausgebaut. 1968 entstand die neue überdachte Haupttribüne, im Oktober 1970 folgten vier Flutlichtmasten, womit sich die Arena nun auch für etwaige internationale Auftritte gerüstet zeigte. Doch daraus wurde nichts - und auch bei der nationalen Trophäenjagd ging Hansa lange Zeit leer aus: Viermal errang man »nur« die Vizemeisterschaft, fünfmal gingen die Kicker sieglos aus dem Pokalfinale hervor. Erst 1991 platzte der Knoten: als Gewinner des Doubles gar gelang den Rostockern der Sprung in die gesamtdeutsche Bundesliga.

Nachdem man bereits 1988 die alte Aschenbahn durch eine modernere Variante aus Tartan ersetzt hatte, wurden drei Jahre später auch am Stadion selbst umfangreiche Modernisierungsarbeiten vorgenommen: Neben der Installation einer Videoüberwachungsanlage erweiterte man die Flutlichtkapazität auf satte 1.380 Lux und errichtete neue Sicherheitszäune sowie Blockabtrennungen. Im Februar 1992 konnte man erstmals die moderne Vollmatrixanzeigetafel in der Nordkurve bestaunen, für die freilich der alte Anzeigeturm weichen musste.

An der Substanz des etwas in die Tage gekommenen Ostseestadions vermochte man freilich nichts zu ändern. Irgendetwas musste geschehen, und zwar bald, das war allen Beteiligten klar. Im Herbst 1998 machte Hansa dann endlich Nägel mit Köpfen. Die Stadt hatte sich als zu zögerlich erwiesen, eine Ausschreibung zu diesem schon seit längerem geplanten Projekt blieb ohne Ergebnis, also nahm der Verein die Sache selbst in die Hand und erarbeitete binnen Wochen ein neues und schlagkräftiges Konzept, das, nachdem die Finanzierung in trockenen Tüchern war, dann tatsächlich auch bald in die Tat umgesetzt wurde. Im März 2000 rückten die Bagger der Nordtribüne zu Leibe und am 2. April wurde bereits der Grundstein zur neuen Arena gelegt. Bei laufendem Spielbetrieb (die Kapazität lag dabei stets bei mindestens 16.000 Plätzen) gingen die Arbeiten derart rasant über die Bühne, dass das »neue« Ostseestadion in der Rekordzeit von nur 16 Monaten fertig gestellt und am 3. August 2001 mehr oder weniger feierlich (0:3 gegen Leverkusen) eingeweiht werden konnte. Nicht minder beeindruckend die niedrigen Kosten: Für das komplett überdachte Schmuckstück mit Platz für 30.000 Zuschauer (die 10.000 Stehplätze können bei Bedarf in 5.000 Sitze umgewandelt werden) wurden nur vergleichsweise läppische 55 Millionen (Mark, nicht Euro) fällig. Alle Achtung!

Vom alten Stadion, das Hansa 47 Jahre lang gute Dienste geleistet hatte, blieb neben der markanten Flutlichtanlage nur eine Gedenktafel und - glücklicherweise - der Name übrig.

Zwar sind im Ostseestadion 10.000 Stehplätze vorhanden, doch diese verteilen sich auf drei Ecken - worüber die Rostocker Fans natürlich nicht gerade erfreut sind. Letztere versammeln sich nun auf der Nordwest- und Nordosttribüne, die dazwischen liegenden Blöcke weisen leider häufig Lücken auf, so dass ein einheitlicher Support nicht immer möglich ist - trotz aller Anstrengungen aus ultra-infizierten Kreisen wie den »Suptras Rostock«, die teilweise im »normalen« Fanblock, teilweise jedoch auch im Südwesteckchen 27A oder im Hintertorblock zu finden sind.

Gästefans stehen in der Südostecke (Blöcke 19 und 20, Eingang Süd) insgesamt 2.600 Stehplätze zur Verfügung. Die Stufen sind in diesen Bereichen vielleicht ein wenig schmal geraten, was im Übrigen auch für die Sitzreihen und Treppen gilt. Über Optik und Akustik kann man dagegen nicht meckern. Schwieriger ist es da schon, mit den Ordnern klarzukommen. Diese sind zwar nicht besonders unfreundlich, kontrollieren aber sehr genau und verweigern nahezu allen Fanutensilien, die über die Größe und Konsistenz eines Schals hinausgehen, den Einlass ins Stadion. Wer also in Rostock eine Choreographie veranstalten will, sollte diese bereits ein Jahr vorher, am besten in der »Tagesschau«, ankündigen und alle in Frage kommenden Ordner samt Familie zum Essen einladen. Dann klappt das vielleicht. Bei Fragen und Problemen hilft gerne das Fanprojekt weiter, in dringenden Fällen wende man sich an den Fanbeauftragten Peter Schmidt (Tel: 0160-95828957).

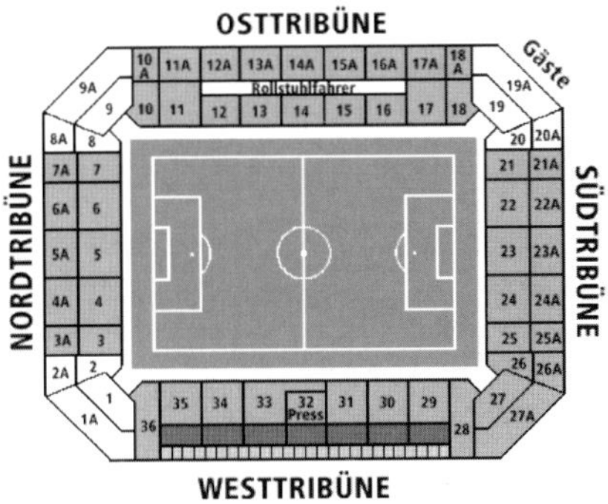

Sitzplätze: 13-36 €
Stehplätze: 5-8 €
Gäste: Block 19+20

Preise Schüler, Studenten und Schwerbeschädigte sind die einzigen Personengruppen, die billiger ins Stadion kommen, und bei den beiden erstgenannten gilt dies auch nur für die Stehblöcke. Immerhin gibt es in den Blöcken 10 bis 12 preiswertere Familientickets und Kinderzusatzkarten für die West- und Osttribüne. Weitere Infos beim Hansa-Kartencenter (Tel: 49999-11, ticketmarketing@fc-hansa-rostock.de). **Rollis** Rolli und Begleiter zahlen zusammen 5 €, auf der Osttribüne stehen 75 Plätze zur Verfügung und auch behindertengerechte Toiletten sind dort vorhanden. Sowohl Heim- als auch Auswärtsrollis werden vorbildlich vom Fanprojekt umsorgt. **Fanshop** Im Stadion selbst finden sich vier kleinere Stände, an der Nordtribüne wartet zudem der Show-Truck auf Kunden. An Nichtheimspieltagen wende man sich an den offiziellen Hansa-Fanshop in der Innenstadt (Breite Str. 12-15, 18055 Rostock, Mo-Fr 10-20, Sa 10-18h, Tel: 21190, Fax: 21306). **Lesen** Mit dem Erwerb der »Hansa Sport News« (1 €) macht man eigentlich nichts falsch.

ROSTOCK: Ostseestadion

Wer sich für die Aktivitäten der Hansa-Fans interessiert, kann die vierteljährlich erscheinende Gazette des Rostocker Fanprojekts ordern, die den einfallsreichen Titel »Fanprojekt-Live!« trägt, aber besser ist, als der Name vermuten lässt (1 € bzw. 2,53 € in Briefmarken: Kopernikusstr. 17a, 18057 Rostock, Tel: 2013701, Fax: 2013702, www.hansafanprojekt.de). Das geniale »Frösi« (Fröhlich sein und singen) gehört seit 1998 leider der Vergangenheit an, aber es gibt ja noch andere Fanzines. Derzeit auf dem Markt: »DropsKick« (M. Breitkreutz, Straße am Sund 42, 18445 Parow, DropsKick@aol.com), »Da sind wir aber immer noch...« (DSWAIN, haxel_k@gmx.de), »Greif zu« (G. Schriffert, Wolgaster Landstraße 18a, 17493 Greifswald) und »Spass oder wat?« (vtpnb@t-online.de) - alle für jeweils 1,75 € (incl. Porto) zu haben. **Essen** Wirklich gut. Die Rostocker Bratwurst (2 €) kämpft um die Meisterschaft, auch Bockwurst und Wiener können sich sehen lassen und wer eins der leckeren Fischbrötchen (2 €) ergattern will, sollte sich beeilen - sonst ist mal wieder alles weggefuttert. Das Angebot wird durch Brezeln, Schokoriegel und Eis komplettiert, dank der etwa 15 Stände muss auch niemand allzu lange auf seinen Imbiss warten. **Trinken** Im Ostseestadion fließt weiterhin echtes Lübzer Pils in die Becher, der Viertelliter ist für 2,50 € zu haben. Im Winter gibt's auch ganz passablen Glühwein (2 €), wohingegen die üblichen Softdrinks (0,5 l, 2,50 €) sowie die Kollegen aus der Heißabteilung (Kaffee, Tee, Kakao - je 1,50 €) ganzjährig zu haben sind. **Klo** Die Anlagen befinden sich in einem recht erfreulichen Zustand und sind darüber hinaus in ausreichender Menge vorhanden. **Kneipen** Das »Fan-Haus« des Hansa-Fanprojekts, das etwa 200 Meter Luftlinie vom Stadion entfernt hinter dem Sportforum-Hochhaus liegt, fungiert sowohl vor (samstags ab 11, sonntags ab 13h) als auch nach dem Kick als erste Anlaufstelle der Rostocker Anhängerschaft - aber auch Auswärtsfans sind herzlich willkommen. Nahe der Geschäftsstelle am Stadion liegt der »Hanseaten-Treff«, wer sich gen S-Bahn-Haltestelle wendet, stolpert bald auf die »Klause des Westens« und in der Schwimmhalle findet sich das Esslokal »Hellas«. Nicht weit ist es auch zum »Brauhaus Trotzenburg« (Tiergartenallee). Den zentralen Ausgangspunkt für eine detailliertere Stadt- oder Kneipenszenenbesichtigung stellt der Schröderplatz dar und wer schon früh angereist ist, sollte bei schönem Wetter ruhig mal mit der Straßenbahn nach Warnemünde bzw. an den Strand fahren.

Foto: FC Hansa Rostock

STADION | STIMMUNG | SERVICE | STRESS

Abschließend noch ein paar Worte zum Rostocker **Volksstadion**, in dem die Amateure des FC Hansa ihre Heimspiele auszutragen pflegen. Erbaut wurde es in den Jahren 1923 bis 1928 auf Initiative des Arbeiter-Sportkartells in der Barnstorfer Sandkuhl, wobei bereits 1925 das Vereinsheim eingeweiht werden konnte, aus dem später die Gaststätte »Einheit« entstand. Heute ist just an dieser Stelle die Geschäftsstelle von Hansa Rostock gelegen.

Nach seiner Fertigstellung vermochte das Volksstadion, das als eines der wenigen Sportbauwerke der DDR niemals seinen Namen wechselte, rund 20.000 Zuschauer aufzunehmen, heute passen noch etwa 4.000 Menschen in das größtenteils begrünte Rund. Wer hier Oberliga gucken mag, muss maximal 2,50 € (ermäßigt: 1,50) abdrücken, Kinder bis 14 Jahre kommen umsonst hinein. Für die notwendige Information sorgt das kleine Programmheft »A-Team« (25 Cent), für die überlebenswichtige Versorgung ein Imbisswagen des »Hanseatentreffs«, die Gaststätte selbst und natürlich das Hansa-Fanprojekt. Unterstützt werden die Amateure hauptsächlich von den »A-Team Supporters Rostock« (ATSR), deren Reihen nach einigen Stadionverboten und allgemeinem Desinteresse aber zwischenzeitlich etwas geschrumpft sind. Dennoch sollte man sich einen Besuch der historischen Stätte nicht entgehen lassen - wer weiß, wie lange das Volksstadion oder das, was von ihm übrig ist, noch stehen wird. Anfahrt: siehe Ostseestadion, nur die Parksorgen entfallen.

ROSTOCK: Ostseestadion/Volksstadion

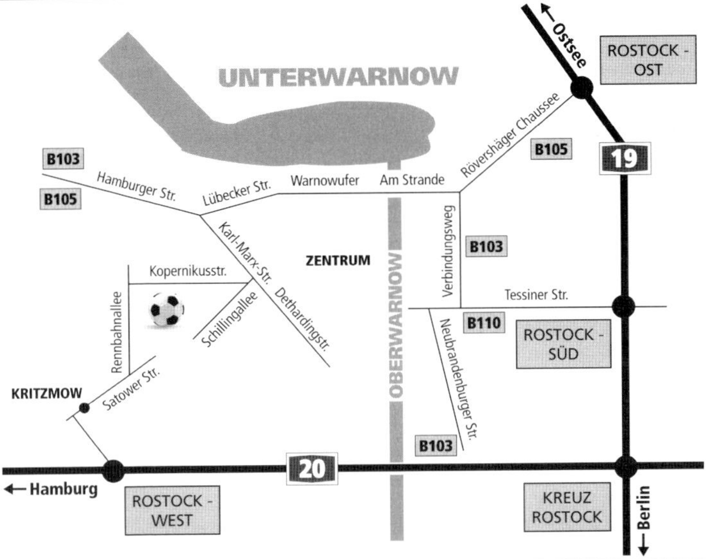

Von **Berlin**: über die **A19** bis Abfahrt **Rostock-Süd** und über die **B110** (Tessiner Straße) und **B103** (Verbindungsweg) auf die **B105** (Am Strande, Warnowufer). Nun ca. vier Kilometer an der Unterwarnow entlang und hinter dem Holbeinplatz links in die Tschaikowskistraße. Am Forstbotanischen Garten vorbei und nach gut einem Kilometer dann links in die Kopernikusstraße zum Stadion. Wem das zu kompliziert ist, der folge ab der Autobahnabfahrt einfach der Beschilderung. **Alternative**: am Kreuz Rostock auf die A20 bis **Rostock-West** und über **Kritzmow** gen Rostock. Von der Satower Straße links in die Rennbahnallee und vom Trotzenburger Weg rechts in die Kopernikusstraße.
Von **Lübeck**: über die **A20** bis zur Abfahrt **Rostock-West** - Rest s.o. Wer sich der Stadt aus Richtung **Bad Doberan** nähert, fährt auf der **B105** nach Rostock hinein und von der Hamburger Straße am Holbeinplatz in die Karl-Marx-Straße. Rechts in die Schillingallee und noch einmal rechts in die Kopernikusstraße. Ähnlich verfahren Anreisende aus **Stralsund**, nur eben in umgekehrter Richtung: immer der B105-Nase nach.
Rund ums Stadion finden sich etwa 3.000 **Parkplätze**, die jedoch nur in den allerseltensten Fällen ausreichen. Die Stellräume an der Kopernikusstraße sind meistens schon recht früh **dicht**, was auch für den an der Schwimmhalle und den etwas weiter entfernten (und gebührenpflichtigen) Parkplatz am Zoo gilt. Eine sinnvolle Alternative stellt von daher der geräumige **Parkplatz Südstadt** (über Parkstraße und Südring erreichbar) dar, der durch die Buslinien 24 bzw. 25 mit dem Stadion verbunden ist. Im Zuge des Umbaus von Bahnhof und Autobahnabfahrten soll sich die Situation aber bald spürbar entspannen. So sagt man.

Vom **Hauptbahnhof** geht es mit der **Buslinie 25**, vom Goetheplatz mit der **24** oder **84** (jeweils Richtung Markt Reutershagen) und vom Holbeinplatz mit der **28** (gen Westfriedhof) bis Ostseestadion. **Gästefans** können auch schon an der Schillingallee aussteigen oder vom ZOB (Stadthalle) mit dem **39er** oder **89er** bis Zoo fahren, von dort ist es jeweils nur ein Katzensprung bis zum Eingang der Südtribüne. Wer am Hauptbahnhof in die **S-Bahn** (Richtung Warnemünde) steigt, fährt bis **Holbeinplatz** (zehn Minuten über Hans-Sachs-Allee bis Stadionvorplatz) oder Parkstraße (Gäste, ebenfalls rund zehn Minuten Fußweg). Schließlich gibt's da noch die **Straßenbahn**: Zum Holbeinplatz fahren die Linien **1**, **4** und **12**, mit der **11** geht es bis zum Platz der Jugend oder Dr.-Lorenz-Weg, von hier geht es durch den Wald (Richtung Eishalle) gleich zum Gästeblock. Die **Eintrittskarte** gilt als **Fahrausweis**, und zwar von drei Stunden vor bis drei Stunden nach dem Spiel.

SAARBRÜCKEN: Ludwigsparkstadion

Baujahr: 1953

Foto: Burkhard Schulz

Kapazität: 35.303
Stehplätze: 27.000
Sitzplätze: 8.303

1.FC Saarbrücken, Berliner Promenade 12, 66111 Saarbrücken
Tel: 0681-971440, Fax: 0681-9714414
www.fc-saarbruecken.de

Man mag es kaum glauben, aber bei dem im Jahre 1919 eingeweihten Vorläufer des heutigen Ludwigsparks hat es sich einmal um ein richtig schnuckeliges Provinzstadion gehandelt. Maximal 15.000 Menschen passten in eine Arena, deren einziges Highlight aus einem mit Holzbänken versehenen Erdhügel bestand. Bei heftigen Regengüssen zog sich der Fußballfreund in Ermangelung eines Tribünendaches (bzw. eines Regenschirmes) einfach ein paar Meter in das angrenzende Wäldchen zurück. Doch aufgrund der im Krieg erlittenen Schäden wurde nach 1945 im Stadtteil Malstatt ein kompletter Neubau notwendig. Und so entstand ein rund 40.000 Zuschauer fassendes Schmuckstück, das rasch zum Mekka des saarländischen Fußballs wurde. Seit dem Richtfest am 2. August 1953 durchlief die Arena, die heute »nur« noch knapp über 35.000 Zuschauer fasst (5.465 Sitze sind überdacht), zahlreiche Renovierungen. Bei den Baumaßnahmen von 1992 - anlässlich des bislang letzten Gastspiels in der Bundesliga - standen vor allem sicherheitstechnische Gesichtspunkte im Vordergrund. Die bis dahin existierenden Blöcke wurden nochmals mit Zwischengittern unterteilt, um Massengedränge zu vermeiden. Dem selben Zweck dienen die damals installierten Wellenbrecher, zudem schuf man neue Abgänge und verbreiterte die Fluchttore. Mit überquellenden Rängen wird man im Ludwigspark jedoch aller Voraussicht nach in naher Zukunft nicht mehr zu rechnen haben, denn die Zuschauer scheinen eigentlich nur höherklassigen Fußball anzunehmen. In der Saison 1992/93 passierten damals durchschnittlich über 22.000 Fans die Stadiontore, danach konnte sich der Kassierer nur noch sehr selten über eine fünfstellige Besucherzahl freuen.

Die bislang letzte Neuerung bautechnischer Natur betraf die Haupttribüne, die während der Spielzeit 1999/2000 saniert wurde. Nicht einmal zwei Jahre später machten dann Pläne die Runde, das frisch renovierte Teil wieder abzureißen und durch eine neue Tribüne zu ersetzen. Daraus wurde dann jedoch ebenso wenig etwas wie aus der Idee, zwischen Folsterhöhe und Goldener Bremm die multifunktionale »Saar-Arena« entstehen zu lassen. Konkrete Gespräche mit Investoren und der Stadt ließen sich zunächst auch ganz gut an, doch bevor da etwas passiert, muss der FC erst mal wieder ein bis zwei Klassen hoch...

Die heimischen Fans treffen sich in den Kurvenblöcken D1 und D2, wobei im D1er die ansässigen Ultras verkehren, Gäste versammeln sich in der gegenüberliegenden Kurve unterhalb der Anzeigetafel in den Blöcken C1 und C2 (Kasse 15, Marathontor, Camphauser Straße). Dabei wirkt es sich stimmungshemmend aus, dass sich beide Fangruppen nicht sehen können. Auch die miese Akustik und die tartanbahnbedingte Entfernung zum

Rasen tragen zur meist recht kümmerlichen Atmosphäre im Ludwigspark bei. Wer an Fankontakten interessiert ist: Zwei Stunden vor dem Spiel öffnet das Fanprojekt »Innwurf« (Ziegelstr. 21, 66113 Saarbrücken, Tel: 9472896, Fax: 9472899, Mobil: 0178-5643439, www.innwurf.de) seine Pforten.

Sitzplätze: 7-25 €
Stehplätze: 5-7 €
Gäste: Block C1 + C2

Preise Verbilligte Tickets für Studenten, Schüler, Wehr- und Zivildienstleistende sowie Schwerbehinderte. Schüler von 6 bis 12 stehen für 3 €. **Rollis** Fahrer und Begleiter zahlen zusammen 5 €, Plätze am Spielfeldrand. **Fanshop** Souvenirstände rund ums Stadion, ansonsten: Fan-Boutique (Lebacher Str. 31, 66113 Saarbrücken, Tel: 9714413). **Lesen** Das Magazin des FC heißt »FC-Magazin« (1 €) und ist vor allem eines: sehr bunt. Im Fanshop, vor dem D-Block sowie bei »Innwurf« (s.o.) kann man sich die Fanpostillen »Der hat doch schon Gelb« und »Blue-Black-Attack« zulegen. **Essen** Fade Brat- und Fleischwurst. Ferner Laugenbrezeln, im Sommer Eis. **Trinken** Bier, Wasser, Limo und Cola. Vor dem Park gibt's übrigens auch einen Imbiss mit kalten Getränken. **Klo** Geht so. **Kneipen** FC-Sportheim an der Saarlandhalle. Wer mag, kann nach dem Spiel im »Falkenhaus« des Fanprojekts (Ziegelstr. 21) oder bei »Uhl's Eck« (Lebacher Straße) vorbeischauen.

STADION **STIMMUNG** **SERVICE** **STRESS**

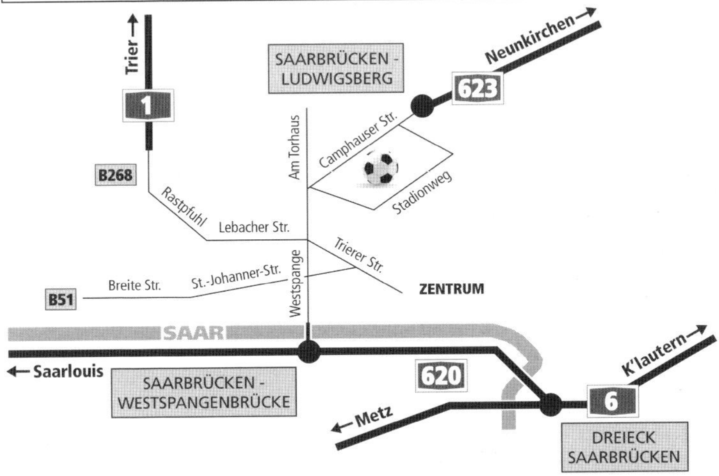

Von **Kaiserslautern**: die **A6** bis Dreieck Saarbrücken, hier auf die Stadtautobahn **A620** gen Völklingen/Saarlouis und an der Abfahrt **Westspange** bzw. Westspangenbrücke heraus. Hat man die Saar überquert, taucht kurz hinter der Bahnunterführung der **Ludwigskreisel** auf, von welchem aus man geradeaus auf die Camphauser Straße und die ausgeschilderten Parkplätzen zusteuert.
Von **Neunkirchen**: vom Dreieck Friedrichsthal über die **A623** gen Saarbrücken (Ludwigsberg), bis diese als **Stadtautobahn** in die Camphauser Straße übergeht.
Von **Trier**: über die **A1** und das Dreieck Nonnweiler gen Saarbrücken, am Ende der Autobahn dann weiter geradeaus auf der Lebacher Landstraße (**B268**) und in Richtung Bahnhof halten. Von der Lebacher Straße geht es auf eine Art **Kreisverkehr**, den man zugunsten der Camphauser Straße wieder verlässt - Rest s.o.
An der **Saarlandhalle** steht zwar ein geräumiger **Parkplatz** zur Verfügung, der jedoch meistens sehr schnell dicht ist. Wenn **Not** am Mann ist, werden daher auch schon einmal zwei der vier Fahrspuren der Camphauser Straße zum Parken abgesperrt.

Vom **Hauptbahnhof** aus geht es mit **Sonderbussen** in knapp zehn Minuten zum Ludwigsparkstadion, kaum fünf Minuten länger ist der **Fußweg** über die St.-Johanner-Straße, Trierer Straße und Ludwigskreisel zur Camphauser Straße.

SANDHAUSEN: Hardtwaldstadion

Foto: Steffen Halbleib

Baujahr: 1955

Kapazität: 10.600
Stehplätze: 10.000
Sitzplätze: 600

SV Sandhausen, Hauptstr. 101, 69207 Sandhausen
Tel: 06201-21475, Fax: 06201-21228
www.svsandhausen.de

Sandhausen - das klingt nach Dorffußball. Doch Vorsicht. Der SV Sandhausen kickt schon seit den 40er Jahren in den oberen Spielklassen des deutschen Fußballs mit und hat schon für so manch faustdicke Überraschung sorgen könenn. 1978 und 1993 wurden die Nordbadener Deutscher Amateurmeister und an das 13:12 nach Elfterschießen im DFB-Pokal erinnern sich wohl nicht nur die 1995 mitgereisten Fans des VfB Stuttgart.

Die 10.600 Plätze bietende Arena liegt idyllisch im Wald und verrät nichts von der gewaltigen Atmosphäre, die dort bei Heimkicks des SVS entstehen kann. Zwar sind die ganz großen Zuschauerzahlen auch in Sandhausen Geschichte - in der Saison 1986/87 begrüßte man durchschnittlich 2.300 Fans und erreichte die Aufstiegsrunde zur Zweiten Liga - doch noch immer zählt das Aushängeschild des ansonsten als Fußballdiaspora bekannten Fußballkreises Heidelberg zu den Zuschauermagneten.

Entstanden ist das Areal anstelle des bereits seit den 20er Jahren beackerten »Waldsportplatzes«, an dem 1951 zunächst ein neues Vereinsheim errichtet wurde, und der sieben Jahre später einer komplett neuen Sportstätte weichen musste. Zur Einweihung des »von der Gemeinde unter erheblichem Kostenaufwand geschaffenen« Stadions (O-Ton Vereinschronik) verpflichtete man die Vertragsspieler von Amicitia Viernheim und freute sich anschließend über ein 3:3-Unentschieden. Der Rekordbesuch freilich wurde am Dreikönigstag 1964 registriert, als die Bayern anrollten und mit ihren werdenden Stars vor rund 5.000 Fans mit 6:1 gewannen.

1988 erhielt das Hardtwaldstadion nach zwei sportlich zwar erfolglosen, wirtschaftlich aber höchst lukrativen Zweitligaaufstiegsrundenteilnahmen eine schmucke Tribüne, auf der seitdem rund 600 Fans trockenen Fußes dem Geschehen auf dem grünen Rasen folgen können. Davor befinden sich einige Stehränge, auf denen sich die weniger gut Verdienenden versammeln und dem SV Sandhausen die Daumen drücken. Es handelt sich um eine Multifunktionsanlage, in deren Bauch die für den Betrieb eines höherklassigen und ambitionierten Sportvereins notwendigen Gerätschaften, Kabinen und Räumlichkeiten anzutreffen sind. Darüber hinaus gibt es einen VIP-Raum, eine Sprecherkabine sowie einen Presseraum. Der Gebäudekomplex entstand übrigens binnen eines Jahres ausschließlich durch Vereinsarbeit - da ahnt man, warum ein »kleiner« Klub wie der SV Sandhausen jahrzehntelang im Konzert der Großen mitspielen konnte bzw. kann.

Der Rest der reinen Fußballarena besteht aus in den 80er Jahren renovierten und sehr gepflegten Stehtraversen, die nur darauf warten, dass der SVS eines Tages mal wieder im Pokal einem der »Großen« zeigen darf, wo Sandhausen liegt: Am Puls des nordbadischen Fußballherzens nämlich.

Eine höchst muntere Schar, die zuletzt im Sommer 2000 anlässlich des Aufstiegsspiels zur Regionalliga in Regensburg auch auswärts in größerer Stückzahl gesichtet wurde, versammelt sich regelmäßig im Hardtwaldtstadion, um den umliegenden Kiefern verbale Unterhaltung zu bieten. Mit Ausnahme der Tribüne sind alle Bereiche im Stadion frei zugänglich, so dass man Heimfans überall antreffen kann. Die Sichtverhältnisse sind von den meisten Plätzen ganz in Ordnung, die Akustik - naja.

Gästefans dürfen Platz nehmen, wo immer sie wollen. Es sei darauf hingewiesen, dass es in Sandhausen in der Vergangenheit schon mal zu unschönen Szenen kam. Ist aber glücklicherweise nicht die Regel.

Sitzplätze: 11,50 €
Stehplätze: 5,50-7 €
Gäste: egal

Rollis Plätze direkt am Spielfeldrand. **Fanshop** Im Eingangsbereich aufgebaut. **Lesen** Die Stadionzeitung heißt »Hardtwald-Echo«, ist im achten Jahrgang kostenlos und recht lesenswert. **Essen** Brat- und Paprikawürste. **Trinken** Alkoholisches Bier und allerlei Softdrinks, dazu Radler und im Winter Glühwein. **Klo** In der Tribüne.
Kneipen Absolutes Muss: Das Hardtwaldt-Restaurant mit wunderschöner Terrasse direkt hinter dem Tor. Eine herrliche Zeitreise, die mit gut-bürgerlicher Küche sowie moderaten Preisen begangen werden kann. Ansonsten liegt gleich nebenan die Pizzeria »Pietro«. Wer bis nach Heidelberg mit dessen bekanntermaßen ansehnlicher Innenstadt will, hat nur ein paar Autobahnkilometer vor sich.

STADION ⚽⚽ STIMMUNG ⚽ SERVICE ⚽⚽ STRESS

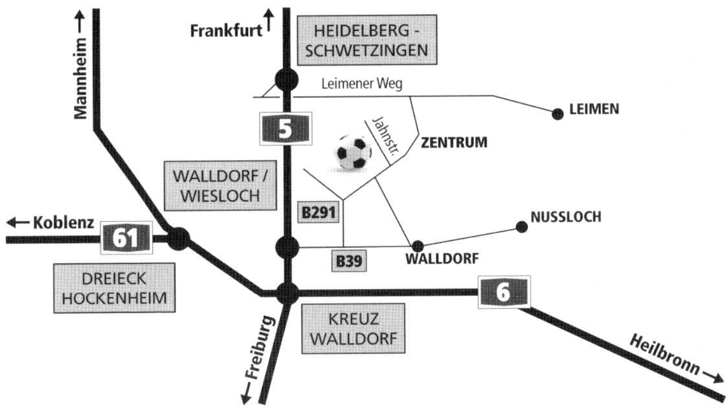

Die **A5** an der Abfahrt **Heidelberg-Schwetzingen** verlassen und weiter in Richtung Schwetzingen, nach rund 200 Metern taucht der erste Wegweiser nach Sandhausen auf. Am **Kreisverkehr** beim Ortseingang in Richtung **Zentrum** halten und über die Hauptstraße der Beschilderung »**Sportzentrum**« folgen, bis kurz vor dem Ortsende auf der rechten Seite das Hardtwaldtstadion auftaucht. **Alternative** (allerdings nur für aus dem Süden kommende Fans): Die **A5** an der Abfahrt **Walldorf/Wiesloch** verlassen und gen Walldorf fahren, nach ungefähr **zehn** Kilometern befindet sich das Stadion auf der linken Seite. **Parken** muss man in den umliegenden **Straßen**, was aber zumeist recht problemlos funktioniert.

Wer von **Heidelberg** kommt (was Bahnreisende wohl tun werden), besteigt dort einen Linienbus mit der Nummer **41** oder **42** (Ziel: Kirchheim, Sandhausen, Walldorf) und wird binnen einer halben Stunde **ziemlich genau** vor dem Stadion wieder herausgelassen. **Achtung:** Sonntags eingeschränkter Fahrbetrieb!

SCHWEINFURT: Willy-Sachs-Stadion

Baujahr: 1936

Foto: Michael Seiß

Kapazität: 16.000
Stehplätze: 15.200
Sitzplätze: 800

Schweinfurt 05, Hadergasse 11, 97421 Schweinfurt
Tel: 09721-6469420, Fax: 09721-6469429
www.fcschweinfurt05.de

Ähnlich wie der FC 05 präsentiert sich das Willy-Sachs-Stadion als gleichermaßen traditionsreich und leicht angestaubt. Angesichts der durchaus märchenhaften Entstehungsgeschichte ist das irgendwie passend, denn zu ihrem Stadion kamen die 05er wie die berühmte Jungfrau zum Kind. Und das ging so: Anno 1936 schenkte der wohlhabende Konsul Willy Sachs der Stadt Schweinfurt einen größeren Sportkomplex, dessen Herzstück das Stadion war. Sachs machte zur Auflage, dass das Gelände ausschließlich 05 (und zwar für die gesamte Dauer des Bestehens) zur Verfügung stehen müsse. Inzwischen haben die von ihren Fans liebevoll »Schnüdel« genannten Schwarz-Grünen zwar dem »Verein Türkischer Arbeitnehmer« sowie den »Sportfreunden« begrenztes Nutzungsrecht zugestanden, sind aber noch immer Hauptnutzer des Areals. Freilich muss an dieser Stelle auch ein wenig bitterer Wein eingegossen werden, denn der Spender Willy Sachs machte sich im Dritten Reich reichlich seine Finger schmutzig, weshalb gleich von mehreren Seiten eine Umbenennung des Stadions gefordert wurde.

Rein optisch hat sich seit der Einweihung am 23. Juli 1936 - zugleich wurde der 40. Geburtstag des edlen Spenders gefeiert - kaum etwas verändert. Zwar hat man das Stadion kürzlich von Grund auf renoviert, dieses büßte aber dadurch nichts von seinem Flair ein - lediglich das Fassungsvermögen der Arena (1936: 16.000) hat sich im Laufe der Zeit leicht verändert: 1954 konnten beim Gastspiel des 1.FC Kaiserslautern 22.500 Fans dank Zusatztribünen einen noch heute gültigen Zuschauerrekord aufstellen, derzeit passen wieder rund 16.000 Fans in das Areal.

In den 70er Jahren erhielt das Willy-Sachs-Stadion den obligatorischen Zaun, wohingegen das 1975 bereits georderte Flutlicht ob der schlechten Darbietungen der Heimelf wieder abbestellt werden musste. Anschließend dauerte es nahezu 19 Jahre, ehe erneut Bautrupps ihre Geräte in die Arena schleppten. 1994 wurde der verblichene Glanz der altehrwürdigen Haupttribüne aufgepeppt, die Sitzbänke gegen Plastikschalen ausgetauscht und VIP-Räume, Entmüdungsbecken sowie moderne Kabinen geschaffen. Auch die idyllisch von Bäumen umsäumten und nur flach ansteigenden Stehtraversen wurden bei dieser Gelegenheit renoviert, ehe am 26. November 2001 mit der Einweihung einer neuen Anzeigetafel erneut Baustopp eintrat. Liebend gerne möchten die 05er in möglichst naher Zukunft nun die Gegengerade überdachen, um ihre frisch gewonnene Attraktivität zu erhalten bzw. zu erhöhen. »Damit auch Rentner, Arbeitslose, Jugendliche in den Genuss von überdachten Plätzen kommen«, heißt es seitens des Vereins - eine durchaus liebenswürdige Philosophie. Geplant sind 4.000 Steh- und 1.000 Sitzplätze - fehlt nur noch der potente Geldgeber.

Dass Bundesligafußball eine Chance in der angeblichen Fußball-Diaspora Schweinfurt hat, bewiesen die Schnüdel trotz ihres Abstieges in der Zweitligaspielzeit 2001/02. Mehr als doppelt so viel Zuschauer wie erwartet kamen alle zwei Wochen ins Willy-Sachs-Stadion - darauf hofft man in Schweinfurt nun aufzubauen. Ziel ist es, zum 100-jährigen Bestehen im Jahre 2005 fester Bestandteil der Zweiten Liga zu sein. Dazu schon mal viel Glück. In der Vergangenheit waren 05-Fans Sorgen gewohnt und stimmungstechnisch kann man sich zweifelsohne auch noch verbessern. Intimkenner der Szene schwärmen allerdings von jenen Momenten, »in denen die Rentner auf der Haupttribüne in Wallung geraten«. Farben tragende 05-Fans tummeln sich auf der Gegengeraden und sind für gewöhnlich nette Zeitgenossen. »Anlassbezogen« tauchen jedoch mitunter auch anderweitig orientierte Herren auf, denen man besser aus dem Weg geht. Gästefans gehören in die Südkurve, von der die Sicht leider nur mäßig ist.

Sitzplätze: 12-17 €
Stehplätze: 6-7,50 €
Gäste: Südkurve

Rollis Auf der Tartanbahn vor der Haupttribüne. **Fanshop** Bei Heimkicks mobile Shops, ansonsten Geschäftsstelle. **Lesen** »Der Schnüdel« (A4, s/w) kostet 1 €. **Essen** Von diversen Seiten gerügte Bratwurst, ansonsten Kuchen. In der Vereinskneipe unbedingt die Schnitzelbrötchen versuchen. **Trinken** Bier, Cola, Fanta, Kaffee, Glühwein. **Kneipen** Neben dem großen Angebot auf dem Stadionvorplatz kann man die frisch renovierte Stadiongaststätte besuchen. Nette Kneipen gibt es in der Innenstadt...

STADION ⚽	STIMMUNG ⚽	SERVICE ⚽⚽	STRESS

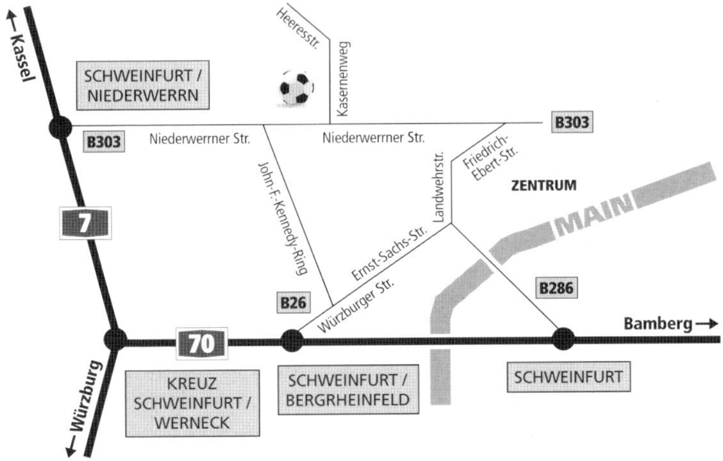

Über die **A70** von **Bamberg**: bis zum Schweinfurter Kreuz (Hafen-Ost), dann weiter auf der **B286** in Richtung Zentrum. Kurz nach Überquerung des Mains **rechts** auf die Ernst-Sachs-Straße (später Landwehrstraße bzw. Friedrich-Ebert-Straße) und schließlich **links** auf die Niederwerrner Straße (**B303**, Richtung A7) zum Stadion.

Über die **A70** von **Würzburg**: an der Abfahrt **Schweinfurt-Burgrheinfeld** herunter und auf der **B26** (Würzburger Straße) Richtung Schweinfurt. Im Ortsteil Oberndorf **links** auf die Straße Am Oberndorfer Weiher und immer geradeaus zum Stadion.

Von der **A7** (Würzburg/Kassel): bis zur Abfahrt **Schweinfurt-Niederwerrn**, dann weiter auf der **B303** in Richtung Schweinfurt. Kurz hinter der Stadtgrenze von Schweinfurt liegt links das Stadion. **Parken:** Auf dem Volksfestplatz (gegenüber vom Stadion) ist ausreichend Parkraum vorhanden.

Steht vorne **Niederwerrn** oder **Oberwerrn** drauf, kann man beruhigt in jeden **Bus** einsteigen. Vom Hauptbahnhof aus zunächst zur zentralen Umsteigestelle **Roßmarkt**, von der oben erwähnte Busse regelmäßig abfahren.

SIEGEN: Leimbachstadion

Foto: MMM

Baujahr: 1957

Kapazität: 20.108
Stehplätze: 18.000
Sitzplätze: 2.108

Sportfreunde Siegen, Leimbachstr. 248, 57074 Siegen
Tel: 0271-250100, Fax: 0271-2501020
www.sportfreunde-online.de

Nach knapp zweieinhalbjähriger Bauzeit wurde das Leimbachstadion am 22. September 1957 mit der Partie Sportfreunde Siegen gegen den FV Hombruch 09 feierlich seiner Bestimmung übergeben, doch es sollte noch eine gewisse Zeit ins Siegerland ziehen, bevor die Rot-Weißen auf der städtischen Mehrzweckanlage so richtig heimisch wurden und den angestammten Stadtplatz aufgaben.

Größere Zuschauermengen verzeichnete das auf 25.000 Plätze angelegte Stadion in den nächsten Jahren nur bei den Länderspielen der Amateurauswahl, in der die Siegener damals mit einigen Kickern vertreten waren. So wollten Ende Mai 1959 über 25.000 Fußballfreunde den Vergleich mit England (2:0) sehen - das Leimbachstadion war erstmals bis auf den letzten Platz ausverkauft. Derart viele Menschen verirrten sich bei den Heimspielen der Sportfreunde nur ganz selten. Am 8. August 1972 war es dann bei einem der kurzen Siegener Gastspiele in der Regionalliga West so weit: 22.340 Zuschauer sahen die knappe 0:1-Niederlage der Sportfreunde gegen den BVB. Rekordbesuch bis heute. Im weiteren Verlauf der 70er und 80er Jahre dümpelte der Verein mehr schlecht als recht durch die Amateurklassen, wohingegen die Damen des TSV Siegen von Erfolg zu Erfolg eilten. Da die Balltreterinnen jedoch auch nicht allzu viel Publikum anlocken konnten, gab es eigentlich keine Veranlassung, das 1960 auf 35.000 Plätze aufgeblähte Leimbachstadion einer wie auch immer gearteten Um- oder gar Ausgestaltung zu unterziehen. Allein die allerdringlichsten Instandhaltungsmaßnahmen nahm man vor, damit die um ihre Ehrenurkunden kämpfenden Schulklassen nicht von umstürzenden Betonpfeilern erschlagen wurden. Dies änderte sich erst, als Ingo Peter die Sportfreunde innerhalb kürzester Zeit aus der Verbandsliga (1994) in die Regionalliga (1997) führte. Der »schlafende Riese« war aufgewacht und etablierte sich mit einem Schnitt von fast 6.000 Fans sogleich als Regionalliga-Zuschauerkrösus. Beinahe hätten es die Sportfreunde damals sogar bis in die Zweite Liga geschafft.

Seitdem macht sich das idyllisch am Waldrand gelegene Stadion, Stück für Stück: Seit 1998 gibt es da eine Anzeigetafel, ein Jahr später folgte die Neugestaltung der Innentribüne (Kabinen, VIP- und Presseraum) und in der letzten Saison kam am Marathontor ein neuer, abgetrennter Gästeblock dazu, der mit seinen Betonstufen und Metallzäunen nicht so recht ins restliche Rund der Arena passen will. Spätestens 2003 soll dann auch endlich die lang ersehnte Flutlichtanlage stehen.

Während ein Teil der Siegener Anhänger auf die Gegengerade gezogen ist, versuchen andere Gruppen weiterhin vom Fanblock A1 der Haupttribüne aus zu supporten - die Siegener Fanszene ist gesplittet, was der Stimmung auf den Rängen natürlich nicht besonders gut tut. Selbst das neue Fanprojekt konnte noch keinen einheitlichen Standort initiieren. Auswärtsfans gehören in den neuen Gästeblock zwischen Marathontor und Haupttribüne. Bei Risikospielen werden die Tore dichtgemacht, ansonsten kann man im Stadion auf Wanderschaft gehen.

Sitzplätze: 15-17,50 €
Stehplätze: 4,50-7,50 €
Gäste: am Marathontor

Preise Schüler, Studenten, Schwerbehinderte und Jugendliche (14-17 Jahre) erhalten verbilligte Karten, Kinder bis 13 Jahre zahlen 3 € und Kinder bis 6 Jahre dürfen umsonst ins Stadion. Die Familienkarte für je zwei Erwachsene und Kinder (offener Stehplatz) kostet 12,50 €. **Rollis** Ermäßigter Preis, eine Begleitperson darf umsonst mit auf die Aschenbahn. Wer sich rechtzeitig an den Verein wendet, erhält auch einen Parkschein für einen Platz direkt am Stadion. **Fanshop** Der Fanshop in der Geschäftsstelle am Stadion (Mo-Fr 9-17h) ist bei Heimspielen geöffnet, daneben kann man im »Forever Young« (Kölner Str. 26, Tel: 53425) fündig werden. **Lesen** Das »Sportfreunde-Echo« liegt gratis aus und bietet alle wesentlichen Infos zu Spiel und Gegner. Die »Brigada Siegena« bringt gelegentlich den »Krönchenstadt Report« heraus (bei Interesse am Stand vor dem A1-Block nachfragen). **Essen** Prima. Zahlreiche Stände auf Haupttribüne und Gegengerade bieten alles, was das Herz begehrt: diverse Würste, Pommes, Frikadellen, Waffeln, Crêpes, Kuchen, Eis usw. Echt prima. **Trinken** Der 0,4-Becher Krombacher (mit Umdrehungen) kostet 2,50 €, Cola, Limo und Wasser sind 50 Cent billiger. An den Ständen der Gegengerade gibt's auch Malzbier, Kaffee, Glühwein und allerlei obskure Schnäpse. Na denn Prost. **Klo** Tut's. **Kneipen** Stadiongaststätte »Miras Bistro«, »Treff bei Adi« (Koblenzer Straße), Imbiss am Parkplatz.

STADION ⚽⚽ **STIMMUNG** ⚽ **SERVICE** ⚽⚽⚽ **STRESS** ⚽

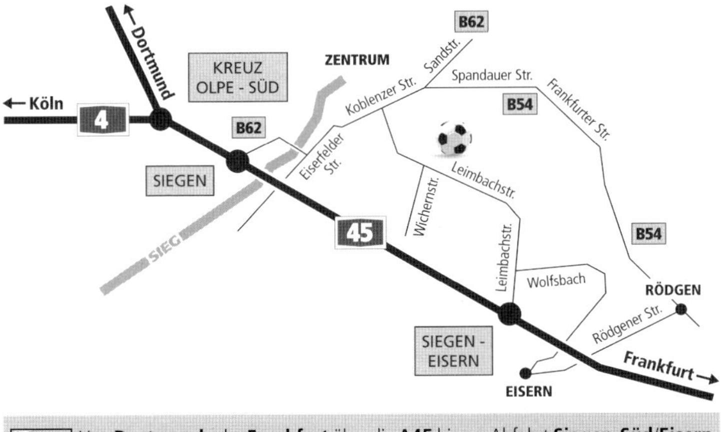

Von **Dortmund** oder **Frankfurt** über die **A45** bis zur Abfahrt **Siegen-Süd/Eisern** und dann weiter auf der L562, die nach wenigen Metern in die **Leimbachstraße** übergeht, gen Zentrum. Nach etwa drei Kilometern taucht dann auch schon auf der rechten Seite die Heimat der Sportfreunde auf.
Unterhalb des Stadions gibt es einen **P+R-Platz**, der aber schon bei halbwegs gut besuchten Spielen nicht ausreicht. Bei **Schlagerspielen** wird die Leimbachstraße zudem **gesperrt**, im Bereich des Stadions ist die Suche nach versteckten Stellplätzen also nur für Frühaufsteher sinnvoll. **Ausweichmöglichkeiten** finden sich an der Siegerlandhalle: die Leimbachstraße weiter gen Zentrum und dann links auf die Koblenzer Straße.

Vom **Hauptbahnhof** fährt die Buslinie **SB4** (Richtung Burbach Post) bis zur Haltestelle »P+R Leimbachstadion«, bei Heimspielen kann man auch die eigens eingerichtete **Magolves-Linie** benutzen, deren Busse ab anderthalb Stunden vor Anpfiff im soliden Fünfminutentakt zwischen Bahnhof und Stadion **pendeln**. Nach Spielschluss geht's natürlich auch wieder retour. Zu **Fuß** ist der Weg in etwa **30 Minuten** zu schaffen.

SOLINGEN: Stadion am Hermann-Löns-Weg

Baujahr: 1950

Foto: MMM

Kapazität: 16.200
Stehplätze: 14.000
Sitzplätze: 2.200

Union Solingen, Naturpark 4, 42697 Solingen
Tel: 0212-71754, Fax: 0212-2332868
www.unionsolingen.de

Der Vorläufer des heutigen »Stadions am Hermann-Löns-Weg« (dieser Kerl scheint in Nordrhein-Westfalen ja eine geradezu magische Anziehungskraft auf Fußballstadien zu besitzen - siehe Paderborn) entstand am Ende der 20er Jahre als profaner Sportplatz ohne irgendwelchen Schnickschnack. Dennoch erschien er den Bombern der Alliierten im Zweiten Weltkrieg als lohnendes Abwurfziel und wurde fast vollständig zerstört. Nach 1945 richtete man den Platz wieder einigermaßen her, vier Jahre später entschied man sich dann aber, ein richtiges Stadion zu bauen.

Dieses konnte bereits am 24. Juni 1950 mit einem Freundschaftskick zwischen dem Hausherren SC Union und der SpVgg Gräfrath vor 10.000 Zuschauern eröffnet werden - sehr viel mehr passten damals nicht hinein, mussten aber auch gar nicht. Union war lange Jahre nur eine kleine Nummer in den Weiten des Amateurfußballs. Erst in den 70er Jahren kam es zu einem Aufschwung: 1973 schafften die Ohligser den Aufstieg in die Regionalliga (beim entscheidenden Spiel gegen Rot-Weiß Lüdenscheid passierten über 13.000 Fans die Stadiontore) und zwei Jahre später zog Union dann auch in die Zweite Liga Nord ein, aus der die Klingenstädter bald gar nicht mehr wegzudenken waren. Mitte der 80er schnupperte Union dann sogar einige Male am Sprung in die Bundesliga, doch zum ganz großen Wurf reichte es dann freilich nicht.

Derweil war das Stadion direkt nach dem Aufstieg zweitligagerecht ausgebaut worden. Die überdachte Tribüne, auf der heute noch 2.600 Zuschauer (2.200 Sitze) Platz finden, weihte man im April 1976 ein, die Flutlichtanlage im Dezember 1982. Aber das war es im Grunde auch schon: In den 90ern ging es nicht nur mit Union nach unten (bis in die Landesliga gar), auch das Stadion litt. Heute präsentiert sich allein die Tribüne in einem Vertrauen erweckenden Zustand, ansonsten prägen wackelige Stehstufen und verwitterte Wurstbuden das durchaus idylllische, von Eichen und Kastanien gesäumte Rund. Auf der Gegengeraden bilden die alten Bäume ein natürliches Dach, und der Blick auf das alte Bauwerk gegenüber lässt durchaus nostalgische Gefühle aufkommen. Im Falle eines weiteren Aufstiegs (Union hat es 2002 in die Oberliga geschafft) stehen freilich gravierende Veränderungen sicherheitstechnischer Natur an. Doch das Stadion wird auch das überleben.

Die treuen und verbandsligagestählten Solinger Fans sind auch auswärts stets in großer Zahl dabei. Im heimischen Stadion skandieren sie ihr »Eisern Union« vorzugsweise von den Stehplätzen vor der Tribüne aus, ein kleiner Teil der Fanschar ist freilich stets am Bierstand in der Kurve zu treffen. Gäste stellen sich am besten auf die Gegengerade und machen einen großen Bogen um die, die es offensichtlich auf Streit anlegen. Augen auf!

SOLINGEN: Stadion am Hermann-Löns-Weg

Preise Neben den üblichen Ermäßigten kommen auch Frauen billiger ins Stadion. Je nach Gegner Topzuschlag (1 €) . **Rollis** Ermäßigter bzw. freier Eintritt, Plätze im Innenraum. **Fanshop** Kleiner Stand am Haupteingang, ansonsten über die Geschäftsstelle. **Lesen** »Union-Echo«, der Preis (1 €) kann nur als Witz oder Spende verstanden werden. **Essen** Currywurst (2 €) und Bratwurst (1,50 €). Dieses komische Getränke- und Verzehrkartensystem schafft man hoffentlich bald wieder ab. Wir sind ja schließlich nicht in der Arena AufSchalke. **Trinken** Vollbier (Hasseröder), Cola, Fanta (0,3l für faire 1,50 €) und Wasser (1 €). Bei Risikospielen droht die Light- bzw. Freivariante. **Klo** In der Tribüne, recht sauber. **Kneipen** Tja. In der näheren Umgebung tote Hose. Da bleibt nur der Weg in die Ohligser oder Solinger Innenstadt, in der aber jeder eine passende Kneipe finden wird.

Sitzplätze: 8-10 €
Stehplätze: 4-6 €
Gäste: Gegengerade

STADION STIMMUNG SERVICE STRESS

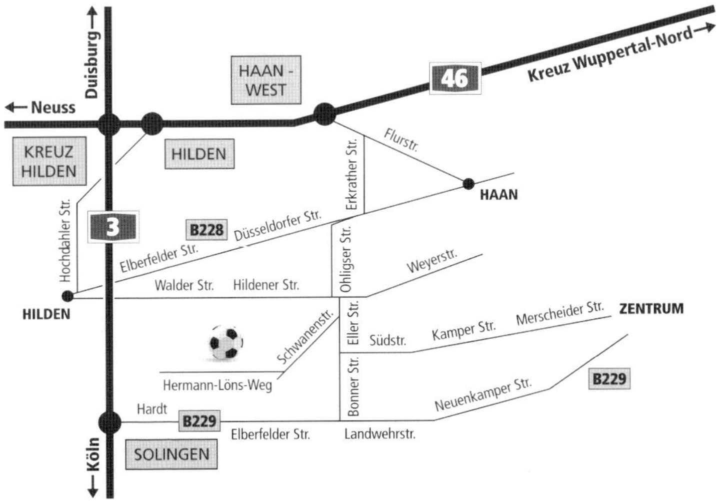

Von **Düsseldorf**: die **A46** bis zur Abfahrt **Erkrath** und von der Gerresheimer Straße (gen Hilden) links auf den **Nordring**. Nach etwa vier Kilometern rechts auf die Walder Straße und unter der Autobahn durch gen Solingen. Dort angekommen von der **Hildener Straße** rechts in die Ellerstraße und nach einem Kilometer rechts in die Hubertusstraße, die geradewegs auf den Hermann-Löns-Weg führt.
Von **Köln**: die **A3** bis zur Abfahrt **Solingen** und auf der Hardt (**B229**) gen Remscheid. In Wiescheid von der Elberfelder Straße links auf die Landwehr und nach etwa drei Kilometern von der Bonner links in die **Hubertusstraße** zum Stadion.
Von **Wuppertal**: die **A46** bis Abfahrt **Hilden**, über die Hochdahler Straße und den Ostring auf die Walder Straße - Rest s.o. Man kann auch schon in **Haan-Ost** oder **West** abfahren und sich auf der **B228** gen Hilden halten. In Haan kurz hinter der Unterführung links in die Ohligser Straße, diese durch bis zur T-Kreuzung und links auf die Hildener Straße - Rest s.o.
Parken: Am Stadion befindet sich ein mittelgroßer Parkplatz. Reicht der nicht aus, versuche man es am Naturpark/Waldfriedhof.

Der Bahnhof **Solingen-Ohligs** wird vom Rhein-Wupper-Express (Köln-Wuppertal) und Rhein-Express (Köln-Münster) angefahren. Ferner endet hier die S-Bahnlinie **S7** aus Düsseldorf. Wer mit der S7 anreist, steigt aber besser schon am **Vogelpark** aus. Vom Ohligser Bahnhof geht man in ca. 20 Minuten zu **Fuß** (über Wilhelm- und Talstraße). Wer mag, nimmt den **691er** (gen St-Lukas-Klinik) bis »Dunkelnberg«.

STENDAL: Im Hölzchen

Baujahr: 1909

Foto: Rainer Hille

Kapazität: 13.000
Stehplätze: 12.200
Sitzplätze: 800

1.FC Lok Stendal, Arneburger Str. 83, 39576 Stendal
Tel: 03931-214553
www.dcvs.de/fsv

Seit März 2000 wird die vom Volksmund stets nur »Hölzchen« genannte Wilhelm-Helfers-Kampfbahn nun auch ganz offiziell als »Im Hölzchen« bezeichnet, was angesichts der reizvollen Umgebung durchaus einleuchtet und zudem flurnamentechnisch korrekt ist, befindet sie sich doch in einem »Hölzchen« genannten Waldareal.

Trotz des liebevollen Kosenamens und der netten Umgebung muss der 10.000-Plätze-Ground aber zu den eher faderen gezählt werden. Zwar kann er, wie in der legendären Pokalsaison 95/96 bewiesen, durchaus stimmungsvoll sein, bei normalen Kicks aber hemmen die viel zu sanft ansteigenden Ränge die Stimmung.

Weit draußen vor Stendals Toren liegend wurde das Hölzchen ab 1949 von der BSG Lokomotive genutzt, die immerhin 14 Jahre lang in der höchsten DDR-Klasse mitmischte, ehe sie nach 1968 bis in die Bezirksliga abstieg. Eingeweiht worden war das Stadion freilich schon weit vor dem Ersten Weltkrieg, als der einstige FC Viktoria 09 sich dort niederließ. Aus jenen Tagen stammen neben einem Gedenkstein für die Kriegsopfer offensichtlich auch Teile der Haupttribüne, denn deren inzwischen mit Sitzbänken bestückte Traversen weisen einen ziemlich abenteuerlichen Verlauf auf. Später erhielten Gegengerade und Kurven befestigte Stehränge, was die Kapazität auf Oberliga-Niveau anhob (15.000), ehe sie durch Installation der erwähnten Sitzbänke auf der bis heute offenen Hauptgeraden wieder auf 10.000 gesenkt wurde. In den 70ern kam ein Schutzzaun hinzu, der freundlicherweise durch seine großzügige Flechtung nur bedingt sichthemmend ist. Bemerkenswert ist zudem die von der schnieken Anzeigetafel dominierte Kurve, deren sanfter Grashang bei schönem Wetter (bzw. schlechtem Spiel) zum Sonnenbaden förmlich einlädt.

Besonderer Blickfang ist freilich der Ansageturm, der die »Haupttribüne« überragt und ihr einen eigentümlichen Anblick verleiht. Doch bei aller Nostalgie muss konstatiert werden, dass sich das »Hölzchen« in einem bedenklichen Zustand befindet und es trotz zweifelsohne vorhandener Ausstrahlung marode und ein wenig schmuddelig erscheint. Es bietet so gut wie keinen Komfort, hinterlässt beim Besucher das Gefühl einer Zeitreise in die Vergangenheit und ist alles andere als profifußballgeeignet. Aber das wollen die Stendaler auch gar nicht. Die mögen ihr Hölzchen nämlich so, wie es ist.

In Sachen Fußball hofft man in der Altmark nun wieder auf bessere Zeiten - wie »damals« im Pokal gegen Wolfsburg und Leverkusen, als das »Hölzchen« Kopf stand. Und vielleicht bringt ja die am 21. Juni 2002 mit so viel Hoffnung und Zuversicht vorgenommene Fusion zwischen FSV Lok/Altmark und 1.FC auch tatsächlich die Wende, und die seit Jahren hemmenden Geldnöte gehören bald der Vergangenheit an. Daumen drücken!

Nur ein kleines Grüppchen Lebewesen gab sich bislang der Passion hin, mit rot-schwarzer Kluft durchs Land zu ziehen, um den FSV zu unterstützen. Das wird sich mit Bildung des 1.FC Lok nicht grundlegend ändern, denn jahrzehntelang gab es in der Altmark nur einen Verein: den 1.FC Magdeburg. Womöglich genießt der 1.FC Lok nach dem Magdeburger Insolvenzcrash aber nun wieder etwas mehr Aufmerksamkeit der altmarkschen Fußballfreunde. Gästefans können (sofern nicht aus Magdeburg) einen netten Nachmittag im »Hölzchen« verbringen. Die Sicht auf der Gegengeraden ist gut, die Anzeigetafel ebenfalls prächtig einzusehen und eine lokale Getränkeversorgung gibt es auch.

Sitzplätze: 8 €
Stehplätze: 4-6 €
Gäste: Gegengerade

Rollis Auf der Asphaltbahn. **Fanshop** Im Eingangsbereich. **Lesen** »Hölzchen-Echo«, A4, s/w, wird hoffentlich mit der Fusion besser. **Essen** Bratwurst. **Trinken** Richtiges Bier, Cola, Sprite, Schierker, Rum-Cola, Kaffee. **Klo** Katastrophal, auf der Gegengeraden nur Dixis (und Büsche). **Kneipen** Tja. Kurz vor dem Stadion finden sich ein McDonalds und eine Tankstelle. Nette Kneipen und Restaurants gibt's in der Altstadt.

STADION · STIMMUNG · SERVICE · STRESS

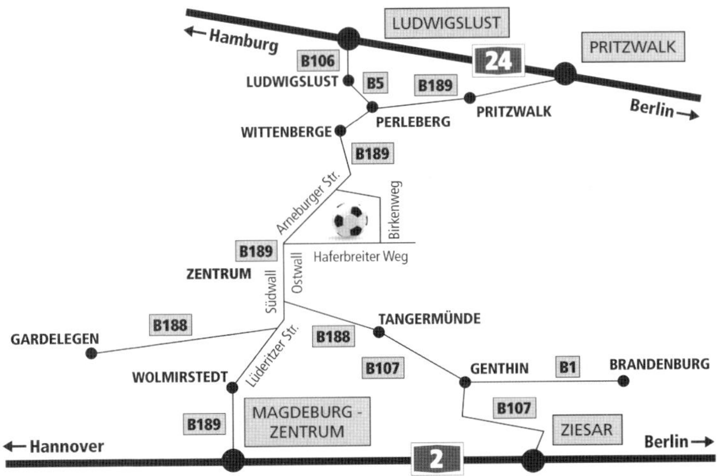

Über die **A2** von **Hannover**: bis Abfahrt **Magdeburg-Zentrum**, dann auf der **B189** nach Stendal. Dort angelangt, weiter gen Wittenberge/Osterburg, bis kurz vor dem Ortsausgang rechts eine Aral-Tankstelle auftaucht - wenige Meter weiter liegt das Stadion. Über die **A2** von **Berlin-Süd**: bis Abfahrt **Ziesar**, dann über die **B107** (Richtung Genthin) weiter bis ins Örtchen Fischbek, an dessen Ende es links auf die **B188** nach Stendal geht. In Stendal rechts auf die **B189** Richtung Wittenberge und weiter wie oben. Über die **A24** von **Lübeck**: bis Abfahrt **Ludwigslust** und auf der **B189** über Ludwigslust, Perleberg, Wittenberge und Osterburg nach Stendal, wo kurz hinter dem Ortsschild links das Stadion liegt. **A24** aus **Berlin-Nord**: bis **Pritzwalk**, über Pritzwalk und Perleberg nach Wittenberge und weiter wie oben. **Parken:** Straßenparken. Außerdem gibt es kleinere Parkplätze im Stadionumfeld. Tipp: Schon vor der Aral-Tankstelle ein Plätzchen suchen.

Vom Hauptbahnhof fährt die **Buslinie 560** (Richtung Dalchau Niedergörne Bahnhof) in elf Minuten bis zur Haltestelle Hölzchen - am **Wochenende** jedoch leider nur **extrem** selten. Einen »Rufbus« kann man unter 03931-672123 bestellen. Wer **zu Fuß** gehen will, sollte eine gute halbe Stunde Marsch (Richtung Wittenberge) einplanen.

STUTTGART: Gottlieb-Daimler-Stadion

Foto: Michael Seiß

Baujahr: 1933

Kapazität: 54.248
Stehplätze: 6.060
Sitzplätze: 48.188

VfB Stuttgart, Mercedesstr. 109, 70372 Stuttgart
Tel: 01805-8325463, Fax: 0711-5500733
www.vfb-stuttgart.de

Von oben sieht das Gottlieb-Daimler-Stadion ja wirklich atemberaubend aus - Stadio Nuovo Communale meets Raumschiff Enterprise. Doch welcher Fußballfan (von Jürgen Möllemann mal abgesehen) schaut sich ein Spiel schon aus der Vogelperspektive an? Man kann es drehen und wenden, wie man will: In Stuttgart krankt es an der Laufbahn. Die Sichtverhältnisse gehören trotz der trägerlosen Dachkonstruktion zum Schlechtesten, was die Bundesliga zu bieten hat. Vor allem in den flachen Kurven sitzt (oder steht) man unerträglich weit vom Geschehen entfernt, prickelnde Atmosphäre vermag da nur schwerlich aufzukommen.

Dabei war alles mal ganz anders. Nach dem Zweiten Weltkrieg beispielsweise, als man das in den Jahren 1930 bis 1933 als »Adolf-Hitler-Kampfbahn« errichtete und später erfindungsreich in »Stuttgarter Kampfbahn« umbenannte Stadion auf eine Kapazität von 80.000 Zuschauern ausgebaut hatte. Beim ersten Länderspiel in der Geschichte der Bundesrepublik Deutschland, dem 1:0 gegen die Schweiz am 22. November 1950, sollen sogar knapp 100.000 Menschen das goldene Tor Herbert Burdenskis bejubelt haben - da trug die Arena freilich bereits den wesentlich hübscheren Namen »Neckarstadion«.

Sechs Jahre später baute man die Kurven aus, 1962 folgte die erste bescheidene Flutlichtanlage und 1969 eine Tartanbahn. In den folgenden Jahren änderte die Arena ihr Aussehen dann ganz gewaltig, wobei jeweils sportliche Großereignisse für einschneidende Umgestaltungsmaßnahmen sorgten. Den Anfang bildete die WM 1974, die einen Komplettumbau nach sich zog. Nach Abschluss der rund 25 Mio. DM schweren Arbeiten besaß das Neckarstadion nicht nur eine neue Haupttribüne, sondern auch eine überdachte Gegengerade, eine Anzeigetafel in der Untertürkheimer Kurve sowie ein Fassungsvermögen von knapp 68.000 Zuschauern (davon 32.500 Stehplätze).

Anlässlich der Euro '88 wurden zunächst nur sicherheitstechnische Korrekturen (zusätzliche Wellenbrecher, neue Fluchttore etc.) vorgenommen, doch die Leichtathletik-WM von 1993 sorgte für einen weiteren Komplettumbau. 40 der insgesamt 53 Modernisierungsmillionen verschlang damals allein die Vollüberdachung aus transflueszentem Material, siebeneinhalb davon übernahm eine Autofirma, wodurch das Neckarstadion am 22. Mai 1993 schließlich auch seine neue Bezeichnung erhielt. Gleichzeitig sank die Kapazität auf knapp 53.000 Zuschauer, davon nur noch traurige 6.137 Stehplätze.

In den Jahren 1999 bis 2001 folgte dann die nächste Ausbaustufe, die freilich in erster Linie die Haupttribüne betraf. Deren oberer Teil wurde komplett abgerissen und durch einen neuen Oberrang ersetzt. Die alten Holzbänke tauschte man gegen Einzelklappsitze aus, wodurch 5.600 »normale« Stadiongänger eine neue Sitzgelegenheit erhielten. Das Hauptanliegen dieser Ausbaustufe stellte jedoch die Schaffung von 44 VIP-Logen, 1.500 Business-Seats, eines Lounge-Bereichs sowie eines Parkhauses dar, das durch einen gläsernen Steg mit dem exklusiven und durchgestylten Haupttribünenbereich verbunden ist. Im Juli 2001 waren die Arbeiten, für die statt der veranschlagten 89 dann tatsächlich über 102 Mio. DM fällig wurden, beendet. Die Kapazität lag nun bei rund 54.000 Zuschauern bzw. 50.000 Sitzen bei internationalen Spielen. Doch kaum war der Umbau beendet, schmiedete man neue Pläne - natürlich anlässlich der WM 2006, für die Stuttgart dank Mercedes, MV und geographischer Lage sicher gesetzt war, sowie einer ganz eventuell erfolgreichen Olympia-Bewerbung für 2012. Zum großen Leidwesen der VfB-Fans sehen diese Pläne nun jedoch nicht einen Neu- bzw. kompletten Umbau, sondern lediglich einen Ausbau respektive eine 56 Mio. Euro teure Modernisierung des Daimler-Stadions vor. Die Gegengerade soll ausgebaut und damit eine halbfinaltaugliche Sitzplatzkapazität von 60.000 erreicht werden. Mit anderen Worten: In ein paar Jahren wird der VfB im einzigen Bundesligastadion spielen, das noch über eine Laufbahn verfügt. Beileidsbekundungen bitte unter www.neuesvfbstadion.de abgeben.

Da hilft alles Jammern nix, sowohl die VfB-Afficionados als auch die Gästeanhänger müssen sich auf lange bzw. schlechte Sicht mit den Gegebenheiten abfinden, und die lauten schlicht und ergreifend: sehr flache Tribünen, sehr breite Laufbahn, Spielfeld schier unendlich weit entfernt. Bei den Gästen kommt noch erschwerend hinzu, dass sie in der Untertürkheimer Kurve unter verschärfter Käfighaltung (Block D) gehalten werden und vom Ordnungsdienst mitunter auch entsprechend behandelt werden. Der harte Kern der Stuttgarter Fans müht sich derweil auf der gegenüberliegenden Cannstatter Seite in den Stehblöcken A und B verzweifelt ab, so etwas wie Fußballatmosphäre in die Mehrzweckanlage zu brüllen, während in den Bereichen 32 a/b und 33c die schwäbischen Ultras, u.a. das durch vielfältige Aktionen bekannte »Commando Cannstatt« zu finden sind. Diese Burschen haben in den letzten Jahren wieder reichlich frischen Wind in die doch etwas eingeschlafene Fanszene des VfB gebracht und sind auch auswärts stets in großer Zahl mit von der Partie. Doch bei aller anerkennenswerten Kreativität und Begeisterungsfähigkeit kommt im Daimler-Stadion eigentlich immer nur dann Stimmung auf, wenn mindestens 30.000 Zuschauer (oder besser 40.000) anwesend sind. Trotz der Komplettüberdachung ist es nämlich leider auch um die Akustik nicht allzu gut bestellt, Schlachtrufe kommen nur selten in der Kurve gegenüber an. Tja. Die VfBler können einem schon wirklich Leid tun...

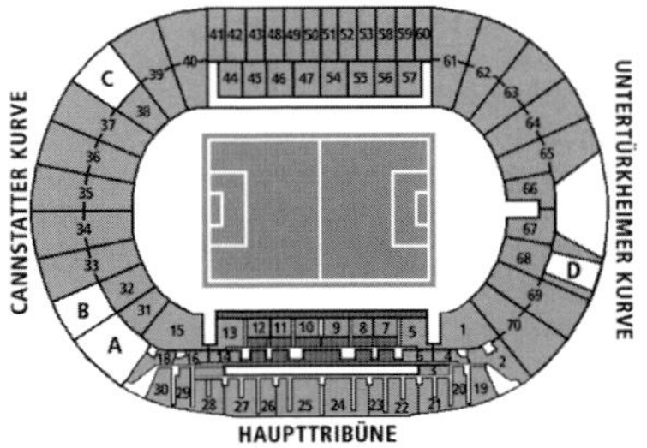

Sitzplätze: 9,18-38,30 €
Stehplätze: 7,55-10,85 €
Gäste: Block D

Preise Ermäßigte Karten für Jugendliche (bis 18), Rentner, Studenten, Schüler, Zivil- und Wehrdienstleistende, Arbeitslose und Behinderte (ab 50%), schon bei halbwegs großen Spielen sind aber Probleme an der Kasse für ermäßigte Karten vorprogrammiert. Daher am besten frühzeitig um Tickets kümmern bzw. anreisen. Kinder (bis 7) können in Begleitung eines Erwachsenen in den Blöcken 35c und 35d für 3 € sitzen. Weitere Infos unter 01805-8325463 (12 Cent/Minute). **Rollis** Selbstfahrer kommen gratis rein, der eventuelle Begleiter zahlt den ermäßigten Preis. Obwohl auf der Gegengeraden (hier finden sich auch behindertengerechte Toiletten) 114 Plätze bereit stehen, sollte man sich vorsichtshalber zuvor beim VfB um einen Platz bemühen. **Fanshop** Zahlreiche Stände vor dem Stadion, daneben kann man sich im offiziellen VfB-Sport-Shop und im City Fanshop im Kaufhaus Breuninger (Königsstraße) nach geeigneten Artikeln umschauen. **Lesen** Das kostenlose Programmheft »Stadion Aktuell« bietet durchschnittliche Berichterstattung, die leider nur selten von größeren Highlights gekrönt wird. Wesentlich ergiebiger ist da schon die Lektüre des schwäbischen Fanzine-Marktführers »Chestring News«, das an den Fanartikelständen vor dem Stadion gekauft oder postalisch bestellt (Chestring News, Peter-von-Koblenz-Str. 88, 71701 Schwieberdingen, www.chestring-news.de) werden kann. Dagegen haben die Macher der teilweise ausgezeichneten Heftchen »Schwabenstreich« und »Follow the Reds« ihre Schreibutensilien leider an den Nagel gehängt. **Essen** Die Stuttgarter Bratwurst (im Brötchen bzw. in der Semmel) hat sich in den letzten Jahren gewaltig gemausert und entschädigt für so manchen Missstand im Daimlerstadion - beispielsweise den, dass viel zu wenig Imbissbuden vorhanden sind. Außerdem sind solche Leckereien wie Rote Wurst, Fleischküchle und gegrillter Schweinebauch zu haben, leider alles etwas teuer. Auch Vegetarier kommen angesichts von Pommes Frites, Pizza, Brezeln,Süßkram und Eis nicht zu kurz. Einen Versuch wert ist auch die Currywurst von »Otto's Imbiss«, den man auf dem Weg vom Bahnhof Bad Cannstatt zum Stadion erreicht. **Trinken** Mit dem Leichtbier ist in Stuttgart irgendetwas nicht in Ordnung - es macht einen noch alkoholfreieren Eindruck als die angebotenen Softdrinks (Cola, Limo, Wasser). Aber immerhin ist es einigermaßen kalt. Im Winter kann man sich am Glühwein versuchen, in den VIP-Bereichen zudem an »echtem« Bier, Schorle und Trollinger - aber da hat der gemeine Fan natürlich nix verloren. In der Regel zumindest. **Klo** Teilweise unglaubliche Zustände. Dringend renovieren! Oder besser abreißen, den verseuchten Boden entsorgen und was Neues bauen. Bis dahin: Gummistiefel bzw. Katheter nicht vergessen. **Kneipen** Die große Stadiongaststätte (Cannstatter Kurve) ist nach dem Spiel meist recht voll, viele Fans genehmigen sich das Bierchen danach auch an den Imbiss- und Getränkebuden auf dem Vorplatz. Auf dem weitläufigen Sportgelände rund ums Daimler-Stadion findet sich zudem eine ganze Reihe von Vereinsheimen, die in der Regel mit Terrasse, Zapfanlage und kleiner Speisekarte ausgestattet sind - u.a. buhlen der Stuttgarter Sportclub (Festwiese, ca. zehn Minuten Fußweg), Rot-Weiß (hinter der Schleyerhalle) und der PSV (hinter der Gästekurve) um Gäste. Nicht allzu weit ist es auch zu »Kleinleins Vesperstube«, »Kübele« oder dem »Alten Zollamt«. Keinerlei erlebnistechnische Probleme gibt's schließlich während der Cannstatter Wasen, die im September/Oktober stattfinden.

STADION ⚽⚽ **STIMMUNG** ⚽⚽ **SERVICE** ⚽⚽ **STRESS** ⚽

Auch die Heimstatt der VfB-Amateure soll nicht unerwähnt bleiben, handelt es sich mit dem **Robert-Schlienz-Stadion** doch immerhin um eine reine Fußballarena, die allerdings das Ambiente eines in die Tage gekommenen Dorfplatzes besitzt. Wenn es nicht gerade gegen die Kickers aus Offenbach oder die zweite Garnitur des Karlsruher SC geht, tragen die Amateure und Junioren des VfB, die in den letzten Jahren jeweils einen ausgesprochen ansehnlichen Fußball zelebrierten, hier ihre Heimkicks aus, bei Schlagerspielen zieht man kurzerhand in das nur einen ordentlichen Steinwurf entfernte Gottlieb-Daimler-Stadion um. Hin und wieder tritt man jedoch auch im Stadion Festwiese (gegenüber der Haupttribüne) an - ein kurzer Blick in die Tageszeitung kann am Spieltag also nicht schaden.

Der schlichte Ground entstand Mitte der 80er Jahre als »VfB-Amateurstadion« und erhielt im September 1993 den Namen des Ehrenspielführers und ehemaligen Nationalkickers, der die Stuttgarter in den 50er Jahren zweimal zur Meisterschaft geführt hatte. Damals wie heute besitzt das Stadion eine Kapazität von rund 4.000 Zuschauern. Dabei handelt es sich ausschließlich um Stehplätze, die auf den Längsseiten der von den VfB-Fans nur »Schlienz« genannten Arena verteilt sind. Die Eintrittspreise sind hier recht moderat, die Atmosphäre dagegen schwankt fast immer zwischen beschaulich und bescheiden. Doch immerhin gibt's hier Wurst, Fleischküchle, Bier, Cola und Fanta. Wer nach dem Verzehr dann mal wohin muss, begebe sich in die Gaststätte auf dem Stadiongelände.

Robert-Schlienz-Stadion

Foto: Steffen Halbleib

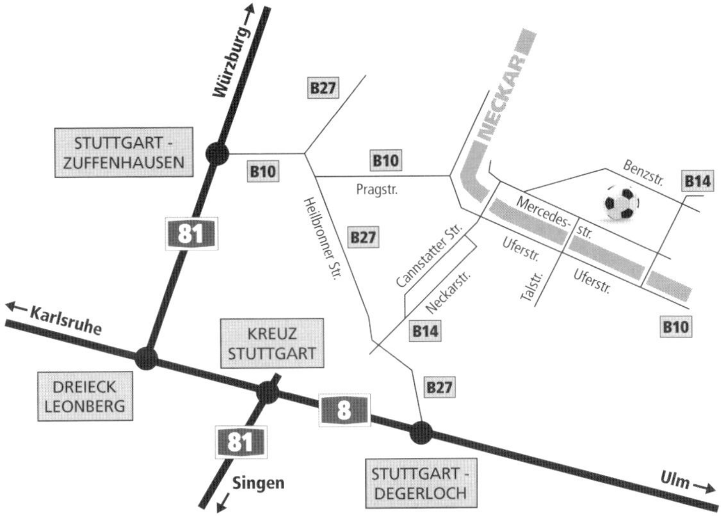

Von **Karlsruhe**: die **A8** bis zur Abfahrt **Stuttgart-Degerloch**, dann auf der **B27** (gen Zentrum, auf der Cannstatter Straße über den Neckar und rechts in die Mercedesstraße) der **Beschilderung** folgen.
Von **München**: die **A8** bis zu den Abfahrten **Wendlingen** oder **Esslingen** (auf Verkehrsfunk achten!) und über die B313 bzw. die Hauptstraße auf die **B10**, die am Neckar entlang ebenfalls zur Arena des VfB führt (Ausfahrt **Stuttgart-Ost)**. Hinter der Gaisburger Brücke empfiehlt sich Parkplatz P4. Wer diesen bei Schlagerspielen meiden will, kann auch bereits ab **Plochingen** über den Neckar fahren und sein Gefährt an einer der Haltestellen der S-Bahn (P+R) abstellen.
Von **Heilbronn**: die **A81** bis zur Abfahrt **Stuttgart-Zuffenhausen**, dann über die **B10** und die **B27** Richtung Zentrum/Hbf. bzw. Bad Cannstatt und der **Beschilderung** folgen. Hier kommt es allerdings recht häufig zu Verkehrsbehinderungen. Wer in einem solchen Falle die Faxen dicke hat, stelle seinen Wagen am **P+R-Platz** Zuffenhausen ab und fahre einfach und bequem mit der S-Bahn zum Stadion.
Parken: Dank der offiziellen Plätze auf dem Großparkplatz und im **Mercedes-Parkhaus** (gleich hinter der Untertürkheimer Kurve) herrscht normalerweise keine Not, allein während des **Cannstatter Wasens** (September/Oktober) erscheint eine frühe Anreise hochgradig empfehlenswert. Wer den bei der Abfahrt nach Abpfiff entstehenden temporären Verzögerungen aus dem Wege gehen will, stelle sein Auto jenseits des Neckars (Gaisburger Brücke) in der Umgebung von Gaswerk und Schlachthof ab. Und wer ganz auf Nummer sicher gehen will, benutzt einen der P+R-Plätze und fährt mit der Bahn zum Stadion.

Vom **Hauptbahnhof** aus nimmt fan am besten die **S-Bahn**: Die Linie **S1** (Richtung Esslingen oder Plochingen) fährt bis zur Haltestelle Gottlieb-Daimler-Stadion, die **S2** und **S3** tuckern bis Bad Cannstatt (von dort über Daimler- und Mercedesstraße maximal 15 Minuten zu Fuß). Erstere Variante ist vor allem Auswärtsfans bzw. denjenigen, die in die Untertürkheimer Kurve wollen, zu empfehlen. Alternativ dazu kann man vom Bahnhof aus mit der Stadtbahn **U11** bis Endhaltestelle Daimler-Stadion fahren, an der Station Mercedesstraße halten ferner die Linien **U1**, am Wilhelmsplatz (nahe Bahnhof Bad Cannstatt) die Linien **U1** und U13 sowie an beiden Haltestellen auch die Straßenbahnlinie 2. Die **Eintrittskarte** berechtigt zur Benutzung der Stuttgarter Verkehrsbetriebe (ab drei Stunden vor Spielbeginn). Von etwa 13 Uhr an werden ab Hauptbahnhof zusätzliche **Sonderbahnen** eingesetzt. Ist also alles kein Problem.

Baujahr: 1905

Foto: Hardy Grüne

Kapazität: 11.544
Stehplätze: 10.164
Sitzplätze: 1.380

Stuttgarter Kickers, Königsträßle 56, 70597 Stuttgart
Tel: 0711-767100, Fax: 0711-7671010
www.stuttgarter-kickers.de

Was für ein Juwel! Klammheimlich wurde in den 90er Jahren aus dem zwar heimeligen, aber auch maroden Degerloch ein schmuckes Stadion, das zu den stimmungsvollsten Arenen des Landes zählt. Endlich war zugleich die Leidenszeit der Kickers beendet, denen ihre inmitten eines Sport- und Freizeitareals gelegene Arena lange ein Dorn im Auge war - damit ist nun Schluss. Ein Problem bleibt freilich: Die katastrophale Parksituation wird auch weiterhin für Ärger sorgen.

Das »Degerloch«, wie das Stadion trotz offizieller Umbenennung unverändert genannt wird, ist eine der traditionsreichsten Fußballanlagen Deutschlands. Schon vor dem Ersten Weltkrieg erhielt sie an ihrer Hauptgeraden eine große überdachte Tribüne und galt als vorbildlich. Dazu passte der Höhenflug der Kickers, die 1908 Vizemeister wurden und bis weit in die 20er Jahre zum Besten zählten, was der Süden zu bieten hatte. Vom VfB sprach damals niemand - der Himmel über Stuttgart war strahlend blau. Nach dem Zweiten Weltkrieg rötete sich das Himmelszelt allmählich. Der VfB übernahm die Rolle der Nr. 1 und die Kickers gerieten ins Abseits. Das hatte Folgen für das Stadion, an dem der Zahn der Zeit ungehindert nagen konnte. Erst mit der Qualifikation zur 2. Liga tat sich endlich etwas. 1975 wurde die wunderschöne und 60 Jahre alte Holztribüne durch den noch heute existenten Betonbau ersetzt, dem später einige Stahlrohrtribünen beigefügt wurden. Das reichte für die paar Zuschauer, die die Blauen sehen wollten, denn obwohl die Kickers als Talentquelle galten, fristeten sie ein wenig beachtetes Schattendasein.

Als sie Ende der 80er Jahre mittels des von Brillenfabrikant und Vereinsboss Dünnwald-Metzler finanzierten sportlichen Höhenflugs in die Bundesliga aufstiegen, war das Degerloch alles andere als erstligareif. Der DFB untersagte prompt die Nutzung, woraufhin die Kickers ins ungeliebte Neckarstadion ausweichen mussten und abstiegen. 1991/92 wiederholte sich das bittere Schauspiel. Davon geschockt, wurden die Blauen anschließend bis in die Drittklassigkeit durchgereicht.

In der Regionalliga begann die längst überfällige Renovierung des Degerlochs. Die Gegengerade erhielt neue Betonstufen, wobei die ursprünglich vorgesehenen Sitzschalen ebenso wie die Überdachung jedoch der kommunalen Finanznot zum Opfer fielen. Halbfertig verrottete die Arena gemütlich weiter, was schließlich zur Sperrung der Ostkurve führte. Erst nach Rückkehr in den Profifußball setzte man die Renovierung fort - und hielt diesmal bis zum Ende durch. Die zwischenzeitlich in »Waldaustadion« umbenannte Arena bekam eine Flutlichtanlage, die Osttribüne wurde saniert und schließlich erhielt auch die Gegengerade sowohl Dach als auch Sitzschalen. Seitdem wenig später auch die Westtribüne aufpoliert wurde, ist aus der einstigen Bruchbude ein schmuckes Juwel geworden.

Trotz sportlicher Talfahrt haben sich die Kickers im Schwabenland längst als Alternative zu den Roten herausgeschält. Wer sie unterstützen möchte, tut dies in Block B auf der Gegengeraden (Karten: Kassen 3, 4 und 16), wer als Anhänger der Gäste kommt, sucht den links daneben liegenden Block D auf (850 Plätze, Eingang 17, Tor 5). Wer sich nicht allzu provokativ verhält, kann in Waldau einen netten Fußballnachmittag verbringen und mit den erzählfreudigen Heimfans auch problemlos das eine oder andere Bier trinken.

Sitzplätze: 20-33 €
Stehplätze: 7 €
Gäste: Gegengerade (D)

Rollis Am Spielfeldrand. Klos sind in der Haupttribüne. **Fanshop** Im Stadion zwei Stände (unter der Gegengeraden, neben der Haupttribüne am Zelt), ansonsten: K-Point im ADM-Sportpark. **Lesen** »Kickers-Magazin«, A4, s/w, lesenswerter Durchschnitt und gratis. **Essen** Die Stadionbratwurst heißt aus nachvollziehbaren Gründen nicht wie überall in Württemberg »Rote« und schmeckt ausgezeichnet. Außerdem gibt es Fleischküchle. Kostenpunkt: je 2,50 €. **Trinken** Cola, Fanta, Sprite, Wasser, Kaffee und Bier (Schwaben Bräu/Leichtbier). **Klo** O-Ton Südwestfunk-Umfrage von 1999: »In der Zweiten Liga ist oft alles etwas einfacher, aber nicht immer schlechter«. **Kneipen** »Kickers Club-Restaurant« im rund 600m entfernten ADM-Sportpark. Fan-Gaststätten: »Sportfreunde Stuttgart«, Kesslerweg 5, direkt neben dem Stadion. Zudem auf Sportfreunde-Gelände Ausschank aus Wohnwagen mit alkoholischem Bier + Wurstverkauf. Fan-Projekt: Fan-Abteilung der Stuttgarter Kickers (FAdSKi), Info: Stand unter der Gegengeraden, nach dem Spiel im Fan-Zelt neben der Haupttribüne.

STADION ⚽⚽⚽ STIMMUNG ⚽⚽ SERVICE ⚽⚽ STRESS

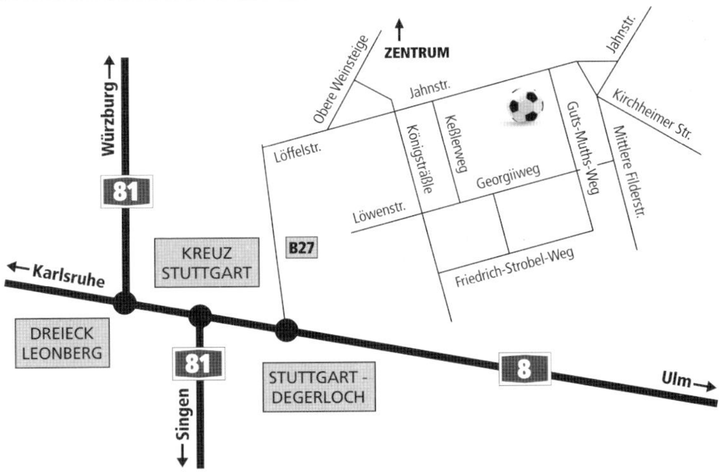

A8 (Ulm/Karlsruhe): Ausfahrt **Stuttgart-Degerloch** und weiter auf der B27 Richtung Stuttgart-Sillenbuch, Waldau. Auf Höhe der U-Bahnstation Degerloch **rechts** auf die **Jahnstraße** Richtung Waldau-Stadion. Nach rund zwei Kilometern rechts den Guts-Muths-Weg (Richtung Fernsehturm) zum Stadion. **Parken:** Ein **Albtraum**! Vor dem Stadion gibt es eine Handvoll Stellflächen, die aber **rasch belegt** sind. Die angrenzenden Wohnstraßen werden bei Spielen gnadenlos **abgesperrt**, so dass die Parkplatzsuche mehr oder weniger **unmöglich** ist. Bei Schlagerspielen unbedingt im Zentrum von Degerloch (oder sogar noch auf den P+R-Plätzen davor) parken und den Rest **zu Fuß** gehen.

Vom Stuttgarter **Hauptbahnhof** geht es mit den Linien **U6** oder **U7** bis zur Haltestelle **Waldau**, alternativ kann man auch die Straßenbahnlinie **15** bis zur Endhaltestelle Ruhbank/Fernsehturm nehmen.

TRIER: Moselstadion

Baujahr: 1930

Foto: Chris Müller

Kapazität: 13.294
Stehplätze: 12.000
Sitzplätze: 1.294

Eintracht Trier, Am Stadion 1, 54292 Trier
Tel: 0651-1467133, Fax: 0651-1467171
www.sv-eintracht-trier05.de

Als das harmonisch zwischen Hauptfriedhof und Mosel gelegene Sportgelände »Auf dem D'ham« im Jahr 1930 eröffnet wurde, besaß es ein Fassungsvermögen von ca. 8.000 Zuschauern, was damals auch völlig ausreichte. Erst nach dem Krieg erweiterte man die nunmehr »Moselstadion« genannte Arena auf 25.000 Plätze: die attraktiven Gegner in der Oberliga hatten eine neue Fußballbegeisterung in der Stadt entfacht. Im Oktober 1955 war das Stadion beim Gastpiel des FCK erstmals bis auf den letzten Platz gefüllt. Doch nach Einführung der Bundesliga (1963) flachte das Interesse bald wieder ab.

Am städtischen Moselstadion werkelte man somit erst wieder nach dem glorreichen Aufstieg in die Zweite Liga Süd (1976) herum: Die Mehrzweckanlage, deren ganzer Stolz die heute leicht antiquiert wirkende Haupttribüne mit ihren 670 überdachten Sitzplätzen darstellt, wurde saniert und hier und da ein wenig aufgemotzt, wodurch sich die Kapazität allerdings auf knapp 15.000 Zuschauer reduzierte. Da das Abenteuer Profifußball jedoch auch schon bald wieder beendet war, reichte dies für die nächsten Jahre locker aus.

Die nächste einschneidende Veränderung erlebte das Stadion dann erst in den späten 90er Jahren, als Trier zum Pokalschreck avancierte. Mittels einer Stahlrohrtribüne erhöhte man kurzerhand die Kapazität, so dass dem 1:0 gegen Schalke 16.500, dem 2:1 über den BVB gar 17.900 Fans beiwohnen konnten. Im Halbfinale gegen den MSV Duisburg drohte der Eintracht dann Ungemach: Da das Moselstadion kein Flutlicht besaß, das Fernsehen aber auf einer Liveübertragung bestand, hätte der Verein das bedeutendste Spiel seiner Geschichte um ein Haar in K'lautern oder gar Saarbrücken austragen müssen. Doch eben nur um ein Haar, denn als die Meidericher Zebras am 12. Februar 1998 in Trier aufliefen, funkelten ihnen bereits satte 950 Lux entgegen. Kostenpunkt: 1,3 Mio. Mark, von denen der SVE 400.000 übernahm - bei einer Tageskasse von 1,5 Mio. kein schlechtes Geschäft.

Seit Mitte 2000 erhielt die Tribüne neue Sitze, die Gegengerade ein Dach und das Stadion eine Videoleinwand. Und nachdem sich der Refrain der Vereinshymne nach 21 langen Jahren endlich erfüllte (»Eintracht Trier - su haasst unser Club, Eintracht Trier - diesjoahr steis de obb«), wird nun weiter gewerkelt. Die Gegengerade soll ausbaut und das Dach evtl. bis in die Kurven erweitert werden. Kein Zweifel: Im Moselstadion tut sich wieder was...

Dass die heimischen Anhänger durchaus in der Lage sind, das eigentlich nicht sonderlich dafür geeignete Moselstadion in einen Hexenkessel zu verwandeln, weiß man spätestens seit den legendären Pokalspielen. Und auch der von allerlei choreographischen Hilfsmitteln unterstützte Support in der Endphase der Aufstiegssaison konnte sich wahrlich sehen lassen. Die Eintracht-Fans, darunter der neue Supporters Club, das »Commando Treverorum« und natürlich »Torsten auf den Zaun« (eine Art Trierer Maskottchen), versammeln sich traditionell in den Blöcken E und F der Gegengeraden. Gästefans benutzen den Eingang Zurmainer Straße und begeben sich in die Westkurvenblöcke B, C und bei Bedarf auch D, dort stehen 1.500 bis 2.000 Plätze, jedoch leider keine berauschenden Sichtverhältnisse zur Verfügung.

Sitzplätze: 13-22 €
Stehplätze: 7-8 €
Gäste: Westkurve

Preise Studenten, Behinderte, Rentner und Jugendliche stehen billiger, Kinder bis 12 kommen umsonst rein. **Rollis** Plätze auf der Tartanbahn, geeignete Klos unter der Haupttribüne. **Fanshop** Kleiner Shop am Haupteingang, ansonsten: Sport Linz (Bahnhofstr. 23, Tel: 140640), Geschäftsstelle oder via Internet. **Lesen** Das »Eintracht-Echo« (1 €) erscheint seit der Saison 76/77 und dürfte sich auf Anhieb einen Spitzenplatz in der Zwoten Liga sichern. Immer wieder großartig ist die Rubrik »Off d'r Dröbühn (D'Waller on d'n Hänns)«. Zudem plant der Supporters Club ein eigenes Fanzine. **Essen** Brat- und Currywurst sowie Pommes Frites, qualitativ überdurchschnittlich gut und noch relativ preiswert. Ferner Süßigkeiten, Popcorn und Eis. **Trinken** Bitburger (je nach Gegner in der Voll- oder Nullvariante), Radler, Limo, Sprudel, Kaffee und im Winter Glühwein. Könnten ein paar Stände mehr sein. **Klo** Erträglich. **Kneipen** Clubheim im Haus der Geschäftsstelle, »Ritterstube« (Zeughausstr. 105), »Täglich« (Simeonstr. 6, Nähe Hauptbahnhof).

STADION · **STIMMUNG** · **SERVICE** · **STRESS**

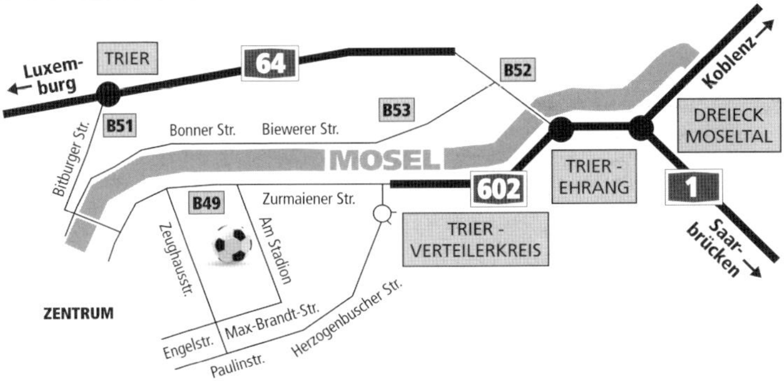

Von der **A1** aus Richtung **Saarbrücken** oder **K'lautern** bzw. von der **A1/A48** aus Richtung **Koblenz** geht es bis zum **Dreieck Moseltal** und dort auf die **A602** nach Trier. Diese befährt man bis zu ihrem Ende bzw. am **Verteilerkreis** vorbei (!) geradeaus auf die Neue Zurmaiener Straße (**B49**), bis nach etwa 800 Metern an der Mosel entlang links das nach ihr benannte Stadion auftaucht - einfach den Hinweisschildern »Europahalle/Stadion« folgen.

Von **Luxemburg**: die **A64** bis Abfahrt **Trier** und auf der **B51** gen Zentrum bis zur Kaiser-Wilhelm-Brücke. Nun links über die **Brücke**, an der nächsten Ampel wieder **links** auf die Neue Zurmaiener und geradeaus durch bis zur Zeughausstraße.

Wer einen stadionnahen **Parkplatz** ergattern will, sollte mindestens eine Stunde vor Anpfiff anreisen, sonst gibt das nix. **Ausweichmöglichkeiten** sind am Hauptfriedhof und auf dem Ratio-Parkplatz vorhanden, außerdem sollen nun auch verstärkt **P+R-Plätze** genutzt bzw. eingerichtet werden.

Vom **Hauptbahnhof** geht es mit der **Buslinie 85** (gen Zurmaiener Str. Nord bzw. Ruwer Sportplatz) bis zur Haltestelle **Moselstadion** bzw. Wilhelm-Leuschner-Straße - der »**Sternbusverkehr**« gilt am Wochenende sowie Mo-Fr ab 18.50h. Außerhalb dieser Zeiten muß man auf die Linien **16** (bis Moselstadion) oder **1** (bis St. Paulin) zurückgreifen. Der Weg vom Bahnhof zum Stadion ist aber auch in gut 15 Minuten ganz ohne öffentliche Verkehrsmittel zu bewältigen.

Foto: Hardy Grüne

Baujahr: 1925

Kapazität: 21.500
Stehplätze: 16.780
Sitzplätze: 4.720

SSV Ulm 1846, Stadionstr. 17, 89073 Ulm
Tel: 0731-18460, Fax: 0731-1846101
www.ssvulm1846.de

Wie ein Taifun fegte der Bundesligafußball 1999/2000 durch das Ulmer Donaustadion und hinterließ eine Schneise der Verwüstung. Böse angeschlagen verschwand der SSV - jahrzehntelang das fußballerische Aschenputtel und für eine Spielzeit der ungekrönte Liebling Ulms - anschließend in der Verbandsliga und musste plötzlich gegen den FV Zuffenhausen antreten - wo doch kurz zuvor noch die Bayern die Hütte gefüllt hatten!

Dem Donaustadion hat die Kurzvisite im Oberhaus gut getan. Vorher war es nämlich eine der eigentümlichsten Arenen gewesen - es hatte keine Gegengerade! Ein Zaun sowie ein Uhrturm zierten die Brachfläche, wo, so hoffte man 1998, eines Tages eine Tribüne entstehen sollte. Wenn mal Geld da sein würde, wenn der SSV sich mal im Profifußball etablieren würde, wenn der Zuschauerschnitt die Sache auch lohnen würde. Dreimal »wenn« und »würde«, und alle drei mit einer gehörigen Portion Ungewissheit ausgestattet.

Zwölf Monate später sah Ulms Fußballwelt völlig anders aus. 1998/99 musste nämlich plötzlich blitzschnell aufgestockt, aufgerüstet und aufgepeppt werden, um der Nachfrage gerecht zu werden. Am 11. April 1999 wurde die neue Gegengerade eingeweiht, auf der exakt 2.949 Menschen einen überdachten Sitzplatz finden (450 davon sogar in einem Nichtraucherblock) und auf deren Dach eine Solarstromanlage ruht. Dann kam der Aufstieg, woraufhin eine mobile Multifunktionsvideowand sowie eine gewaltige Stahlrohrtribüne aufgebaut wurden - beide sind aber längst wieder Geschichte.

Ein kurzer Blick in die Geschichte: Die zunächst »Ulmer Stadion« genannte Arena wurde 1925 vom damaligen 1.SSV (nicht zu verwechseln mit dem heutigen SSV 1846) eingeweiht und fasste rund 8.000 Menschen. Das reichte voll und ganz, denn erst als Lokalrivale TSG 46 nach dem Krieg in der Oberliga Süd für ein klein bisschen Furore sorgte, stieß die Anlage an ihre Grenzen. Am 4. April 1948 stellten 25.000 Zuschauer beim Gastspiel des 1.FC Nürnberg einen Rekord auf. 1952 wurde das Stadion einer Renovierung unterzogen, bei der u.a. die überdachte Haupttribüne aus Stahlbeton entstand, auf der rund 1.300 Fans (plus 430 auf der unüberdachten Vortribüne) sitzen können. Drei Jahre später wurden die Stehwälle erweitert, wodurch das beim Tribünenbau gedrückte Fassungsvermögen wieder auf 20.000 anstieg. Damit war die Arena für die 1846er mit ihrem Schnitt von knapp 8.000 freilich viel zu groß - vom inzwischen im Amateurfußball dümpelnden 1.SSV ganz zu schweigen. Folglich geschah lange Zeit nichts Weltbewegendes, zumal die sportliche Tristesse anhielt. Selbst die mit so viel Hoffnung verknüpfte Bildung des Großklubs SSV 1846 (Mai 1970) konnte die Lage nicht verbessern.

Ende der 70er Jahre kam die Wende. 1979 klappte es mit dem Sprung in die Zweite Liga und nach dem dritten Aufstieg des SSV (1986) wurde eine Generalrenovierung des Stadions eingeleitet, bei der man sich insbesondere um die Ausbesserung der Stehtraversen kümmerte und die Gegengerade dem Erdboden gleichmachte. 1990 schließlich wurde die Tribüne mittels Farbe, Mörtel etc. aufgepeppt und man führte ein paar technische Neuerungen ein, ehe am 18. Oktober 1991 die Flutlichtanlage eingeweiht wurde. Anschließend trat eine Baupause ein, die bis zum bundesligareifen Höhenflug der Spatzen andauerte. Alles Weitere siehe oben.

Ulms Fanszene eruptierte zwischen Juni 1998 und Juni 2000 gleich zweimal. Erst rannten sie dem jahrzehntelang nur belächelten SSV plötzlich wegen Dauerkarten die Bude ein, dann kehrten sie ihm wieder den Rücken, weil das Management ein im deutschen Bezahlfußball einzigartiges Szenario geschaffen hatte und in er Verbandsliga gelandet war. Geblieben sind die, die schon vor dem Aufstieg in die 1. Liga SSV-Fans waren, sowie die, deren Vereinsliebe echt ist und nicht mit den plötzlich in Ulm antretenden attraktiven Gegnern verbunden war. So zog die SSV-Fankarawane 2001/02 durch die Verbandsliga, wo sie viele fröhliche Feste veranstaltete (2.300 im letzten Heimspiel gegen Oberzell!), leider aber auch für diverse Eklats sorgte. Heimfans bevölkern die Südkurve, wobei Block D am begehrtesten ist.

Sitzplätze: 10-18 €
Stehplätze: 5,50-7,50 €
Gäste: Nordkurve (G)

Rollis Laufbahn. **Fanshop** Vor der Tribüne. **Lesen** »SSV-Kurier«, A4, s/w. **Essen** Schmackhafte Würste, dazu Brezeln. **Trinken** Alkoholisches Bier, Cola, Wasser, Fanta, Kaffee. **Klo** Guter Zustand. **Kneipen** Vereinsgaststätte nahe der Straßenbahnhaltestelle bzw. des Schwimmbads.

STADION ●● STIMMUNG ●● SERVICE ●● STRESS

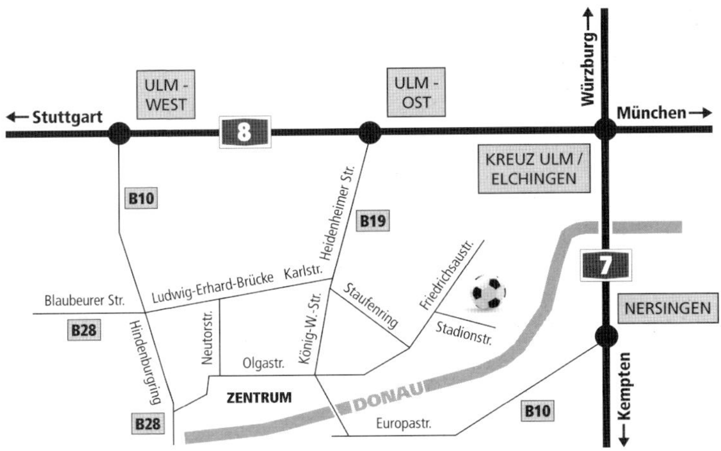

Über die **A8** von **Stuttgart**: bis zur Abfahrt **Ulm-West** und weiter auf der **B10** (Hindenburgring) in Richtung Zentrum bis zum **Blaubeurer Tor**. Links weiter über Ludwig-Erhard-Brücke und Karlstraße zum Ostplatz, dann der Ausschilderung folgen (über Staufenring zur Friedrichsaustraße zum Stadion). Über die **A8** von **München**: Bis **Ulm-Ost**, dann weiter auf der **B19** (Heidenheimer Straße) in Richtung Zentrum bis zum Ostplatz, weiter s.o. Über die **A7** (Würzburg/Memmingen): bis **Kreuz Ulm/Elchingen**, weiter auf der **A8** gen Stuttgart bis zur Abfahrt Ulm-Ost und weiter wie oben. **Parken:** Am Landesgefängnis (entlang der Friedrichsaustraße).

Vom Ulmer **Hauptbahnhof** geht es mit der Straßenbahnlinie **1** (Richtung Ulm Donauhalle P+R) oder der **Buslinie 5** (Richtung Ulm Donaustadion P+R) direkt bis zum Stadion. Die Fahrt dauert rund sieben Minuten.

UNTERHACHING: Sportparkstadion

Foto: Steffen Halbleib

Baujahr: 1992

Kapazität: 15.053
Stehplätze: 8.179
Sitzplätze: 6.874

SpVgg Unterhaching, Am Sportpark 1, 82008 Unterhaching
Tel: 089-61559160, Fax: 089-615591688
www.spvggunterhaching.de

Noch vor wenigen Jahren befand sich an der Stelle, an der heute die Kicker der SpVgg auf Torejagd gehen, nicht sehr viel mehr als eine halbwegs saftige Wiese: Beim ersten Gastspiel in der Zweiten Liga (89/90) hatten die Rot-Blauen noch im alten Stadion an der Grünauer Allee gekickt. Rund um diesen simplen Sportplatz hatten maximal 6.000 Zuschauer auf schmalen Holzpaletten Platz, ein kleiner Teil von ihnen besaß dank eines Tribünchens sogar ein Dach über dem Kopf. Als Unterhaching in der Saison 80/81 dann aber in die Bayernliga aufstieg, kamen die Gemeinde und der Klub bald überein, an der Biberger Straße ein schmuckes Sportzentrum zu erbauen. Wie so oft in solchen Fällen verstrich bis zum ersten Spatenstich dann aber noch eine Menge Zeit. Erst der Sprung in die Zweite Liga machte den Verantwortlichen so viel Druck, dass im Norden Unterhachings nun endlich die Bagger rollten.

Aus dem geplanten »Ministadion« für rund drei Mio. DM, das ursprünglich im September 1990 hatte fertig gestellt sein sollen, wurde dann im Laufe der Zeit das 28 Mio. DM teure »Stadion am Sportpark«, das schließlich erst im Frühjahr 1992 eingeweiht werden konnte. Doch das Warten hatte sich gelohnt, denn die von Ententeichen und Schrebergärten umgebene, reine Fußballarena entpuppte sich als Schmuckkästchen. Primärer Blickfang natürlich die nett anzuschauende Westtribüne mit dem geschwungenen Dach, unter dem 1.835 Zuschauer bei nicht allzu schräg einfallendem Regen und normaler Windstärke von Durchnässung verschont bleiben. Neben einer exzellenten Flutlichtanlage erhielt das Stadion damals auch eine elektronische Anzeigetafel. Insgesamt passten nun knapp 11.000 Leute in die moderne Arena, was für lange Zeit ausreichen sollte. Und zwar satt.

Doch als Unterhaching gar in die Bundesliga aufstieg, wurde das Sportparkstadion abermals erweitert: Von Juni 1999 bis zum Juli des folgenden Jahres entstanden die überdachte Osttribüne, die erweiterte Nordtribüne und das lustige VIP-Häuschen, während die Lücke zwischen West- und Südtribüne geschlossen wurde. Auch medien- und sicherheitstechnisch brachte man das Stadion auf Vordermann. Und hätte sich die SpVgg ein wenig länger in der Bundesliga gehalten, wäre die Arena sogar noch weiter ausgebaut worden. Derlei Pläne hat man nach dem Abstieg in die Regionalliga aber erst einmal auf Eis gelegt. Irgendwie verständlich.

Wie die Hachinger Fanszene den brutalen Absturz von der Bundes- in die Regionalliga verkraftet, wird sich zeigen müssen. So wie's aussieht, wird's wohl wieder heimelig. Wer sich als Auswärtsfan von der Sangeskraft der rot-blauen Fanschar, die sich stets auf der Südtribüne versammelt, überzeugen möchte, stellt sich gegenüber auf die Nordtribüne.

Preise Verbilligte Karten für Jugendliche, Studenten, Rentner, Wehr- und Zivildienstleistende sowie Azubis. Schwerbeschädigte und Kinder zahlen nur die Hälfte. **Rollis** Freier Eintritt, doch ist am Spielfeldrand nur Platz für 25 Rollis (+Begleiter) - also rechtzeitig anmelden (Ansprechpartner: R. Betzendörfer, Tel: 61559160). Geeignete Toilette vorhanden. **Fanshop** Neben der Geschäftsstelle (Di-Fr 14-18.30, Sa 10-13h, an Spieltagen drei Stunden vor Anpfiff, Tel: 615591685). **Lesen** »Rot-Blau aktuell« (1 €), gehobener Durchschnitt. Ferner kann man sich mal nach dem »Low Budget« umschauen - falls da wieder mal was rauskommt... **Essen** Bockwürstl sowie Wurst- und Käsesemmeln. In der Stadiongaststätte steht neben einer ordentlichen Palette an bayrischen Spezialitäten auch eine große Anzahl italienischer Speisen auf der Karte. **Trinken** Cola, Limo, Wasser und Weißbier, bei Risikospielen aber wahrscheinlich wieder nur in der bleifreien Variante. **Klo** Sehr sauber, was im Übrigen für das gesamte Stadion gilt. **Kneipen** Gemütlicher Biergarten, und von der Stadiongaststätte »Sportstadl« aus hat man Einblick aufs Spielfeld - sofern nicht allzu viele Fans auf der Südtribüne herumlungern und die Sicht versperren.

Sitzplätze: 11-13 €
Stehplätze: 6-7 €
Gäste: Nordtribüne

STADION **STIMMUNG** **SERVICE** **STRESS**

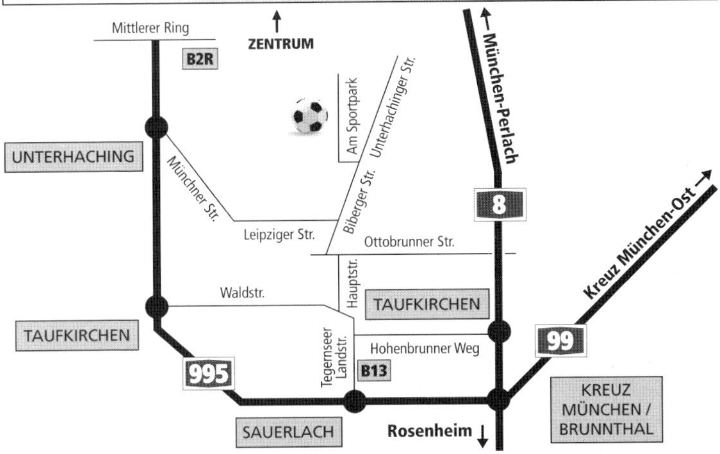

Von **Stuttgart**: auf der **A8** nach München rein und über die Pippinger Straße der Beschilderung »Salzburg« folgend auf den Mittleren Ring, der auf die **A995** führt, die man an der Abfahrt **Unterhaching** wieder verlässt. Nun auf der Münchener Straße gen Unterhaching, hinter Unterführung und Kreisverkehr links auf die Biberger Straße (gen Perlach) und nach rund 500 Metern links zum (im Übrigen auch ausgeschilderten) Sportpark.
Von **Nürnberg**: am Kreuz München-Nord auf die **A99** gen Salzburg bzw. Innsbruck und am Kreuz München/Brunnthal auf die **A995** in Richtung Giesing bis zur Abfahrt **Sauerlach**. Auf die Tegernseer Landstraße gen Unterhaching, an Taufkirchen vorbei und über Tölzer Straße und Hauptstraße auf die Biberger Straße.
Parken: Rund ums Stadion stehen **ausreichend** Parkflächen zur Verfügung. Wer früh angereist ist, kann einen der Parkplätze am Sportpark ergattern. Alternativen: Bundeswehr-Gelände, Aldi (am Kreisverkehr) oder der P+R-Platz am S-Bahnhof Unterhaching.
Vom Haupt- oder Ostbahnhof in **München** geht es mit der S-Bahn-Linie **S2** (Richtung Holzkirchen oder Deisenhofen) bis zur Station **Fasanenpark**, von der es noch etwa 10 bis 15 Minuten bis zum Stadion sind. Bequemere Fans fahren eine Station weiter bis Unterhaching, setzen sich in die **Buslinie 217** (Richtung Neuperlach-Süd) und steigen an der Haltestelle Am Sportpark wieder aus. Der 217er fährt übrigens auch von der Station

VELBERT: Stadion Sonnenblume

Baujahr: 1969

Foto: MMM

Kapazität: 10.028
Stehplätze: 10.000
Sitzplätze: ca. 28

SSVg Velbert, Postfach 101021, 42510 Velbert
Tel: 02051-603570, Fax: 02051-603571
www.ssvg-velbert-02.de

Auf den ersten Blick macht das »Stadion Sonnenblume« seinem Namen alle Ehre. Idyllisch gelegen, von Bäumen, Wiesen und einem kleinen Hügel gesäumt, viel Grün halt. Erst beim zweiten Hingucker wird deutlich, dass hier was nicht stimmt: Die Arena besitzt keine Tribüne! Die einzigen Sitzgelegenheiten stellen die sechs Parkbänke dar, die derzeit den Vorplatz säumen. Eine siebte steht weiter links, neben der Stadionkneipe unter einem Baum - das ist die beste, zumindest im Sommer. Geht man nun von einer durchschnittlichen Bankkapazität von vier Personen aus, so erhöht sich das offizielle Fassungsvermögen des Stadions Sonnenblume (10.000 Stehplätze) um genau 28 Sitzplätze. Der einzige Platz freilich, der sich einer Überdachung erfreut, ist der Hocker in dem kleinen Kabinchen des Stadionsprechers, das auf dem von Nadelbäumen umgebenen Grashang wirkt, als habe der Alm-Oehi himself hier eine Lotteriebude eröffnet. Geht es nach dem Willen des Vereins, dann dürfte der skurrile Anblick bald der Vergangenheit angehören, denn in naher Zukunft soll hier tatsächlich eine kleine Tribüne entstehen. Jedoch nicht für Zuschauer, sondern nur für Pressefritzen. Vorrang vor allen Umbaufragen genießt aber erst einmal die Installation einer Flutlichtanlage, denn schließlich will man bei etwaigen Abendspielen nicht ins Nachbardorf ausweichen müssen.

Geht es übrigens nach dem Willen einiger Lokalpolitiker, so sind die Tage des Stadions, das am 5. Oktober 1969 eingeweiht wurde und ein Jahr später beim 1:3 gegen Wuppertal den Rekordbesuch von 13.000 Fans verzeichnete, gezählt. Anstatt die Sonnenblume im Falle eines Aufstiegs für viel Geld regionalligatauglich herzurichten, will man an der Rottberger Straße lieber gleich eine ganz neue »Arena« für 12.000 Zuschauer aus dem Boden stampfen. Finanziert werden soll diese Utopie durch den Verkauf und die Bebauung des jetzigen Stadiongeländes. Nun ja.

Die letzte, um nicht zu sagen: einzige Änderung bautechnischer Natur seit anno dazumal betraf die Errichtung getrennter Fanblöcke auf den Geraden, wobei man es mit all den Zäunen und Gittern vielleicht ein wenig übertrieben hat. Andererseits: bei den Fans...

Dass Velbert ein ganz gewaltiges Imageproblem hat, ist einer Hand voll Idioten zu verdanken, die in den vergangenen Jahren auf ihren Auswärtsfahrten durch die Oberliga Nordrhein eine Spur des Schreckens hinterlassen haben. Einem Teil der bedingt bis ständig gewaltbereiten »Fans« hat der Verein in Form eines Stadionverbots nun die Rote Karte gezeigt, doch das Problem ist damit natürlich noch nicht einmal ansatzweise gelöst. Im Stadion kann man seinen Platz eigentlich frei wählen, bei Risikospielen (und von denen wird's nun viele geben) aber steckt man die Heimfans in den Käfig auf der »Bergseite« unter der Sprecherkabine und Gäste in den Hundezwinger gegenüber. Dennoch: Äußerste Vorsicht ist angesagt!

Preise Schüler, Studenten, Jugendliche, Arbeitslose und Sozialhilfeempfänger kommen billiger ins Stadion. Kinder bis 14 zahlen nur 2 €. **Rollis** Spielfeldrand. **Fanshop** An der Wurstbude rechts vom Eingang sind auch Fanartikel zu haben, ansonsten wende man sich an die Geschäftsstelle. **Lesen** »Blau-Weiss aktuell« (50 Cent für die Jugend), könnte ein übersichtlicheres Layout vertragen. **Essen** Bratwurst, Frikadellen und Kuchen. Kostet alles 1,50 € und schmeckt so naja. Die Frikadellen in der Stadiongaststätte sind besser. **Trinken** Köpi und Schlösser Alt (0,3 für 1,50 €), ferner Cola, Limo und Wasser sowie Kaffee und diverse Schnäpse. **Klo** In der Stadiongaststätte. **Kneipen** Die Stadiongaststätte »Zur Sonnenblume« hat u.a. Köpi, Gatzweiler, Frikadellen und Schokoriegel im Angebot. Nette Kneipen gibt es allenfalls in der Innenstadt (rund 15 Minuten Fußmarsch).

Sitzplätze: -
Stehplätze: 3-5 €
Gäste: Waldseite

STADION | STIMMUNG | SERVICE | STRESS

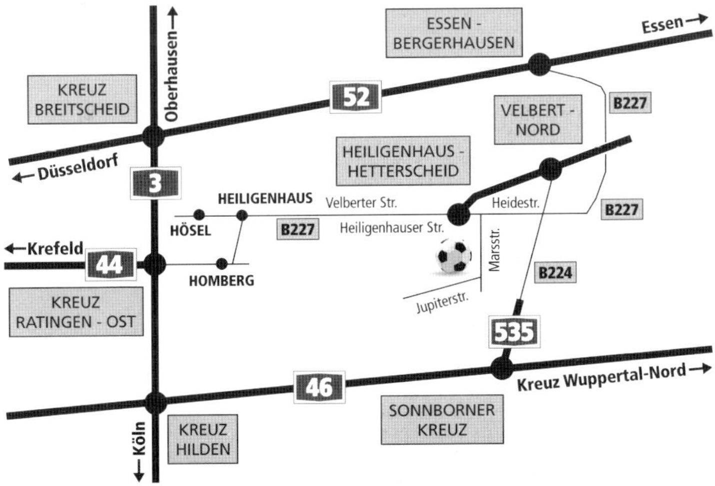

Von **Düsseldorf**: die **A44** bis zur Abfahrt **Ratingen-Ost** und auf der Brachter Straße gen Velbert/Wülfrath. Kurz hinter Homberg links (Schöllersfeld) und nach etwa 3,5 Kilometern in Heiligenhaus rechts auf den **Südring** (B227), der später zur Velberter und Heiligenhauser Straße wird. Kurz hinter der Ortseinfahrt Velbert geht es dann rechts in die Marsstraße, die über die Jupiterstraße zu den **Parkplätzen** am Stadion führt.
Von **Köln**: die **A3** bis Abfahrt **Mettmann** und auf der **B7** bis Mettmann. Kurz vor dem Bahnhof links in die Breite Straße, kurz darauf rechts in die Johannes-Flintrop-Straße und nach etwa vier Kilometern in **Wülfrath** links in die Meiersberger Straße. Rechts in die Rohdenhausener Straße, rund vier Kilometer gen Velbert und an der großen Kreuzung rechts auf die Heiligenhauser Straße (B227) und gleich die nächste wieder rechts zum Stadion.
Von **Essen**: auf der **B224** (gen Wuppertal) über die Ruhr (Gustav-Heinemann-Brücke) und dem Straßenverlauf bis Velbert folgen. Rund 800 Meter hinter dem Ortseingang auf die **A44** gen Heiligenhaus und am Ende der Autobahn links auf die Heiligenhauser Straße (B227) und gleich wieder rechts zum Stadion. **Alternativ** in Essen-Bergerhausen auf die **B227** und dieser stur nach Velbert folgen.

Am S-Bahnhof **Ratingen-Hösel** hält die Linie **S6**, die auch am Essener, Düsseldorfer und Kölner Hauptbahnhof Station macht. Weiter geht es mit der Buslinie **770** (Richtung Velbert Christuskirche), von der Haltestelle »**Marsstraße**« ist es nur noch ein Katzensprung zum Stadion. Wer aus **Ratingen-Mitte** anreist, kann auch den **771er** nehmen.

VERL: Stadion an der Poststraße

Foto: Hardy Grüne

Baujahr: 1928

Kapazität: 5.000
Stehplätze: 4.000
Sitzplätze: 1.000

SC Verl, Stadion an der Poststraße, 33415 Verl
Tel: 05246-925080, Fax: 05246-9250828
www.scverl.de

Bevor es im schnuckeligen Stadion an der Poststraße erstmals fußballerisch zur Sache ging, war der SC Verl auf dem Sportgelände am Oelbach heimisch, das 1928 anlässlich des Aufstiegs in die 1. Kreisklasse hergerichtet und bezogen wurde. Ende der 60er Jahre, als es mit dem Verler Fußball allmählich aufwärts ging, zog man schließlich in die soeben errichtete »Arena« an der Poststraße um, die lange Zeit nicht über das Stadium eines schlichten Sportplatzes hinauskam. Mehr war damals auch eigentlich gar nicht notwendig, wenngleich der SCV es 1978 bereits bis in die Verbandsliga geschafft hatte und acht Jahre später der Aufstieg in die Oberliga Westfalen gelang.

So richtig ernst wurde es in dem 20.000-Einwohner-Städtchen dann erst, als die sportliche Erfolgsgeschichte des SC Verl in der Saison 93/94 mit der Qualifikation für die Regionalliga West/Südwest ihren vorläufigen Höhepunkt erreichte. Nun musste auch etwas mit dem Stadion an der Poststraße geschehen, schließlich wollte man nicht erneut - wie bereits 1991 geschehen, als man dann am FC Remscheid scheiterte - ins Heidewaldstadion zu Gütersloh ausweichen, um in der Aufstiegsrunde zur Zweiten Liga überhaupt antreten zu dürfen. Termingerecht zur Einführung der neuen Spielklasse erhielt die Sportanlage schließlich eine schmucklose, aber immerhin überdachte Tribüne, auf der Platz für 1.000 sitzende Zuschauer geschaffen wurde. Gleichzeitig ging man daran, die Kurven und die Gegengerade auszubauen und gemäß den Richtlinien des DFB mit Stehtraversen, Wellenbrechern, Blockabtrennungen und Zäunen zu versehen. Als Zugabe erhielt die Anlage, die sich nunmehr mit Fug und Recht als »Stadion« bezeichnen lassen konnte, auch ein neues Vereinsheim samt Kabinentrakt. Insgesamt passen zwar nur knapp 5.000 Leute in das kleine Verler Rund, die aber gucken Fußball in einem echten Fußballstadion ohne Laufbahn.

Für eine Anzeigetafel oder gar eine schmucke Flutlichtanlage reichte das Geld damals nicht mehr. Stattdessen wurde in der Saison 2001/02 in den Um- bzw. Ausbau des Vereinsheims investiert: Für rund 500.000 Euro erweiterte man den Kabinentrakt, wodurch neue VIP-Räumlichkeiten (wichtig in diesen Tagen...) und darüber hinaus auch eine Stadionkneipe für Normalos entstanden.

Seit der Saison 98/99 existiert in Verl eine langsam wachsende Fanszene, zu deren Aktivposten der Fanclub »Der harte Kern« und zu deren Hobbies u.a. das (kontrollierte) Abbrennen von Bengalos gehört. Man stellt sich in die Nordkurve, während die Jungs vom Fanclub »Fluktuation 24« versuchen, die Tribüne zum Mitmachen zu animieren. Gästefans benutzen den Eingang Schmiedestrang und begeben sich in die Südkurve. Deren

Stufen sind zwar nicht besonders hoch, doch kann man aufgrund der Nähe zum Geschehen von allen Plätzen aus annehmbar Fußball gucken. Bei westfälischen Derbys werden schon einmal Freunde der 3. Halbzeit gesichtet, ansonsten geht's in Verl aber friedlich zu.

Sitzplätze: 8-15 €
Stehplätze: 4-6 €
Gäste: Südkurve

Preise Studenten, Jugendliche, Zivil- und Wehrdienstpflichtige, Arbeitslose und Frauen kommen billiger ins Stadion, Kinder stehen für faire 2 €. **Rollis** Begleiter ermäßigt, Rolli umsonst - Plätze an der Bande der Tribüne. Im Vereinsheim befindet sich auch eine behindertengerechte Toilette. **Fanshop** Bei Heimspielen bieten ein Fanshop am Eingang Poststraße und die kombinierte Wurst- und Getränkebude am Eingang Schmiedestrang Fanartikel an. Ansonsten wende man sich an den Verein oder »Moden Kleinemas« (Gütersloher Straße). **Lesen** »SCV-Journal«, rund 40 Seiten stark, mitunter kritisch, aber nix Besonderes. **Essen** Ausgezeichnete Bratwurst, die mit großem Abstand beste der Regionalliga (1,80 €). Außerdem Krakauer (2), Pommes (1,50), Kuchen, Süßkram und hin und wieder Frikadellen. **Trinken** Herforder Pils (1,50 €), das bei Risikospielen nur in der alkoholfreien Variante zu haben ist, und die üblichen Erfrischungsgetränke. Das Angebot wird durch Kaffee (1 €) sowie Glühwein (wenn's kalt genug ist) ergänzt. **Kneipen** Zur Saison 2002/03 soll die neue Stadionkneipe fertig sein, die bei Risikospielen zwar dicht ist, ansonsten aber auch unter der Woche geöffnet hat. Nach dem Spiel pilgern die Verler Fans auch gerne ins Vereinslokal »Kampwirth« (Hauptstr. 10), das in gut sieben Minuten zu Fuß zu erreichen ist.

STADION ⚽⚽ **STIMMUNG** ⚽ **SERVICE** ⚽⚽ **STRESS**

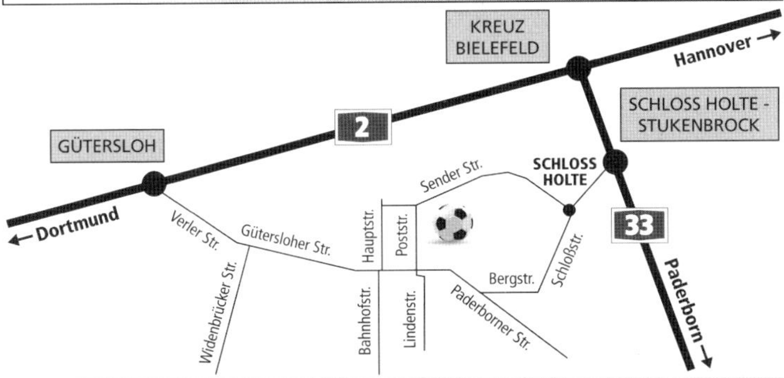

Von **Hannover** oder **Dortmund**: die **A2** bis Abfahrt **Gütersloh**/Verl und auf der Verler Straße, die bald Gütersloher und Paderborner Straße heißt, in Richtung Verl. Dort angekommen, gilt es fast den gesamten Ort zu durchqueren (Richtung Paderborn/Kaunitz halten) - hinter dem Rathaus geht es dann links in die **Poststraße** zum Stadion bzw. eine Möglichkeit weiter (Schmiedestrang) links zu den Parkplätzen.

Von **Paderborn**: die **A33** bis **Paderborn-Sennelager** und auf der Bielefelder Straße gen Verl. In Hövelhof am Kreisverkehr die zweite Ausfahrt nehmen und nach insgesamt etwa 15 Kilometern an der Gaststätte »Jägerhof« **rechts** in die Poststraße. Von der Abfahrt **Schloss Holte-Stukenbrock** aus fahre man auf der Oerlinghauser Straße und direkt nach der Unterführung scharf rechts in die **Sender Straße**, deren Verlauf man einfach folgt, bis nach etwa acht Kilometern rechts die Poststraße auftaucht.

Normalerweise reichen die kostenlosen **Parkplätze** am **Schmiedestrang** aus. Alternativ dazu kann man seinen Wagen auch an der **Schützenhalle** (Paderborner Straße, Ortsausgang) oder bereits am **Marktplatz** abstellen.

Vom Verler **Bahnhof** ist es zwar nur ein kurzer Spaziergang an Rathaus und Polizeistation vorbei zum Stadion, doch hält hier nur alle Jubeljahre mal ein Zug. Vom **Bielefelder** Zentrum fahren zwar die Buslinie **83**, vom ZOB in **Gütersloh** die Linien **73** und **85** nach Verl - alle jedoch nur selten und sonntags fast nie. Bei größeren Fangruppen richtet man aber einen **Pendelbusverkehr** vom Gütersloher Hauptbahnhof ein.

WATTENSCHEID: Lohrheidestadion

Baujahr: 1966

Foto: MMM

Kapazität: 16.000
Stehplätze: 10.700
Sitzplätze: 5.300

Wattenscheid 09, Lohrheidestr. 82, 44866 Bochum
Tel: 02327-92090, Fax: 02327-920920
www.sgwattenscheid09.de

Im Jahre 1966 zog die SG Wattenscheid 09 vom Stadion Beckmannshof an der Berliner Straße, in dem die Schwarz-Weißen 38 lange Jahre heimisch gewesen waren, in das neue Lohrheidestadion um, das ursprünglich den Sportfreunden Rot-Weiß Leithe zugedacht war. An der stinknormalen Mehrzweckanlage fiel zunächst allein die überdachte Tribüne ins Auge, die ein wenig an einen zu groß geratenen Fahrradunterstellplatz erinnerte. Die Arena besaß ursprünglich ein Fassungsvermögen von 27.000 Zuschauern, und das sollte eigentlich bis in alle Ewigkeit reichen - Wattenscheid stand sportlich und fanzuspruchsmäßig deutlich im Schatten der Konkurrenten RWE, Schalke, RWO, BVB, VfL, Westfalia etc.

1972 wurde der Fahrradschuppen durch die Westtribüne ersetzt und drei Jahre später erhielt das Stadion eine 1,2 Mio. DM teure und ob ihrer dürftigen Leuchtkraft auch als »Kerzenständer« verspottete Flutlichtanlage, die am 5. November 1975 anlässlich des Hannes-Bongartz-Ablösespiels gegen Schalke 04 erstmals angeknipst wurde. Ansonsten wurde instandgehalten, was nicht sowieso schon auseinander gebröckelt war - bis 1990, dem Jahr des ersehnten Bundesliga-Aufstiegs der 09er. Sogleich hagelte es Proteste von allen Seiten: Die Ordnungshüter beanstandeten mangelhafte Sicherheitsvorkehrungen und nur 880 überdachte Sitzplätze galten ganz allgemein als nicht bundesligatauglich. Nach langem Hin und Her beschlossen Stadt und Land eine Geldspritze für die Lohrheide, dank derer zunächst neue Wellenbrecher und Zäune sowie später dann auch die herrliche Osttribüne errichtet werden konnten. Die Kapazität sank dadurch zwar auf 19.500, aber nun konnten sich fast 5.000 Sitzplätzler eines Daches über ihrem Kopf erfreuen.

Zuletzt rückten Bagger im Winter 2001 an, um die stellenweise doch schon etwas marode Spielstätte in ein klassisches Stadion zu verwandeln. Dummerweise jedoch nicht in ein reines für Fußballer, sondern in eine nahezu perfekte Arena für Leichtathleten, deren Titelkämpfe im Juni 2002 vor sanierten Stehtraversen, renovierter Westtribüne, frischen Wellenbrechern, Zäunen und Zugängen sowie neuen Imbiss- und Toilettenhäuschen und einer hübschen Fahnengalerie à la Wedaustadion über die Bühne gingen. Nur die Anzeigetafel fehlt dem Schmuckkästchen jetzt noch - vielleicht wird ja bald was im Parkstadion frei.

Das ist noch wahre Gastfreundschaft: Für Auswärtsfans wird in der Lohrheide neben den Stehplätzen in der Nordkurve (F) auch der Sitzblock J auf der Tribüne freigehalten und der Stadionsprecher - nach wie vor der Capt'n - spielt ihnen auch gerne das Vereinslied (man muss es halt nur mitbringen). Wer sich gut benimmt, wird vielleicht sogar zu einer jener sagenumwobenen Wattenscheider Fan-Partys eingeladen. Die in der »Fanabteilung

Wattenscheid« (FAW) organisierten Heimfans sind nun wieder auf der Westtribüne zu finden, die Stimmung hat sich deutlich verbessert. Überhaupt ist die Wattenscheider Fanszene nach ein paar trostlosen Jahren zuletzt wieder stark in Bewegung geraten: In der Lohrheide tut sich was!

Sitzplätze: 11-13 €
Stehplätze: 4-7 €
Gäste: Nordkurve

Preise Ermäßigter Eintritt für Jugendliche und Schwerbehinderte, Kinder stehen für 2 €. Gut: Für alle Bereiche gibt es Familienkarten. **Rollis** Ermäßigter Eintritt, Plätze auf der Laufbahn, geeignete Toiletten unter der Osttribüne. **Fanshop** Hauptshop unter der Osttribüne (Fr 16-18h und bei Heimspielen), FAW-Stand am Eingang zur Westtribüne. **Lesen** »Der 09er« ist gratis (und gut), die verteilenden Kinder freuen sich aber über jede Spende. Von den Supporters stammt das Fanzine »Schwatz auf Weiß« (50 Cent). **Essen** Nachdem die ehemals beste Wurst der Bundesliga bis zur Ungenießbarkeit nachgelassen hatte, gibt es nun endlich wieder einen würdigen Nachfolger. **Trinken** Statt Fiege nun Warsteiner, aber immer noch mit Umdrehungen (1,60 €). Ferner Cola, Limo, Wasser, Kaffee und Glühwein. **Klo** Noch ganz neu. **Kneipen** Schreck lass nach! Die unangefochtene Wattenscheider Fankneipe Nr. 1, das »Don Carlos« (Nähe S-Bahnhof Höntrop), hat dichtgemacht. Was nun? Wer will, kann im »Treffpunkt« (Hüller Straße) vorbeischauen. Die »Freiheitsschänke« in der gleichnamigen Straße hat dagegen schwer nachgelassen.

STADION ⚽⚽ STIMMUNG ⚽⚽ SERVICE ⚽⚽ STRESS

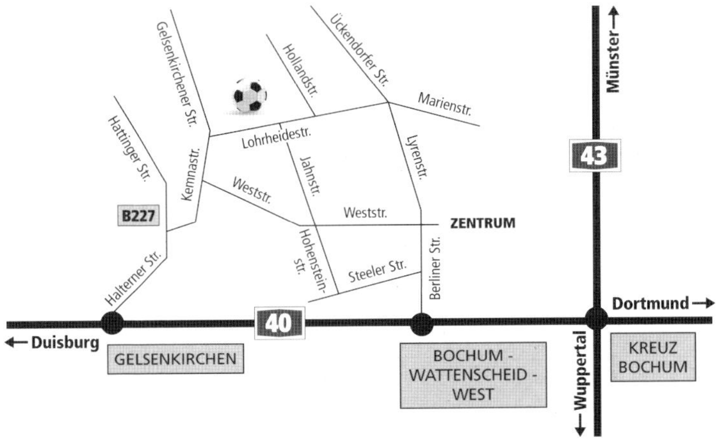

Von **Dortmund**: die **A40** bis Abfahrt **Bochum-Wattenscheid-West**, an der Ampel links auf die **Berliner Straße** gen Gelsenkirchen und von der Lyrenstraße **links** auf die Lohrheidestraße zum Stadion.
Von **Duisburg**: die **A40** bis Abfahrt **Gelsenkirchen** und auf die Halterner Straße (**B227**) gen Gelsenkirchen, nach 500 Metern rechts in die **Kemnastraße** und über die Ampelkreuzung hinweg auf die Lohrheidestraße.
Parken: Ist an der Lohrheidestraße keine **Lücke** mehr frei, so versuche man es auf dem Parkplatz **Zeche Holland**, der über die Weststraße zu erreichen ist. Alternativ bieten sich der **Gertrudisplatz** im Zentrum oder der P+R-Platz am Bahnhof (s.u.) an.

Von den Hauptbahnhöfen in **Gelsenkirchen** und **Bochum** nimmt man die Straßenbahnlinie **302** bis Haltestelle Lohrheidestraße. Wer mit der **S1** aus **Dortmund** oder **Essen** kommt, steigt in **Wattenscheid-Höntrop** in die Buslinien **389** (gen Gelsenkirchen), **390** (Herne) oder **365** (Wattenscheid-Mitte) ein und fährt bis zur Freiheitsstraße, von hier sind es noch rund 700 Meter zum Stadion. Besagte Busse halten aber auch in der Nähe des Wattenscheider Bahnhofs, der wiederum vom **NRW-Express** (Köln-Bielefeld) und anderen Regionalzügen angefahren wird.

WEHEN: Stadion am Halberg

Foto: Steffen Halbleib

Baujahr: 1927

Kapazität: 4.200
Stehplätze: 4.000
Sitzplätze: 200

SV Wehen, Weiherstr. 5, 65232 Taunusstein
Tel: 06128-247940, Fax: 06128-247938
www.sv-wehen.de

Träumen wird man ja wohl noch dürfen. »Die Planungen dafür sind schon komplett«, schwärmte SVW-Präsident Hankammer im April 2002. Er meinte eine rund 8.000 Plätze bietende, völlig umgebaute Fußballarena auf dem Halberg, die rund 1,7 Millionen Euro verschlingen und im Laufe der Spielzeit 2002/03 eröffnet werden sollte.

Da aus dem Aufstieg des SVW in die Zweite Liga aber (vorerst) nichts wurde, gilt weiterhin das, was auch schon 1999 bei der letzten Auflage der »1.000 Tipps« galt. Seinerzeit hieß es: Also, über die Aussicht kann man nun wirklich nicht meckern. Ein herrlicher Rundumblick über bewaldete Hügel und das ganze Örtchen Wehen bietet sich vom Halberg, womit zugleich gesagt sei, dass der Blick nicht von störenden Tribünen getrübt wird - was wiederum für einen Regionalligaplatz keineswegs ein Kompliment ist. Zwar ist der »Sportplatz Halberg«, so der offizielle Name des Stadions, in den letzten Jahren kontinuierlich gewachsen, doch von Regionalliga-Atmosphäre spürt man dort oben eigentlich noch immer nicht allzu viel. Viel weist auf die langjährige Vergangenheit der Rot-Weißen als Kreis- oder Bezirksligaverein hin, der bestenfalls bei Derbys gegen den Nachbar Hahn oder einen der Wiesbadener Vereine mal volles Haus hatte.

Dennoch: Seitdem der SV Wehen unter nicht unerheblicher Hilfe der ortsansässigen Brita-Werke (der Besitzer des Wasserfilter-Herstellers ist zugleich der Vereinspräsident) zum sportlichen Höhenflug angesetzt hat (1986 Bezirksliga, 1987 Landesliga, 1988 Hessenpokalfinalist, 1989 Oberliga, 1994 Regionalliga), hat sich auf dem über einen steilen und verschlungenen Pfad zu erreichenden Sportplatz am Halberg einiges getan. Zunächst tauschte man die Grantspielfläche gegen einen schmucken Rasen aus, alsdann wurden einige Stehtraversen angefügt, die sogar von einem Dach geschützt sind. Anschließend kamen auf der Gegengeraden noch zwei »Sitzplatztribünen« hinzu, die den unvoreingenommenen Betrachter freilich eher an eine Dorfkirmes erinnern.

Prunkstück der Arena ist aber zweifelsohne die überdachte Haupttribüne, unter der auf zehn Traversen rund 3.000 Menschen ein Plätzchen finden können. Mit Ausnahme der drei Stühle im Sprecherkabinchen weist sie allerdings keine Sitzgelegenheiten auf. Bezüglich der Hintertorseiten sei festgestellt, dass sie ebenso flach sind wie das Spielfeld selbst. Ist auf der Eingangsseite immerhin noch ein schmuckes Vereinsheim zu finden, in dem sich diverse VIP-Logen befinden und an dem bei Heimspielen auch die Verköstigung sowie der Souvenirverkauf stattfinden, entdeckt man auf der gegenüberliegenden Seite nichts anderes als weitere Fußballspielfelder, die emsig von den zahlreichen Jugendteams bearbeitet werden. In Wehen liegen Basisarbeit und Leistungsfußball eben noch immer dicht beeinander.

WEHEN: Stadion am Halberg

Sie nennen sich stolz »Halberg Tramps«, »Supporters Wehen« oder »Fan-Factory«, haben einige durchaus ansehnliche Trommeln, sind den Spott der aus Großstädten anreisenden Gästefans gewohnt und stehen in rund 20-köpfiger Formation unter der überdachten Tribüne: Die Fans des SV Wehen. Auffälligstes Merkmal ist die überaus beachtliche Altersspanne, die irgendwo bei Fünfjährigen beginnt und mit der Generation der Vereinsgründer endet.

Gästeanhänger dürfen unter der überdachten Tribüne stehen, was angesichts der meteorologischen Eskapaden im Rhein-Main-Raum durchaus von Vorteil ist - der Stimmungsfaktor unter dem kleinen Dach ist ausgezeichnet.

Sitzplätze: 8,50-11 €
Stehplätze: 6-7 €
Gäste: Tribüne

Rollis Hinter den Toren. **Fanshop** Im Stadion. **Lesen** »Halberg-Express«, gratis, A4, s/w, schöne große Buchstaben. **Essen** Bratwurst, mitunter Kuchen. **Trinken** Alkoholisches Bier, Cola, Fanta, Wasser, Kaffee. **Klo** Im Vereinsheim. **Kneipen** Sportlerheim Halberg, sonst: Ortskern.

STADION STIMMUNG SERVICE STRESS

Von **Frankfurt**: Die **A66** bis Wiesbaden-Erbenheim und weiter auf der **B54** gen Taunusstein. In Wiesbaden-Klarenthal auf die **B417** Richtung Taunusstein-Neuhof und nach ca. neun km links nach Taunusstein-Wehen. Im **Ortskern** Wehen **rechts** auf die **B275** (Richtung Neuhof) und kurz vor dem Ortsausgang links auf den **Alten Orler Weg** zum Sportplatz Halberg. Aus Richtung **Mainz**: Die **A643** über das Autobahnende hinweg nach Wiesbaden hinein und dort stets der **B54** (Richtung Bad Schwalbach) folgen. Nach dem Ortsende Wiesbaden fährt man einige Kilometer durch **Wald** und Flur, ehe es rechts nach Taunusstein-Wehen geht. Dort angekommen durchquert man das Ortszentrum in Richtung Neuhof, kurz vor dem Ortsende schließlich **links** auf den Halberg. **Achtung:** Wer direkt zum Stadion will, sollte in keinem Fall der Beschilderung »P+R Halberg« folgen, da die zu einem P+R-Parkplatz am anderen Ortsende führt. Von **Darmstadt**: Die **A671** bis Wiesbaden-Mainzer Straße und auf der **B263** geradeaus weiter gen Taunusstein, Rest s.o. Über die **A3** von **Köln**: Bis zur Ausfahrt Idstein, dann auf der B275 gen Taunusstein. Durch Neuhof durchfahren und kurz hinter dem Ortseingang Wehen rechts auf dem Alten Orler Weg zum Stadion. **Parken:** Zum oben angegebenen und in Wehen ausgeschilderten P+R-Platz. Außerdem stehen auf dem Halberg inzwischen mehrere asphaltierte Parkplätze zur Verfügung.

Vom Wiesbadener Bahnhof, an dem wohl die meisten Fans ankommen werden, fährt die Buslinie **5474** (gen Bad Schwalbach Kurhaus) nach **Wehen** (Marktplatz oder Wehener Schloss). Und auch später wieder zurück. Sogar sonntags. Echt cool.

WILHELMSHAVEN: Jade-Stadion

Baujahr: 1999

Kapazität: 7.500
Stehplätze: 5.400
Sitzplätze: 2.100

Foto: Hardy Grüne

SV Wilhelmshaven, Rüstersieler Str. 39, 26386 Wilhelmshaven
Tel: 04421-560446
www.svwilhelmshaven.de

Na, man kann auch übertreiben! »Selbst in der Zweiten Liga gibt es nichts Vergleichbares«, schwärmte der SV Wilhelmshaven nach Eröffnung des Jadestadions am 1. August 1999. Da wünscht man den SVW-Köpfen doch ein wenig mehr Sachverstand, denn abseits der allgemeinen Lobhudelei über das neue Stadion gibt es einige Punkte, die der Erwähnung wert sind: Zum einen ist da die unüberdachte Hintertortribüne, die den Gästefans überlassen ist, und auf der es enorm zugig und feucht werden kann. Zum anderen ist da die Hauptgerade, deren Raum fast ausschließlich von vollumglasten VIP-Logen mitsamt Kinositzen eingenommen wird. Insofern stimmt »selbst in der Zweiten Liga gibt es nichts Vergleichbares« freilich - so etwas Atmosphärentötendes hat sonst nämlich nur Leverkusen zu bieten - und die spielen bekanntlich in einer anderen Liga.

Doch bei aller Kritik an dem Areal überwiegt die Freude, dass Wilhelmshavens turbulente Stadionhistorie endlich zu einem guten Ende geführt hat und der SVW nun über eine attraktive Heimstatt verfügt.

Damit ist zugleich eines der dramatischsten Kapitel der Fußballgeschichte der Jadestadt abgeschlossen, denn in Wilhelmshaven hat es eine regelrechte Wachablösung gegeben. Jahrzehntelang war Ex-Zweitligist TSR Olympia die Nr. 1, doch die Olympioniken machten immer wieder dieselben Fehler: Sie träumten von der Rückkehr in den Profifußball - und pendelten in der Realität zwischen dritter und vierter Liga. Die durchaus begeisterungsfähigen lokalen Fußballfans hatten davon bald die Nase voll, wodurch die Jadestadt allmählich zur Fußballdiaspora wurde. Erst als sich der Großverein SVW Ende der 80er Jahre anschickte, die Vorherrschaft in der Stadt zu übernehmen, kam Bewegung ins Spiel. 1992 wechselte die Landesligamannschaft des TSR Olympia geschlossen zum rot-gelben Lokalrivalen, der unter Coach Wolf Werner in den bezahlten Fußball stürmen sollte. Dafür gab der SV sogar seine traditionelle Heimspielstätte an der Rüstersieler Straße auf und wechselte ins TSR-Stadion an der Friedenstraße. Doch die Arena bot einen jämmerlichen Anblick: Zwar wies sie rund 13.500 Plätze und sogar eine kleine blecherne Tribüne auf, lediglich 680 Sitzplätze und ein bedenklicher Allgemeinzustand bereiteten jedoch große Sorgen, zumal das Areal perspektivisch für Wohnbebauung genutzt werden sollte. Im Jahre 1995 beschloss der Rat der Stadt daher, ein gänzlich neues Stadion zu bauen, dessen Beschluss- und Planungsphase sich jedoch bis Ende 1997 hinzog. Dann war es endlich so weit: Das Stadiongelände an der Friedenstraße wurde für 6,5 Mio. DM verkauft, womit der finanzklammen Stadt ihre 3,7-Mio.-Investition in die neue Arena erheblich erleichtert wurde. Den »Geist« der alten Arena nahm man übrigens mit, denn um Geld zu sparen, wurden an der Friedenstraße rund 5.000 Tribünensteine ausgebuddelt und im Sportforum, deren Rasenfläche quasi mit Tribünen »umrahmt« wurde, wieder eingesetzt. Das nennt man Recycling!

Entstanden ist eine reine Fußballarena, die an drei Seiten überdacht ist und in der zweifelsohne - im gefüllten Zustand - ausgezeichnete Stimmung aufkommen kann. Apropos gefüllter Zustand: Der ist in dem Neubau bereits bei 7.500 Köpfen erreicht, und man muss sich ernsthaft fragen, wie das zu den latent immer mal wieder zu hörenden Zweitligaträumen Wilhelmshavens passt. Für höherklassigen Vertragsspielerfußball ist das Jadestadion freilich bestens geeignet. 5.400 Sitzplätze könnten die dauerklammen SVW-Kassen theoretisch füllen, die UEFA-Cup-taugliche Flutlichtanlage wird trotz zeitlicher Konkurrenz zu den Kufenflitzern vom ECW ausgiebig für Abendspiele genutzt und der bereits erwähnte VIP-Bereich (rund 170 Plätze) verschaffte dem SVW Zugang zu den »besseren Kreisen«. Und das ist wohl auch nötig, denn: »Fest steht bei so einer Investition: Wir müssen mit dem Stadion auch Geld verdienen können«, bekannte Uwe Peters von der eigens gegründeten SVW 92-Gesellschaft, die sich um Vermarktung und Bewirtung des Sportpark-Stadions kümmern wird, nach Stadioneröffnung. Ob das nach dem Zwangsabstieg des SVW aus der Regionalliga noch klappt?

Der überschaubaren Fanszene des SVW stehen auf der überdachten Nordtribüne ausreichend stimmungsfördernde Stehplätze zur Verfügung. Die mit Trommeln bestückten Rot-Gelben sind auch auswärts stets dabei und in der Regel höchst freundliche Zeitgenossen.

Sitzplätze: 6,50-8 €
Stehplätze: 3,50-5 €
Gäste: Südtribüne

Rollis Auf der VIP-Tribünenseite. **Fanshop** Hinter der Haupttribüne (die mit den VIP-Logen). **Lesen** Ein Blättchen im Zeitungsformat, das durchaus lesenswert ist. **Essen** Wurst. **Trinken** Alkoholisches Bier, Cola, Fanta, Kaffee. **Klo** Auf der VIP-Tribünenseite. Top-Zustand. **Kneipen** Wie bitte, hier? Ab ins Zentrum!

STADION	STIMMUNG	SERVICE	STRESS

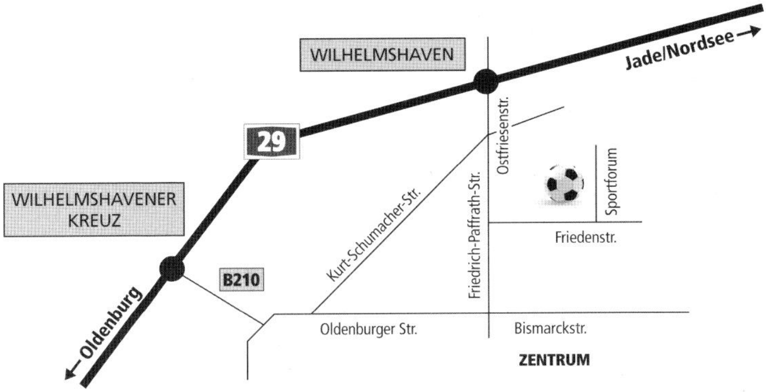

Aus Richtung **Oldenburg**: Über die **A29** bis zum **Kreuz Wilhelmshaven**, dort auf die **B210**, an der T-Kreuzung dann links auf die **Oldenburger Straße** (immer noch B210) und wieder links in die Friedrich-Paffrath-Straße, von der nach kurzer Zeit rechts die **Friedenstraße** abgeht. Zum Jadestadion geht es dann **links**, in die Straße Sportforum. Von der See anreisende Fans verlassen die **A29** bereits an der Anschlussstelle Wilhelmshaven und fahren von der Friedrich-Paffrath-Straße aus links in die Friedenstraße.
Parken: Mehrere Parkplätze im Umfeld sollten **keine Probleme** aufkommen lassen.

Mit der **Buslinie 6** (Richtung J.-S.-Bach-Straße) von der Börsenstraße bzw. dem **ZOB** (aus dem Bahnhof heraus und links) bis zur Haltestelle **Robodesweg** - von hier aus sind es nur noch einige Minuten zu Fuß (unter dem Torbogen durch).

WOLFSBURG: VfL-Stadion

Foto: Chris Müller

Baujahr: 1951

Kapazität: 20.150
Stehplätze: 11.650
Sitzplätze: 8.500

VfL Wolfsburg, Elsterweg 5, 38446 Wolfsburg
Tel: 05361-851747, Fax: 05361-851748
www.vfl-wolfsburg.de

Nur noch ein paar Wochen, dann ist im VfL-Stadion Schicht. Wird auch langsam Zeit, denn zu den Aushängeschildern des Stadionbaus hat es nun nicht unbedingt gezählt. Dabei wies der 1951 eingeweihte »VfL-Platz« zunächst nur ein paar halbwegs begrünte Stehhügel auf. Erst Monate nach der Eröffnung erhielt die Arena eine kleine Sitztribüne, wodurch die Kapazität von 15.260 Plätzen amtlich war. 1961 entstand mit freundlicher Unterstützung einer größeren lokalen Automobilfirma die Haupttribüne, auf der maximal 3.000 Zuschauer trockenen Fußes blieben.

Danach unternahm man in Sachen Stadion bis auf die allernötigsten Instandhaltungsmaßnahmen (Rost abkratzen, Unkraut jäten, gucken, ob's die Stadionuhr noch tut etc.) nicht mehr allzu viel. Die Wölfe lockten damals allerdings auch selten mehr als 1.500 zahlende Zuschauer an. Lediglich die Leichtathletikanlagen wurden dem internationalen Standard angepasst und 1977 ein neues Vereinsheim eingeweiht - das war's.

Als dann gegen Ende der 80er allmählich der sportliche Aufschwung des VfL einsetzte, konnte man sich der Stadion-Problematik nicht länger verschließen. Die Stehränge befanden sich in einem katastrophalen Zustand. Auch die Tribüne machte einen heruntergekommenen Eindruck, aber dies war eigentlich nicht weiter tragisch - konnte sie aus Denkmalschutzgründen doch sowieso nicht verändert werden. So geschah zunächst herzlich wenig. Noch Ende 1994, als der VfL erstmals heftig ans Tor zur Bundesliga klopfte, passten gerade einmal 13.264 Zuschauer in die mittlerweile an die Stadt verkaufte Arena. Da diese zudem weder über Flutlicht noch über eine ausreichende Anzahl von Medienplätzen verfügte, durfte der Verein nur mit einer Ausnahmegenehmigung am Berliner Ring antreten. 1995 dann endlich die Sanierung: Hinter bzw. auf der Gegengeraden errichtete man eine überdachte Tribüne mit 2.100 Sitzen, weihte am 22. März 1996 beim 2:0 vs. Mannheim die neue Flutlichtanlage ein und schaffte kurz darauf auch eine Anzeigetafel an. Im Verlauf der ersten Bundesligasaison (1997/98) folgte dann schließlich auch der Ausbau der Nordkurve und die Erweiterung der Südkurve mit einer Stahlrohrtribüne, sodass die Kapazität des VfL-Stadions zuletzt immerhin schon bei 20.150 Zuschauern lag. Doch da nur 8.500 Sitzplätze (bei internationalen Begegnungen: 11.000) zur Verfügung standen und die Ausstattung des zugigen und nur teilweise überdachten Stadions ganz allgemein zu wünschen übrig ließ, wurden die Stimmen derer, die einen kompletten Neubau forderten, immer lauter.

Zu Beginn des neuen Jahrtausends wurden sie endlich erhört: Im Dezember 2000 gab der Stadtrat grünes Licht, und nachdem auch der zwischenzeitlich ausgestiegene Partner VW wieder ins Boot geholt worden war, stand dem schon seit geraumer Zeit geplanten Neubau im Allerpark nichts mehr im Wege. Seit dem ersten Spatenstich am 18. Mai 2001 gehen auf dem nur wenige Akonnor-Pässe vom alten Stadion entfernt liegenden Gelände die Bauarbeiten ohne Komplikationen über die Bühne. Und kommt nichts mehr dazwischen, wird die neue Spielstätte, deren offizieller Name im Februar 2002 präsentiert ward, somit bereits am 4. Dezember bezugsfertig sein. Die »Volkswagen Arena« (ohne Bindestrich) wird dann eine Kapazität von maximal 30.000 Zuschauern aufweisen, zu den 22.000 fest installierten Sitzplätzen gesellen sich noch einmal 4.000 variable, die bei Bedarf in 8.000 Stehplätze umgewandelt werden können. Die Arena macht einen guten und kompakten Eindruck und dürfte das Vorbild Leverkusen in den Schatten stellen: Sie kommt größtenteils ohne Zäune aus, die beiden umlaufenden Ränge wurden recht steil angelegt und dank des lichtdurchlässigen PVC-Daches sind beste Sichtverhältnisse garantiert. Die Kosten in Höhe von knapp 50 Mio. Euro tragen übrigens je zur Hälfte die Stadt und der Konzern, der Verein fungiert nach der Fertigstellung lediglich als Generalmieter und Betreiber des Stadions, in dem auch Konzerte und andere fußballfremde Veranstaltungen stattfinden werden und das später wohl auch einmal ein komplett verschließbares Dach erhalten soll.

Nur noch für ein paar Monate wird der harte Kern der Wolfsburger Anhängerschaft im Stehblock A der alten Tribüne sowie in der Südkurve unter der Anzeigetafel zu finden sein, dann ist Umzug angesagt. Wer als Auswärtsfan das Pech hat, bis Dezember in die VW-Stadt reisen zu müssen, gehört in die Nordkurve, in den Stehblock D sowie die beiden Sitzblöcke T10 und T11. Nach der Fertigstellung des neuen Wolfsburger Fußballtempels geht es dann aber in den Unterrang der Nordkurve, in dem Gästeanhängern rund 1.000 Stehplätze zur Verfügung stehen und in dem es dann hoffentlich nicht so eng zugeht wie im Käfig des alten Stadions. Wer mit Kind und Kegel kommt, findet in der Südwestecke einen Familienblock mit Spielsachen und Wipptieren. Leider soll vor dem Gästeblock ein bis zu zweieinhalb Meter hoher Zaun errichtet werden, während der Rest der Volkswagen Arena größtenteils drahtgitterfrei daherkommen wird. Immerhin gibt es so ausreichend Platz für Zaunfahnen, und zumindest in der Wolfsburger Kurve werden auch Halterungen für Schwenkfahnen und Trommeln angebracht. Angeblich wird derzeit sogar über die Anschaffung einer Nebelmaschine nachgedacht, die dem »wilden« Abbrennen von Pyromaterial entgegenwirken soll. Sachen gibt's...

Sitzplätze: 20-33 €
Stehplätze: 6-13 €
Gäste: Nordkurve

Preise Die ermäßigten Preise für Studenten, Schüler, Arbeitslose, Zivil- und Wehrdienstleistende sowie Rentner gelten nur für Stehplätze, nur Behinderte sitzen auch billiger. Ferner: Familienblock auf der Südtribüne, »U16«-Karten (Stehplätze) und Kinder unter acht Jahren kommen umsonst ins VfL-Stadion. Unglaublich, aber wahr: In der VW-Arena werden die Eintrittspreise sinken. Stehen kann man dann überall für 9, sitzen bereits ab 12 €. Allerdings gilt es sich sein Ticket im Vorverkauf zu sichern, an der Tageskasse wird es teurer. Infos: Ticket-Hotline (01805-331188) oder Kartencenter (Tel: 851717, Fax: 851718). **Rollis** Freier Eintritt und Plätze im Innenraum, aber nur nach Anmeldung. Der Begleiter zahlt 6 €. In der Arena wird es 80 Rolliplätze geben, und auch an die barrierefreie Zufahrt hat man gedacht. Ansprechpartner: Mike Compagnone (Tel: 21875). **Fanshop** Im VfL-Stadion hinter dem Haupteingang sowie am Fan-Mobil auf dem Vorplatz, und auch für die VW-Arena sind natürlich Stände geplant. Der City-Fanshop liegt in der Kaufhofpassage 6 (Tel: 293119, Fax: 867110). **Lesen** Das 40 Seiten starke »Goal« (1 €) ist besser als sein Name, eigentlich ist das Stadionmagazin sogar richtig gut. Nur bedingt gilt dies für die derzeit auf dem Markt erhältlichen Fanzines »Schichtwechsel« (F. Bonneß, Schlesierweg 35, 38440 Wolfsburg, inferno-wolfsburgia@web.de) und »Grün-Weiße Geschichten« (S. Neubauer, Andersenweg 7, 38448 Wolfsburg, gewege@web.de). Außerdem gibt das Fanprojekt (Goethestr. 10a, 38440 Wolfsburg, Tel: 21875, Fax: 272983, www.fanprojekt.wolfsburg.de) gelegentlich das »No Name« heraus. Alle drei Hefte sind aber primär was für Wolfsburger. **Essen** Neben der berühmten Wolfsburger Bratwurst gibt es weiterhin belegte Brötchen, Baguettes und Laugenstangen (Schinken/Käse) sowie fliegende Eishändler. Einmalig in deutschen Stadien ist die kleine vom Fanprojekt betriebene Hütte in der Südkurve, an der sich das gastronomische Angebot nach dem jeweiligen Gegner richtet (also Bayern Weißwurst und Leberkäse, Hansa Fischbrötchen etc.) - übrigens werden hier auch Gästefans bedient. **Trinken** Während es im VfL-Stadion neben Cola, Limo, Wasser nur alkfreies Bier zu trinken gibt, kann man vor den Eingängen auch ganz normales Hasseröder bestellen - auch in bzw.

vor der Nordkurve. Wie es diesbezüglich in der VW-Arena aussehen wird, war bis zuletzt noch nicht raus. **Klo** Im VfL-Stadion kann es manchmal eng werden, in der neuen Arena wird man derlei Sorgen ledig sein. Hoffentlich. **Kneipen** Im Erdgeschoss der Westtribüne soll in der Volkswagen Arena ein bzw. das »Soccer Café« für alle Fans offen stehen. Wem es dort aus welchen Gründen auch immer nicht gefällt, der sollte sich zur Fußgängerzone aufmachen. Dort reiht sich Kneipe an Imbiss an Kneipe. Nach wie vor willkommen sind Auswärtsfans auch in den gut ausgestatteten Räumlichkeiten des Fanprojekts (Goethestr. 10a, Fr 18-23, Sa 14.30-23h, nach Heimspielen lautet die Devise aber: open end).

STADION ● **STIMMUNG** ●● **SERVICE** ●● **STRESS** ●

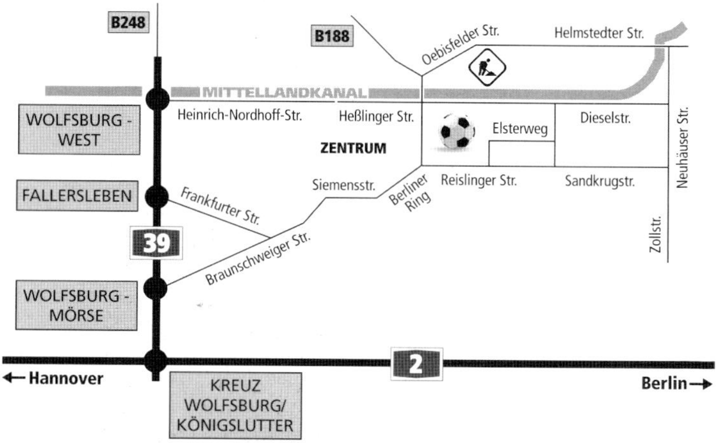

Von **Hannover** oder **Berlin**: die **A2** bis zum Kreuz Wolfsburg/Königslutter und dort auf die **A39** gen Wolfsburg, die man - als Normalsterblicher im PKW und zumindest an Heimspieltagen - erst an der Abfahrt **Wolfsburg-West** verlässt. Rechts ab auf die Heinrich-Nordhoff-Straße und weiter geradeaus auf der **Heßlinger Straße** (Richtung Vorsfelde) bis zur großen Kreuzung. Hier nun halblinks auf die Berliner Brücke, über den Mittellandkanal hinweg und rechts auf den großen Parkplatz am **Allerpark**, von dem aus (kostenlose) **Pendelbusse** zum VfL-Stadion düsen bzw. von dem man dann halt einfach gegenüber in die VW-Arena spaziert. Dies alles ist aber auch ausreichend ausgeschildert, zudem regeln Ordnungshüter den Verkehr.

Busse können bereits die Abfahrt **Wolfsburg-Mörse** wählen und über die Braunschweiger Straße gen Zemtrum fahren. Nach etwa zwei Kilometern geht es vor dem Hotel Holiday Inn rechts in die Siemensstraße (Richtung Gifhorn), von der aus man einen kurzen Blick auf das Porschestadion (rechts), die sportliche Heimat des VfR Eintracht, werfen kann. Nun weiter über den **Berliner Ring**, bis schließlich rechts das VfL-Stadion auftaucht.

Parken: Alternativ zum P+R-Platz am Allerpark kann man sein Töfftöff auch in einem der **Parkhäuser** der Innenstadt abstellen. So entgeht man dem Parkplatzabfluss-Stau nach Spielende, zumal sich die Länge des Fußmarsches in Grenzen hält (gilt für beide Stadien).

Vom **Hauptbahnhof** zum VfL-Stadion sind es zwar nur **zehn Fußminuten** (über Heßlinger und Dieselstraße bzw. Berliner Ring, vor dem Stadion Fußgänger-Unterführung benutzen), doch wer unbedingt will, kann diese Strecke vom Zentralen Omnibusbahnhof aus auch mit den Buslinien **205** (Richtung Wendschott) oder **207** (gen Reislingen) überbrücken. Soll es zur VW-Arena gehen, benutzt man vom **ZOB** die Linien **201** (Richtung Kästorf) oder **202** (gen Wendschott) bis zur Haltestelle Allerpark. Kann aber auch gut sein, dass da später auch noch eine Extralinie eingerichtet wird. Wer sich im Besitz einer gültigen **Eintrittskarte** befindet, fährt mit den WVG-Bussen umsonst.

WORMS: Wormatia-Stadion

Baujahr: 1927

Foto: Michael Seiß

Kapazität: 20.000
Stehplätze: 19.000
Sitzplätze: 1.000

Wormatia Worms, Alzeyer Str. 131, 67549 Worms
Tel: 06241-75345, Fax: 06241-74320
www.wormatia.de

Anno 1981, als die eingleisige Zweite Liga das Licht der Welt erblickte, war das Wormatia-Stadion Kult. Mit seiner einzigartigen Holztribüne aus dem Jahre 1927 bot die Arena einen museumsreifen Anblick und war für Traditionalisten ein Highlight. Doch das Aus war nahe. Die Wormatia stieg ab und verschwand im Amateurlager, derweil Bagger anrollten und dem herrlichen Fußballdenkmal den Garaus machten. Es folgte eine öde Betontribüne, funktional durchgestylt bis auf den letzten Platz und ausgestattet mit einem Dach, das man schon aus Salmrohr kannte. Ach, gute alte Zeit.

Aus wirtschaftlicher Sicht war es verständlich, dass Hausherr Wormatia seine alte Holzbaracke loswerden wollte. 800 Leute fanden darauf Platz, doch von den »hervorragenden Sichtmöglichkeiten«, von denen 1927 zur Eröffnung von Stadion und Tribüne in einer Festschrift geschwärmt worden war, sprach niemand mehr. Dicke Holzpfeiler, die das Dach stützten und die Sicht störten, führten stattdessen zu wirtschaftlichen Einbußen, da einige Plätze wegen extremer Sichtbehinderung nicht mehr verkauft werden konnten. Dazu kamen diverse Brandschutzauflagen - vor allem nach dem Tribünenbrand im englischen Bradford (1985). Die Erleichterung war folglich groß, als 1988 die neue Tribüne feierlich eröffnet werden konnte.

Heute präsentiert sich das Stadion an der Alzeyer Straße als Konglomerat aus geschichtsträchtiger Vergangenheit und leistungsorientierter Gegenwart. Im Eingangsbereich befindet sich ein gewaltiges Mahnmal für gefallene Recken der Wormatia, hinter der Gegengeraden begrenzen knorrige Bäume das Ensemble und in den Kurven liegt noch die Asche aus längst vergangenen Profijahren. Die Arena besitzt nach wie vor Atmosphäre und gehört fest zum Stadtbild, da sie citynah gelegen ist.

Ein Blick in die Geschichte. 1927 anstelle einer Radrennbahn in mühsamer Eigenarbeit entstanden, verfügte das Stadion seinerzeit über ein schmuckes Vereinsheim, das jedoch dem Krieg zum Opfer fiel. 18.000 Menschen fanden Platz im weiten Rund, in dem die aufstrebende Wormatia ihre Erfolge feierte. So nahm der Klub 1937 und 1939 als Südwestmeister an der Endrunde um die deutsche Meisterschaft teil, 1936 füllten im Spiel gegen Eintracht Frankfurt 22.000 Fans die Arena an der Alzeyer Straße bis auf den letzten Platz. »Unsere Vaterstadt Worms erreichte einen Bekanntheitsgrad wie nie zuvor«, schwärmte ein Chronist. Nach dem Krieg hielt sich der Klub zunächst noch in der Spitze, ehe der Abstieg begann. Eingeleitet wurde er mit dem Scheitern in der Bundesligaaufstiegsrunde von 1965. Anschließend verpasste das kleine Worms (heute rund 80.000 Einwohner) wie so viele Städte in vergleichbarer Größe allmählich den Anschluss an den großen Fußball, während die Nachbarschaft (Frankfurt, Darmstadt, Offenbach, K'lautern) immer stärker wurde. 1974 ging es nach einem Jahr in der Zweiten Liga erstmals ins Amateurlager, aus dem Wormatia seitdem nur sporadisch herausgekommen ist. Statt sportlichen Erfolgen kam es zu finanziellen Desastern und die Wormatia sprang dem Finanztod mehrfach erst in letzter Sekunde von der Schippe. Nach dem Abstieg in die Verbandsliga dauerte es bis 1998, ehe der Klub die Rückkehr in die Oberliga feiern konnte, aus der er sich 2002 im Elferschießen gegen Saarbrückens Amateure bereits wieder verabschiedet hatte, ehe die Lizenzlawine ins Rollen kam und Wormatia zurückspülte. Dennoch wird es wohl noch ein wenig dauern, bis die Massen wieder in die Arena an der Alzeyer Straße strömen.

Trotz anstrengendem Auf und Ab - Wormatias Fanszene stand und steht treu zum VfR und unterstützt die Nibelungenstädter auch in ganz trüben Tagen. Die Fanschar ist noch immer recht groß und nimmt auf der Vortribüne Aufstellung. Man frönt der Ultramanie und liebt ansonsten das lustige Lied. Gästefans, die auf der Gegengeraden (oder in der Kurve) Platz nehmen, seien auf eine Gruppe in die Jahre gekommener Fans hingewiesen, die in der Vergangenheit schon mal für hässliche Szenen sorgte (z.B. gegen Neunkirchen oder Mainz Amateure).

Sitzplätze: 6,50-8,50 €
Stehplätze: 4-5,50 €
Gäste: egal

Rollis Laufbahn. **Fanshop** Auf dem großen Vorplatz im Stadionbereich. Hat zwar nicht immer auf, bietet aber nette Ware feil und wird von Fanhand geleitet. **Lesen** Ein nur mit »ausreichend« zu benotendes Blatt. Wormatia spart eben, wo sie kann. **Essen** Die handelsübliche Stadionwurst. **Trinken** Richtiges Bier und ein paar Softdrinks. **Klo** In der Tribüne. **Kneipen** Vereinsheim. Hinter der Tribüne.

STADION STIMMUNG SERVICE STRESS

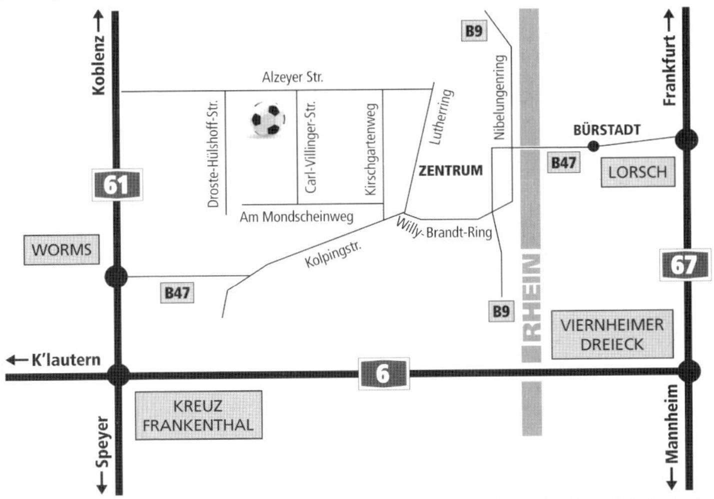

A6 aus dem Süden, Osten und Westen: Am Autobahnkreuz **Frankenthal** auf die **A61** gen **Alzey** und die nächste Abfahrt (**Worms**) herunter. Alsdann auf der **B47** in Richtung Worms. Am Ortseingang **links** in den **Kirschgartenweg** und an der großen Kreuzung links in die Alzeyer Straße. **A61** aus dem **Norden**: Bis zur Ausfahrt Worms und weiter wie oben. **Alternative** aus dem Osten/Süden: Die **A6** in **Ludwigshafen** verlassen und auf der **B9** weiter gen Worms und der Ausschilderung (grobe Richtung: B47, Kaiserslautern) folgen. **Parken:** Vor dem Stadion gibt es einen im Normalfall ausreichenden Parkplatz.

Am Wochenende geht es mit der Linie **405** (Richtung Pfeddersheim) vom Wormser **Bahnhof** direkt zum Stadion, während der Woche ist man auf die Linie **401** (Richtung Pfiffligheim) angewiesen.

WÜRZBURG: Sepp-Endres-Sportanlage

Baujahr: 1986

Foto: Steffen Halbleib

Kapazität: 3.500
Stehplätze: 3.500
Sitzplätze: 0

Würzburger FV, Mainaustr. 32, 97082 Würzburg
Tel: 0931-42535, Fax: 0931-4174228
www.wuerzburgerfv.de

Betritt man die Sepp-Endres-Sportanlage an der Würzburger Mainaustraße, so empfängt einen der Geruch von Schweiß, Weißbier und Bratwurst. Und zwar nicht nur an Spieltagen, sondern auch in der Woche. Hier ist immer was los, wird immer gespielt, diskutiert, Bier getrunken.

Der WFV ist ein Verein, der zweifelsohne Leben in sich hat, was angesichts seiner Vergangenheit durchaus bemerkenswert ist. 1981 nämlich war der 1904 gegründete Klub tot. Mausetot. So tot, dass der Konkursrichter die Akte »WFV« schloss und dessen reiche Tradition begrub. Doch ganz tot war der Klub dann doch nicht. Eine kleine Schar von Fans hielt tapfer durch, gründete einen neuen »WFV« und begann ganz unten ganz von vorne. Die unverbesserlichen Fanatiker hatten mit immensen Problemen zu kämpfen. Das Stadion an der Frankfurter Straße nämlich, in dem der WFV von 1912 bis zum Konkurs seine Spiele ausgetragen hatte, war zwischenzeitlich an die DJK Würzburg gefallen. Eine Spielzeit in der untersten Spielklasse Unterfrankens erlaubte der neue Hausherr dem alten noch, dann war jener endgültig heimatlos. Schließlich einigten sich DJK und WFV, die Plätze einfach zu tauschen, und so kam der WFV an die Mainaustraße, wo der alte DJK-Platz übernommen wurde. Der befand sich seinerzeit in einem desolaten Zustand: ein Grantplatz mit verwitterten Werbeplanken drum herum. Erneut packten die WFV-Fans an und schufen in mühsamer Handarbeit ein höchst ansehnliches Stadion mitsamt Rasenfläche, das ihnen eine neue Heimat gab. Im September 1986 war beim Gastspiel der TG Höchberg Einweihung, 1.300 Fans zahlten ihren Obolus.

Ein Jahr später feierte man die Einweihung der an der Mainaustraße gelegenen, überdachten Stehplatztribüne , unter der rund 800 Fans Platz finden und die nach ihrem großzügigen Spender Jakob Bernanke benannt ist. 1998 schließlich erhielt die Anlage ihren derzeitigen Namen. Sepp Endres war 17 Jahre lang als »Mädchen für alles« für den WFV da gewesen und nach seinem Tod im Alter von 82 Jahren wurde sein Name im von ihm liebevoll gepflegten Sportareal verewigt. Es ist dieser besondere Vereinsgeist, der den traditionell eher der Arbeiterschaft verbundenen WFV die schweren Tage überstehen ließ und ihm 1999 sogar die Rückkehr in die Bayernliga ermöglichte. Auch nach dem tragischen Abstieg aus dem bayerischen Amateuroberhaus im Sommer 2002 wird man diesen Geist sofort spüren, wenn man in die Mainaustraße kommt - selbst wenn inzwischen mit dem TSV Gerabrunn ein Lokalrivale in die Bayernliga aufstieg und immer mal wieder Fusionsgedanken mit den Kickers zur Spielvereinigung Würzburg aufkommen. In der Kickers-Arena am Dallenberg trug der WFV Mitte 2001 übrigens auch sein Pokalspiel gegen München 1860 aus - das Resultat wird an dieser Stelle aus Respekt vor den Fans verschwiegen.

Wie bereits angedeutet, hat der »neue« WFV seinen Erfolg nicht zuletzt seinen aktiven Mitgliedern zu verdanken. Dazu zählen auch die Fans, die dem Klub bei seinem Marsch von der C-Klasse in die Bayernliga treu zur Seite standen. Sie sind zahlreich vertreten bei Heimkicks und finden auch den Weg zu den Auswärtsspielen der Blauen. Es gibt eine kleine Gruppe Unruhe stiftender Anhänger, vor der man sich besser in Acht nimmt. Ansonsten aber ist die Atmosphäre auf der Sepp-Endres-Sportanlage großartig und auch Gästefans können im gemütlichen Biergarten im Eingangsbereich getrost ein kühlendes Weizen trinken und einen leckeren Leberkäs verzehren.

Sitzplätze: -
Stehplätze: 5,50-6,50 €
Gäste: egal

Rollis Am Spielfeldrand. **Fanshop** Im Stadion. **Lesen** Ein liebevoll gemachtes und kostenloses A4-Blatt. **Essen** Wurst und Leberkäs. **Trinken** Bier, Weizen und Softdrinks. **Klo** Im Vereinsheim. **Kneipen** Das Vereinsheim mit dem im Sommer grandiosen Biergarten.

STADION ⚽⚽ **STIMMUNG** ⚽⚽ **SERVICE** ⚽⚽ **STRESS**

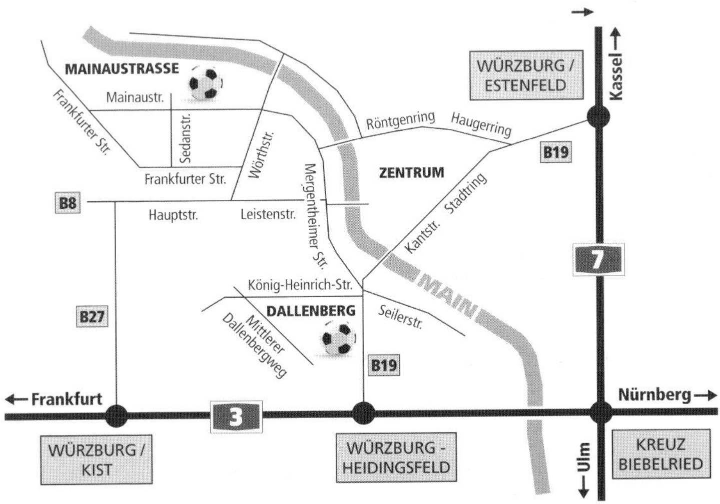

Über die **A3** aus beiden Richtungen: bis zur Abfahrt **Würzburg-Kist**, dann weiter auf der **B27** in Richtung Würzburg und an deren Ende rechts auf die **B8** Richtung Zentrum. Alsdann **links** auf die Wörthstraße und erneut links in die Mainaustraße zum Stadion, das auf der rechten Seite liegt.
Über die **A7** von **Kassel**: bis zur Abfahrt **Würzburg-Estenfeld** und auf der **B19** weiter nach Würzburg. Auf dem Ring rechts (Richtung Kloster Oberzell), am Bahnhof vorbei und nach der Überquerung des Mains rechts auf die Mergentheimer Straße bzw. **Mainaustraße**. Über die **A7** aus Richtung **Ulm**: Am Kreuz Biebelried auf die A3 Richtung Frankfurt, an der Abfahrt **Würzburg-Heidingsfeld** heraus und auf der B19 gen Zentrum. Kurz hinter dem links auftauchenden Dallenbergstadion auf die Mergentheimer Straße und immer geradeaus bis zur Mainaustraße bzw. dem Stadion an derselben.
Vom **Hauptbahnhof** mit der **Straßenbahnlinie 2** (Richtung Zellerau) bis zur Haltestelle **Hartmannstraße** und von dort rund 900 Meter zu Fuß bis zum Stadion marschieren (rechts halten, bis zur Sedanstraße. Auf jener weiter, über die Ampelkreuzung hinweg und direkt zum Stadion).

WUPPERTAL: Stadion am Zoo

Foto: MMM

Baujahr: 1924

Kapazität: 28.500
Stehplätze: 21.800
Sitzplätze: 6.700

Wuppertaler SV, Hubertusallee 4, 42117 Wuppertal
Tel: 0202-741285, Fax: 0202-742466
www.w-sv.com

Die ehrwürdige Heimstatt des Wuppertaler SV wurde am 5. Oktober 1924 nach nur halbjähriger Bauzeit als »Bergisches Stadion« eingeweiht und wies bereits damals ein Fassungsvermögen von 40.000 Zuschauern auf, von denen 1.200 auf der überdachten Tribüne sitzen konnten. Die zwölf Meter breite Radrennbahn bildete die Bühne v.a. für Steherrennen, aber bald pesten hier auch Motorräder und Kleinautos durch die Steilkurven - die Bahn galt als eine der schnellsten in Europa. Fast nebensächlich waren da fast die Fußballspiele, die im alsbald umbenannten »Elberfelder Stadion« stattfanden.

Im Februar 1932 fiel die Tribüne einem Brand zum Opfer, wurde aber sogleich wieder aufgebaut und überstand den Krieg ebenso wie der Rest des Stadions ohne größere Schäden. 1957 erhielt die Arena, für die sich mittlerweile der Name »Stadion am Zoo« eingebürgert hatte, eine Flutlichtanlage. Notdürftig auf Vordermann gebracht wurde die Spielstätte im Jahre 1972, anlässlich des Aufstiegs des Wuppertaler SV in die Bundesliga. In jenen seligen Tagen tummelten sich im Stadion am Zoo häufig mehr als 35.000 Fans und brüllten ihre Mannschaft zum Sieg - die bombastische Akustik wirkte auf Besucher wie Spieler gleichermaßen ansteckend. Drei Jahre hielt sich der WSV im Oberhaus, erreichte 1973 als Neuling gar den UEFA-Cup, doch dann ging's wieder abwärts. Auch mit dem Stadion: Zu Beginn der 90er Jahr passten sicherheitsbedingt gerade 10.000 Zuschauer in die marode Arena, davon 560 auf die teilweise überdachte Behelfs-Sitztribüne. Das baufällige Stadion stellte mittlerweile nur noch ein einziges Provisorium dar. 1991 startete man daher umfangreiche Umbau- und Renovierungsarbeiten, an deren Ende am 5. Dezember 1993 die Eröffnung der neuen Haupttribüne mit ihren 5.000 Sitzplätzen stand. Das schmucke Teil verschlang die Kleinigkeit von 32 Mio. DM, da die rückwärtige Schildwand (wie übrigens auch die Radbahn) unter Denkmalschutz steht und somit erhalten bleiben musste. Des Weiteren befestigte man damals die Stehstufen, eine Anzeigetafel folgte 1994. Seitdem präsentiert sich das optisch reizvolle Stadion am Zoo mit der in der Südkurve thronenden Stadiongaststätte als zweitligataugliche Arena, in der man nach dem bitteren Abstieg in die Oberliga (1999) jedoch weiterhin gegen Bocholt und Bonn kicken muss.

Größere Auswärtsgruppen gehören in die Nordkurve (unter der Anzeigetafel), kommen nur ein paar Hände voll Allesfahrer mit, können sie sich auch zwischen Tribüne und Stadiongaststätte stellen - wie eigentlich überall im Stadion gibt es hier reichlich Platz für Zaunfahnen. Die WSV-Fans, von denen nicht wenige der Ultramanie frönen, versammeln sich im oberen Teil der Tribüne in den Blöcken R, S, T, U oder X (wechselt häufiger). Ihre

Schlachtgesänge können hier eine beachtliche Lautstärke erreichen. Die großartigen Sichtverhältnisse von der Tribüne werden nur noch von den Plätzen an der Straße hinter dem Stadion getoppt - allerdings auch nur im Winter, wenn die dazwischen stehenden Bäume ihr grünes Kleid noch nicht angelegt haben.

Sitzplätze: 4-10 €
Stehplätze: 4-6 €
Gäste: Nordkurve

Preise Sagen wir's mal so: Den normalen Preis zahlen nur berufstätige Männer im Alter von 18-65 Jahren, die weder studieren, Mitglied beim WSV oder in einem anerkannten Fanclub sind, noch ihren Zivil- oder Wehrdienst ableisten oder als Versehrte durchgehen. Kartenvorbestellungen unter: 741285. **Rollis** Freier Eintritt (Begleiter ermäßigt) und Platz am Spielfeldrand. Geeignete Toiletten in der Tribüne (mit Aufzug). **Fanshop** Der Shop am Haupteingang macht nur noch bei Heimspielen (zwei Stunden vor Anpfiff) auf. Wenn überhaupt. **Lesen** »WSV aktuell« ist eine ganz ansprechende Stadionzeitung. Und gratis obendrein. Von den Fanzines hat wohl nur der »Groundhopper« überlebt. **Essen** Bratwurst (2 €), Frikadellen (1,50) und Schokoriegel. Geschmack: naja. Besser satt ins Zoostadion kommen. **Trinken** Cola, Wasser, Limo (2 €) und Kaffee, auf Bier muss gelegentlich verzichtet werden. **Klo** In der Tribüne. Picobello. **Kneipen** Da es in der (von außen) herrlich anzuschauenden Stadiongaststätte innen wohl ziemlich schlimm aussieht, bleibt sie weiter dicht - ein neuer Pächter nicht in Sicht. Gegenüber gibt's immerhin einen Kiosk, der nicht nur Bier und Wassereis anbietet. Wer sich noch ein wenig in Sonnborn umgucken mag, sollte bei der Wahl der Kneipe auch ein wenig Vorsicht walten lassen.

STADION STIMMUNG SERVICE STRESS

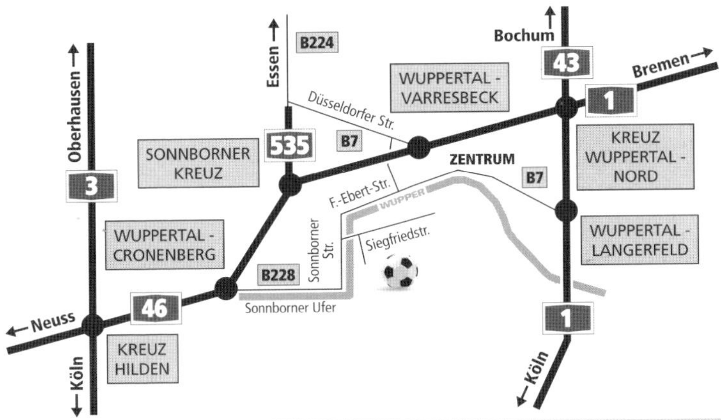

Das Stadion am Zoo wird über die **A46** angefahren, die man von der A1 und der A43 aus über das Kreuz Wuppertal-Nord, von der A3 über das Kreuz Hilden erreicht. Am Sonnborner Kreuz bzw. der Abfahrt **Wuppertal-Vohwinkel/Sonnborn** geht es heraus, an der Ampel **links** und dann folgt man einfach der Beschilderung »Zoo-Stadion«. Nach knapp einem Kilometer (Sonnborner Ufer, Sonnborner Straße) taucht dann auch schon rechter Hand die Arena des WSV auf. **Parken**: Am besten wählt man schon recht **frühzeitig** einen Abstellplatz (ausgeschildert) und legt den restlichen Weg zu Fuß zurück. Die Stellplätze am Stadion werden v.a. im Sommer meist schon mittags von Zoobesuchern okkupiert, wer hier **wild** parkt, riskiert ein Knöllchen. Alternativ fährt man auf Stadionhöhe links in den Stadtteil **Sonnborn**, in dem sich zwei größere Parkplätze befinden.

Ärgerlich: Die **Schwebebahn** wird derzeit an Wochenenden restauriert und steht für die Anreise vorerst (bis Ende 2002) nur bei WSV-Spielen unter der Woche zur Verfügung. Stattdessen verbindet nun der »Schwebebahn-Express« bzw. die Buslinie **E60** den Hauptbahnhof mit dem Stadion. Am S-Bahnhof **Wuppertal-Zoologischer Garten** hält außerdem die Linie **S8**, die von M'gladbach über Düsseldorf nach Hagen führt.

ZWICKAU: Westsachsenstadion

Foto: Rainer Hille

Baujahr: 1951

Kapazität: 12.000
Stehplätze: -
Sitzplätze: 12.000

FSV Zwickau, Geinitzstr. 22, 08056 Zwickau
Tel: 0375-370090, Fax: 0375-370098
www.fsv-live.de

Im Laufe der Jahre trug die Zwickauer Arena bereits einige Namen: Westsachsenkampfbahn, Südkampfbahn, Sachsenring, Georgi-Dimitroff-Stadion und (seit dem 12. September 1992) Westsachsenstadion - doch im Volksmund spricht man eigentlich nur von der »Halde«. Errichtet wurde sie ab 1937 u.a. von Zwickauer Zuchthäuslern, die von den Nazis auf den Schlacke- und Abraumhalden des Steinkohlebergbaus zum Arbeitsdienst gezwungen wurden. Ende 1940 war der heute unter Denkmalschutz stehende Eingangsturm vollendet, ehe die Eskalation des Zweiten Weltkriegs die Arbeiten unterbrach.

Nach 1945 nahm das Stadionprojekt zügig seinen Fortgang: Im April 1951 gab man die Sitztraversen der Haupttribüne frei, womit das bereits im August 1942 provisorisch eingeweihte Stadion in seiner ursprünglichen Form fertig gestellt war. Offiziell passten rund 40.000 Zuschauer ins schöne Rund, beim 1:0 Zwickaus gegen Celtic Glasgow im Europacup der Pokalsieger sollen 1976 allerdings 45.000 bis 55.000 Besucher zugegen gewesen sein - nicht eingerechnet die Fans, die vom Westhang über dem Stadion aus zuguckten. Auch bei den Etappenankünften der Friedensfahrt war die mit einer Betonradrennbahn versehene »Halde« zumeist brechend voll - doch später verfiel das herrlich gelegene Stadion zusehends. Teile der Tribünen sackten ab, die Traversen mussten teilweise gesperrt werden. Auch die Radrennbahn konnte bald nicht mehr benutzt werden, dafür errichtete man auf dem Stadiongelände eine Sommerrodelbahn. Nach den schweren Ausschreitungen beim Derby gegen Aue am 22. Mai 1991 wurde die Arena dann gar zunächst komplett gesperrt und bis 1995 mit Stahlrohrtribünen versehen, die man einfach auf die alten Ränge pflanzte und die der »Halde« ein leicht skurriles Erscheinungsbild verleihen.

Seit dem 10. November 1997 verfügt die Halde nun auch über eine Flutlichtanlage, zur Premiere schaute der SC Freiburg (0:1) vorbei. Später wurde der schmucke Stadionturm saniert, und die Arena erhielt neue Zäune sowie eine Anzeigetafel - was freilich nicht darüber hinwegtäuschen kann, dass sich das Stadion insgesamt in einem schlechten Zustand befindet. Die Stahlrohrtribünen werden nicht ewig halten, irgendwann muss da was geschehen. Die Gerüchte um einen mit EU-Geldern finanzierten Neubau im Falle einer erfolgreichen Olympiabewerbung Leipzigs gehören dann allerdings wohl doch eher ins Reich der Fabel.

Ein dumpfer Teil der FSV-Anhängerschaft, die sich in den Blöcken C bis E trifft, hat Zwickau den Ruf einer »Gewalthochburg« eingebrockt und auch heute noch muss man leider damit rechnen, dass es hier und da mal knallt. Gästefans besitzen einen separaten Eingang, der sie von der Geinitzstraße aus direkt in die Nordkurve zu Block I führt. Von dort aus ist das Geschehen auf dem Rasen gut einsehbar. Offiziell werden zwar keine Stehplätze verkauft, aber man kann sich bequem zwischen die Stahlrohrtribünen stellen. Da man aus Schaden klug geworden ist, verbleiben Gästefans nach Abpfiff meist noch ein Weilchen in ihrem Block. Trotzdem ist es mehr als ratsam, im Umfeld äußerste Vorsicht an den Tag zu legen.

Sitzplätze: 5-7 €
Stehplätze: - €
Gäste: Nordkurve

Preise Schüler, Studenten, Lehrlinge (bis 18), Rentner und Jugendliche kommen billiger rein, Kinder (bis 14) zahlen nur zwei €. **Rollis** Plätze im Innenraum, geeignete Toiletten vorhanden. **Fanshop** Verkaufswagen vor dem Stadionturm. **Lesen** »FSV live«, 1 €, viel Reklame, aber auch einige gute Rubriken. Daneben erscheint regelmäßig die »Haldenfuwo«, das Zine des Fanprojekts, und sporadisch »Azione Kaos - Die Stimme der Kurve«. Zu haben im Büro des Fanprojekts oder am Stand vor dem Turm. **Essen** Brat- und Bockwurst, Fischbrötchen, Zwickauer Brühletten und Steaks in moderater Preislage. Gut. **Trinken** Das Mauritius-Pils (2 €) ist bei Risikospielen alkoholfrei, der winterliche Glühwein auch (brrr). Ferner Softdrinks (1,50) sowie Kaffee und Tee. **Klo** Hier muss man tapfer sein. **Kneipen** Die Stadiongaststätte trägt den pfiffigen Namen »Am Stadion« und verfügt über einen Fernseher. Wer mag, pilgert ins Zentrum und sucht sich dort eine Kneipe seiner Wahl.

STADION **STIMMUNG** **SERVICE** **STRESS**

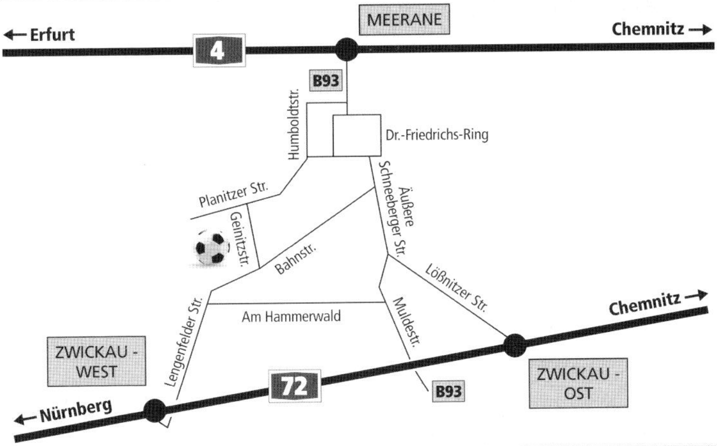

Von **Erfurt** oder **Dresden**: die **A4** bis Abfahrt **Meerane** und auf der **B93** gen Zwickau. Durch das Zentrum hindurch, hinter der **BP-Tanke** rechts ab, an der ersten Ampel (Bahnübergang) rechts und an der nächsten Ampel links auf die **Planitzer Straße**. Das Westsachsenstadion ist aber auch aus allen Richtungen **ausgeschildert**.
Von **Hof** bzw. **Plauen**: die **A72** bis Abfahrt **Zwickau-West** und auf der Lengenfelder Straße durch Planitz hindurch gen Zentrum, bis diese kurz vor Erreichen des Stadions (links) in die Geinitzer Straße übergeht.
Von **Chemnitz**: die **A72** bis Abfahrt **Zwickau-Ost** und auf der Wildenfelser bzw. Lößnitzer Straße gen Zwickau/Zentrum. Über die **Muldenbrücke**, hinter der BP-Tankstelle links, an der Ampel hinter dem Bahnübergang rechts - Rest s.o.
Wer einen **Parkplatz** vor dem Stadion ergattern will, braucht schon eine gehörige Portion Glück. Ausweichmöglichkeiten gibt es an der Planitzer und Geinitzstraße (z.B. auf dem Parkplatz des Möbelmarktes).

Vom **Hauptbahnhof** per pedes zur **Zentralhaltestelle**, von der aus die Buslinien **16** (gen Rottmannsdorf) und **19** (Cainsdorf) bis zur Station **Geinitzstraße** fahren. Von hier sind es noch etwa 300 Meter bis zum Stadioneingang. Bei Schlagerspielen werden gelegentlich **Sonderbusse** eingesetzt, die vom Bahnhof direkt zum Stadion düsen.

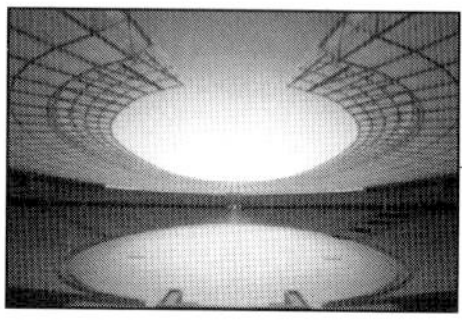

BERLIN

Olympiastadion (www.walter-bau.de/olympiastadion)
Kapazität: 76.000 Sitzplätze

DORTMUND

(www.borussia-dortmund.de/templates/verein/stadion/stadion.html)
Westfalenstadion
Kapazität: 66.000 Sitzplätze
Kosten (Ausbau): 36 Mio. Euro

FRANKFURT

Waldstadion (www.ffm-waldstadion.de)
Kapazität: 48.500 Sitzplätze
Kosten (Neubau): 155 Mio. Euro

GELSENKIRCHEN

(www.arena-auf-schalke.de)
Arena AufSchalke
Kapazität: 52.000 Sitzplätze
Kosten (Neubau): 192 Mio. Euro

HAMBURG

Volksparkstadion (www.hsv.de/intern/stadion/stadion.php)
Kapazität: 50.000 Sitzplätze
Kosten (Umbau): 97 Mio. Euro

HANNOVER

(www.schulitz.de)
Niedersachsenstadion
Kapazität: 45.000 Sitzplätze
Kosten (Umbau): 61 Mio. Euro

KAISERSLAUTERN

Fritz-Walter-Stadion (www.wm-in-kl.de)
Kapazität: 48.500 Sitzplätze
Kosten (Ausbau): 49 Mio. Euro

KÖLN

(www.stadion-koeln.de)
Müngersdorfer Stadion
Kapazität: 46.000 Sitzplätze
Kosten (Umbau): 110 Mio. Euro

LEIPZIG

Zentralstadion
Kapazität: 44.000 Sitzplätze
Kosten (Neubau): 91 Mio. Euro

(www.wm-2006-leipzig.de)
(www.zentralstadion-le.de)

MÜNCHEN

(www.allianz-arena.de)

Allianz-Arena
Kapazität: 66.000 Sitzplätze
Kosten (Neubau): 280 Mio. Euro

NÜRNBERG

Frankenstadion
Kapazität: 45.500 Sitzplätze
Kosten (Umbau): 56 Mio. Euro

(www.nuernberg.de/service/wm_2006.html)

STUTTGART

(www.vfb-stuttgart.de/stadion.htm)

Gottlieb-Daimler-Stadion
Kapazität: 60.000 Sitzplätze
Kosten (Umbau): 56 Mio. Euro

Anfangs hatten sich außerdem beworben:
Bochum, Bielefeld, Bremen, Dresden, Duisburg, Düsseldorf, Hamburg (St. Pauli), Karlsruhe, Leverkusen, Magdeburg, Mönchengladbach und Rostock.

FAHRPLAN BIS ZUR WM

- **Herbst 2002:** Vorstellung des offiziellen WM-Logos
- **Dezember 2003:** Auslosung der WM-Qualifikation (Frankfurt)
- **Mai 2004:** Festlegung des Spielplans und der Eintrittspreise
- **Sommer 2005**: Konföderationen-Cup, Start des Kartenverkaufs
- **Dezember 2005:** Auslosung der WM-Endrunde (Leipzig)
- **9. Juni 2006:** WM-Eröffnungsspiel (geplant)
- **9. Juli 2006:** WM-Finale (geplant)

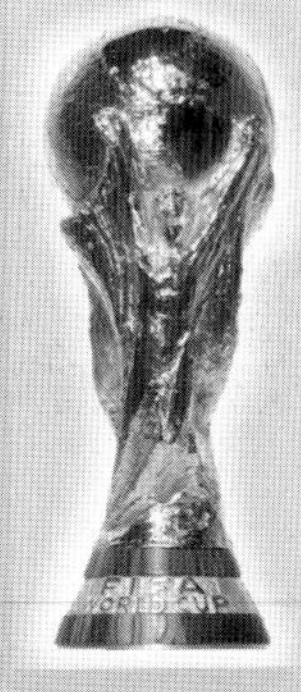

Lieber Leser,

mit an tödlicher Sicherheit grenzender Wahrscheinlichkeit hat sich in dieses Buch eine Unzahl von kleinen oder größeren Fehlerchen eingeschlichen.

Wenn uns beim Abfassen der einzelnen Beiträge hier und da eine Information aus den Augen oder Fugen geraten ist, so steckte dahinter nie böse Absicht. Hier sollte kein Verein, kein Bauwerk und vor allem kein Mensch (wie auch kein Tier) in ein schlechtes Licht gestellt werden, sondern im Gegenteil so objektiv wie nur irgend möglich berichtet werden.

Etwaige Fehler bitten wir somit nicht nur in aller Höflichkeit zu entschuldigen, nein, wir möchten unsere Leser vielmehr dazu auffordern, uns für die geplante Neuauflage auf jede noch so kleine Ungenauigkeit oder gar Unwahrheit hinzuweisen. Verbesserungsvorschläge und kritische Anmerkungen jedweder Art sind willkommen, werden mit lautem Hallo begrüßt und wollen übermittelt sein an:

MMM
Robert-Heuser-Str. 11, 50968 Köln
Fax: 0221-386629
e-mail: alma.nach@web.de